改訂5版

空気調和ハンドブック

井上宇市 編

丸善出版

序　文

　前版（第4版）は1996年に出版された．それ以降，京都でCOP3が開催されるなど，環境問題が一層の深刻化を呈している．空調設備はこれらの地球環境問題やヒートアイランド現象など都市環境問題にも大きな影響を及ぼしていることが明らかになり，更に省エネルギに努めることが求められている．

　本版（第5版）は以上の時代背景を考慮して，各章の記述を刷新した．また，今回の改訂では，学生や初心の技術者等が，いきなりコンピューターを用いて，ブラックボックス状態の下で空調設備設計をするのではなく，手計算等を経て，徐々に空調設備設計の全体像を理解できるように留意した．なお，今回の改訂では，単位系は全面的にSI単位を採用した．

　以下，各章における改訂の要点を述べる．

　1章「総説」は空調システムの基本的概念，室内環境基準と設計条件，日射量や温湿度などの気象条件，湿り空気と空気線図など，次章以下の理解に必要な事柄を概説した．

　2章「熱負荷計算」は全面的に改めた．先ず例題となる建物を示し，この建物（の一部）を実際に熱負荷計算するという形での解説とした．計算の実際を学び，その後で理論的背景を学ぶというように，一般の専門書とは逆の順序をとった．この方が理解しやすく，熱負荷計算が身に付くと考えたからである．

　3章「空気調和計算法」では，前章の結果を受けて，更に風量計算，空調機負荷，熱源負荷へとコマを進める．また，1章で学んだ空気線図を駆使して，空調機の混合，冷却，除湿，加熱，加湿などの様々な処理プロセスを空気線図上の動きとして理解できるよう留意した．

　4章「空気調和計画」は前版に準じ，計画を進めるにあたっての基本的な留

意事項，ゾーニング計画，各種空調方式に言及している．分散電源等の地域エネルギ方式を追加した．

5章「熱源計画」では，インバータターボ冷凍機，モジュールチラー冷凍機，三重効用吸収冷凍機を追加した．

6章「配管設備」では，配管，継手の材質について国土交通省仕様をベースに記載変更した．弁類の種類，適用，特徴などの記載を充実させた．配管圧力線図の求め方を加筆した．

7章「空気調和機」では，デシカント空調機を追加した．また，パッケージ空調機，ビル用マルチ空調機の選定方法を加筆した．現在，ほとんど採用例のない軀体築造型空調機の記載は削除した．

8章「ダクト」，9章「吹出口」，10章「換気法」，11章「自動制御」は基本的には前版に準じ，SI単位への変更を主とした．

12章「省エネルギ計画」では，建築物起因の一次エネルギ消費量・CO_2発生量・人工排熱量などの動向を追加した．また，ライフサイクルエネルギマネージメント（LCEM）などの新しい省エネルギへの取り組み動向を追加した．

2008年1月

井 上 宇 市

執筆者と分担 （五十音順）

猪 岡 達 夫	中部大学	1章，2章，3章
飯 塚 宏	株式会社日建設計	5章，6章，7章
野 原 文 男	株式会社日建設計	8章，9章，10章，11章
松 縄 堅	株式会社日建設計	4章，12章

目　　次

第1章　総　　説 ………………………………………………………… 1
1.1　空　気　調　和 …………………………………………………… 1
　　1.1.1　空気調和とは ……………………………………………… 1
　　1.1.2　空調システムの構成 ……………………………………… 2
　　1.1.3　空調システムの運転 ……………………………………… 3
　　1.1.4　空調システムの省エネルギ ……………………………… 3
1.2　室内の環境基準および設計条件 …………………………………… 5
　　1.2.1　法令等による室内環境基準 ……………………………… 5
　　1.2.2　空調のための室内設計条件 ……………………………… 5
　　1.2.3　工業用空調の室内条件 …………………………………… 8
　　1.2.4　快適性の指標 ……………………………………………… 9
　　1.2.5　換気の基準 ………………………………………………… 12
　　1.2.6　空気清浄度および室内空気質の条件 …………………… 13
1.3　気　象　条　件 …………………………………………………… 16
　　1.3.1　設計用外気条件 …………………………………………… 16
　　1.3.2　日　射　量 ………………………………………………… 19
　　1.3.3　太陽位置の計算 …………………………………………… 22
1.4　湿り空気と空気線図 ………………………………………………… 26
　　1.4.1　湿り空気の性質 …………………………………………… 26
　　1.4.2　熱平衡と物質平衡 ………………………………………… 29
　　1.4.3　空気の性質に関する諸式 ………………………………… 30
　　1.4.4　湿り空気線図 ……………………………………………… 31

第2章　熱負荷計算 …………………………………………………… 35
2.1　熱負荷とは …………………………………………………………… 36
　　2.1.1　種々の熱負荷 ……………………………………………… 36
　　2.1.2　熱負荷計算 ………………………………………………… 37
　　2.1.3　本章で扱う熱負荷 ………………………………………… 37
2.2　モデル建物による熱負荷計算 ……………………………………… 38
　　2.2.1　モデル建物 ………………………………………………… 38

目次

- 2.2.2 熱負荷計算シート ……………………………………………… 40
- 2.2.3 ゾーニング ……………………………………………………… 40
- 2.2.4 面積の取り方 …………………………………………………… 42
- 2.2.5 室内外の温湿度条件 …………………………………………… 43
- 2.3 窓ガラスからの熱負荷 ……………………………………………… 44
  - 2.3.1 貫流熱負荷の計算 ……………………………………………… 44
  - 2.3.2 日射熱負荷の計算 ……………………………………………… 47
  - 2.3.3 補　　足 ………………………………………………………… 51
  - （1）エアフローウインド …………………………………………… 51
  - （2）ガラスの入射角特性 …………………………………………… 51
  - （3）ガラスの日射熱取得のプロセス ……………………………… 52
  - （4）外部日除けによる日照面積率 ………………………………… 52
  - （5）時間遅れを考慮した日射熱負荷 ……………………………… 53
- 2.4 外壁および屋根からの熱負荷 ……………………………………… 54
  - 2.4.1 熱負荷の計算 …………………………………………………… 54
  - 2.4.2 熱通過率の計算 ………………………………………………… 55
  - 2.4.3 壁タイプと実効温度差 ………………………………………… 56
  - 2.4.4 補　　足 ………………………………………………………… 61
  - （1）相当外気温度 …………………………………………………… 61
  - （2）実効温度差 ……………………………………………………… 62
  - （3）実効温度差の補正 ……………………………………………… 63
- 2.5 内壁および天井・床からの熱負荷 ………………………………… 64
  - 2.5.1 内壁等の貫流熱負荷の計算 …………………………………… 64
  - 2.5.2 補　　足 ………………………………………………………… 66
  - （1）天井の懐が深い場合の熱負荷 ………………………………… 66
  - （2）地中壁の熱負荷 ………………………………………………… 66
- 2.6 すきま風による熱負荷 ……………………………………………… 68
  - 2.6.1 熱負荷の計算 …………………………………………………… 68
  - 2.6.2 すきま風量の算定 ……………………………………………… 69
- 2.7 内部発熱による熱負荷 ……………………………………………… 74
  - 2.7.1 在室人員からの発熱負荷 ……………………………………… 74
  - 2.7.2 照明による熱負荷 ……………………………………………… 76
  - 2.7.3 OA機器発熱よりの熱負荷 …………………………………… 79
  - 2.7.4 その他の熱負荷 ………………………………………………… 81
  - 2.7.5 内部発熱条件についての補足 ………………………………… 83
- 2.8 壁体よりの透湿 ……………………………………………………… 84
- 2.9 間欠空調における蓄熱負荷 ………………………………………… 86
  - 2.9.1 蓄熱負荷の計算方法 …………………………………………… 86
- 2.10 外 気 負 荷 ………………………………………………………… 88

2.10.1　外気負荷の計算式……………………………………………88
　　　2.10.2　外気風量の算定………………………………………………89
2.11　加　湿　量……………………………………………………………90
2.12　熱負荷のまとめ………………………………………………………91
　　　2.12.1　秋期の南面スキンロードの熱負荷…………………………91
　　　2.12.2　熱負荷のまとめ………………………………………………93

第3章　空気調和計算法……………………………………………**95**
3.1　風　量　の　計　算……………………………………………………96
　　　3.1.1　給　気　風　量……………………………………………………96
　　　3.1.2　風量の計算例題…………………………………………………99
3.2　空　調　機　負　荷……………………………………………………101
　　　3.2.1　冷却コイル負荷…………………………………………………101
　　　3.2.2　暖房時の空調機負荷……………………………………………104
　　　3.2.3　ペリメータにファンコイルユニット（FCU）を用いる場合……106
　　　3.2.4　計算例題／空調機の処理プロセス……………………………106
3.3　熱　源　負　荷……………………………………………………………109
　　　3.3.1　冷熱源の熱源負荷………………………………………………109
　　　3.3.2　温熱源の熱源負荷………………………………………………110
　　　3.3.3　配管と機器の蓄熱負荷…………………………………………110
　　　3.3.4　蓄熱槽のある場合の熱源負荷…………………………………110
3.4　空気線図とその使い方…………………………………………………113
　　　3.4.1　混　　　合………………………………………………………113
　　　3.4.2　加熱または冷却…………………………………………………113
　　　3.4.3　温度と湿度の変化が同時に行われるとき……………………114
　　　3.4.4　断熱飽和変化……………………………………………………115
　　　3.4.5　冷却コイル内の状態変化………………………………………116
　　　3.4.6　温水または冷水の噴霧…………………………………………117
　　　3.4.7　蒸気噴霧または小量の水噴霧…………………………………117
　　　3.4.8　t–h 線図による解法………………………………………118
3.5　空気線図上での空調機の処理プロセス………………………………119
3.6　空気線図による空気調和計算法………………………………………130
　　　3.6.1　一　般　の　場　合……………………………………………130
　　　3.6.2　計算風量より大きい風量を用いる場合………………………130
　　　3.6.3　再熱を必要とする場合…………………………………………131
　　　3.6.4　小風量を用いる場合……………………………………………131
　　　3.6.5　負荷の小さい場合………………………………………………131
　　　3.6.6　計　算　例　題……………………………………………………132

付録〔3.1〕 装置の蓄熱負荷……………………………………………………136

第4章 空気調和計画……………………………………………………139

4.1 空調計画……………………………………………………139
4.1.1 総説……………………………………………………139
4.1.2 基本計画時の重要計画事項・留意事項……………………141
4.2 ゾーニング計画……………………………………………143
4.2.1 室内環境条件別ゾーニング………………………………144
4.2.2 熱負荷特性別ゾーニング…………………………………145
4.2.3 用途別ゾーニング…………………………………………146
4.2.4 使用時間別ゾーニング……………………………………147
4.3 空調方式の分類……………………………………………147
4.3.1 総説……………………………………………………147
4.3.2 熱輸送媒体による分類……………………………………147
4.3.3 空調機などの分散度による分類…………………………149
4.3.4 熱の移動原理に基づく分類………………………………150
4.4 各種空調方式………………………………………………151
4.4.1 単一ダクト定風量方式……………………………………151
4.4.2 単一ダクト変風量方式……………………………………152
4.4.3 二重ダクト方式……………………………………………153
4.4.4 ファンコイルユニット方式………………………………156
4.4.5 放射冷暖房方式……………………………………………158
4.4.6 ユニタリ方式………………………………………………158
4.4.7 その他の空調方式…………………………………………163
4.4.8 各種建築に対する空調方式の適用………………………165
4.5 空調用熱源方式……………………………………………167
4.5.1 空調用熱源方式の分類……………………………………167
4.5.2 ボイラ＋冷凍機方式………………………………………168
4.5.3 吸収冷温水機方式…………………………………………168
4.5.4 ヒートポンプ方式…………………………………………169
4.5.5 蓄熱式ヒートポンプ方式…………………………………170
4.5.6 熱回収方式…………………………………………………172
4.5.7 特殊方式……………………………………………………174
4.6 コスト計画…………………………………………………176
4.6.1 年間経常費の算出…………………………………………177
4.6.2 ライフサイクルコストの算出……………………………179

第5章　空調用熱源装置 ……………………………181

- 5.1　空調用熱源装置 …………………………………181
- 5.2　冷 凍 機 一 般 …………………………………181
  - 5.2.1　冷 凍 機 の 選 定 ………………………181
- 5.3　圧 縮 式 冷 凍 機 …………………………………183
  - 5.3.1　使　用　冷　媒 ………………………183
  - 5.3.2　フ ロ ン 問 題 ………………………185
  - 5.3.3　モリエ線図による圧縮機の設計法 ………185
  - 5.3.4　タ ー ボ 冷 凍 機 ………………………189
  - 5.3.5　往 復 冷 凍 機 ………………………193
  - 5.3.6　スクリュー冷凍機 ………………………194
  - 5.3.7　モジュールチラー ………………………195
- 5.4　吸 収 冷 凍 機 …………………………………195
  - 5.4.1　単効用吸収冷凍機 ………………………196
  - 5.4.2　二重効用吸収冷凍機 ……………………200
  - 5.4.3　三重効用吸収冷凍機 ……………………202
  - 5.4.4　吸収冷凍機の特徴と適用 ………………203
  - 5.4.5　吸収冷凍機の付属設備の計画 …………203
- 5.5　冷　却　塔 …………………………………204
  - 5.5.1　種 類 と 選 定 ………………………204
  - 5.5.2　冷 却 塔 の 設 計 ……………………206
  - 5.5.3　冷 却 塔 の 適 用 ……………………209
- 5.6　ヒートポンプ …………………………………210
  - 5.6.1　水熱源のヒートポンプ方式 ……………212
  - 5.6.2　空気熱源ヒートポンプ …………………215
  - 5.6.3　ヒートポンプによる排熱回収 …………222
- 5.7　ボ　イ　ラ …………………………………225
  - 5.7.1　ボイラの種類と適用 ……………………225
  - 5.7.2　ボイラの性能とその決定法 ……………226
- 5.8　熱　交　換　器 …………………………………229
  - 5.8.1　円筒多管式熱交換器 ……………………229
  - 5.8.2　プレート形熱交換器 ……………………230
  - 5.8.3　スパイラル形熱交換器 …………………232
  - 5.8.4　水 槽 内 コ イ ル ……………………233
- 5.9　蓄　熱　水　槽 …………………………………233
  - 5.9.1　開放式蓄熱水槽の特徴と応用 …………233
  - 5.9.2　開放式蓄熱水槽の構造とその使い方 …234

5.9.3　開放式蓄熱水槽の設計法································234
   5.9.4　密閉式蓄熱槽································241

第6章　配　管　設　備 ································**243**

6.1　配　管　材　料································243
   6.1.1　管································243
   6.1.2　継　手　類································243
   6.1.3　弁　　　類································245
6.2　配管径の設計································248
   6.2.1　水　配　管································248
   6.2.2　蒸　気　配　管································254
   6.2.3　配管圧線図································255
6.3　水配管の方式································255
   6.3.1　方　式　の　分　類································255
   6.3.2　密閉式配管における配管系統································257
   6.3.3　開放回路の配管系統································259
   6.3.4　配　管　方　法································260
6.4　機器回りの配管法································261
   6.4.1　コイル回りの配管································261
   6.4.2　エアワッシャ回りの配管································262
   6.4.3　冷却塔回りの配管································263
6.5　機器・水槽の設計法································264
   6.5.1　循　環　ポ　ン　プ································264
   6.5.2　配管ヘッダ································264
   6.5.3　膨張タンク································264

第7章　空　気　調　和　機 ································**267**

7.1　中央式空気調和機の構成································267
   7.1.1　概　　　説································267
   7.1.2　空調機内の配列································269
   7.1.3　空　調　機　室································270
   7.1.4　デシカント空調機································270
   7.1.5　パッケージ型空調機································272
7.2　送　風　機································275
   7.2.1　送風機の種類と性能································275
   7.2.2　送風機の設計································276
   7.2.3　送風機の据付けと防振法································278

7.3 エアフィルタ …………………………………………………………280
- 7.3.1 エアフィルタの性能…………………………………………280
- 7.3.2 フィルタの種類と応用………………………………………282
- 7.3.3 空気清浄の計算法……………………………………………285
- 7.3.4 フィルタの設置………………………………………………287

7.4 空気冷却コイル ……………………………………………………288
- 7.4.1 総　　説………………………………………………………288
- 7.4.2 冷水コイルの設計法…………………………………………289
- 7.4.3 冷水コイルの計算法…………………………………………292
- 7.4.4 直接膨張コイルの設計法……………………………………295

7.5 空気加熱コイル ……………………………………………………297
- 7.5.1 総　　説………………………………………………………297
- 7.5.2 温水コイルの設計法…………………………………………298
- 7.5.3 蒸気コイルの設計法…………………………………………299

7.6 エアワッシャ ………………………………………………………299
- 7.6.1 総　　説………………………………………………………299
- 7.6.2 加湿用エアワッシャの設計法………………………………300
- 7.6.3 特殊型エアワッシャ…………………………………………301

7.7 加 湿 装 置 …………………………………………………………302
- 7.7.1 小量の水または温水の噴霧…………………………………302
- 7.7.2 蒸 気 の 噴 霧………………………………………………304
- 7.7.3 加湿パンを用いる方法………………………………………305
- 7.7.4 気化式加湿器…………………………………………………305
- 7.7.5 超音波式加湿器………………………………………………305
- 7.7.6 室内直接加湿法………………………………………………307

7.8 減 湿 装 置 …………………………………………………………310
- 7.8.1 冷却減湿装置…………………………………………………310
- 7.8.2 吸収式減湿装置………………………………………………311
- 7.8.3 吸着式減湿装置………………………………………………311

7.9 全熱交換器および顕熱交換器 ……………………………………313
- 7.9.1 全 熱 交 換 器………………………………………………313
- 7.9.2 顕 熱 交 換 器………………………………………………316

付録（冷却コイルの伝熱の式の誘導）………………………………317

第8章　ダ ク ト 設 備 ……………………………………………321

8.1 ダクトの抵抗 ………………………………………………………321
- 8.1.1 静 圧 と 動 圧………………………………………………321
- 8.1.2 直線ダクトの摩擦抵抗………………………………………322

8.1.3　局部抵抗·····324
8.2　ダクトの設計法·····330
　　8.2.1　ダクトの設計における留意点·····330
　　8.2.2　等圧法によるダクト設計法·····331
8.3　ダクトの熱損失と保温·····334
　　8.3.1　計　算　法·····334
　　8.3.2　保温施工法·····335
8.4　ダクト構造法·····336
　　8.4.1　在来ダクト工法·····336
　　8.4.2　ダクトの新工法·····337
　　8.4.3　ダクトの付属品·····338
　　8.4.4　ダクトの各部構造法とリークテスト·····341
　　8.4.5　高速ダクトの構造·····342
8.5　ダクトの消音設計·····343
　　8.5.1　基　礎　事　項·····343
　　8.5.2　室内の許容騒音·····344
　　8.5.3　発　生　騒　音·····346
　　8.5.4　透　過　損　失·····349
　　8.5.5　室内における吸音効果·····349
　　8.5.6　ダクト各部の自然減衰·····350
　　8.5.7　消　音　装　置·····351
　　8.5.8　ダクトの消音計画法·····354

第9章　吹出口と室内空気分布·····359

9.1　吹出口と吸込口·····359
　　9.1.1　吹出口の種類·····359
　　9.1.2　各種吹出口の特徴·····360
　　9.1.3　吸込口の種類·····364
9.2　室内の空気分布·····364
　　9.2.1　ドラフトの問題·····364
　　9.2.2　室内空気分布の問題点·····366
　　9.2.3　吹出口・吸込口の配置法·····367
　　9.2.4　吹出口・吸込口の風速·····369
　　9.2.5　大空間の吹出方法·····370
9.3　室内空気分布の計算法·····373
　　9.3.1　吹出に関する用語·····373
　　9.3.2　気流の特性式·····374
　　9.3.3　コンピュータ解析手法·····377

9.4 クリーンルームとバイオクリーンルーム……378
　9.4.1 総　　説……378
　9.4.2 層流方式の種類と適用……379
　9.4.3 バイオクリーンルーム……380

第10章　換気・排煙設備……383

10.1 換気の目的……383
10.2 換気の分類と特徴……384
10.3 換気の計算法……385
10.4 換気効率……388
10.5 排煙設備……389

第11章　自動制御……393

11.1 自動制御の概要……393
11.2 自動制御の分類……393
　11.2.1 自動制御の分類……393
　11.2.2 建築設備のプロセスの特徴……397
　11.2.3 自動制御……400
11.3 自動制御の構成……402
　11.3.1 検出部……403
　11.3.2 調節部……403
　11.3.3 操作部……404
11.4 空調機回りの制御……407
　11.4.1 定風量方式空調機……408
　11.4.2 変風量方式空調機……410
　11.4.3 ファンコイルユニット……412
　11.4.4 その他の空調方式……413
11.5 熱源回りの制御……416
　11.5.1 密閉式配管システムにおける熱源群制御……416
　11.5.2 開放式配管における熱源群制御……421
　11.5.3 その他の熱源制御……423
11.6 監視制御……425
　11.6.1 監視制御システムの構成……425
　11.6.2 制御機能……426
　11.6.3 監視・操作機能……428
　11.6.4 管理機能……430
11.7 自動制御に使われる用語……431

第12章　省エネルギ計画 ……………………………………………437

12.1　エネルギ消費 ……………………………………………437
- 12.1.1　総　　説 ……………………………………………437
- 12.1.2　エネルギ消費の種別 …………………………………438
- 12.1.3　エネルギ消費の現状 …………………………………439

12.2　省エネルギ指標 …………………………………………441
- 12.2.1　年間熱負荷係数：PAL …………………………………442
- 12.2.2　設備システムエネルギ消費係数：CEC ………………442

12.3　エネルギ消費予測 ………………………………………443
- 12.3.1　総　　説 ……………………………………………443
- 12.3.2　年間熱量消費の予測 …………………………………443
- 12.3.3　年間のエネルギ消費予測 ……………………………446

12.4　省エネルギ手法 …………………………………………447
- 12.4.1　省エネルギ計画の基本 ………………………………447
- 12.4.2　適正な環境条件の設定 ………………………………447
- 12.4.3　負　荷　の　抑　制 …………………………………448
- 12.4.4　自然エネルギの利用 …………………………………451
- 12.4.5　排エネルギ・未利用エネルギの活用 ………………454
- 12.4.6　高効率システム・機器の採用 ………………………455
- 12.4.7　無駄な運転・過剰な運転の防止 ……………………460
- 12.4.8　省エネルギ管理 ………………………………………463

12.5　ライフサイクルエネルギマネージメント ……………464
- 12.5.1　LCEM の基本理念 ……………………………………464
- 12.5.2　LCEM のためのシミュレーションツール ……………466

第13章　諸　　　　　表 …………………………………………469

索　　引 ……………………………………………………………483

1 総　説

1.1　空気調和

1.1.1　空気調和とは

　空気調和（air conditioning. 以下，空調と略す）は，現代の建物においてなくてはならないものである．日本の夏は蒸し暑く，特に最近はOA化により事務所内に大きな内部発熱をかかえるために，冷房がなければ室内温度は30℃を軽く超え，快適に過ごすことはできない．冬は北西季節風により寒く暖房が欠かせない．

　ところで，冷暖房することが空気調和であるかというと，それだけでは不十分である．空気調和の定義は，"室内の温湿度・気流・バクテリア・じんあい・臭気・有毒ガスなどの条件を，室内の人間あるいは物品に対して最も良い条件に保つこと"をいう．つまり，冷房・暖房はもとより，適切な換気を行うことで室内を清浄に保ち，かつ，健康で快適な状態を創出することが空調の役割である．

　空調は，その対象により，保健用空調と工業用空調の2種類に分けることができる．

　（a）　保健用空調（comfort air conditioning）

　対象は人であり，室内の居住者に対して健康で安全で快適な環境を作ることを目的としたものでる．住宅・事務室・デパート・ホテル・病院などの空気調和はこれに属する．

　（b）　工業用空調または産業用空調（industrial air conditioning）

　屋内において生産または格納される物品，あるいは屋内で運転している機械に対して，最も適当な室内条件を維持し，副次的には室内人員の快適性の維持も目的とする．各種工場・倉庫・電話局および電算機室の空調はこれに属する．

1.1.2 空調システムの構成

図1.1に空調システムの構成例を示す．空調システムを大きく分けると，(1) 熱を造る（熱源装置），(2) 熱を運ぶ（搬送装置），(3) 空気調和する（空調機），(4) 制御する（自動制御装置）に大別できる．

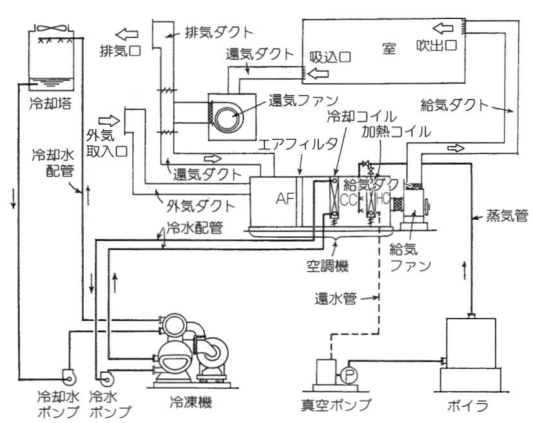

図 1.1 空気調和設備の系統図

(1) 冷熱や温熱を造る熱源装置

冷凍機やボイラがこれにあたる．冷凍機は冷熱を造り，ボイラは温熱を造る．図1.1の冷凍機はターボ冷凍機（または遠心式冷凍機ともいう）であり，ここで5～7℃の冷水が造られる．ボイラは蒸気あるいは温水を造り，この熱を暖房あるいは加湿に利用する．なお，最近は1台の熱源装置で冷熱と温熱の両方を造れるものがよく使われる．代表的なものとして，吸収式冷温水機や空気熱源ヒートポンプがある．

冷却塔は冷房の排熱を建物外部に排出するための装置である．ターボ冷凍機や吸収式冷温水機には冷却塔が必要である．一方，空気熱源ヒートポンプは装置自身に排熱装置である空気熱交換器を持つので冷却塔は不要である．

(2) 熱を運ぶ搬送装置

(a) 水搬送（配管，ポンプ）

熱源装置で造られた冷熱や温熱を運ぶのが搬送装置である．熱媒体を通すための配管と，これを循環させるためのポンプから構成される．熱媒体として水，蒸気，冷媒と特殊なケースとして氷スラリ（氷と水の混合状態のもの）がある．なお，水はその利用目的によって，冷水，温水，冷却水などとよぶ．

なお，蒸気の場合は，ボイラの圧力で熱を搬送するのでポンプは不要であるが，還り側は凝縮水となるので，これを汲み上げるために真空ポンプを設ける．冷媒の場合は圧縮機の圧力で循環させるのでポンプは不要である．

（b）　空気搬送（ダクト，ファン）

空調機と室の間は，空気によって熱を運ぶ．空気が通る道がダクト，空気を循環させる装置がファンである．

（3）　空気調和する装置（空調機）

熱源装置で造られた冷熱または温熱を受け取って，室内の冷暖房をするのが空調機である．空調機にはコイルとよばれる熱交換器があり，ここで冷水や温水によって空気を冷却・除湿あるいは加熱する．冬期には加湿装置により加湿する．さらに，換気のための外気導入装置，塵埃などを除去するフィルタなどからなる．

（4）　制御する装置（自動制御）

熱源装置，熱搬送装置，空調機などの機器や装置を，室の熱負荷に応じて，温度や湿度，風量や流量を調整し，室内を快適に維持するのが自動制御装置である．

1.1.3　空調システムの運転

（1）　年間空調と期間空調

年間を通じて冷暖房をする運転方式を年間空調（year round AC）とよぶ．これに対して，夏と冬は空調するが，春と秋の中間期は換気のみとする運転方式を期間空調（seasonal AC）とよぶ．

わが国の通例では，年間空調は年中一定の温湿度条件の維持を必要とする工業用空調で行われる例が多い．一般の空調でも，病院の手術室などのように温湿度条件の厳しい例，あるいは高級なオフィスビルなどでは年間空調する例がある．通常は省エネルギと運転費の節約のために，夏期は冷房のみを，冬期は暖房のみを運転する期間空調が大部分である．

なお，梅雨時から夏期において除湿再熱をする場合は，加熱負荷が生じ，このために温熱機器を運転することもある．また，秋や冬は太陽高度が低くなるため，南面の窓からは日射が室内に侵入し，窓際ゾーンでは秋や冬でも室内は冷房負荷となる．ただし，中間期や冬期の室内の冷房負荷は換気つまり外気負荷と相殺するので，必ずしも空調機や熱源装置の冷房運転を必要とするものではない．

（2）　間欠空調と連続空調

終日空調を行い，室内温湿度を常に設計条件に維持するのが連続空調である．これに対して，業務時間帯に合わせて空調し，業務時間帯以外は空調を停止するのが間欠空調である．わが国では後者，すなわち間欠空調が一般的である．

間欠空調の場合，非空調時の処理されない熱負荷の大半は建物軀体に蓄積される．これが空調開始と共に室内に再放出される．これを蓄熱負荷という．

1.1.4　空調システムの省エネルギ

建築においてエネルギ消費の大半は建築設備に係わるものである．その中でも空調設備に係わる消費エネルギが大きい（図1.2）．なお，建築と設備は一体であり，建

築全体で省エネルギの工夫をすることが大切である．
(1) 負荷を小さくする工夫
まず，建物の基本性能を高める．建築の省エネルギの基本は断熱と日射遮蔽である．この基本性能をおろそかに考えて空調で処理しようとしても無理がある．なお，日本は南北に長く，春夏秋冬の四季があり，断熱と日射遮蔽の組み合わせ方は意外と難しい．建物の用途，地域の気候特性等を考えて省エネルギを図ることが重要である．

(2) 自然を利用する
次に通風，採光などの自然を利用し，あるいは外気冷房・熱回収などにより負荷を軽減することが重要である．自然採光は照明負荷を軽減し，同時に冷房負荷も軽減する．

(3) 運転効率を考えた適切な空調設計
従来のように，ピーク設計（最大負荷を満足することを目的とする設計）だけではなく，これからは省エネルギを図るために年間の運転効率を考えた期間性能設計を目指すべきである．ピーク負荷が発生することは希である．年間の大半を占めるのは部分負荷であり，この部分負荷時に運転効率を低下させないように，台数制御，容量制御などが適切に行えるように空調設計を行う．

(4) 運用段階での最適化
運用段階で運転制御の最適化を図る．このためには，
（a）運転の性能を把握するために計測する．
（b）計測データを分析し，データに基づいて最適化を図る．

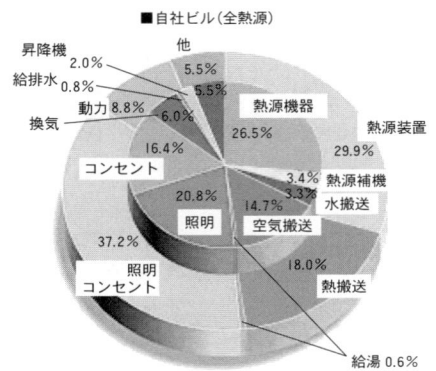

図 1.2　事務所ビルにおける1次エネルギ消費量の例
（省エネルギーセンター，2002年調査）

（補足）　OA化による影響
最近のOA化により内部発熱は熱負荷の中でも大きな比重を占めるようになって

いる．これが冷房負荷を大きくし（一方，暖房負荷は小さくなる），冷房期間も中間期に食い込み長期化している．これは単に冷房負荷の増加にとどまらず，負荷が軽い状態で長時間運転されることになり，空調システムとしては効率の悪い運転を強いられる．

これに対して，以下のようにして建物全体で省エネルギを測ることが重要となる．
①空調装置……外気冷房などにより中間期や冬期の冷房負荷を軽減する．
②熱源装置……熱源台数分割・容量制御などによる低負荷運転時の効率低下の防止
③搬送装置……風量や流量の制御，ファンやポンプの台数分割・容量制御

1.2 室内の環境基準および設計条件

1.2.1 法令等による室内環境基準

表1.1に建築基準法施行令第129条2およびビル衛生管理法（建築物における衛生的環境に関する法律，昭和45年（1970））による室内環境基準を示す．なお，平成15年（2003）に，ホルムアルデヒドに関する基準が追加された．この基準は延面積3 000 m² 以上の事務所・百貨店・興業場などに適用され，住宅・学校および病院は除外されている．これらの条件に対して定期測定およびその報告の提出が義務づけられている．

表 1.1 建築物環境衛生管理基準（建築基準法施行令，第129条の2の6）

項　目	基　準　値
浮遊粉じん量	空気1 m³につき 0.15 mg 以下
CO 含有率	10 ppm 以下
CO_2 含有率	1 000 ppm 以下
温　度	17℃ 以上，28℃ 以下 居室における温度を外気の温度より低くする場合は，その差を著しくしないこと．
相対湿度	40% 以上，70% 以下
気　流	0.5 m/s 以下
ホルムアルデヒド	0.1 mg/m³ 以下（ビル衛生管理法施行令，第2条）

1.2.2 空調のための室内設計条件

（1）一般空調の室内設計条件

一般空調の室内設計温湿度条件としては表1.2が用いられる．東京のような温暖な地域では6～9月を夏期，12～3月を冬期，4～5月および10～11月を中間期とする．ここで言う夏期・中間期・冬期の区分は室内の温湿度条件であり，冷暖房期間を言うのではない．

なお，最近の省エネルギ政策により，夏27～28℃，湿度55%，冬18℃，40% など

の室内条件を緩和した基準で設計されることもある．ただし，夏期に室内温度を高めると除湿が難しく室内湿度が高くなり快適性を損なう場合がある．また，冬期に室内温度を下げることは，最近のOA化で内部発熱が大きい時は冷房することになる可能性もある．空調システムの処理プロセスを考えないと実現できないとか，また，無理に実現しようとすると逆に省エネルギでなくなることがあるので，注意しなければならない．

表 1.2 一般空調の室内設計温湿度条件[1]

	温度(℃)	湿度(%)
夏期	26 (25～27)	50 (50～60)
冬期	22 (20～22)	50 (40～50)
中間期	夏期と冬期の中間の値とする	

〔注〕（ ）外の値が代表値を示し，（ ）内の値が適用範囲を示す

(2) 特殊な室の設計条件

病院，博物館，室内プールなどの特殊な用途については，その使用目的に応じて，表1.3に示す条件とする．病院の手術室の相対湿度が40%以上を要求される理由は人体などに静電気の蓄積（帯電）を防止するためである．博物館の収蔵庫の温度が特に低いのは収蔵品の内部で害虫の繁殖を防止するためで，湿度の制限は漆器やぬり絵の老化の防止のためである．

表 1.3 特殊目的の室内温湿度

特殊目的の建物・室		温度(℃)		湿度(%)		備 考
		夏期	冬期	夏期	冬期	
病院						
	バイオクリーン手術室*	22～26	22～26	45～60	45～50	*この温度範囲のいずれの温度にも設定できること
	バイオクリーン病室*	24～26	21～24	40～60	40～60	
	手術室*および これに準じる手術部区域	22～26	22～26	45～60	45～60	
	未熟児室*	25～27	24～27	50～60	45～60	
	手術部一般区域	23～25	21～24	50～60	45～60	
	ICU*	24～26	22～25	50～60	45～60	
	分娩室	23～27	21～24	50～60	45～60	
	新生児室	25～27	24～27	50～60	40～50	
	病室	24～26	21～24	50～60	45～60	
	外来診察室	25～27	22～25	50～60	45～60	
	待合室	25～27	20～23	50～60	40～50	(日本病院設備協会)[2],[3]
室内水泳プール		年中28℃		成り行き		室内の人が裸体のため
博物館						
	収蔵庫	20±1		55±5		
	展示ケース	20±2		55±10		
電算機室および電算センター						
	室内空調方式 （床上1.2mにて）	24		50		
	二重床空調方式 （フリーアクセス）	18～22		55～65		日本冷凍協会[4]

（3） 表面結露防止のための室内温湿度条件

暖房時の室内の湿度条件はガラス面などに結露を生じない範囲に収めなくてはならない．なお，ガラス面などの表面に結露が生ずるのは，その表面温度 t_s（℃）が室内の露点温度 t_r'' より低くなるときで，

$$K(t_r - t_o) = \alpha_i(t_r - t_s) \tag{1.1}$$

$$\therefore \quad t_s = t_r - \frac{K}{\alpha_i}(t_r - t_o) < t_r'' \tag{1.2}$$

ここに，t_r, t_o：室内および外気の温度［℃］
K：ガラスなどの熱通過率［W/(m²・K)］（→表2.3）
α_i：ガラスなどの内表面熱伝達率［W/(m²・K)］（→表2.14）

式（1.2）が表面結露防止の条件式でこの式より計算すれば結露を防止するための室内の湿度は表1.4となり，この表の値以下に取ればよい．

表 1.4　建築構造の内部表面に結露しないための室内の相対湿度（室温＝20℃，$\alpha_i=8$）

熱通過率 K (W/m²・K)	外　気　温　度（℃）						
	-10	-7.5	-5	-2.5	0	+2.5	+5
6	22%	25%	29%	33%	38%	43%	48%
5	29	32	36	40	45	50	55
4	37	41	44	48	53	58	62
3	48	52	55	59	62	66	70
2	62	65	67	70	73	76	79
1	79	80	82	83	85	87	89

（4） 帯電防止のための室内湿度条件[5]

冬にじゅうたんの上を歩くと人体に摩擦電気が生じ，ドアのノブに手を触れると放電して電撃を受ける場合が多い．これを防止するためにはじゅうたんに帯電防止剤（多くの場合は界面活性剤）を浸み込ませて電気伝導度を上げると同時に室内の湿度を 60％ 以上に保つことが有効である．

表1.5に示すように湿度を増加させると帯電体の比抵抗が減少し帯電防止に役立つ．表のように木綿の比抵抗は小さくパーロンのような合成繊維は高い．静電気の帯電は紡績・印刷・フィルムなどの諸工業の各プロセスにおいて有害となり，これらの

表 1.5　相対湿度と繊維の比抵抗（Ω cm）（松村彰一）[5]

相対湿度（％）	50	65	80
梳 毛 糸	2.69×10^9	1.85×10^9	0.54×10^9
木 綿 糸	2.87×10^6	0.52×10^6	0.20×10^6
ビスコース人絹	2.25×10^7	1.46×10^7	0.68×10^7
アセテート人絹	13.0×10^{10}	5.7×10^{10}	1.2×10^{10}
パ ー ロ ン	4.5×10^{10}	3.3×10^{10}	0.87×10^{10}

工場の湿度管理が厳重なのは一つには，帯電防止の目的のためである[5]．

1.2.3 工業用空調の室内条件

工業用空調は前述のように室内において生産あるいは格納される物品のために行われ，したがって室内温湿度も物品の性質にとって最も良い条件に制御する．

各工業の各工程に適切な温湿度の一例を表1.6に示す．ここに示した温湿度は文献3)，7)～11)より抜き出したもので，いずれもわが国の工場技術者が長年の経験から得た数字である．しかし，これらの値は工場ごとの技術者の間に意見の相違があり，本表の（ ）で示したように，同じ工程に対して多少の差が生じている．したがって実際の設計に当たっては，当該工場の技術者と十分に協議のうえ，室内条件を決定する必要がある．

表 1.6 日本における工業用空調の室内条件の実例

工場	工程	温度(°C)	湿度(%)	文献
電気・電子	液晶製造	23	50	
	磁気ヘッド	25	45	3)
	プリント配線板	20～24±2	40～60±10	
半導体	フォトリソグラフィー	23±0.1	45±3	
	拡散	23±1	45±3	3)
	拡散炉本体 CVD，イオン注入，化学処理 ドライエッチング，スパッタリング 検査	23±1	45±5	
	組立	23±2	45±10	
光学レンズ	準備および研磨	夏 25～27 冬 23～25	夏 50～55 冬 50～55	7)
印刷	オフセット印刷	(24～27)±4	(46～48)±2	9)
	グラビヤ印刷	同上	同上	〃
	凸版印刷	同上	(40～50)±5	〃
	写真製版	(20～30)±0.5	(30～90)±5	7)
	平版製版	27(夏)	60±5	〃
	グラビヤ製版	(20～23)±1	(55～60)±2.5	〃
	電子製板	(20～23)±1.5	55±5	〃
フィルム	フィルムベース貯蔵	21～25	55～65	9)
	フィルム貯蔵	15～26	50～70	〃
	〃	(20～25)	(50～60)	7)
	フィルム製造工程	22～25	50～60	〃
	フィルム調湿室	20～26	50～90	9)
	フィルム裁断・包装	20～25	40～70	7)
	現像所	20～25	50～60	〃

表 1.6（つづき）

工　場	工　程	温度(℃)	湿度(%)	文　献
タバコ	原料加工	夏 27，冬 20	60～80	9)
	刻みサイロ	夏 26，冬 20	50～70	〃
	巻上包装		55～65	〃
製　菓	チョコレートトンネル	入口 18, 中間 5, 出口 18	55 以下	9)
	チョコレート包装	18	50 以下	7)
	チョコレート調湿	18～20	50	〃
	キャラメル包装	18～20	45～50	〃
ビール醸造	発芽室	12～17	95 以上	8)
	発酵室	6	80	9)
	貯酒室	−1～0	60～80	〃
	ビン詰室	−1～3	50～80	〃
清酒醸造	浸漬室	10～12	80	9)
	放冷室	8～10	50～60	〃
	出麹室	15	70	〃
	発酵室	5～7	50～60	〃
ウイスキ醸造	製造工程	16～25	45～60	9)
	貯酒室	18～22	50～60	〃
製薬（錠剤）	打錠室	26±2	50±5	10)
	フィルムコーチング	28±2	60 以下	〃
	錠剤乾燥室	24～28	50±5	〃
	同包装室	25	55 以下	〃
製薬（液剤）	調合室	28±2	60 以下	〃
	粉末充填室	26±1	10～25	〃
	軟膏室	24±2	50±5	〃
動物飼育舎	SPF 動物	22±2	55±10	11)
	一般動物	24±2	55±10	〃

1.2.4　快適性の指標
（1）作　用　温　度

1940 年にギャッギ（Gagge）によって提案されたのが作用温度（operating temperature）である．これは空気温度に輻射の要素を加味したものであり，空気温度 t_a と周囲壁体の平均輻射温度 t_r を，人体の対流熱伝達率 α_c と輻射熱伝達率 α_r で加重平均する．

$$t_o = \frac{\alpha_c \cdot t_a + \alpha_r \cdot t_r}{\alpha_c + \alpha_r} \tag{1.3}$$

ここに　t_o：作用温度 [℃]，t_a：空気温度 [℃]，t_r：平均輻射温度 [℃]，

a_c：対流熱伝達率 [W/(m²·℃)]

a_r：輻射熱伝達率 [W/(m²·℃)]

(2) P M V

1970年にデンマークのファンガー（J. O. Fanger）により提唱された室内温熱環境の快適性指標が平均温冷感のPMV（予想平均申告：predicted mean vote）である[12]．PMVには温熱感に係わる6つの要素，すなわち温度，湿度，輻射，気流と人の代謝量，着衣量が関係し，これらによる対流，放射，伝熱，蒸発，呼吸による人体の熱収支から温熱感を評価する．

熱収支式　　$L = M - W - C - R - E_{sw} - E_{dif} - C_{rec} - E_{rec}$ 　　(1.4)

ここに，L：熱収支 [W/m²]，M：代謝量 [W/m²]，W：作業量 [W/m²]，C：対流による熱損失 [W/m²]，R：輻射による熱損失 [W/m²]，E_{sw}：発汗による蒸発熱損失 [W/m²]，E_{dif}：不感蒸泄による蒸発熱損失 [W/m²]，C_{rec}：呼吸に伴う顕熱熱損失 [W/m²]，E_{rec}：呼吸に伴う潜熱熱損失 [W/m²]

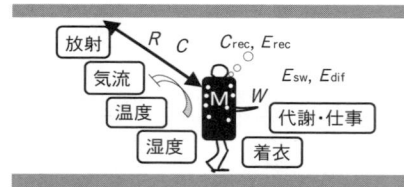

図 1.3　快適性に関する6つの要素とPMVの概念

それぞれの項は以下の通りである．

1) 対流による熱損失：$C = a_{cl} \times f_{cl} \times (t_{cl} - t_a)$
2) 放射による熱損失：$R = 0.72 f_{cl} \sigma \varepsilon \{(t_{cl} + 273)^4 - (t_r + 273)^4\}$
3) 発汗による蒸発熱損失：$E_{sw} = 0.42(M - 58.2)$
4) 不感蒸泄による蒸発熱損失：$E_{dif} = 0.68 \times 4.58(P_{sk} - P_a)$
5) 呼吸に伴う顕熱熱損失：$C_{rec} = 0.0014 \times M(34 - t_a)$
6) 呼吸に伴う潜熱熱損失：$E_{rec} = 0.0173 \times M(5.87 - P_a)$

ここに，t_{cl}：着衣表面温度[℃]，t_a：空気温度[℃]，t_r：平均放射温度[℃]　P_{sk}：皮膚表面温度における水蒸気分圧 [kPa]，P_a：空気の水蒸気圧 [kPa]，a_{cl}：対流熱伝達率[W/(m²·℃)]，σ：輻射定数[W/(m²·K⁴)]，ε：放射率 [—]，f_{cl}：着衣による表面積の増加率 [—]，t_{cl}：着衣の表面温度 [℃]，水の蒸発潜熱＝0.68 [W/g]，水蒸気拡散率＝4.58 [g/(kPa·℃)]

7) PMV（予想平均申告：Predict Mean Vote)

PMVは次式の人体の熱収支 L から求める.
$$\mathrm{PMV} = (0.303 \times e^{-0.0036M} + 0.0276) \times L \tag{1.5}$$
PMVは図1.4に示されるように,その値によって,「暑い」「暖かい」「やや暖かい」「どちらでもない」「やや涼しい」「涼しい」「寒い」と評価される.

8) PPD(予想不満足者率:Predicted Percentage of Dissatisfied)

PMVの値が0,つまり「どちらでもない」場合であっても,すべての人が満足するわけではない.PMVの値と不満に思う人の比率を被験者実験により求められたものがPPD[%]であり,次式で示される.
$$\mathrm{PPD} = 100 - 95 \times \exp(-0.03353\,\mathrm{PMV}^4 - 0.2179\,\mathrm{PMV}^4) \tag{1.6}$$
PMVは1997年に国際規格であるISO 7730として認証されている.ISO 7730では$-0.5 < \mathrm{PMV} < +0.5$ およびPPD<10%を快適領域として推奨している.

図1.6は,等価均一温度における人体の熱収支 L とPMVの関係を示す.これによると,着衣量(clo)が0.5~1.1の範囲で,熱収支 $L = 0$ となる等価室温 t_{eq} は22~26°Cである.これは一般的な冷暖房で目標とされている温度と概ね一致することが分かる.

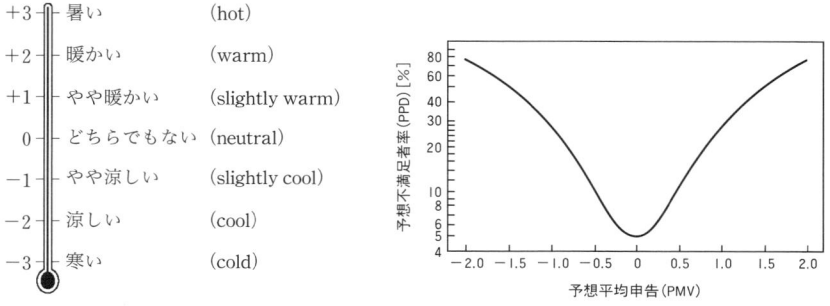

図 1.4 PMVの値と温冷感の関係   図 1.5 PMVとPPDの関係

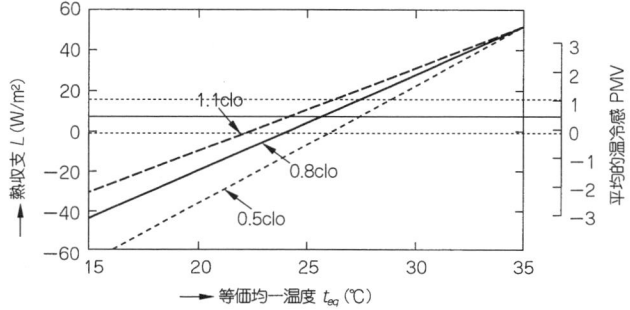

図 1.6 等価均一温度における人体の熱収支とPMVの関係(宿谷昌則)[13]

(3) 新有効温度

新有効温度 (effective temperature) は，ギャッギ (Gagge) らの理論に基づき 1972 年に ASHRAE* より提案された快適指標である．なお 1923 年にヤグロー (Yaglou) らにより提案された ET と区別するために ET* (イーティースター) で示す．

ET* は PMV と同様に温度，湿度，輻射，気流と代謝量，着衣量による，皮膚表面での対流，輻射，蒸発による熱収支モデルを基礎とし，相対湿度 50% の時の温度として定義される．なお，ET* は人体の生理学的なモデルを複雑な式で解くため，手計算では簡単に求まらない．そこで標準的な条件における ET* を特に新標準有効温度 SET* (standard effective temperature) という．すなわち，着衣量は 0.6clo (下着・シャツ・薄地ズボン・靴下・靴)，代謝量は 1.0 met (= 58.2 W/m² 椅子静座時)，風速 0.1 m/sec 以下，周囲からの輻射の影響を受けない条件とし，温冷感の評価に用いる．

図 1.7 は，空気線図 (1.4) 上に示した至適温湿度域であり，この中に，1989 年の ASHRAE (Handbook Fundamentals) と日本における提案値 (加藤ら) を示す．

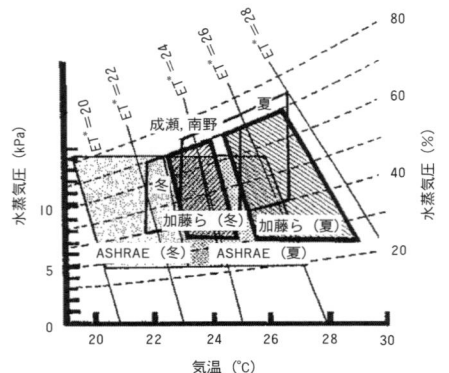

図 1.7 湿り空気線図上における SET* の至適温湿度域

1.2.5 換気の基準

室内の空気の汚染物質を排除して清浄度を保ち，また，室内で発生する CO_2 や CO，臭気を希釈し，室内の空気環境を健康で快適な状態を維持するために，空調する建物では，外気を取り入れ換気をしなければなればならない．表 1.7 に換気の基準を示す．

表 1.7 必要外気量の基準

	必要外気量	備考
建築基準法	20 m³/(h·人)	
ビル衛生管理法の基準から求めた必要換気量	30 m³/(h·人)	室内 CO_2 許容濃度 1 000 ppm，外気 CO_2 濃度 300 ppm，人の CO_2 排出量 25 g/(kg·人) より求めた必要外気量
一般的な設計	15～25 m³/(h·人)	表 3.4 と表 2.21 から求めた事務室の必要外気量

---

* ASHRAE: American Society of Heating, Refrigerating and Air conditioning Engineers (アメリカ暖房冷凍空調学会)

(1) 建築基準法による換気量
建築基準法による1人当たりの必要外気量は $20\,\mathrm{m^3/(h\cdot 人)}$ である．
(2) ビル衛生管理法による換気量
表1.1のビル衛生管法は室内の環境基準であり，必要外気量を直接的に規定するものではない．室内の CO_2 の主たる発生元は人である．同法による室内 CO_2 許容濃度は $C_R = 1\,000\,\mathrm{ppm}$ であり，外気の CO_2 濃度を $C_0 = 300\,\mathrm{ppm}$ と想定し，人の CO_2 排出量を $M = 0.025\,\mathrm{kg/(h\cdot 人)}$ として，必要外気量 $G_0\,[\mathrm{m^3/h}]$ を算定してみる．

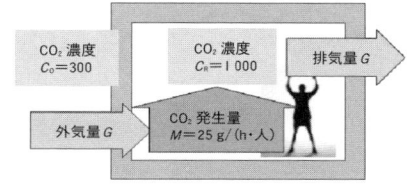

図 1.8　外気量導入による室内 CO_2 の収支バランス

下式の CO_2 の収支バランス式より，1人当たりの必要換気量は $30\,\mathrm{m^3/(h\cdot 人)}$ となる．

$$\rho \cdot G(C_R - C_0) = M \tag{1.7}$$

$$\therefore\ G = \frac{M}{\rho \cdot (C_R - C_0)} = \frac{0.025}{1.2 \times (1\,000 - 300)} = 29.7 \approx 30\ \ [\mathrm{m^3/(h\cdot 人)}]$$

ただし，ρ：空気の比重 $= 1.2\,[\mathrm{kg/m^3}]$

(3) 一般的な設計の必要外気量
後述の表2.41による床面積当たりの必要外気量は，事務室の場合，推奨値 $5\,\mathrm{m^3/(m^2\cdot h)}$ 〜最小値 $3\,\mathrm{m^3/(m^2\cdot h)}$ である．後述の表2.31による事務室の在室人員密度の設計値は $0.2\,人/\mathrm{m^2}$ である．これより在室人員1人当たりの必要外気量 $G_0\,[\mathrm{m^3/(h\cdot 人)}]$ を求めると以下のようになる．

$$G_0 = (3 \sim 5)\,\mathrm{m^3/(m^2\cdot h)} \div 0.2\,人/\mathrm{m^2} = 15 \sim 25\,\mathrm{m^3/(h\cdot 人)} \tag{1.8}$$

1.2.6　空気清浄度および室内空気質の条件

(1) 室内空気質に関する基準
平成11年（1999）に「住宅の品質確保の促進等に関する法律（品確法）」が定められ，翌年，住宅性能表示基準により新築住宅を対象とした特定化学物の基準が定められた．平成14年（2002）には学校環境衛生の基準が改定され，ホルムアルデヒド，トルエン，キシレン，パラジクロロベンゼンが定期環境衛生検査事項となった．平成14年（2002）に建築基準法に「居室内における化学物質の発散に対する衛生上の措置」として以下が加えられた．
1) 規制対象とする化学物質をクロルピリオス（防蟻剤）とホルムアルデヒドとし，
2) クロルピリオスの使用の禁止
3) ホルムアルデヒドについては，内装の仕上げの制限および天井裏等での使用制

限
4) 原則として換気を義務づけ

これらの動きの背景にあるのが住宅のシックハウス症候群（Sick House Syndrome）の問題である．住宅の高気密高断熱化と新建材の多用により，建材に含まれる微量な揮発性有機化合物（VOC: volatile organic compounds）が顕在化したことが原因である．空調はこれらの環境問題と密接に関係する故に，空調に携わる者，これから空調を学ぶ者は十分に配慮しなければならない．

参考として，表1.8に厚生労働省によるホルムアルデヒドなどのVOCに関する室内空気質の指針値を，表1.9に学校環境衛生の基準を示す．学校では竣工後検査し，

表 1.8 厚生労働省の室内空気質の指針値

制定年度	物 質 名	指 針 値	含まれている可能性のあるもの
1997年6月	ホルムアルデヒド	$100\,\mu g/m^3$ (0.08 ppm)	合板，パーティクルボード，壁紙接着剤等
2000年6月	トルエン	$260\,\mu g/m^3$ (0.07 ppm)	油性ニス，塗料，溶剤系接着剤，木材保存剤等
	キシレン	$870\,\mu g/m^3$ (0.20 ppm)	
	P-ジクロロベンゼン	$240\,\mu g/m^3$ (0.04 ppm)	防虫剤，防ダニ剤，消臭剤等
2000年12月	エチルベンゼン	$3\,800\,\mu g/m^3$ (0.88 ppm)	有機溶剤（塗料），溶剤系接着剤等
	フタル酸ジ-n-ブチル	$220\,\mu g/m^3$ (0.02 ppm)	塩化ビニル製品（床材）等
	スチレン	$220\,\mu g/m^3$ (0.05 ppm)	ポリスチレン断熱材，合成ゴム等
	クロルピリホス	$1\,\mu g/m^3$ (0.07 ppb)	防蟻剤等
2001年7月	テトラデカン	$330\,\mu g/m^3$ (0.041 ppm)	油性ペイント，塗料の薄め液，ワックス等
	ノナナール	$41\,\mu g/m^3$ (7.0 ppb)	防腐剤等
	フタル酸ジ-2-エチルヘキシル	$120\,\mu g/m^3$ (7.6 ppb)	塩化ビニル製品等
	ダイアジノン	$0.29\,\mu g/m^3$ (0.023 ppb)	殺虫剤等
2002年1月	アセトアルデヒド	$48\,\mu g/m^3$ (0.03 ppm)	接着剤，防腐剤等
	フェノブカルブ	$33\,\mu g/m^3$ (3.8 ppb)	防蟻剤
暫定値	総揮発性有機化合物（TVOC）	$400\,\mu g/m^3$	

表 1.9 学校衛生管理の基準（2002年改定）

揮発性有機化合物	判 定 基 準
ホルムアルデヒド	$100\,\mu g/m^3$ (0.08 ppm)
トルエン	$260\,\mu g/m^3$ (0.07 ppm)
キシレン	$870\,\mu g/m^3$ (0.20 ppm)
P-ジクロロベンゼン	$240\,\mu g/m^3$ (0.04 ppm)
エチルベンゼン	$3\,800\,\mu g/m^3$ (0.88 ppm)
スチレン	$220\,\mu g/m^3$ (0.05 ppm)

基準を満たさない建物は引き渡すことができない．

(2) クリーンルームの必要清浄度

表1.10 はクリーンルームの必要清浄度の例を示す．また，表1.11 は JIS-B 9920-

表1.10 クリーンルームの各清浄度と室内微粒指数(p/m^3)(JIS-B 9920-1989 の要旨)[14]

粒径(μm)	清浄度クラス							
	クラス1	クラス2	クラス3	クラス4	クラス5	クラス6	クラス7	クラス8
0.1	10^1	10^2	10^3	10^4	10^5	(10^6)	(10^7)	(10^8)
0.2	2	24	236	2 360	23 600	—	—	—
0.3	1	10	101	1 010	10 100	101 000	1 010 000	10 100 000
0.5	(0.35)	(3.5)	35	350	3 500	35 000	350 000	3 500 000
5.0	—	—	—	—	29	290	2 900	29 000
清浄度クラス粒径範囲	0.1~0.3		0.1~0.5		0.1~0.5	0.3~5.0		

備考 1) クラス3，クラス4，クラス5，クラス6，クラス7 およびクラス8 は，それぞれ Federal Standard 209 D (Clean Room and Work Station Requirements Controlled Environments) のクラス1，クラス10，クラス100，クラス1 000，クラス10 000 およびクラス100 000 に相当するものである．
2) 上限濃度は，対象粒径以上の粒子濃度を表している．
3) 上限濃度は，粒径0.1 および 0.5 μm の値を基準としている．

表1.11 工業用クリーンルームの必要清浄度の例[15]

用途		清浄度・クラス 0.1 μm	1~10	100	1 000	10 000	100 000
		0.5 μm		100			
IC・ULSI	ウェハ製造			──			
	フォトマスク製造			──			
	酸化膜・露出・現像・エッチング・蒸着工程			───			
	ダイシング・ボンディング・モールディング工程				──		
	組立て・検査				──		
光学機器	レンズ研磨工程，医学用カメラ加工・組立て			──			
	目盛彫刻，レンズ張合せ工程			──			
	マイクロフィルム・現像・乾燥			──			
	フィルム製造・乾燥			──			
	組立て			──			
	塗装・検査			──			
時計・精密機器	電子時計・部品組立て，人工衛生制御装置			──			
	ロケット用部品加工・組立て，磁気テープ			──			
	ミニチュアベアリング			──			
	普通ベアリング						──
	組立て・検査			──			
	磁気ドラム・ディスク			──			
電気電子機器計測器	高信頼管			──			
	ブラウン管，小型リレー			──			
	精密電気計器			──			
	部品・加工・組立て・検査			──			

1989の清浄度の基準を示す．クリーンルームでは温湿度条件と共に清浄度が重要である．

クリーンルームとしては，①工業用クリーンルームと②バイオクリーンルームがある．工業用クリーンルームとしては，IC，LSIなどのエレクトロニクス関係がある．バイオクリーンルームとしては，医薬品，動物実験，病院手術室，食品，化粧品産業などのほか，バイオテクノロジー関係がある．

清浄度のクラスは$1m^3$の空気に含まれる$0.1\mu m$以上の微粒子を10のべき乗の指数で表したものである．この規格ではクラス4以上がスーパークリーンルームとなる．

1.3 気象条件

1.3.1 設計用外気条件

設計用気象条件は，非常に暑い日および寒い日を想定するが極値ではない．統計的な超過確率（TAC*）を考慮する．表1.12～表1.16は空気調和・衛生工学会の設計最大負荷熱計算法による主要都市の設計用外気条件であり，気象庁の全国気象管署データ（SDPデータ）から作成されたものである．なお，冷房の設計外気条件として夏期の他に秋期があるのは，南ゾーンの室負荷のピークは秋に発生するからである．

（1）冷房用設計外気温度

表1.12は主要都市の冷房用設計外気条件を示す．夏期の冷房は6～9月の期間でのTAC 2.5%の値，秋期の冷房は10月のTAC 10%の値である．気温t，絶対湿度x，湿球温度t'は各々独立に選ばれている．日平均はピーク日の平均値である．な

表 1.12 日本各地の冷房用設計外気温湿度[1)]

		札幌	仙台	東京	名古屋	大阪	広島	福岡	鹿児島	那覇
夏期ピーク	t	30.8	32.1	33.4	34.4	34.6	32.3	33.5	33.7	32.1
	x	16.9	18.9	18.9	19.5	18.6	19.5	19.9	20.8	21.7
	t'	24.5	26.1	26.4	26.9	26.5	26.5	27.0	27.5	27.7
（日平均）	t	26.5	28.1	29.8	29.5	30.7	29.0	30.3	30.1	29.8
	x	15.7	17.9	18.5	19.0	18.6	18.9	19.1	20.2	21.4
秋期ピーク	t	19.2	22.3	24.7	25.1	25.9	24.3	25.6	27.4	28.9
	x	9.0	10.8	11.8	11.7	12.0	12.1	12.8	14.6	19.0
（日平均）	t	15.6	18.5	21.6	20.7	22.1	20.7	22.0	24.0	26.8
	x	8.5	10.5	11.5	11.5	11.5	11.8	12.2	14.2	18.6
緯　度		43 03′	38 16′	35 41′	35 10′	34 41′	34 22′	33 35′	31 34′	26 12′

t：乾球温度（℃），x：絶対湿度（g/kg），t'：湿球温度（℃）

---

* TAC：ASHRAEの技術諮問委員会（Technical Advisory Committee）が定めたのでその名がある．

お，冷却塔容量を決定する際には安全を見込んで，九州以北では27.0°C，沖縄では28.0°Cを取るのがよい．冷却塔の能力不足は直ちに冷凍機能力の低下をもたらすからである．

(2) 暖房用設計外気温度

表1.13は主要都市の暖房用設計外気条件を示す．冬期は12～3月の4カ月のTAC2.5%の値である．各々の時間帯別は建物の用途に合わせて使い分ける．0～24時は終日暖房する場合，例えば住宅・ホテル客室などの設計に用いる．4～23時は病院・駅舎，8～17時は学校，9～18時は事務所，10～21時は劇場・映画館，17～23時は夜間のみ使用する建物に対して用いる．なお，事務所で予熱時間を含める場合は8～17時を用いる．

表1.13 日本各地の時間帯別暖房用設計外気温湿度[1]

		札幌	仙台	東京	名古屋	大阪	広島	福岡	鹿児島	那覇
冬期ピーク (1～24時)	t	−13.1	−5.5	−1.2	−3.4	−1.1	−2.9	−0.6	−1.7	10.7
	x	0.8	1.6	1.3	1.7	1.8	1.8	1.9	2.4	4.6
冬期ピーク (4～23時)	t	−13.1	−5.5	−1.2	−3.4	−1.1	−2.9	−0.6	−1.7	10.7
	x	0.8	1.6	1.3	1.7	1.8	1.8	1.9	2.4	4.6
冬期ピーク (8～17時)	t	−11.7	−4.0	0.0	−1.9	0.4	−2.1	0.3	0.2	11.4
	x	0.9	1.6	1.3	1.7	1.8	1.8	2.0	2.4	4.7
冬期ピーク (9～18時)	t	−10.7	−3.1	0.8	−0.8	1.3	−1.4	0.9	1.5	11.8
	x	0.9	1.6	1.3	1.7	1.8	1.8	2.0	2.4	4.7
冬期ピーク (10～21時)	t	−9.9	−3.5	1.6	−0.7	1.0	−0.7	1.0	1.5	11.6
	x	0.9	1.6	1.3	1.7	1.8	1.8	1.9	2.4	4.6
冬期ピーク (17～23時)	t	−10.7	−3.9	0.9	−1.3	0.4	−1.2	0.4	0.6	11.0
	x	0.9	1.6	1.3	1.8	1.8	1.8	1.9	2.4	4.6
冬期ピーク (日平均)	t	−10.3	−3.3	1.3	−0.5	1.3	−0.5	0.9	1.7	11.6
	x	0.9	1.6	1.4	1.9	2.0	2.0	2.0	2.5	4.7
緯度		43 03′	38 16′	35 41′	35 10′	34 41′	34 22′	33 35′	31 34′	26 12′

t：乾球温度（°C），x：絶対湿度（g/kg）

(3) 時刻別設計外気条件

表1.14，表1.15，表1.16はそれぞれ東京・福岡・札幌の時刻別の外気条件を示す．

表 1.14 時刻別外気条件（東京）[1]

東京	時刻	1 13	2 14	3 15	4 16	5 17	6 18	7 19	8 20	9 21	10 22	11 23	12 24	平均
冷房 (夏期)	t	27.6 33.4	27.4 33.4	27.2 33.1	26.9 32.4	26.8 31.6	27.0 30.7	28.1 30.0	29.4 29.3	30.7 28.8	31.7 28.4	32.5 28.1	33.1 27.9	29.8
	x	18.4 18.8	18.4 18.6	18.3 18.5	18.3 18.6	18.4 18.6	18.4 18.6	18.4 18.6	18.5 18.6	18.5 18.6	18.6 18.6	18.8 18.6	18.9 18.5	18.5
	t'	24.7 26.4	24.6 26.2	24.5 26.1	24.4 25.9	24.4 25.8	24.5 25.6	24.8 25.4	25.2 25.2	25.5 25.1	25.8 25.0	26.1 24.8	26.3 24.8	25.3
	h	74.7 81.8	74.5 81.2	74.0 80.7	73.7 79.9	73.9 79.4	74.1 78.4	75.2 77.7	76.8 77.0	78.2 76.5	79.5 76.0	80.8 75.5	81.7 75.3	77.2
冷房 (秋期)	t	20.0 24.7	19.8 24.7	19.5 24.5	19.0 24.0	18.6 23.4	18.5 22.7	19.2 22.2	20.2 21.7	21.3 21.5	22.5 20.9	23.5 20.6	24.4 20.3	21.6
	x	11.4 11.5	11.4 11.5	11.4 11.5	11.4 11.6	11.4 11.6	11.3 11.7	11.3 11.7	11.4 11.8	11.4 11.8	11.4 11.7	11.5 11.6	11.5 11.4	11.5
	t'	17.4 19.1	17.4 19.1	17.3 19.0	17.1 18.9	17.0 18.7	16.8 18.3	17.1 18.3	17.5 18.2	17.9 18.0	18.3 17.8	18.7 17.8	19.0 17.5	18.0
	h	49.0 54.1	48.8 54.1	48.5 53.9	48.0 53.7	47.6 53.0	47.2 52.6	48.0 52.1	49.2 51.8	50.4 51.4	51.6 50.7	52.9 50.2	53.8 49.4	50.9
暖房 (冬期)	t	0.3 3.3	−0.1 3.4	−0.4 3.3	−0.8 3.2	−1.1 3.0	−1.2 2.8	−0.7 2.4	0.0 2.0	0.8 1.6	1.7 1.3	2.4 0.9	3.1 0.6	1.3
	x	1.4 1.3	1.4 1.3	1.4 1.4	1.4 1.3	1.4 1.3	1.4 1.3	1.4 1.4	1.4 1.4	1.4 1.4	1.4 1.4	1.4 1.4	1.3 1.4	1.4
	t'	−3.3 −1.6	−3.6 −1.6	−3.8 −1.5	−4.0 −1.7	−4.2 −1.8	−4.3 −1.9	−4.0 −2.0	−3.5 −2.3	−3.0 −2.5	−2.5 −2.7	−2.0 −2.9	−1.8 −3.1	−2.7
	h	3.8 6.6	3.4 6.7	3.1 6.8	2.7 6.5	2.4 6.3	2.3 6.1	2.8 5.9	3.5 5.5	4.3 5.1	5.2 4.8	5.9 4.4	6.4 4.1	4.8

t：乾球温度 [℃], x：絶対湿度 [g/kg′], t'：湿球温度 [℃], h：比エンタルピ [kJ/kg′]

表 1.15 時刻別外気条件（福岡）[1]

福岡	時刻	1 13	2 14	3 15	4 16	5 17	6 18	7 19	8 20	9 21	10 22	11 23	12 24	平均
冷房 (夏期)	t	28.2 33.5	28.0 33.5	27.9 33.3	27.6 32.9	27.5 32.3	27.6 31.6	28.5 30.8	29.6 30.1	30.8 29.4	31.8 29.0	32.7 28.6	33.3 28.4	30.3
	x	18.5 19.9	18.4 19.9	18.4 19.8	18.4 19.8	18.4 19.8	18.5 19.7	18.7 19.5	18.9 19.2	19.0 19.0	19.0 18.9	19.0 18.8	19.9 18.6	19.1
	t'	24.9 27.0	24.8 27.0	24.7 26.9	24.7 26.8	24.6 26.7	24.7 26.4	25.0 26.1	25.4 25.8	25.8 25.5	26.2 25.3	26.7 25.2	27.0 25.0	25.8
	h	75.6 84.7	75.1 84.7	74.7 84.2	74.6 83.8	75.1 83.2	76.1 82.2	77.8 80.8	79.6 79.3	81.4 78.1	83.3 77.4	84.5 76.8	84.5 76.0	79.3
冷 房 (秋期)	t	20.0 25.4	19.9 25.6	19.9 25.4	19.6 24.6	19.3 23.7	19.3 22.7	20.0 22.1	21.0 21.7	22.1 21.3	23.2 20.8	24.2 20.4	25.0 20.1	22.0
	x	12.2 12.6	12.1 12.7	12.0 12.8	11.9 12.7	11.7 12.5	11.6 12.4	11.8 12.3	12.0 12.2	12.4 12.1	12.4 12.1	12.5 12.2	12.5 12.2	12.2
	t'	18.1 20.1	18.0 20.3	17.9 20.3	17.6 20.0	17.4 19.5	17.4 19.1	17.8 18.9	18.3 18.6	18.9 18.4	19.3 18.3	19.7 18.2	19.9 18.1	18.8
	h	51.1 57.6	50.7 58.1	50.5 58.2	49.6 57.1	49.1 55.6	48.8 54.4	50.1 53.5	51.6 52.8	53.7 52.2	54.9 51.6	56.2 51.5	57.0 51.2	53.1
暖房 (冬期)	t	−0.1 2.2	−0.2 2.2	−0.3 2.2	−0.5 2.1	−0.6 1.9	−0.6 1.7	−0.2 1.5	0.3 1.3	0.9 1.0	1.3 0.7	1.7 0.4	2.0 0.1	0.9
	x	1.9 2.0	2.0 2.0	2.1 2.1	2.0 2.0	2.0 2.0	2.0 1.9	2.0 1.9	2.1 2.0	2.1 2.0	2.1 1.9	2.0 1.9	2.0 1.9	2.0
	t'	−2.8 −1.3	−2.7 −1.3	−2.6 −1.1	−2.9 −1.3	−3.0 −1.4	−3.0 −1.7	−2.7 −1.8	−2.2 −1.8	−1.9 −2.0	−1.6 −2.2	−1.6 −2.5	−1.4 −2.7	−2.1
	h	4.7 7.2	4.8 7.2	4.9 7.5	4.5 7.1	4.4 6.9	4.4 6.5	4.8 6.3	5.6 6.3	6.2 6.0	6.6 5.7	6.7 5.2	7.0 4.9	5.9

t：乾球温度 [℃], x：絶対湿度 [g/kg′], t'：湿球温度 [℃], h：比エンタルピ [kJ/kg′]

1.3 気象条件

表 1.16 時刻別外気条件（札幌）[1]

札幌	時刻	2 13	3 14	4 15	5 16	6 17	7 18	8 19	9 20	10 21	11 22	12 23	13 24	平均
冷房 （夏期）	t	14.8 16.7	15.0 16.9	15.1 17.0	14.9 16.8	14.8 15.5	14.8 15.5	15.3 15.6	15.8 16.0	16.5 15.6	16.5 15.6	16.5 15.2	16.3 14.8	15.8
	x	21.1 24.4	21.2 24.5	21.2 24.5	21.1 24.0	21.1 23.3	21.3 22.7	22.1 22.5	22.8 22.5	23.6 22.4	23.9 22.0	24.1 21.6	24.1 21.2	22.6
	t'	14.6 17.6	14.7 17.7	14.7 17.7	14.6 17.2	14.6 16.5	14.8 16.0	15.4 15.8	16.1 15.8	16.8 15.7	17.1 15.3	17.3 15.0	17.3 14.7	16.0
	h	68.2 78.6	68.7 79.0	68.8 79.1	68.3 77.4	68.2 74.9	68.7 73.0	71.3 72.6	73.6 72.9	76.3 72.8	77.1 71.3	77.6 69.9	77.4 68.5	73.1
暖房 （冬期）	t	0.9 1.0	0.9 1.0	0.9 1.0	0.9 1.0	0.8 0.9	0.8 1.0	0.9 1.0	0.9 1.0	1.0 1.0	1.0 1.0	1.0 1.0	1.0 1.0	0.9
	x	−12.5 −9.3	−12.8 −9.3	−13.0 −9.3	−13.4 −9.6	−13.8 −10.0	−13.9 −10.6	−13.2 −10.6	−12.6 −10.8	−11.7 −11.0	−10.9 −11.3	−10.1 −11.8	−9.6 −12.2	−11.4
	t'	−2.2 −1.2	−2.3 −1.2	−2.4 −1.2	−2.5 −1.3	−2.6 −1.4	−2.7 −1.6	−2.5 −1.6	−2.3 −1.7	−2.0 −1.8	−1.7 −1.9	−1.5 −2.0	−1.3 −2.1	−1.9
	h	−30.4 −22.3	−31.1 −22.3	−31.6 −22.3	−32.6 −23.0	−33.7 −24.0	−34.0 −25.6	−32.1 −25.5	−30.6 −26.0	−28.3 −26.5	−26.3 −27.3	−24.3 −28.6	−23.0 −29.6	−27.6

t：乾球温度［℃］，x：絶対湿度［g/kg'］，t'：湿球温度［℃］，h：比エンタルピ［kJ/kg'］

1.3.2 日 射 量

（1） 太 陽 定 数

太陽定数 I_o とは，地球の大気圏外での日射の強さをいう．年間を通じて概ね一定であり，本書では $I_o = 1\,382\,[\mathrm{W/m^2}]$ を用いる．

（2） 直 達 日 射 量

地上に直接到達する法線面直達日射量は式（1.9）のブーゲ（Bouguer）の式で求められる．水平面，鉛直面の直達日射量はこれよりから換算できる．

法線面直達日射量　　$I_{\mathrm{dN}} = I_o \cdot P^{1/\sin H}$ 　　　　　　　　　　(1.9)

水平面直達日射量　　$I_{\mathrm{dH}} = I_{\mathrm{dN}} \cdot \sin H$ 　　　　　　　　　　(1.10)

垂直面直達日射量　　$I_{\mathrm{dV}} = I_{\mathrm{dN}} \cdot \cos H \cdot \cos(A - A')$ 　　(1.11)

ここに，I_{dN}, I_{dH}, I_{dV}：法線面，水平面，垂直面の直達日射量［W/m²］，
　　　　　I_o：太陽定数［W/m²］，P：大気透過率［—］（→ 表1.17），
　　　　　H：太陽高度［°］，A：太陽方位角［°］，A'：壁の方位角［°］

（3） 天 空 日 射 量

日射が大気を通過する間に散乱反射されて地上に届く日射を天空日射という．水平面での天空日射量 I_{sH} ［W/m²］ は，次のベルラーゲ（Berlage）の式（1.12）により求められる．

ベルラーゲの式による水平面天空日射

$$I_{\mathrm{sH}} = 0.5 \cdot I_o \cdot \sin H \frac{1 - P^{1/\sin H}}{1 - 1.4 \ln P} \quad (1.12)$$

また，永田による水平面天空日射量は次の（1.13）式により求める．

$$I_{\mathrm{sH}} = I_o \cdot \sin H (1 - P^{1/\sin H}) K_{\mathrm{SD}} \quad (1.13)$$

ただし，$K_{SD} = (0.66 - 0.32 \cdot \sin H)\{0.5 + (0.4 - 0.3P)\sin H\}$ (1.14)

垂直面の天空日射は水平面の半分であり，よって，

$$I_{sV} = \frac{1}{2} I_{sH} \tag{1.15}$$

垂直面の天空日射量 I_{sV} が水平面の天空日射量 I_{sH} の 1/2 の値を取るのは，垂直面から見える天空の形態係数が水平面の 1/2 であるからである．残り 1/2 は地面の形態係数である．

(4) 大気透過率

大気透過率は大気の汚れ具合や大気の湿り具合により異なる．本書では東京都清瀬市の観測データより木村，滝沢のまとめた次式を用いた．

7月： $P = 0.670 + 0.004\,0(\tau - 12)^2$ (1.16)

10月： $P = 0.740 + 0.004\,5(\tau - 12)^2$ (1.17)

ここに　τ：時刻

本式による大気透過率の値を表 1.17 に示す．

表 1.17 東京における設計用大気透過率(P)，太陽方位角(A)，太陽高度(H)

時刻		〔7月23日〕$\delta = 20°08'24''$			〔10月23日〕$\delta = -11°17'37''$		
午前	午後	P	A	H	P	A	H
5	19	0.87	$-114°55'$	$0°12'$	0.0	$0°\ 0'$	$0°\ 0'$
6	18	0.81	$-106°35'$	$11°35'$	0.0	$0°\ 0'$	$0°\ 0'$
7	17	0.77	$-98°39'$	$23°28'$	0.85	$-72°02'$	$5°17'$
8	16	0.73	$-90°25'$	$35°36'$	0.81	$-62°21'$	$16°30'$
9	15	0.71	$-80°48'$	$47°44'$	0.78	$-50°54'$	$26°41'$
10	14	0.69	$-67°29'$	$59°28'$	0.76	$-36°51'$	$35°09'$
11	13	0.67	$-44°16'$	$69°38'$	0.74	$-19°38'$	$40°56'$
12	12	0.67	$0°\ 0'$	$74°28'$	0.74	$0°\ 0'$	$43°02'$

〔注〕　方位角 A の午後の値は，午前の値と絶対値は等しく，符号がプラスとなる．

(5) 時刻別方位別日射量

表 1.18 に東京の方位別・時刻別の日射量を示す．なお，時刻は標準時とし，天空日射量の計算は永田の式 (1.13) によった．

(6) 夜間放射量

地表面から上空の大気に向かって放射される熱を夜間放射または長波放射量という．夜間に限ったことではないが，冬期の晴れた夜に気温が零下でない時に凍るのは夜間放射によるものである．夜間放射量の実測は難しく，式 (1.18) は Brunt による実験式である．

$$I_{nH} = 5.67 \times \left(\frac{t + 273.16}{100}\right)^4 \times (1 - 0.062 \cdot C) \times (0.49 - 2.1 \times \sqrt{x/(x + 622)}) \tag{1.18}$$

1.3 気象条件

表 1.18 東京における方位別日射量 [W/m²] (石野)[1]

	時刻	5	6	7	8	9	10	11	12	13	14	15	16	17	18
7月23日	I_{dN}	37	548	721	801	844	869	881	884	877	860	829	773	665	397
	I_{sH}	17	60	81	94	102	106	107	107	106	105	99	90	73	48
	I_{tH}	18	194	399	590	752	872	942	957	919	826	687	510	310	110
	$I_{t(N)}$	23	167	120	48	51	52	53	53	53	52	50	71	149	147
	$I_{t(NE)}$	42	490	551	480	348	185	53	53	53	52	50	44	37	24
	$I_{t(E)}$	42	544	684	676	579	420	222	53	53	52	50	44	37	24
	$I_{t(SE)}$	22	297	440	503	501	441	333	187	53	52	50	44	37	24
	$I_{t(S)}$	8	30	41	63	159	234	279	288	264	205	120	44	37	24
	$I_{t(SW)}$	8	30	41	48	51	52	93	252	384	473	509	484	390	199
	$I_{t(W)}$	8	30	41	48	51	52	53	100	310	494	630	692	648	395
	$I_{t(NW)}$	8	30	41	48	51	52	53	53	86	257	410	521	548	373
	時刻	5	6	7	8	9	10	11	12	13	14	15	16	17	18
10月24日	I_{dN}	0	0	552	759	842	880	895	894	876	833	738	487	0	0
	I_{sH}	0	2	55	73	85	91	93	93	90	84	71	50	0	0
	$I_{t(H)}$	0	2	166	363	527	641	697	692	626	502	333	180	0	0
	$I_{t(SE)}$	0	1	530	727	758	699	577	413	226	42	36	24	0	0
	$I_{t(S)}$	0	1	244	433	567	657	701	698	645	548	405	205	0	0
	$I_{t(SW)}$	0	1	27	37	69	257	442	601	714	760	709	467	0	0

I_{dN}：法線面直達日射量，I_{sH}：水平面天空日射量，$I_{t(H)}$：水平面全日射量，I_t：垂直面全日射量，( ) は N，NE，E，SE，S，SW，W，NW の各方位

ここに，I_{nH}：夜間放射量 [W/m²]，t：気温 [℃]，x：絶対湿度 [g/kg′]
C：全雲量 [全天比 0~10]，5.67：黒体の輻射定数 [W/(m²·K⁴)]

【例題 1.1】 東京の 7 月 21 日の午後 4 時の西側壁に対する直達日射，天空日射量を求めよ．ただし，東京は北緯 35°41′=35.68°，東経 139°46′=139.77° とし，太陽定数 $I_0=1382$ W/m²，大気透過率は $P=0.8$ とする．また，太陽高度は $H=33.0°$，太陽方位角は $A=87.7°$ とする．

〔解〕 太陽高度より，$\sin H = \sin(33.0) = 0.5446$，$\cos H = \cos(33.0) = 0.8387$
西面は $A′=90°$ なる故に，$\cos(A-A′) = \sin A = 0.9992$

式 (1.9) より法線面直達日射量は，$I_{dN} = 1382 \times 0.8^{1/\sin(33.0)} = 1382 \times 0.6638 = 917.4$ [W/m²]

式 (1.11) より西の垂直面の直達日射量は，$I_{dV(W)} = 917.4 \times 0.8387 \times 0.9992 = 768.8$ [W/m²]

式 (1.12) のベルラーゲの式を使って，水平面天空日射量を求めると，

$$I_{sH} = 0.5 \times 1382 \times \sin(33.0) \frac{1-0.8^{1/\sin(33.0)}}{1-1.4 \times \ln 0.8} = 0.5 \times 1382$$

$$\times 0.5446 \frac{1-0.6638}{1-1.4 \times (-0.2231)} = 96.4 \quad [\text{W/m}^2]$$

これより垂直面の天空日射量，$I_{sV} = \frac{1}{2} \times 96.4 = 48.2$ [W/m²] を得る．

1.3.3 太陽位置の計算

(1) 太陽高度と方位角

任意の緯度,任意の時刻の太陽高度 H および太陽方位角 A は次式により求める.

$$\sin H = \sin \delta \sin \phi + \cos \delta \cos \phi \cos t \tag{1.19}$$

$$\sin A = \cos \delta \sin t / \cos H \tag{1.20.1}$$

$$\cos A = (-\sin \delta \cos \phi + \cos \delta \sin \phi \cos t)/\cos H \tag{1.20.2}$$

ここに,H:太陽高度,A:方位角,δ:太陽赤緯,ϕ:緯度,t:時角(正午を 0° とし 1 時間が 15° である)

壁面への入射角 θ は,

$$\cos \theta = \sin H \cdot \cos T + \cos H \cdot \sin T \cdot \cos(A - A') \tag{1.21}$$

ここに,T:壁面の傾角,A':壁面の方位角

水平面の場合は傾角 $T = 0$ [°] ゆえに

$$\cos \theta = \sin H \tag{1.22}$$

垂直面の場合は傾角 $T = 90$ [°] ゆえに

$$\cos \theta = \cos H \cdot \cos(A - A') \tag{1.23}$$

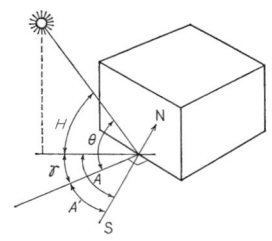

図 1.9 太陽高度 (H),方位角 (A),入射角 (θ) の関係

(2) 太陽赤緯と均時差,時角

太陽高度や方位角は,簡易には図1.10の日影曲線より求めることができる.なお,より正確に求めるためには,太陽赤緯 δ および均時差 e,時角 t を知らなければならない.これらの値は毎年変化するが,平均的な年の太陽位置は,以下の式を使って求めることができる.これらの式は空気調和・衛生工学会方式の非定常熱負荷計算プログラム HASP/ACLD で用いられている式である.

(a) 太 陽 赤 緯

地球の自転軸は公転軸に対して約23°27′の傾きがある.太陽光線と地球の赤道面との成す角度を太陽赤緯という.これは地球の公転に伴って変化する.K を年通日(1月1日を1とし12月31日を365とする通日)とすると,

$$\omega = 0.017\,167\,2 \times (K + 3) \quad [\text{rad}] \tag{1.24}$$

太陽赤緯 δ [°] は,次式で得られる.

$$\delta = 0.362\,213 - 23.247\,6 \cdot \cos(\omega + 0.153\,231) - 0.336\,891 \cdot \cos(2\omega + 0.207\,099) - 0.185\,265 \cdot \cos(3\omega + 0.620\,129) \tag{1.25}$$

(b) 均時差(equation of time)

地球の公転軌道は太陽を焦点とする楕円であり,地球の公転速度は一定でない.故に,実際の1日の長さは毎日異なる.これが真太陽時[*1]である.一方,仮に自転軸が公転軸と平行でかつ円軌道上を一定速度で公転すると仮定した場合を平均太陽時[*2]といい,真太陽時と平均太陽時の差を均時差 et [h] という.

[*1] 真太陽時:その土地の南中時を正午と定めた時間
[*2] 平均太陽時:1日の長さが年間の平均値をとり,毎日の長さが一定とする時間

$$et = -0.000\,279 + 0.122\,772\cos(\omega+1.498\,31) - 0.165\,458\cos$$
$$(2\omega-1.261\,55) - 0.005\,354\cos(3\omega-1.157\,1) \tag{1.26}$$

真太陽時は2月中旬に最も遅れ，11月上旬に最も進む．この時期に均時差が大きくなる．

（c） 時角（hour angle）

標準時の正午を0°とし1時間を15°とする角度が時角 t [°] である．
$$t = 15\times(T-12+et) + L - 135 \tag{1.27}$$
ここに　t：時角 [°]，T：標準時の時刻 [h]，et：均時差 [h]
L：東経経度 [°]，135：日本の標準時（明石の東経）[°]

【例題 1.2】 図1.10の日影曲線を用いて，東京の7月21日の午後4時の太陽高度 H と方位角 A を求めよ．

〔解〕 影の長さが1.4である．すなわち $\tan H = 1/1.4$，故に，太陽高度 $H = 35.5$ [°] を得る．影の方位はほぼ真東であり，故に，太陽方位角 $A = 90$ [°] を得る．

【例題 1.3】 計算により，東京の7月21日の午後4時の太陽高度 H と方位角 A を求めよ．なお，東京は北緯35°41′，東経139°46′とし，午後4時は日本標準時の時刻とする．

〔解〕 7月21日は年通算202日目に当たる．∴ $K = 202$

式（1.24）に，$K = 202$ を代入して，$\omega = 3.519\,76$ を得る．

式（1.25）に，$\omega = 3.519\,76$ を代入して，太陽赤緯 $\delta = 20.183\,52$ [°] を得る．

式（1.26）に，$\omega = 3.519\,76$ を代入して，均時差 $et = -0.102\,75$ [h] を得る．

式（1.27）に，時刻 $T = 16$ [h]，均時差 $et = -0.102\,75$ [h]，東京の東経 $L = 139.77°$ を代入して，時角 $t = 63.225\,5°$ を得る．

式（1.19）に，太陽赤緯 $\delta = 20.18°$，時角 $t = 63.23°$，緯度 $\phi = 35.68°$ を代入して，太陽高度 $\sin H = 0.544\,7$ を得る．すなわち，$H = 33.0°$ を得る．

最後に，式（1.20.1）に，太陽赤緯 $\delta = 20.18°$，時角 $t = 63.23°$，太陽高度 $H = 33.0°$ を代入して，太陽方位角 $\sin A = 0.999\,2$ を得る．すなわち，$A = 87.7°$ を得る．

1.3.付） 拡張アメダス気象データによる設計用ピーク気象データ

前述のSDPデータは気象台（全国79地点）のある都市に限定される．さらに，空気調和・衛生学会方式の年間標準気象データが整備されている地点となると30地点にも及ばない．これに対して，アメダス気象データは全国に1300地点以上設置されており，この中から842地点について，建築学会において拡張アメダス気象データとして整備されている．

アメダス気象データでは，気温・風向・風速・日照時間・降水量の5要素しかないが，これに日射量，湿度，大気放射量を推定して追加したものが拡張アメダス気象データである．日本建築学会から公開されており，1981～2000年の20年間の時別気象データが利用できる．これらは年間負荷計算あるいはシステムシミュレーションの気

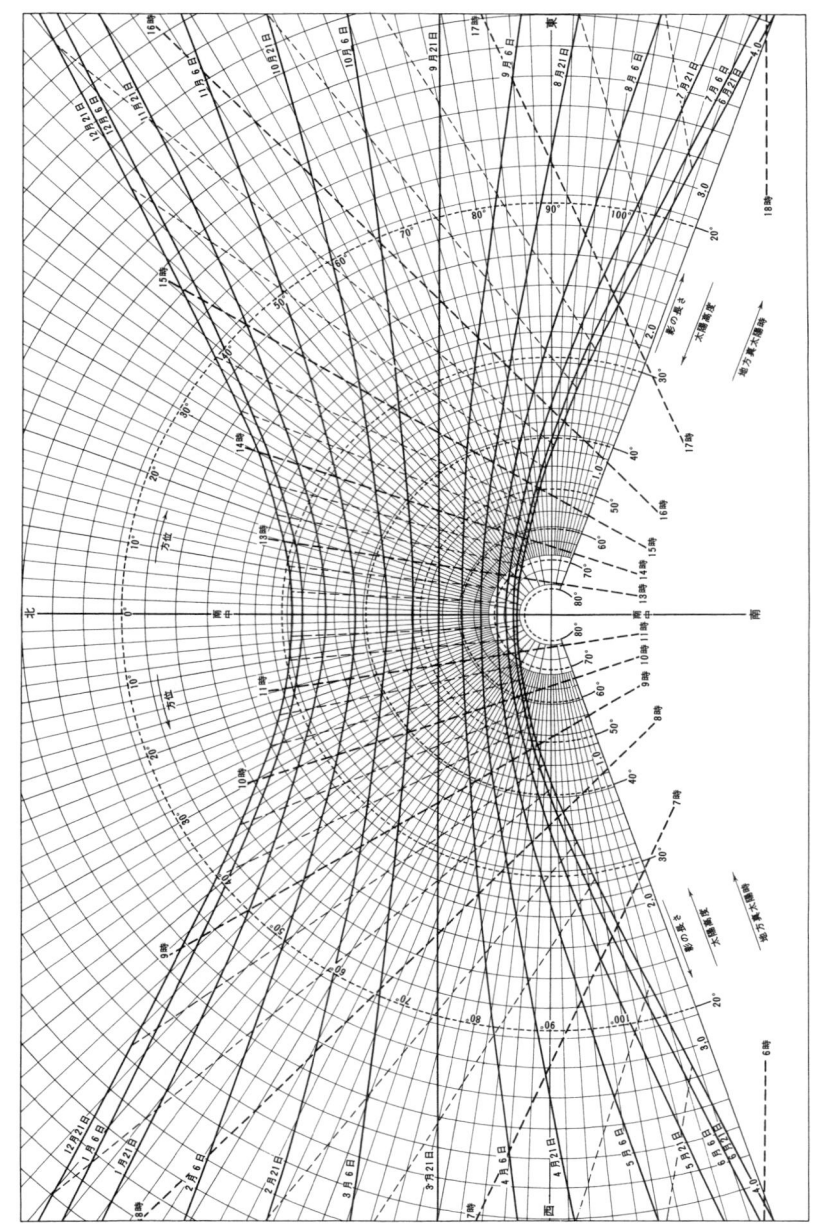

図 1.10 日影曲線（東京，北緯 35°41'）（出典 日本建築学会編：建築設計資料集成 2, 1960）

象データとして使われる．また，20年間気象データから年間の平均的な熱負荷あるいはエネルギ消費量を算出できるように21年間の気象データから平均的な月を繋ぎ合わせて作られたものが標準気象データである．

さらに，これらを基に最大負荷計算用の設計気象データが作られている．なお，TACと同様に超過確率を認めるが，前述のTAC気象データは，気温，湿度，日射量が独立に選ばれるが，拡張アメダス気象データでは，これらの同時性が考慮されている．なお，同時性を考慮する一方で偏りを抑えるために，冬期の暖房用で2種，夏期の冷房用では3種の気象データが用意されている（図1.11）．

〈暖房設計用〉

① t-x（気温-絶対湿度）基準：冬期の晴天日に見られる明け方の冷え込みが厳しい日

② t-Jh（気温-水平面日射量）基準：明け方の冷え込みは厳しくないが日中も気

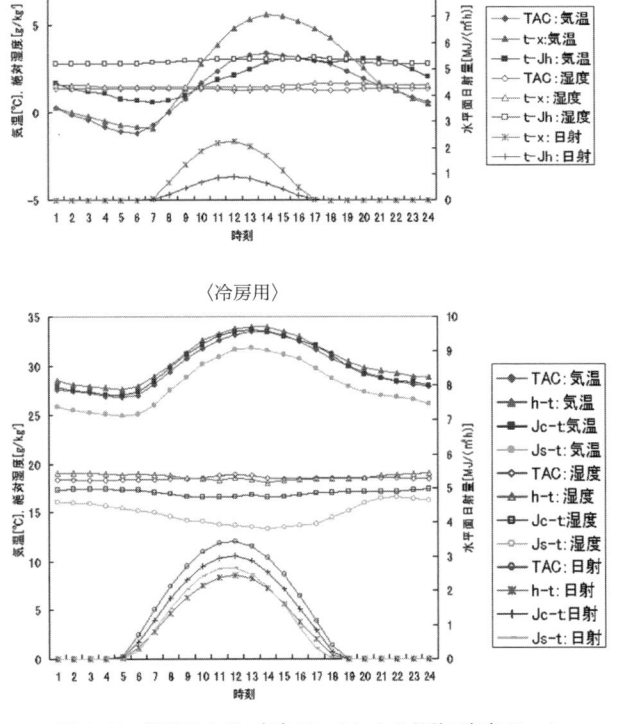

図 1.11 拡張アメダス気象データによる設計用気象データ

温が上がらない日
〈冷房用〉
③ h-t（エンタルピ-気温）基準：日射はそれほど強くないが，蒸し暑い日
④ Jc-t（円柱面日射量-気温）基準：気温は③と同程度であるが，日射が強く湿度が低い．
⑤ Js-t（円柱面南日射量-気温）基準：南面日射量が大きくなる秋に近い時期

1.4 湿り空気と空気線図

1.4.1 湿り空気の性質

（1） 湿 り 空 気

乾き空気（dry air）とは酸素21%，窒素78%と炭素ガス・アルゴン・ヘリウムなどの気体が混合したガスである．地球上にある空気はこの乾き空気にさらに水蒸気（vaper）が混合されたもので，これを湿り空気（moist air）という．

いま，図1.12のように質量1kgの乾き空気（容積 V [m³]，圧力 p_a [kPa]）と，x [kg] の水蒸気（容積 V [m³]，圧力 p_v [kPa]）が混合して，同じ容積 V [m³] の湿り空気が生じた場合を考える．この湿り空気の質量は $(1+x)$ [kg] であって，その圧力を P [kPa] とすれば，ダルトンの法則より次の式が成立する．P を全圧，p_a，p_v を分圧とよぶ．

$$P = p_a + p_v \tag{1.28}$$

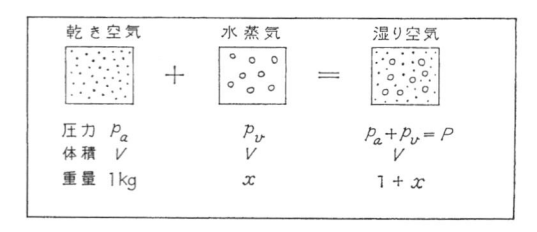

図 1.12 湿り空気の組成

（2） 飽和空気と水蒸気分圧

空気が含むことができる水蒸気には限度があり，限度状態の空気を飽和空気（saturated air）とよぶ．この飽和水蒸気の分圧 p_s [kPa] は以下のウィスラー・ハイランドの式によって与えられる．

液体の水と接する場合

$$\begin{aligned}\ln(10^3 p_s) =& -0.580\,022\,06 \times 10^4/T + 0.139\,149\,93 \times 10 - 0.486\,402\,39 \\ & \times 10^{-1} T + 0.417\,647\,68 \times 10^{-4} T^2 - 0.144\,520\,93 \times 10^{-7} T^3 \\ & + 0.654\,596\,73 \times 10 \cdot \ln(T) \end{aligned} \tag{1.29}$$

氷と接する場合
$$\ln(10^3 p_s) = -567\,453\,59 \times 10^4/T + 0.639\,252\,47 \times 10 - 0.967\,784\,30$$
$$\times 10^{-2} T + 0.622\,157\,01 \times 10^{-6} T^2 + 0.207\,478\,25 \times 10^{-8} T^3$$
$$-0.948\,402\,40 \times 10^{-12} T^4 + 0.416\,350\,19 \times 10 \cdot \ln T \qquad (1.30)$$

ここに　T：湿り空気の絶対温度 [K]
　　　　p_s：絶対温度 T における飽和水蒸気分圧 [kPa]

（3）絶対湿度

図1.12の湿り空気中の水蒸気の質量は，湿り空気中の乾き空気1kgに対する比率，つまり $x/1$ [kg/kg] となっている．この x を湿り空気の絶対湿度と呼ぶ．絶対湿度 x は湿り空気中の乾き空気1kgを基準とする値であって，湿り空気の全質量 $(1+x)$ [kg] に対するものではない．このことを明記するためにこれらの単位を [kg/kg′] または [kg/kg (DA)] と書く．

なお，後に述べる湿り空気の比エンタルピ h や比体積 v も同様に湿り空気中に含まれる乾き空気の単位質量に対する値 [kJ/kg′] および [m³/kg′] で表す．

したがって，空調計算に用いる空気流量 [kg/h] はすべて湿り空気中の乾き空気の質量を示したものであり，実際の全流量は $G(1+x)$ [kg] である．計算上，流量の値として $G(1+x)$ ではなく G を用いても，上記のように定義した x, h, v を用いれば正しい解が得られる．

（4）相対湿度と飽和度

ある空気の水蒸気分圧 p_v [kPa] と，同じ温度の飽和空気の水蒸気の分圧 p_s [kPa] との比を相対湿度（relative humidity）といい，φ [%] で表す．

$$\varphi = 100 \times \frac{p_v}{p_s} \qquad (1.31)$$

また，ある空気の絶対湿度 x [kg/kg′] と同じ温度の飽和空気の絶対湿度 x_s [kg/kg′] との比率を飽和度（degree of saturation）といい，ψ [%] で表す．

$$\psi = 100 \times \frac{x}{x_s} \qquad (1.32)$$

ψ のことを比較湿度とよぶこともある．φ と ψ のうち，一般には相対湿度 φ が用いられている．

（5）湿り空気の比エンタルピ

0℃の乾き空気を基準に，空気の持つ相対的な熱量を比エンタルピ h [kJ/kg′] という．すなわち，温度 t [℃] なる乾き空気の比エンタルピ h_a [kJ/kg′] は，

$$h_a = c_{pa} \cdot t = 1.006 \cdot t \qquad (1.33)$$

ここに　c_{pa}：空気の定圧比熱 = 1.006 [kJ/kg′]

温度 t [℃] の水蒸気の比エンタルピ h_v [kJ/kg] は0℃の水を基準として，

$$h_v = r_0 + c_{pv} \cdot t = 2\,501 + 1.805 \cdot t \qquad (1.34)$$

ここに　r_0：0℃にける水蒸気の蒸発潜熱 = 2 501 [kJ/kg]

c_{pv}：水蒸気の定圧比熱＝1.805 [kJ/(kg·K)]

乾き空気 1 kg と水蒸気 x [kg] が混合した湿り空気の比エンタルピ h [kJ/kg′] は，

$$h = h_a + x \cdot h_v \tag{1.35}$$
$$= c_{pa} \cdot t + x(r_0 + c_{pv} \cdot t) \tag{1.35′}$$

または，
$$h = c_{ps} \cdot t + r_0 \cdot x \tag{1.36}$$
$$c_{ps} = c_{pa} + c_{pv} \cdot x \tag{1.37}$$

c_{ps} を特に湿り比熱（humid heat）とよぶ．

(6) 露点温度

湿り空気の温度を下げていき，その水蒸気量が飽和水蒸気量 x_s より大きい x_h になった場合，$(x_h - x_s)$ なる余分の水蒸気量は一般には水蒸気としては存在できず，微細な水滴すなわち霧として存在する．このような状態を霧入り空気（fogged air）とよぶ．この空気に飽和空気の温度以下に冷却された固体の表面があると，空中の水蒸気はそこで凝結して露となる．この温度を湿り空気の露点温度（dew point temperature）とよび，t'' で示す．t'' は x_s により決められ，t'' なる温度は飽和空気中の絶対湿度 x_s が大きいほど高くなる．

(7) 湿球温度と断熱飽和温度

湿球温度計で測った湿り空気の温度を湿球温度とよび，本書では WB（wet bulb temperature）または t' [℃] で表す．湿球温度に対し，普通の温度計で測った空気の温度を乾球温度とよび，本書では DB（dry bulb temperature）または t [℃] で表す．普通に空気の温度あるいは気温とよばれているのは，すべて乾球温度のことである．

湿球温度計においては，ガーゼ上の水膜より水が蒸発して，蒸発熱を奪い水膜の温度 t_w [℃] は降下して，空気の乾球温度 t [℃] より低くなる．このとき $(t - t_w)$ なる温度差により空気より水膜に熱が移動し，水膜温度を上げようとする．このとき，蒸発による熱損失量が伝熱による熱取得量と吸い上げた水の熱量の和にちょうど，釣り合ったところで水膜温度 t_w が一定になる．これが空気の湿球温度 t'' に等しい．

後述の 3.4.4 に述べるように完全に断熱したエアワッシャを用い，同じ水を循環噴霧して，空気を飽和するとき，出口空気の温度を断熱飽和温度（adiabatic saturation temperature）とよぶ．風速が 5 m/s 以上の気流中においた湿球温度計の読みは断熱飽和温度に等しい．本書では湿球温度と断熱飽和温度を同じ温度として取り扱う．

本書の空気線図の湿球温度は断熱飽和温度で，これはアスマン形（図 1.13）あるいは振り回し式のよう

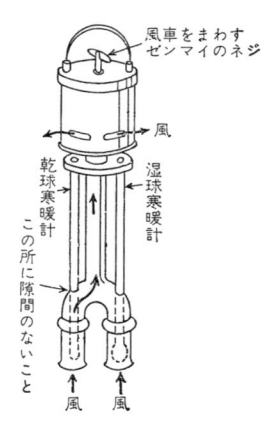

図 1.13　アスマン式湿球温度計

な通風式乾湿温度計で読んだ温度である．簡易なつり下げ式の乾湿温度計の読みを，そのまま空気線図上の湿球温度として用いてはならない．

1.4.2 熱平衡と物質平衡[17]

図 1.14 のような断熱したダクト内に空気を通し，これに熱量 q と水分 L を加える．風量を G，入口・出口の比エンタルピ，絶対湿度をそれぞれ h_1, h_2, x_1, x_2 とし，水分のエンタルピを h_L とする．

この熱量 q および水分 L は装置の外から内部の空気に加えられ，あるいは内部の空気

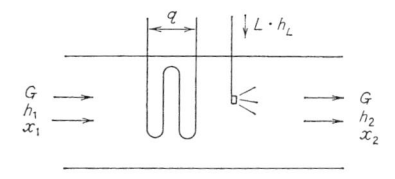

図 1.14 空気の温湿変化プロセス
(Goodman)[17]

から除去した熱量および水分量を示す．冷房した室に対しては q と L はそれぞれ取得顕熱，取得水分量となり，冷却コイルの場合はそれぞれ除去熱量（顕熱＋潜熱）および凝縮して外部に排出される水量となる．

まず装置内の熱平衡（energy balance）を考える*．装置内に入る熱量は $(G \cdot h_1 + q + L \cdot h_L)$，出口での熱量は $G \cdot h_2$ なるゆえ，平衡状態では，

$$(G \cdot h_1 + q + L \cdot h_L) = G \cdot h_2 \tag{1.38}$$

同様に水分に対する物質平衡（mass balance）を考える．装置内に入る水分量は $(G \cdot x_1 + L)$，出口での水分量は $G \cdot x_2$ なるゆえ，平衡状態では，

$$(G \cdot x_1 + L) = G \cdot x_2 \tag{1.39}$$

$$\therefore \ G(h_2 - h_1) = q + L \cdot h_L \tag{1.40}$$

$$G(x_2 - x_1) = L \tag{1.41}$$

この 2 式が熱平衡と物質平衡は物理現象を解く基本原理であり，空調機内部などの空気状態の変化のみならず，空調される室内など，空気調和のプロセスのすべてにおいて成立する．

式 (1.40) を式 (1.41) で割ったものを熱水分比 u または単に水分比（moisture ratio）という．

$$u = \frac{(h_2 - h_1)}{(x_2 - x_1)} = \frac{q + L \cdot h_L}{L} = \frac{q}{L} + h_L \tag{1.42}$$

後述の図 1.15 の h-x 湿り空気線図において入口空気の状態点 (h_1, x_1) と出口空気の状態点 (h_2, x_2) を結ぶ線分は，式 (1.42) の熱水分比 u の勾配の線に平行になる．

---

* 式 (1.38)～式 (1.42) において，単位系を熱量 [kW]，水分量 [kg/s]，風量 [kg/s]，比エンタルピ [kJ/kg]，絶対湿度 [kg/kg′] とすることで，余分な係数を排除している．
　なお，第 2 章以降では，実務的な見地から熱量を [W]，水分量を [kg/h]，風量を [kg/h] とする．

1.4.3 空気の性質に関する諸式[18]

```
記 号 表
```

P：空気の全圧 [kPa]　　　　h', x'：湿球温度に等しい温度の飽和空気の比エン
p：分圧 [kPa]　　　　　　　　　　タルピおよび絶対湿度
t：乾球温度 [℃]　　　　　　v：比容積 [m³/kg]，　　ρ：比重量 [kg/m³]
t'：湿球温度 [℃]　　　　　　R_a：乾き空気の気体定数＝0.287 06 [kJ/(kg·K)]
t''：露点温度 [℃]　　　　　　R_v：水蒸気の気体定数＝0.461 52 [kJ/(kg·K)]
T：絶対温度＝273.15＋t [K]　c_{pa}：乾き空気の定圧比熱＝1.006 [kJ/(kg·K)]
x：絶対湿度 [kg/kg′]　　　　c_{pv}：水蒸気の定圧比熱＝1.805 [kJ/(kg·K)]
φ：相対湿度 [%]　　　　　　　r_0：0℃における水の蒸発熱＝2 501 [kJ/kg]
ψ：飽和度 [%]
[添字] a：乾き空気　s：飽和空気，v：水蒸気，w：水

本項で用いる圧力の単位はすべて標準大気圧（P_0＝101.325 kPa）を基準とする．

（a）気体の状態方程式

乾き空気および水蒸気を完全気体と見なすと，1 kg の乾き空気と x [kg] の水蒸気に対し，

$$p_a \cdot v = R_a \cdot T = 0.287\,06 \cdot T \tag{1.43}$$

$$p_v \cdot v = R_v \cdot x \cdot T = 0.461\,52 \cdot x \cdot T \tag{1.44}$$

前述のダルトンの法則（式（1.28））により，

$$P = p_a + p_v$$

$$\therefore \quad P = (R_a + R_v \cdot x) T \tag{1.45}$$

（b）絶対湿度　　$x = \dfrac{R_a}{R_v} \cdot \dfrac{p_v}{p_a} = 0.622 \dfrac{p_v}{p_a} = 0.622 \dfrac{p_v}{P - p_v}$ （1.46）

（c）水蒸気分圧　$p_v = \dfrac{x}{0.622 + x} P$ （1.47）

（d）比容積　　　$v_a = \dfrac{(R_a + xR_v) T}{P}$ （1.48）

（e）比重量　　　$\rho_a = \dfrac{1}{v} = \dfrac{P}{(R_a + xR_v) T}$ （1.49）

（f）相対湿度　　$\varphi = \dfrac{p_v}{p_s} \times 100$ （1.50）

（g）飽和度　　　$\psi = \dfrac{x}{x_s} \times 100 = \dfrac{(P - p_s) p_v}{(P - p_v) p_s} \times 100$ （1.51）

（h）断熱飽和温度

図 1.14 において $q = 0$ として，外部から熱を加えることなく，温度 t_s の水で加湿した結果，出口空気が飽和して水温と同じ t_s になった場合，その温度 t_s を断熱飽和温度という．温度 t_s の水の比エンタルピ h_s は

$$h_s = c_{pw} \cdot t_s = 4.186 \cdot t_s \tag{1.52}$$

ここに　c_{pw}：水の比熱 $=4.186$ [kJ/(kg·K)]

ここで式 (1.40), (1.41) に $x_1=x$, $x_2=x_s$, $h_1=h$, $h_2=h_s$, $h_L=c_{pw}t_s$, $q=0$ を代入すると,

$$G(h_s-h)=0+L\cdot c_{pw}\cdot t_s$$
$$G(x_s-x)=L$$
$$\therefore\ (h_s-h)=(x_s-x)\cdot c_{pw}\cdot t_s \tag{1.53}$$
$$\therefore\ u=\frac{(h_s-h)}{(x_s-x)}=c_{pw}\cdot t_s \tag{1.54}$$

すなわち, 熱水分比 u が $c_{pw}\cdot t_s$ となり, 温度 t_s で一定に加湿され飽和に至る. すなわち, t_s は湿球温度であることが解る. すなわち, $t_s=t'$, $x_s=x'$, $h_s=h'$.

また, 式 (1.53) より,

$$h'-x'\cdot c_{pw}\cdot t'=h-x\cdot c_{pw}\cdot t' \tag{1.55}$$

さらに, ここで t' を t_L に戻し, $c_{pw}\cdot t'$ を h_L に戻すと,

$$h'-h_L\cdot x'=h-h_L\cdot x$$

すなわち, 出口 (左辺), 入口 (右辺) のこの値をシグマ関数 (Σ function) とよぶ.

風速 5 m/s 以上の空中におかれた湿球温度計については 1.4.1(7) 項に述べたように蒸発による熱損失が, 伝熱による熱取得と, コップより吸い上げた水の比エンタルピ $h_w L$ の和に等しいことから,

$$r'f(x'-x)A_w=a(t-t')A_w+c_{pw}t'L \tag{1.56}$$

ここに, f：蒸発係数 [kg/(m²·s·(kg/kg'))]
r'：t' なる温度の飽和水蒸気の蒸発潜熱 [kJ/kg]
a：水膜表面の熱伝達率 [kW/(m²·°C)]
A_w：湿球表面積 [m²]

一方, $L=f(x'-x)A_w$ であるから, これを代入して,

$$a(t-t')=f(r'-c_{pw}t')(x'-x) \tag{1.57}$$

一方, 湿り空気においては次のルイスの関数式が成立する[19].

$$\boxed{a=c_s f \tag{1.58}}$$

$$\therefore\ c_s f(t-t')=f(r'-c_{pw}t')(x'-x)$$
$$\therefore\ (c_s t+r'x)-(c_s t'+r'x')=c_{pw}t'(x'-x) \tag{1.59}$$
$$\therefore\ h-h'=c_{pw}t'(x-x') \tag{1.59}'$$

この式は式 (1.54) とまったく同様で, 湿球温度計で測った t' 湿球温度が断熱飽和温度と等しいことがわかる.

1.4.4　湿り空気線図

湿り空気の性質を数表としたものを巻末の表 13.1 に示す. また図として表したも

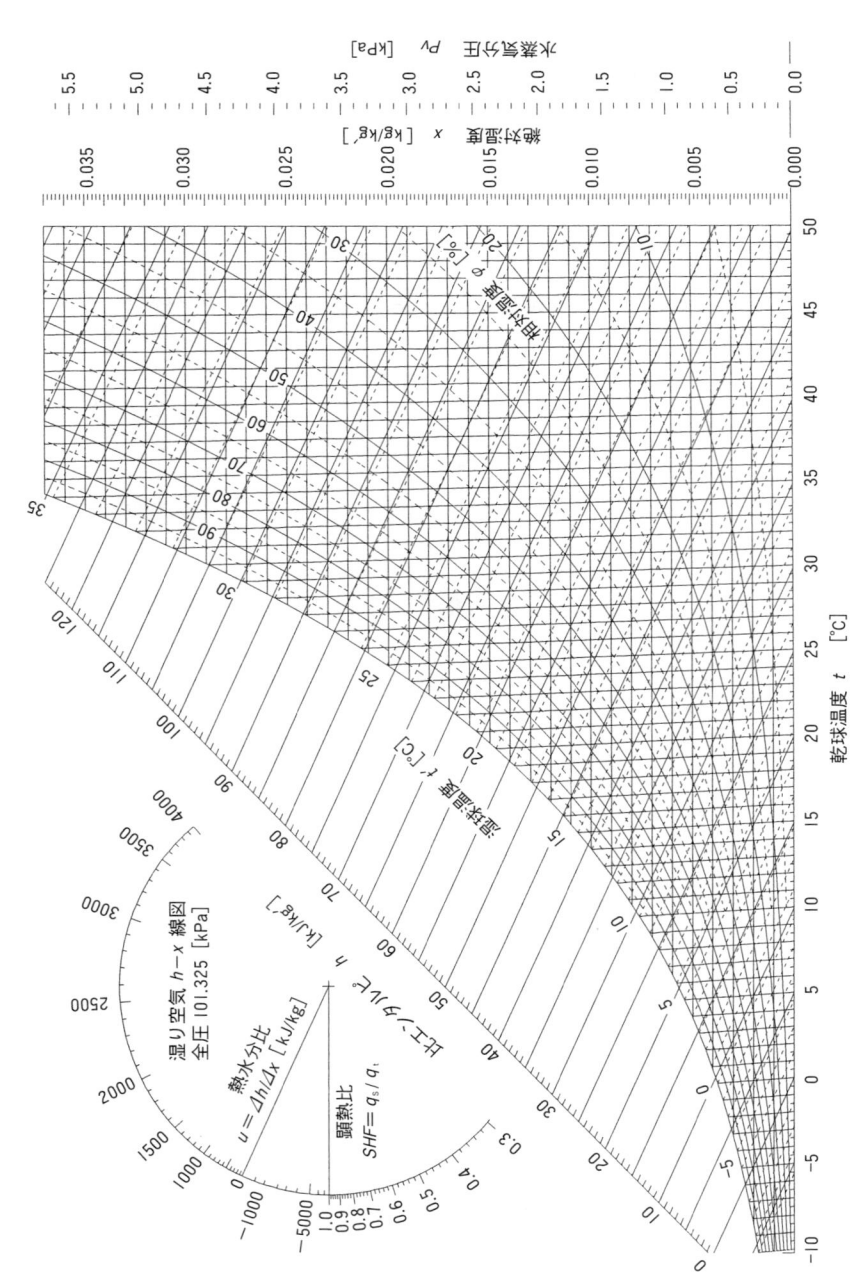

図 1.15 湿り空気 h–x 線図（猪岡）

のを湿り空気線図あるいは単に空気線図 (psychrometric chart) とよぶ．これを図 1.15 に示す．空気線図において，ある空気の状態を表す点を状態点 (state point) とよぶ．すなわち図 1.16 のように，ある空気の乾球温度 t，湿球温度 t'，露点温度 t''，絶対湿度 x，相対湿度 φ_R，あるいは比エンタルピ h を直ちに求めることができる．

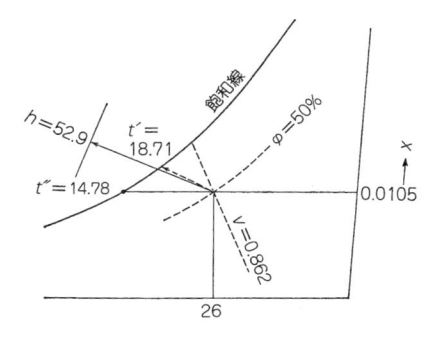

図 1.16 空気線図の読み方

図 1.15 に示す空気線図は斜交軸の比エンタルピ h と縦軸の絶対湿度 x が基軸となっている h-x 線図である．この 2 軸のみが平行線を構成している．

一般に空気線図として h-x 線図を使うのは，熱と水分の 2 つの平衡が同時に空気線図上で表現できるからである．例えば，ある 2 つの状態点の空気を混合する場合，混合点は元の 2 点を結ぶ直線上に乗る．これが他の例えば t-x 線図であると，温度と絶対湿度が基軸となり，一見便利なようであるが，混合点は曲線となり，はなはだ使い勝手が悪い．

なお，図 1.15 は大気圧（101.325 kPa）に等しい全圧の空気に対するものである．したがって海抜の高い所では本図はあてはまらない．

【例題 1.4】 温度 $t=26°C$，相対湿度 $\varphi=50\%$ のときの，比エンタルピ h，絶対湿度 x，湿球温度 t'，露点温度 t'' を求めよ．

〔解 1〕 空気線図から求める．

図 1.16 のように比エンタルピ $h=52.9$ [kJ/kg]，絶対湿度 [g/kg] $x=0.010\,5$，湿球温度 $t'=18.7°C$，露点温度 $t''=14.8°C$ を得る．比体積は，図 1.15 では省略しているので求められない．

〔解 2〕 計算式で求める．

まず，乾球温度 $t=26.0°C$ の絶対温度は，$T=273.15+26.0=299.15$ K である．

式 (1.29) より，絶対温度 $T=299.15$ K の飽和水蒸気分圧 $p_s=3.363$ kPa を得る．

式 (1.50) より，相対湿度 $\varphi=50\%$ の水蒸気分圧を求めると，
$$p_v = p_s \times \varphi/100 = 3.363 \times 50/100 = 1.6815 \ [kPa]$$
を得る．

式 (1.46) より，相対湿度 $\varphi=50\%$ の時の絶対湿度を求めると，
$$x = 0.622 \frac{p_v}{P-p_v} = 0.622 \frac{1.6815}{101.325-1.6815} = 0.010\,50 \ [kg/kg']$$
を得る．

式 (1.35) より比エンタルピを求めると，
$$h = c_{pa}t + x(r_0 + c_{pv}t) = 1.006 \times 26 + 0.010\,50(2\,501 + 1.805 \times 26)$$

$$=52.91\ [\mathrm{kJ/kg'}]$$

を得る.

式 (1.49) より, 比体積 v を求めると,

$$v=\frac{(R_a+xR_v)T}{P}=\frac{(0.287\,06+0.010\,50\times0.461\,52)(273.15+26)}{101.325}$$
$$=0.861\,8\ [\mathrm{m^3/kg}]$$

を得る. 比体積の逆数が比重量 ρ である. すなわち,

$$\rho=1/v=1/0.861\,8=1.160\ [\mathrm{kg/m^3}]$$

を得る.

湿球温度 t' と露点温度 t'' は湿り空気線図を使えば直接的に求めることができるが, 計算式では反復法により解を求めることになる. 煩雑であり, ここでは省略する.

なお, 湿球温度 t' については, 絶対湿度 x と比エンタルピ h により近似解であるが, 直接的に湿球温度 t' を求める松尾の式 (1.60) がある. なお, 適用範囲は, 乾球温度が $0\sim35°\mathrm{C}$, 絶対湿度が $0.001\sim0.035\,\mathrm{kg/kg'}$ である.

$$t'=\frac{\begin{array}{c}2.766\,601\times10^{-7}h^5-4.048\,901\times10^{-5}h^4+2.586\,479\\ \times10^{-3}h^3-9.921\,376\times10^{-2}h^2+2.897\,049\times h-6.052\,40\end{array}}{\begin{array}{c}1.0+x(1.107\,358\times10^{-6}h^4-1.433\,037\times10^{-4}h^3\\ +7.337\,560\times10^{-3}h^2-1.948\,023\times10^{-1}h+2.887\,669)\end{array}}$$

$$(1.60)$$

引用文献

1) 空気調和・衛生工学会:設計用最大熱負荷計算法, 平成 1.
2) 日本病院設備協会:病院空調設備の設計・管理指針, 平成 1.
3) 空気調和・衛生工学会:建築設備集成, 13, 生産施設(1), 平成 3.
4) 日本冷凍協会:冷凍空調便覧 (第 5 版), III, 平成 5.
5) 高分子学会:静電気ハンドブック, 地人書館, 昭 53.
6) 空気調和・衛生工学会:建築設備集成, 13, 生産施設(1), 平成 3.
7) 化学工業社:別冊化学工業, 工場操作シリーズ, No. 20, 調温調湿, 昭 43.
8) 空気調和特集号, 冷凍, Vol. 37, No. 418, 1962.8.
9) 産業空調特集号, 冷凍, Vol. 41, No. 466, 1966.8.
10) 産業用特殊空調特集号, 冷凍, Vol. 44, No. 505, 1969.11.
11) 吉田 燦ほか:動物実験施設作品集, ソフトサイエンス社, 昭 53.
12) P. O. Fanger: Thermal Comfort, 1970, Danish Technical Press.
13) 宿谷昌則:光と熱の建築環境学, 丸善, 平成 5.
14) 日本冷凍協会:冷凍空調便覧 (第 5 版), III, 平成 5.
15) 空気調和・衛生工学会:空気調和・衛生工学便覧 (第 12 版) I, 基礎編, 平成 7.
16) 空気調和・衛生工学会:設計用最大熱負荷計算法, 平成 1.
17) Goodman, W.: Air Conditioning Analysis, Macmillan, 1948. (B 17 の全訳は小原淳平により衛工誌 34 巻 10 号より 35 巻 11 号に連載)
18) 内田秀雄:湿り空気と冷却塔, 裳華房, 昭 47.
19) Lewis, W. K.: T. of ASME, Vol. 44, p. 329, 1922.

2 熱負荷計算

はじめに

　空調設計の第一歩が熱負荷計算である．この熱負荷に基づいて空調設備の設計が進められる．今日，この熱負荷計算はコンピュータによって計算をすることが多い．確かにコンピュータは便利であり，誰でも簡単に答えを得ることができる．しかし，その理論的な背景を知らずに使うことは，思わぬ落とし穴に陥る危険性がある．本書では，基本となる熱負荷の理論および熱負荷計算法を理解することを第一の目標とする．

　また，本章では実務的な側面を重視する．理論を知っていても，それを正しく使う方法を知らなければ役に立たない．このために本書では，先ず例題となる建物を提示し，この建物の熱負荷を求めるにはどうするかという視点に立って解説を進める．理論と応用を同時進行し，本章の最後まで辿り着くと，熱負荷計算シートが埋まり，実際の計算方法が身に付くことを第二の目標とする．

　本書では，冷房負荷計算と暖房負荷計算を同時に進める．基本理論は同じであり，取り扱いの一部に違いがあるだけである．同時に進めることが理解を深める助けになると考える．

　本書の熱負荷計算は，空気調和・衛生工学会の手計算法に概ね準拠している．ただし，1) 色々な計算法を総花的に解説するのではなく，実務でよく使われる計算方法に絞って解説を進める．2) 一歩踏み込んだ高度な内容は各節に補足の項を設けて解説を加えるようにしている．3) 風量などの単位は本書では m^3/h を採用するなど，実務に沿った形で修正している．

2.1 熱負荷とは

本書の負荷計算法を理解する上で必要なことを先に説明する．

2.1.1 種々の熱負荷

(1) 室負荷，空調機負荷，熱源負荷，冷却負荷

空調システムと熱負荷の関係を図2.1に示す．一口に熱負荷と言っても様々な断面の熱負荷があり，設計対象も異なる．

室負荷：本章で主として解説する熱負荷が室負荷である．この室負荷で，空調機の給気風量，ダクトのサイズ，ファン室内ユニットの機器を設計する．

空調機負荷：コイル負荷とも言う．室負荷に加え，換気のための外気負荷が加わる．また，空調空気の送風機（ファン）の発熱，ダクトからの熱損失も空調機負荷になる．これにより空調コイル，冷温水の流量，配管，2次ポンプ，ポンプが決まる．

熱源負荷：冷凍機やボイラにかかる熱負荷が熱源負荷である．空調機負荷に加えて，冷水・温水を送るためのポンプの発熱および配管からの熱損失が加わる．

冷却負荷：水冷式の冷凍機の場合，冷凍機が処理した熱を冷却塔から建物外部に放熱する．冷却負荷には冷凍機が処理した熱に加え冷凍機を駆動する駆動エネルギが加わる．更に，ポンプの発熱および配管からの熱損失が加わる．

(2) 冷房負荷と暖房負荷

夏に発生するのが冷房負荷であり，冬に発生するのが暖房負荷であるが，冬期に南

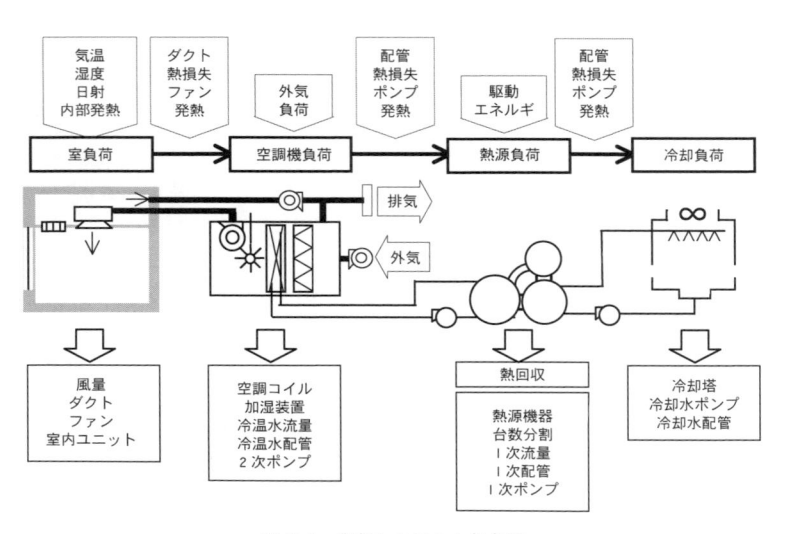

図 2.1 空調システムと熱負荷

向きの室負荷は冷房となり，一方，空調機負荷は外気負荷が加わるので暖房負荷になることはよくあることである．近年のOA化により多量のパソコンが室内に持ち込まれ，この傾向は強まっている．中間期や冬期に，室の冷房負荷を外気で処理する外気冷房は省エネルギ手法の1つである．（これについては第12章を参照のこと）

（3） 顕熱負荷と潜熱負荷

熱には顕熱と潜熱がある．日射や温度差によって発生する熱や，照明やOA機器などの内部発熱は顕熱負荷である．人も体温により顕熱負荷を発生している．一方，水分の移動により発生する熱が潜熱負荷である．人の呼吸に含まれる水分や皮膚からの発汗，調理で発生する水蒸気，隙間風や外気によりもたらされる湿度差による熱負荷は潜熱負荷である．

（4） 対流，輻射，伝導

熱の伝わり方には三様ある．流体（空気や水）を介して伝わる熱が対流である．日射やストーブのように直接触れなくても伝わる熱が放射（輻射とも言う）である．直接触れることで伝わる熱が伝導である．輻射暖房・輻射冷房もあるが，空調の基本は対流によって処理する．

2.1.2 熱負荷計算

（1） 最大熱負荷計算と年間熱負荷計算

最大熱負荷はピーク熱負荷とも言い，空調設備の容量を決めるための熱負荷である．冷房は夏期，暖房は冬期の気象条件によって計算される．なお，南に面した室では秋に低い太陽高度から日射が室内に侵入するため，冷房のピーク熱負荷は秋に発生する．故に，南向きの室では秋についても冷房の熱負荷計算をする．

一方，年間熱負荷は省エネルギの予測や評価をするための熱負荷である．年間8760時間の時々刻々の気象条件，様々な使用状態の下で発生する熱負荷を求める．このための熱負荷計算は，手計算という訳にはいかず，コンピュータによって求める．

（2） 定常と非定常

定常とは時間的に変化しない安定した状態をいう．これに対して時間的に変化する状態を非定常という．実際の熱負荷は非定常である．コンピュータによる熱負荷計算では，非定常熱負荷計算理論に基づいて計算する．

本書の熱負荷計算に限らず手計算法で非定常を扱うことは難しい．よって手計算では定常とみなして計算する．ただし，手計算法でも外壁や屋根については，その熱容量が大きいので時間遅れを無視できない．ここに実効温度差（→2.4.4 (2)を参照のこと）という概念を導入することで，非定常の計算が扱えるように工夫されている．

2.1.3 本章で扱う熱負荷

本章では，表2.1の○印の項目を扱う．

表 2.1 熱負荷の分類

熱負荷の分類	熱負荷の内容			本書の扱い	
	部 位	顕熱	潜熱	冷房	暖房
(ハ)熱源負荷 / (ロ)空調機負荷 / (イ)室負荷	窓ガラスからの貫流熱負荷	q_{GK}		○	○
	窓ガラスからの日射熱負荷	q_{GI}		○	
	外壁および屋根からの熱負荷	q_W		○	○
	天井・床・内壁からの熱負荷	q_{IW}		○	○
	地中壁からの熱負荷	q_{BW}			○
	すきま風による熱負荷	q_{IFS}	q_{IFL}	○	○
	人体の発熱による熱負荷	q_{HUS}	q_{HUL}	○	△
	照明の発熱による熱負荷	q_{EL}		○	△
	機器の発熱による熱負荷	q_{EM}	(q_{EML})	○	△
	壁体よりの透湿量		L_W	○	○
	間欠空調による蓄熱負荷	q_{ST}			○
	外気負荷	q_{OAS}	q_{OAL}	○	○
	再熱負荷	q_{RH}		○	
	ファン発熱	q_{fan}		○	
	ダクトからの熱損失	q_{duct}		○	○
	ポンプ発熱	q_{pump}		○	
	配管からの熱損失	q_{pipe}		○	○

2.2 モデル建物による熱負荷計算

2.2.1 モデル建物[1]

　モデル建物を以下に示す．図2.2が基準階平面図，図2.3が立・断面図，図2.4は断面詳細，図2.5は部位の仕様である．本章ではこの中の基準階を計算対象とする．

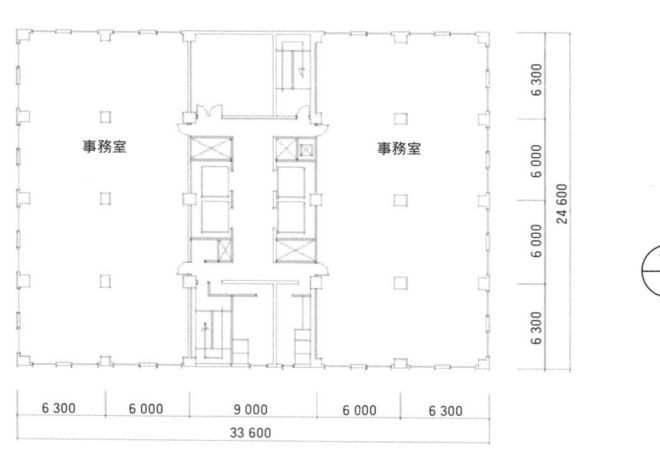

図 2.2 モデル建物の基準階平面図[1]

2.2 モデル建物による熱負荷計算

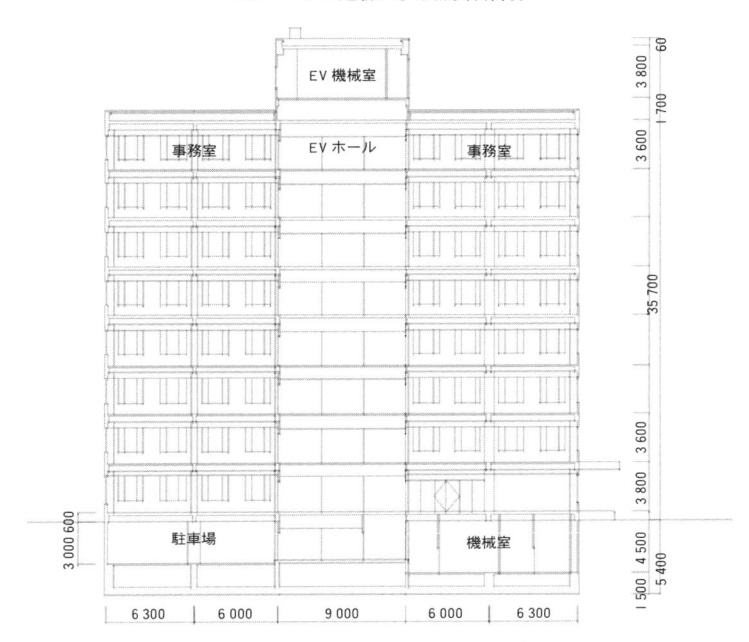

図 2.3 モデル建物の立・断面図[1]

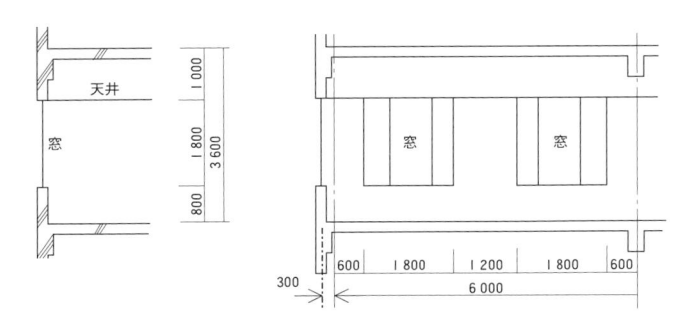

図 2.4 モデル建物の断面詳細図[1]

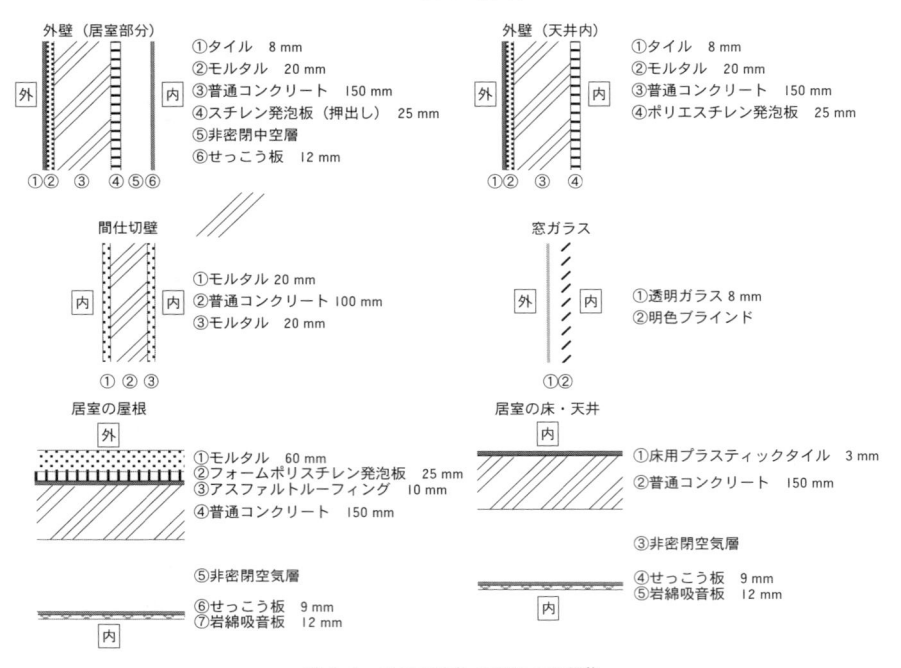

外壁（居室部分）
① タイル　8 mm
② モルタル　20 mm
③ 普通コンクリート　150 mm
④ スチレン発泡板（押出し）　25 mm
⑤ 非密閉中空層
⑥ せっこう板　12 mm

外壁（天井内）
① タイル　8 mm
② モルタル　20 mm
③ 普通コンクリート　150 mm
④ ポリエスチレン発泡板　25 mm

間仕切壁
① モルタル　20 mm
② 普通コンクリート　100 mm
③ モルタル　20 mm

窓ガラス
① 透明ガラス　8 mm
② 明色ブラインド

居室の屋根
① モルタル　60 mm
② フォームポリスチレン発泡板　25 mm
③ アスファルトルーフィング　10 mm
④ 普通コンクリート　150 mm
⑤ 非密閉空気層
⑥ せっこう板　9 mm
⑦ 岩綿吸音板　12 mm

居室の床・天井
① 床用プラスティックタイル　3 mm
② 普通コンクリート　150 mm
③ 非密閉空気層
④ せっこう板　9 mm
⑤ 岩綿吸音板　12 mm

図 2.5　モデル建物の部位の仕様[1]

2.2.2　熱負荷計算シート

本章では，表2.2の熱負荷計算シートに数値を埋めていくという形で進める．

2.2.3　ゾーニング

空調計画の詳細なゾーニングについては第4章で述べるが，ここでは熱負荷計算する上でのゾーニングに絞って説明する．

（1）　空調と非空調

計算対象とするのは空調ゾーンである．図2.3の断面図に示すように，地下1階の駐車場と機械室は非空調であり熱負荷計算の対象外となる．熱負荷計算は地上1階〜8階の事務室階が対象となる．図2.2の平面図においては，東西の両事務室と中央コアのエレベータホールが空調ゾーンである．階段室，トイレ，エレベータシャフト，トイレは非空調である．

（2）　階によるゾーニング

1階はエントランスがあり平面も階高も他の階と異なる．2〜7階が基準階である．8階の最上階は屋根からの日射の影響で基準階とは条件が異なる．これより熱負荷計算では，①1階，②2〜7階の基準階，③8階（最上階）の3つにゾーニングする．

2.2 モデル建物による熱負荷計算

表 2.2 熱負荷計算シート

ページ ___/___

場所		ゾーン名		室名		階		面積 m²		階高 m		天井高 m		容積 m³

部位						冷房							暖房		
	方位	熱タイプ 日射吸収率	面積 A [m²]	熱通過率 K	K・A	温度差[℃] 標準日射熱取得[W/m²] 遮蔽係数 SC			SC・A	冷房負荷[W]			温度差	方位係数×割増係数	暖房負荷[W]
							時	時	時	時	時	時			
窓ガラス		貫流													
		(透過)													
		貫流													
		(透過)													
		貫流													
		(透過)													
外壁・屋根		幅×高さ－窓＝													
		幅×高さ－窓＝													
		幅×高さ－窓＝													
		幅×高さ－窓＝													
		幅×高さ－窓＝													
内壁 天井 床															
隙間風	換気回数		m³/h	Δx	qL(潜熱)	Δt				qs(顕熱)			Δt,Δx	qL(潜熱)	qs(顕熱)
	冷房		回/h												
	暖房		回/h												
	躯体負荷合計			0											

在室者	人/m²	作業状況	発熱量 W/人	qL(潜熱)			qs(顕熱)			qL(潜熱)	qs(顕熱)
	冷房	事務所作業	qs								
			qL								
	暖房	負荷軽減見込率	qs								
			qL								

照明	白熱灯/蛍光灯 W/m²	種類	係数		qs(顕熱)			qs(顕熱)
	冷房	蛍光灯	qs					
	暖房	見込率→						

機器	OA機器 W/m²	種類	係数	qL(潜熱)		qs(顕熱)			qL(潜熱)	qs(顕熱)
	冷房		qs							
			qL							
	暖房	見込率→								

蓄熱	暖房時の空調立ち上げ時の蓄熱負荷として躯体負荷の ％を見込む							

室内負荷			qL 合計		qs 合計		qL 合計	qs 合計

外気負荷	m³/(h・人) *在室人数 m³/h	Δx	qL	Δt		qs(顕熱)	Δt,Δx	qL	qs
	V=								

空調負荷			qL 合計		qs 合計		qL 合計	qs 合計

負荷原単位			qL [W/m²]		qs [W/m²]		qL [W/m²]	qs [W/m²]

室内設定条件		外気負荷条件					加湿量[kg/h]	
	℃,% g/kg'	9 13 16 時						
冷房	温度		℃		(隙間風+外気量)×1.2×Δx/1000=			
	湿度		g/kg'					
暖房	温度		℃		隙間風、外気の計算式	顕熱負荷 qs=0.34・V・Δt		
	湿度		g/kg'			潜熱負荷 qL=0.83・V・Δx		

（3） 大部屋と小部屋

小部屋の場合は，部屋ごとに単独のゾーンとして計算する．図2.2の平面図より東西の両事務室は大部屋であり，空間的には1つであるが，窓際はガラス窓や外壁の影響があり，次の（4）に従って，方位別にゾーニングする．

（4） ペリメータとインテリア

大部屋のゾーニングには図2.6に示すように2通りの方法がある．図2.6左は，窓面から奥行き3～7m程度（一般的には5m）の範囲をペリメータと呼び，仮想の仕切があるものとして方位ごとにゾーニングする．外乱の影響を受けない内部ゾーンがインテリアである．

図2.6右は，窓と外壁からの熱負荷をスキンロードとして扱い，室内はすべてインテリアゾーンとする．スキンロードのゾーンは床面積を持たない．

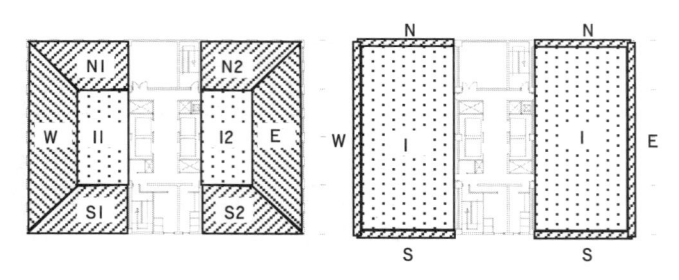

図 2.6　2つのゾーニングの方法

（5） 本章の計算対象室と熱負荷計算のゾーン

以下の熱負荷計算の実例では，基準階の東事務室を対象にする．なお本章では，図2.6右のスキンロードとインテリアにゾーニングする．この方法が簡便である．ただし，熱負荷計算の最後に表2.43に示すゾーン別集計をするので，手計算ではどのようなゾーニングでも結果は同じになる．

2.2.4　面積の取り方

（1） 床　面　積

床面積の取り方として，内法，通り芯，壁芯，窓芯などがある．熱負荷は窓・壁・床・天井などを介して室負荷となる故に，これらが熱負荷計算上の境界となる．よって，熱負荷計算での原則は，① 窓芯．窓がない場合は，② 壁芯によって床面積を算定する．

（2） 窓　の　面　積

窓はガラスとサッシからなる．熱負荷計算上の面積の扱い方として3通りある．

イ） ガラスとサッシに分けそれぞれ，日射熱と貫流熱を計算する．

ロ） 日射熱はガラス面で，貫流熱はガラス＋サッシ面で計算する．

ハ）日射熱，貫流熱とも，ガラス＋サッシ面で計算する．

本来はイ）とすべきであろう．ただし，煩雑なため，コンピュータによる非定常熱負荷計算ではガラスとサッシを分けずハ）とするのが普通である．手計算ではいずれの方法でも良いが，本書は，空気調和・衛生工学学会の便覧に従いロ）の方法とする．ロ）の方法ではサッシに当たる日射を無視することになるが，ガラスの日射熱取得は時間遅れを考慮しないので，熱負荷として過小に見積もることはない．

（3）外壁の面積

外壁の面積は，外皮のうち窓面積を差し引いた部分になる．問題は高さの取り方である．外壁の場合，天井懐を含めた階高で面積を算定する．天井懐は直接室内と接していないが，外壁からの熱は天井を介して室内への負荷となるからである．

（4）内壁の面積

内壁の場合，高さ方向は天井高で算定する．間仕切り壁の場合，必ずしも天井内に壁があるとは限らないからである．

（5）室の容積

室の床面積×天井高さで算定する．室の容積は換気回数などの基準となる．

【例題 2.1】 モデル建物の東事務室の，床面積および階高，天井高，容積を求め，熱負荷計算シートに記入せよ．

〔解〕 床面積は，東西方向は，窓芯が東端で通り芯から 300 mm 出ているので，これを含めて幅 12.3 m である．南北方向は，両端とも窓芯が通り芯から 300 mm 出ているから都合 24.6 m である．よって，床面積は $12.3\,\mathrm{m} \times 24.6\,\mathrm{m} = 302.58\,\mathrm{m}^2 \fallingdotseq 302.6\,\mathrm{m}^2$ である．階高は，図 2.4 より 3.600 m である．天井高は図 2.4 より $800+1800=2\,600$ mm $=2.600$ m である．室容積は，床面積に天井高を乗じる．即ち，$302.58\,\mathrm{m}^2 \times 2.6\,\mathrm{m} = 786.708\,\mathrm{m}^3 \fallingdotseq 786.7\,\mathrm{m}^3$

室の概要

場所	ゾーン名	室名	階	面積 [m²]	階高 [m]	天井高 [m]	容積 [m³]
東京	東ゾーン	東事務室	基準	302.6	3.600	2.600	786.7

部位					冷房					暖房		
方位	熱タイプ 日射吸収率	面積 A [m²]	熱通過率 K [K·A]	遮蔽係数 SC [SC·A]	温度差[℃]	標準日射熱取得[W/m²]		冷房負荷[W]		温度差	方位係数×割増係数	暖房負荷[W]
					9時	13時	16時	9時	13時	16時		

2.2.5 室内外の温湿度条件

（1）室内温湿度条件

熱負荷計算する前に，空調の室内温湿度を決める．ここでは，表 1.2 より一般な室内温湿度条件として，夏は 26℃，50％，春秋の中間期は 24℃，50％，冬は 22℃，50％ と設定する．なお，熱負荷計算では湿度は絶対湿度で計算する故に，湿り空気線図により，相対湿度を絶対湿度に換算しておく．

（2） 負荷計算の対象時刻と屋外温湿度条件

冷房は，表1.14～表1.16より冷房用設計外気温湿度を求める．なお，熱負荷計算の対象とする時刻は一般に以下のようである．

1) 夏期の冷房では，9時，13時，16時の3時間計算する．9時は東ゾーンの熱負荷が最大となり，13時は外気温が高く，全体として負荷が最大となり，16時は，西日の強い西ゾーンの熱負荷が最大となる．
2) 冬期の暖房では，空調開始時刻すなわち，一般的には朝9時で計算する．
3) 南ゾーンでは，秋に太陽高度が下がり日射熱取得が大きくなる．このため，秋に冷房が最大となる．正午を挟んで11時，12時，13時の計算をする．

【例題2.2】 夏期，冬期の室内温湿度および外気条件を求めよ．なお，湿度は絶対湿度，単位は g/kg で求めること．

〔解〕
時刻は熱負荷計算の時刻に合わせて，9時 30.7℃，13時 33.4℃，16時 32.4℃．湿度は絶対湿度を取る．9時 18.5，13時 18.8，16時 18.5 g/kg′ を得る．
暖房は，表1.13より暖房用設計外気温湿度を求める．空調時間帯を9～18時とすれば，気温は 0.8℃，湿度は絶対湿度 1.3 g/kg′ を得る．

室内外温湿度条件

		室内設定条件		外気負荷条件					加湿量[kg/h]	
		℃,%	g/kg′	9	13	16	時			
冷房	温度	26.0		30.7	33.4	32.4	℃	（隙間風＋外気量）×1.2×Δx/1000=		
	湿度	50%	10.5	18.5	18.8	18.5	g/kg′			
暖房	温度	22.0		0.8			℃	隙間風，外気の計算式	顕熱負荷	$q_S = 0.34 \cdot V \cdot \Delta t$
	湿度	50%	8.2	1.3			g/kg′		潜熱負荷	$q_L = 0.83 \cdot V \cdot \Delta x$

2.3 窓ガラスからの熱負荷

こからは各部位ごとの熱負荷計算となる．まず，窓ガラスから始める．窓ガラスでの熱負荷では，1) 貫流熱負荷と 2) 日射熱負荷とに分けて計算する．

2.3.1 貫流熱負荷の計算

貫流熱負荷とは，室内と外気の温度差による熱負荷であり，次式によって求める．

1) 計算式

冷房　　　　　$q_{GK} = K_G \cdot A_G (t_O - t_R)$ 　　　　　(2.1)

暖房 $\begin{cases} \text{日中} & q_{GK} = K_G \cdot A_G (t_R - t_O) \cdot k_1 \cdot k_2 & (2.2) \\ \text{夜間} & q_{GK} = K_G \cdot A_G (t_R - t_O - \Delta t_n) \cdot k_1 \cdot k_2 & (2.2)' \end{cases}$

ここに，q_{GK} ：ガラス窓の貫流熱負荷 [W]
　　　　K_G ：ガラスの熱通過率 [W/(m²・℃)] → 表2.3～表2.5
　　　　A_G ：ガラスの面積 [m²]

2.3 窓ガラスからの熱負荷

t_0 ：外気温度 [℃] → 表1.12〜表1.16
t_R ：室内設定温度 [℃] → 表1.2
Δt_n ：大気の放射冷却による温度 [℃] → 表2.6
k_1 ：方位係数 [−] → 表2.7
k_2 ：天井高による割り増し係数 [−] → 表2.8

2) 熱通過率 K_G：通常は表2.3から選ぶ．ガラスの種類，厚さ，ブラインドの有無の組み合わせ方で値が異なる．カーテンや障子の場合は表2.4から選ぶ．

3) 面積 A_G：貫流熱負荷では，ガラス＋サッシの面積とする．図2.4の断面詳細より，窓1つの大きさは，縦1.8m×横1.8m＝3.24m² である．

4) 内外温度差：室内外の温度差をとる．暖房では更に放射冷却を考慮する．なお，熱負荷を正数で表すために，冷房では式 (2.1) 右辺を（外気温度−室温）とし，暖房では式 (2.2) の右辺を（室温−外気温度）とする．これは以下の外壁等でも同様である．

5) 放射冷却 Δt_n：夜間放射とも言う．冬の晴れた夜に気温は0℃以上でも外に置いたバケツの水が凍るのはこの放射冷却によるものである．放射冷却は昼夜を問わず存在するが，日中は日射と相殺するゆえに，夜間の暖房の熱負荷にのみ見込む．

6) 方位係数 k_1：冬の季節風による割増し係数である．風が強いと外表面熱伝達率が上がり熱通過率を大きくする．本来は熱通過率を修正すべきであるが，熱通過率が冷房と暖房で異なると混乱するので，代わりに方位係数で補正するのである．

7) 天井高による割り増し係数 k_2：この項はオプション的存在である．保温性の低い窓ガラスの場合，冬期に冷やされた窓面に沿ってコールドドラフトが生じる．これに伴い熱損失が大きくなる．これを補正する係数である．

【例題2.3】 モデル建物の基準階東事務室の各方位の窓ガラスの貫流熱負荷を求めよ．

〔解〕窓面積はサッシを含めた面積である．図2.4より窓1つが1.8m×1.8mであり，北と南は4面，東は8面である．透明ガラス8mm＋明色ブラインドの熱通過率は表2.3より $K=4.88 [W/(m^2 \cdot ℃)]$ 得る．冬期の方位係数は表2.7より，北が1.1，東が1.05，南は1.0である．天井高が2.6mゆえに，天井高さによる割り増し

窓ガラスの貫流熱負荷

場所	ゾーン名	室名				階	面積 m²	階高 m	天井高 m	容積 m³
東京	東ゾーン	東事務室				基準	302.6	3.600	2.600	786.7

		部位				冷房					暖房		
方位	熱タイプ 日射吸収率	面積 A [m²]	熱通過率 K	K・A	遮蔽係数 SC	温度差[℃] 標準日射熱取得[W/m²]			冷房負荷[W]		温度差	方位係数×割増係数	暖房負荷 [W]
					SC・A	時 9	時 13	時 16	時 9	時 13	時 16			
窓ガラス	N (透過)	貫流 =1.8*1.8*4	13.0	4.88	63.2	4.7	7.4	6.4	297	468	405	21.2	1.10	1,475
	E (透過)	貫流 =1.8*1.8*8	25.9	4.88	126.5	4.7	7.4	6.4	595	936	810	21.2	1.05	2,816
	S (透過)	貫流 =1.8*1.8*4	13.0	4.88	63.2	4.7	7.4	6.4	297	468	405	21.2	1.00	1,341

はなしとする．

内外温度差は，例題 2.2 より求める．夏期は室内温度が 26°C，9 時，13 時，16 時の外気温度との差はそれぞれ，4.7，7.4，6.4°C である．冬期は室内温度が 22°C，9 時の外気温度との差は 21.2°C である．これより前頁の表を結果を得る．

表 2.3　各種ガラスの遮蔽係数および熱貫流率（日本板ガラス協会）[2]

ガラス種類		遮蔽係数 SC			熱通過率 K W/(m²·°C)	
		ブラインドなし	明色ブラインド	中間色ブラインド	ガラス	ガラスブラインド
単層ガラス	透明ガラス 3mm	1.00	0.54	0.66	6.47	5.06
	透明ガラス 5mm	0.97	0.54	0.63	6.35	4.97
	透明ガラス 6mm	0.96	0.53	0.63	6.29	4.95
	透明ガラス 8mm	0.93	0.52	0.62	6.19	4.88
	透明ガラス 10mm	0.90	0.50	0.60	6.06	4.80
	透明ガラス 12mm	0.89	0.50	0.59	5.97	4.77
	熱線吸収ガラス 3mm	0.93	0.52	0.61	6.47	5.06
	熱線吸収ガラス 5mm	0.86	0.49	0.56	6.35	4.97
	熱線吸収ガラス 6mm	0.83	0.48	0.55	6.29	4.95
	熱線吸収ガラス 8mm	0.77	0.46	0.52	6.19	4.88
	熱線吸収ガラス 10mm	0.72	0.43	0.48	6.06	4.80
	熱線吸収ガラス 12mm	0.68	0.41	0.45	5.97	4.77
	透明膜熱線反射ガラス 8mm	0.74	0.48	0.55	6.19	4.88
	発色膜熱線反射ガラス 8mm	0.65	0.44	0.49	6.19	4.88
	熱線吸収熱線反射ガラス 8mm	0.58	0.38	0.42	6.19	4.88
複層ガラス	透明ガラス 3mm+透明ガラス 3mm	0.89	0.54	0.63	3.50	3.05
	透明ガラス 5mm+透明ガラス 5mm	0.85	0.52	0.60	3.43	2.99
	透明ガラス 6mm+透明ガラス 6mm	0.83	0.52	0.59	3.40	2.97
	透明ガラス 8mm+透明ガラス 8mm	0.79	0.50	0.57	3.34	2.92
	熱線吸収ガラス 3mm+透明ガラス 3mm	0.81	0.48	0.56	3.50	3.05
	熱線吸収ガラス 5mm+透明ガラス 5mm	0.72	0.45	0.51	3.43	2.99
	熱線吸収ガラス 6mm+透明ガラス 6mm	0.69	0.43	0.49	3.40	2.97
	熱線吸収ガラス 8mm+透明ガラス 8mm	0.62	0.39	0.44	3.34	2.92
	発色膜熱線反射ガラス 6mm+透明ガラス 6mm	0.56	0.40	0.44	3.40	2.97

〔注〕1　HASP-L 利用者マニュアル（日本建築設備士協会）[3] をもとに熱通過率を SI 単位に変換した．
　　　2　複層ガラスの空気層の厚さはすべて 6mm である．

表 2.4　カーテンや障子などをガラスと組み合わせた熱通過率と遮蔽係数（木村ほか）[5]

普通カーテン（青色）		遮光用カーテン		レース（白色）		障子		室内側反射ルーバ	
SC	K	SC	K	SC	K	SC	K	SC	K
0.66	5.81	0.39	5.93	0.71	4.88	0.52	5.58	0.89	5.47

〔注〕1　木村・宿谷・野崎の"窓面日除けの日射熱へい係数の簡易測定法について（その3）"，日本建築学会学術講演梗概集（昭 55-9）[4] をもとに，熱通過率 K の単位を ［W/(m²·°C)］に変換した．
　　　2　この表は実験により求めたものである．
　　　3　$\alpha = 20\,\text{kcal}/(\text{m}^2\cdot\text{h}\cdot\text{°C}) = 23.26\,\text{W}/(\text{m}^2\cdot\text{°C})$ とした．
　　　4　本表における熱通過率には，日射が当たったときの内部遮蔽物の表面温度上昇による室内側表面熱伝達率の増加分が含まれている．したがって，この値は日射が当たった場合の貫流熱負荷の算出に対してのみ用いることができる．
　　　5　遮光用カーテンが透過日射を遮るのに対し，その熱通過率が大きくなるのはカーテンに吸収された日射が室内側に放熱されるためである．

2.3 窓ガラスからの熱負荷

表 2.5 エアフローウィンドの遮蔽係数および熱通過率(石野・郡)[5]

窓通気量(m³/mh)	0	40	80	120
遮蔽係数	0.33	0.24	0.20	0.19
熱通過率(W/m²℃)	2.60	1.60	1.30	1.00

注) 窓幅は 1 m,窓高さは 1.8 m の場合

表 2.6 大気ふく射による外気温度の増分(木村建一)[6]

			$\Delta t_a =$ 0
外壁および窓	3 階以下		0
	4〜9 階	周囲に建物があるとき	0
		周囲が開けているとき	2
	9 階を超えるとき		3
屋根	勾配 5/10 以上		4
天窓	陸屋根,勾配 5/10 以下		6
床・内壁			0

〔注〕 大気放射とは建物表面から大気への長波放射による放射冷却をいう.昼間は日射の影響が超越しているが,夜間は日射がなくなり,大気放射のみが観測されるので,夜間放射とも呼ばれる.

表 2.7 方位係数 k_1 [5]

方位	k_1
N NW W	1.1
SE E NE SW	1.05
S	1.0

表 2.8 天井高さによる割り増し係数 k_2 (IHVE Guide, 1975)[7]

	天井高(m)				天井高(m)		
	5 以下	5〜10	10 以上		5 以下	5〜10	10 以上
強制対流暖房				低温ふく射暖房			
低い壁の水平吹出	1.00 〜1.05	1.05 〜1.15	1.15 〜1.20	床暖房	1.00	1.00	1.00
天井吹出	1.00 〜1.05	1.05 〜1.10	1.10 〜1.20	天井暖房	1.00	1.00 〜1.05	—
自然対流暖房	1.00	1.00 〜1.05	—	高い位置からの高温	1.00	1.00	1.00 〜1.05
中程度の高さからの 高温ふく射暖房	1.00	1.0 〜1.05	1.05 〜1.10				

2.3.2 日射熱負荷の計算

最大負荷計算での日射熱負荷は冷房の場合にのみ考慮する.暖房の場合は安全側の考えから手計算では算入しない.

1) 計算式

庇などの外部日除けがない場合とある場合とで計算式が若干異なる.外部日除けのない場合は全日射で計算する.外部日除けのある場合は,日除は直達日射を遮蔽すると考え,ゆえに日射を直達と天空に分けて計算する.

冷房 $\begin{cases} \text{外部日除けのない場合} & q_{GI} = SC \cdot A_G \cdot I_G \quad (2.3) \\ \text{外部日除けのある場合} & q_{GI} = SC \cdot A_G \{\phi_{Gd} \cdot I_{Gd} + I_{Gs}\} \quad (2.4) \\ & = SC \cdot A_G \{\phi_{Gd}(I_G - I_{Gs}) + I_{Gs}\} \quad (2.4)' \end{cases}$

ここに，q_{GI} ：ガラス窓の日射熱負荷 [W]
　　　　SC ：ガラスの遮蔽係数 [－] → 表2.3，表2.4
　　　　A_G ：ガラス窓の面積 [m²]
　　　　I_G ：ガラス窓標準日射熱取得 [W/m²] → 表2.9，表2.10
　　　　I_{Gd} ：ガラス窓標準日射熱取得の直達日射成分 [W/m²]
　　　　I_{Gs} ：ガラス窓標準日射熱取得の天空日射成分 [W/m²]
　　　　ϕ_{Gd} ：外部日除けによる直達日射の日照面積率 [－] → 2.3.3 の (4)

外部日除けのない場合は式 (2.3) を用いる．なお，式(2.4) または式 (2.4)′で日照面積率を ϕ_{Gd}=1.0 とすると式 (2.3) と同じになる．

1) 遮蔽係数／ガラスの種類とブラインドによる補正

表2.9 と表2.10 の日射熱取得は，3mm 透明ガラスを基準とする値である．他のガラスあるいはブラインドやカーテンがある場合は，表2.3 または表2.4 の遮蔽係数で補正する．

2) ガラス窓の面積

ガラス窓の面積はサッシを除くガラスの面積とする．

3) 標準日射熱取得

標準日射熱取得とは，3mm 透明ガラスの場合の室内に侵入する日射熱取得のことである．表2.9 の一般のガラスと，表2.10 の反射ガラスとは入射角特性が異なるので，別の表になっている．なお，反射ガラスの場合でも，3mm 透明ガラスが基準になるように基準化された値が示されている．

式 (2.4) および式 (2.4)′の外部日除けは直達日射を遮蔽し，天空日射は遮蔽しないと想定している．したがって日照面積率 ϕ_{Gd} (2.3.3 の (4)) は直達日射にのみかかる．表2.9，表2.10 に天空日射の表示はないが，日影の項がそれに相当する．全日射の I_G から天空日射成分 I_{Gs} を差し引けば直達日射成分が I_{Gd} 得られる．

【例題2.4】 基準階東事務室の各方位の窓面の日射熱負荷を求めよ．

〔解〕 例題2.2の窓面積に対して，ガラス面積はその85％とした．遮蔽係数は表2.3 より，8mm透明ガラス＋明色ブラインドの組み合わせで0.52 となる．日射熱取得は表2.9 より夏期，各方位の9時，13時，16時を選び，冷房負荷を求める．

窓ガラスの貫流熱負荷と日射熱負荷

場所		東京	ゾーン名	東ゾーン	室名	東事務室	階	基準	面積 m²	302.6	階高 m	3.600	天井高 m	2.600	容積 m³	786.7
			部 位						冷 房						暖 房	
方位	熱タイプ 日射吸収率	面積 A [m²]		熱通過率 K	K·A	遮蔽係数 SC	SC·A	温度差[℃] 標準日射熱取得[W/m²]			冷房負荷[W]			温度差	方位係数×割増係数	暖房負荷 [W]
								時 9	時 13	時 16	時 9	時 13	時 16			
窓ガラス	N	貫流 =1.8*1.8*4	13.0	4.88	63.2			4.7	7.4	6.4	297	468	405	21.2	1.10	1,475
		(透過) 0.85	11.0	0.52	5.7			42	43	38	241	246	218			
	E	貫流 =1.8*1.8*8	25.9	4.88	126.5			4.7	7.4	6.4	595	936	810	21.2	1.05	2,816
		(透過) 0.85	22.0	0.52	11.5			491	43	36	5,625	493	412			
	S	貫流 =1.8*1.8*4	13.0	4.88	63.2			4.7	7.4	6.4	297	468	405	21.2	1.00	1,341
		(透過) 0.85	11.0	0.52	5.7			77	157	36	441	899	206			

2.3 窓ガラスからの熱負荷

表 2.9 透明ガラスおよび熱線吸収ガラス用標準日射取得 [W/m²]（相賀）5）

都市名 時期	方位	時刻														
		5	6	7	8	9	10	11	12	13	14	15	16	17	18	19
東　京 夏　期 (7/23)	水平	16	122	308	498	653	765	829	843	807	723	591	419	224	63	0
	日影	8	24	33	38	42	43	43	43	43	43	40	36	30	20	0
	N	20	100	55	38	42	43	43	43	43	43	40	38	76	99	0
	NE	43	430	476	394	245	92	43	43	43	43	40	36	30	20	0
	E	43	480	603	591	491	319	121	43	43	43	40	36	30	20	0
	SE	20	236	363	417	409	341	224	93	43	43	40	36	30	20	0
	S	8	24	33	40	77	131	171	180	157	108	56	36	30	20	0
	SW	8	24	33	38	42	43	48	147	279	377	420	402	317	153	0
	W	8	24	33	38	42	43	43	50	202	400	543	609	572	349	0
	NW	8	24	33	38	42	43	43	43	47	152	315	441	478	329	0
東　京 秋　期 (10/24)	水平	0	2	98	266	428	541	595	591	526	405	237	76	0	0	0
	日影	0	1	22	30	35	37	37	37	36	34	29	20	0	0	0
	SE	0	1	470	642	669	608	484	309	123	34	29	20	0	0	0
	S	0	1	180	350	480	567	608	605	556	463	326	148	0	0	0
	SW	0	1	22	30	36	151	340	508	623	671	627	413	0	0	0
福　岡 夏　期 (7/23)	水平	0	37	179	379	562	707	803	850	845	790	684	533	342	148	24
	日影	0	15	28	35	40	43	43	43	43	43	42	40	34	27	12
	N	0	72	91	48	40	42	43	43	43	43	42	40	53	98	43
	NE	0	213	467	465	359	202	66	43	43	43	42	40	34	27	12
	E	0	220	540	609	563	435	243	66	43	43	42	40	34	27	12
	SE	0	92	283	379	407	372	280	152	51	43	42	40	34	27	12
	S	0	15	28	35	43	79	123	149	147	116	71	40	34	27	12
	SW	0	15	28	35	40	42	43	62	176	300	381	407	367	257	47
	W	0	15	28	35	40	42	43	43	90	280	463	578	607	508	110
	NW	0	15	28	35	40	42	43	43	43	84	231	384	474	449	109
福　岡 秋　期 (10/24)	水平	0	0	33	173	357	506	600	634	606	517	371	188	41	0	0
	日影	0	0	14	26	33	37	37	37	37	36	33	27	15	0	0
	SE	0	0	210	579	672	653	562	412	224	64	33	27	15	0	0
	S	0	0	62	251	400	508	576	599	579	516	410	265	79	0	0
	SW	0	0	14	26	33	56	208	397	551	649	673	593	266	0	0
札　幌 夏　期 (7/23)	水平	41	165	337	505	640	735	787	795	759	679	557	401	226	76	1
	日影	15	27	34	38	42	43	44	44	43	43	40	36	29	20	0
	N	97	85	36	38	42	43	44	44	43	43	40	36	62	110	0
	NE	272	466	445	329	166	49	44	44	43	43	40	36	29	20	0
	E	276	544	613	580	470	294	102	44	43	43	40	36	29	20	0
	SE	106	290	408	465	460	399	284	140	44	43	40	36	29	20	0
	S	15	27	34	65	148	229	278	286	251	179	92	37	29	20	0
	SW	15	27	34	38	42	43	92	233	363	445	470	435	340	180	0
	W	15	27	34	38	42	43	44	58	221	413	549	612	584	410	0
	NW	15	27	34	38	42	43	44	44	43	112	273	412	473	385	0

〔注〕 日影とは直達日射が0で，天空日射のみの場合の値を示す．外部遮蔽ありのガラス窓日射負荷の計算において，直達日射成分，天空日射成分を求めるのに用いられる．

表 2.10 熱線反射ガラス用標準日射熱取得 [W/m²] (相賀)[5]

都市名 時期	方位	5	6	7	8	9	10	11	12	13	14	15	16	17	18	19
東京 夏期 (7/23)	水平	17	151	351	521	670	779	837	850	816	740	608	451	266	76	0
	日影	8	26	35	41	44	45	47	47	45	45	43	38	31	21	0
	N	23	128	67	41	44	45	47	47	45	45	43	42	97	122	0
	NE	44	438	490	426	298	116	47	47	45	45	43	38	31	21	0
	E	44	485	612	605	512	370	153	47	45	45	43	38	31	21	0
	SE	22	263	388	445	443	388	277	117	45	45	43	38	31	21	0
	S	8	26	35	42	96	167	216	228	199	137	65	38	31	21	0
	SW	8	26	35	41	44	45	53	186	333	419	450	428	344	176	0
	W	8	26	35	41	44	45	47	56	252	438	559	621	578	351	0
	NW	8	26	35	41	44	45	47	47	51	194	362	460	490	334	0
東京 秋期 (10/24)	水平	0	2	121	315	465	565	616	612	551	444	285	92	0	0	0
	日影	0	1	23	31	37	40	41	41	38	36	30	22	0	0	0
	SE	0	1	474	649	680	623	510	362	158	36	30	22	0	0	0
	S	0	1	213	383	501	584	623	620	572	485	359	177	0	0	0
	SW	0	1	23	31	40	194	390	531	637	683	634	417	0	0	0
福岡 夏期 (7/23)	水平	0	43	219	415	581	723	814	856	851	802	700	552	383	181	27
	日影	0	16	29	37	42	44	45	45	45	45	44	42	36	28	12
	N	0	88	116	55	42	44	45	45	45	44	42	42	64	124	50
	NE	0	215	477	480	399	252	79	45	45	45	44	42	36	28	12
	E	0	222	544	620	578	466	297	79	45	45	44	42	36	28	12
	SE	0	107	310	407	438	414	334	194	57	45	44	42	36	28	12
	S	0	16	29	37	47	99	157	190	186	148	87	43	36	28	12
	SW	0	16	29	37	42	44	45	73	222	353	422	437	395	284	53
	W	0	16	29	37	42	44	45	45	112	334	488	592	616	513	113
	NW	0	16	29	37	42	44	45	45	45	103	284	419	488	458	112
福岡 秋期 (10/24)	水平	0	0	37	214	402	535	621	652	626	544	415	231	48	0	0
	日影	0	0	15	28	34	37	40	41	40	38	35	28	16	0	0
	SE	0	0	213	586	681	667	580	452	278	79	35	28	16	0	0
	S	0	0	76	290	430	529	593	615	597	537	440	303	99	0	0
	SW	0	0	15	28	34	67	259	440	570	663	684	600	270	0	0
札幌 夏期 (7/23)	水平	48	202	378	527	656	750	799	807	773	695	577	435	269	93	1
	日影	16	28	36	41	44	47	47	47	47	45	43	38	31	21	0
	N	116	108	40	41	44	47	47	47	47	45	43	38	78	138	0
	NE	276	477	462	371	210	55	47	47	47	45	43	38	31	21	0
	E	278	549	622	594	493	345	129	47	47	45	43	38	31	21	0
	SE	126	316	428	485	486	437	337	177	48	45	43	38	31	21	0
	S	16	28	36	79	188	280	330	338	303	226	116	40	31	21	0
	SW	16	28	36	41	44	47	115	285	407	473	491	456	364	206	0
	W	16	28	36	41	44	47	47	67	273	447	563	623	590	414	0
	NW	16	28	36	41	44	47	47	47	142	322	436	485	391	0	0

〔注〕 1 日影とは直達日射が0で、天空日射のみの場合の値を示す。外部遮蔽ありのガラス窓日射熱負荷の計算において、直達日射成分、天空日射成分を求めるのに用いられる。
2 熱線反射ガラスとそれ以外のガラスを組み合わせた複層ガラスの場合、安全側をとって標準日射熱取得が大きくなる熱線反射ガラスの値を用いるとよい。

2.3.3 補足

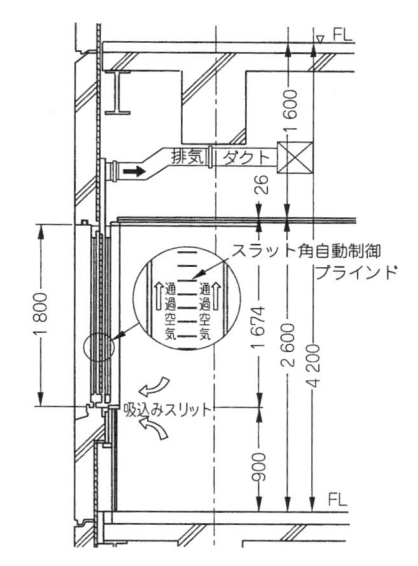

（1）エアフローウィンド

エアフローウィンドとは，図2.7のように二重ガラスの間にブラインドを内蔵し，ここに室内からの排気を通気させ，夏期はブラインドで受けた日射熱を除去して日射熱負荷を軽減し，冬期は通気空気がガラス表面温度を温め，室内温熱環境の改善を図るシステムである．

エアフローウィンドの通気風量とその性能の関係を表2.5に示す．なお，この表は窓幅1m，窓高さ1.8mの場合である．

省エネルギとペリメータレスの長所を持つエアフローウィンドであるが，以下の点に注意しなければならない．

1) 通気風量を大きくすると，エアフローウィンドの性能は上るが，外気風量を超えると，外気負荷が増えて省エネルギに反することになる．ペリメータの奥行き5mとして，この範囲の外気風量を通気とするならば，在室人員を0.2人/(h·人)，必要外気量を25 m³/(h·人) とすると，通気風量は単位窓幅1m当たり25 m³/(m·h) となる．

2) 内部発熱が大きい室では保温性を高めても省エネルギにならない．日射遮蔽などとの組み合わせを考える．

図 2.7 エアフローウィンド

（2）ガラスの入射角特性

図2.8は3mm透明ガラスの入射角特性を示す．入射角により反射・吸収・透過の成分比が変化する．ガラスの日射熱取得は透過成分 τ_i と吸収成分 a_i のうち室内に熱として侵入する比率 k の和である．すなわち

$$g_i = \tau_i + k \cdot a_i$$

ここに，k は内外表面の熱伝達抵抗の比であり，

$$k = \frac{1/a_0}{1/a_0 + 1/a_i}$$

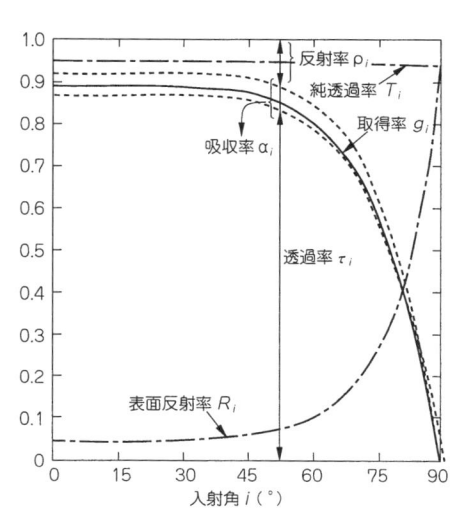

図 2.8 ガラスの入射角特性 3mm透明ガラス[8]

ここに，$α_i$, $α_o$：内外の表面熱伝達率［W/(m^2·K)］

3mm 透明ガラスの日射熱取得率は，入射角 i の関数として次式で与えられる．

$$g_l = 2.392\cos i - 3.8636\cos^3 i + 3.7568\cos^5 i - 1.3952\cos^7 i \tag{2.5}$$

ここに，i：入射角［°］

天空日射の場合は完全拡散と考え，式 (2.5) を積分して得られる．すなわち，

$$g_s = \int_0^{\pi/2} g_l \cdot \cos i \cdot \sin i \cdot di = 0.808 \tag{2.6}$$

表 2.9，表 2.10 の日射熱取得には，この入射角特性が考慮されている．また，他のガラスの入射角特性はほぼ相似形であり，表 2.3 の遮蔽係数で補正する．

（3）ガラスの日射熱取得のプロセス

図 2.9 に，窓ガラスの熱取得のプロセスを示す．左図はガラス単体の場合であり，ガラス内部での多重反射が考慮される．右図はガラス＋ブラインドの場合であり，さらに，ガラスとブラインドの相互反射が考慮される．式 (2.5) および表 2.3 の遮蔽係数はこのような多重反射が考慮されている．

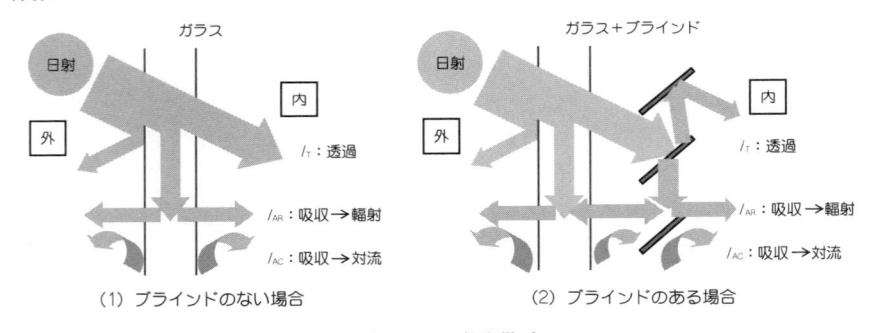

図 2.9 窓ガラスの熱取得プロセス

（4）外部日除けによる日照面積率

外部日除けにより日射が遮られた時の，窓面における日照面積の比率が日照面積率 S_G である．（→ 図 2.10）

$$S_G = \frac{\text{ガラス面日照面積}}{\text{ガラス面面積}} = \frac{x \cdot y}{b \cdot h} \tag{2.7}$$

太陽高度のプロファイル角を ϕ，太陽方位角を A，壁面の方位角 A' とすれば，壁面から見る方位角 γ は，

$$\gamma = A - A' \tag{2.8}$$

よって，日照面積率は下式で得られる．

$$S_G = \frac{(B - b' - v|\tan\gamma|)(H - h' - w|\tan\phi|)}{b \cdot h} \tag{2.9}$$

太陽位置は図 1.10 の日影曲線から求めることができる．なお，プロファイル角とは窓面の真横から見たときの見掛けの太陽高度のことである．

2.3 窓ガラスからの熱負荷

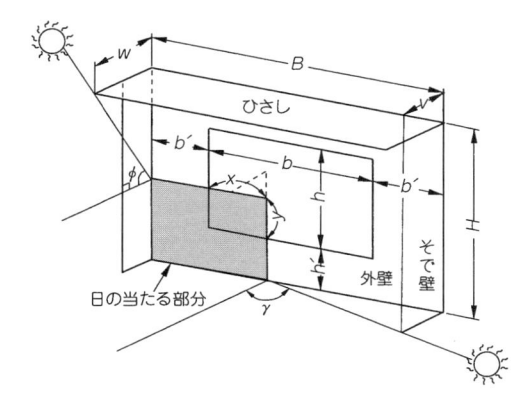

図 2.10 窓回りの日照面積（木村）[2]

(5) 時間遅れを考慮した日射熱負荷

表 2.9, 表 2.10 で示した日射熱取得には時間遅れは考慮されていない．実際の日射熱は室内に侵入して床や壁に当たり時間遅れを伴って室負荷となる．時間遅れを考慮することで負荷を過大に見積もることを回避できるが，これには以下のようにして計算する．

日射熱取得のうち対流成分 I_{AC} は時間遅れがなく即熱負荷となるが，図 2.9 に示す透過成分 I_T と，吸収された後に放射により室内に侵入する成分 I_{AR} が，時間遅れを伴って熱負荷となる．表 2.11 の日射熱取得対流成分比 f_C によって放射成分と対流成分に分離して，放射成分に対して表 2.12 に示す日射熱負荷遅れ係数 r_G を乗じ，時間遅れを考慮した熱負荷を求める．すなわち，

$$q_{GI} = (I_G \cdot SC_C + I_{GP} \cdot SC_R \cdot r_G) \cdot A_G \tag{2.10}$$

ここに，q_{GI} ：時間遅れを考慮したガラス日射熱負荷 [W]
$\quad\quad I_G$ ：ガラス窓標準日射熱取得 [W/m^2] → 表 2.9, 表 2.10
$\quad\quad I_{GP}$ ：同上のピーク値 [W/m^2]
$\quad\quad SC_C$ ：遮蔽係数の対流成分 （$SC_C = SC \cdot f_C$）
$\quad\quad SC_R$ ：遮蔽係数の放射成分 （$SC_R = SC \cdot (1 - f_C)$）
$\quad\quad\quad$ ただし f_C：日射熱取得対流成分比 → 表 2.11
$\quad\quad r_G$ ：日射熱負荷遅れ係数 → 表 2.12
$\quad\quad A_G$ ：ガラスの面積 [m^2]

時間遅れを伴う日射熱負荷は，ピークの値 I_{GP} を基準とする．また，日射熱負荷遅れ係数 r_G は，日射の時間的変化が考慮されている．なお，表 2.12 は東京の場合である．他地域のデータはないのでこれを流用する．

さらに，外部遮蔽のある場合は式（2.11）となる．

$$q_{GI} = [\{(I_G - I_{GS}) \cdot S_G + I_{GS}\} \cdot SC_C + (I_{GP} \cdot S_G) \cdot SC_R \cdot r_G] \cdot A_G \tag{2.11}$$

ここに, I_{GS} : ガラスの窓標準日射熱取得の天空日射成分 [W/m²]
　　　　　→ 表 2.9 または表 2.10 の日影の値を用いる
　　　S_G : 外部遮蔽による日照面積率 → 式 (2.8)

表 2.11　日射熱取得対流比 f_C（石野・郡）[5]

ガラス種類	ブラインドなし	ブラインドあり
透明ガラス	0.1	0.6
吸熱ガラス	0.2	

表 2.12　日射熱負荷遅れ係数 r_G（東京の場合）[5]

方位＼時	6	7	8	9	10	11	12	13	14	15	16	17	18	19	20
南	0.10	0.14	0.17	0.27	0.45	0.61	0.7	0.69	0.58	0.43	0.33	0.27	0.22	0.15	0.12
東	0.40	0.60	0.67	0.65	0.53	0.35	0.23	0.19	0.16	0.14	0.13	0.12	0.10	0.07	0.06
西	0.06	0.07	0.07	0.08	0.08	0.08	0.08	0.2	0.38	0.56	0.68	0.71	0.57	0.28	0.19

〔注〕　北面の日射熱取得は小さいので遅れは考慮しなくてよい.

2.4　外壁および屋根からの熱負荷

外壁や屋根などの壁体では，日射は透過しないが表面で吸収し，それが壁体を伝わって熱負荷となる．日射の影響を等価な温度に換算し，外気温度があたかも上昇したかのように表した温度を相当外気温度 SAT（Sol Air Temperature）という．また，壁体の熱容量により時間遅れを伴って熱負荷となるが，これは実効温度差 ETD（Equivalent Temperature Difference）を用いて計算する．

2.4.1　熱負荷の計算

外壁や屋根などの貫流熱負荷は次式によって求める．
1) 計算式

冷房　　　　$q_w = K_w \cdot A_w \cdot ETD$ 　　　　　　　　　　　　　　(2.12)

暖房 $\begin{cases} \text{日中}\quad q_w = K_w \cdot A_w (t_R - t_0) \cdot k_1 & (2.13) \\ \text{夜間}\quad q_w = K_w \cdot A_w (t_R - t_0 - \Delta t_n) \cdot k_1 & (2.13)' \end{cases}$

ここに, q_w : 外壁および屋根の貫流熱負荷 [W]
　　　　K_w : 外壁および屋根の熱通過率 [W/(m²·℃)] → 2.4.2
　　　　A_w : 外壁および屋根の面積 [m²]
　　　　ETD : 実効温度差 [℃] → 表 2.16, 表 2.17〜2.18, → 2.4.3, 2.4.4 (3)
　　　　t_R : 室内設定温度 [℃] → 表 1.2
　　　　t_0 : 外気温度 [℃] → 表 1.12〜表 1.16
　　　　Δt_n : 大気の放射冷却による温度 [℃] → 表 2.6
　　　　k_1 : 方位係数 [−] → 表 2.7

2) 熱通過率 K_w：外壁や屋根では部位ごとに部材の厚さと熱伝導率，内外表面の熱伝達率より，その都度計算する．計算方法は 2.4.2 に示す．
3) 面積 A_w：方位と部位別に面積を拾う．なお，本章の例題のモデル建物のように外壁が居室と天井内で仕様が異なる場合は別の部材として扱う．
4) 内外温度差：冷房では実効温度差 ETD（→2.4.3，→2.4.4（3））を用いる．これには日射の影響と時間遅れの要素が加味されている．一方，暖房では日射と時間遅れは無視し，内外温度差を使う．さらに，夜間の暖房では放射冷却を見込む．
5) 放射冷却 Δt_n：夜間の暖房に見込む．→2.3.1 の 5)
6) 方位係数 k_1：暖房に見込む．→2.3.1 の 6)

2.4.2 熱通過率の計算

$$K_w = \cfrac{1}{\cfrac{1}{\alpha_o} + \cfrac{d_1}{\lambda_1} + \cfrac{d_2}{\lambda_2} + \cdots + \cfrac{d_n}{\lambda_n} + \cfrac{1}{\alpha_i}} = \cfrac{1}{\cfrac{1}{\alpha_o} + \sum_{i=1}^{n} \cfrac{d_i}{\lambda_i} + \cfrac{1}{\alpha_i}} \quad (2.14)$$

ここに，K_w：外壁および屋根の熱通過率 [W/(m²·℃)]
α_o：外表面熱伝達率 [W/(m²·℃)] → 表 2.13
d_i：部材 i の厚さ [m]
λ_i：部材 i の熱伝導率 [W/(m·℃)] → 表 2.15
α_i：内表面熱伝達率 [W/(m²·℃)] → 表 2.14

【例題 2.5】 図 2.5 の外壁（居室部分）の熱通過率を求めよ．
〔解〕 熱伝達率は，一般的に使われる値として，外表面熱伝達率は表 2.13 の冬の垂直面の $\alpha_o = 23$ W/(m²·℃)，内表面熱伝達率は表 2.14 の水平上向きの $\alpha_i = 9$ W/(m²·℃) を取る．各部材のタイル，モルタル，普通コンクリート，スチレン発泡板（押出し），せっこう板，それぞれの厚さ d [m] は，図 2.5 より 8，20，150，25，12 mm を得る．それぞれの部材の熱伝導率 λ は表 2.15 より，1.3，1.5，1.4，0.037，0.17 W/(m·℃) を得る．d/λ で熱抵抗となる．なお，非密閉中空層の熱抵抗値は表 2.15 より $R = 0.07$ m²·℃/W である．これらを式（2.14）に代入すればよい．すなわち，

$$K_w = \cfrac{1}{\cfrac{1}{23} + \cfrac{0.008}{1.3} + \cfrac{0.02}{1.5} + \cfrac{0.15}{1.4} + \cfrac{0.025}{0.037} + 0.07 + \cfrac{0.012}{0.17} + \cfrac{1}{9}} = \cfrac{1}{1.097} = 0.91$$

【例題 2.6】 図 2.5 の外壁（天井内）の熱通過率を求めよ．
〔解〕 外表面熱伝達率，内表面熱伝達率は例題 2.5 と同じとする．各部材のタイル，モルタル，普通コンクリート，ポリスチレン発泡板，それぞれの厚さ d は，図 2.5 より 8，20，150，25 mm を得る．それぞれの部材の熱伝導率は表 2.15 より，1.3，1.5，1.4，0.044 W/(m·℃) を得る．
ここでは実務で使われる表形式で求める．部位別に厚さと熱伝導率より抵抗を求め，それらの熱抵抗を合計し，その逆数として熱通過率を求める．なお，厚さの単位は m であるが，少数以下 3 位まで表示しておくと図 2.5 の mm との対応が取りやす

外壁(天井内) W 2	厚さ d[m]	熱伝導率 λ[W/(m·K)]	抵抗 R[m²·K/W]
外表面		1/23	0.043
① タイル	0.008	1.3	0.006
② モルタル	0.020	1.5	0.013
③ 普通コンクリート	0.150	1.4	0.107
④ ポリスチレン発泡板	0.025	0.044	0.568
内表面		1/9	0.111
熱抵抗		ΣR	0.848
熱通過率		$K=1/\Sigma R$	1.18

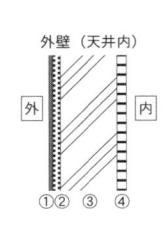

い．右に部位の図を添えておく．

2.4.3 壁タイプと実効温度差

冷房の熱負荷計算では，外壁と屋根に時間遅れを見込む．外壁と屋根はその大きな熱容量により時間遅れが無視できないからである．この時間遅れを考慮するために実効温度差 ETD を用いる．表2.17，表2.18，表2.19に，それぞれ東京・福岡・札幌の季節別・方位別・壁タイプ別の実効温度差 ETD を示す．

なお，壁タイプとは時間遅れの違いであり，Ⅰ，Ⅱ，Ⅲ，Ⅳに分類される．時間遅れは壁体の熱容量の大小によって決まり，熱容量はコンクリートやモルタル，タイルなどの主として実質部の厚さによって決まる．表2.16に壁タイプの分類を示す．

なお，暖房負荷においても時間遅れはあるが，暖房の最大負荷が朝の空調立ち上げ時に発生するので，暖房では時間遅れを見込まない代わりに，蓄熱負荷を見込む（→ 2.9）．

【例題 2.7】 モデル建物の基準階東事務室の各方位の外壁の熱負荷を求めよ．

〔解〕 窓外壁は居室部分と天井内で仕様が異なるので，別部材としてそれぞれの熱負荷を求める．図2.2より北面と南面は間口が12.3m，東面は24.6mである，高さは図2.4から，天井内が1.0m，居室部分は2.6mである．これから例題2.3で求めた

外壁

場所	ゾーン名	室名	階	面積 m²	階高 m	天井高 m	容積 m³
東京	東ゾーン	東事務室	基準	302.6	3.600	2.600	786.7

部位					冷房							暖房		
方位	熱タイプ 日射吸収率	面積	熱通過率 K	K·A	温度差[℃] 標準日射熱取得[W/m²]			冷房負荷[W]			温度差	方位係数×割増係数	暖房負荷[W]
					遮蔽係数 SC								
		A [m²]			SC·A								
					時 9	時 13	時 16	時 9	時 13	時 16			
N	W1 Ⅲ	幅×高さ−窓= =12.3*1.0	12.3	1.18	14.5	4.0	6.0	7.0	58	87	102	21.2	1.10	338
N	W2 Ⅲ	幅×高さ−窓= =12.3*2.6−13.0	19.0	0.91	17.3	4.0	6.0	7.0	69	104	121	21.2	1.10	404
外壁・屋根 E	W1 Ⅲ	幅×高さ−窓= =24.6*1.0	24.6	1.18	29.0	9.0	13.0	12.0	261	377	348	21.2	1.05	646
E	W2 Ⅲ	幅×高さ−窓= =24.6*2.6−25.9	38.0	0.91	34.6	9.0	13.0	12.0	312	450	415	21.2	1.05	771
S	W1 Ⅲ	幅×高さ−窓= =12.3*1.0	12.3	1.18	14.5	3.0	8.0	10.0	44	116	145	21.2	1.00	308
S	W2 Ⅲ	幅×高さ−窓= =12.3*2.6−13.0	19.0	0.91	17.3	3.0	8.0	10.0	52	138	173	21.2	1.00	367

2.4 外壁および屋根からの熱負荷

表 2.13 外表面熱伝達率[木村][6]

表面位置	表面熱伝達率[W/m²·℃]			
垂直外壁面	夏	17	冬	23
屋根面	夏	23	冬	35
揚げ裏面	夏	17	冬	17

〔注〕 文献6)をもとにSI単位に変換した.

表 2.14 内表面熱伝達率[6]

表面位置	表面熱伝達率[W/(m²·℃)]			
水平	上向き	9	下向き	6
傾斜45°	上向き	9	下向き	7
垂直	水平	8		

〔注〕 文献6)をもとにSI単位に変換した.

表 2.15 材料の熱定数 [松尾・石野][2]

材 料 名	熱伝導率 λ [W/(m·℃)]	容積比熱 c_p [kJ/(m³·℃)]	材 料 名	熱伝導率 λ [W/(m·℃)]	容積比熱 c_p [kJ/(m³·℃)]
空気(静止)	0.022	1.30	アスファルト類	0.11	920
水(静止)	0.60	4200	防湿紙類	0.21	910
氷	2.2	1900	畳	0.15	290
雪	0.06	180	合成畳	0.07	260
鋼	45	3600	カーペット類	0.08	320
アルミニウム	210	2400	木材(重量)	0.19	780
銅	386	3400	木材(中量)	0.17	650
岩石(重量)	3.1	2400	木材(軽量)	0.14	520
岩石(軽量)	1.4	1700	合板	0.19	720
土(粘土質)	1.5	3100	軟質繊維板	0.056	330
土(砂質)	0.9	2000	シージングボード	0.060	390
土(ローム質)	1.0	3300	半硬質繊維板	0.14	980
土(火山灰質)	0.5	1800	硬質繊維板	0.22	1400
砂利	0.62	1500	パーティクルボード	0.17	720
PCコンクリート	1.5	1900	木毛セメント板	0.19	950
普通コンクリート	1.4	1900	セルローズファイバ	0.044	39
軽量コンクリート	0.78	1600	ガラス綿 (24K)	0.042	20
気泡コンクリート	0.17	650	ガラス綿 (32K)	0.040	27
コンクリートブロック(重量)	1.1	1800	岩綿保温材	0.042	84
コンクリートブロック(軽量)	0.53	1600	吹付け岩綿	0.051	1000
モルタル	1.5	1600	岩綿吸音板	0.064	250
石綿スレート	1.2	1800	スチレン発泡板 (ビーズ)	0.047	23
プラスタ	0.79	1600	スチレン発泡板 (押出し)	0.037	35
石こう板, ラスボード	0.17	1000	スチレン発泡板 (フロン発泡)	0.026	50
しっくい	0.74	1400	硬質ウレタン発泡板	0.028	47
土壁	0.69	1100	吹付け硬質ウレタン (フロン発泡)	0.029	47
ガラス	1.0	1900	軟質ウレタン発泡板	0.050	38
タイル	1.3	2000	ポリスチレン発泡板	0.044	63
れんが壁	0.64	1400	硬質塩化ビニル発泡板	0.036	50
かわら	1.0	1500	密閉中空層の熱抵抗	$R=0.15$	[m²·℃/W]
合成樹脂, リノリウム	0.19	1500	非密閉中空層の熱抵抗	$R=0.07$	[m²·℃/W]
FRP	0.26	1900			

〔注〕 表示した値の一部は,以下の文献の平均値を示して作成した松尾・石野の表を元に,SI単位に変換した.
・日本建築学会編:建築学便覧I,丸善(昭55)[7]
・小原俊平:建築の熱設計,鹿島出版(昭49)[8]
・渡辺要:建築計画原論II,丸善(昭54)[9]
・日本建築学会編:建築設計資料集成2,丸善(昭35)[10]
・渡辺荘児・中島康孝ほか3名:蓄熱材料における土の熱的特性に関する研究(3),日本建築学会昭和57年度大会学術講演

窓面積を差し引いて外壁面積を得る.熱通過率は,居室部分の外壁は例題2.5より$K=0.91\mathrm{W}/(\mathrm{m}^2\cdot\mathrm{℃})$,天井内の外壁は例題2.6より,$K=1.18\mathrm{W}/(\mathrm{m}^2\cdot\mathrm{℃})$である.

壁タイプは普通コンクリートの厚さが150mm,モルタル20mm,タイル8mm,計178mmであり,表2.16よりW1,W2どちらの外壁も壁タイプIIIを得る.以上の条件で表2.17より,夏期冷房の9時,13時,16時のETDは,北面がそれぞれ4,6,7℃,東面が9,13,12,南面が3,8,10℃を得る.

冬期の内外温度は,例題2.2より,室内温度が22℃,9時の室内と外気の温度差は0.8℃であった.方位係数は表2.7より,北が1.1,東が1.05,南は1.0である.

表 2.16 壁タイプ（酒井）[2),5)]

壁タイプ	普通コンクリート			気泡コンクリート		
断熱なし 普通コンクリート 単層壁 / 断熱なし 気泡コンクリート板 単層壁 d [mm]						
I	$d=0\sim 5^{*}\sim 30$			$d=0\sim 30$		
II	$d=30\sim 100^{*}\sim 140$			$d=30\sim 130$		
III	$d=140\sim 190^{*}\sim 230$			$d=130\sim 210$		
IV	$d=230\sim 320^{*}$ 以上			$d=210^{*}$ 以上		

内断熱（外断熱）普通コンクリート複層壁　普通コンクリート d (mm) スチレン発泡板 l (mm) 石こう板または同等品 12mm （外断熱の場合に対応）	$l=25$	$l=50$	$l=100$
I	—	—	—
II	$d=0\sim 100$ $(0\sim 70)$	$d=0\sim 90$ $(0\sim 60)$	$d=0\sim 80$ $(0\sim 50)$
III	$d=100\sim 190$ $(70\sim 140)$	$d=90\sim 180$ $(60\sim 140)$	$d=80\sim 170$ $(50\sim 130)$
IV	$d=190$ 以上 $(140$ 以上$)$	$d=180$ 以上 $(140$ 以上$)$	$d=170$ 以上 $(130$ 以上$)$

内断熱（外断熱）普通コンクリート複層壁　普通コンクリート d (mm) スチレン発泡板 l (mm) 空気層：半密閉 石こう板 9mm 岩綿吸音板 12mm	$l=0$	$l=25$	$l=50$
I	—	—	—
II	$d=0\sim 100$	$d=0\sim 90$ $(0\sim 20)$	$d=0\sim 80$ $(0\sim 20)$
III	$d=100\sim 200$	$d=90\sim 190$ $(20\sim 100)$	$d=80\sim 180$ $(20\sim 80)$
IV	$d=200$ 以上	$d=190$ 以上 $(100$ 以上$)$	$d=180$ 以上 $(80$ 以上$)$

断熱あり 金属板 複層壁　銅板 1.5mm 吹付け岩綿 l (mm) / 断熱あり 金属板 複層壁　アルミ板 3.0mm 空気層：半密閉 吹付け岩綿 l (mm) 石こう板 12mm	左（鋼板）	左（アルミ板）
I	$d=0\sim 30$	$d=0\sim 20$
II	$d=30\sim 60$	$d=20\sim 50$
III	$d=60\sim 90$	$d=50\sim 80$
IV	$d=90$ 以上	$d=80$ 以上

＊印が実効温度差 ETD を求めた代表部材

2.4 外壁および屋根からの熱負荷

表 2.17 実効温度差 ETD（東京）（酒井）[2),5)]

壁タイプ		方位	時刻															
			5	6	7	8	9	10	11	12	13	14	15	16	17	18	19	20	21
夏期	タイプ 0	―	1	1	2	3	5	6	7	7	7	7	7	6	6	5	4	3	3
	タイプ I	日影	1	1	2	3	5	6	7	7	7	7	7	6	6	5	4	3	3
		H	1	7	14	21	27	32	35	36	35	32	28	22	15	8	4	3	3
		N	2	6	6	5	6	7	8	9	9	9	9	9	10	9	4	3	3
		NE	2	16	19	18	15	11	8	9	9	9	9	8	7	5	4	3	3
		E	2	17	23	24	22	18	13	9	9	9	9	8	7	5	4	3	3
		SE	2	10	15	19	20	19	17	13	9	9	9	8	7	5	4	3	3
		S	1	2	3	5	9	13	15	16	15	14	11	8	7	5	4	3	3
		SW	1	2	3	5	6	7	9	15	19	22	22	21	17	11	4	3	3
		W	1	2	3	5	6	7	8	10	17	22	26	27	25	17	4	3	3
		NW	1	2	3	5	6	7	9	10	12	15	19	22	22	16	4	3	3
	タイプ II	日影	1	1	1	2	2	3	4	5	6	7	7	7	7	6	6	5	4
		H	1	2	3	9	14	19	25	29	32	33	32	30	26	21	16	11	8
		N	1	3	3	4	5	5	6	7	8	8	9	9	9	8	7	7	6
		NE	1	3	8	12	14	14	13	11	10	10	9	9	8	7	7	6	5
		E	1	3	9	14	18	19	19	16	14	12	11	10	9	8	7	6	5
		SE	1	2	5	9	13	16	17	16	15	13	11	10	9	8	7	6	5
		S	1	1	2	2	3	4	6	9	11	13	14	14	12	11	9	7	6
		SW	1	1	2	2	3	5	6	8	11	14	17	19	20	18	15	11	8
		W	1	1	2	2	3	5	6	7	9	12	16	20	23	23	20	14	10
		NW	1	1	2	2	3	5	6	7	9	10	12	15	18	19	17	12	9
	タイプ III	日影	2	2	2	2	2	2	3	3	4	4	5	5	5	6	6	5	5
		H	4	3	3	4	6	8	10	13	17	20	22	24	25	25	24	22	17
		N	3	3	3	3	4	4	4	5	6	6	7	7	7	8	8	8	7
		NE	3	3	4	6	8	9	10	10	10	10	10	9	9	9	8	8	7
		E	3	3	4	7	9	11	13	13	13	13	12	11	10	10	9	8	8
		SE	3	3	4	5	7	9	10	12	12	12	11	11	10	10	9	8	8
		S	3	3	3	3	3	4	5	6	8	9	10	10	10	9	9	8	8
		SW	4	3	3	3	3	4	4	5	6	8	10	12	13	14	14	13	12
		W	4	3	3	3	3	4	4	5	6	7	9	12	14	16	16	16	14
		NW	4	3	3	3	3	4	4	5	5	6	7	9	11	12	13	13	12
	タイプ IV	日影	4	3	3	3	3	3	3	3	3	4	4	4	4	4	4	4	5
		H	11	11	10	10	10	10	11	12	13	15	16	17	18	18	18	18	17
		N	5	4	4	4	4	4	4	5	5	5	5	6	6	6	6	6	6
		NE	5	4	5	6	6	7	7	7	8	8	8	8	8	8	7	6	6
		E	6	6	6	6	7	7	8	9	10	10	10	10	10	9	8	8	7
		SE	6	6	6	6	7	8	8	9	9	9	9	9	9	9	8	8	7
		S	6	5	5	5	5	5	6	6	7	8	8	9	9	9	8	8	7
		SW	7	7	6	6	6	6	6	6	6	7	7	8	8	9	10	10	10
		W	8	7	7	6	6	6	6	6	6	6	7	8	9	10	10	11	11
		NW	7	6	6	6	5	5	5	5	5	6	6	6	7	8	9	9	9
中間期	タイプ 0	―	-5	-6	-5	-4	-3	-2	-1	0	1	1	0	-1	-1	-2	-2	-3
	タイプ I	日影	-5	-6	-5	-4	-3	-2	-1	0	1	1	0	-1	-1	-2	-2	-3
		H	-5	-5	0	7	13	18	20	21	20	16	11	4	-1	-1	-2	-2	-3
		SE	-5	-5	11	18	20	20	17	13	7	2	1	-1	-1	-2	-2	-3
		S	-5	-5	-3	9	14	18	21	20	17	13	6	-1	-1	-2	-2	-3
		SW	-5	-5	-4	-3	-1	6	13	18	22	24	22	14	-1	-2	-2	-3
	タイプ II	日影	-4	-5	-5	-5	-4	-4	-3	-2	-1	0	0	0	0	-1	-1	-2
		H	-4	-5	-5	-2	2	6	11	15	17	18	17	14	10	6	3	1	0
		SE	-4	-5	-3	2	8	13	15	16	14	11	8	5	3	0	0	-1
		S	-4	-5	-4	-4	-1	3	8	12	15	18	19	18	15	11	7	4	1	0
		SW	-4	-5	-5	-5	-4	-2	2	6	11	18	19	16	10	6	3	1
	タイプ III	日影	-3	-4	-4	-4	-4	-4	-4	-3	-3	-2	-2	-1	-1	-1	-1	-1
		H	-2	-3	-3	-3	-2	0	3	6	8	10	11	11	11	10	8	6	5
		SE	-2	-3	-3	-3	-1	1	4	7	9	10	9	8	7	5	3	2
		S	-2	-3	-3	-3	-2	-1	1	3	6	8	10	12	12	11	9	7	6
		SW	-2	-3	-3	-3	-3	-2	0	3	5	8	10	11	11	9	8	6
	タイプ IV	日影	-2	-3	-3	-3	-3	-3	-3	-3	-3	-3	-3	-2	-2	-2	-2	-2
		H	2	1	1	1	1	1	1	2	3	4	5	6	6	6	6	6
		SE	1	0	0	0	0	1	2	3	4	5	5	5	5	4	4	4
		S	2	1	0	0	0	0	0	1	2	3	4	5	5	5	5	5
		SW	2	1	1	0	0	0	0	1	2	4	4	5	5	5	5	5

注）夏期の室温は 26℃，中間期の室温は 24℃，日射吸収率は 0.7 として算定

表 2.18 実効温度差 ETD (福岡) (酒井)[2),5)]

期	壁タイプ	方位	時刻																
			5	6	7	8	9	10	11	12	13	14	15	16	17	18	19	20	21
夏期	タイプ 0	—	2	2	3	4	5	6	7	7	8	8	7	7	6	6	5	4	3
	タイプ I	日影	2	2	3	4	5	6	7	7	8	8	7	7	6	6	5	4	3
		H	2	4	10	18	25	30	34	36	36	35	31	26	19	12	6	4	3
		N	2	5	7	6	7	8	9	9	9	9	9	10	11	7	4	3	3
		NE	2	9	19	20	18	15	11	9	9	9	9	8	8	7	5	4	3
		E	2	9	21	24	24	22	17	12	9	9	9	8	8	7	5	4	3
		SE	2	5	13	17	20	20	18	15	11	9	9	8	8	7	5	4	3
		S	2	2	4	5	7	11	13	15	15	14	12	9	8	7	5	4	3
		SW	2	2	4	5	6	7	8	11	16	20	22	22	20	15	7	4	3
		W	2	2	4	5	6	7	8	9	13	19	24	27	27	23	9	4	3
		NW	2	2	4	5	6	7	8	9	9	13	17	21	23	21	9	4	3
	タイプ II	日影	2	2	2	3	4	5	5	6	7	7	7	7	7	7	6	6	5
		H	2	2	3	6	11	17	22	27	31	33	33	32	29	25	20	14	10
		N	3	3	5	6	7	7	8	9	9	9	9	9	8	9	9	8	7
		NE	3	5	10	14	16	15	14	12	11	10	9	9	9	8	8	7	7
		E	3	6	12	17	19	20	19	16	13	12	10	9	9	9	8	7	6
		SE	2	4	8	12	15	17	17	16	14	12	11	10	9	9	8	7	6
		S	2	3	3	4	5	7	8	10	12	13	13	13	11	10	8	7	6
		SW	2	2	3	4	5	6	7	9	12	15	18	19	19	17	13	10	8
		W	2	2	3	4	5	6	7	8	10	14	18	22	23	22	17	12	9
		NW	2	2	3	4	5	6	7	8	9	11	13	16	19	19	15	11	8
	タイプ III	日影	3	3	3	3	3	3	4	4	4	5	5	6	6	6	6	6	6
		H	6	5	4	3	5	7	9	12	15	19	22	24	25	26	25	24	22	19
		N	4	4	3	4	4	5	9	10	11	11	11	10	10	10	9	9	8
		NE	4	3	4	6	8	11	13	14	14	13	12	12	11	11	10	10	9
		E	4	3	3	5	6	8	10	11	12	12	12	11	11	10	10	10	9
		SE	4	3	3	3	4	5	6	7	8	9	10	10	10	10	9	9	9
		S	5	4	4	4	4	4	4	5	6	7	9	10	11	13	14	14	14	13
		SW	5	4	4	4	4	4	4	6	7	8	10	12	13	13	13
		W	5	4	4	4	4	4	4	5	6	7	8	10	12	13	13	13
	タイプ IV	日影	4	4	4	4	4	4	4	4	4	4	4	4	5	5	5	5	5
		H	12	11	11	10	10	10	11	12	13	14	16	17	18	18	19	19	18
		N	5	5	5	5	5	5	5	5	5	6	6	6	6	6	7	7	7
		NE	6	6	6	6	6	7	7	7	7	7	7	7	8	8	9	9	8
		E	7	6	6	6	7	8	9	9	10	10	10	10	10	10	10	10	10
		SE	6	6	6	6	6	6	7	8	9	9	10	10	10	10	9	9	9
		S	7	6	6	6	6	6	6	6	6	7	7	7	7	7	7	7	7
		SW	8	7	7	6	6	6	6	6	7	7	8	9	9	10	10	10
		W	8	8	7	7	7	7	6	6	7	7	8	9	10	10	11	11
		NW	7	7	7	7	6	6	6	6	6	6	7	7	8	9	9	9
中間期	タイプ 0	—	-5	-5	-4	-3	-2	-1	0	1	1	2	1	1	0	-1	-2	-2	-3
	タイプ I	日影	-5	-5	-4	-3	-2	-1	0	1	1	2	1	1	0	-1	-2	-2	-3
		H	-5	-5	-3	2	5	12	17	21	23	23	20	16	9	2	-1	-2	-3
		SE	-5	-5	3	17	21	22	20	16	11	6	3	2	0	-1	-2	-2	-3
		S	-5	-5	-1	7	13	17	20	22	22	20	16	11	3	-1	-2	-2	-3
		SW	-5	-5	-3	-2	-1	3	10	16	21	24	24	21	9	-1	-2	-2	-3
	タイプ II	日影	-4	-4	-4	-4	-4	-3	-2	-1	0	0	1	1	1	0	0	-1	-2
		H	-4	-4	-4	-4	-3	1	5	10	15	18	20	20	18	14	9	5	2	0
		SE	-4	-4	-4	0	6	12	16	17	17	14	11	8	5	3	1	0	-1
		S	-4	-4	-4	-2	1	6	11	15	17	19	19	18	15	10	6	3	1
		SW	-4	-4	-4	-4	-2	-1	1	5	9	14	18	20	19	15	9	5	2
	タイプ III	日影	-3	-3	-3	-3	-3	-3	-3	-3	-2	-2	-1	-1	0	0	0	-1	-1
		H	-2	-2	-3	-3	-3	-2	-2	2	5	8	10	12	13	13	12	10	8	7
		SE	-2	-2	-2	-3	-2	0	3	6	8	10	10	10	9	8	7	7	7
		S	-2	-2	-2	-2	-2	-1	0	3	6	8	10	12	13	13	12	11	9	7
		SW	-1	-2	-2	-2	-3	-3	-2	0	2	5	7	10	12	13	12	11	9
	タイプ IV	日影	-2	-2	-2	-2	-3	-3	-3	-3	-3	-2	-2	-2	-2	-2	-1	-1	-1
		H	3	3	2	2	1	1	1	1	2	3	4	5	6	6	7	7	7	7
		SE	1	1	1	0	0	1	1	2	3	4	5	5	6	6	6	5	5
		S	3	3	2	1	1	0	0	0	1	2	3	4	5	6	7	7	7	6
		SW	2	2	2	1	0	0	0	1	1	1	2	4	5	6	6	7	6

注) 夏期の室温は 26℃, 中間期の室温は 24℃, 日射吸収率は 0.7 として算定

2.4 外壁および屋根からの熱負荷

表 2.19 実効温度差 ETD（札幌）（酒井）[2),5)]

壁タイプ	方位	時刻																
		5	6	7	8	9	10	11	12	13	14	15	16	17	18	19	20	21
夏期 タイプ 0	—	-3	-2	-1	1	2	3	4	5	5	5	4	3	2	1	0	-1	-1
タイプ I	日影	-3	-2	-1	1	2	3	4	5	5	5	4	3	2	1	0	-1	-1
	H	0	6	12	19	24	28	31	32	31	28	24	18	12	5	0	-1	-1
	N	2	3	1	2	4	5	6	6	6	6	6	6	5	6	2	0	-1
	NE	7	14	15	13	10	6	6	6	6	6	6	6	5	6	2	0	-1
	E	7	17	20	21	19	15	10	6	6	6	5	5	3	3	2	0	-1
	SE	2	9	14	17	19	18	16	12	7	6	5	5	3	3	2	0	-1
	S	-2	-1	1	5	10	13	16	16	16	13	10	6	5	3	2	0	-1
	SW	-2	-1	1	2	4	5	10	15	19	21	21	19	15	8	0	-1	-1
	W	-2	-1	1	2	4	5	6	8	15	20	23	24	22	15	0	-1	-1
	NW	-2	-1	1	1	2	3	6	6	11	15	18	19	14	0	-1	-1	
タイプ II	日影	-3	-3	-2	-1	0	1	2	3	3	4	4	4	3	2	2	1	
	H	-2	-1	0	6	12	17	22	25	28	29	28	26	23	18	13	8	
	N	-2	-2	-1	0	1	2	3	3	4	5	6	6	6	6	5	4	2
	NE	-2	-2	2	6	10	11	11	9	7	6	6	6	6	6	5	4	2
	E	-2	-2	2	8	13	16	17	16	13	11	9	7	7	6	5	4	2
	SE	-2	-2	0	4	8	12	14	16	14	11	9	8	6	5	4	2	1
	S	-3	-2	-2	-1	2	5	9	11	13	14	14	12	9	7	5	4	2
	SW	-3	-2	-2	-1	1	2	4	6	10	13	16	18	18	16	13	8	5
	W	-2	-2	-2	-1	-1	2	4	6	10	14	18	20	20	17	11	7	5
	NW	-3	-2	-2	-1	-1	1	5	6	8	11	14	15	14	9	7	5	
タイプ III	日影	-1	-2	-2	-2	-1	-1	0	0	1	2	2	3	3	3	3	2	2
	H	-1	-1	-1	0	2	5	7	10	14	17	19	21	22	22	21	19	16
	N	-1	-1	-1	0	0	1	1	2	3	3	4	4	5	5	5	4	4
	NE	-1	-1	0	2	4	5	7	7	7	7	6	6	6	6	5	5	4
	E	-1	0	1	3	4	7	9	10	11	10	9	9	8	7	6	5	4
	SE	-1	-1	-1	2	3	5	7	8	10	10	10	10	9	8	7	6	5
	S	-1	-1	-1	-1	0	1	3	5	6	8	9	9	9	9	8	7	6
	SW	0	0	0	0	0	1	1	2	4	6	8	10	12	13	12	11	10
	W	0	0	0	0	0	1	1	1	3	5	7	9	11	13	13	13	11
	NW	0	0	-1	0	0	0	1	2	3	4	6	7	9	9	10	10	8
タイプ IV	日影	0	0	0	0	0	0	0	0	0	1	1	1	1	1	1	1	1
	H	8	7	6	6	6	7	7	8	9	10	11	12	13	14	15	15	14
	N	1	1	1	2	2	2	2	2	2	2	2	3	3	3	3	3	3
	NE	2	2	2	3	3	4	4	4	4	4	5	5	5	5	5	5	4
	E	3	3	3	3	4	4	5	5	6	6	6	6	7	7	6	6	5
	SE	3	3	3	3	4	4	5	6	6	6	7	7	7	7	7	6	6
	S	3	3	2	2	2	2	3	3	4	4	5	6	6	7	7	7	6
	SW	4	4	3	3	3	3	3	4	4	4	5	5	6	7	8	8	8
	W	4	4	3	3	3	3	3	3	3	4	4	5	6	7	8	8	8
	NW	4	3	3	2	2	2	2	2	3	3	4	4	5	6	8	8	6

注）夏期の室温は 26℃，日射吸収率は 0.7 として算定

2.4.4 補 足

（1） 相当外気温度

日射の影響を等価な温度に換算し，外気温度があたかも上昇したかのように表した温度を相当外気温度 SAT (sol air temperature) という．

図 2.11 において外表面での熱授受を式で表すと，

$$q = aI + a_0(t_o - t_s) \quad (2.15)$$

ここに，a ：日射吸収率 [－]
I ：日射量 [W/m^2]
a_0 ：外表面熱伝達率 [W/(m^2·K)]
t_o ：外気温度 [℃]
t_s ：表面温度 [℃]

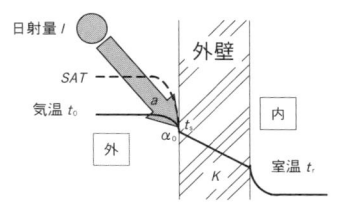

図 2.11 相当外気温度 SAT

式 (2.15) を次のように変形して熱伝達の中に組み込む.

$$q = \alpha_0 \left\{ \left(\frac{a}{\alpha_0} I + t_0 \right) - t_s \right\} \tag{2.15}'$$

( ) の中が，日射が等価な温度に換算され日射+外気となった相当外気温度 SAT である．

すなわち，
$$SAT = \frac{a}{\alpha_0} I + t_0 \tag{2.16}$$

相当外気温度 SAT を使えば，外壁における熱負荷は以下のように表すことができる．

$$q = \alpha_0 (SAT - t_s) = K(SAT - t_r) \tag{2.17}$$

ここに，K：外壁の熱通過率 [W/(m²·℃)]，t_r：室温 [℃]

(2) 実効温度差

式 (2.17) は定常状態である．実際は外壁の大きな熱容量により熱負荷になるまでに時間遅れが生じる．定常状態の SAT から実効温度差 ETD は図 2.12 に示されるように位相がずれ，振幅が小さくなる．この実効温度差 ETD によって熱負荷が求められる．

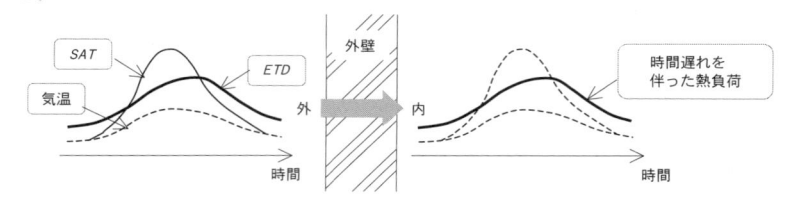

図 2.12 相当外気温度 SAT と実効温度差 ETD

実効温度差 ETD は以下のようにして求められる．

$$ETD_j = \{\phi_0 \cdot SAT_j + \phi_1 \cdot SAT_{j-1} + \phi_2 \cdot SAT_{j-2} + \cdots + \phi_{23} \cdot SAT_{j-23}\}/K - t_R \tag{2.18}$$

ここに，ETD_j：時刻 j における実効温度差 EDT [℃]
SAT_j：時刻 j における相当外気温度 SAT [℃]
ϕ_n：24時間周期定常の外壁の貫流応答係数の n 項目 [W/(m²·℃)]
K：外壁の熱通過率 [W/(m²·℃)]
t_R：室内設定温度＝26 [℃]

貫流応答係数とは時系列を持つ熱通過率であり，その合計が熱通過率 K に等しい．すなわち，
$$K = \phi_0 + \phi_1 + \phi_2 + \phi_3 + \cdots + \phi_{23} \tag{2.19}$$

式 (2.18) の意味は，1) 過去の相当外気温度 SAT と貫流応答係数 ϕ との時系列的な積和を取ることで時間遅れを伴う熱負荷が得られ，2) さらに，この熱負荷を熱通過率 K で除すことで温度に換算され，3) 基準とする室内設定温度 t_R との差を取ることで実効温度差 EDT が得られることを示している．

なお，応答係数の求め方は専門書[8)]を参考にして欲しい．なお，ここでの貫流応答係数 ϕ_n は 24 時間周期定常，つまり，ϕ_n が n 時，$n+24$ 時，$n+48$ …のように，24 時間ごとの貫流応答係数を集計したものであり，実効温度差 ETD も 24 時間周期で繰り返すことを表している．

（3） 実効温度差の補正

表 2.17～2.19 の実効温度差 ETD は，室温を $t_R=26$℃，日射吸収率を $a=0.7$ として求められている．これらの条件が異なる場合は次のように補正する．

a） 室温や外気温が異なる場合の補正

室温が基準条件と異なる場合は次式で補正する．

$$ETD' = ETD + (t_0' - t_0) - (t_R' - t_R) \tag{2.20}$$

ここに，ETD'：補正した実効温度差 ［℃］

ETD ：元の実効温度差 ［℃］→ 表 2.17～2.19

t_0'：任意の外気温 ［℃］

t_0：標準の外気温 ［℃］

t_R'：任意の室温 ［℃］

t_R：基準の室温，夏期＝26 ［℃］，中間期＝24 ［℃］

なお，外気温については，1 日 24 時間の気温が一律に変化する場合は，上記の式で補正できるが，ある特定の時刻の外気温だけが変化する場合は，元の式（2.18）まで立ち返らないと補正できない．

【例題 2.8】 夏期の冷房時の室内設定温度を 28℃ に上げたときの，9 時の相当温度差 ETD' を求めよ．ただし，壁は厚さ 10 cm のコンクリートとし，場所は東京，方位は東とする．

〔解〕 壁タイプは表 2.16 よりタイプ II，実効温度差 ETD は表 2.17 より $ETD=18$℃ を得る．式（2.20）に代入して補正した実効温度差 ETD' を求める．

$$ETD' = 18 - (28 - 26) = 16 \text{ ［℃］}$$

b） 壁表面の日射吸収率が異なる場合の補正

壁表面の日射吸収率が標準条件（$a=0.7$）と異なる場合は次式で補正する．

$$ETD' = \frac{a}{0.7}(ETD_{0.7} - ETD_{0.7,影}) + ETD_{0.7,影} \tag{2.21}$$

ここに，ETD'：補正された実効温度差 ［℃］

a：任意の日射吸収率 ［－］

0.7：基準の日射吸収率 ［－］

$ETD_{0.7}$：吸収率が 0.7 の実効温度差 ［℃］

$ETD_{0.7,影}$：吸収率が 0.7 で日陰の実効温度差 ［℃］

本来は，日射がゼロの場合の実効温度差を差し引くべきだが，表 2.17～2.19 にはないので，代わりに日陰の実効温度差を差し引く．天空日射分が残ることになるが誤差は小さい．

【例題 2.9】 日射吸収率が 0.5 の場合の実効温度差 ETD' を求めよ．なお，東京・夏期冷房・16 時・西面，壁タイプ III とする．

〔解〕 東京・夏期冷房・16 時・西面，壁タイプ III の実効温度差は表 2.17 より，$ETD=12°C$，同時刻の日影の実効温度差は $ETD_{0.7,日影}=5°C$ である．式 (2.21) に代入して，

$$ETD' = \frac{0.5}{0.7}(12-5) + 5 = 10 \ [°C]$$

2.5 内壁および天井・床からの熱負荷

内壁や天井，床は日射の影響がなく，温度差による貫流熱負荷である．熱負荷として時間変化はあるが，外壁や屋根ほどではないことから，定常として扱う．

2.5.1 内壁等の貫流熱負荷の計算

内壁や天井，床の貫流熱負荷は次式によって求める．

1) 計算式　　$q_{IW} = K_{IW} \cdot A_{IW} \cdot \Delta t$
   ただし，冷房　$\Delta t = (t_O - t_R) f_{IW}$
   　　　　暖房　$\Delta t = (t_R - t_O) f_{IW}$ 　　　　　　(2.22)

ここに，q_{IW}：内壁や天井，床の貫流熱負荷 [W]
　　　　K_{IW}：内壁や天井，床の熱通過率 [W/(m²·°C)]
　　　　A_{IW}：内壁や天井，床の面積 [m²]
　　　　Δt：内外温度差 [°C]
　　　　t_R：室内設定温度 [°C] → 表 1.2
　　　　t_O：隣室温度 [°C] または外気温度 [°C] → 表 1.12～表 1.16
　　　　f_{IW}：温度差係数 [－] → 表 2.20

2) 熱通過率 K_{IW}：外壁や屋根と同様に部位を構成する部材の厚さと熱伝導率，表

表 2.20 温度差係数 f_{IW}（石野・郡）[1)2)5)9)]

	非空調室		冷房	暖房
事務所	廊下	非空調	0.4	0.4
		廊下一部還り空気	0.3	0.3
		廊下還り空気	0.1	0.1
	便所	還り空気換気	0.4	0.4
		外気換気	0.8	0.8
	倉庫		0.3	0.3
集合住宅			0.3	0.3
戸建て住宅	非空調室		0.9	0.6
	廊下		0.7	0.6

表 2.21 特殊な間仕切壁の内外温度差（井上）

ショールームとの間仕切壁	北側壁の ETD
ピロティ床	同上
ボイラ室との間仕切壁	$\Delta t = 15\sim20°C$
調理室との間仕切壁	同上
土の上の床	$\Delta t = 0$
床下の通風がない地上床	同上

2.5 内壁および天井・床からの熱負荷

面熱伝達率より計算で求める．熱通過率の計算は基本的に外壁（→ 2.4.2）と同じであるが，表面熱伝達率は両表面とも内表面熱伝達率（→ 表2.14）の値を使う．

3) 面積 A_{IW}：内壁の高さは天井高で拾い，幅は壁心で拾う．天井や床の間口と奥行きは壁心で拾う．

4) 内外温度差 Δt：隣室が空調されていれば温度差はゼロとなるので熱負荷は生じない．隣室が非空調であれば温度差により熱負荷が発生する．隣室の温度が分かっていれば，温度差 Δt は，その温度と室温との差を取ればよい．廊下や非空調室など接する場合，その隣室温度は未知であることが多い．よって，簡便的に，外気との温度差を取り，5) の温度差係数で補正する方法がとられる．

5) 温度差係数 f_{IW}：隣室が外気と同じならば温度差係数は $f_{IW}=1.0$ であり，外気と室温の中間であれば $1.0<f_{IW}<0$ であり，隣室が空調されていれば $f_{IW}=0$ である．一般的な建物の温度差係数を表2.20に示す．特殊な間仕切り壁の場合の温度差 Δt を表2.21に示す．

【例題2.10】 図2.5の間仕切り壁の熱通過率を求めよ．

〔解〕 ①③のモルタルは厚さ $d=20\,\mathrm{mm}$，熱伝導率は表2.19より $\lambda=1.3\,\mathrm{W/(m\cdot ℃)}$，②の普通コンクリートは厚さ $d=100\,\mathrm{mm}$，熱伝導率は $\lambda=1.4\,\mathrm{W/(m\cdot ℃)}$ である．両表面とも室内であるので，内表面熱伝達率は $\alpha_i=9\,\mathrm{W/(m^2\cdot ℃)}$ をとる．熱通過率は以下の通りとなる．

内壁		厚さ d [m]	熱伝導率 λ [W/(m·K)]	抵抗 R [m²·K/W]
	内表面		1/9	0.111
①	モルタル	0.020	1.5	0.013
②	普通コンクリート	0.100	1.4	0.071
③	モルタル	0.020	1.5	0.013
	内表面		1/9	0.111
	熱抵抗		$\sum R=$	0.319
	熱貫流率		$K=1/\sum R$	3.13

【例題2.11】 モデル建物の基準階東事務室の内壁と天井，床の熱負荷を求めよ．

〔解〕 基準階であり上下階も空調されているので天井，床は温度差係数 $f_{IW}=0.0$ で熱負荷は生じない．よって熱負荷はコアとの境界の間仕切り壁のみを計算すればよい．

内壁

場所	ゾーン名	室名	階	面積 m²	階高 m	天井高 m	容積 m³
東京	東ゾーン	東事務室	基準	302.6	3.600	2.600	786.7

部位						冷房					暖房	
方位	熱タイプ 日射吸収率	面積 =(24.6-3)*2.6 A [m²]	熱通過率 K 遮蔽係数 SC	K·A SC·A	温度差[℃]			標準日射熱取得[W/m²]	冷房負荷[W]			温度差	方位係数×割増係数	暖房負荷[W]
					時 9	時 13	時 16	時 9	時 13	時 16			
内壁	間仕切壁	56.2	3.13	175.8	1.9	3.0	2.6		335	528	456	8.5		1,491
天井														
床														

間仕切壁はエレベータホールとの通路（1.5m幅が2ヶ所）を除く幅21.6mで，天井高2.6mを見込む．内外温度差は外気と室温との差とし，温度差係数は表2.20より冷房暖房とも $f_{1W}=0.4$ とする．よって，内壁の熱負荷は前頁の表となる．

2.5.2 補　　足
（1）天井の懐が深い場合の熱負荷

一般の計算においては，外壁は階高をとることで，天井からの熱負荷は外壁に見込む．ただし，図2.13のように天井懐が大きい場合，あるいは照明の発熱を天井プレナムから除去する場合（→2.7.2(5)）などでは，天井および床からの熱負荷を下式により求める．

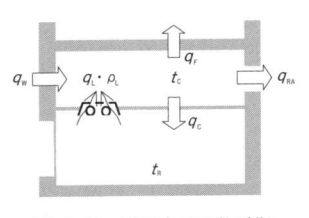

図 2.13　天井裏での熱平衡

1）天井裏での熱平衡式

$$q_W + q_L \cdot \rho_L = q_C + q_F + q_{RA} \tag{2.23}$$

ここに，q_W：天井懐の外壁からの熱負荷 [W]
　　　　q_L：照明による熱負荷 [W]（→2.7.2）
　　　　ρ_L：トロッファの照明熱除去率 [－]（→2.7.2(5)）
　　　　q_C：天井から室内に流入する熱負荷 [W]
　　　　q_F：床から室内に流入する熱負荷 [W]
　　　　q_{RA}：還気により除去される熱負荷 [W]

ただし，
$$q_C = K_C \cdot A_C (t_C - t_R) \tag{2.24}$$
$$q_F = K_F \cdot A_F (t_C - t_R) \tag{2.25}$$
$$q_{RA} = c_{pa} \cdot \rho_a \cdot Q_{RA} (t_C - t_R) \times 1\,000/3\,600 \tag{2.26}$$

ここに，t_C：天井内温度 [℃]
　　　　t_R：室温 [℃]
　　　　K_C, A_C：天井の熱通過率 [W/(m²・K)] と面積 [m²]
　　　　K_F, A_F：床の熱通過率 [W/(m²・K)] と面積 [m²]
　　　　Q_{RA}：還気風量 [m³/h]
　　　　c_{pa}：空気の定圧比熱 [kJ/kg・℃]
　　　　ρ_a：空気の比重量 [kg/m³]

式（2.23）～式（2.26）を天井内温度 t_C について解くと，

$$t_C = t_R + \frac{q_W + q_L \cdot \rho_L}{K_C \cdot A_C + K_F \cdot A_F + c_{pa} \cdot \rho_a \cdot Q_{RA} \times 1\,000/3\,600} \tag{2.27}$$

この天井内温度 t_C を式（2.24），式（2.25）に代入して，天井からの熱負荷 q_C と，床から上階への熱負荷 q_F を得る．また，式（2.26）より，還気により除去される熱負荷 q_{RA} を得る．

（2）地中壁の熱負荷

Carrier[10]による熱負荷算定法では，地中壁の深さにより各の部位ごとに熱負荷を

2.5 内壁および天井・床からの熱負荷

以下のように算定する．なお，この熱負荷算法は，暖房負荷に対して用いられる．

a） 浅い部分の地階周壁よりの熱負荷

2.4m 以下の地階周壁および一部地上に出た部分は，外気の影響を受け，外気との温度差で熱負荷を算定する．下式で算定するが，地下壁は面積では周長，熱通過率も面的当たりではなく周長当たりの値を用いている．

暖房　　$q_{Gw} = k_P \cdot L_P (t_R - t_O)$ 　　　　　　　　　　　　　　(2.28)

ここに，q_{Gw}　：地階周壁よりの熱負荷 [W]
　　　　k_P　：単位周長当たり熱貫流率 [W/(m·℃)] → 表 2.22
　　　　L_P　：周長 [m]
　　　　t_R　：室内温度 [℃] → 表 1.2
　　　　t_O　：外気温度 [℃] → 表 1.12～表 1.16

b） 深い部分の地階周壁および土間コンクリートよりの熱負荷

2.4m より深い地下壁および土間コンクリートは地中温度との貫流熱負荷として次式で求める．

暖房　　$q_{Gw} = K_{Gw} \cdot A_{Gw} (t_R - t_G)$ 　　　　　　　　　　　　(2.29)

ここに，q_{Gw}　：地階周壁よりの熱負荷 [W]
　　　　K_{Gw}：地中壁の熱通過率 [W/(m²·℃)] → 表 2.22
　　　　A_{Gw}：地下壁および土間コンクリートの面積 [m²]
　　　　t_R　：室内温度 [℃] → 表 1.2
　　　　t_G　：地中温度 [℃] → 表 2.23

表 2.22　k_P および K_B の値 （Carrier Co.）[10]

地面よりの深さ (m)	+0.6 (地上)	0	−0.6 (地下)	−1.2 (地下)	−1.8 (地下)	−2.4 (地下)
k_P [W(m·℃)]	1.56	1.03	1.30	1.56	1.81	2.08

	地階床面	地階周壁で 地下 2.4m 以下の部分
K_{Gw} [W/(m²·℃)]	0.28	0.45

表 2.23　各地の暖房用地中温度 t_g （渡辺　要）[11]

都市名	札幌	仙台	東京	名古屋	大阪	福岡	鹿児島
地下　3m	2.3	7.2	9.8	10.2	11.6	11.4	12.9
地下　5m	5.4	9.8	12.4	13.0	14.3	14.0	14.5
地下　10m	7.7	11.7	14.3	15.0	16.2	15.9	16.3

【例題 2.12】 モデル建物とは別の図 2.14 に示す地階の熱損失量を求めよ．場所は東京で，地階の室温を 20℃，外気温を 0℃ とし地階の床は地面下 3.0m にあり二重スラブがなく土に接するものとする．

〔解〕　地上面の周壁からの熱負荷 q_{Gw1} は，表 2.22 より熱通過率が $k_P = 1.56$ W/(m·

℃)，周長は $(20+40)\times2=120\,\text{m}$，外気温度 $t_0=0℃$ なるゆえ，

$$q_{Gw1}=1.56\times120\times(20-0)=3\,744\,\text{W}$$

地下 0 m から 2.4 m までの地下周壁の熱負荷熱負荷 q_{Gw2} は，代表深さ 1.2 m として表 2.22 より $k_P=1.56\,\text{W/(m·℃)}$，周長は $(20+40)\times2=120\,\text{m}$，外気温度 $t_0=0℃$ なるゆえに，

$$q_{Gw2}=1.56\times120\times(20-0)=3\,744\,\text{W}$$

地下 2.4 m から床面までの地下周壁の熱負荷 q_{Gw3} は，熱通過率は表 2.22 より，$K_{Gw}=0.45\,\text{W/(m}^2\text{·℃)}$，壁面積は $A_{Gw}=(3-2.4)\times120=72\,\text{m}^2$，地中温度は表 2.23 より 3 m の値をとり $t_G=9.8℃$，ゆえに，

$$q_{Gw3}=0.45\times72\times(20-9.8)=330\,\text{W}$$

地階床面からの熱負荷 q_{Gw4} は，熱通過率は表 2.22 より，$K_{Gw}=0.28\,\text{W/(m}^2\text{·K)}$，壁面積は $A_{Gw}=20\times40=800\,\text{m}^2$，地中温度は表 2.23 より 3 m の値をとり $t_G=9.8℃$，ゆえに，

$$q_{Gw3}=0.28\times800\times(20-9.8)=2\,285\,\text{W}$$

よって合計負荷は $q_{Gw}=3\,744+3\,744+330+2\,285=10\,103\,\text{W}$

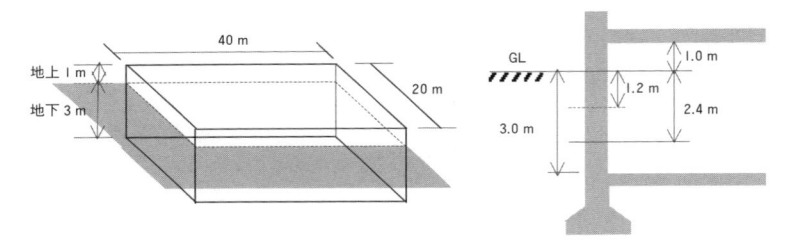

図 2.14 地中壁

2.6 すきま風による熱負荷

すきま風とは，出入口や窓サッシ回り等のすきまから室内に侵入する外気をいい，内外の温度差による煙突効果や外部の風による風圧によって引き起こされる．なお，アルミサッシは気密性が高いこと，また空調時においては建物側を正圧で設計するゆえに，最大熱負荷計算ではすきま風からの熱負荷を算入しないことがある．ただし，暖房時には内外温度差が大きく，煙突効果は高さに比例するゆえに，特に高層建築のすきま風には注意せねばならない．

2.6.1 熱負荷の計算

すきま風による熱負荷には，温度差による顕熱負荷と湿度差による潜熱負荷とがある．

2.6 すきま風による熱負荷

冷房 顕熱 $q_{IFs} = c_{pa} \cdot \rho_a \cdot Q_{IF}(t_o - t_R) \cdot 1\,000/3\,600 \fallingdotseq 0.34 \times Q_I(t_o - t_R)$ (2.30)

潜熱 $q_{IFL} = r_o \cdot \rho_a \cdot Q_{IF}(x_o - x_R) \cdot 1\,000/3\,600 \fallingdotseq 0.83 \times Q_I(x_o - x_R)$ (2.31)

暖房 顕熱 $q_{IFs} = c_{pa} \cdot \rho_a \cdot Q_{IF}(t_R - t_o) \cdot 1\,000/3\,600 \fallingdotseq 0.34 \times Q_I(t_R - t_o)$ (2.32)

潜熱 $q_{IFL} = r_o \cdot \rho_a \cdot Q_{IF}(x_R - x_o) \cdot 1\,000/3\,600 \fallingdotseq 0.83 \times Q_I(x_R - x_o)$ (2.33)

ここに,q_{IFs}:すきま風による顕熱負荷 [W]

q_{IFL}:すきま風による顕熱負荷 [W]

Q_{IF}:すきま風の風量 [m³/h]

c_{pa}:空気の定圧比熱=1.006 [kJ/(kg·℃)]

r_o :0℃における水蒸気の蒸発潜熱=2.501 [kJ/g]

ρ_a :空気の比重量≒1.2 [kg/m³]

t_o, t_R:外気および室内の温度 [℃]

x_o, x_R:外気および室内の絶対湿度 [g/kg′]

1 000/3 600:負荷 W と比熱 kJ(=1 000 W/s)と風量 m³/h(=m³/3 600 s)を合わせるための係数

2.6.2 すきま風量の算定

(1) 換気回数による方法

最大熱負荷計算で最もよく使われる方法が換気回数法である.換気回数とは1時間に室の空気が何回入れ替わるかの回数である.換気回数によるすきま風量の算定式は,

$$Q_{IF} = n \cdot V_R \qquad (2.34)$$

ここに, n :換気回数 [回/h]

V_R:室の容積 [m³]

換気回数は表 2.24 を参考とする.オフィスビルの玄関ホールあるいは喫茶店などのように外気に面する室で,暖房時に入口が風上側の場合は $n=3\sim4$,他は $n=1\sim2$ を見込む.建築高が30m前後で煙突効果を考慮するときはこの50%増しとする.

表 2.24 すきま風による換気回数 n (回/h)

建築構造	換気回数 n	
	暖房時	冷房時
コンクリート造(大規模建築)	0~0.2	0
〃 (小規模建築)	0.2~0.6	0.1~0.2
洋風木造	0.3~0.6	0.1~0.3
和風木造	0.5~1.0	0.2~0.6

〔注〕 窓サッシはすべてアルミサッシとする.

基準となる室容積であるが,小部屋では室全体とする.大部屋ではペリメータ部分の容積を基準にし,余りに過大なすきま風量を見込まないように注意する.

【例題 2.13】 モデル建物の基準階東事務室のすきま風による熱負荷を換気回数法で

求めよ．

〔解〕 基準となる室容積は，インテリアを除いた窓面より 5 m 以内の北，東，南ペリメータゾーン（図 2.6 左）とする．これに天井高 2.6 m を乗じて $V_P=(12.3\times24.6-7.3\times14.6)\times2.6=509.6\,\text{m}^2$ を得る．

換気回数は表 2.24 より，コンクリート造（大規模建築）より，冷房時は $n=0$，暖房時は $n=0.2$ 回/h とする．よって，すきま風量は冷房時 $Q_{IF}=0$，暖房時 $Q_{IF}=509.6\times0.2\fallingdotseq102\,\text{m}^3/\text{h}$ となる．これより下表の結果を得る．

すきま風

場所	ゾーン名	室名	階	面積 m²	階高 m	天井高 m	容積 m³
東京	東ゾーン	東事務室	基準階	302.6	3.600	2.600	786.7

部位				冷房					暖房		
方位	熱タイプ	面積	熱通過率 K	K·A	温度差[℃] 標準日射熱取得[W/m²]			冷房負荷[W]		温度差	方位係数×割増係数	暖房負荷[W]
	日射吸収率	A [m²]		遮蔽係数 SC	SC·A						
						時 9	時 13	時 16	時 9	時 13	時 16			
隙間風	換気回数		m³/h	Δx	qL(潜熱)	Δt			qs(顕熱)			Δt,Δx	qL(潜熱)	qs(顕熱)
	冷房 0.0 回/h		0									21.2	584	735
	暖房 0.2 回/h		102									6.9		

（2） クラック法によるすきま風量の算定

窓回りのすきま長（crack length）に，長さ当たりの漏気量 Q_I/l_E を乗じてすきま風量を算定する．図 2.15 のサッシのすきま長 l_E は太線で示す長さであり，

$$l_E=3(H_1+H_2)+4\cdot B \quad となる．$$

クラック法は風力によるすきま風を想定している．したがって，すきま風は風上側の窓からのみ入るものとして，例えば，東京にあっては冬の常風向は北西であるので，西，北西，北側のすきま長を見込む．

表 2.25 に鋼製窓サッシのすきま長さ当たりの漏気量を示す．なお，東京，大阪では風速として夏期 4 m/s，冬期 6 m/s を採用する．なお，本表の風速は風圧から逆算した値であり，もし窓回りの風圧係数がわかっているときは，風速から求めた風圧を

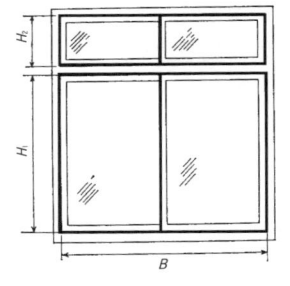

図 2.15 窓まわりのすきま長（crack length）

表 2.25 鋼鉄製サッシのすきま長さ当たりの漏気量 Q_I/l_E (m³/mh)（勝田・寺沢）[12]

風速[m/s]		2	4	6	8	10
風圧[Pa]		1.8	7.2	16.2	28.8	45.0
外開き	普通	0.60	1.50	2.6	3.8	5.0
	気密	0.031	0.085	0.16	0.25	0.35
上げ下げ	普通	2.7	6.3	10	13.5	18
	気密	0.63	1.6	2.7	4.0	5.5
引違い	普通	4.1	9.0	14	19	25
	気密	1.7	4.2	7.2	10	13.5

〔注〕 風圧係数を 0.75（正面±30°より風を受けるとき）として，風速より風圧を求め，この風圧から図表より数値を求めた．

用いる方がよい．
（3） 窓面積より求める方法

表 2.26 および表 2.27 は，窓面積当たりのサッシ面積当たりのすきま風量を示す．

【例題 2.14】 図 2.15 に示した引き違い窓の寸法を $H_1=1.8\,\mathrm{m}$, $H_2=0\,\mathrm{m}$（欄間なし），$B=1.8\,\mathrm{m}$ とする．冬季の風速を $6\,\mathrm{m/s}$ とし，風上側の窓からのすきま風量を計算せよ．なお，鋼鉄製サッシとアルミサッシの場合を比較せよ．気密構造は中程度とする．

〔解〕 鋼鉄製サッシは表 2.25 より引違い窓の普通を取り，$Q_\ell/\ell_E=14\,\mathrm{m^3/(m\cdot h)}$ となる．すきま長は，$\ell_E=3(H_1+H_2)+4\cdot B=3\times1.8+2\times1.8=9\,\mathrm{m}$ となる．よって，すきま風量 $Q_{IF}=14\times9=126\,\mathrm{m^3/h}$ を得る．

アルミサッシは表 2.26 より引違いの B 値を用い，窓面積当たりすきま風量は，$Q_{IF}/A=2.4\,\mathrm{m^3/(m^2\cdot h)}$ となる．窓面積は $A=1.8\times1.8=3.24\,\mathrm{m^2}$ ゆえに，すきま風量は，$Q_I=2.4\times3.24=7.78\,\mathrm{m^3/h}$ となる．アルミサッシのすきま風量は鋼鉄製サッシの 6％ と小さい．

（4） ドアからのすきま風の算定

夏期におけるドアの開閉によるすきま風は表 2.28 を参考とする．冬季は表 2.29 を参考とする．高い建物ほど煙突効果が大きくなるため，玄関ホールが負圧となりすきま風の量が増える．

（5） 建物内の開放ドアからのすきま風[13]

建物内の廊下と室の間，または室と室との間のドアで，ドアの両側の温度差が異なる場合を取り扱う．例えば，手術室の廊下側のドア，高温室と一般室の間のドアなどにおいては，ドアの開放時に温度差のため，図 2.16 の上部から空気を流出し，下部

表 2.26 窓面積 $1\,\mathrm{m^2}$ に対するすきま風量（$\mathrm{m^3/h}$）（Carrier Co.）[10]
（外部風速，夏 $3.46\,\mathrm{m/s}$，冬は $7.0\,\mathrm{m/s}$）

	名　　称	小形窓（0.75×1.8m）			大形窓（1.35×2.4m）		
		風止めなし	風止め付	気密サッシ	風止めなし	風止め付	気密サッシ
夏季	木製サッシ	7.9	4.8	4.0	5.0	3.1	2.6
	気密性のわるい木製サッシ	22.0	6.8	11.0	14.0	4.4	7.0
	金属製サッシ	14.6	6.4	7.4	9.4	4.0	4.6
冬季	木製サッシ	15.6	9.5	7.7	9.7	6.0	4.7
	気密性のわるい木製サッシ	44.0	13.5	22.0	27.8	8.6	13.6
	金属製サッシ	29.2	12.6	14.6	18.5	8.0	9.2

〔注〕 風止めは weatherstrip のこと

＊ 表 2.26 はアメリカの資料であり，表 2.27 は日本の資料である．表 2.27 は JIS A 4706（鋼製およびアルミサッシ）の試験規格に従って多数のアルミサッシを試験した結果から，表の A，B，C はそれぞれ気密性の良好なもの，中間的なもの，不良と思われるものの値をグラフ（2.4）より編者が読んだ結果である．また風速については表 2.25 と同じく風圧から逆算したものである．

表 2.27 窓面積1m²に対するアルミサッシのすきま風の量（m³/m²h）（勝野）[15]

風速[m/s]		2	4	6	8	10
風圧[Pa]		1.8	7.2	16.2	28.8	45.0
引き違い	A	0.070	0.16	0.25	0.35	0.46
	B	1.42	2.0	2.4	2.7	3.0
	C	5.1	7.0	8.4	9.6	10.5
片引き	A	—	0.021	0.039	0.059	0.077
	B	0.057	0.11	0.16	0.21	0.26
	C	0.078	0.18	0.28	0.40	0.52
内倒し	A	0.070	0.094	0.112	0.13	0.14
	B	0.14	0.23	0.30	0.40	0.52
	C	0.068	0.19	0.34	0.52	0.72
すべり出し	A	0.030	0.040	0.049	0.056	0.062
	B	0.050	0.14	0.27	0.42	0.60
	C	0.23	0.56	0.93	1.30	1.70
回転窓	A	0.012	0.031	0.058	0.09	0.12
	B	0.054	0.16	0.27	0.40	0.56
	C	0.22	0.50	0.81	1.01	1.05
引き違い二重サッシ	A	0.044	0.11	0.18	0.27	0.36
	B	0.95	1.75	2.5	3.2	3.9
	C	1.6	3.3	5.1	7.1	9.0
住宅用 引き違い	A	1.10	2.3	3.4	4.7	5.9
	B	2.8	6.4	10.5	14.5	19
	C	5.0	10.5	16	22	27
住宅用 BL形, 防音	A	0.06	0.11	0.15	0.20	0.24
	B	0.13	0.28	0.48	0.66	0.86
	C	1.10	2.3	3.4	4.7	5.9

〔注〕 A, B, Cは気密性の度合いを示す。（Aは良好，Bは中程度，Cは不良）

表 2.28 夏期のドア開閉による室内の人員1人当たりのすきま風（m³/h）（Carrier）[16]

室名	回転式（径1.8m）	片開き（幅0.9m）	室名	回転式	片開き
事務室	—	4.2	食堂	7.0	8.5
〃	—	6.0	〃（レストラン）	3.4	4.2
百貨店（小規模）	11.0	13.5	商店（くつ屋）	4.6	6.0
銀行	11.0	13.5	〃（衣装店）	3.4	4.2
病室	—	6.0	理髪店	6.8	8.5
ドラグストア	9.5	12.0	タバコ店	34.0	50.0

より低温の空気が流入する。この流入量 $Q_{IF}'[\text{m}^3/\text{s}]$ が自然対流のみのときは次式で求められる[18]。

$$Q_{IF}' = \frac{0.8 \cdot W}{3}\left[g\frac{\Delta \rho_a}{\rho_{am}}\right]^{\frac{1}{2}} \cdot H^{3/2} \tag{2.35}$$

2.6 すきま風による熱負荷

表 2.29 煙突効果を考慮した片開きドアより入る冬期のすきま風 (m³/h) (ASHRAE, 1977)[17)18)]

出入り人数 n		一重ドア(手動)				二重ドア(手動)			
h	Δt	$n=250$	$n=500$	$n=750$	$n=1\,000$	$n=250$	$n=500$	$n=750$	$n=1\,000$
30	15	2 200	3 400	4 500	5 800	1 000	2 100	2 700	2 900
	20	2 900	4 700	6 200	7 900	1 400	2 900	3 600	4 000
	25	3 500	5 600	7 400	9 400	1 600	3 400	4 400	4 800
50	15	4 100	7 000	9 700	12 000	1 700	3 400	4 600	5 400
	20	4 300	7 300	10 000	12 200	2 000	3 700	5 100	6 100
	25	4 600	7 600	10 300	12 700	2 200	4 100	5 600	6 600
100	15	4 800	8 100	11 000	14 000	2 600	4 600	6 500	7 600
	20	6 500	9 900	13 000	16 000	3 400	5 600	7 600	9 200
	25	7 600	11 000	14 000	17 000	3 900	6 500	8 700	10 400
200	15	7 600	11 400	16 000	20 400	4 200	7 000	9 300	11 000
	20	8 500	14 000	19 000	22 000	4 700	7 600	10 000	12 000
	25	9 900	16 000	21 000	25 400	5 100	8 300	11 000	13 000

〔注〕 n は1つのドア当たりの毎時間の人数，h は建築高(m)，Δt は内外温度差(℃)
本表は ASHRAE Handbook 1977 の第21章図9より読み取った概略値表

室内の空気吹出量と吸込量に差 $\Delta Q [\text{m}^3/\text{s}]$ がある場合は，次式で求められる．

$$Q_{\text{IF}}' = 0.333 C_{\text{T}} \cdot C_{\text{V}} \cdot W \frac{\rho_{\text{am}}}{g \cdot \Delta \rho_{\text{a}}} \left\{ g \frac{\Delta \rho_{\text{a}}}{\rho_{\text{am}}} H - \left[\frac{\Delta Q}{W \cdot H} \right]^2 \right\}^{3/2} \quad (2.36)$$

ここに，W, H ：ドアの幅 [m] と高さ [m]
　　　　ρ_{a1}, ρ_{a2} ：室内外の空気の比重 [kg/m³]
　　　　$\Delta \rho_{\text{a}} = \rho_1 - \rho_2$，$\rho_{\text{am}} = (\rho_{a1} + \rho_{a2})/2$
　　　　g ：重力加速度＝9.80 [m/s²]
　　　　C_{T}, C_{V} ：→ 表2.30

この式の計算値を図2.17に示す．

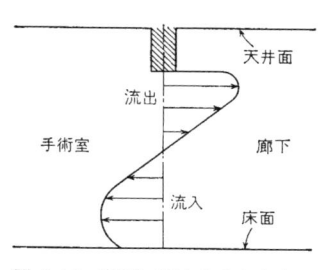

図 2.16 廊下に面する入口からの空気の入出流

---

* 表2.29はMinの研究結果で，原図では給気風量と排気風量の差 (ΔQ) をパラメータにしているが，ここでは $\Delta Q = 0$ の場合のみを表にした．

表 2.30 C_T, C_V の値 (Whyte)[14]

温度差(℃)		0	0.5	1.0	2.0	5.0	10
C_T		∞	1.3	1.0	0.85	0.77	0.85
C_V	$v_F=0.3$	0	0	0	0.40	0.63	0.80
	0.2	0	0	0.33	0.50	0.65	0.80
	0.1	—	0.45	0.59	0.63	0.75	0.85

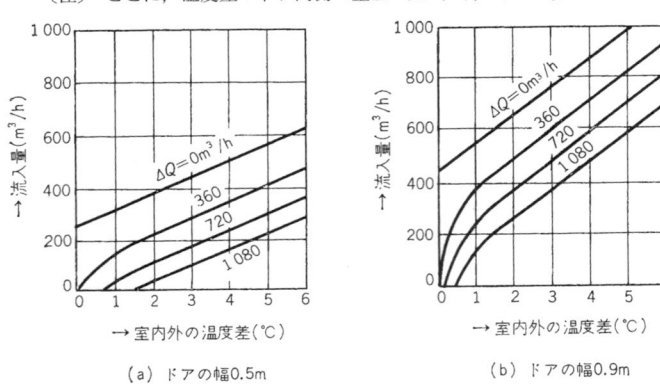

〔注〕ここに, 温度差:ドア両側の室温の差〔℃〕, $v_F=\Delta Q/(B\times H)$

(a) ドアの幅0.5m

(b) ドアの幅0.9m

図 2.17 室内吹出のあるときの自然対流による入口からのすきま風[14]

2.7 内部発熱による熱負荷

内部発熱には, 人, 照明, OA, その他機器類がある. なお, これらは冷房負荷の中でも大きな比重を占める. 一方, 暖房については, これらの発熱が外壁などの熱損失と相殺するため, 通常の設計では無視することが多い. ただし, 全く発熱がないというのは不自然であり, また, 暖房負荷を過剰に大きく見積もることにもなるので, その一部を暖房負荷にも見込むのがよい. (→ 2.7.5)

2.7.1 在室人員からの発熱負荷
（1） 熱負荷の計算式

人の発熱には, 体温と室温の温度差による顕熱負荷と呼吸や発汗による潜熱負荷とがあり, 次式によって熱負荷を求める.

冷房	顕熱負荷	$q_{HU_S}=SH\cdot P\cdot A_R$	(2.37)
	潜熱負荷	$q_{HU_L}=LH\cdot P\cdot A_R$	(2.38)
暖房	顕熱負荷	$q_{HU_S}=-SH\cdot P\cdot A_R\cdot f_H$	(2.39)
	潜熱負荷	$q_{HU_L}=-LH\cdot P\cdot A_R\cdot f_H$	(2.40)

ここに, q_{HU_S}, q_{HU_L}:在室人員による顕熱負荷および潜熱負荷〔W〕

2.7 内部発熱による熱負荷

SH ：人の顕熱発熱量（Sensible heat）［W/人］（→表2.32）
LH ：人の潜熱発熱量（Latent heat）［W/人］（→表2.32）
P ：在室人員密度［人/m²］（→表2.31, 2.7.1(2)）
A_R ：室の床面積［m²］
f_H ：暖房負荷計算での在室人員の見込み率［－］

暖房負荷の計算式の右辺が－（負）となっているのは，人の発熱が他の暖房負荷と相殺するためである．また，在室人員の見込み率は一般には $f_H=0$ とする．人は常時いるとは限らないからである．

（2） 在室人員の算定

在室人員の目安として，表2.31に示す在室人員密度から求める．劇場や映画館の観客席においては人の発熱が熱負荷の大半を占めるから，できるだけ正確な人数を用いる．映画館などでは立見客を収容することがあるので，必要に応じその分を見込まなくてはならない．

表 2.31 在室人員密度 P［人/m²］[2)6)]

		一般的面積	設計値
事務所建築	事務室	0.20～0.13	0.2
	会議室	0.50～0.20	0.5
デパート・商店（売り場）	一般	1.00～0.25	0.4
	混雑	2.00～0.50	1.4
	閑散	0.25～0.13	0.2
レストラン		1.00～0.50	0.6
劇場	観客席	2.50～1.43	2
学校	教室	0.77～0.63	0.7
美術館	展示室	0.50～0.25	0.4
図書館	一般	0.56～0.33	2
	児童	0.77～0.63	
喫茶店		0.67～0.25	2
美容院・理髪店		0.50～0.25	2.5

〔注〕 吉武・戸川・井上の1人当たりの床面積の値を基に在室人員密度に換算した．

（3） 人の発熱量

表2.32に1人当たりの発熱量［W/人］を示す．作業強度により発熱量が変わる．同じ作業強度ならば総発熱量は変わらないが，室温が高いと潜熱の比率が多くなり，室温が低いと顕熱の比率が多くなる．

【例題 2.15】 モデル建物の基準階東事務室の在室人員による熱負荷を求めよ．条件は適宜定めよ．

〔解〕 用途は事務室であるから，表2.31から在室人員密度は0.2人/m²を選ぶ．表2.32から，事務所作業で全発熱量は119W/人，冷房時は室温26℃であるゆえ，顕

熱 $SH=55$，潜熱 $LH=64$，暖房は室温22℃であるゆえ，顕熱 $SH=71$，潜熱 $LH=48$ となる．なお，暖房負荷では人の見込み率は $f_{HU}=0$ とする．以上より下表の結果を得る．

人

場所 東京	ゾーン名 東ゾーン	室名 東事務室		階 基準	面積 302.6 m²	階高 3.600 m	天井高 2.600 m	容積 786.7 m³
部 位					冷 房		暖 房	
方位	熱タイプ 日射吸収率	面積 A [m²]	熱通過率 K K·A 遮蔽係数 SC SC·A	温度差[℃] 標準日射熱取得[W/m²] 時 9 時 13 時 16	冷房負荷[W] 時 9 時 13 時 16	温度差	方位係数×割増係数	暖房負荷[W]
在室者	冷房 0.2 暖房	人/m² 0	作業状況 事務所 作業 負荷軽減 見込率→	発熱量W/人 qs 55 qL 64 qs 71 qL 48	qL(潜熱) 3,873	qs(顕熱) 3,328	qL(潜熱) 0	qs(顕熱) 0

表 2.32 人体からの発熱量の設計値（W/人）[2]

作業状態	（例）	室 温 全発熱量	28℃ SH	28℃ LH	26℃ SH	26℃ LH	24℃ SH	24℃ LH	22℃ SH	22℃ LH	20℃ SH	20℃ LH
静 座	劇 場	92	44	48	51	41	58	34	65	27	72	20
軽作業	学 校	106	48	58	55	51	62	44	69	37	76	30
事務所作業 軽い歩行	事務所 ホテル・デパート	119	47	72	55	64	63	56	71	48	79	40
立位, 座位, 歩行	銀 行	131	48	84	56	76	64	67	73	58	80	51
座 業	レストラン	145	51	94	59	86	69	77	78	67	86	59
着席作業	工場の軽作業	198	50	148	63	135	76	122	88	109	101	97
普通のダンス	ダンスホール	226	55	171	69	157	83	143	97	129	110	115
歩行(4.3km/h)	工場重作業	264	70	194	84	180	99	165	114	150	128	136
ボーリング	ボーリング	383	112	271	124	258	137	245	150	233	163	220

〔注〕　SH：顕熱，LH：潜熱
　　　全発熱量 $=SH+LH$ であるが，各々で四捨五入するので，必ずしも数字は一致しない．

2.7.2　照明による熱負荷

（I）熱負荷の計算式

照明器具よりの熱負荷は次式で計算する．通常は定常で計算する．

　　冷房　　　$q_{EL}=\varepsilon_{EL}\cdot E_{EL}\cdot A_R$　　　　　　　　　　　　　(2.41)
　　暖房　　　$q_{EL}=-\varepsilon_{EL}\cdot E_{EL}\cdot A_R\cdot f_H$　　　　　　　　　(2.42)

ここに，q_{EL}：照明による熱負荷 [W]
　　　　ε_{EL}：照明1W当たりの発熱量 [W/W]
　　　　　　　　白熱灯，省エネルギ型蛍光灯は $\varepsilon_{EL}=1.0$
　　　　　　　　一般の蛍光灯は $\varepsilon_{EL}=1.2$，（詳細は→表2.33）
　　　　E_{EL}：照明の電力密度 [W/m²]
　　　　A_R：室の床面積 [m²]

2.7 内部発熱による熱負荷

f_H ：暖房負荷計算での照明負荷の見込み率 [－]

暖房負荷計算での照明負荷の見込み率は，安全を考えると $f_H=0$ であるが，照明は執務時間中は点灯しているのが常であるから暖房でもその半分程度を見込む．また点灯しても直ちに負荷にならないので，時間遅れ係数（→ (4)）を考慮し，埋め込み型では 0.75 である故に，$f_H=0.35$ を見込むのが現実的である．

（2） 照明の発熱量

詳細は表 2.33 に示すが，一般的な蛍光灯の場合は安定器の発熱が加わる故に $\varepsilon_{EL}=1.2$ であり，白熱灯や省エネルギ型蛍光灯では $\varepsilon_{EL}=1.0$ を取ればよい．メタルハライド灯・高圧ナトリウム灯・水銀灯を HID ランプと称するが，安定器は器具の特性により同じ出力に対し異なった値を示すので表 2.33 を参照すること．

表 2.33 照明器具の発熱量 [kW/kW]

名　　称	kW/kW	名　　称	kW/kW
白熱電球	1.0	蛍光灯	
ハロゲン電球	1.0	一般形 10～110 W	1.30～1.06
メタルハライド灯　70～2 000 W	1.24～1.07	同インバータ 40～110 W	0.93～0.85
高圧ナトリウム灯　50～940 W	1.28～1.05	コンパクト形 9～55 W	1.44～1.18
水銀灯　40～1 000 W	1.25～1.09	同インバータ 40～110 W	1.00～0.94
		Hf 形（インバータ）	
		32～50 W 100％ 出力時	1.16～0.98
		150％ 出力時	1.78～1.44

〔注〕 本表は各社カタログより編者作成．～の範囲は左が小容量の場合，右が大容量の場合である．

表 2.34 照明用電力の概算値 [W/m²]（中村守保）

建物種類		照度(lx)		照明電力(W/m²)	
		一　般	高　級	一　般	高　級
事務所ビル	事務室	400～500	700～800	20～30	50～55
	銀行営業室	750～850	1 000～1 500	60～70	70～100
劇場などの観客席	観客室	100～150	150～200	10～15	15～20
	ロビー	150～200	200～250	10～15	20～25
商　店	店　内	500～600	800～1 000	30～40	55～70
デパートおよび	1 階，地階	800～1 200		80～100	
スーパーマーケット	2 階以上	600～1 000		60～80	
学　校	教　室	150～200	250～350	10～15	25～35
病　院	病　室	100～150	150～200	8～12	15～20
	診察室	300～400	500～1 000	25～35	50～70
ホテル	客　室	80～150	80～150	15～30	15～30
	ロビー	100～200	100～200	20～40	20～40
工　場	作業場	150～250	300～450	10～20	25～40
住　宅	居　間	200～250	250～350	15～30	25～35

(3) 照明の電力密度の算定

照明用電力については，照明設計の確実な数字に基づいて負荷の算定を行うが，設計の段階では確定していないことが多い．この場合は，表2.34の概略値を参考にする．

表2.34の照明用電力は，ホテルのみ白熱灯の間接照明である．他はすべて蛍光灯であり，一般的には半直接照明，高級な場合は半間接照明である．住宅，アパートなどの特殊な場合を除いて室内の電灯は全部，点灯しているとして計算を進める．なお，最近のオフィスビルなどで，窓側は自然採光により十分な照度が得られる場合は自動消灯する例があるが，この場合は消灯数を考慮に入れて計算する．

【例題2.16】 モデル建物の基準階東事務室の照明による熱負荷を求めよ．なお，条件は適宜定めよ．

〔解〕 用途は事務室であるから，通常の蛍光灯とする．ゆえに $\varepsilon_{EL}=1.2$. 照明の電力密度は表2.34から $E_{EL}=20\,W/m^2$ を選ぶ．照明は執務時間帯は100%点灯していることが多いが，暖房負荷時の見込み率は $f_H=0.35$ とする．以上より下表の結果を得る．

照明

場所	ゾーン名	室名		階	面積 m²	階高 m	天井高 m	容積 m³
東京	東ゾーン	東事務室		基準	302.6	3.600	2.600	786.7

部 位						冷 房				暖 房		
方位	熱タイプ 日射吸収率	面積		熱通過率 K	K・A	温度差[℃]標準日射熱取得[W/m²]		冷房負荷[W]		温度差	方位係数×割増係数	暖房負荷[W]
			A [m²]			遮蔽係数 SC	SC・A	時 9	時 13	時 16		時 9	時 13	時 16			
照明	白熱灯/蛍光灯 W/m²	種類	係数					qs(顕熱)				qs(顕熱)
	冷房 20	蛍光灯	qs 1.2						7,262			-2,542
	暖房 見込率→ 0.35											

(4) 補1：時間遅れを考慮した照明熱負荷

照明発熱は，壁面や天井・床などに吸収された熱が，壁体の熱容量により時間遅れを伴って熱負荷となる．照明は他の機器に比べて時間変動が少なく，執務時間帯に100%点灯し，時間外は0%と考えてよく，単純な使用パターンであり，時間遅れについて扱いやすい．照明熱負荷に時間負荷遅れを考慮する場合は，次式による．

$$q_{EL}' = q_{EL} \cdot r_{EL} \tag{2.43}$$

ここに，q_{EL}' ：時間遅れを考慮した照明の熱負荷 [W]
　　　　q_{EL} ：時間遅れを考慮しない照明の熱負荷 [W]
　　　　r_{EL} ：照明熱負荷の時間遅れ係数 [－]
　　　　　　　露出型の場合　　$r_{EL}=0.85$
　　　　　　　埋め込み型の場合　$r_{EL}=0.75$

(5) 補2：吸い込みトロッファのある照明の熱負荷

天井埋込みの照明の場合，照明発熱のうち直接に室内に出る熱は，20～40%程度であり，大半は天井内に放熱し，天井内の温度を高め，その後に天井および床スラブ

2.7 内部発熱による熱負荷

を通して，室内に侵入する．

図2.18は反射板（トロッファ，troffa）にスリットを付けた照明器具である．図2.19のように，スリットから還気を天井内に吸い込み，天井内に放熱された照明の熱を還気で除去する．この分，室負荷が小さくなる．吸い込みトロッファのある場合の照明の熱負荷は，次式で求められる．

$$q_{EL}'' = q_{EL}(1-\rho_{EL}'') \tag{2.44}$$

ここに，q_{EL}'' ：吸い込みトロッファのある照明の熱負荷 [W]
q_{EL} ：吸い込みトロッファのない照明の熱負荷 [W]
ρ_{EL}'' ：吸い込みトロッファによる熱除去率 [－]

吸い込みトロッファによる熱除去率は次のようである．

図2.18の(a)の照明の頂部に吸い込みがある場合，
　　　熱除去率　　$\rho_{EL}'' = 0.159$　（中原らによる大林ビルの実測値[19]）

図2.18の(b)のように照明の両側に吸い込みがある場合，
　　　熱除去率　　$\rho_{EL}'' = 0.25 \sim 0.26$　（佐土原らに中電岡崎ビルの実測値[20]）

吸い込みトロッファで除去された熱は，結局は還気により空調コイルへの負荷となるのであるが，室負荷が小さくなり，したがって空調の吹出風量が小さくなり（→第3章），ダクト，ファンも小さくすることができる．

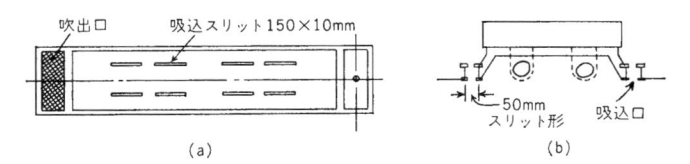

図 2.18　吸い込みトロッファのある照明器具

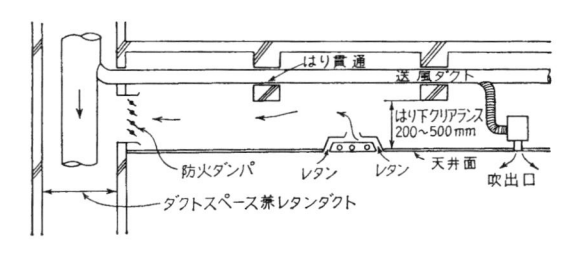

図 2.19　吸い込みトロッファのある照明器具からの還気

2.7.3 OA機器発熱よりの熱負荷

最近の事務所ビルではオフィスオートメーション（OA）化が進み，パーソナルコンピュータなどによるコンセント負荷は冷房負荷の中でも大きな割合を占める．

(1) 計 算 式

OA機器による熱負荷は次式で求める．

$$冷房 \quad q_{EM} = E_{OA} \cdot A_R \tag{2.45}$$

$$暖房 \quad q_{EM} = -E_{OA} \cdot A_R \cdot f_H \tag{2.46}$$

ここに，q_{EM}：OAによる熱負荷 [W]
E_{OA}：単位床面積当たりのOAの負荷密度 [W/m^2]
A_R：室の床面積 [m^2]
f_H：暖房負荷計算でのOA負荷の見込み率 [−]

OA機器の発熱は暖房負荷を相殺することになるが，常時使用するならば暖房負荷計算で見込むべきである．一般的には，暖房負荷計算での見込み率は，安全を考え $f_H = 0$ とする．

(2) OA負荷の設計容量の算定

事務所ビルにおける設計容量のOA負荷の分布を図2.20に示す．一般の執務室では，40〜50W/m^2 が最も多く，30〜60W/m^2 に全体の2/3が分布している．データセンターやディリングルームなどのヘビーデューティーゾーンでは300W/m^2 以上を見込む場合がある．

表2.35にOA機器の発熱量を示す．OA等の熱負荷は，これらと，在席人員密度

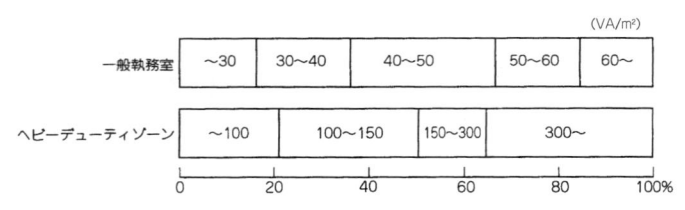

(VA/m^2)

| 一般執務室 | 〜30 | 30〜40 | 40〜50 | 50〜60 | 60〜 |
| ヘビーデューティゾーン | 〜100 | 100〜150 | 150〜300 | 300〜 |

図 2.20　事務所におけるOA負荷の設計容量の例 [VA/m^2][21]

表 2.35　OA機器の発熱量 [W/台]（猪岡，2007）

機器・器具名	稼働中実測値			カタログ値			
	アイドリング中	使用中平均	最大値	スリープモード	スタンバイ	標準電力	最大電力
デスクトップパソコン	85〜101〜115	109〜131〜163	123〜152〜182				
同上，本体のみ						25〜59	74〜182〜305
ノートパソコン	14〜20〜26	18〜29〜43	21〜35〜48			9〜24〜50	30〜67〜120
カラーレーザープリンタ				3〜45	9〜137	220〜543	638〜1400
レーザープリンタ		675〜926	1018〜1067	4〜19	2〜129	166〜671	450〜1150
スキャナ				5	15〜30	25〜60	43〜90
携帯電話充電		2.3〜2.5	3〜4				

数値は，最小〜最大，または，最小〜平均〜最大の範囲を示す．

2.7 内部発熱による熱負荷

と OA 器具の数と同時使用率を勘案して内部発熱を想定する．

【例題 2.17】 モデル建物の基準階東事務室の OA による熱負荷を求めよ．なお，条件は適宜定めよ．

〔解〕 用途は一般の事務所の執務室であり，在室人員を $P=0.2$ 人/m² とする．1人1台のパソコンを保有し，ディスクトップのパソコンとノートパソコンが半々とする．それぞれの発熱量は，表 2.35 より，稼働中の平均の最大値が 163 W/台と 43 W/台であり，平均約 103 W/台．同時使用率を 0.6 と想定すると，発熱量は $0.2\times103\times0.6=12.4$ W/m² となる．レーザープリンターの稼働中の平均の最大値は 926 W/台，平均稼働率を 0.2 と仮定し，5人で共有するものとすると，$0.2\times926\times0.2/5=7.4$ W/m²，合計で $E_{OA}=12.4+7.4=19.8$ W/m²，余裕を見込んで 20 W/m² とする．なお，暖房負荷時の見込み率は $f_H=0$ とする．以上より下表の結果を得る．

OA

場所	ゾーン名	室名	階	面積 m²	階高 m	天井高 m	容積 m³
東京	東ゾーン	東事務室	基準	302.6	3.600	2.600	786.7

部 位					冷 房						暖 房		
方位	熱タイプ 日射吸収率	面積 A [m²]	熱通過率 K K·A	遮蔽係数 SC SC·A	温度差[℃] 標準日射熱取得[W/m²]			冷房負荷[W]			温度差	方位係数×割増係数	暖房負荷[W]
					時 9	時 13	時 16	時 9	時 13	時 16			
OA機器 冷房 暖房	W/m² 20 見込率	種類 OA	係数 qs 1.0 qL 0.0	qL(潜熱) 0				qs(顕熱) 6,052			qL(潜熱) 0		qs(顕熱) 0

2.7.4 その他の熱負荷

特殊な機器がある場合は，以下のように熱負荷を見込む．

（I） 器具からの熱負荷

a） 熱負荷の計算式

各種器具よりの熱負荷は次式で計算する．通常は定常で計算する．

$$顕熱 \quad q_{EMs} = Q_{APs} \cdot \phi_U \cdot \phi_H \tag{2.47}$$

$$潜熱 \quad q_{EML} = Q_{APL} \cdot \phi_U \cdot \phi_H \tag{2.48}$$

ここに，q_{EMs}, q_{EML}：器具の顕熱負荷と潜熱負荷 [W]

Q_{APs}, Q_{APL}：器具の顕熱放熱量と潜熱放熱量 [W]

ϕ_U：使用率 [－]

ϕ_H：フード付き器具で室内にふく射として放散される割合 [－]

　　　フードのない場合は $\phi_H=1.0$

b） 器具からの放熱量

表 2.36，表 2.37 に，各種器具の放熱量を示す．表 2.37 の右欄は，アメリカの調査[18]によるフード付き器具放熱量を示す．調理器具については $\phi_U=0.5$，$\phi_H=0.32$．調理器具のみでは $\phi_U=0.5$，$\phi_H=0.20$ として求めてある．他の機器の ϕ_U については実状に応じて数字を入れる．

表 2.36　各種器具の発熱量 [W]

名　称	機器発熱量	名　称	機器発熱量
冷蔵庫		リコピー	210～560 W/台
0～0.4 kW	1 600 W/kW	電子コピーおよび オフセット製版機	1 000～2 000 W/台
0.4～3.7	1 300 W/kW		
5.5～17	1 300 W/kW	シュレッダ	260～580 W/台

表 2.37　各種器具の発熱量 [W]（ASHRAE, Handbook, 1977）[18]

名　称		呼称入力 (W)	発生熱量(W)		
			フードなし		フードあり
			SH	LH	SH のみ
調理機器	ガスだきコーヒ沸し　12 l	2 900	760	330	220
	〃　　　　　　　　　20 l	4 400	1 140	490	330
	電熱式コーヒ沸し　12 l	2 000	830	180	220
	〃　　　　　　　　20 l	3 000	834	270	350
	家庭用レンジ　80×80×83 cmH	18 600	フード必要	フード必要	1 720
	レストラン用レンジ（バーナ2台当り）	7 000	〃	〃	520
	〃 オーブン（60×55×35 cm）	8 700	〃	〃	650
その他	ヘヤドライヤ(1.5 kW)ブロワタイプ	—	520	90	—
	パーマネント機(1.5 kW)	—	180	35	—
	ブンゼン灯(11 mmφ)	870	360	90	—
	電気滅菌器(1.1 kW)	—	140	260	—

病院の検査室のように室内に多くの発熱機器のある場合は，この機器のそれぞれに対して放熱量に使用率 ϕ_U 乗じて求める．実験室の器具負荷は湿式（化学系）で 47～128 W/m²，乾式（物理系）で 47～163 W/m² ある．

（2） 電動機からの熱負荷

a） 熱負荷の計算式

電動機（モータ）の熱負荷は次式で表される．

$$q_{EM} = \phi_U \times P_{M0} \times f_M \tag{2.49}$$

ここに，ϕ_U ：電動機の稼働率 [−]

　　　　P_{M0} ：電動機の定格入力 [kW]

　　　　f_M ：電動機から室内へ放熱される比率 [−]

電動機の定格値は出力で示され，定格出力 1 kW の電動機は 1 kW の仕事をなしうる能力をもっている．空調の負荷となる電動機入力 P_M は，定格出力 P_{M0} を基準にとって次式により求められる．

$$P_M = P_{M0} / \eta_M \tag{2.50}$$

ここに，η_M ：電動機（モータ）効率 [−]

($P_M - P_{M0}$) は電動機内のエネルギ損失として電動機から周囲の空気に放熱される．P_M なる入力は機械（例えば紡績工場では紡績機械）に伝達し，摩擦などの機械仕事をして，その機械の周囲の空気に放熱される．以上より，電動機が室内にあるか否か，駆動される機械が室内にあるか否かによって室内へ発熱される比率 f_M が決まる．これらをまとめると表 2.38 のようになる．

表 2.38　電動機効率 η_M と室内に放熱される比率 f_M

	例	f_M
(1) 電動機とこれにより駆動される機械がともに室内にある場合	小形冷蔵庫，扇風機，一般の工場内の機械	$f_M = \dfrac{1}{\eta_M}$
(2) 電動機は室外にあり，室内の機械を駆動するとき	室外の電動機によりカウンタシャフトを通じて駆動される機械	$f_M = 1.0$
(3) 同上の場合，電動機が置いてある室内		$f_M = \dfrac{1}{\eta_M} - 1.0$
電動機入力 P_M [kW]	0〜0.4	0.75〜3.7	5.5〜15	20 以上
電動機効率 η_M [−]	0.6	0.8	0.85	0.9

【例題 2.18】 ある紡績工場の精紡室において 20 kW の電動機により駆動される精紡機が 15 台あるとき，電力による熱負荷を求める．なお，稼動率 $\phi_U = 0.95$ とする．

〔解〕 表 2.35(1) に相当するから，$P_{M0} = 20 \times 15 = 300$ kW，電動機の効率は表 2.38 より $\eta_M = 0.9$ を得る．よって，$f_M = 1/\eta_M = 1/0.9$ となる．

よって，$q_{EM} = 0.95 \times 300 / 0.9 \fallingdotseq 317$ kW

2.7.5 内部発熱条件についての補足

在室人員や OA 機器などの内部発熱は使われ方の予測が難しく，どうしても安全側に見込みがちである．空調システムが最大熱負荷を満足するように設計するにしても，その前提となる内部発熱が余りにも実態とかけ離れていると，日常的な空調システムの運転効率を下げ，省エネルギに反することになりかねない．

最近のテナントビルでは OA 化に対応するために，OA 負荷を 30〜60 W/m² 見込むことが多い．しかし，多数あるパソコンやプリンタが同時に使用されることは希である．実態に即した設定をすることが望ましい．

図 2.21[23] は，川瀬らによる東京の新宿副都心のビルの 20 テナント 27 エリアでコンセント負荷を実測した結果である．これによると，時間最大値は 4.6〜37.8 W/m² に分布し，その平均値は 14.8 W/m² である．日平均稼働率は更に低いところにある．

表 2.39 に空気調和・衛生工学会の省エネルギ技術指針（非住宅編，2007 年）による内部発熱条件（暫定案）を示す．ここでは，内部発熱の設定に幅を持たせてある．また，規模が大きい場合は同時性を考慮し，室 → 階 → 建物全体で同時使用率を下げ

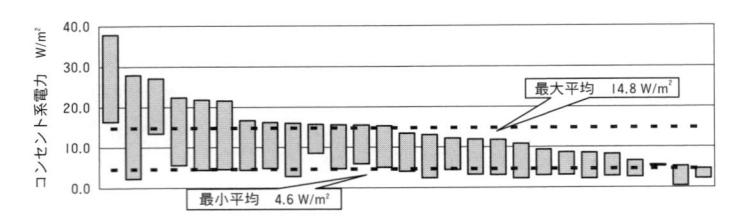

図 2.21 実測による事務所の OA 負荷の分布 [W/m²][23]

表 2.39 内部発熱の設計原単位（暫定案）[22]

人	高密度オフィス 低密度オフィス	0.15 ～ 0.2 0.1 ～ 0.15		人/m² 人/m²	建物全体の計画人員に合わせる． 必要換気量も連動して合わせる．
照　明	蛍光灯 Hf 蛍光灯 白熱灯		20 15 60	W/m² W/m² W/m²	照度計算と合わせること． 禁煙化・分煙化で保守率の引き上げる．
OA	一般事務室 ヘビーデューティ・ゾーン 特殊(データセンター等)	30 100	20 ～ 60 ～	W/m² W/m² W/m²	電気関係は 100% を見込むが，空調の熱負荷では同時使用率を考慮する．

			人	照明	OA		
規模による 同時使用率	室，中規模・階，小規模・全体		100	100	100	%	上記の設計原単位に左の使用率を乗じる
	中規模・全体，大規模・階		80	90	80	%	
	大規模・全体		60	80	60	%	
平均使用率	手計算	冷房	100	100	100	%	上記の設計原単位に左の使用率を乗じる
		暖房	0	35	0	%	
	非定常 熱負荷計算	冷房	100	100	100	%	上記の設計原単位に，左の平均使用率を乗じ，これに時間別使用率を乗じ，更に，規模による同時使用を乗じる
		暖房	50	50	50	%	
		年間	80	80	80	%	

ることが提案されている．

2.8 壁体よりの透湿

一般の建物では壁体を透過する水分量は無視してもよいが，厳密な湿度の制御を必要とする恒温恒湿室あるいは低温実験室などで室内湿度が極めて低いときは，壁体からの透湿量が問題となり，次式を用いて計算する．

（1） 熱負荷の計算式

$$L_W = \frac{\Delta f}{\sum \Xi} = \frac{\Delta f}{\Xi_0 + \ell \xi_1 + \ell \xi_2 + \ell \xi_3 + \cdots + \Xi_1} \quad (2.51)$$

ここに，L_W ：透湿量 $[g/(m^2 \cdot h)]$
Δf ：室内外の水蒸気分圧の差 $[kPa]$
$\sum \Xi$ ：壁体の透湿抵抗 $[m^2 \cdot h \cdot kPa/g]$
Ξ_0, Ξ_1 ：壁の外と内の表面透湿抵抗 $[m^2 \cdot h \cdot Pa/g]$（→ 表 2.40）
ℓ ：壁体の厚さ $[m]$
ξ ：壁体の透湿比抵抗 $[m \cdot h \cdot Pa/g]$（→ 表 2.40）

【例題 2.19】 外気 35°C，60%，室内 −10°C，40% の恒温恒湿実験室において，壁の構造がモルタル 2 cm 仕上げ，アスファルトルーフィング（完全施工），フォームポリスチレン 10 cm，コンクリート 15 cm，モルタル 2 cm のときの透湿量を求めよ．

〔解〕 内外表面の空気層の透湿抵抗は，表 2.40 より

	厚さ d [m]	透湿比抵抗 $[m \cdot h \cdot kPa/g]$	透湿抵抗 $[m^2 \cdot h \cdot kPa/g]$
外表面			0.003
① モルタル	0.020	40.0	0.800
② アスファルト防水（完全施工）			18.700
③ フォームポリスチレン	0.010	80.0	0.800
④ コンクリート	0.150	93.0	13.950
⑤ モルタル	0.020	40.0	0.800
内表面			0.008
透湿抵抗合計		$\sum \Xi$	35.061
		$\sum \Xi$	35.1

上表より，透湿抵抗は $\sum \Xi = 35.1 [m^2 \cdot h \cdot kPa/g]$ を得る．なお，表面空気層の透湿抵抗はほとんど無視できる．空気線図（→ 1.4）より 35°C，60% の水蒸気分圧は $P_0 = 3.38 kPa$，−10°C，40% のときは $P_1 = 0.10 kPa$ なるゆえに，水蒸気分圧の差 $\Delta f = 33.8 − 0.10 = 33.7 [kPa]$ を得る．よって，単位面積当たりの透湿量は，

$$L_W = 3.37/35.1 \fallingdotseq 0.093 g/(m^2 \cdot h)$$

となる．もしも，防湿層のアスファルトルーフィンがない場合は，透湿抵抗は $\sum \Xi = 35.1 − 18.7 = 16.4 m^2 \cdot h \cdot kPa/g$ となる．よって，透湿量は，

$$\therefore \quad L_W = 3.37/16.4 = 0.200 g/(m^2 \cdot h)$$

となる．

表 2.40 透湿抵抗 Ξ, 透湿比抵抗 ξ (斉藤平蔵)[24]

構造	施工法	Ξ [m²·h·kPa/g]	ξ [m·h·kPa/g]
鉄筋コンクリート（15cm厚）	調合 1：2：4　$r=2\,200\,\mathrm{kg/m^3}$	13.3	93.3
モルタル（こて塗り）(2cm)	調合 1：3	0.80	40.0
しっくい（こて塗り）	上塗り 10mm厚　($r=890$)	0.05	—
杉板（辺材）	$\phi_R=40\%$	1.33	69.3
フレキシブル板 3mm	石綿：セメント＝4：6	0.32	—
プラスターボード 9mm	$r=820\sim1107$	0.40	45.3
ALC板 1cm	シポレックス	0.07	7.3
フォームポリスチレン（5cm）	一体成形品　$r=30$	4.00	80.0
ウレタンフォーム（5cm）	$r=60$	4.00	80.0
防湿層（アスファルトルーフィング）	目地をアスファルトで止めた完全施工	18.7	—
同上	目地はアスファルトの回らぬ普通の施工	0.80	—
〃 （ビニル塗料）	杉板，はけ塗り 2 回	1.47〜1.73	—
ビニルフィルム（0.041mm）		9.73	—
防湿セロファン（0.03）		1.07	—
鉱物繊維	ロックウール密度 100		1.91
	200		2.03
	300		2.13
コルク板（5cm）	輸入品	1.48	—
表面空気層	室内側　（$v=0.3\,\mathrm{m/s}$）	0.008	—
	外気側　（$v=3.0\,\mathrm{m/s}$）	0.003	—

2.9　間欠空調における蓄熱負荷

　間欠空調においては，空調停止時の夜間に，冬期は建物躯体が冷え込み，夏期は建物躯体の温度が高くなる．これが蓄熱であり，空調立ち上げの予熱・予冷時間に蓄熱負荷となって現われる．なお，この蓄熱負荷の計算には，時間の遅れの要素を伴い非常に煩雑となる．

　よって，手計算では簡易に扱わざるを得ない．手計算では，夏期の蓄熱負荷は見込まない．一方，冬期は朝の空調立ち上げ時に最大負荷が発生し，蓄熱負荷と重なるので無視する訳にはいかない．

2.9.1　蓄熱負荷の計算方法

（Ⅰ）　建物躯体の熱負荷の比率で見込む方法

　最も簡易な方法は文献 25) による方法である．この方法は安全率という考え方であり，暖房時にすきま風を含む建物躯体の熱負荷の 10% を蓄熱負荷として見込む．

2.9 間欠空調における蓄熱負荷

【例題 2.20】 暖房時に建物軀体の熱負荷の 10% を蓄熱負荷として見込め．
〔解〕暖房時の窓ガラス（例題 2.3），外壁（例題 2.6），内壁（例題 2.7），隙間風（例題 2.9）の建物軀体の熱負荷の合計は，10 691 W となる．この 10% を見込むと下表のようになる．

蓄熱負荷

場所	ゾーン名	室名	階	面積 m²	階高 m	天井高 m	容積 m³
東京	東ゾーン	東事務室	基準階	302.6	3.600	2.600	786.7

部 位					冷 房						暖 房		
方位	熱タイプ 日射吸収率	面積 A [m²]	熱通過率 K	K·A	温度差[°C] 標準日射熱取得[W/m²]			冷房負荷[W]			温度差	方位係数×割増係数	暖房負荷[W]
			遮蔽係数 SC	SC·A	時 9	時 13	時 16	時 9	時 13	時 16			
躯体負荷合計				0				8,633	5,321	4,227		586	10,691
蓄熱	暖房時の空調立ち上げ時の蓄熱負荷として躯体負荷の 10 %を見込む												1,069

（2）補足：空気調和・衛生工学会方式の蓄熱負荷の計算方法[5]

空気調和・衛生工学会の手計算法による蓄熱負荷の計算方法は，旧第 4 版で解説したが，かなり煩雑であり，新版では省略した．なお，詳細を知りたい方は，空気調和・衛生工学便覧[5]を参照されたい．

（3）補足：予熱時間と蓄熱負荷の関係

図 2.22 は，非定常熱負荷計算による，東京の事務所ビルにおける蓄熱負荷の試算例である．予冷・予熱時間が 0〜8 時間の各ケースの時刻別熱負荷を示す．なお，東・西・南のペリメータとインテリアの室負荷の合計値を示すが，連続空調負荷との差が

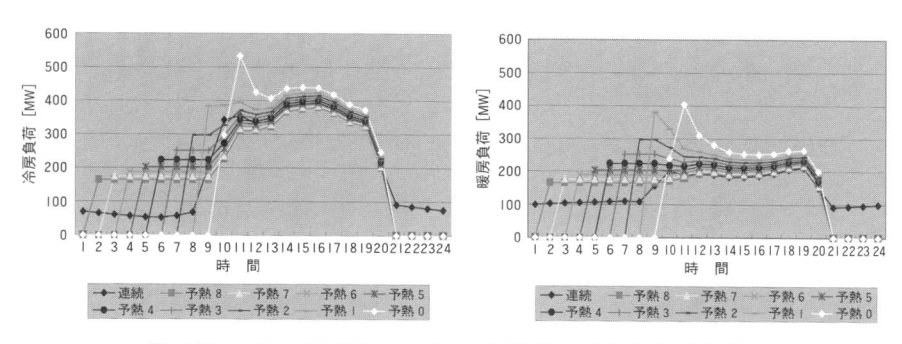

図 2.22 予冷・予熱時間とピーク日の時刻別冷房・暖房負荷（猪岡[26]）

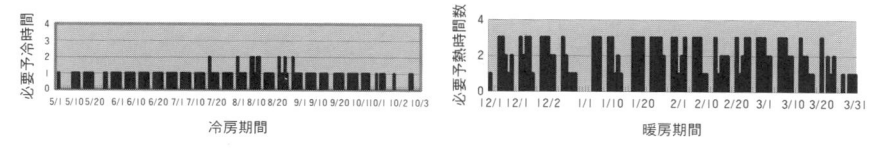

図 2.23 必要予冷・予熱時間数（猪岡[26]）

蓄熱負荷である．

図 2.22 によると，冷房では予熱時間 0 以外は，昼間にピーク負荷が発生している．すなわち，冷房では蓄熱負荷は無視しても問題ないことを示している．暖房の場合は，予熱時間帯に大きな蓄熱負荷が発生するが，予熱時間を長くするほどピーク負荷も小さくなることを示している．予熱時間 4 時間以上では暖房でも予熱時間にピークが発生しない．

図 2.23 は，冷房は予冷 1 時間，暖房は予熱 4 時間の場合のピーク負荷の制約の下で，年間 365 日の必要な予冷・予熱時間数を逆算したものである．これによると，冷房では希に予冷 2 時間となるが，ほとんどは予冷 1 時間で十分である．暖房でも予熱 3 時間が最長で，多くは 1〜2 時間の予熱で十分であることを示している．現在は予冷・予熱の予測制御も可能であり，適切に予冷・予熱時間を制御すれば，設備容量を必要以上に大きくしないで，予冷・予熱できることを示している．

2.10 外気負荷

外気負荷は空調機負荷の範疇に入るが，熱負荷計算の一環として計算する．

2.10.1 外気負荷の計算式

（I） 通常の場合の外気負荷

外気負荷の計算式はすきま間風と同様である．外気負荷には，温度差による顕熱負荷と湿度差による潜熱負荷とがある．

冷房　顕熱　$q_{OAs} = c_{pa} \cdot \rho_a \cdot Q_{OA}(t_o - t_R) \cdot 1\,000/3\,600 \fallingdotseq 0.34 \times Q_{OA}(t_o - t_R)$

(2.52)

　　　潜熱　$q_{OAL} = r_o \cdot \rho_a \cdot Q_{OA}(x_o - x_R) \cdot 1\,000/3\,600 \fallingdotseq 0.83 \times Q_{OA}(x_o - x_R)$

(2.53)

暖房　顕熱　$q_{OAs} = c_{pa} \cdot \rho_a \cdot Q_{OA}(t_R - t_o) \cdot 1\,000/3\,600 \fallingdotseq 0.34 \times Q_{OA}(t_R - t_o)$

(2.54)

　　　潜熱　$q_{OAL} = r_o \cdot \rho_a \cdot Q_{OA}(x_R - x_o) \cdot 1\,000/3\,600 \fallingdotseq 0.83 \times Q_{OA}(x_R - x_o)$

(2.55)

ここに，q_{OAs}：顕熱の外気負荷 [W]
　　　　q_{OAL}：潜熱の外気負荷 [W]
　　　　q_{OA}：外気風量 [m³/h] → 2.10.2
　　　　c_{pa}：空気の定圧比熱＝1.006 [kJ/(kg・℃)]
　　　　ρ_a：空気の比重量≒1.2 [kg/m³]
　　　　r_a：0℃における水蒸気の蒸発潜熱＝2.501 [kJ/g]
　　　　t_o, t_R：外気および室内の温度 [℃]
　　　　x_o, x_R：外気および室内の絶対湿度 [g/kg′]
　　　　$1\,000/3\,600$：負荷の W と比熱の kJ（＝1 000 W/s）と風量の m³/h（＝m³/

$3\,600\,s$)を合わせるための係数

(2) 全熱交換器がある場合の外気負荷

全熱交換器は顕熱と潜熱を同時に回収することができるので,省エネルギ手法としてしばしば採用される.全熱交換器がある場合の外気負荷は下式で求める.

顕熱 $q_{OAs}' = q_{OAs}(1-\eta_{THX})$ (2.56)

潜熱 $q_{OAL}' = q_{OAL}(1-\eta_{THX})$ (2.57)

ここに,q_{OAs}',q_{OAL}':全熱交換器がある場合の外気負荷
　　　　q_{OAs},q_{OAL}:全熱交換器がない場合の外気負荷
　　　　η_{THX}:全熱交換器の効率(一般的に $\eta_{THX}=0.6$ 程度)

2.10.2 外気風量の算定

(1) 法による必要外気量

外気は新鮮空気ともいい,外気量については法による基準を満たさなければならない.建築基準法による1人当たりの外気量は $20\,m^3/(h\cdot 人)$ である(→1.2.5).ビル衛生管理法による室内 CO_2 許容濃度($1\,000\,ppm$)を維持するため必要な1人当たりの外気量は約 $30\,m^3/(h\cdot 人)$ となる(→1.2.5).

地方条例では,例えば東京都の場合,劇場観客席にあって空調設備を有する場合,全換気量は床面積当たり $75\,m^3/(h\cdot m^2)$ 以上,外気量は $25\,m^3/(h\cdot m^2)$ 以上必要である.地下建築物では,床面積当たり $30\,m^2/(h\cdot m^2)$ 以上の換気量が必要であり,空調する場合の外気量は $10\,m^3/(h\cdot m^2)$ 以上となる.

(2) 設計外気量

a) 概算としての外気量

設計時点では室内人員数が未確定であるのが普通であり,概算として表2.41に示す床面積当たりの外気量を参考にする.表2.31の在室人員密度と合わせると,1人当たりの外気量は $15\sim25\,m^3/(h\cdot 人)$ となり,一般に設計では $25\,m^3/(h\cdot 人)$ が使われることが多い(→1.2.5).

表 2.41 床面積当たりの必要外気量 $Q_{OA}[m^3/(h\cdot m^2)]$

		事務室	レストラン・デパート	会議室	劇場観客席	アパート・住宅・ホテル客室	ロビー・入口・ホール
Q_{OA}	推奨値	5	10	15	25	3	3
	最小値	3	6	10	25	2	2

b) 排気とのバランス

便所・厨房などの排気や,工場においては各機械において局所排気があるときは,これらの排気量と比べて,より大きい値を外気量として用いなくてはならない.ホテルの客室などでは,一次空気として全外気送風を行い,付属浴室で全排気するときは浴室排気量(一般に1室当たり $80\sim100\,m^3/h$)により外気送風量が決まる.

c） すきま風を防ぐための外気量

建物へのすきま風の浸入を防ぐには，すきま風よりも外気量を多くして，室内側を正圧（プラス圧）にすればある程度の効果がある．Carrier Co.[10]によれば，夏期の，片開きまたは両開きのドアにおいては，推定されるすきま風量の 1.10～1.35 倍，径 1.80 m の回転ドアでは 1.23 倍以上の外気量を導入すればよい．

【例題 2.21】 モデル建物の基準階東事務室の外気負荷を求めよ．条件は適宜定めよ．

〔解〕 事務室であるゆえ，1 人当たりの外気量を 25 m³/(h・人) とする．在室人員は，室面積 302.6 m²，人員密度は例題 2.8 と同じ条件で，0.2 人/m² とする．よって外気量は $Q_{OA}=25\times0.2\times302.6=1510$ m³/h を得る．外気の顕熱は毎時求める．潜熱負荷も本来は毎時求めるべきだが，絶対湿度の変化は小さいので，最も絶対湿度の高い 13 時で代表させる．冬期は朝 9 時の値を使う．以上より下表の外気負荷を得る．

外気負荷

場所	ゾーン名	室名	階	面積 m²	階高 m	天井高 m	容積 m³
東京	東ゾーン	東事務室	基準階	302.6	3.600	2.600	786.7

部位				冷 房							暖 房		
方位	熱タイプ 日射吸収率	面積 A [m²]	熱通過率 K 遮蔽係数 SC	K・A SC・A	温度差[℃] 標準日射熱取得[W/m²]			冷房負荷[W]			温度差	方位係数×割増係数	暖房負荷[W]
					時 9	時 13	時 16	時 9	時 13	時 16	Δt,Δx		qs
外気負荷	m³/(h・人) V= 25	*在室人数 60.5	m³/h = 1,510	Δx 8.3	qL 10,402	Δt 4.7	7.4	6.4	qs(顕熱) 2,413	3,799	3,286	Δt,Δx 21.2 6.9	8,648	10,884

2.11 加 湿 量

最後に，冬期の加湿量を求める．なお，加湿量は，すきま風と外気量に見合う加湿量である．計算式は次のとおりである．

$$加湿量 \quad W=\rho_a \cdot (Q_{IF}+Q_{OA})(x_R-x_O)/1\,000 \tag{2.58}$$

ここに，W ：加湿量 [kg/h]

Q_{IF}：すきま風量 [m³/h]

Q_{OA}：外気風量 [m³/h]

$x_R,\ x_O$ ：室内外の絶対湿度 [g/kg′]

ρ_a ：空気の比重量＝1.2 [kg/m³]

【例題 2.22】 モデル建物の基準階東事務室のすきま風と外気風量に見合う，冬期の加湿量を求めよ．

〔解〕 すきま風量は例題 2.9 より $Q_{IF}=102$ m³/h，外気風量は例題より $Q_{OA}=1513$ m³/h である．合計風量は 1 615 m³/h．室内絶対湿度は $x_R=7.4$ g/kg′，外気の絶対湿度は冬期の 9 時の値とり $x_R=1.3$ g/kg′ となる．以上より，下表の加湿量を得る．

加湿量

	室内設定条件			外気負荷条件					加湿量[kg/h]	
		℃,%	g/kg′	9	13	16	時			
冷房	温度	26.0		30.7	33.4	32.4	℃	(隙間風+外気量)×1.2×Δx/1000=		13.3
	湿度	50%	10.5	18.5	18.8	18.5	g/kg′			
暖房	温度	22.0		0.8			℃	隙間風,外気の計算式	顕熱負荷	qs=0.34·V·Δt
	湿度	50%	8.2	1.3			g/kg′		潜熱負荷	qL=0.83·V·Δx

2.12 熱負荷のまとめ

前節で，モデル建物の基準階・東事務所の熱負荷がすべて求まった．結果を表2.42に示す．これよりゾーン集計を行うが，その前に，南スキンロードについて秋期の熱負荷を求めなくてはならない．

2.12.1 秋期の南面スキンロードの熱負荷

南面は，夏は太陽高度が高いため，日射熱負荷が小さいが，秋に太陽高度が低くなると，日射熱が増え，南面では，秋期にピーク負荷が発生する．よって，南東・南・南西のゾーンあるいはスキンロードについては，秋期についても熱負荷を求める．

【例題 2.23】 モデル建物の基準階東事務室の南スキンロードの秋期の熱負荷を求めよ．なお，秋期の室内条件は 24℃，50%，絶対湿度は 9.3g/kg′ である．

〔解〕室内条件は 24℃，50%，絶対湿度は 9.3g/kg′ である．外気温湿度は表1.14の秋期から得る．窓ガラス窓の日射熱取得は表2.9の秋期より得る．実効温度差 ETD は表2.17の中間期から得る．計算方法は，夏と同じである．以上より下表の結果を得る．

秋期の南スキンロード

場所 東京			ゾーン名 東ゾーン		室名 東事務室		階 基準	面積 302.6 m²		階高 3.600 m		天井高 2.600 m		容積 786.7 m³	
			部位				冷房（秋期）						暖房		
方位		熱タイプ 日射吸収率	面積		熱通過率 K	K·A	温度差[℃] 標準日射熱取得[W/m²]			冷房負荷[W]			温度差	方位係数×割増係数	暖房負荷[W]
				A [m²]	遮蔽係数 SC	SC·A	時 11	時 12	時 13	時 11	時 12	時 13			
窓	S	貫流 (透過)	=1.8*1.8*4 0.85	13.0 11.0	4.88 0.52	63.2 5.7	-0.5 608	0.4 605	0.7 556	-32 3,483	25 3,466	44 3,185	21.2	1.00	1,341
外壁	S	W1 Ⅲ	幅×高さ=窓− =12.3*1.0	12.3	1.18	14.5	3.0	6.0	8.0	44	87	116	21.2	1.00	308
	S	W2 Ⅲ	幅×高さ=窓= =12.3*2.6−13.0	19.0	0.91	17.3	3.0	6.0	8.0	52	104	138	21.2	1.00	367

	室内設定条件			外気負荷条件					加湿量[kg/h]	
		℃,%	g/kg′	11	12	13	時			
冷房	温度	24.0		23.5	24.4	24.7	℃	(隙間風+外気量)×1.2×Δx/1000=		13.3
	湿度	50%	9.3	11.5	11.5	11.5	g/kg′			
暖房	温度	22.0		0.8			℃	隙間風,外気の計算式	顕熱負荷	qs=0.34·V·Δt
	湿度	50%	8.2	1.3			g/kg′		潜熱負荷	qL=0.83·V·Δx

2 熱負荷計算

表 2.42 熱負荷計算結果

場所	ゾーン名	室名		階	面積 m²	階高 m	天井高 m	容積 m³
東京	東ゾーン	東事務室		基準階	302.6	3.600	2.600	786.7

部位						冷房						暖房		
	方位	熱タイプ 日射吸収率	面積 A [m²]	熱通過率 K	K·A	温度差[℃] 標準日射熱取得[W/m²]			冷房負荷[W]			温度差	方位係数×割増係数	暖房負荷[W]
				遮蔽係数 SC	SC·A	9時	13時	16時	9時	13時	16時			
窓ガラス	N	貫流 =1.8*1.8*4 (透過) 0.85	13.0 11.0	4.88 0.52	63.2 5.7	4.7 42	7.4 43	6.4 38	297 241	468 246	405 218	21.2	1.10	1,475
	E	貫流 =1.8*1.8*8 (透過) 0.85	25.9 22.0	4.88 0.52	126.5 11.5	4.7 491	7.4 43	6.4 36	595 5,625	936 493	810 412	21.2	1.05	2,816
	S	貫流 =1.8*1.8*4 (透過) 0.85	13.0 11.0	4.88 0.52	63.2 5.7	4.7 77	7.4 157	6.4 36	297 441	468 899	405 206	21.2	1.00	1,341
外壁・屋根	N	W1 Ⅲ 幅×高さ−窓= =12.3*1.0	12.3	1.18	14.5	4.0	6.0	7.0	58	87	102	21.2	1.10	338
	N	W2 Ⅲ 幅×高さ−窓= =12.3*2.6−13.0	19.0	0.91	17.3	4.0	6.0	7.0	69	104	121	21.2	1.10	404
	E	W1 Ⅲ 幅×高さ−窓= =24.6*1.0	24.6	1.18	29.0	9.0	13.0	12.0	261	377	348	21.2	1.05	646
	E	W2 Ⅲ 幅×高さ−窓= =24.6*2.6−25.9	38.0	0.91	34.6	9.0	13.0	12.0	312	450	415	21.2	1.05	771
	S	W1 Ⅲ 幅×高さ−窓= =12.3*1.0	12.3	1.18	14.5	3.0	8.0	10.0	44	116	145	21.2	1.00	308
	S	W2 Ⅲ 幅×高さ−窓= =12.3*2.6−13.0	19.0	0.91	17.3	3.0	8.0	10.0	52	138	173	21.2	1.00	367
内壁天井床	間仕切壁 =(24.6−3)*2.6		56.2	3.13	175.8	1.9	3.0	2.6	330	520	450	8.5		1,491

隙間風	換気回数		m³/h	Δx	qL(潜熱)	Δt			qs(顕熱)			Δt,Δx	qL(潜熱)	qs(顕熱)
	冷房	0.0 回/h	0									21.2	584	735
	暖房	0.2 回/h	102									6.9		
躯体負荷合計					0				8,622	5,304	4,210		584	10,691

在室者		W/m²	作業状況	発熱量 W/人	qL(潜熱)				qs(顕熱)				qL(潜熱)	qs(顕熱)
	冷房	0.2	事務所作業	qs 55 qL 64	3,873				3,328				0	0
	暖房	負荷軽減見込率→ 0		qs 71 qL 48										
照明	白熱灯/蛍光灯 W/m²	種類	係数						qs(顕熱)					qs(顕熱)
	冷房	20	蛍光灯	qs 1.20					7,262					−2,542
	暖房	見込率→ 0.35												
機器	OA機器 W/m²	種類	係数		qL(潜熱)				qs(顕熱)				qL(潜熱)	qs(顕熱)
	冷房	20	OA	qs 1.0	0				6,052				0	0
	暖房	見込率→ 0.0		qL										
蓄熱	暖房時の空調立上げ時の蓄熱負荷として躯体負荷の 10 %を見込む													1,069
室内負荷					qL 合計 3,873				qs 合計 25,264	21,945	20,852		qL 合計 584	qs 合計 9,218
外気負荷	m3/(h·人) *在室人数 m³/h V= 25 60.5 = 1,510				Δx 8.3 qL 10,402	Δt 4.7	7.4	6.4	qs(顕熱) 2,413	3,799	3,286	Δt,Δx 21.2 6.9	qL 8,679	qs 10,884
空調負荷					qL 合計 14,275				qs 合計 27,677	25,745	24,138		qL 合計 9,232	qs 合計 20,102
負荷原単位					qL [W/m²] 47				qs [W/m²] 91	85	80		qL [W/m²] 31	qs [W/m²] 66

	室内設定条件 ℃,% g/kg'		外気負荷条件 9 13 16 時				加湿量[kg/h]
冷房	温度 26.0		30.7 33.4 32.4 ℃	(隙間風＋外気量)×1.2×Δx/1000=			
	湿度 50%	10.5	18.5 18.8 18.5 g/kg'				13.3
暖房	温度 22.0		0.8 ℃	隙間風、外気の計算式	顕熱負荷	qs=0.34·V·Δt	
	湿度 50%	8.2	1.3 g/kg'		潜熱負荷	qL=0.83·V·Δx	

2.12.2 熱負荷のまとめ

表 2.42 に夏期および冬期の熱負荷計算結果を示す．基準階東事務室は主たる方位が東であるゆえに，室全体のピーク冷房負荷は夏期の 9 時に発生している．室負荷に外気負荷を加えた空調負荷でも夏の 9 時がピークである．熱負荷を床面積で割った空調負荷の原単位は顕熱で 92 W/m²，これと潜熱を合わせ 138 W/m² であり概ね妥当である．熱負荷原単位は計算結果のオーダーチェックとして重要である．

表 2.43 に室負荷の最大値（ピーク負荷と言う）およびピーク負荷の発生時刻をま

表 2.43 ピーク負荷の集計 (1) 基準階室負荷

基準階	系統	面積	容積	人数	外気量	冷房 室負荷ピーク					暖房 室負荷ピーク		
						時	顕熱	潜熱	全熱	SHF	顕熱	潜熱	全熱
		m²	m³/h	人	m³/h		W	W	W		W	W	W
Eインテリア	AHU	302.6	786.7	60.5	1,510	13	17,162	3,873	21,035	0.82	753	584	1,337
Nスキンロード	FCU					13	905	0	905		2,217	0	2,217
Eスキンロード	FCU					9	6,793	0	6,793		4,232	0	4,232
Sスキンロード	FCU					秋12	3,682	0	3,682		2,015	0	2,015
東事務室		302.6	786.7	60.5	1,510	9	25,264	3,873	29,137	0.87	9,218	584	9,802
Wインテリア	AHU	302.6	786.7	60.5	1,510	13	17,162	3,873	21,035	0.82	773	584	1,337
Nスキンロード	FCU					16	905	0	905		2,217	0	2,217
Wスキンロード	FCU					16	8,550	0	8,550		4,434	0	4,434
Sスキンロード	FCU					秋12	3,682	0	3,682		2,015	0	2,015
西事務室		302.6	786.7	60.5	1,510	16	19,738	3,873	23,611	0.84	9,440	0	9,440
EVホール		54.0	140.4	10.8	270	13	3,057	821	3,878	0.79	3,190	0	3,190
インテリア+EV		659.2	1,713.8	131.8	3,290	13	37,381	8,567	45,948	0.81	4,717	1,168	5,885
基準階		659.2	1,713.8	131.8	3,290	16	58,329	31,240	89,560	0.65	21,848	1,168	23,016

表 2.44 熱負荷計算の集計 (2) 基準階の空調負荷

基準階	冷房						暖房					加湿量
	外気負荷		室負荷+外気負荷				外気負荷		室負荷+外気負荷			
	顕熱	潜熱	顕熱	潜熱	全熱	時	顕熱	潜熱	顕熱	潜熱	全熱	
	W	W	W	W	W		W	W	W	W	W	kg
Eインテリア	3,799	10,402	20,961	14,275	35,237	13	10,884	8,648	11,637	9,232	20,869	13.3
Nスキンロード			905	0	905	16			2,217	0	2,217	
Eスキンロード			6,793	0	6,793	9			4,232	0	4,232	
Sスキンロード			3,682	0	3,682	秋12			2,015	0	2,015	
東事務室	2,413	10,402	27,677	14,275	41,952	9	10,884	8,648	20,102	9,232	29,334	13.3
Wインテリア	3,799	10,402	20,961	14,275	35,237	13	10,884	8,648	20,961	14,275	35,237	13.3
Nスキンロード			2,217	0	2,217	16			2,217	0	2,217	
Wスキンロード			8,550	0	8,550	16			4,434	0	4,434	
Sスキンロード			3,682	0	3,682	秋12			2,015	0	2,015	
西事務室	3,286	10,402	30,702	14,275	44,978	16	10,884	8,648	20,324	9,232	29,556	13.3
EVホール	679	1,860	3,736	2,681	6,417	13	1,946	1,546	5,136	1,546	6,683	2.2
インテリア+EV	8,278	22,665	45,659	31,232	76,891	13	23,714	18,842	28,431	20,010	48,441	13.3
基準階	7,159	22,665	58,329	31,232	89,560	16	23,714	18,842	45,562	20,010	65,572	28.9

とめた．表2.44に外気負荷を含めた空調負荷のピーク負荷をまとめた．なお，西ゾーンおよびエレベータホールも併せて示した．なお，スキンロードは，窓ガラス，外壁，内壁，隙間風の負荷とし，残りをインテリアの負荷とした．冷房のピーク負荷の発生時刻は，インテリアは13時，北と西のスキンロードは16時，東のスキンロードは9時であり，南のスキンロードは秋の12時である．

なお，SHF（Sensible Heat Load Factor）とは，全熱負荷に対する顕熱負荷の比率のことである．

引用文献

1) 滝沢
2) 空気調和・衛生工学会：設計用最大熱負荷計算法，平成1．
3) 建築設備技術者協会：HASP-L利用者マニュアル，昭60
4) 木村，宿谷，野崎：建学講，p.569, 1980.9.
5) 空気調和・衛生工学会：空気調和・衛生工学便覧，第13版，2002.
6) 空気調和・衛生工学会：空気調和・衛生工学便覧，II, 昭56.
7) IHVE : Guide book B, 1972.
8) 松尾陽：空衛誌（連載講座），Vol.51, No.10～Vol.52, No.3.
9) 郡，石野：建学講，設計用非空調隣室温度に関する研究，p.761, 1989.9.
10) Carrier Co.: Handbook of Air Conditioning System Design, McGraw-Hill, 1965
11) 渡辺 要：建築計画原論II, 昭38.
12) 勝田，寺沢：空衛誌，Vol.37, No.3, p.67.
13) 福山訳，空衛誌，Vol.49, No.10, p.119, 1975.
14) Whyte : JIHVE, Vol.42, No.12, 1974-12
15) 勝野奉幸：空衛誌，Vol.53, No.11, p.29.
16) Carrier Cherne Grant: Modern Air Conditioning, Heating and Ventilating, 3 rd Ed., Pitman, 1959.
17) Min, T. C.: Int. Conf. on HVAC, 1961.10.
18) ASHRAE: Ditto 1977, Fundamentals.
19) 中原，後藤，中島：空衛講，p.213, 1980.10.
20) 佐土原，西村：空衛講，p.189, 1980.10.
21) 建築設備技術者協会：建築設備士，1994.12.
22) 空気調和・衛生工学会：省エネルギ技術指針（非住宅編），2007.
23) 川瀬：建学講，p.1259, 2005.09.
24) 斎藤平蔵：建築気候，共立出版，昭49.
25) 空気調和・衛生工学会編：オフィスビルの空気調和・給排水衛生設備のデザイン，オーム社，2003.
26) 猪岡：基本性能を考えた建築と設備の設計法，シンポジウム「空調システム設計法の新技術」，日本建築学会，2002.12.

3 空気調和計算法

はじめに

本章では，風量計算，空調機負荷，熱源負荷について解説する．また，空気線図による混合，冷却，除湿，加熱，加湿などの処理プロセスおよび解法を併せて解説する．

表3.1に熱負荷と機器設計との関連を示す．室負荷からは風量を求める．室負荷のうちスキンロードからはFCUなどの室内ユニットの容量を求める．空調機負荷からは冷却コイルと加熱コイルの容量および流量，加湿装置の容量を求める．熱源負荷からは熱源容量を求める．また，蓄熱システムの場合の蓄熱槽の容量を求める．

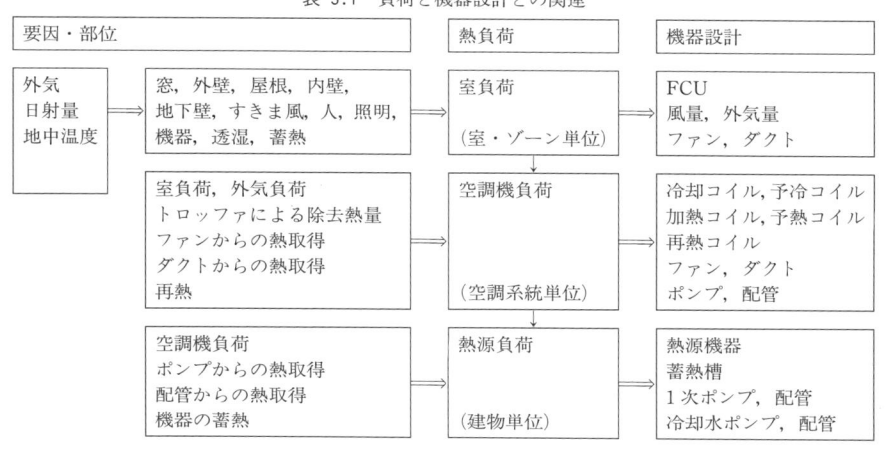

表 3.1 負荷と機器設計との関連

要因・部位		熱負荷	機器設計
外気 日射量 地中温度	窓，外壁，屋根，内壁， 地下壁，すきま風，人，照明， 機器，透湿，蓄熱	室負荷 (室・ゾーン単位)	FCU 風量，外気量 ファン，ダクト
	室負荷，外気負荷 トロッファによる除去熱量 ファンからの熱取得 ダクトからの熱取得 再熱	空調機負荷 (空調系統単位)	冷却コイル，予冷コイル 加熱コイル，予熱コイル 再熱コイル ファン，ダクト ポンプ，配管
	空調機負荷 ポンプからの熱取得 配管からの熱取得 機器の蓄熱	熱源負荷 (建物単位)	熱源機器 蓄熱槽 1次ポンプ，配管 冷却水ポンプ，配管

3.1 風量の計算

3.1.1 給気風量

(I) 風量計算の基本式

基本式 (1.42), (1.41) は, 給気風量 G_{AC} と室負荷 (q_S+q_L) との熱平衡においても成立する.

$$q_S+q_L = G_{AC}(h_R-h_D) \pm L \cdot h_L \tag{3.1}$$

$$q_L/h_L = G_{AC}(x_R-x_D) = L \tag{3.2}$$

ここに, G_{AC}：給気風量 [g′/s]

q_S+q_L：室負荷（顕熱および潜熱）[W]

h_R, h_D：室内および吹出空気の比エンタルピ [J/g′]

x_R, x_D：室内および吹出空気の絶対湿度 [g/g′]

L：水量 [g/s]

h_L：室内の潜熱負荷の原因となる水蒸気の比エンタルピ [J/g]

あるいは，加湿媒体の比エンタルピ [J/g]

通常の冷却では $G_{AC}(h_R-h_D) \gg L \cdot h_L$ であるから $L \cdot h_L$ は無視できる．なお，実務的見地から，風量の単位を [g′/s] から [kg′/h] に変えると, $1\,000/3\,600 \fallingdotseq 0.278$ であるから，

$$q_S+q_L = 0.278 \cdot G_{AC}(h_R-h_D) \tag{3.1}'$$

比エンタルピ h は下式で定義される．

$$h = c_{pa} \cdot t + x(r_0 + c_{pv} \cdot t) \tag{1.30}'$$

ここに, c_{pa}：空気の定圧比熱＝1.006 [kJ/kg′·℃]

c_{pv}：水蒸気の定圧比熱＝1.806 [kJ/kg·℃]

r_0：0℃における水蒸気の蒸発潜熱＝2 501 [kJ/kg]

なお, $c_{pa} \gg c_{pv} \cdot x$ であるので, $c_{pv} \cdot x$ を無視すれば，上式は顕熱のみで表現できる．また, $c_{pa}=1.006$ [kJ/(kg′·℃)] であり, $1.006 \times 1\,000$ [J/kJ]/3600[s/h] $\fallingdotseq 0.28$ ゆえに，

$$q_S = 0.28 \cdot G_{AC}(t_R - t_D) \tag{3.3}$$

$$G_{AC} = q_S/\{0.28(t_R - t_D)\} \tag{3.4}$$

$$t_D = t_R - q_S/(0.28 \cdot G_{AC}) \tag{3.5}$$

また，給気風量 G_{AC} [kg/h] と Q_{AC} [m³/h] の関係は $G_{AC}=\rho_a \cdot Q_{AC}$ であり，標準状態（15℃, 1気圧＝101.325 kPa）での空気の比重量が $\rho_a=1.2$ [kg/m³] なるゆえに, $0.28 \times 1.2 \fallingdotseq 0.34$ とすれば，給気風量 Q_{AC} [m³/h] を使って，次のように表される．

$$q_S = 0.34 \cdot Q_{AC}(t_R - t_D) \tag{3.6}$$

$$Q_{AC} = q_S / \{0.34(t_R - t_D)\} \tag{3.7}$$
$$t_D = t_R - q_S / (0.34 \cdot Q_{AC}) \tag{3.8}$$

比エンタルピで温度の項を除けば $x \cdot r_0$ が残り，$r_0 = 2.501 \,[\mathrm{kJ/g}]$ である．絶対湿度の単位は $[\mathrm{g/kg'}]$ を使うから，潜熱の計算では，$2.501 \times 1\,000/3\,600 \fallingdotseq 0.695$ となり，$0.695 \times 1.2 \fallingdotseq 0.83$ であるから，

$$q_L = 0.695 \cdot G_{AC}(x_R - x_D) \tag{3.2}'$$
$$q_L = 0.83 \cdot Q_{AC}(x_R - x_D) \tag{3.9}$$

空調の加湿量 $L\,[\mathrm{kg/h}]$ については，

$$L = G_{AC}(x_R - x_D)/1\,000 \tag{3.10}$$
$$L = 1.2 \cdot Q_{AC}(x_R - x_D)/1\,000 \tag{3.11}$$

以上，式 (3.1)′，式 (3.2)′，式 (3.3)〜(3.11) を本章では使う．

（2） 吹出温度差 $\varDelta t_D$

（a） 顕熱比の空気線図による吹出温度差 t_D の決定

図 3.1 に室負荷と吹出条件との関係を示す．空調機からの供給空気は，空調機から室に到るまでにファンおよびダクトからの熱取得を受ける．これらを含めた顕熱負荷 q_S' は，

$$q_S' = q_S + q_{\mathrm{fan}} + q_{\mathrm{duct}} \tag{3.12}$$

ここに，q_{fan}：ファンからの熱取得 [W]

q_{duct}：ダクトからの熱取得 [W]

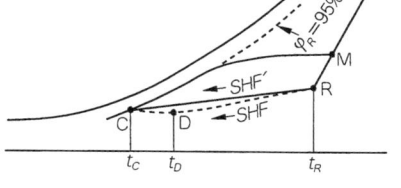

図 3.1 コイル出口状態 C と吹出状態 D の決め方

なお，ファンおよびダクトからの熱取得は，風量やダクト経路が決まるまで確定しないため，概算として顕熱負荷の 15% を見込む[*1]．

$$q_S' \fallingdotseq 1.15 q_S \tag{3.13}$$

冷却コイルの出口状態はおおむね相対湿度が 95% となるので，室の状態点 R から引いた顕熱比 SHF' 一定の線と相対湿度 $\varphi_R = 95\%$ の線の交点が，冷却コイルの出口状態 C となると考えてよい[*2]．ここで顕熱比 SHF' は，

$$SHF' = q_S'/(q_S' + q_L) \tag{3.14}$$

コイル出口状態 C からファンおよびダクトの熱取得により温度が上昇し，室への吹出状態は D となる．$\overline{\mathrm{RD}}$ の差が吹出温度差 $\varDelta t_D$ である．勾配 $\overline{\mathrm{RD}}$ は室負荷の顕熱比 SHF（sensible heat factor）である．

$$\varDelta t_D = t_R - t_D \tag{3.15}$$

[*1] 表 3.5，表 3.6，詳しくは 3.2(1) を参照のこと．
[*2] パッケージ空調機の場合は $\varphi_R \fallingdotseq 85\%$ の線との交点とする．表 7.12 を参照のこと．

$$SHF = q_\mathrm{S}/(q_\mathrm{S}+q_\mathrm{L}) \tag{3.16}$$

(b) 吹出温度差の許容値

吹出温度差 Δt_D が過大な場合は，吹き出した冷風が居住域に到達するコールドドラフトを生じる．これを防ぐために吹出温度差 Δt_D は上述（a）の結果にかかわらず表3.2の許容値以下とする．Δt_D の許容値は吹出口の種類により異なる．天井アネモスタットのように誘引性能の大きい吹出口は Δt_D を大きく，また取付高が高いほど Δt_D を大きく取ることができる．

表 3.2 吹出温度差 Δt_D の許容値（℃）

吹出口取付高さ (m)		2	2.5	3	3.5	4	5	6
アネモスタット	円 形	13.4	15.2	16.3	17.0	17.3	17.7	17.8
	角 形	11.2	13.4	14.5	15.0	15.6	15.9	16.2
天井ライン形	SL 形	5.3	6.7	7.8	8.6	9.2	10.0	10.6
パ ン 形		10.3	11.2	12.1	12.9	13.7	15.4	17.1
ユニバーサル	風量大	6.4	7.4	8.4	9.2	10.1	12.0	13.8
	風量小	9.2	10	11	11.9	12.9	14.8	16.6

〔注〕 アネモスタットと SL 形は，Anemostat Co., パン形は Connor 社 Knodraft 形カタログよりユニバーサルは文献[1] p. 16-03 （Hightower, G. B.）による．

(3) 給気風量の決定

室負荷を処理するために，各室の風量は，室のピーク負荷から必要な給気風量を選ぶ．寒冷地では暖房負荷によって給気風量を決める場合もあるが，通常は冷房負荷によって給気風量を選ぶ．これは一般に冷房負荷が暖房負荷よりも卓越すること，冷水の温度上の制約が温水の場合よりも大きいこと，などが理由である．

式 (3.3), (3.6) より，

$$G_\mathrm{AC} = q_\mathrm{S,p}/(0.28 \cdot \Delta t_\mathrm{D}) \tag{3.4}'$$

または，

$$Q_\mathrm{AC} = q_\mathrm{S,p}/(0.34 \cdot \Delta t_\mathrm{D}) \tag{3.7}'$$

ここに，$G_\mathrm{AC}, Q_\mathrm{AC}$：給気風量 [kg/h], [m³/h]

　　　　$q_\mathrm{S,p}$　：室の顕熱負荷の最大値（ピーク値）[W]

　　　　Δt_D　：吹出温度差（$= t_\mathrm{R} - t_\mathrm{D}$）[℃]

なお，FCU 等を設置し，ペリメータのスキンロードを処理する場合は，スキンロードを除いた室負荷によって風量を求める．

$$G_\mathrm{AC} = (q_\mathrm{S,p} - q_\mathrm{S,FCU})/(0.28 \cdot \Delta t_\mathrm{D}) \tag{3.17}$$

または，

$$Q_\mathrm{AC} = (q_\mathrm{S,p} - q_\mathrm{S,FCU})/(0.34 \cdot \Delta t_\mathrm{D}) \tag{3.18}$$

ここに，$q_\mathrm{S,FCU}$：FCU によって処理するスキンロード [W]

(4) 換気量によるチェック

換気量が足りないと室内の清浄度を維持できないとか，気流分布が悪く換気効率に問題が生じることがある．表3.3に空調用の標準風量を示す．なお，換気回数は住宅を除いて最小でも 5 回/h 以上，一般の冷房では 6～12 回/h 程度が望ましい．

3.1 風量の計算

表 3.3 空調用の標準風量と換気回数（Highwater）[1]

建物種類	吹出口位置	適当風量(m³/m²h)および換気回数 n (回/h)	
		暖房時	冷房時
住宅	幅木（水平吹出）	8〜16（$n=3〜6$）	
	幅木（上向吹出）	8〜16（$n=3〜6$）	16〜24（$n=6〜9$）
	壁面上部（水平吹出）	13〜24（$n=5〜9$）	16〜24（$n=6〜9$）
事務所，商店，レストラン	壁面上部（水平吹出）	13〜22（$n=5〜8$）	16〜33（$n=6〜12$）
劇場，公会堂	壁面上部（水平吹出）	30〜60（$n=5〜10$）	30〜72（$n=6〜12$）

（5）暖房負荷による吹出条件

暖房の場合は，室負荷 q_S，q_L の符号をそれぞれ $-q_S$，$-q_L$ とすれば，基本式がそのまま成立する．よって，次のようになる．

吹出空気の比エンタルピは $\quad h_D = h_R + (q_S + q_L)/(0.28 \cdot G_{AC})$ (3.19)

吹出温度は $\quad t_D = t_R + q_S/(0.34 \cdot Q_{AC})$ (3.20)

吹出湿度は $\quad x_D = x_R + q_L/(0.83 \cdot Q_{AC})$ (3.21)

加湿量は $\quad L = G_{AC}(x_D - x_R)/1000$ (3.22)

ここに，q_S, q_L：暖房時の室の顕熱負荷と潜熱負荷 [W]

$\quad h_R$, h_D：室内と吹出空気の比エンタルピ [kJ/kg′]

$\quad t_R$, t_D：室内と吹出空気の温度 [℃]

$\quad x_R$, x_D：室内と吹出空気の絶対湿度 [g/kg′]

G_{AC}, Q_{AC}：給気風量 [kg′/h] と [m³/h]

$\quad L$：加湿量 [kg/h]

が得られる．

一般に暖房の場合は，冷房負荷により得た給気風量 Q_{AC} により，暖房負荷における吹出温度 $t_{D(H)}$ および吹出温度差 $\Delta t_{D(H)}$ から，以下のチェックを行う．

・暖房時の吹出温度 $t_{D(H)}$ が，加熱装置で実現可能な温度であるか．
・各室の暖房時の吹出温度差 $\Delta t_{D(H)}$ のばらつきをチェックする．ばらつきが大きいようであれば空調機系統のゾーニングを見直す．

3.1.2 風量の計算例題

【例題3.1】 第2章の熱負荷例題の建物をモデルに風量計算を行う．ここでは図2.2の基準階給気風量を求める．なお，ペリメータに FCU を設置してスキンロードを受け持たせ，空調機はインテリア負荷を受け持つものとする．東事務室，西事務室およびエレベータホールのインテリア系統は1つの空調機から給気するものとする．

1) 室負荷（表2.43，表3.4）

スキンロードを除くインテリアの室負荷は東事務室と西事務室は等しい．また，エレベータホールも共にピークは13時である．東と西のインテリアとエレベータホールの合計熱負荷は

顕熱負荷　　　$q_{S,P}=17\,162+17\,162+3\,057=37\,381$ [W]

潜熱負荷　　　$q_{L,P}=3\,873+3\,873+821=8\,567$ [W]

また，ファンの発熱やダクトからの熱損失を15%見込んだ顕熱負荷は式 (3.10) より，

$q_{S,P}'=37\,381\times1.15=42\,989$ [W]

2) 吹出温度差 Δt_D

ファン発熱およびダクトの熱取得を見込んだ顕熱負荷により顕熱比 SHF' を求める．

顕熱比　　　$SHF'=42\,989/(42\,989+8\,567)=0.83$

図3.2の空気線図において室内状態 (26℃, 50%) を起点とする顕熱比 $SHF'=0.83$ の線と，相対湿度95%の線と交わる点はおおむね14.3℃である．これが冷却コイルの出口状態であり，室温との差は $26.0-14.3=11.7$ ℃ である．ファンおよびダクトの熱取得 (15%) による温度上昇を考慮すると，

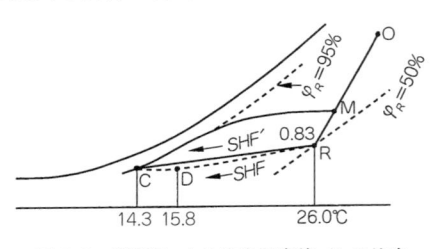

図 3.2　SHF' による吹出温度差 Δt_D の決定

吹出温度差

$\Delta t_D=11.7/1.15=10.2$ [℃]

吹出温度

$t_D=26.0-10.2=15.8$ [℃]

が得られる．

3) 給　気　風　量

室の顕熱負荷のピーク値と吹出温度差 Δt_D より，Eインテリアの給気風量 $Q_{AC(E)}$ は，

給気風量　　　$Q_{AC(E)}=17\,162/(0.34\times10.2)=4\,964\fallingdotseq4\,960$ [m³/h]

換気回数　　　N/h $=4\,960/786.7\fallingdotseq6.3$ [回/h]

換気回数の6.3回/hは適正である．天井高2.60mであり，アネモ形の吹出口を使えば問題ない．西事務室の給気風量も全く同じである．エレベータホールも同様にして給気風量を求める．インテリア系の空調機の給気風量は，

空調機の給気風量　$Q_{AC}=4\,960+4\,960+880=10\,800$ [m³/h]

4) 外気量と外気の比率

外気量は，前章2.10.2の例題2.21で在室人員密度0.2人/m²，1人当たりの外気量25 m³/hとして求めた．東インテリア，西インテリア，エレベータホールも同じ条件であり，

空調機の外気量は　　　$Q_{OA}=3\,290$ [m³/h]　(→表3.4)

外気の比率　　$Q_{OA}/Q_{AC}=3\,290\div10\,800=0.3046\fallingdotseq30.5$ [%]

外気の比率30%は適性である．

表 3.4 給気風量と外気量の計算例

ゾーン名称				外気温度 ℃			吹出温度 t_D		基準外気量	外気温度 ℃	
	基準階			30.7	33.4	32.4	15.8	℃		0.8	
室内条件	夏期 26℃ 10.5g/kg′			外気湿度	g/kg′		吹出温度差 Δt_D	25.0	外気湿度 g/kg′		
	冬期 22℃ 8.2g/kg′			18.5	18.8	18.5	10.2	℃	m³/(h·人)	1.3	
室名	面積 A_R m²	容積 V_R m³	人数 P 人	冷房負荷			給気風量		外気量	暖房負荷	Δt_0
				9時	13時	16時	Q_{SA} m³/h	換気回数 回/h	Q_{OA} m³/h	W 9時	℃ 9時
Eインテリア	302.6	786.7	60.5	q_S 16 972 q_L 3 873	17 162 3 873	17 092 3 873	4 960	6.3	1 510	q_S 773 q_L 584	0.5
Wインテリア	302.6	786.7	60.5	q_S 16 972 q_L 3 873	17 162 3 873	17 092 3 873	4 960	6.3	1 510	q_S 773 q_L 584	0.5
EVホール	54.0	140.4	10.8	q_S 2 635 q_L 821	3 057 821	2 901 821	880	6.3	1 510	q_S 3 190 q_L 0	10.7
インテリア系統	659.2	1 713.8	131.8	q_S 36 580 q_L 8 567	37 381 8 567	37 085 8 567	10 800	6.3	3 290 30.5%	q_S 4 737 q_L 1 168	1.3
ダクト・ファン発熱比率		冷 0.15 暖 0.03		q_S' 42 067	42 989	42 647	$SHF'=$ $t_C=$	0.83 14.3	95%	q_S' 4 879	

5) 暖房時の吹出温度差 $\Delta t_{D(H)}$ 冷房で求めた風量から暖房時の吹出温度差を求める.

　　東インテリアおよび西インテリアは，$\Delta t_{D(H)}=773/(0.34\times4\,960)=0.5\,[℃]$

ペリメータをファンコイルで処理するため暖房負荷が非常に小さい.

　　エレベータホールは，$\Delta t_{D(H)}=3\,190/(0.34\times880)=10.7\,[℃]$

エレベータホールは非空調エリアに囲まれて暖房負荷が大きい．エレベータホールに別途ファンコイルを置くか，東西のインテリアからの還気ルートとするかあるいは間仕切壁の仕様を見直すなどの必要がある．

3.2　空調機負荷

3.2.1　冷却コイル負荷

（Ⅰ）　冷房時の処理プロセスと冷却コイル負荷

図 3.1 および図 3.2 に示したように，外気 O と室内からの還気 R との混合点 M から C までを冷却コイルで処理する．冷却コイル負荷を比エンタルピの式で表すと

$$q_{AC}=0.278\,G_{AC}(h_M-h_C) \tag{3.23}$$

また，空気の比重量 $\rho=1.2\,[\mathrm{kg/m^3}]$ であり，給気風量 $Q_{AC}[\mathrm{m^3/h}]$ を用いれば，

$$q_{AC}=0.333\,Q_{AC}(h_M-h_C) \tag{3.23}'$$

$$L_{AC}=G_{AC}(x_M-x_C) \tag{3.24}$$

ここに，q_{AC}：空調機の冷却コイル負荷（冷却負荷）[W]

　　　　G_{AC}：空調機の給気風量 [kg/h]

h_M, h_C：冷却コイルの入口および出口空気の比エンタルピ［kJ/kg′］
x_M, x_C：冷却コイルの入口および出口の絶対湿度［kg/kg′］
L_{AC}：冷却コイルにより除去される水量［kg/h］
h_L：除去される水の比エンタルピ［kJ/kg′］

（2）コイル負荷の負荷要素

空調機のコイル負荷の負荷要素を式で示すと以下となる．

$$q_{AC} = q_R + q_O + q_F + q_d + q_{LT} + q_{RH} \tag{3.25}$$

ここに，q_{AC}：空調機の冷却コイル負荷
　　　　q_R：室負荷（顕熱および潜熱）
　　　　q_{OA}：外気負荷（顕熱および潜熱）
　　　　q_{fan}：ファンからの熱取得
　　　　q_{duct}：ダクトからの熱取得
　　　　q_{LT}：トロッファの除去熱量
　　　　q_{RH}：再熱負荷

（3）全熱交換器がある場合の外気負荷

省エネルギ手法でしばしば採用される全熱交換器がある場合の外気負荷について述べる．全熱交換器がある場合は，全熱交換器で熱回収する分だけ，外気負荷が軽くなる．全熱交換器がある場合の外気負荷は

$$q_{OA}' = q_{OA} \times (1 - (\eta_{EX})) \tag{3.26}$$

ここに，q_{OA}'：全熱交換器により軽減された外気負荷（全熱）
　　　　η_{EX}：全熱交換器の効率

式（3.26）は全熱の式であるが，顕熱，潜熱についても同様に軽減される．

全熱交換器の効率は概ね $\eta_{EX} = 0.6$ 程度であるが，排気と外気の風量バランスなどにより変わる．詳細は，7.9.1を参照されたい．

一方，業務開始前の予冷・予熱時間帯において，外気カット制御を採用し，外気を導入しない場合は，その時間帯においては外気負荷は見込まなくてよい．

（4）ファンおよびダクトからの熱取得

3.1.1(2)(a) では，概算として室の顕熱負荷の15％をファンおよびダクトからの熱損失として見込んだ．参考として，表3.5にファンおよびダクトからの熱取得の概算値を示す．

（a）ファンからの熱取得（q_{fan}）

ファンの所要動力 kW が既知の場合は，次のように算定する．

$$q_{fan} = 1\,000 \times kW \tag{3.27}$$

または，　$q_{fan} = 1\,000 \times kW / \eta_m \tag{3.27}'$

ここに，q_{fan}：ファンからの熱取得［W］　　kW：ファンの所要動力［kW］
　　　　η_m：電動機効率

ファンの電動機が送風ダクトの外部にある場合は式（3.27）を用いる．両側吸込送

風機を用いて空調機のケーシングの内部に電動機を置く場合はモーターの発熱も熱負荷となるので式 (3.27)′ を用いる．パッケージ空調機のように室内に空調機を置く場合も，電動機からの発熱が送風空気中に加わるので，式 (3.27)′ により電動機を含めた熱取得とする．

表 3.5 ファンおよびダクトからの熱取得の概算値*（％）

ファンよりの熱取得	室内取得熱量の 5〜17
ダクトよりの熱量	〃 1〜3
合　　　計	6〜20（平均 15）

表 3.6 ファンの熱取得の割合*（％）

吹出温度差	ファン静圧 Δp (Pa)						
Δt_D(℃)	2.0	3.1	4.1	5.1	7.7	10.2	15.3
5	6.7	10	13	17	25	33.4	50.1
10	3.3	5.0	6.7	8.4	13	16.7	25.1
15	2.2	3.3	4.5	5.6	8.4	11.1	16.7

(b)　ダクトからの熱取得

これにはエアワッシャあるいは連絡ケーシングなどのように空調機の表面からの熱取得も含められる．コンクリート製の排気ダクトの場合は熱取得を考える必要はないが，コンクリート製の外気ダクトを用いる場合，これが西面などにあり，日射による熱取得が大きい場合は外壁面からの熱負荷を冷房負荷に加えなくてはならない．

ダクトの熱取得の計算は 8.3 に示すようにして行うが，概算値としては室負荷の 1〜3％（平均 2％）と考えてよい（表 3.5）．

(5)　トロッファによる除去熱量（q_{LT}）

トロッファにより除去した照明の熱負荷は室負荷にはならないが，還気により空調機に戻す場合は，トロッファによる除去熱量を空調機負荷に加える必要がある．

$$q_{LT} = \rho_{EL}' \times q_{EL} \tag{3.28}$$

ここに，q_{LT}：トロッファによる除去熱量
　　　　q_{EL}：トロッファのない場合の照明熱負荷
　　　　ρ_{EL}'：トロッファの実質的な熱除去率（→ 2.7.2(5) 補 2）

なお，暖房の場合は，還気経路において熱損失があり，これと相殺するので熱取得としては無視する．また，冷房においても還気でなく排気される場合は空調機負荷には算入しない．

図 3.3 において，外気の状態点を O，室内を R とすれば，外気 O と還気 R との混合点が M となる．ただし，トロッファによって照明負荷を除去熱量する場合は，還気温度が上昇し R′ となり，したがって外気との混合点は M′ となる．M′ が冷却コイルの入口状態点である．冷却コイルの出口状態は C であり，再熱のある場合は H まで加熱される．さらにファンおよびダクトからの熱取得により温度が上昇し，状態点 D で吹き出される．吹き出された空気は室内負荷を処理して R となる．

---

*　表 3.5，表 3.6 は次の条件で求めた．

送風量　$Q = \dfrac{q_S}{0.34 \cdot \Delta t_D}$　　　ファンからの熱取得　$q_F = \dfrac{860 \, Q \cdot \Delta P}{102 \times 3\,600 \times \eta_m}$

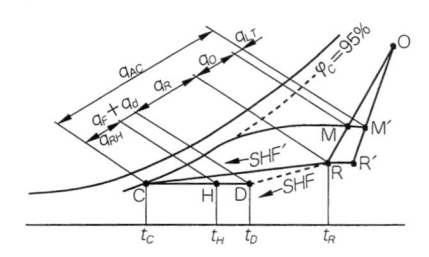

図 3.3 トロッファがある場合の空調機の処理プロセス

(6) 再 熱 負 荷

次の場合に再熱をすることがある．

①湿度を厳密に制御する場合

②室負荷の顕熱比 SHF が小さく，冷却コイルの出口状態点が得られない場合

③各室の負荷のばらつきが大きい場合，各室ごとに個別に再熱装置を設ける場合

再熱のための熱源として冷凍機のホットガスバイパスなどを利用する方法もあるが，一般には，冷却して再熱することになり，エネルギを二重に消費する．ゾーニング等を工夫して，できる限り再熱を必要としない設計とすべきである．

図 3.3 において，冷却コイルの出口状態 C から H までが再熱負荷である．

$$q_{RH} = 0.34 Q_{AC}(t_H - t_C) \tag{3.29}$$

ここに，q_{RH} ：再熱負荷 [W]

Q_{AC} ：空調機の送風量給気量 [m³/h]

t_H ：再熱コイル出口空気温度 [℃]

t_C ：再熱コイル入口空気温度 [℃]

3.2.2 暖房時の空調機負荷

(I) 空調機負荷の構成要素

暖房時の空調機負荷は冷房時と同様に，室負荷，外気負荷，ダクトからの熱損失からなる．なお，ファン発熱やトロッファによる照明の除去熱量などによる熱取得は，暖房時の負荷としては通常見込まない．

$$q_{AH} = q_R + q_O + q_d \tag{3.30}$$

ここに，q_{AH} ：暖房時の空調機負荷

q_R ：室負荷

q_O ：外気負荷

q_d ：ダクトからの熱損失（表3.5）

(2) 暖房時の処理プロセス

図 3.4 と図 3.5 に暖房時の処理プロセスを示す．

図 3.4 は蒸気で加湿する場合である．外気を O，室内を R とすれば，外気と還気との混合点が M である．混合点 M から Hs まで加熱される．加熱プロセスでは，絶

3.2 空調機負荷

対湿度は変化しない．HsからSまでは蒸気によって，熱水分比 u に沿って加湿される．熱水分比 u は加湿媒体，つまり，蒸気の比エンタルピ h_L に等しい．

空調機の加熱コイルの負荷は，

$$q_{AH} = 0.278\,G_{AC}(h_H - h_M)$$
$$= 0.34\,Q_{AC}(t_H - t_M) \qquad (3.31)$$

ここに，q_{AH}：空調機の加熱コイルの負荷 [W]

G_{AC}，Q_{AC}：空調機の給気風量 [kg/h]，[m³/h]

h_M，h_H：加熱コイル入口および出口空気の比エンタルピ [kJ/kg′]

t_M，t_H：加熱コイル入口および出口空気の温度 [℃]

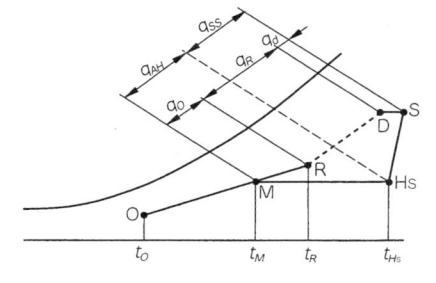

図 3.4 暖房時の処理プロセス（蒸気加湿の場合）

一方，加湿負荷と加湿量は，

$$q_{SS} = 0.278\,G_{AC}(h_S - h_H) = 0.333\,Q_{AC}(h_S - h_H) \qquad (3.32)$$
$$L = G_{AC}(x_S - x_H)/1000 \qquad (3.33)$$

ここに，q_{SS}：加湿負荷 [W]

h_H，h_S：加湿前と加湿後の比エンタルピ [kJ/kg′]

L：加熱量 [kg/h]

x_H，x_S：加湿前と加湿後の空気の絶対湿度 [g/kg′]

図 3.5 は，水加湿の場合である．加湿方法により処理プロセスは変わり，加熱コイルが分担する負荷も変化する．混合点MからHwまで加熱し，HwからSまで水で加湿される．水加湿の場合も加湿水の熱水分比 u に沿って加湿されるが，水の比エンタルピは小さいので，ほとんど断熱加湿となる．したがって，加熱コイルは，加湿による温度低下を見込んで加熱しなければならない．また，加熱点Hwは，加湿点Sからの湿球温度一定の線と混合点Mの絶対湿度の交わる点である．これを湿り空気線図（→図1.15）で読み取る．なお，計算で求めるのは反復計算となり煩雑であ

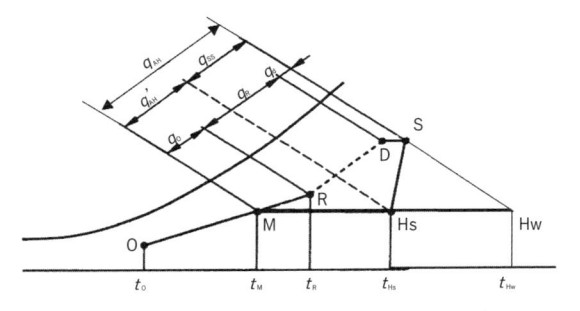

図 3.5 暖房時の処理プロセス（水加湿の場合）

るが，断熱加湿の熱移動量はごくわずかであり，比エンタルピが変化しないと仮定すれば，次のように求めることができる．

水加湿の場合の加熱コイル負荷　　$q_{HH} ≒ q_S + q_L + q_{OAS} + q_{OAL}$　　(3.34)

加熱点の比エンタルピ　　　　　　$h_{HW} ≒ h_M + q_{HH}/(0.34 \cdot Q_{AC})$　　(3.35)

3.2.3　ペリメータにファンコイルユニット（FCU）を用いる場合

1次空調機とFCUの併用システムの場合，空調機が主として内部負荷を受け持ち，窓際に置かれたファンコイルユニットにペリメータのスキンロードを受け持たせる．スキンロードとして，室負荷のうち，窓および外壁，すきま風などの建物外皮から侵入する熱負荷とするのが一般的である．

なお実際には，室負荷の中からスキンロードだけを選択的に分離抽出することはできない．スキンロードとは空調機と室内ユニットの設計において，両者の負荷分担を決める際の便法の一つである．

3.2.4　計算例題／空調機の処理プロセス

風量の計算例題に続いて，空調機の処理プロセスを求める．対象はモデル建物（→2.2）の基準階のペリメータを除く，東インテリア，西インテリア，エレベータホールのインテリア系統である．熱負荷および風量は表3.4に示す通りである．なお，冷房では室負荷，外気負荷とも13時がピークである．よって13時の空調機プロセスを求める．暖房は朝の立ち上げ時の9時について求める．

（Ⅰ）　冷房時の空調機の処理プロセス

還気Rと外気Oの混合M→冷却C→吹出条件Dの処理プロセスとなる．

1）混合点M（コイル入口空気条件）

室内からの還気と外気の混合点がMであり，コイル入口空気条件となる．給気風量に対する外気風量の比率は $\phi_{OA} = 30.5\%$ であるから，

$$t_M = t_R(1-\phi_{OA}) + t_O \cdot \phi_{OA} = 26.0 \times (1-0.305) + 33.4 \times 0.305 = 28.3°C$$

$$x_M = x_R(1-\phi_{OA}) + x_O \cdot \phi_{OA} = 10.5 \times (1-0.305) + 18.8 \times 0.305 = 13.0 g/kg'$$

2）冷却点C（コイル出口空気条件）

混合点Mから冷水コイルにより冷却・除湿されてC点に至る．この冷却点は，先に風量を求めた時の条件であり，空気線図上でSHF′の線とコイル出口の相対湿度95％と交差する点である．計算で逆算するならば，

$$t_C = t_R - q_S'/(0.34 Q_{AC}) = 26.0 - 42\,989/(0.34 \times 10\,800) = 14.3°C$$

$$x_C = x_R - q_L/(0.83 Q_{AC}) = 10.5 - 8\,567/(0.83 \times 10\,800) = 9.5 g/kg'$$

3）吹出条件D

冷却点Cからファン発熱とダクトからの熱所得を得て，室内に吹き出される．吹出条件は，室負荷より逆算できる．

$$t_D = t_R - q_S/(0.34 Q_{AC}) = 26.0 - 37\,381/(0.34 \times 10\,800)$$

$= 15.8°C$

コイル出口 C から吹出条件 D までは湿度変化はないので，絶対湿度は C 点に等しい．

$$x_D = x_C = 9.5 \text{ g/kg}'$$

（2） 暖房時の空調機の処理プロセスと熱負荷

還気 R と外気 O の混合 M→加熱 H→加湿 S→吹出条件 D の処理プロセスを求める．なお，水加湿と蒸気加湿では処理プロセスと加熱コイルと加湿装置の負荷分担が異なる．

1) 混合点 M（コイル入口空気条件）

コイル入口空気条件は，室内からの還気と外気の混合点である．給気風量に対する外気風量の比率は $\phi_{OA} = 30.5\%$ であるから，

$$t_M = t_R(1-\phi_{OA}) + t_O \cdot \phi_{OA} = 22.0 \times (1-0.305) + 0.8 \times 0.305 = 15.5°C$$

$$x_M = x_R(1-\phi_{OA}) + x_O \cdot \phi_{OA} = 8.2 \times (1-0.305) + 1.3 \times 0.305 = 6.10 \text{ g/kg}'$$

2) 吹出条件 D

吹出条件 D は室負荷から逆算して求める．

$$t_D = t_R + q_S/(0.34 \cdot Q_{AC}) = 22.0 + 4737/(0.34 \times 10800) = 23.29 = 23.3°C$$

$$x_D = x_R + q_L/(0.83 \cdot Q_{AC}) = 8.2 + 1168/(0.83 \times 10800) = 8.33 \text{ g/kg}'$$

3) 加湿点 S

加湿目標条件 S は，室負荷にダクトからの熱損失を加算して求める．

$$t_S = t_R + q_S'/(0.34 \cdot Q_{AC}) = 22.0 + 4879/(0.34 \times 10800) = 23.3°C$$

加湿点 S と吹出条件 D までは湿度変化はないので，絶対湿度は D 点に等しい．

$$x_S = x_D = 8.4 \text{ g/kg}'$$

3-1) 加熱点 Hs（蒸気加湿の場合）

蒸気加湿の場合，湿り空気線図上で蒸気の熱水分比に沿って湿度が上昇する．熱水分比とは蒸気が有する比エンタルピのことであり，100°C の 1 気圧（101.326 kPa）の蒸気は $u \fallingdotseq 2675 \text{ kJ/kg}$ である（→諸表の表 13.2 を参照のこと）．加湿点 S から熱水分比に平行に下ろした線と，混合点 M の絶対湿度一定の線と交差する点が加熱点 HS である．これを湿り空気線図から読み取る．

計算で求める場合は，基本式 (3.1)(3.2) を使って求める．先ず，式(3.2) で加湿量 L を求める．また，風量 $G = \rho_a \cdot Q_{AC} = 1.2 \times 10800 = 12960 \text{ kg/h}$ ゆえに，

$$L = G_{AC}(x_S - x_H) = 12960(8.33 - 6.10)/1000 = 28.9 \text{ kg/h}$$

加湿点 S の比エンタルピは，

$$h_S = c_{pa} \cdot t_S + x_S(c_{pv} \cdot t_S + r_o)$$
$$= 1.006 \times 23.3 + 8.33(1.806 \times 23.3 + 2501)/1000 = 44.6 \text{ kJ/kg}'$$

また，100°C，1 気圧（101.325 kPa）の蒸気の比エンタルピは $h_L = 2675 \text{ kJ/kg}'$ であり，式(1.40) を使って加湿前の比エンタルピ h_{HS} を逆算する．

$$h_{HS} = h_S - L \cdot h_L/G_{AC} = 44.6 - 28.9 \times 2675/12960 = 38.6 \text{ kJ/kg}'$$

表 3.7 空調機の処理プロセスの計算

ゾーン名称 基準階			外気温度 ℃ 30.7	33.4	32.4	吹出温度 t_D ℃ 15.8		基準外気量	外気温度 ℃ 0.8	
室内条件	夏期 26℃ 10.5g/kg′ 冬期 22℃ 8.2g/kg′		外気湿度 g/kg′ 18.5	18.8	18.5	吹出温度差 Δt_D ℃ 10.2		25.0 m³/(h·人)	外気湿度 g/kg′ 1.3	
インテリア系統	659.2	1 713.8 131.8	q_S 36 580 q_L 8 567	37 381 8 567	37 085 8 567	10 800	6.3 3 290 30.5%		q_S 4 737 q_L 1 168	1.3
ダクト・ファン発熱比率		冷 0.15 暖 0.03	q_S' 42 067	42 989	42 647	$SHF' =$ 0.83 $t_C =$ 14.3 95%			q_S' 4 879	
トロッファ除去熱量			q_{LT} 0	0	0	$Q_{OAS} = Q_{EL} \cdot \rho_{EL}$			Q_{LT}	
コイル入口空気			t_M 27.4 x_M 12.9	28.2 13.0	27.9 12.9	$t_M = \{(Q_{SA} - Q_{OA}) * t_R + Q_{OA} * t_O\}/Q$ $x_M = \{(Q_{SA} - Q_{OA}) * x_R + Q_{OA} * x_O\}/Q$			t_M 15.5 x_M 6.10	
コイル出口空気			t_C 14.6 x_C 9.5	14.3 9.5	14.4 9.5	$t_C = t_R - q'_S/(0.34 \cdot Q_{SA})$ $x_C = x_R - q'_L/(0.83 \cdot Q_{SA})$			t_H 28.8 x_H 6.10	$x_H = x_M$
再熱点または加湿点			t_{RH} x_{RH}						t_S 23.33 x_S 8.33	
吹き出し条件			t_D 16.0 x_D 9.5	15.8 9.5	15.9 9.5	$t_D = t_R - q_S/(0.34 \cdot Q_{SA})$ $x_D = x_R - q_L/(0.83 \cdot Q_{SA})$			t_D 23.29 x_D 8.33	
外気負荷			q_{OAS} 5 257 q_{OAL} 21 846	8 278 22 665	7 159 21 846	$q_{OAS} = 0.34 \cdot (t_O - t_R) Q_{OA}$ $q_{OAL} = 0.83 \cdot (x_O - x_R) Q_{OA}$			Q_{OAS} 23 714 Q_{OAL} 18 842	
コイル負荷	$q_{ACS} + q_{ACL}$		77 737	82 498	80 219	$q_{AC} = Q'_S + Q_L + Q_{OAS} + Q$			Q_{ACS} 48 603	
再熱負荷または加湿量			q_{RH} 0	0	0				L 28.9	kg/h

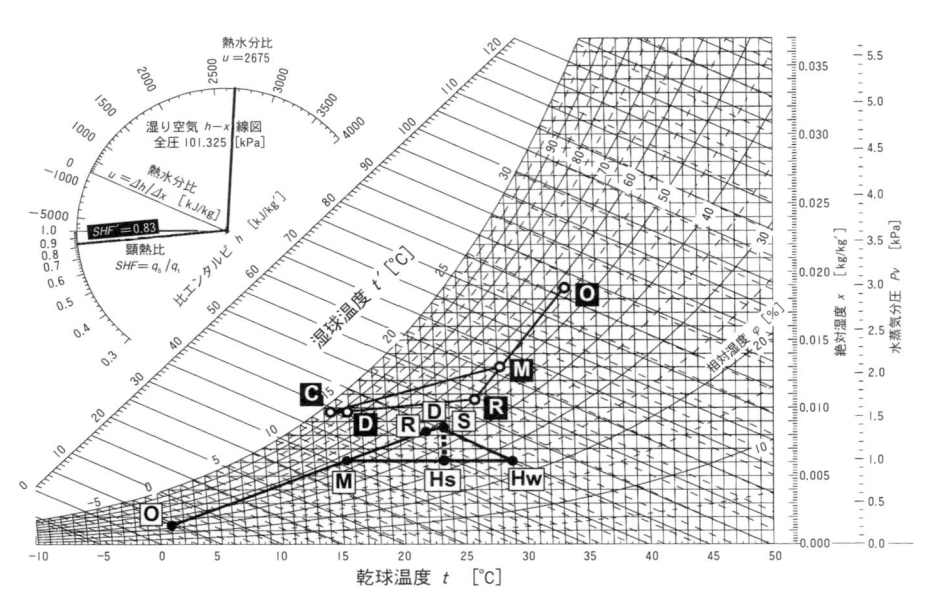

図 3.6 空調機の処理プロセス

最後に，比エンタルピと絶対湿度から温度 t_{HS} を求める．

$$t_{HS} = \frac{h_{HS} - x_H \cdot r_o}{c_{pa} + x_H \cdot c_{pv}} = \frac{38.6 - 6.10 \times 2\,501/1\,000}{1.006 + 6.10 \times 1.806/1\,000} = 23.0°C$$

3-2）加熱点 Hw（水加湿の場合）

水加湿の場合も水の熱水分比に沿って加湿されるが，水の熱水分比は小さいので，ほとんど断熱加湿と見なせる．よって湿球温度に沿って湿度が上昇する．その一方で温度は低下する．この温度低下分を見込んで M→Hw まで加熱しなければならない．

湿球温度を求めるのは反復計算となり煩雑である．したがって，湿り空気線図から読み取るのがよい．なお概略的には，エンタルピ一定とみなしても誤差は小さい．

加熱点と加湿点の比エンタルピは等しいとし $h_{HW} = h_S = 44.6\,\mathrm{kJ/kg'}$，加熱点の絶対湿度 $x_H = 6.10\,\mathrm{g/kg'}$ から，温度 t_{HW} を逆算する．

$$t_{HW} = \frac{h_{HW} - x_H \cdot r_o}{c_{pa} + x_H \cdot c_{pv}} = \frac{44.6 - 6.10 \times 2\,501/1\,000}{1.006 + 6.10 \times 1.806/1\,000} = 28.9°C$$

以上をまとめたのが表 3.7 であり，湿り空気線図上の変化を図 3.6 に示す．

3.3 熱源負荷

3.3.1 冷熱源の熱源負荷

冷熱源の熱源負荷は，空調機の冷却負荷の他に，ポンプおよび配管からの熱取得を加えたものとなる．

$$q_{MC} = q_{AC} + q_P + q_p \tag{3.36}$$

ここに，q_{MC} ：冷熱源の熱源負荷（kW）

q_{AC} ：空調機の冷却負荷の合計値（kW）

q_P ：ポンプからの熱取得（kW）

q_p ：配管からの熱取得（kW）

ポンプ発熱による熱取得は，水量，揚程，効率が分かれば，ポンプの所要動力から以下のように求めることができる．

$$q_P = kW = \frac{\rho \cdot g \cdot L \cdot H}{\eta_P} \tag{3.37}$$

ここに，q_P ：ポンプ発熱による熱取得（kW），

kW ：ポンプの所要動力（kW），

ρ ：水の密度 [kg/m³]，

g ：加速度 [m/s²]，

L ：ポンプの取り扱う水量（kg/s），H：ポンプ揚程（m）

η_P ：ポンプ効率

ただし，ポンプや配管からの熱取得は，流量や配管経路などが決まるまで確定しないため，概算として空調機の冷却熱量に対する比率 k で以下のように見込む．なお，

直膨コイルの場合はポンプは不要のためポンプ発熱は見込まない．

$$q_{MC} = (1+k)\, q_{AC}$$

ここに，k は：0.01～0.02（直接膨張コイルを用いるとき）
：0.02～0.04（冷水コイルまたはエアワッシャを用いるとき）

3.3.2 温熱源の熱源負荷

温熱源の熱源負荷は，空調機の加熱負荷に配管の熱損失を加えたものとする．

$$q_{MH} = q_{AH} + q_P \tag{3.38}$$

ここに，q_{MH} ：温熱源の熱源負荷（kW）
q_{AH} ：空調機の加熱負荷（kW）
q_P ：配管からの熱損失（kW）

暖房時の配管熱損失 q_P は，空調機の加熱負荷 q_{AH} のおおむね 5～10％ を見込む．

3.3.3 配管と機器の蓄熱負荷

間欠空調においては夜間に配管・冷凍機・ポンプ・コイルなどの構成部材（鋼材など）と内部の保有水が，冬季は温度が低下（夏季は上昇）し，これを運転開始時に定常状態の温度まで上げる（夏は下げる）ために相当の熱量を必要とする．この略算法を章末の付録 3.1 に示す．

一般にはこの蓄熱負荷は考慮に入れず，建物がきわめて大規模または地域冷暖房のような場合で，しかも予熱・予冷時間が制限される場合のみに負荷に算入すればよい．

3.3.4 蓄熱槽のある場合の熱源負荷

（I） 負荷パターンと熱源運転パターン

図 3.7 は熱負荷パターンと熱源運転パターンを示したものである．ここでいう熱負荷パターンとは 2 次側の熱負荷 q_{A2} の処理熱量の 1 日の負荷パターンをいう．

蓄熱槽のある場合は，夜間（22 時～8 時の 10 時間）に熱源機器を運転して蓄熱槽に冷熱（または温熱）を蓄える．昼間はこれを 2 次側の空調機の熱負荷を処理するのに使う．これを放熱運転という．蓄熱槽が十分に大きければ，夜間に蓄えた熱量で 1 日の空調機負荷のすべてを処理できる．ただし，一般に建築上の制約から大きな蓄熱槽は取れないのが普通であるから，昼間にも熱源機器を運転して蓄熱の不足を補う．

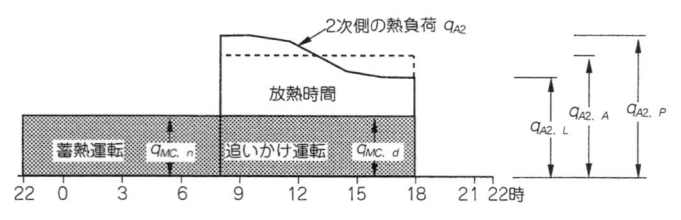

図 3.7 熱負荷パターンと熱源運転パターン

3.3 熱源負荷

これを追い掛け運転という．

(2) 非蓄熱システムの熱源容量

蓄熱槽のない非蓄熱システムの場合の熱源容量 $q_{MC,P}$ はピーク負荷で一意に決まる．図3.7の負荷パターンにおいて，

$$q_{MC,P} = q_{A2,P} \tag{3.39}$$

ここに，$q_{MC,P}$：非蓄熱システムの熱源容量（kW）
　　　　$q_{A2,P}$：2次側の熱負荷のピーク値（kW）

なお，ここでいう2次側の熱負荷 $q_{A2,P}$ とは，空調機の冷却負荷のほか，2次側でのポンプおよび配管からの熱取得を含む．熱源容量 $q_{MC,P}$ は図3.6では点Pで示される．

(3) 蓄熱容量と熱源容量の関係

図3.8は，蓄熱容量と熱源容量の関係を示したものであり，蓄熱システムの場合は答は1つではなく，蓄熱容量と熱源容量の組み合わせ方が色々に選べる．

(a) 蓄 熱 容 量

ピーク日の負荷のすべてを賄うために必要最大の蓄熱容量を $q_{ST(100)}$ とすると，

$$q_{ST(100)} = (1+k_{ST}) \cdot \sum q_{A2,d} \tag{3.40}$$

ここに，
　$q_{ST(100)}$：必要最大の蓄熱容量（kJ）
　$\sum q_{A2,d}$：ピーク日の夜間時間帯以外の2次側負荷の合計値（kJ）
　k_{ST}：蓄熱損失による割り増し係数

蓄熱損失による割り増し係数 k_{ST} は，蓄熱水温と周囲温度などから求めることができるが，保温をした蓄熱槽ならばおおむね5%以内である．

実際に設置する蓄熱容量を $q_{ST(fST)}$ とすると，

$$f_{ST} = \frac{q_{ST(fST)}}{q_{ST(100)}} \tag{3.41}$$

ここに，f_{ST}：$q_{ST(100)}$ に対する蓄熱容量比（%）

蓄熱槽の容積 V_{ST} は，利用温度差 Δt_{ST} とすると，

$$V_{ST} = q_{ST(fST)} / \Delta t_{ST} \tag{3.42}$$

なお利用温度差 Δt_{ST} は空調機のコイルで処理できる温度差であり，一般に5〜7℃を取る．

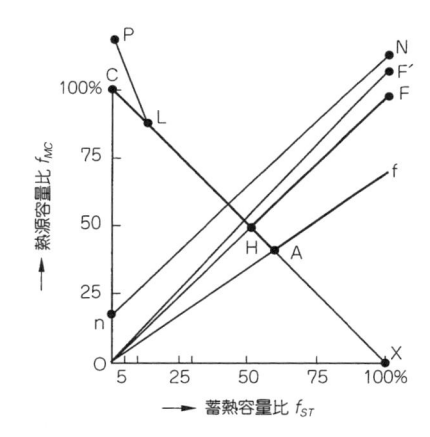

図 3.8 蓄熱容量と熱源容量の関係
　P：非蓄熱システムの場合の熱源容量
　　　夜間蓄熱に必要な熱源容量
　OF：蓄熱損失を見込まない場合
　OF′：蓄熱損失を見込む場合
　nN：夜間の負荷を見込む場合
　CX：昼間の追掛け運転に必要な熱源容量

(b) 熱源容量

熱源機器は，夜間に蓄熱槽を満杯にするための熱源容量 $q_{MC,n}$ と，昼間の追い掛け運転に必要な熱源容量 $q_{MC,d}$ の大きい方で決まる．

1) 夜間蓄熱に必要な熱源容量

夜間（22～8時の10時間）に蓄熱槽を満杯にするために必要な熱源容量 $q_{MC,n}$ は

$$q_{MC,n} = (q_{ST(f_{ST})} + \Sigma q_{A2,n})/H_n \tag{3.43}$$

ここに，$q_{MC,n}$ ：夜間蓄熱に必要な熱源容量（kW）

$q_{ST(f_{ST})}$ ：蓄熱容量（kJ）

$\Sigma q_{A2,n}$ ：ピーク日の夜間の2次側負荷の合計値（kJ）

H_n ：夜間の蓄熱時間（h）

一般に夜間の蓄熱時間 H_n は10時間である．熱源容量比 $f_{MC,n}$ は以下で示され，蓄熱容量比 f_{ST} の関数である．図 3.8 では OF 線（蓄熱損失を見込むと OF′ 線）で示される．蓄熱容量比 f_{ST} が 100% の場合に，熱源容量も最大 $q_{MC,n(100)}$ となる．図 3.8 において F 点（蓄熱損失を見込むと F′ 点）で示される．

$$f_{MC,n} = \frac{q_{MC,n(f_{ST})}}{q_{MC,n(100)}} \tag{3.44}$$

ここに，$f_{MC,n}$：熱源容量比

$q_{MC,n(100)}$：夜間蓄熱に必要な熱源容量の最大値（kW）

2) 昼間の追い掛け運転に必要な熱源容量

夜間の蓄熱量の不足分を昼間に追い掛け運転するが，追い掛け運転に必要な熱源容量は

$$q_{MC,d} = \frac{\Sigma q_{A2,d} - q_{ST(f_{ST})}/(1+k_{ST})}{H_d} \tag{3.45}$$

ここに，$q_{MC,d}$：昼間の追い掛け運転に必要な熱源容量（kW）

$\Sigma q_{A2,d}$：ピーク日の昼間の2次側負荷の合計（kJ）

$q_{ST(f_{ST})}$：蓄熱容量（kJ）

k_{ST}：蓄熱損失による割り増し係数

H_d：昼間の空調時間（図 3.7 では 10 時間）（h）

なお，熱源容量比 $f_{MC,d}$ は，夜間の熱源容量の最大値 $q_{MC,n(100)}$ を基準に，

$$f_{MC,d} = \frac{q_{MC,d(f_{ST})}}{q_{MC,n(100)}} \tag{3.46}$$

昼間の追い掛け運転に必要な熱源容量 $q_{MC,d}$ もまた蓄熱容量比 f_{ST} の関数となっており，図 3.8 では CX 線で示される．

C 点は昼間の2次側負荷の平均値 $q_{A2,A}$ である．なお，空調運転時間 10 時間，夜間蓄熱時間 10 時間の場合で，蓄熱損失がない場合は C 点と F 点の熱源容量は等しい．

なお，図 3.7 において，熱源容量 $q_{MC,d}$ が2次側の熱負荷の最小値 $q_{A2,L}$ を上回る部分は，直線的関係でなく，CX 線ではなく PLX 線をとる．

（c） 熱源容量が最小となる組合せ

熱源容量が最小となるのは，夜間蓄熱に必要な熱源容量 $q_{MC,n}$ と追い掛け運転に必要な熱源容量 $q_{MC,d}$ の両者が一致する点である．

蓄熱損失がない場合，熱源容量が最小となるのは点 H であり，熱源容量比，蓄熱容量比とも最大値のちょうど半分の 50% である．なお，熱源機器を 24 時間連続運転する場合は更に熱源容量は小さくなり，これは点 A で示される．熱源容量比は 42%（＝10/24）となる．蓄熱容量は逆に余裕が必要であり蓄熱容量比は 58%（＝1－10/24）となる．

3.4 空気線図とその使い方

本節は原理的な解説するため，余分な係数が出ないように単位系は，熱量 [W]，風量および水量は [g/s] または [l/s]，温度 [℃]，絶対湿度 [g/g′]，比エンタルピ [J/g′] とする．また，比重 ρ [g/l]，比熱 c_{pa} [J/(g·℃)]，潜熱 r [J/g] とし，各式のところで単位は表記しない．なお，実計算する場合に限って単位と換算計算を付記する．

3.4.1 混　　合

(t_1, x_1) なる状態①の空気を k なる割合と (t_2, x_2) なる状態②の空気を $(1-k)$ なる割合と混合したときの空気の状態③は，図 3.9 の空気線図で①，②なる点を結んだ直線を $(1-k):k$ の比に分割点となる．

計算で求めるには，

$$t_3 \fallingdotseq k \cdot t_1 + (1-k) t_2 \qquad (3.47)$$
$$x_3 = k \cdot x_1 + (1-k) x_2 \qquad (3.48)$$
$$h_3 = k \cdot h_1 + (1-k) h_2 \qquad (3.49)$$

【例題 3.3】 $t=35℃$，$x=22 \text{g/kg}'$ の外気 30% と，$t=27℃$，$x=12 \text{g/kg}$ の室内空気 70% を混合した後は図で求めれば $t=29.4℃$，$x=15 \text{g/kg}$ となり，計算で求めても，

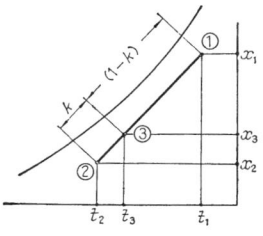

$$t = 35 \times 0.30 + 27 \times 0.70 = 29.4℃$$
$$x = 22 \times 0.30 + 12 \times 0.70 = 15 \text{g/kg}'$$

図 3.9 湿り空気の混合

3.4.2 加熱または冷却

絶対湿度が変わることなく温度のみが t_1 より t_2 に変わるときは，図 3.10 の空気線図の水平線上を左から右へ移動する変化となる．このときの加熱量を q_H (W) とすれば熱平衡式 (1.35) に $L=0$ を代入して，

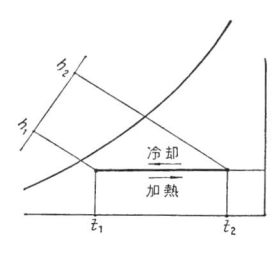

$$q_H = G(h_2 - h_1) \qquad (3.50)$$

図 3.10 湿度変化を伴わない加熱と冷却

ここに，G：空気量（kg/h）
　　　　h_2, h_1：出口と入口空気のエンタルピ
または 3.1.1 に述べたように近似的には次式が成立する．
$$q_\mathrm{H} = c_\mathrm{pa} G(t_2 - t_1) = c_\mathrm{p} \cdot \rho_\mathrm{a} Q(t_2 - t_1)$$
ただし，Q：空気量
　　　　t_2, t_1：出口，入口の乾球温度（℃）
冷却の場合は水平線上を右より左に移動する変化となる．

【例題 3.4】 1 000 kg/h の空気を $t_1 = 10$℃，$x = 0.006$ より，$t_2 = 30$℃ まで加熱するときの加熱量を求める．

図 3.10 のようにして $h_1 = 25.1$ kJ/kg′，
　　　　　　　　　　$h_2 = 45.4$ kJ/kg′
∴　$q_\mathrm{S} = 0.278 \times 1\,000 \times (45.4 - 25.1) = 5\,643$ W
または，　　$q_\mathrm{S} = 0.28 \times 1\,000 \times (30 - 10) = 5\,600$ W

3.4.3 温度と湿度の変化が同時に行われるとき

1.4.2 で求めたように式 (1.40)〜(1.41) が同時に成立する．すなわち，
$$G(h_2 - h_1) = q + L h_\mathrm{L} \tag{1.40}$$
$$G(x_2 - x_1) = L \tag{1.41}$$
熱水分比： $u = \dfrac{h_2 - h_1}{x_2 - x_1} = \dfrac{q}{L} + h_\mathrm{L}$ (1.42)

q, L, h_L が与えられたとき，熱水分比 u は一定となり前述のように (h_1, x_1) と (h_2, x_2) を結ぶ線分は $h-x$ 線図上においては $(q/L) + h_\mathrm{L}$ なる一定勾配を有する．空線図においては左上の円形の中心と円周上の u の線を結んだ線分がその勾配を与える．

熱水分比 u の代わりに顕熱比 SHF（sensible heat factor）を用いることがある．
$$SHF = \frac{q_\mathrm{S}}{q_\mathrm{S} + q_\mathrm{L}} \tag{3.51}$$
ここに，q_S：空気に加えられまたは除去された顕熱量（W）
　　　　q_L：空気に加えられまたは除去された潜熱量（W）
$q_\mathrm{L} = h_\mathrm{L} L$ なるゆえ，
$$SHF = \frac{1}{u} \times \frac{q_\mathrm{S}}{L} \tag{3.52}$$

q_S, q_L が与えられたときは，SHF 一定の場合は $(h_1, x_1)(h_2, x_2)$ を結ぶ線分の勾配は一定となる．図 1.15 の空気線図は左端に示した線と 100% 線の近くにある×印の状態点を結ぶ線がその勾配を与える．

次の例題に示すように室内の状態点より u または SHF の勾配に等しく引いた線を状態線（condition line）とよび，状態線と飽和線（$\phi_\mathrm{R} = 100\%$）の交点を装置露点温度（apparatus dew point）略して ADP とよぶ．

【例題 3.5】 ある室の冷房時の $q_S=50\,000\,\mathrm{W}$, $q_L=20\,000\,\mathrm{W}$ とし室温を 25℃ 50% とするとき, 吹出空気の状態を求めよ.

$$SHF = \frac{50\,000}{50\,000 + 20\,000} = \frac{50\,000}{70\,000} = 0.72$$

図 3.11 の上にて $SHF=0.72$ の線を求め, これより平行に 25℃ 50% の点より線を引く. 吹出温度差＝10℃ とすれば吹出温度は $t_1=25-10=15$℃ となり図 3.11 に示すように絶対湿度 $x_2=0.0083\,\mathrm{kg/kg'}=8.3\,\mathrm{g/kg'}$ となる. また, このときの装置露点温度は $t_a''=9.8$℃ となる.

【例題 3.6】 冬季, 室内の顕熱損失 $q_S=20\,000\,\mathrm{W}$, 潜熱損失 $q_L=5\,000\,\mathrm{W}$ とし, 室温を 21℃ 60% とするとき, 吹出空気の状態を求める.

$$SHF = \frac{20\,000}{20\,000 + 5\,000} = 0.80$$

$SHF=0.80$ の線に平行に（21℃ 60%）の点より線を引く. 温度差＝10℃ とすれば, 図 3.12 のように $t_2=31$℃, $x_2=10.4\,\mathrm{g/kg}$ が求める点となる（室内の湿度 $x_1=9.3\,\mathrm{g/kg}$）.

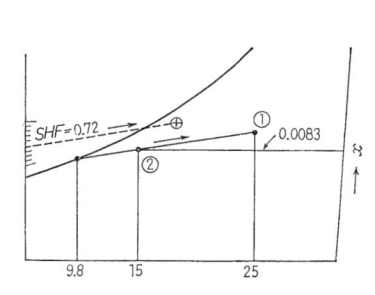

図 3.11 冷却時の SHF の使い方

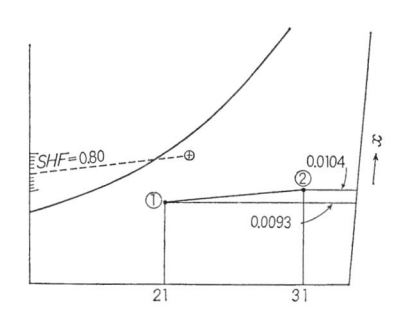

図 3.12 加熱時の SHF の使い方

3.4.4 断熱飽和変化

入口の湿球温度（t_1'）に等しい水温の水を完全に断熱したエアワッシャ内でスプレしたときは 1.4.3 に述べたように空気の変化は湿球温度一定の線上において行われる. このときの変化を断熱変化または蒸発冷却（evaporative cooling）といい, 出口空気が飽和したとき, これを断熱飽和変化とよぶ.

断熱飽和の場合, 空気の乾球温度 t_1 は t_2 まで下がり, 露点温度 t_1'' は t_2'' まで上がり図 3.13 のようにいずれも湿球温度に一致する. すなわち

$$t_2 = t_2'' = t_2' = t_1'$$

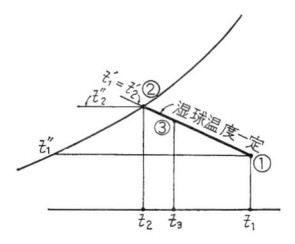

図 3.13 エアワッシャ内の断熱変化

1.4.3 の式（1.53）で示したように，このときの乾球温度の低下による顕熱の減少は露点温度すなわち絶対湿度の上昇による潜熱の増加に等しくなる．厳密にいえば h_1 は h_2 とはごくわずかであるが異なり，$G(h_2-h_1)$ なる熱量はエアワッシャの補給水の熱量に等しい．

実際は出口空気は t_2 とはならず t_3 となり，次のように飽和効率（または加湿効率）η_S が定義される．

$$\eta_S = \frac{t_1-t_3}{t_1-t_2} = \frac{t_1-t_3}{t_1-t_1'} \tag{3.53}$$

t_3 の状態点③は湿球温度 t_1' の線上にある．

3.4.5 冷却コイル内の状態変化

（1） これについては，7.4 に詳しく述べるが，コイルの表面温度 t_S が入口空気の露点温度 t_1'' より高い間は図 3.14(a) のように水平線①②上の変化となり，乾球温度 t のみ変化する．この部分を乾きコイルとよぶ．

次に t_S が t_1'' より低くなるとコイル表面に結露が生じて絶対湿度 x も減少し，図 3.14(a) のように左下がりの曲線となり，この曲線のコイル出口に近い部分は相対湿度（φ_R）一定の線上にのる．この φ_R の値は表 7.12 に示すように列数 6～10 列の冷水コイルでは $\varphi_R=95\%$ 前後となる．この表面の湿った部分を湿りコイルとよぶ．

（2） 次に乾きコイルの部分において，もしコイルの列数が無限に多いときはコイルを通過する空気は次第に冷却して遂に出口においてはコイルの表面温度 t_S に等しい飽和空気となる．すなわち図 3.14(b) の①を入口空気の状態とすればⓈなる状態で出てくる．

しかし，実際には，コイルの列数はそれほど多くはないから②なる不飽和の状態で出てくる．いま ①② の長さを ①Ⓢ の長さで割った割合を k とすれば ②Ⓢ の割合は $(1-k)$ となる．②なる状態は①なる状態の空気が $(1-k)$，Ⓢなる状態の空気が k の割合で混合した結果となる．

①Ⓢ なる状態はコイル表面に長い間触れて出てきた空気（contact air）の状態で，①なる状態はコイルにまったく触れないで素通りした空気（bypass air）の状態である．k は contact air の割合でこれをコンタクトファクタ（contact factor）CF，

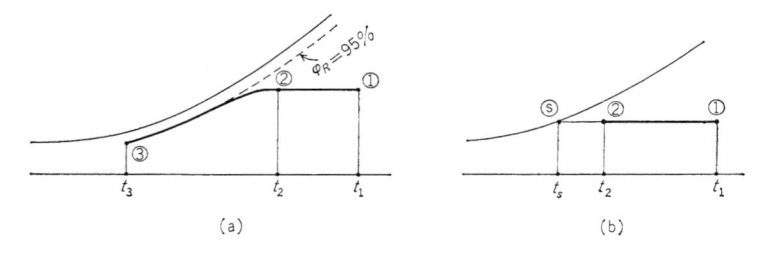

図 3.14 冷却コイル内の変化

$(1-k)$ は bypass air の割合でこれをバイパスファクタ (bypass factor) BF とよぶ.

BF と CF は次の関係がある.
$$BF = 1 - CF \tag{3.54}$$
BF は理論式より次のようにして求めることができる[2].
$$\log_e BF = -\frac{a_0 A a N}{c_s G} \tag{3.55}$$
ここに, a_0 : コイルの外表面熱伝達率
  A : コイルの前面積（見付け面積）
  a : コイルの表面積（単位前面積・単位列当たりの表面積）
  N : コイルの列数 c_s : 湿り比熱≒1.006 G : 風量

本式より $N=\infty$ のときは $BF=0$, $N=0$ ときは $BF=1.0$ となり上記と一致する. また N_1 列のコイルの BF を BF_1, N_2 列のコイルの BF を BF_2 とすれば,
$$BF_2 = (BF_1)^{N_2/N_1} \tag{3.55}'$$
となる.

BF は式 (3.55) のようにコイルの性能 a_0, 列数 N および風速 (G/A) などにより定まるもので, 逆に BF と G/A などが決まれば, 列数 N を求めることができる.

上記の乾きコイルの考え方は湿りコイルについても当てはまる.

3.4.6 温水または冷水の噴霧

エアワッシャ内に温水を噴霧する場合, この水量 L と風量 G の比 $L/G=0.5\sim2.0$ のように L が大きいときは, 噴霧水量のごく一部 ΔL が蒸発して空気が加湿される. この $\Delta L/L$ が 0.05 以下の場合は, 噴霧水温の変化が少なく, 空気線図上の空気の状態変化は直線上にあるものと仮定してよい.

冷水を噴霧する冷却減湿用の場合も同様に考える. すなわち図 3.15 のように出口水温 t_w に等しい点 Ⓦ を飽和線上に取って, これと入口空気の状態点①と結ぶと, 出口空気④はその直線上にある.

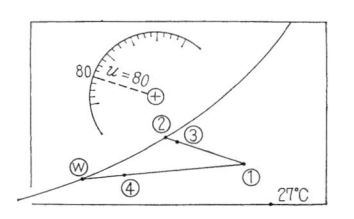

図 3.15 温水または冷水の噴霧

3.4.7 蒸気噴霧または小量の水噴霧

水噴霧や蒸気噴霧のように噴霧量 L が小さい場合は蒸発水量の割合 $(\Delta L/L)$ が 0.1～1.0 のように大きくなり, この場合は 3.4.3 に述べたように, 空気の状態は水分比 u 一定の線上に変化する. この u としては噴霧水または蒸気のエンタルピを取る. この設計法については 3.6.6 の計算例題および 7.7 の加湿装置で詳しく述べる.

図 3.15 は水温 80°C の温水噴霧の場合で,出口を③点とすれば $\overline{①③}/\overline{①②}$ の長さの比が加湿効率 η_S となる.

3.4.8 t−h 線図による解法

$t-h$ 線図は空気線図の一種であり,直交座標の横軸に温度 t, 縦軸にエンタルピ h を取って各温度に対する飽和空気の h_S の曲線を描いたものである. t に対する h_S は表 13.1 の湿り空気表よりわかるから,この曲線を作ることは簡単である.

冷却塔あるいは,エアワッシャなどの湿り空気と水との熱交換および物質交換*を同時に行う機器の内部の,水と空気との交換熱量 q_t は,水の比熱を Cp_w とすると,

$$q_t = Gdh = -Cp_w L dt_w \tag{3.56}$$

ここに,G, L :それぞれ空気量,水量
dh, dt_w :それぞれ空気エンタルピおよび水温の変化

$$\therefore \frac{dh}{dt_w} = \frac{-Cp_w L}{G} \tag{3.57}$$

すなわち,このような交換の過程は $t-h$ 線図では勾配 $(-L/G)$ の直線で示される.この直線のことを操作線(operating line)とよぶ.例えば逆流式冷却塔内部の操作線は図 3.16 の AB 線のようになり,A 点は塔下部 (t_{w2}, h_1), B 点は塔上部 (t_{w1}, h_2) の水と空気の状態を示す.EM なる曲線は塔内の空気の状態変化を示す.

冷却塔は空気加湿の場合であるが,加熱塔のように逆流で減湿の場合は,水温に等しい飽和空気のエンタルピ h_w は常に空気のエンタルピより低くなくてはならず,操作線は $t-h$ 線図上で,飽和線より上になる.すなわち図 3.17 に示す③なる直線となる.エアワッシャのように熱的に平衡流と考えられる場合は操作線は図 3.17 の②または④のようになる.

次に空気状態の変化曲線 EM の求め方を示す.これは Mickley の考案した方法で

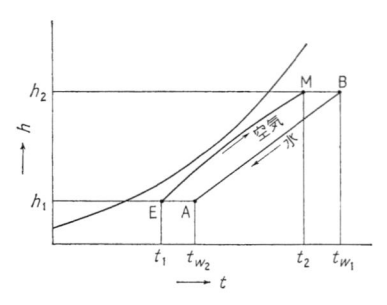

図 3.16　$t-h$ 線図上の冷却塔内の変化 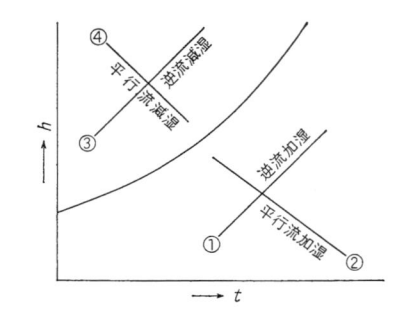　　　図 3.17　$t-h$ 線図上の各種変化

---

* 物質移動(mass transfer)ともいい,空気などのガス中に含まれる水蒸気などの物質が,水などの液体表面との間に吸収または発散される現象.

ある[3]．図3.18のようにまず入口出口の空気の状態点をそれぞれ E (t_1, h_1)，M (t_2, h_2) とする．A より任意の勾配で AP 線を引き PE を結ぶ．この AP 線をタイラインとよぶ．PE 線上に E に近く F 点を求め FJ なる水平線と AB との交点を J とする．J より AP 線に平行に JK を求め，KF を結ぶ．KF 上に H を求め，前と同じ方法で EF……M なる折線を求め，最後にこの折線が M と一致すれば，この折線は塔内の空気状態を示す線となる．M と一致しなければ AP の勾配を変えてやりなおし，M 点と一致するまで試みる．この方法の証明は文献4），p.115 などに出ている．

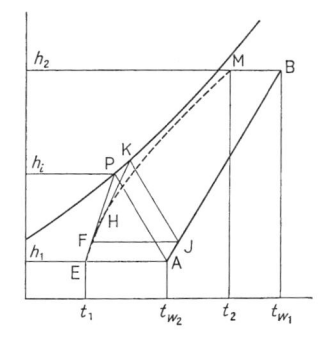

図 3.18 Mickley の方法

3.5 空気線図上での空調機の処理プロセス

本節では表3.8の各項目にわたりそれぞれの変化を空気線図によって説明する．

(A-1) 加湿と加熱（図3.19）

室内よりの返り空気②と外気①との混合空気③を，循環水を噴霧するエアワッシャ中に通せば，3.4.4に述べたように湿球温度一定の線上を変化して④となる．②より引いた SHF の勾配線と④よりの水平線の交点を⑤とする．

この場合3.4.4に述べたように $\overline{③④}/\overline{③④'}$ が加湿効率となる．これを加熱器にて

表 3.8

(A)加熱	(A-1)	加熱および加湿（循環水噴霧）
	(A-2)	加熱および加湿（温水噴霧）
	(A-3)	加熱・加湿 （蒸気または小量の水噴霧）
	(A-4)	予熱・加湿・再熱
	(A-5)	加熱・加湿
	(A-6)	予熱・加湿・再熱
(B)冷却	(B-1)	冷却のみ
	(B-1')	冷却減湿
	(B-2)	冷却減湿とバイパス
	(B-3)	減湿再熱
	(B-4)	減湿再熱
	(B-5)	外調機
(C)特殊方式	(C-1)	二重ダクト方式
	(C-1)	二重ダクト方式（共通ファン）
	(C-2)	誘引ユニット方式
(D)乾燥方式	(D-1)	温風乾燥
	(D-2)	冷凍機による乾燥
	(D-3)	吸収剤による乾燥

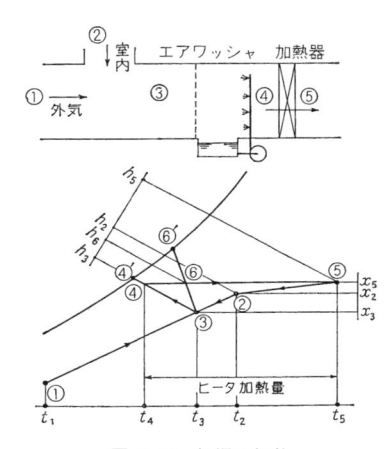

図 3.19 加湿と加熱

加熱して⑤の状態で室内に吹き込む．この際，加熱器の加熱量は，
$$q_H = G(h_5 - h_4) = G(h_5 - h_2) + G(h_2 - h_3)$$

$G(h_5 - h_2)$ は室負荷 $(q_S + q_L)$ に等しい．また全風量 G に対する外気量 G_0 の比率を k_0 とすれば，$G_0 = k_0 G$ なるゆえ，$(h_2 - h_3) = k_0(h_2 - h_1)$ となり，
$$G(h_2 - h_3) = k_0 G(h_2 - h_1) = G_0(h_2 - h_1)$$
$$\therefore \quad q_H = q_S + q_L + G_0(h_2 - h_1) \tag{3.58}$$

ここに，q_S, q_L：室内の顕熱および潜熱の負荷（W）
G：全風量（kg/h），G_0：外気量（kg/h）

すなわち加熱器の加熱量 q_H は室負荷 $(q_S + q_L)$ と外気負荷 $G_0(h_2 - h_1)$ の和となる．

(A-2) 加湿と加熱（温水を噴霧するとき）（図 3.19）

もし加熱した温水を多量に噴霧する場合は，3.4.6 に述べたように温水の出口温度を⑥′点に取れば，ワッシャ出口の空気は③⑥′上の点⑥となる．このとき，前と同様に，$\overline{③⑥}/\overline{③⑥'}$ なる比がワッシャの加湿効率 η_S となる．図より明らかなように $\overline{③④}/\overline{③④'}$ なる η_S は $\overline{③⑥}/\overline{③⑥'}$ なる η_S より大であるから η_S の小なるワッシャを用いる場合あるいは，x_5 なる絶対湿度が高い場合は温水を噴霧せねばならない．温水の加熱量 q_{SS} は，次式より求められる．
$$q_{SS} = G(h_6 - h_3) \tag{3.59}$$

したがって，この場合の加熱器の加熱量は $q_H' = G(h_5 - h_6)$ となり（A-1）の場合よりも減少する．

(A-3) 加熱・加湿（蒸気噴霧または小量の水噴霧）

現在最も多く用いられている加湿法であって，この場合は 3.4.7 に述べたように水分比 u に等しい勾配の線上を変化する．例えば，図 3.20 において混合空気③に 0.3 atg（29.4 kPa）の蒸気（エンタルピ $h_s = 2683$）をスプレすれば $u = 2683$ の線に平行に③④は変化し，④点で加熱器に入り吹出条件⑤まで加熱される．この④点は⑤より引いた水平線と③より引いた $u = 641$ の交点として求められる．

蒸気の加湿熱量 q_{SS} と加湿蒸気量 G_S（kg/h）は蒸気のエンタルピを h_S とすれば次式により求められる．

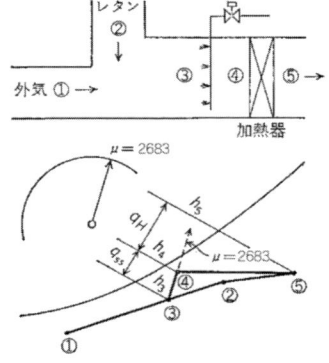

図 3.20 蒸気加湿と加熱

$$q_{SS} = G(h_4 - h_3) \tag{3.60}$$
$$G_S = q_{SS}/h_S = G(h_4 - h_3)/h_S \tag{3.61}$$

加熱器の加熱量は，
$$q_H = G(h_5 - h_4) \tag{3.62}$$

3.5 空気線図上での空調機の処理プロセス

よって全熱量は,
$$q_T = q_{SS} + q_H$$
$$= G(h_4 - h_3) + G(h_5 - h_4) = G(h_5 - h_3) \tag{3.63}$$

これは (A-1) と同様に,
$$q_T = q_S + q_L + G_0(h_2 - h_1) \tag{3.64}$$

となり全加熱量は室負荷と外気負荷の和となる．

(A-4) 予熱・加湿・再熱

(A-2) または (A-3) に述べた方法で外気温が著しく低温のときや，外気量の割合 k_0 が大きいときは，図 3.21 に示すように加湿器の出口空気の状態点④が，⑤からの水平線と飽和線の上で交わることがある．このような④の状態点は実現できないので，この場合は予熱を必要とする．

図 3.21 蒸気加湿後の状態が過飽和

すなわち図 3.22 のように加湿器の前で予熱し，④まで空気温度を上げた後，加湿器に入れる．この場合，⑤および④の状態点は次のようにして求める．

吹出口の状態点⑥より引いた水平線と相対湿度 90% の交点を⑤とし，⑤より t' 一定の線を引き，これと③よりの水平線の交点を④とする．

予熱器・再熱器およびこの合計の加熱量をそれぞれ q_{PH}, q_{RH}, q_T とすれば,

$$q_{PH} = G(h_4 - h_3) \tag{3.65}$$
$$q_{RH} = G(h_6 - h_5) \tag{3.66}$$

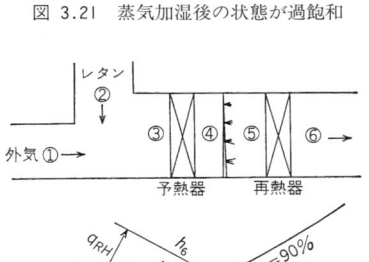

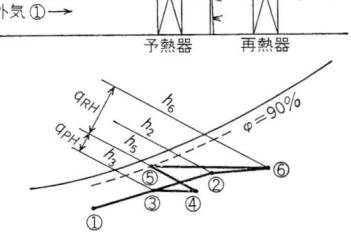

図 3.22 予熱・加熱・再熱

$$q_T = q_{PH} + q_{RH} = G(h_6 - h_3) \tag{3.67}$$
$$= G(h_6 - h_2) + G(h_2 - h_3) \tag{3.68}$$

(A-1) に述べたように，上式の 1 項は室負荷 ($q_S + q_L$)，2 項は外気負荷 $G_0(h_2 - h_1)$ に等しい．

$$\therefore \quad q_T = (室負荷) + (外気負荷) \tag{3.69}$$

(A-5) 加熱と加湿

上記の (A-4) の代案として，図 3.23 のように加湿器を加熱器の後に設ければ外気温が低温のときでも加湿が可能となる．この方法では加熱器が 1 台で済むため，(A-4) の代わりに多く用いられている．

この場合は (A-3) と同様に加湿熱量 q_{SS}，加湿用蒸気量 G_S，加熱器の加熱量 q_H は次式で求められる．

$$q_{SS} = G(h_5 - h_4) \tag{3.70}$$
$$G_S = G(h_5 - h_4)/h_S \tag{3.71}$$
$$q_H = G(h_4 - h_3) \tag{3.72}$$

よって全熱量は次に示すように室負荷と外気負荷の和となる.

$$\begin{aligned} q_T &= q_H + q_{SS} \\ &= G(h_4 - h_3) + G(h_5 - h_4) \\ &= G(h_5 - h_3) \\ &= (q_S + q_L) + G_0(h_2 - h_1) \end{aligned} \tag{3.73}$$

(A-6) 予熱・加湿・再熱 (図 3.24)

図 3.24 の場合は, 外気のみを予熱する場合である. ここでは③点の求め方を飽和効率 η_S を用いる方法で説明する.

②を通る垂直線上に図のように I および III 点を求める. 全風量を $G(\mathrm{kg/h})$, 外気量を $G_0(\mathrm{kg/h})$ とすれば $\overline{\mathrm{I}②}:\overline{②\mathrm{II}} = G:G_0$ に分割点 II を求める. 次に $\overline{\mathrm{II\,III}}:\overline{\mathrm{III\,IV}} = \eta_S:1-\eta_S$ であるような IV 点を求める. IV 点より水平線を引き⑤′を求め, これより湿球温度線に平行に $\overline{⑤'④}$ を引き, II を通る水平線との交点を④とする. ②④を結び, これと①を通る水平線の交点を③とすれば③は求まる.

予熱器の負荷 $q_{PH}(\mathrm{W})$ は外気量 $G_0(\mathrm{kg/h})$ が与えられているから,

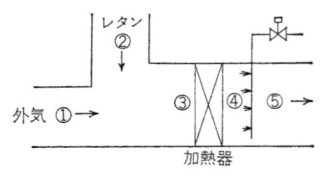

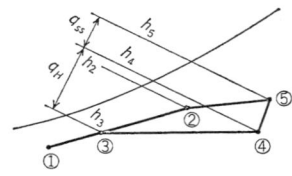

$$q_{PH} = G_0(h_3 - h_1) \fallingdotseq c_{pa} G_0(t_3 - t_1) \tag{3.74}$$

図 3.23 加熱後の加湿法

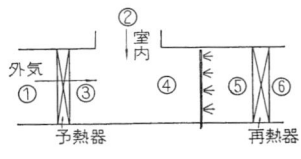

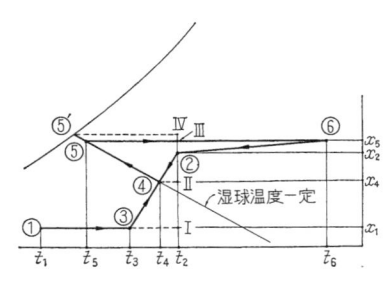

図 3.24 外気のみの予熱

再熱器の負荷 q_{RH} は,

$$q_{RH} = G(h_6 - h_5) \fallingdotseq c_{pa} G(h_6 - h_5) \tag{3.75}$$
$$= (q_S + q_L) + c_{pa} G_0(t_2 - t_1) - q_{PH} \tag{3.76}$$

∴ $q_T = q_{PH} + q_{RH} = ($室負荷$) + ($外気負荷$)$

(B-1) 冷却のみ (図 3.25)

①のような入口空気を冷却コイルに通すとき, 冷却コイルの表面温度 t_S が入口空気の露点温度 (t_1'') よりも高い場合は, 冷却のみ行われて減湿は行われない. すなわち出口空気②は①を通る水平線上にある. このとき, 空気の冷却量 q_C は,

$$q_C = G(h_1 - h_2) = c_{pa} G(t_1 - t_2)$$

また, $(t_1 - t_2)/(t_1 - t_1'')$ なる長さの比はそのコイルのコンタクトファクタ CF に等

3.5 空気線図上での空調機の処理プロセス

しい(3.4.5参照). すなわち②の位置は CF により定まることになる.

(B-1′) 冷却(減湿を伴うとき)(図3.25)

コイルの表面温度が入口空気の露点温度 t_1'' よりも低いときは, コイルを通過する空気は冷却と同時に減湿されて, 出口は③なる状態となる.

この場合コイルの表面温度が入口から出口に向かい次第に減少するので①③は曲線となり, 出口に近い空気温度は3.4.5(1)に述べたように, $\varphi_R=$ 一定の線上になり, 出口状態は③となる. このときコイルの全冷却量は式(3.23)のように,

$$q_C \fallingdotseq G(h_1-h_3) = G c_p (t_1-t_3) + \gamma \cdot G(x_1-x_3) \tag{3.77}$$

コイルの減湿量は,

$$L = G(x_1-x_3)$$

また前述のように,

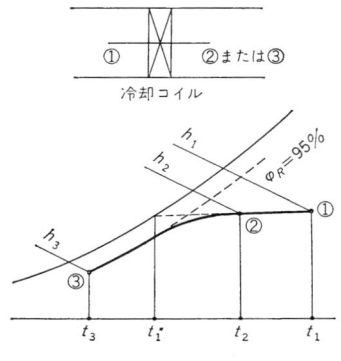

$$q_C = (室負荷) + (外気負荷)$$

図 3.25 冷却コイル内変化

(B-2) 混合・バイパス・冷却(図3.26)

この場合は, 全風量 G (kg/h) は次式により求められる.

$$G = \frac{q_S}{c_{pa}(t_2-t_5)} = \frac{q_S - q_L}{h_2 - h_5} \tag{3.78}$$

外気風量比を k_D, バイパス風量比を k_B とすれば, 冷却コイルの冷却負荷 q_C は,

$$q_C = G(1-k_B)(h_3-h_4) \tag{3.79}$$

$$h_4 = \frac{h_5 - h_2 k_B}{1-k_B} \tag{3.80}$$

$h_3 = \dfrac{(1-k_B-k_O) h_2 + k_F h_1}{1-k_B}$ を代入して,

$$q_C = G(h_2-h_O) + k_F G(h_1-h_2)$$
$$= (q_S+q_L) + GF(h_1-h_2) \tag{3.81}$$

となり, 外気負荷と室内取得熱量の和となる.

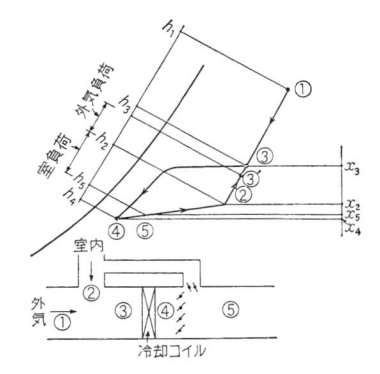

図 3.26 バイパスと冷却

図上で求めるには ②③′/②① $= k_F/1$ なる点③′ を求め,

$$q_T = G(h_3' - h_5)$$

より求められる.

(B-3) 混合・冷却・再熱(図3.27)

3.6.2 または 3.6.3 に後述するように計算風量より大きい風量を用いる場合や, 室

内の潜熱負荷がきわめて大きい場合は，冷却コイルの出口空気を再熱する必要がある．

すなわち①②の混合空気③を吹出口空気の絶対湿度 x_4 の点まで冷却減湿し，さらに t_5 まで加熱する．必要風量は図3.26と同様に次式より求められる．

$$G = \frac{q_S}{c_{pa}(t_2 - t_5)}$$

冷却コイルの冷却負荷 q_C は（B-2）の場合より再熱量だけ増加する．すなわち，

$$\begin{aligned} q_C &= G(h_3 - h_4) = G(h_3 - h_2) \\ &\quad + G(h_2 - h_5) + G(h_5 - h_4) \\ &= （外気負荷）＋（室負荷）＋（再熱量） \end{aligned}$$

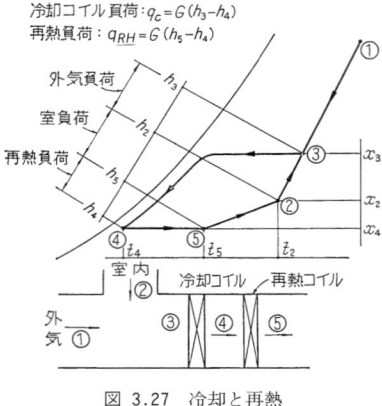

(3.82)

図 3.27 冷却と再熱

再熱量は，梅雨時のように室内の取得顕熱量 q_S が小で取得潜熱量 q_L が大きい場合に大きくなるから，再熱器の設計はこのときの条件によって行う．

冷却コイルの出口空気が $\varphi_R = 95\%$ になるため④の条件は，⑤より引いた水平線と $\varphi_R = 95\%$ の線の交点から求めることができる．（例題3.10参照）

再熱方法としてはボイラよりの蒸気または温水をヒータに通す方法のほかに，
 (イ)　コンデンサよりの排水を通す方法
 (ロ)　冷凍機よりホットガスを用いる方法
などがある．

(B-4)　予冷・混合・冷却（図3.28）

井水を冷凍機のコンデンサ用水に用いる場合，コンデンサに用いる前に，外気を予冷した方が経済的である．

すなわち①なる外気は予冷されて③となり，これを室内空気②と混合して④となり，冷却コイルで⑤まで冷却するのである．このときの冷却コイルの冷却負荷 q_C は（B-2）に比較して予冷しただけ減少する．

すなわち，

$$\begin{aligned} q_C &= G(h_4 - h_5) \\ &= G(h_4 - h_2) + G(h_2 - h_5) \\ &= G_0(h_3 - h_2) + G(h_2 - h_5) \\ &= G_0(h_1 - h_2) - G_0(h_1 - h_3) \\ &\quad + G(h_2 - h_5) \end{aligned}$$

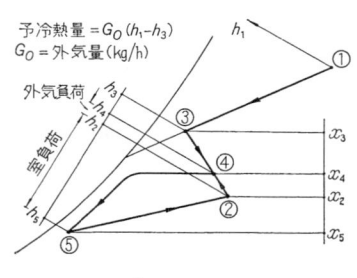

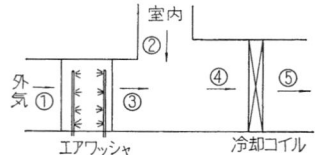

図 3.28　予冷・混合・冷却

3.5 空気線図上での空調機の処理プロセス

$$= (外気負荷) + (室負荷) - (予冷熱量) \quad (3.83)$$

予冷には本法のように外気のみ予冷する方法以外に全風量を予冷する方法があるが, 後者は装置が大きいため設備費が大となるので前者の方法が多く用いられている.

冬期用にはこの予冷用エアワッシャに井水または温水を循環噴霧して加湿・加熱することもでき, また図 3.24 に示したように井水（冬期の地下水温＝14～16℃）を予熱コイルに通して予熱用に用いることができる.

(B-5) 外調機＋端末空調機組合せ方式

図 3.29 は 1 次外調機と分散配置した小型空調機を組み合わせたシステムを示す. 外調機が室と外気の潜熱負荷をすべて処理し, 未処理の顕熱負荷を各ゾーンの空調機が受け持つ.

図 3.30 に処理プロセスを示す. 外調機には全熱交換器が設けられており, 全熱交換器が外気を O から O' まで排気からの熱回収により処理する.

外気負荷は q_O'

$$q_O' = (1 - \eta_O) \cdot G_O (h_O - h_R) \quad (3.84)$$

$$= G_O (h_O' - h_R) \quad (3.84)'$$

ここに, h_O ：外気のエンタルピ
h_O' ：全熱交換器で処理された外気のエンタルピ
h_R ：室内のエンタルピ
G_O ：外気量

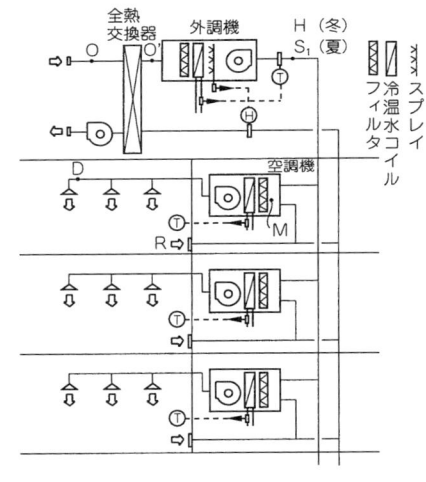

図 3.29 外調機を用いる空調方式[5]

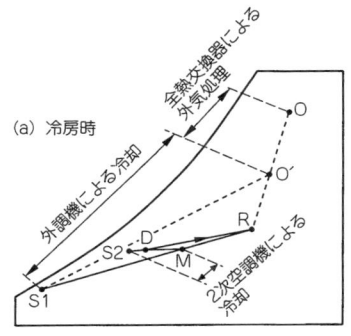

O 外気
O'：全熱交換器出口
S1：外調機送風空気（送風機出口）
R：室内空気
M：混合空気
S：送風空気（送風機入口）
D：室内吹出し空気
H：外調機加熱コイル出口

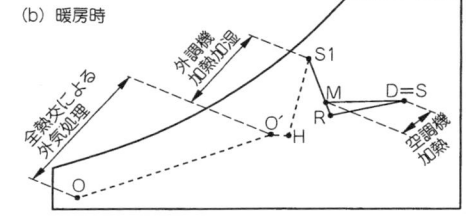

(a) 冷房時　(b) 暖房時

図 3.30 外調機を用いる方式の処理プロセス[5]

η_O ：全熱交換器の効率

O′からS_1までを外調機の冷却コイルが処理する．S_1が2次空調機への外気供給条件として制御される．潜熱負荷をすべて外調機で処理するためには，外気送風空気の出口湿度条件 x_{S1} は，

$$x_{S1} = x_R - L/G$$
$$\fallingdotseq x_R - q_L/(\gamma_0 \cdot \rho_a G) \tag{3.85}$$

ここに，x_R：室の絶対湿度
　　　　q_L：室の潜熱負荷
　　　　G：風量
　　　　L：室内除湿負荷（水量換算）

なお相対湿度は85％とすると，x_{S1}と相対湿度85％との交点が外調機の送風空気条件となる．外調機の冷却負荷 q_PC は，

$$q_\mathrm{PC} = G_0(h_{0'} - h_{S1}) \tag{3.86}$$

この中には，室の顕熱負荷も含まれる．

2次空調機では，外調機から供給される処理した外気条件S_1を受けて，これと室内からの還気Rを混合したMが冷却コイルの入口条件であり，ここからSまでを冷却する．MからSまでは除湿を伴わない冷却となる．ファンおよびダクトからの熱取得によりDで吹き出す．

空調機の冷却負荷 q_C は，

$$q_\mathrm{C} = G(h_M - h_S) \tag{3.87}$$

暖房時は，全潜熱負荷を処理できる外調機出口空気条件を設定し，残りの加熱負荷を各空調機が分担する．

(C-I)　**二重ダクト方式**（図3.31）

4.4.3にて述べるように一方のダクトを冷風系統，一方を温風系統として吹出口の直前で両者の空気を混合し吹き出す．

この場合は冷風系統にはコイル出口空気④を通し，温風系統は④を再熱器にて⑤まで加熱してこれを通す．したがって，冷風系統と温風系統の混合空気はそれらの混合比に応じて⑥となる．すなわち，混合比を変えれば点⑥は④⑤の線上を移動する．

必要風量Gは式（3.4）より求められ，コイルの冷却負荷は（B-3）と同様に次式より求められる．

$$q_T = G(h_3 - h_4)$$
$$= G(h_3 - h_2) + G(h_2 - h_6)$$

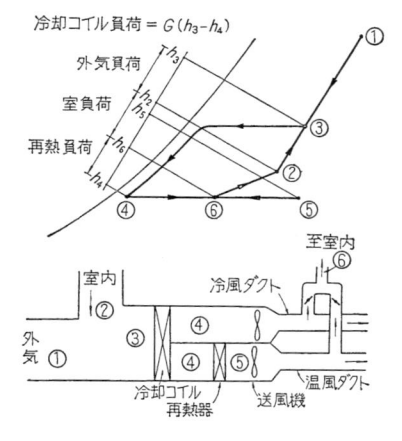

図 3.31　二重ダクト

3.5 空気線図上での空調機の処理プロセス

$$+ G(h_6 - h_4)$$
$$= (外気負荷) + (室負荷) + (再熱負荷) \tag{3.88}$$

また次に示すように冷風系統は冷却器を通し，温風系統は冷却器を通さず加熱器のみを通す場合もある．この場合には夏季において高温多湿の外気をそのまま導入すると，これが温風系統では調和されずに室内に入るから，室内の湿度を十分に低く保ちにくい欠点がある．したがってこのような場合は必ず外気のみは予冷してのち各系統の空調機に導入せねばならない．

(C-2) 二重ダクト方式（共通ファンの場合）（図 3.32）
わが国で実現されている二重ダクト方式のほとんどの例が図 3.32 に示すように 1 台のファンを用い，ファン出口に冷却コイルと加熱コイルを設ける方式を採用している．この際，冷風，温風の量をそれぞれ G_C, G_W, 予冷コイル，冷却コイルおよび加熱コイルの負荷をそれぞれ q_{PC}, q_C, q_H とすれば，空調機回りのエネルギ平衡から，

$$q_C + q_{PC} = q_S + q_L + q_O + q_H \tag{3.89}$$

ここに，q_S, q_L, q_O：それぞれ室内の取得顕熱，潜熱および外気負荷，すなわち (B-4) の場合に比べて q_H だけ増える．q_H は 4.4.3 に述べる混合損失（mixing loss）といわれるもので (B-3) の再熱負荷に相当する．

ただし，
$$q_C = G_C(h_4 - h_5)$$
$$q_H = G_W(h_6 - h_4)$$
$$q_{PC} = G_O(h_1 - h_2)$$

冬の場合は予冷コイルに温水を通して予熱コイルとし，②点まで加熱し，これと③の混合空気④を加湿して④′とする．加熱コイルで G_W の分は⑥まで加熱し，冷風は④の空気をそのまま用いる．この場合は吹出空気は④′と⑥の混合空気⑦となる．④′点の求め方は (A-4) と同じ方法で行う．この場合は，加湿の熱量を q_{SS} とすれば，

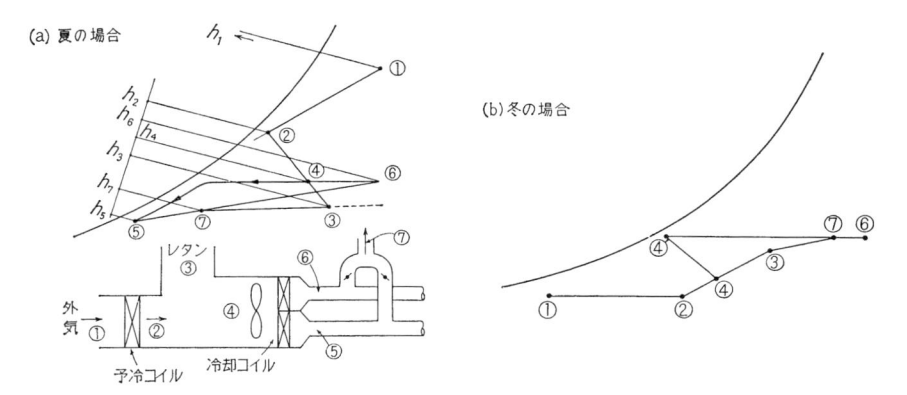

図 3.32 二重ダクト（共通ファン方式）

$$q_S+q_L+q_O=|q_{PH}+q_H+q_{SS}| \qquad (3.90)$$

となり，混合損失はない．しかし冷却コイルを運転して h_4' のエンタルピを下げる場合は左辺に冷却コイルの熱量 q_C が加わり，その分だけボイラ負荷は増える． q_C は混合損失になる．

(C-3) 誘引ユニット方式（図3.33）

誘引ユニット方式にあっては，中央冷却コイルにおいて冷却減湿された外気③と室内ユニットの冷却コイルによる冷却された二次空気④との混合空気⑤が室内に吹き出される．すなわち，室内の冷房負荷に応じて室内ユニットのコイルの水量を加減し④点を移動できるから，吹出空気⑤の状態を変化させることができる．

この場合，

G ：吹出空気量（kg/h）
G_0 ：外気量（kg/h）
$k_0=G_0/G$

とすれば，

$$h_5=k_0 \cdot h_3+(1-k_0)h_4 \qquad (3.91)$$
$$q_S+q_L=G(h_2-h_5) \qquad (3.92)$$
$$G_0=k_0 \cdot G$$

図 3.33 誘引ユニット方式

室内コイルと中央冷却コイルの冷却負荷の合計は，

$$q_T=(1-k_0)G(h_2-h_4)+k_0G(h_1-h_3) \qquad (3.93)$$

この式の変化より，

$$q_T=G(h_2-h_5)+k_0G(h_1-h_2)=（室負荷）+（外気負荷） \qquad (3.94)$$

(D-1) 温風乾燥装置（図3.34）

図3.34のようにして乾燥室内の湿度 x_2 より低い湿度 x_1(kg/kg) を有する外気を混合して，これを加熱して④とし室内に吹き込む．このときの必要風量 G(kg/h) は次式より求められる．

$$G=\frac{L}{x_2-x_4} \qquad (3.95)$$

ここに，L：室内よりの除湿量（kg/h）
必要風量 G がわかれば，吹出口の空気温度は，

$$t_4=t_2+\frac{q_S}{c_{pa} \cdot G}$$

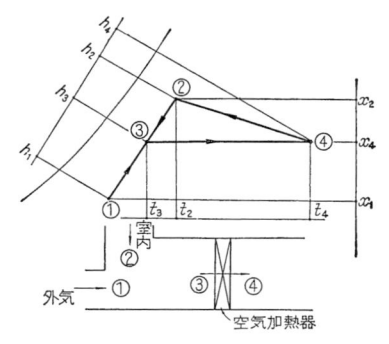

図 3.34 温風乾燥装置

ここに，q_S：乾燥室よりの熱損失（W）
このとき加熱器の加熱量 q_H は，

$$q_H = G(h_4 - h_3)$$
$$= G(h_4 - h_2) + G(h_2 - h_3)$$
$$= q_S - r_L L + G_0(h_2 - h_1) \quad (3.96)$$

ただし，
r ：水の蒸発潜熱
G_0：外気量

(D-2) 冷凍機を使用する乾燥装置

前述の（B-3）と同じ方法にて冷却コイルと再熱器を用いて行う．すなわち，前述の図 3.27 において，

$$G = \frac{L}{x_2 - x_5} \quad (3.97)$$

より風量 G(kg/h) を求める．L は除湿量（kg/h）．
この G より次式にて t_5 を求める．

$$t_5 = t_2 - \frac{q_S}{c_{pa} \cdot G} \quad (3.98)$$

ここに，q_S：室負荷の顕熱（W）

(D-3) 化学的吸湿剤による減湿法（図 3.35）

シリカゲルのような固体吸湿剤の間に空気を通過させると，空気中の水分は吸収されると同時に凝縮潜熱により空気の温度は上昇する．その結果エンタルピの変化はなく，湿球温度一定の線上に変化する．塩化リチウム（LiCl）のような液体吸湿剤を用いる場合の解法は 7.8.2 参照．

実際の装置にあっては，室内空気②と外気①との混合③を化学的吸湿剤の内部を通して④の点まで減湿する．もし室内が熱損失のある場合は，このままで吹き出すか，あるいは再熱して吹き出す．夏季においては顕熱取得 q_S がある

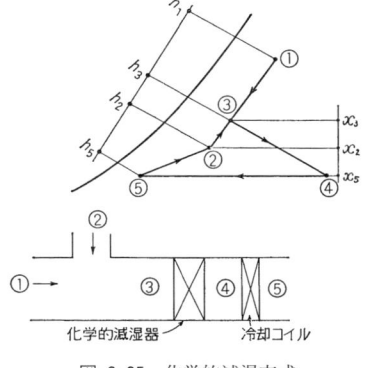

図 3.35 化学的減湿方式

ので，図のように⑤まで冷却してこれを吹き出すのである．前と同様に風量 G および吹出温度 t_5 は次式より求められる．

$$G = \frac{L}{x_2 - x_5}$$

$$h_5 = h_2 - \frac{q_S + q_L}{G}$$

冷却コイルの冷却負荷 q_C は，

$$q_C = G(h_4 - h_5) = q_S + r_L + G_0(h_1 - h_2) \tag{3.99}$$

上式の前の 2 項はそれぞれ室負荷の顕熱と潜熱であり，第 3 項は外気負荷となる．

3.6 空気線図による空気調和計算法

3.6.1 一般の場合

（1） 単一ダクト方式においては例題 3.7 に示すように各ゾーンごとの室負荷の最大値（ピークロード）の q_S, q_L を求め，q_S のみ 1.15 倍して q_S' とし，q_S' を用いて 3.1.1(2) に述べた方法で $(t_R - t_D)$ を求め式 (3.4) より風量 G を計算する．

暖房時には冷房時と同じ風量 G を用いて吹出温度 t_D を決定し，例題 3.8 のように加熱熱源の負荷 q_H を計算する．

（2） 暖房のみの場合は $(t_D - t_R)$ を最初に決めて G を計算する．このときの $(t_D - t_R)$ の値は加熱コイルを用いるとき 10～20℃，温気炉の場合は 30～40℃ とする．

（3） 空調時の標準風量（空調室の床面積当たり）は表 3.3 に示す．

大規模の事務所建築にあっては外周（ペリメータ）と内部（インテリア）を別系統にすることが多い．

表 3.3 の風量は普通のコンクリート構造で室内照明も 400 ルックス前後の従来のごくありふれた場合について示してあるが，今後はガラス面積や室内照度の増大に伴って風量が増大する傾向が見られる．

3.6.2 計算風量より大きい風量を用いる場合

（1） 次のような場合は熱負荷による計算風量に関係なく，これより大きい風量を用いる．

（a） 劇場・公会堂などの客席に対しては地方条例でその送風量が規制されている．東京都その他の府県で客席床面積当たり 75 (m³/m²h) を採用している場合が多い．

（b） 病院の手術室などの清浄区域あるいは工場のクリーンルームなどにあっては，室内空気清浄の目的で大風量を用いる．

（c） 事務所建築などのビル建築において北側は冷房時の室負荷が少ないため計算風量が過小になり，暖房時に上下の温度分布が大きくなり暖房効果が不十分になりやすい．このような場合は冷房計算値のいかんにかかわらず，風量を床面積当たり 10 (m³/m²h) 以上に上げることが望ましい．

（d） 同様にビル建築の内部ゾーンにおいて 30 W/m² 程度の照明負荷では，風量が床面積当たり 12 (m³/m²h) 程度になることが多いが，この値では天井付吹出口（アネモ形などの ceiling diffuser）を用いる場合，居住域の微風速が過小になり，空気が停滞している（stagnant）感じを受けやすい．これを解決するため高級ビル

では送風量を 20(m³/m²h) 前後に上げている場合が多い.

（2） 上記のように計算値より大きい風量を用いる場合は吹出温度差が小さくなり，室内サーモスタットにより冷却コイルの水量は制御されて，コイル出口空気は図 3.36 の④点の代わりに④′点となる．ここに④点は計算風量におけるコイルの出口空気．そのため室内の SHF' が代わらないときは吹出空気は④②に平行な④′②′に変化し，室内条件は②′となり設定湿度より高い φ_R となる．しかしこの程度の湿度の上昇は，一般ビルや劇場などではあまり問題とならないが，湿度の維持を厳重に要求される室では次の方法を必要とする．

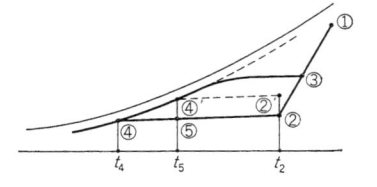

図 3.36 室内負荷が小さいとき

（a） 前述したプロセス（B-2）の方法により一応④まで冷却し，室内空気（②点）をバイパスして④点と混合し⑤点とする．

（b） あるいはプロセス（B-3）の方法によりコイル出口の空気を再熱して⑤点とする．この方法は例題 3.10 に示す．

3.6.3 再熱を必要とする場合

乾燥室のように室の潜熱負荷 q_L がきわめて大きい場合は SHF' がきわめて小さくなって，SHF' 一定の線の勾配が大きくなり，この線と $\varphi_R = 95\%$ の線が交わらない場合が起こる．この場合は図 3.37 に示すように，SHF' 一定の線上に $1.15\Delta t_D$ の点⑤を求め，⑤より引いた水平線と $\varphi_R = 95\%$ の線の交点を④とする．ここに Δt_D は表 3.2 または吹出口のカタログを参照して求めた許容吹出温度差である．この場合，再熱負荷 q_{RH} は次のようになる．

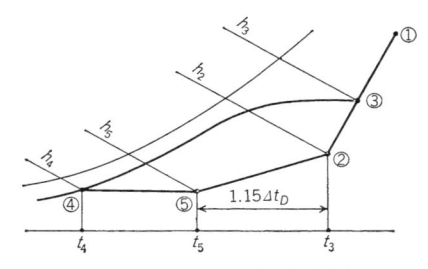

図 3.37 再熱を必要とする場合

$$q_{RH} = G(h_5 - h_4)$$

3.6.4 小風量を用いる場合

きわめて負荷が大きいゾーンに対してダクトスペースなどの関係で，風量を小さくしたいときがある．このときは室内の湿度 φ_R を 40〜45% に下げれば $(t_R - t_D)$ を大きくして風量を減らすことができる．しかしこの場合，室内外の絶対湿度差 $(x_O - x_R)$ が増えて外気負荷が増大し，コイル負荷 q_C は大きくなる．

3.6.5 負荷の小さい場合

以上の計算はピーク負荷によるもので平常の負荷はピーク負荷よりも低い．この条

件をオフピークという．オフピークのときにあっては室内サーモスタットの作用により，定風量式においては 3.6.2(2) に述べたことと同じ理由で，室内の φ_R は設定値よりも高くなる．変風量式，二重ダクトなどにおいても設定値から外れる[6]．

3.6.6 計 算 例 題

【例題 3.7】 事務所建築の中間階の1階分の内部ゾーン（床面積 $634\,\mathrm{m}^2$）のピーク負荷が表 3.9 で与えられたとする．このゾーンの夏期の空調計算を行う．室内空気は $26\,^\circ\mathrm{C}$，$50\,\%$ とする．

【解】 外気条件はピーク時の7月23日16時をとり表 3.10 とする．次にファンからの熱取得 (q_F) の室内取得顕熱に対する割合を $15\,\%$ として室負荷 q_R を含めた熱量 q_S' は，

$$q_S' = 1.15 \times 41\,900 = 48\,200$$

$$\therefore\ SHF' = q_S'/(q_S' + q_L) = 41\,400/(41\,400 + 8\,100) = 0.836$$

室内の状態点②より $SHF' = 0.836$ の線を引き，これと $\varphi_R = 95\,\%$ の交点を④とすれば $t_4 = 14.1\,^\circ\mathrm{C}$，$h_4 = 38.3\,(\mathrm{kJ/kg})$ となる．式 (3.4) の $t_R = 26\,^\circ\mathrm{C}$，$t_D = 14.1\,^\circ\mathrm{C}$ とし，q_S' に 41 400 を代入して，風量 G を求める．

$$G = \frac{48\,200}{0.28 \times (26 - 14.1)} = 14\,500\,\mathrm{kg/h}$$

ファンからの熱取得を除いた室負荷に対する吹出温度差 Δt_D は，

$$\Delta t_D = (26 - 14.1)/1.15 = 10.34\,^\circ\mathrm{C}$$

円形アネモ吹出口を用い，天井高 $2.7\,\mathrm{m}$ のときは表 3.2 より，Δt_D の許容値は約 $16\,^\circ\mathrm{C}$ となり，本例ではこれ以下であるため差し支えない．

図 3.38 の④′点が吹出口の状態点で④④′の長さ $\Delta t_F = 1.55\,^\circ\mathrm{C}$ がファンによる再熱となる．

次に床面積当たりの外気量 Q_{OA}/A_f は表 3.4 を参照して $5\,\mathrm{m}^3/\mathrm{m}^2\mathrm{h}$ とすれば，$A_f = 634\,\mathrm{m}^2$ であるから，

$$Q_O = 5 \times 634 = 3\,170\,\mathrm{m}^3/\mathrm{h}$$

$$G_O = 1.2 \times 3\,170 = 3\,800\,\mathrm{kg/h}$$

表 3.9 ピーク負荷

	q_S (W)	q_L (W)
室負荷　冷房（7月23日16時）	41 900	9 420
暖房（冬期8時）	29 100	5 810

表 3.10 室内外の設計空気条件

	t (℃)	φ (%)	t' (℃)	t'' (℃)	x (g/kg)	h (kJ/kg)
屋外（7月23日16時）	31.7	66	26.4	24.6	19.6	82.0
室内	26.0	26.0	18.7	14.7	10.5	53.0

3.6 空気線図による空気調和計算法

$k_O = G_{OA}/G = 3\,800/14\,500 = 0.262$

よって混合点③のエンタルピは式 (3.49) より，

$h_3 = k_O h_1 + (1 - k_O) h_2$
$= 0.262 \times 82.0 + 0.738 \times 53.0$
$= 60.6 \,(\text{kJ/kg})$

すなわち，冷却コイルの負荷 q_C は，

$q_C = 0.278\, G(h_3 - h_4)$
$= 0.278 \times 14\,500 \times (60.6 - 38.3)$
$= 89\,900 \,(\text{W})$

また，冷却コイルの減湿量は，

$L = G(x_3 - x_4) = 14\,500(12.8 - 9.5) = 48\,000 \,\text{g/h} = 48 \,\text{kg/h}$

一方，外気負荷は，

$q_O = 0.278\, G_O (h_1 - h_2) = 0.278 \times 3\,800 \times (82.0 - 53.0) = 30\,600$

∴ $q_S' + q_L + q_O = 48\,200 + 9\,420 + 30\,600 = 88\,220 \,(\text{W})$

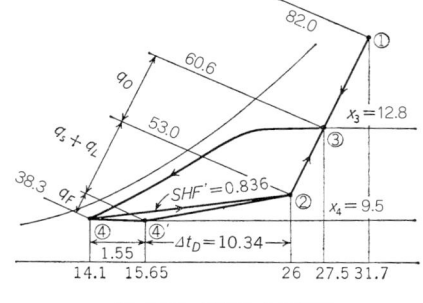

図 3.38 例題 3.7 の解法

上に求めた q_C に対し -1.8% の誤差となる．この誤差が 3% を超えるときは途中の計算に誤りがあるので修正する．

ここで注意すべきことは，この検算によってチェックできるのは（イ）SHF' から求めた②④線の勾配，（ロ）混合点③の条件 (t_3, h_3)，（ハ）吹出状態④の条件 (t_4, h_4) であり，①点，②点の条件 h_1，h_2 の読み違い，あるいはプロットの違いがあっても検算ではチェックできない．

【例題 3.8】 上に示した例題 3.7 の冬季の空調計算を行う．加湿は蒸気噴霧とする．

【解】 安全側を考え室内の熱取得は無視する．室内外の条件は，朝 8 時の条件を取る．

$SHF = 29\,100/(29\,100 + 5\,810) = 0.833$

風量には冷房用の 14 500 kg/h を用い，吹出温度は式 (3.20) により，

$t_D = t_R + q_S/(0.28\,G) = 20 + 29\,100/(0.28 \times 14\,500) = 27.2\,°\text{C}$

室内条件②より $SHF = 0.833$ の線を引き，この上に $t_d = 27.2\,°\text{C}$ を取り，吹出空気の状態点⑤ $(t_5 = 27.2, h_5 = 47.3)$ を求める．

外気量は夏と同じ 3 800 kg/h を用い，$k_O = 0.262$ であるから，混合点のエンタルピは，

$h_3 = 0.262 \times 3.85 + (1 - 0.262) \times 38.6 = 29.5 \,(\text{kJ/kg})$

加湿には 30.4 kPa の飽和蒸気 $(h_S = 2683 \,\text{kJ/kg})$ をスプレイする．③④の勾配は $u = 2\,683$ となる．すなわち④点は③より引いた $u = 2683$ の線と，⑤よりの水平線の

表 3.11

	t (°C)	ϕ (%)	x (g/kg)	h (kJ/kg')
屋 外	0.0	40	1.50	3.9
室 内	20.0	50	7.25	38.6

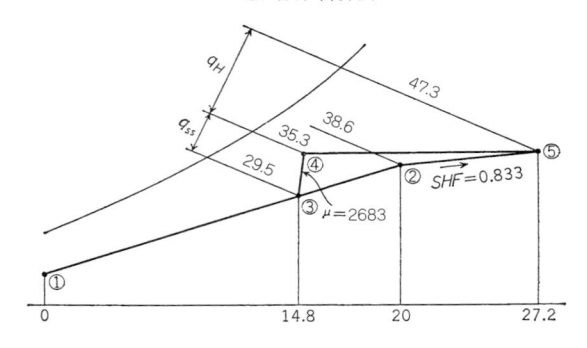

図 3.39 例題 3.8 の解法

交点として求められる．このとき，加湿の熱量 q_{SS} は，
$$q_{SS}=0.278\times G(h_4-h_3)=0.278\times 14\,500(35.3-29.5)=23\,400\,(\text{W})$$
加湿用蒸気量：$G_S=q_{SS}/h_S=23\,400/2\,683=8.72\,\text{g/s}=31.4\,\text{kg/h}$

加熱器の加熱量は，
$$q_H=0.278\times G(h_5-h_4)=0.278\times 14\,500(47.3-35.3)=48\,400\,(\text{W})$$
$$\therefore \quad q_T=q_H+q_{SS}=48\,400+23\,400=71\,800\,(\text{W})$$

外気負荷： $q_O=0.278\times 3\,800(38.6-3.8)=36\,700$

$$q_S+q_L+q_O=29\,100+5\,810+36\,700=71\,610\,(\text{W})$$

となり上記の q_T との差は -0.8% となる．

【例題 3.9】 上の暖房の例題 3.8 で外気量のみが 10 000 kg/h となり，他の条件はまったく同じ場合どうなるか．

【解】 図の点①，②，⑤の条件は例題 3.8 と同じであり，混合点③のみ異なる．すなわち $G=14\,500$ なるゆえ，

$$k_O=10\,000/14\,500=0.690$$
$$\therefore \quad h_3=0.690\times 3.9+0.310\times 38.6=14.7$$

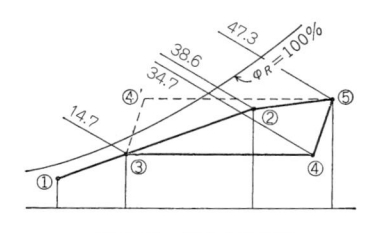

図 3.40 例題 3.9 の解

例題 3.8 と同じように③点を蒸気加湿して④′とし，これを加熱して⑤点とするプロセスは，④′点が点線のように飽和線より外に出るので，実行不可能である．この場合は (A-5) に述べた加熱の後に加湿する方法を取る．すなわち③点より引いた水平線と⑤点より引いた $u=2\,683$ の線の交点を④とする．

加熱量 $q_H=0.278\,G(h_4-h_3)=0.278\times 14\,500(34.7-14.7)=80\,620$

加湿熱量 $q_{SS}=0.278\times G(h_5-h_4)=0.278\times 14\,500(47.3-34.7)=50\,790$

$$\therefore \quad q_T=q_H+q_{SS}=80\,620+50\,790=131\,410$$

$$q_O=0.278\,G_O(h_2-h_1)=0.278\times 10\,000(38.6-3.9)=96\,500$$

$$\therefore \quad q_S + q_L + q_O = 29\,100 + 5\,810 + 96\,500 = 131\,410$$

ゆえに誤差-0.3%となる．

【例題 3.10】 東京に建てられる1500人収容の音楽ホールの客席（床面積700m^2）の空調計算を行う．夏冬の室内，外気条件は例題3.7，例題3.8と同じとし，室負荷のピーク負荷は表3.12のとおりとする．

表 3.12

	q_S(W)	q_L(W)
冷房（7月23日16時）	187 000	93 000
暖房	93 000	5 800

【解】 都条例により送風量は床面積当たり75m^3/m^{2}h以上，このうち外気量は25m^3/m^{2}h以上に規制されている．

$$\therefore \quad Q = 75 \times 700 = 52\,500 \text{ m}^3/\text{h}$$
$$G = 1.2 \times 52\,500 = 63\,000 \text{ kg/h}$$
$$G_O = 1.2 \times 25 \times 700 = 21\,000 \text{ kg/h}$$
$$k_O = G_O/G = 21\,000/63\,000$$
$$= 0.333$$

冷房時の吹出温度は，
$$t_D = 26 - 18\,700/(0.28 \times 63\,000)$$
$$= 15.4\text{°C}$$

この場合はq_S'に再熱量，ファンからの熱取得が入り，前者が不明のため次の方法でコイル出口④を求める．まず室のq_S，q_LよりSHFを求める．
$$SHF = 187\,000/(187\,000 + 93\,000) = 0.668$$

②点より引いた$SHF=0.668$の線上に$t_5=15.4$°Cなる⑤点を求めれば，これが吹出口の状態点である．

⑤より引いた水平線と$\varphi_R = 95\%$の交点を④とする．またファンからの熱取得による温度上昇は，
$$\Delta t_F = (0.15 \times 187\,000)/(0.28 \times 63\,000) = 1.6\text{°C}$$

よって$t_6 = 15.4 - 1.6 = 13.8$°Cが再熱器出口温度となり，再熱量q_{RH}は，
$$q_{RH} = 0.278\,G(h_6 - h_4) = 0.278 \times 63\,000(35.0 - 33.1) = 33\,000$$

冷却コイルの負荷q_Cは，
$$q_C = G(h_3 - h_4) = 63\,000(62.6 - 33.1) = 516\,700$$

外気負荷$q_O = 0.278 \times 21\,000(82.0 - 53.0) = 169\,300$

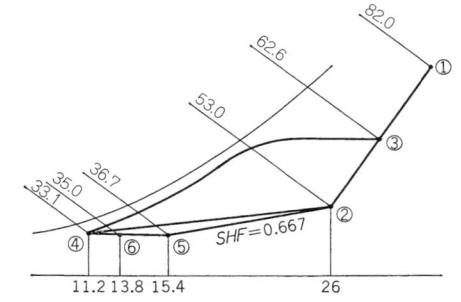

図 3.41 再熱を必要とする場合

$$\therefore\quad q_S' + q_L + q_{RH} = 215\,000 + 93\,000 + 169\,300 + 33\,300 = 510\,600$$

よって誤差は-1.1%となる．

ここに④②の勾配は再熱負荷，ファンからの熱取得を入れたSHF'の勾配に等しい．

$$SHF' = (187\,000 \times 1.15 + 33\,300)/(187\,000 \times 1.15 + 33\,300 + 93\,000)$$
$$= 0.728$$

【例題 3.11】 上の客席の冬の計算を行う．

【解】 $SHF = 93\,000/(93\,000 + 5\,800) = 0.941$

$$t_D = t_R + q_S/(0.28 G) = 20 + 93\,000/(0.28 \times 63\,000) = 25.3℃$$

例題3.8とまったく同じ方法で⑤，④，③点を求める．

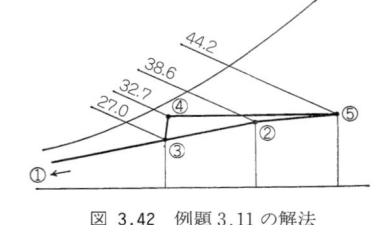

加湿熱量
$$q_{SS} = 0.278 \times 63\,000(32.7 - 27.0) = 99\,800$$

加熱器の加熱量
$$q_H = 0.278 \times 630\,00(44.2 - 32.7) = 201\,400$$

$$\therefore\quad q_{SS} + q_H = 301\,200\,(W)$$

外気負荷 $q_O = 0.278 \times 21\,000(38.6 - 3.9) = 203\,000$

$$\therefore\quad q_S + q_L + q_O = 93\,000 + 5\,800 + 203\,000$$
$$= 301\,800$$

よって誤差は-0.2%となる．

図 3.42 例題 3.11 の解法

付録 装置の蓄熱負荷 $q_{SA}(W)$

$$q_{SA} = C_W \frac{t_{W1} - t_{W2}}{\varDelta\tau} + C_A \frac{t_{A1} - t_{A2}}{\varDelta\tau} \tag{3.100}$$

ここに，C_W ：配管・ボイラ・冷凍機などの熱容量（kJ/℃）

C_A ：空気系統（ダクト，空調機など）の熱容量（kJ/℃）

t_{W1}, t_{A1} ：運転開始時の装置内の水温およびダクト内の空気温度（℃）

t_{W2}, t_{A2} ：定常運転に入った後の装置内水温およびダクト内空気温度の平均（℃）

表 3.13 予熱予冷開始時の配管内水温 t_{W1}（℃）（尾島俊雄）[7]
（　）は予熱時を示す

運転停止時間	配管平均径 A			
	100	150	200	250
16 時間	$t_{W1}=$27.0(21.6)	25.8(24.8)	22.4(28.4)	20.4(31.4)
14 時間	18.7(22.0)	16.0(26.0)	13.4(30.0)	11.6(32.6)
12 時間	26.0(23.0)	23.0(27.5)	20.4(28.4)	18.8(34.6)

表 3.14 延床面積当たりの装置の熱容量（保温材，水を含む）
(kJ/℃m²)（尾島，井上）[7]

	C_W			C_A
	冷房時	暖房時		
冷凍機またはボイラ	0.34	4.01	空 調 機	0.23
配　　管	3.63	2.40	ダ ク ト	2.39
合　　計	3.97	6.40	計	2.62

$\Delta\tau$：装置の予冷または予熱時間 (h)＝0.5〜1.0

配管内の t_{W1} は式 (3.101)〜(3.103) により計算で求めることができるが，装置の停止時間と，装置の配管径の平均を用いて表 3.14 より求められる．冷凍機内の t_{W1} は配管の t_{W1} と等しく取る．ボイラ内の t_{W1} は夜間のボイラ室の空気温度と運点時のボイラ内の蒸気または温水温度の平均を取る．

〔条件〕　冷房時　　$t_{W1} = t_{W2} - (t_a - t_{W2})(e^m)$ 　　　　　　(3.101)

　　　　　暖房時　　$t_{W1} = t_a + (t_{W2} - t_a)(e^m)$ 　　　　　　(3.102)

$$e^m = -\frac{Kld\tau}{C_W}$$ 　　　　　(3.103)

ここに，t_a：配管周囲の空気温度 (℃)

　　　　K：配管および保温材の熱貫流率

　　　　τ：装置の運転停止時間 (h)

　　　　t_{W2}, C_W：式 (3.100) と同じ

　　　　l：配管長 (m)

　　　　d：配管径 (m)

ダクト内の t_{A1} は周囲温度に等しく取る（夏は 28℃ 前後，冬は 20℃ 前後）．t_{A2} は空調時の送風温度を取る．

C_W, C_A は装置の内容によりかなり異なり，それぞれの場合で計算すべきであるが，16 例の各種建物より統計的に求めた値を表 3.14 に示す．

引用文献

1) American Society of Refrigerating Engineers (ASRE): Refrigerating Data Book, Design, 1953〜54.
2) 井上宇市：衛工誌，Vol. 29, No. 8, p. 19.
3) Mickley, H. S.: Chem. Eng. Prog., Vol. 45, p. 739, 1949.
4) 内田秀雄：湿り空気と冷却塔，裳華房，昭 47.
5) 空気調和・衛生工学会：空気調和・衛生工学便覧（第 12 版）III，空気調和設備設計編，平成 7.
6) 井上，李，郡：空衛講，p. 301, 1976.10.
7) 井上，尾島：日本建築学会関東支部発表梗概集，1964.5.

4 空気調和計画

4.1 空調計画

　建築の計画・設計は一般に，企画，基本計画，基本設計，実施設計の順序に従って進められる．空調計画者も基本計画の段階より建築計画に参画し，大きな枠組みの中で，空調システムの基本的骨格を計画することが肝要である．これがうまくなされていない場合には，室内環境や安全性・信頼性などが所期の状態に維持できないなどの重大欠陥に至るおそれが強い．また，エネルギ多消費の運用を強いられるおそれも強い．維持管理や設備更新の困難な事態にも陥りかねない．
　近年，オゾン層破壊や地球温暖化など地球環境問題が大きくクローズアップされてきた．空調設備も地球環境問題と密接な関わりをもつとの認識が強く意識されるに至っている．空調設備の基本計画の段階から，省エネルギで環境負荷の少ないシステムや材料選定を行うことが重要となってきた．
　以上のように空調設備の基本計画は空調設備設計の過程において，最も大事な過程の一つと認識できる．本章では，主に基本計画における空調計画について記述する．なお，省エネルギ計画については，12章で詳述するので，それによられたい．

4.1.1 総　　説
（1）計画・設計の手順
　建築の計画・設計の手順は表4.1のように位置づけられる．空調の計画・設計も建築の計画・設計に調和した形で推進されねばならない．空調の計画・設計は通常，基本構想・基本計画・基本設計・実施設計の手順で展開される．基本構想段階では，建築計画全体の基本コンセプトを受けて空調設備における基本コンセプトや目標設定，それに対応するシステムの基本的な構想が描かれる．基本計画段階では諸々のグレー

表 4.1 建築計画・設計の手順

段階	成果物	空調計画における対応			
		目標	主な決定事項	主な検討事項	留意事項
企画	・事業企画書	・事業企画支援	・条件確認	・敷地周辺調査 ・関連法規/規格確認 ・事業性検討	・開発規制 ・地域/地区規制 ・インフラ調査
基本構想	・基本構想書	・基本構想案の確立 ・基本計画条件の確認	・基本コンセプト ・目標設定 ・システム構想案	・与条件の整理分析 ・関連資料の収集 ・システム比較検討	
基本計画	・基本計画書	・基本計画案の確立 ・基本設計条件の確認	・グレード設定 ・設計条件設定 ・ゾーニングの骨格 ・システムの骨格 ・スペース計画 ・ルート計画 ・概算工事費	・貸し方基準(基本要素) ・設計基準(基本要素) ・システム比較検討 ・機械室配置計画 ・シャフト計画	・フロア貸し/小区画貸し等の水準 ・セントラル/分散方式の別 ・地階/低層階の給排気ルートの確保
基本設計	・基本設計図書	・基本設計案の確立 ・実施設計条件の確認	・温湿度条件など ・ゾーニング決定 ・システム選定 ・装置の概略容量 ・機械室配置 ・ダクト/配管ルート ・概算工事費	・貸し方基準 ・設計基準 ・概略の負荷計算 ・システム詳細検討 ・主要部納まり検討	・将来の拡張性 ・快適性/省エネルギ性/経済性 ・搬出入 ・維持管理/更新時のアクセスの容易性
実施設計	・実施設計図書	・発注用図書の作成 (設計図/仕様書) ・予算書 ・計算書	・装置仕様 ・機器配置 ・ダクト/配管設計 ・自動制御設計	・負荷計算 ・機器選定 ・ダクト/配管計算	

ドの設定,それに基づくゾーニングやシステムの骨格の形成がなされる.機械室配置や配管・ダクトのルートもこの段階でほとんどが定まってしまう.基本構想・基本計画・基本設計・実施設計における主な決定事項,検討事項,留意事項を表4.1に示す.

(2) 基 本 構 想

建築の基本的構想が検討される.建築計画全体の基本コンセプトを受けて空調設備における基本コンセプトや目標設定,それに対応するシステムの基本的な構想が描かれる.基本構想の策定により基本計画条件が確立される.

4.1 空調計画

（3） 基本計画

基本計画の段階では，空調システムの具備すべき性能のレベル設定，それに基づくゾーニングやシステムの骨格の形成がなされる．すなわち，空調・換気システム，熱源システムなどの選定が行われる．また，機械室配置計画，ダクトや配管のルート計画など骨格に係わるスペース計画が行われる．同時に概算などに基づくコスト計画が行われる．建築計画との整合性を図りながら，快適性，安全性・信頼性，利便性，経済性などの性能を勘案して，空調計画の基本的枠組みを確立する．複数の代替案を比較検討しながら進められるのが一般的である．基本計画の策定により基本設計条件が確立される．

（4） 基本設計・実施設計

設計段階は，基本設計，実施設計の段階に大別される．基本設計では基本計画の段階で定められた基本的骨組みのより細かい検討・摺り合わせ，刷新，確認などが行われる．

実施設計では基本設計で定められた方針を具体的に図面化し，施工者に対する発注準備を行う．設計図書として，設計図面，標準仕様書，特記仕様書などがこの段階で用意される．

4.1.2 基本計画時の重要計画事項・留意事項

計画段階では具体的に空調システムの骨格形成を行うことが要請されるが，特に以下の事項に留意しながら計画を推進する．

（1） 計画・設計条件の整理と確認

建築主の要求条件，法的制約条件，調達上の制約条件や社会的動向などを踏まえて，空調計画を推進するための条件を確立する．建築主との間に協議を重ね，細部にわたり確認しあうことが重要である．基本計画を経て，基本設計・実施設計を推進するためのより細部にわたる設計条件が確立される．これら条件の整理，確認はきわめて大切な手続きであり，遺漏のないようにしなければならない．

（2） ゾーニング計画

要求される温湿度の条件，負荷の特性などから空調系統をいくつかに分けて計画することをゾーニング計画という．ゾーニング計画の適否は空調性能に対して支配的影響を及ぼす．空調計画における根幹的計画事項である．4.2に従ってゾーニング計画を推進する．

（3） 空調方式の検討・選定

空調方式には4.3に示すように多種類の方式が存在する．基本計画の段階で，室内環境の維持性能（個室制御性等を含む），安全性，利便性，更新性，経済性，省エネルギ性，必要スペースなどを勘案して方式を選定する．最近では，事業継続性能（BCM：Business Continuity Management），地球温暖化抑止性能やヒートアイランド現象抑止性能の向上も求められることがあるので留意を要する．空調方式の選定は

機械室配置，配管やダクトルートなど建築計画に密接な関係をもつ．概算や試算，スケッチに基づいて適切なシステムの検討・選定やスペースの確保に留意する．

（4） 熱源方式の検討・選定

熱源方式にも 4.4 に示すように多種類の方式が存在する．基本計画の段階で，安全性，信頼性，運転の容易性，公害防止性，更新性，経済性，省エネルギ性，必要スペースなどを勘案して方式を選定する．BCM，地球温暖化抑止，ヒートアイランド化現象抑止の視点は前述の空調方式の検討・選定と同様である．部分負荷への追従性能も大切な検討事項である．熱源方式の選定は機械室配置，煙突や配管ルートなど建築計画に密接な関係をもつ．概算や試算，スケッチに基づいて適切なシステムの検討・選定やスペースの確保に留意する．

（5） 機械室・シャフトの配置計画

熱源機械室，空調機械室，配管やダクトのための縦シャフト・横引きルートなどの空調設備用スペースの配置は建築計画に大きな影響を及ぼす．表 4.2 に，中規模から大規模事務所の必要機械室のデータを示す．空調設備用の必要スペースは延床面積の数パーセントに及ぶ．また，衛生設備や電気設備などを含む全建築設備用スペースの総計は数パーセントから十数パーセントに及ぶ．一方，配管やダクトなどの横引きルートなどは建築の階高，天井高など断面計画に大きな影響を及ぼす．以上，設備用スペースは建築計画上，きわめて大きな要素を占めることがわかる．基本計画の段階から空調計画者が参画し，適切な計画を推進することが必要な所以である．

表 4.2　空調関連機械室面積の目安　（単位：m^2/延床 m^2）

施設用途	事務所	商業	医療	宿泊	スポーツ
主機械室	0.015	0.019	0.025	0.017	0.023
関連機械室	0.035	0.035	0.051	0.044	0.047

（文献 1）より作成）

（6） 給排気ルートの計画

新鮮な空気の導入，汚染空気の排出のための給排気ルートも重要な計画事項である．新鮮空気の取入れ口は自動車排気ガスなどの影響が少ない所に設けられるべきである．道路面より十分に立ち上げるなどの工夫が必要である．駐車場など地下に設けられる施設では，大量の換気を必要とする．したがって，地下施設のための換気ルートは莫大なスペースを要する．地上部での外気取入れ口や排気口の設置も困難なことが多い．意匠的側面からも建築家との間に初期の段階より摺り合わせが必要である．基本計画の段階で慎重な検討・打合せを重ね，的確な給排気ルートの確保を図らねばならない．厨房を要する建築では，臭気が歩行者や近隣あるいは自己の建物の開口部や外気取入れ口に影響しないよう留意しなければならない．できるならば厨房排気は屋上に立ち上げるなどの処置が望ましい．不可能な場合には，風向などを考慮して，他への影響が生じないよう心がける．

（7） 防音・遮音計画

　空調装置は騒音源ともなる．近隣に対しては冷却塔や外壁に設けられた給気口，排気口などから騒音が伝播される．近隣との関係を熟慮して，それら騒音源の配置を定める．必要に応じて遮音壁を設ける．特に夜間にも空調運転が必要な施設ではこの点に留意しなければならない．いずれの施設にあっても，騒音防止条例などに定められる地域の騒音規制値などを確かめて計画することが必要である．

　室内に対しても，防音・遮音に対する計画的配慮が必要である．空調機を居室などに近接して設ける場合には，静かな室内の音環境の維持は難しくなる．要請される室内騒音レベルなどに照らして，空調機械室の配置計画などが行われなければならない．熱源などの重量機械を塔屋などに設置する場合には，軀体振動やそれに伴う騒音を直下階などに及ぼすおそれもあり，基本計画時より注意を要する．

（8） 維持メンテナンスを配慮した配置計画

　空調システムは，的確な維持管理により初めてその性能が発揮されるものである．したがって，メンテナンスのために機器などへのアクセスが容易な計画とすることが望ましい．基本計画の段階でこれらの事態に対応できるように必要な維持管理のためのアクセスルートの確保に努めなければならない．テナントビルなどでは貸し室内への立入りも自由にはならず，メンテナンスのしにくい状況が発生する．主要な機器やきめ細かいメンテナンスを要する機器などはなるべく貸し室内に設けない計画とすることが望ましい．

（9） 更新計画への対応

　空調設備の寿命は建築軀体の寿命に比べて短い．竣工後，数年から十数年経過した後に機器や配管などの更新を迫られる．更新のためのスペース対応が重要である．具体的には搬出入口，搬出入ルートの確保が必要である．建物の機能を生かしながら更新を可能にするためには，主要機器のリプレース用スペース，主配管更新用予備スペースなどの確保も重要である．テナントビルでは，ペリメータ部のファンコイル用配管などは当該階にて完結するようにするなどの配慮も重要である．下の階の天井ふところ内に上階のファンコイル用配管を設置する事例は過去には多く見られたが，最近では少なくなる傾向にある．超高層テナントビルなどの更新工事では大きな問題になる．更新工事時に下の階のテナントに一時他へ移り住んでもらわねばならないなどの事態も生じる．ビル経営上の重大な事態をもたらすおそれもある．更新計画の配慮を計画の時点から留意しておかなければならない．

4.2　ゾーニング計画

　ゾーニングには多種類のものがあるが，大別すれば，使用勝手に起因するものと，種々の負荷の特性に起因するものとがある．具体的には以下のような視点から，ゾーニングされる．

4.2.1 室内環境条件別ゾーニング

　空調システムは多くの環境要素を対象に設置される．室内の温湿度の適正な維持に主眼を置くもの，室内じんあい濃度や一酸化炭素濃度，二酸化炭素濃度などの室内空気質の適正な維持に主眼を置くもの，両者を兼ね備えるものなど多種類がある．最近では，シックビルディングシンドロームなどの問題が顕在化し，適切な空気清浄度維持への対処も留意しなければならない．環境要素への要求水準をよく吟味して適切な空調システムのゾーニングとしなければならない．ゾーニングが適切でない場合には，目標どおりの環境水準を維持できないことが生じたり，過剰なエネルギ消費を招いたりするなどの不都合をもたらす．

（1）　温湿度別ゾーニング

　室ごとに要求される温湿度条件が異なる場合には，それごとにゾーニングするのが原則である．しかしながら，ゾーニングを細かくした場合には設備費がきわめて高くなるおそれが強い．建築主との間に，室内の要求される環境水準に対する確認が重要である．

　通常，室ごとに顕熱比（SHF）が異なる．湿度がそれほど厳密でない場合には，温度制御を優先させたシステムが選定される．例えば，事務所ビルなどでは，主として温度を主とし，湿度を従としたゾーニングが適用されるのが通常である．VAVシステムや二重ダクトシステムなどにより空調機1台の受け持つゾーンを大きなものとし，室ごとに設けられる端末ユニットなどにより温度調整をするシステムが採用されることも多い．

　居室以外では，駐車場，電気室，機械室など要求される温度水準に応じて，換気設備や空調設備が対象ごとにゾーニングされて設けられる．

（2）　空気清浄度別ゾーニング

　建築基準法や建築物の衛生的環境の確保に関する法律では，居室のじんあい濃度，二酸化炭素濃度，一酸化炭素濃度などを一定水準以下に維持するよう定めている．保険・衛生的視点からの空調では，通常この水準に従って設計が進められる．ゾーニングは前述の室温水準に依るゾーニングに従う場合が多いが，特別なじんあい発生源，有害ガス発生源がある場合には局所換気などの特殊換気を適用するか，ゾーニングを変えるなどの処置が必要である．例えば，喫煙量のきわめて大きいと予想される諸室では，タバコ用換気設備などが設けられる場合も多い．居室以外では，駐車場，電気室，機械室など要求される室内空気清浄度水準に応じて，換気設備や空調設備が対象ごとにゾーニングされて設けられる．

　空気清浄度別ゾーニングを必要とする施設の代表的事例として病院がある．

（3）　個室制御ゾーニング

　役員室や会議室など比較的狭い個室では，個室制御可能な空調ゾーニングが要求されることが多い．個室は大部屋とは次のような面で種々の差異がある．個室では高齢者が多いなど，温湿度に対し個別の要求が出される．個室では，ペリメータ負荷の要

素が大きく，大部屋とは負荷の特性が異なる．また，個室と大部屋とでは多くの場合，使用時間帯や人員密度が異なる．以上の事態を考慮して，これらの個室を別々のゾーニングとすることが多い．

4.2.2 熱負荷特性別ゾーニング

事務所ビルなどでは熱負荷特性別のゾーニングが採用されるのが通常である．一般的には以下のような範疇に従うゾーニングが広く採用されている．

（1） ペリメータゾーニング・インテリアゾーニング

建築の外周部（ペリメータ部）と内部（インテリア部）とを分けてゾーニングすることは，最も一般的に行われてきた手法である（図4.1）．ペリメータとインテリアでは熱負荷特性が著しく異なるためである．

ペリメータ部（外周部）では，当然のことながら，外部よりの日射や外気温度の影響を強く受ける．冷暖房のピーク負荷は大きく，また，負荷の変動も大きい．夏は冷房，冬は暖房を必要とするのが通常である．一方，インテリア部では，照明，OA機器，人体などの発熱負荷が主たる対象で，年間を通じて冷房を主体とする．負荷変動も比較的小さく安定した負荷である．インテリア部では中間期・冬期に外気冷房が有効な場合も多い．この点からも，ペリメータとインテリアはゾーニングを別にするべきである．なお，ペリメータとインテリアとを別ゾーニングとした場合に，前者が暖房運転，後者が冷房運転をする場合に両ゾーン間でミキシングロスが発生することがある．不適切な運転制御を行うと莫大なエネルギ消費をきたすことがあるので留意しなければならない．

大部屋で使用している室のペリメータ部の一部を間仕切って，個室を設けることが

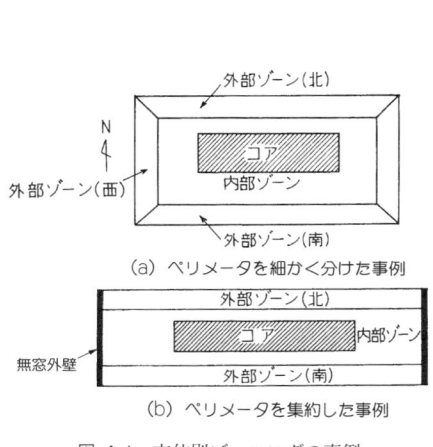

図 4.1 方位別ゾーニングの事例

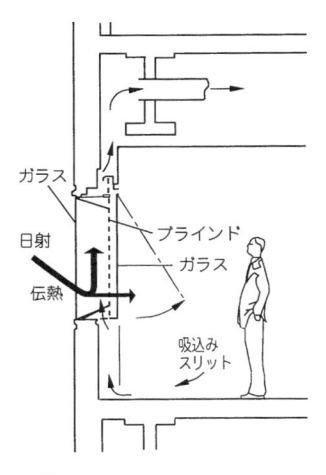

図 4.2 エアフローウィンド

ある.このような事例では,冬期に個室では暖房を要することになる.ペリメータ,インテリアのゾーニングが施された空調システムではこのような事態にも対応可能である.しかしながら,そのようなゾーニングが採用されていない場合には対応不能に陥る.

なお,最近では,エアフローウィンド(図4.2)などを適用して,ペリメータシステムを構成しないゾーニング手法も一部にではあるが登場し始めた.これをペリメータレス方式とよぶ.この方法により,窓近傍部でも快適な環境を構成しつつ,ペリメータとインテリア間のミキシングロスを解消しようとするものである.

(2) 方位別ゾーニング

ペリメータ部では,一般的に方位別のゾーニングが採用される(図4.1参照).方位ごとの熱負荷特性が著しく異なることに起因する.図4.3に示すように,東側ゾーンでは朝方に,西側ゾーンでは夕方に日射負荷が卓越する.日射の卓越するゾーンでは,他のゾーンが暖房時にも,冷房を要するときがある.方位別のゾーニングを構成しない場合には,ペリメータ部での室温は適性値から大きく逸脱するおそれが高い.

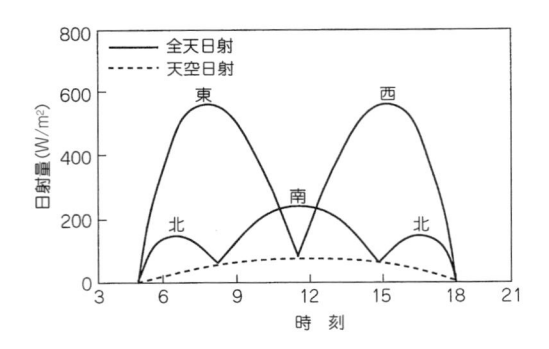

図 4.3 方位別日射負荷特性説明図

(3) 内部人員密度・内部負荷密度別ゾーニング

インテリア部では,人員密度や内部機器に伴う内部負荷密度の違いに基づきゾーニングが設定される.事務所ビルでは空調ゾーンは通常,事務室ゾーン,会議室ゾーン,電算室ゾーンなどに分かれる.事務室でも内部負荷密度の高いエリアをヘビーデューティーゾーンと呼び,空調ゾーンを分けることもある.

人員密度の違いは必要新鮮空気量にも影響を及ぼす.著しく人員密度の異なる室を同一の空調ゾーンとした場合には,過剰な新鮮空気の導入を行わなければならない室が生じる.それに伴って過剰なエネルギ消費をもたらすので気をつけねばならない.

4.2.3 用途別ゾーニング

建物内を,いくつかの用途に区分することができる.用途ごとに要求される環境の

グレードや人員密度，負荷密度が異なるのが通常である．前述の諸要因より用途の異なる室は原則的に空調ゾーンを別にするのがよい．既述のゾーンに加えて，食堂ゾーン，厨房ゾーン，医務室ゾーン，中央管理室ゾーン，清掃員控室ゾーンなどに分けることがよく行われている．

4.2.4 使用時間別ゾーニング

建物内には，使用時間の異なる室がある．事務室などは日中の10時間程度の使用が通常である．中央監視室や警備室は24時間使用のことが多い．食堂などは昼間の2～3時間程度の使用が多い．原則的には使用時間ごとに空調ゾーンを構成するのがよい．

4.3　空調方式の分類

4.3.1　総　　説

空調方式にはいくつかの分類のしかたがある．一つは熱輸送の媒体により分ける方法である．全空気方式，空気・水併用方式，水方式，冷媒方式などの分類がそれである．一つは空調機の分散の度合いによる分類である．中央方式，各階ユニット方式，分散方式，個別方式などの分類がそれである．また，熱の移動原理による分類もある．対流式冷暖房方式，放射式冷暖房方式などの分類がそれである．表4.3に，これらによる空調方式の分類を示す．

4.3.2　熱輸送媒体による分類

図4.4に熱輸送媒体に基づく空調方式の分類の概念を示す．

（１）　全　空　気　方　式

空調機から調和空気をダクトにて導いて，室の空調を行う方式をいう．すべて空気を媒体として空調されることから全空気方式と呼称される．単一ダクト定風量方式（4.4.1参照），単一ダクト変風量方式（4.4.2参照），二重ダクト方式（4.4.3参照）などがこれに属する．供給空気量が多いため，室内空気清浄度を高めたいときなどには，一般的に最も好ましいシステムである．しかしながら，空気は熱輸送媒体としては熱容量が低く，ダクトサイズが大きなものとなり，納まり上の制約が多くなる．また，搬送エネルギ消費が大きくなりやすい．

（２）　空気・水併用方式

一部は空調機からの調和空気により，一部は熱源機器から送られてくる冷水や温水の保有する熱をファンコイルユニット等により放熱し，室の空調を行う方式をいう．空気と水の両者を媒体として空調することから空気・水併用方式と呼称される．単一ダクト方式と室内設置のファンコイルユニットとの併用方式（図4.4参照）などが代表的事例である．ペリメータをファンコイルユニット方式，インテリアを単一ダクト

表 4.3 空調方式の分類

熱移動原理に よる分類	熱輸送媒体に よる分類	空調方式名称	分散度による分類				備　考
			中央	各階	分散	個別	
対流型冷暖房方式	全空気方式	単一ダクト定風量方式	○	○	○		再熱器付きもあり
		単一ダクト変風量方式	○	○			再熱器付きもあり
		二重ダクト定風量方式	○				変風量方式もあり
		マルチゾーンユニット方式	○	○			
	空気・水方式	ファインコイルユニット方式(ダクト併用型)	○	○	○		例えば単一ダクト＋ファンコイルユニット方式
		誘引ユニット方式					防火区画貫通などより，ほとんど認められなくなった
	水方式	ファンコイルユニット方式	○	○	○	○	
	冷媒方式	ユニット型ヒートポンプ方式				○	
		マルチユニット型ヒートポンプ方式		○	○		
		ウォールスルー型ヒートポンプ方式				○	
		閉回路式水熱源ヒートポンプユニット方式	○	○	○		
放射冷暖房方式		低温放射冷暖房方式				○	全空気方式などとの併用も多い
		高温放射暖房方式			○	○	暖房のみ

○：比較的広く適用されている組合せを示す．

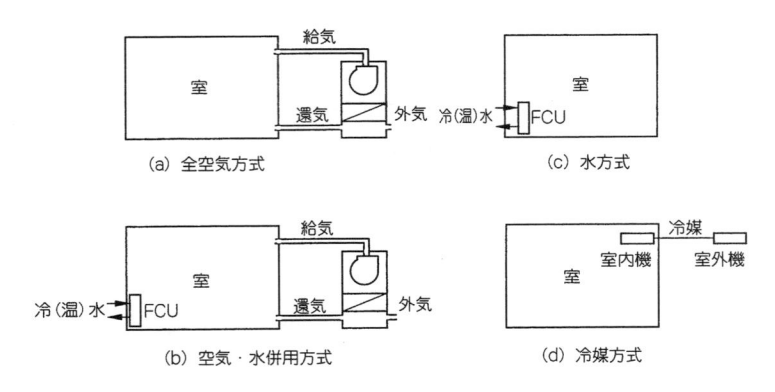

図 4.4 熱輸送媒体に基づく空調方式の分類

(a) 全空気方式
(b) 空気・水併用方式
(c) 水方式
(d) 冷媒方式

方式で対応するのは典型的事例となっている．

(3) 水　方　式

室までの熱輸送のすべてを，水を媒体として行うシステムである．ファンコイルユニット方式（4.4.4参照）が代表的方式である．冷暖房を行うには便利なシステムであるが，空気清浄度を維持する目的からは，一般的に全空気方式や空気・水方式に比べ劣る．

(4) 冷　媒　方　式

フロンなどの冷媒を直膨コイルに導いて冷却または加熱するシステムである．これを用いて冷暖房や空調を行う．家庭用のクーラやユニット型ヒートポンプ（4.4.6参照）がその代表的事例である．業務用ビルでもビル用マルチと称される方式が中小規模のビルで多用されている．最近では，大規模ビルに導入される事例もかなり顕在化している．個別運転が可能でその便利さがユーザーに受け入れられている．

4.3.3　空調機などの分散度による分類

図4.5に空調機の分散度に基づく空調方式の分類の概念を示す．

(1) 中　央　方　式

大型の空調機により，数階にわたる大面積を対象とする空調方式のことをいう．室の用途・使用時間など，同一のゾーンと見なせる対象を前提とした集中度の高い空調方式である．全空気方式の特長を有する．空調システムが普及し始めた頃には一般的に広く用いられた．数千m^2に1台の空調機が設けられるのが通常であった．熱負荷特性などが対象面積全域に対し，同一と見なせる場合には経済的で優れた方式といえる．しかし，対象内に負荷特性上の差異が存在する場合には，室ごとに温湿度などの偏りを生じやすい．このような場合には，変風量装置などが導入され，局部的熱負荷に追従するのが一般的となっている．

(2) 各階ユニット方式

各階ごとに空調機を分散させて設ける方式をいう．空調機の設置単位はおおむね，数百m^2に1台の単位で設けられる．内部負荷が増えてきたこと，負荷特性が階ごとに異なる傾向にあること，使用時間帯が階ごとに違うことなどの事態に対処するため，1960年頃より普及し始めたシステムである．本方式においては，当初は定風量方式が多かったが，最近の負荷の局所的偏在に対応して，変風量方式も多用されている．

(3) 分　散　方　式

数十～百m^2単位に小型の空調機を分散配置する方式をいう．インテリジェントビルなどでは，OA機器の普及に伴う内部負荷の急増が特に顕著で，局部的負荷の偏在，それに伴う温度ムラなどの問題が生じてきた．一方，温湿度などに対する設定単位の細分化要求などが強まってきた．運転時間も小区画単位に変更可能であることが省エネルギの見地などより強く認識されるようになってきた．以上の機運や，制御技

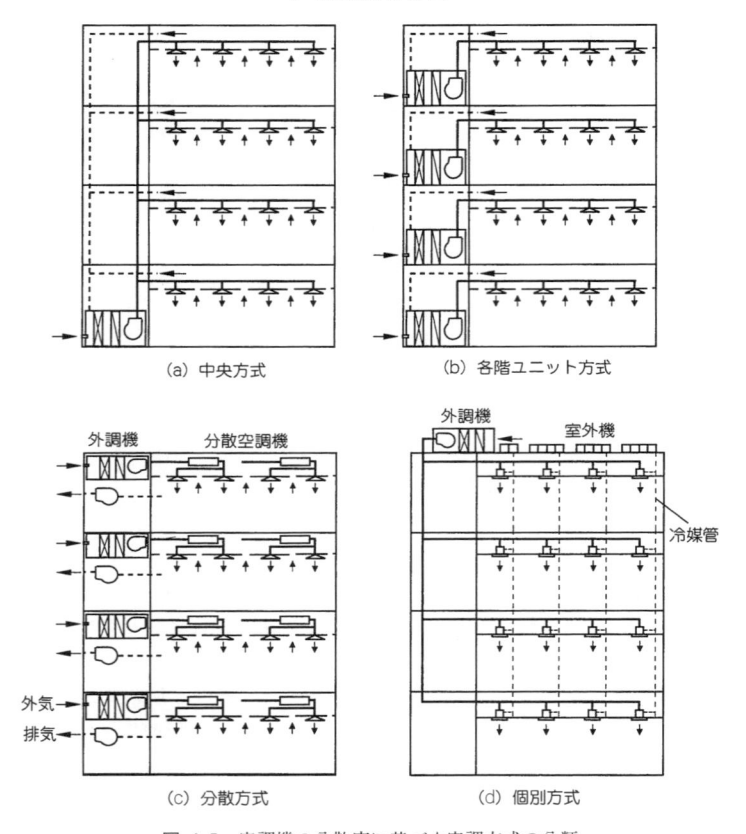

(a) 中央方式　(b) 各階ユニット方式
(c) 分散方式　(d) 個別方式

図 4.5　空調機の分散度に基づく空調方式の分類

術などの革新を背景として 1980 年代前半頃より普及し始めた．
　（4）個　別　式
　個室単位ごとに空調機ユニットを設け，制御する方式をいう．通常，ビル用マルチなどのコンプレッサを搭載した室外機と室内機が統合された自己完結性の高いシステムをいう場合が多い．しかし，本書では，最近のタスク空調やパーソナル空調などの登場も考慮して，熱源機能を持たなくても，個別に温湿度制御が可能なシステムは個別方式として広義に解釈することとする．

4.3.4　熱の移動原理に基づく分類
　図 4.6 に熱の移動原理に基づく空調方式の分類の概念を示す．
　（1）対　流　式
　吹出し口や機器より冷風または温風を強制的に吹き出し，室の冷暖房を行う方式で

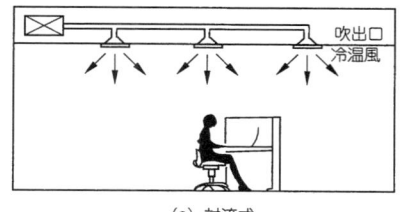

(a) 対流式　　　　　　　　　　　(b) 放射式

図 4.6　熱の移動原理に基づく空調方式の分類

ある．ほとんどの空調方式はこれによる．通常は室の温度維持だけでなく，湿度や空気清浄度の維持を兼ねていることが多い．

（2）放　射　式

物体表面から放射されるエネルギを用いて冷暖房を行うシステム（4.4.5参照）である．放射型のストーブによる局部暖房や床パネルヒーティングなどが典型的事例である．最近では，天井面などを低温に維持し，そこからの冷放射を用いる冷房システムも登場している．本方式は冷暖房を対象に設けられるもので，室の湿度維持や空気清浄度維持は他の方式によらねばならない．

4.4　各種空調方式

4.4.1　単一ダクト定風量方式

（a）構　　成

全空気方式のプロトタイプともいうべき空調方式である．図4.7に示すように，空調機，給気ダクト，定風量装置（CAV），対象室，還気ダクトなどから構成される．室への給気が単一のダクトのみから構成されるので，後述の二重ダクト方式に比し，単一ダクト方式と呼称される．室に供給される調和空気は常時一定の風量である．従前は定風量ユニットの採用は稀であったが，最近では，定風量ユニットを設けて一定風量を確保することなどが行われる場合が大型施設を中心に認められる．省エネルギの観点から，全熱交換器や外気冷房を行う観点から還気ファンが設けられる場合も多い．

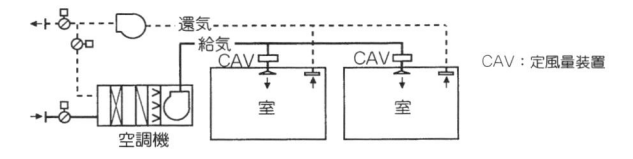

図 4.7　単一ダクト定風量方式

（b）特　　長

全空気方式の特長を有する．空気清浄度の維持性能が高い．均質な負荷分布をもつゾーンでは室温の維持性能も高いと考えられるが，熱負荷の偏った分布などが存在する場合には，目標室温から局部的に大きくずれるなどの不都合をもたらす．搬送エネルギ消費が大きい．特に，高速ダクト方式では動力エネルギ消費が著しく高くなり，最近では高速ダクト方式はほとんど使用されない．還気ファンを設ける場合には外気冷房による省エネルギが図れる．

（c）適　　用

中央方式，各階ユニット方式，分散方式や個別方式のいずれにも適用される．対象ゾーンの負荷の空間的分布や時間的変動特性が場所によらず比較的同一であることを前提としているシステムである．事務所ビルの基準階空調として多用される．また，ホール・大会議室・食堂など人員密度が高く新鮮空気量を多く必要とするゾーンなどに適用される．

（d）応用方式

本方式の応用方式に再熱器付き定風量方式がある．定風量方式の端末に再熱器を設けたシステムである．端末の再熱器により，局部的に給気を加熱して室温調整を行う．個室ごとの室温制御ができる．小会議室や役員室など事務所ビルの小部屋群の空調システム系などに局部的に用いられる．本方式は再熱に伴うエネルギ浪費を生じ，省エネルギ的とはいいがたい．全面的に使用するのは差し控える方がよい．

4.4.2　単一ダクト変風量方式

（a）構　　成

図4.8に基本的構成を，図4.9に変風量ユニット（VAVユニット）の構造を示す．単一ダクト定風量方式の定風量ユニットを変風量ユニットに置き換えたシステムである．変風量ユニットにより，室に供給される調和空気量を負荷（主に顕熱負荷）に追従して変動させるシステムである．ここから変風量システムと呼ばれる．変風量ユニットは10～100 m²単位ごとにグレードに応じて設けられるのが通常である．送風機系には供給風量の変動に追従できるようにダンパ制御，インレットベーン制御，回転数制御などの風量制御方式が適用されるが，最近ではインバータを用いた回転数制御が導入されることが圧倒的に多い．

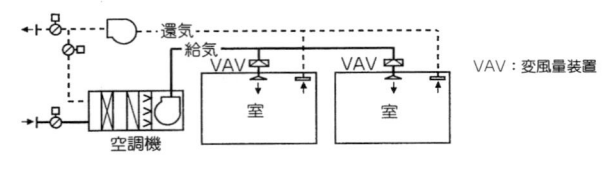

図 4.8　単一ダクト変風量方式

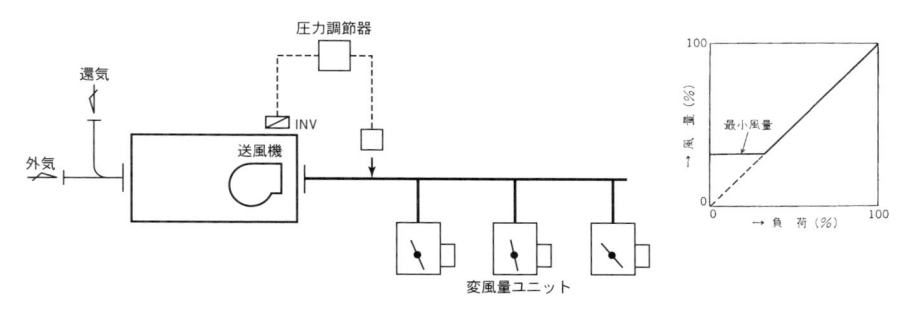

図 4.9　変風量ユニットの制御概念

(b) 特　　　　長

単一ダクト定風量方式の特長にほぼ同じであるが，次の点で異なる．すなわち，定風量方式に比べ，室温追従性能が高い．また，送風量が絞られるため搬送エネルギ消費が大幅に削減される．しかしながら，空気清浄度は室への供給風量が少なくなることから比較的劣ることになる．設備費は定風量方式に比べ，幾分高い．

(c) 適　　　　用

単一ダクト定風量方式の適用先と原則的に同じと考えてよい．対象とするゾーン内に熱負荷の分布が存在する場合には，特に本方式を適用することが望ましい．本方式は，近年の空調方式の中でも，最も広汎に適用されているといってよい．

(d) 応 用 方 式

本方式の応用方式に再熱器付き変風量方式がある．変風量方式の端末に再熱器を設けたシステムである．送風量だけで室温調整を行う単一ダクト変風量システムでは，室への給気量が極端に絞られ過ぎることがある．再熱器付きVAVユニットシステムでは，負荷が著しく低いときには，一定風量になるとユニット内の再熱器が作動して，温度を上げ風量がそれ以下になることを防止する．この方式は他に比べ局部的に室温を上げたい場合などにも対応が可能である．事務所ビルの会議室や役員室などに用いられる．高級なシステムである．米国等では採用事例が多いが，わが国では省エネルギの観点などからほとんど採用されていないのが実情である．

4.4.3　二重ダクト方式

(I) 二重ダクト定風量方式

(a) 構　　　　成

図4.10に本方式の基本的構成例を，図4.11に混合ユニットの構造を示す．冷風用空調機，温風用空調機，冷風ダクト，温風ダクト，室，還気ダクトならびに冷風と温風との混合ユニット（MBX）などから構成される．

混合ユニット（MBX）は室ごとや数十m^2の区画ごとに設けられる．室に対し冷風ダクトと温風ダクトの二重の給気ダクトが設けられることから二重ダクト方式と呼

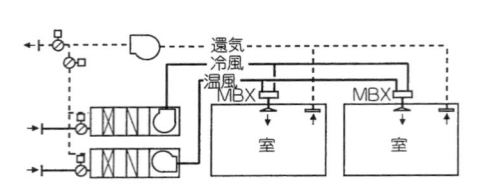

図 4.10 二重ダクト定風量方式

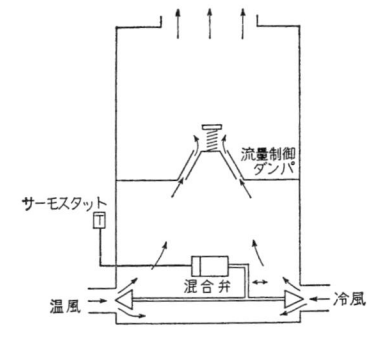

図 4.11 混合ユニットの構造

称される．室への供給風量は常時一定の定風量である．省エネルギーを考慮して時に応じて，全熱交換器や還気ファンが設置される．

(b) 特　　長

　全空気方式の特長をもつ．室温の維持性能はきわめて高い．湿度の維持性能，空気清浄度の維持性能も高い．高級な空調方式である．空調機の分担面積を大きくできる場合には，機械室は集約される．本方式は以上のような長所を有する反面，次のような短所を有する．すなわち，ダクトが二重に存在するため大きなダクトスペースを要する．搬送エネルギ消費が大きい．冷風と温風の混合に基づく大きなエネルギ損失を招くおそれがある．冗長性が高いシステムで冷風・温風間の混合損失[*]を最小とするなどの最適給気温度制御が必要である．設備費は高価である．

(c) 適　　用

　比較的大きな面積のゾーンを対象として設けられる．ゾーン内に負荷特性の差異がある場合にも追従性高く対応できる．しかし，著しい差異が存する場合には，莫大な混合損失を生じ，エネルギ浪費につながる．高級なオフィスビルなどに適用が可能であるが実例は少ない．

(d) 応 用 事 例

　本方式の変形として二重ダクト変風量方式がある．図4.12に基本的構成を示す．二重ダクト定風量方式に対し，端末の混合ユニットに変風量機構が付加されたシステムである．端末ユニットにより，室への送風量と給気温度を調整して負荷変動に追従するシステムである．端末ユニットは10～100 m^{2}単位ごとにグレードに応じて設けられる．送風機系には供給風量の変動に追従できるようにダンパ制御，インレットベーン制御，回転数制御などの風量制御方式が適用される．

　本方式の特長は二重ダクト定風量方式にほぼ同じであるが，次の点で異なる．すなわち，定風量方式に比べ，送風量が絞られるため搬送エネルギ消費の大幅な削減が図

---

[*] 冷房時のオフピークの室にあっては，吹出し温度を設計温度以上にするため温風を混合する必要がある．この温風の混合の分だけ冷凍機負荷は上がり，これを混合損失（mixing loss）という．

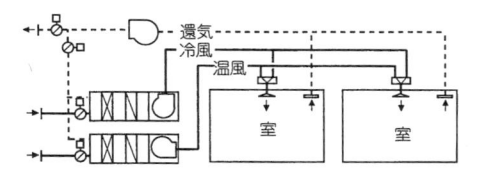

図 4.12 二重ダクト変風量方式

れる．しかしながら，送風量が少なくなる場合には，空気清浄度は比較的劣ることになる．設備費は定風量方式に比べ，若干高い．

適用先は二重ダクト定風量方式に原則的に同じと考えてよい．本方式は，最も高級な空調方式の一つといえ，本社ビルなどの役員階などに適用される場合がある．適用事例はそれほど多くない．

(2) マルチゾーンユニット方式
(a) 構　　　成

空調機，給気ダクト，室，還気ダクトなどから構成される．図 4.13 に構成を示す．空調機では図示のように空気側流路が二つに分かれ，冷却コイル・加熱コイルにより，それぞれ冷風と温風が製造される．空調機出口部で，室または小区画ごとの給気ダクトに分岐される．冷風と温風はダンパなどにより空調機の出口部で混合され，ゾーンごとに設けられた給気ダクトを経由して室などに送られる．冷風と温風の混合は室内温度調節器により行われる．省エネルギを考慮して時に応じて，全熱交換器や還気ファンが設けられ，熱回収や外気冷房運転がなされる．

(b) 特　　　長

二重ダクト方式の変形と見なせる．したがって，同方式と類似の特長を有しているといえる．すなわち，全空気方式の特長である室内温湿度，空気清浄度の維持性能は比較的高い．負荷特性の異なるゾーンを 1 台の空調機で賄うことができる．空調機は集約され，それ程機械室所要面積は必要としないが，ダクト量は多く，ルートやスペースの確保に留意を要する．搬送エネルギ消費が大きい．冷風と温風の混合に基づく大きなエネルギ損失を招くおそれもある．冗長性が高いシステムで混合損失を最小とするなどの最適給気温度制御が必要である．

(c) 適　　　用

中規模の事務所建築など，多種類のゾーンが存在するが，それほど細かい空調系分

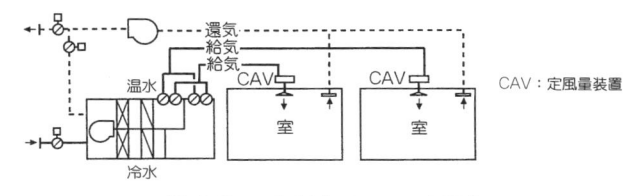

図 4.13 マルチゾーンユニット方式

CAV：定風量装置

割が行えない場合などに適用される．しかしながら，著しく特性の異なるゾーンを同一の空調系統とするのは慎まなければならない．最近では，適用事例はほとんどないと思われる．

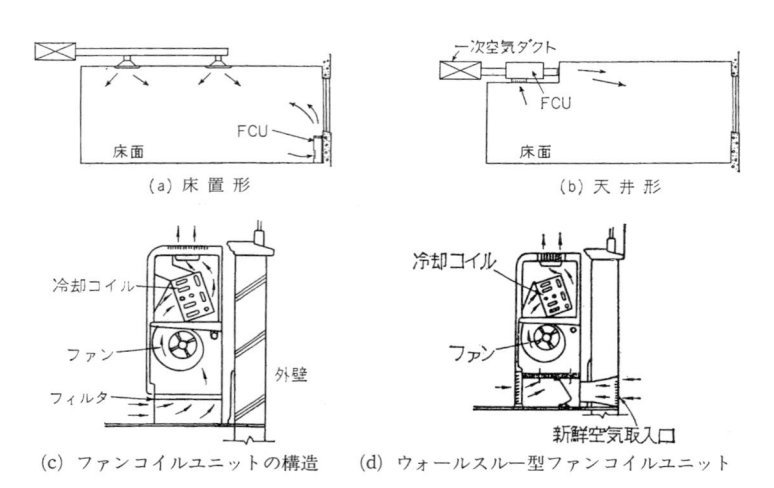

4.4.4 ファンコイルユニット方式
(a) 構　成

　水方式の典型をなす空調方式である．図4.14に示すように，室内などにファンコイルユニット（FCU）というファン付きの放熱器が設けられる．これに熱源機より配管を経由して冷水や温水が供給される．冷温水管を用い，季節により冷水と温水を切替えて使用する方式を2管式という．冷温水兼用（シーズンにより切替え）の往管と還り管の2管から構成されることから2管式と呼称される．冷水管と温水管を別々に設け，年間にわたって随時冷房・暖房を可能とするシステムを4管式という．この場合ファンコイルユニット内に冷水コイルと温水コイルを別個に設ける場合と，冷温水コイルとして共用のコイルを設ける場合とがある．後者の場合には自動制御により弁を切り替えて使用するのが通常である．図4.15に2管式，4管式ファンコイルユニットシステムを示す．

　ファンコイルユニットはペリメータの窓下部や天井部，あるいはインテリア部の天井内に設けられる事例が多い（図4.14）．天井部に設ける場合には，天井内隠ぺい型とカセット型とがある．前者はダクト併設型となり，ファンコイル本体は天井ふところ内に設けられる．吹出し口，吸込み口，点検口などは天井表面部に設けられる．後者ではこれらが一体化されたカセットが天井面に直接設けられる．

　本方式では，新鮮空気などは通常，他の空気方式のシステムに依存するのが一般で

(a) 床 置 形　　　(b) 天 井 形

(c) ファンコイルユニットの構造　　(d) ウォールスルー型ファンコイルユニット

図 4.14　ファンコイルユニット方式

4.4 各種空調方式

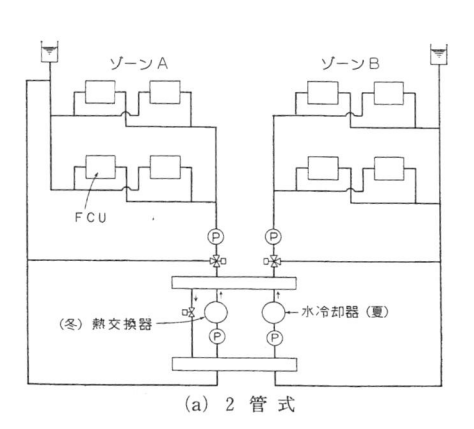

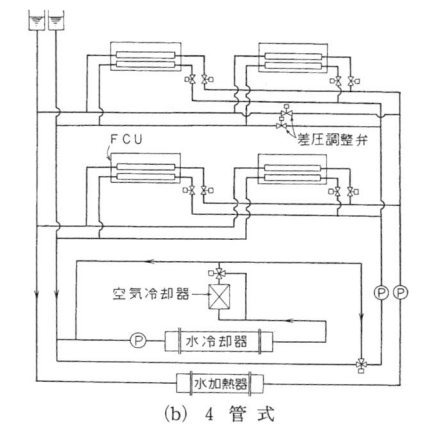

図 4.15 2管式，4管式ファンコイルユニット

あるが，最近ではウォールスルー型（図4.14参照）として外壁貫通部より新鮮空気を直接ファンコイルユニットに導き入れる方式も登場している．

（b）特　　長

局部的な負荷対応に優れ，オプショナル性も高い．また，部分的運転が可能である．所要機械室面積や配管のためのスペースが小さくて済み，空間的な納まりが比較的容易である．搬送エネルギ消費は小さく，省エネルギ的運転が可能である．湿度の維持性能，空気清浄度の維持性能は全空気式に比べ劣る．しかし，最近では高性能フィルターを搭載し，ビル管理法などをクリアすることも可能である．

本方式における配管は従来，ファンコイルユニットを設ける階の直下の階の天井内に布設されることが多かった．しかし，テナントビルにおける同方式の配管の更新時には他のテナントに多大の影響を及ぼす事態が明らかになってきた．このため，最近では建築的工夫やシステム的工夫により，なるべく当該階に配管を設置する事例が多くなってきた．

（c）適　　用

オフィスビルなどでは，ペリメータ部の空調方式として，最も多用されてきたシステムの一つである．この場合，インテリア部では単一ダクト方式などが併用されるのが通常である．インテリア部などでも，付加的な熱負荷に対応する強化冷房策として多用される．また，小会議室ゾーンなどでは個室制御のために導入される事例も多い．この場合は，新鮮空気処理や湿度処理を分担する外気調和機と併用される．テナントビルの店舗における強化冷房や個室制御用に供するため適用される事例も多い．

オフィスビルの他では，ホテル客室や病院の病室などの個室にも多用されている．病室などでは，病原菌の温床とならぬよう注意を要する．本方式における場合，水配管が天井内に設置されることが多く，漏水などへの配慮を必要とする．

4.4.5 放射冷暖房方式

(1) 低温放射冷暖房方式

(a) 構　　成

床面や天井面などの熱放射部と温水管や冷水管から構成される．図 4.16 に低温放射床暖房の基本構成を示す．温水の代わりに電熱線が用いられることもある．床暖房では銅製や樹脂製の温水管，または電熱線を数センチの間隔に床内に布設する．これらにより温められた床面より室内に放射伝熱の形によって熱が伝えられる．暖房効果を上げるため，また，熱損失を少なくするため，床下方向への熱流を阻止するよう断熱材を設けることが重要である．新鮮空気の処理や湿度調整などは他のシステムに依拠するのが通常である．

最近では，天井チャンバ内に冷気を充満したり，冷水により天井面の金属パネルを冷やしたりして，天井面を冷やし，これよりの冷放射効果を利用する低温放射冷房も一部にではあるが用いられている．

(b) 特　　長

床面などを利用する放射暖房は，放熱器などが露出されて設置されることもなく，安全性の高いシステムである．

人体の温熱的快適性に対し，放射は大きな要素を占めることが知られている．放射冷暖房は床面（天井面・壁面）の放射温度を高めて（低めて），暖房効果（冷房効果）を得る快適度の高いシステムである．放射の原理より，天井高が高い空間にあっても，効果的に居住域の暖房効果を上げることができる．

(c) 適　　用

安全性が高く，かつ快適度が高いシステムとして，保育施設などに適用される場合が多い．また，住宅の居間などに対する最も快適な暖房として，床面を利用した放射暖房が広く導入されている．銀行のバンキングホール，議会ホールなど高い天井の室の底部居住域の補助的暖房として床暖房が採用される事例もある．

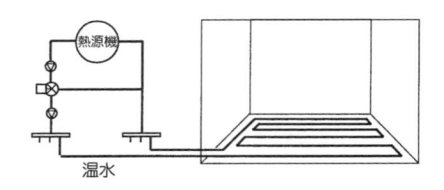

図 4.16　低温放射床暖房方式

4.4.6 ユニタリ方式

(1) ユニット型ヒートポンプ方式

(a) 構　　成

空気熱源ヒートポンプユニットを室ごと，または小区画ごとに設ける方式である．

4.4 各種空調方式

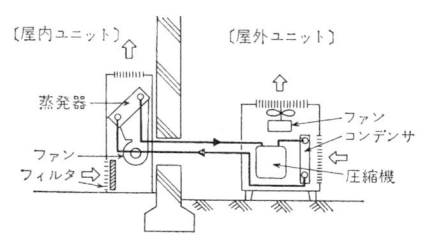

図 4.17 セパレート型クーラ

室外機・室内機・圧縮機・冷媒管などから構成される．図 4.17 にセパレート型ルームクーラの基本構成を示す．ヒートポンプ機種では，室外機は夏は凝縮器として，冬は蒸発器として作動する．室内機はこの逆の作動をする．室内機は床置き型，壁掛け式などがあるが，本方式は住宅用を中心に開発されてきたので，壁掛け式が主流となっている．

（b）特　　長

個別に単独の運転ができる．また，運転が容易でかつ，安全性の高いシステムであるなどの利点をもつ．室温調整を主としたシステムであり，湿度調整や空気清浄度調整には他システムの併用が必要となる場合が多い．また，ドラフトを感じやすいなどの事態にも注意が要る．外気温が低くなったときには暖房能力が落ちるので注意を要する．

（c）適　　用

住宅の冷暖房に広く普及している．大規模・中規模建築などでも守衛室や清掃員控え室など使用時間が他と異なる小部屋で多数の使用例が認められる．

（2）マルチユニット型ヒートポンプ方式

（a）構　　成

図 4.18 に基本構成を示す．一台の室外機に数台の室内機が冷媒管で結ばれる．圧縮機は室外機側に設けられるのが通常である．室内機は幾部屋かに分散配置される．圧縮機は電動モータにより駆動するのが通常であるが，ガスエンジンで駆動する事例もある．

（b）特　　長

前記ユニット型ヒートポンプの特長にほぼ同じである．一つの室外機で数台の室内機を作動させることができる．設備費が比較的安価である．当初，住宅用に開発され

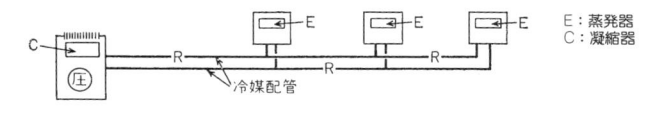

図 4.18 マルチユニット型ヒートポンプ方式

たが，その後ビル用のシステムが開発された．また，当初は冷暖房切替え型であったが，最近では一つの室外機につながる室内機のいくつかを冷房，残りを暖房運転するなどの可能なシステム（3ウェイ方式）が登場している．

（c）適　　用

中小規模の事務所建築などで多用されている．大規模事務所建築でも採用される例が多くなってきている．また，主熱源が中央熱源方式であっても，部分的なオプションの冷房方式として適用される事例も多い．

（3）ウォールスルー型ヒートポンプ方式

（a）構　　成

図 4.19 に基本構成を示す．ペリメータ部にヒートポンプユニットの室外機，室内機，圧縮機が一体的に設けられる．外壁を貫通する形で開口部が設けられる．これを通してヒートソース（ヒートシンク）媒体である外気が室外機部に流通する仕組みとなっている．以上のような機構からウォールスルーの呼称が与えられた．必要な新鮮外気を同じ外壁の開口部を通じて導入するシステムもある．そのような場合には，全熱交換器が設けられることが多い．圧縮機の駆動は電力によるのがほとんどである．外壁開口を通じて侵入する雨水排水や結露対策に注意を要する．

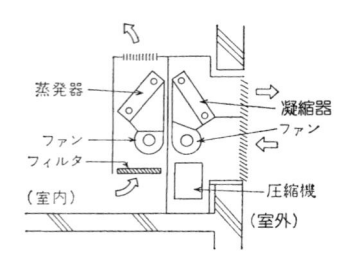

図 4.19　ウォールスルー型ヒートポンプ方式

（b）特　　長

前記ユニット型ヒートポンプの特長にほぼ同じである．外壁開口を通じて新鮮空気を導入する方式では，他のシステムを併用する必要もなく，完結性の高いシステムである．

建築の奥行が狭い場合にはインテリア系統を設けずに本方式だけで対応することも可能である．そのような場合には，天井内のダクトなどが不要となり，階高を低くできるなどのメリットも期待できる．

（c）適　　用

中小規模のペリメータ部の空調システムとして採用事例がある．大規模ビルのペリメータ用空調システムとして採用される事例もある．

（4）パッケージ型空調機方式

（a）構　　成

冷凍機やヒートポンプを構成する圧縮機，蒸発器または凝縮器を一つのパッケージの中に搭載した方式である．冷房時の凝縮の方法から水冷方式と空冷方式とに分類される．

図 4.20 に水冷方式の基本構成を示す．水冷方式では，冷却塔が必要となる．冷却塔は通常，屋上などに設置される．冷却塔とパッケージ型空調機との間を結ぶ冷却水

4.4 各種空調方式

管ならびに冷却水ポンプが設けられる．水冷式の場合には，暖房用に，温水コイルまたは蒸気コイルがパッケージ空調機内に設けられる．温熱源としてボイラが主機械室などに設けられ，パッケージ型空調機との間に温水または蒸気配管が設けられる．

図 4.21 に空冷方式の基本構成を示す．空冷式では，冷却塔に代わって，室外機が屋上などに設置される．室外機とパッケージ空調機との間は冷媒管により結ばれる．室外機は冷房時には凝縮器として，暖房時には蒸発器として機能する．

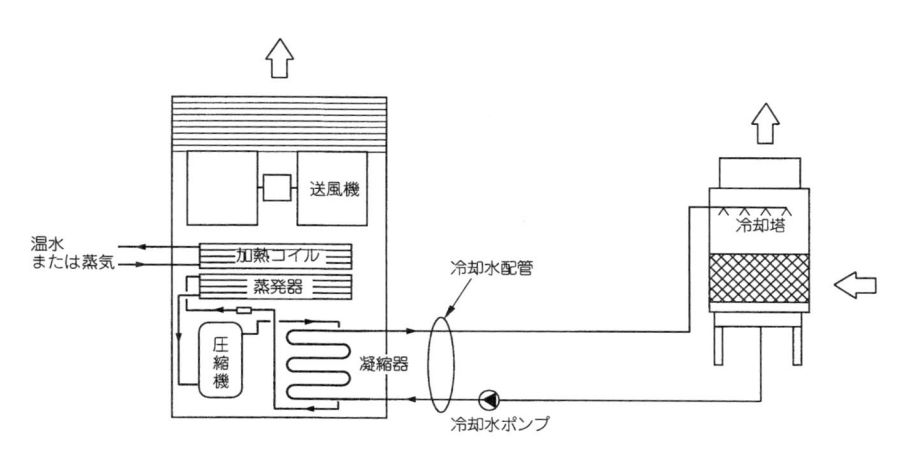

図 4.20 水冷式パッケージ型空調機方式

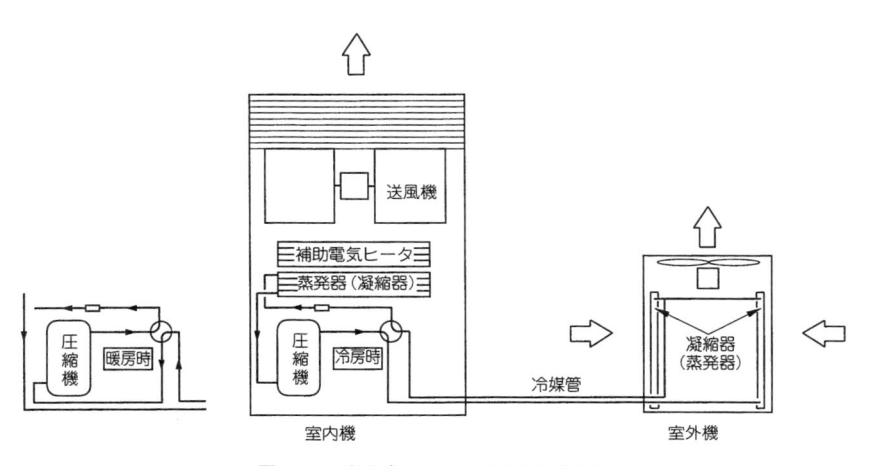

図 4.21 空冷式パッケージ型空調機方式

(b) 特　　　長

数馬力から数十馬力の比較的小容量のコンパクトで簡易なシステムである．熱源機も含めて分散されたシステムであり，局所的な冷暖房運転が容易に行える．特に空冷式では温熱源も分散化されたシステムを構成するので，独立性が高い．特別な運転資格者も必要としない場合が多い．主熱源機械室を必要とせず，機械室面積が小さくて済む．また，設備費も安いなどのメリットをもつ．反面，耐久性がそれほど高くない，室内環境維持性能への期待もそれほどは高くないなどの傾向が認められる．

(c) 適　　　用

中小規模の事務所ビル，物販店舗，飲食店舗などに適用される事例が多い．

(5) 閉回路式水熱源ユニット型ヒートポンプ

(a) 構　　　成

小型の水熱源のヒートポンプユニット，熱源水配管，熱源水循環ポンプ，ボイラ，冷却塔などから構成される．図 4.22 に基本構成を示す．屋内機はヒートポンプユニットであり，数馬力までのものが，窓下部や天井内などに設けられることが多い．これに加えて，外気処理用に中型の水熱源パッケージが設けられることも多い．冷房時には，熱源水は冷却水として作用し，室内の熱を冷却塔より大気へ放熱する．暖房時には熱源水はボイラにより加熱され低温水となる．端末のヒートポンプユニットはこの低温水より熱を汲み上げ，室内を加熱する．

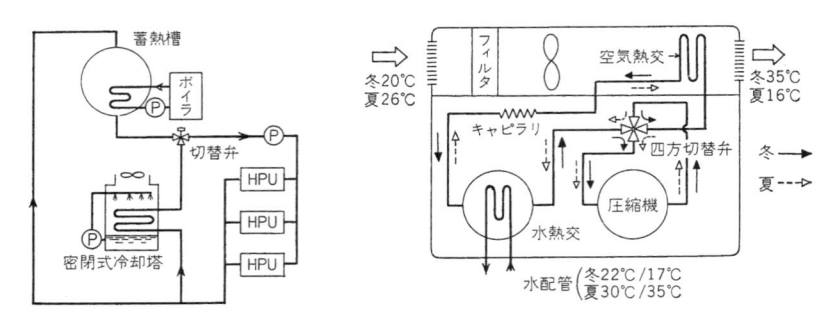

図 4.22　閉回路式水熱源ヒートポンプユニット方式

(b) 特　　　長

個別運転が可能である．機械室面積が少なくて済む．運転が容易である．熱回収運転が可能であるなどの特長をもつ．一方，耐久性がそれほど高くない．維持メンテナンス要素が多い．メンテナンスのためにテナント内への立入りが必要である．室内環境維持性能はそれほど高くない．外気冷房がしにくいなどの面もある．

(c) 適　　　用

中小の事務所ビルやホテルで採用される事例が認められる．

4.4.7 その他の空調方式

(1) 床吹出し空調方式

(a) 構　　成

図4.23に基本構成を示す．ダウンブロー空調機，床サプライチャンバ，床吹出し口，室，天井リターンチャンバなどから構成される．床吹出し口は，ファン付きのものとファンなしのものとがある．前者では床サプライチャンバはあまり加圧する必要はないが，後者では加圧する必要がある．床チャンバ内の圧力分布を均等にし，どこでも必要な風量が取り出せるよう留意しなければならない．この観点から床チャンバの深さを確保したり，奥行をあまり深くしないようにしたりする必要がある．

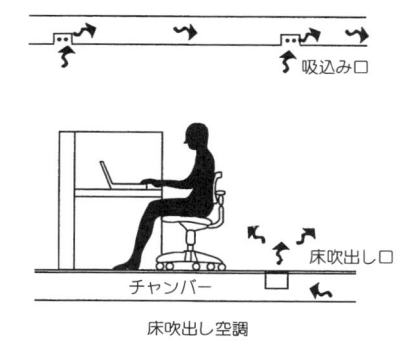

図 4.23 床吹出し空調方式

(b) 特　　長

ダクトレスシステムである．負荷の増大や偏在に対して，吹出し口の追加や位置変更が容易でオプショナル性が高く，フレキシビリティに富んでいる．温度成層を容認して居住域のみを快適な熱環境にしようとするシステムである．排熱効率が高く，吹出し温度を高くすることが可能で，省エネルギ的運転ができる．換気効率の向上や汚染質の除去にも比較的よいとされている．また，パーソナル空調との組合せが比較的容易にできるなどの長所をもつ．しかしながら，温度成層が著しい場合には，足元と頭の位置で温度差があり過ぎ不快になるおそれもある．また，不用意な設計は不快な気流を足元に感じさせる場合もある．吹出し口の選定や位置の設定に留意しなければならない．

(c) 適　　用

インテリジェントビルの空調方式として一部に適用事例が認められる．

(2) パーソナル空調方式

(a) 構　　成

家具などにファン，混合ユニット，吹出し口や放射パネルを搭載して個人の好みに合わせた空調を行おうとするシステムである．図4.24に典型的構成例を示す．グレードに応じて，吹出し風量のみを可変とするもの，給気温度を可変とするもの，両者を可変とするものがある．さらに，放射暖房を付加したも

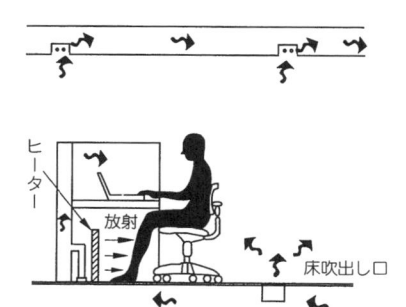

図 4.24 パーソナル空調方式

のなどがある．ユーザーの意志を反映させるためのユーザーインターフェースを備えるのが通常である．なお，パーソナル空調を行う場合には，アンビエント空調* との組合せによるのが通常である．
（b）特　　　長

快適性や省エネルギ性から理想形に近いシステムといえる．しかしながら，その実現には建築と空調とのインテグレーション，家具と空調とのインテグレーションなど用意周到な計画が必要となる．家具は一般に建築計画とは別場面で検討し購入されるため，特にインテグレーションは難しい．床吹出し空調をパーソナル空調として扱う場合には，家具とのインテグレーションの煩雑さは解消される．

（c）適　　　用

パーティション化されたインテリジェントビルなどで一部適用され始めている．

（3）外調機＋端末空調機組合せ方式

（a）構　　　成

端末の空調機と外調機とから構成される．図4.25に基本的構成例を示す．端末空調機は冷水コイルまたは冷温水コイルと空気濾過器，送風機などからなる．時に応じて加湿器を組み入れることもある．外調機は空気濾過器，冷却・加熱コイル，加湿器，送風機などからなる．場合により全熱交換器が付される．湿度制御は外調機に分担させることが多いが，端末側に分担させることもある．外調機は必要最小外気量のみを処理し端末空調機へ供給するのが通常であるが，外気冷房を考慮して必要最小外気量の2倍程度を供給できるようにしている場合もある．

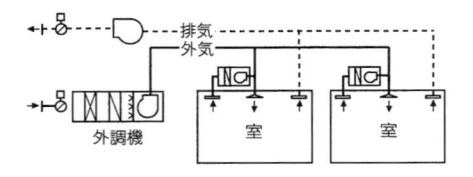

図 4.25　外調機＋端末空調機方式

（b）特　　　長

機能分担型のシステムである．端末空調機は室内負荷を処理し，外調機は外気負荷と湿度調整を分担する．一般の単一ダクトシステムで生じるような，除湿再熱過程を解消することが可能（12.4.7参照）で，省エネルギ的である．最近では，外調機にデシカント空調機を導入する事例が登場している．

（c）適　　　用

内部負荷の高いインテリジェントビルなどに適用される場合が多くなってきた．顕熱比の高いインテリジェントビルでは，除湿再熱を解消し得る本システムは省エネル

＊　室全体の空調をいい，機器回りだけ空調するタスク空調に対する用語．

ギ的見地からきわめて有効と考えられる．

4.4.8 各種建築に対する空調方式の適用
(1) 事務所建築

延床面積 10 000 m² を越える大規模の場合はペリメータとインテリアを分けてゾーニングするのが一般的である．ペリメータ部にはFCU方式を，インテリア部には変風量または定風量の単一ダクト方式を用いることが多い．しかし，エアフローウィンドなどを採用してペリメータシステムを設けない事例も一部には認められる．インテリア部の単一ダクト方式には，部分運転を可能にするため各階ユニット方式または分散方式が採用される場合が多くなっている．小区画ごとに全閉機能を有する変風量システムを採用し中央方式とする例も認められる．なお，最近では，前述のように大規模建物にあっても，マルチユニット型ヒートポンプ方式が採用される事例も稀ではなくなっている．

延床面積 2 000 m² 以下の小規模の場合はペリメータゾーンを分離することは比較的少ない．マルチユニット型ヒートポンプ方式，ウォールスルー型ヒートポンプ方式，パッケージ型空調機方式などが用いられることが多い．

2 000～10 000 m² の中規模の場合はグレードに応じて，大規模の場合に準じたり，小規模の場合に準じたりするのが通例である．

(2) 病院
(a) 手術室等

病院の場合には，熱負荷特性や使用別特性に基づくゾーニングのほかに空気清浄度によるゾーニングを必要とする．手術室・新生児室・ICUなどの清浄区域はそれぞれ独立したゾーンとするのが望ましく，図4.26に示すように，単独の空調システムとすることが多い．高度の空気清浄度を保つには，吹出し口直前に高性能フィルタ（HF）を設ける．このとき，ファン静圧が不足しないよう留意する．空調方式としては，パッケージ方式，単一ダクト空調方式が採用される．夜の空調を必要とする場合が多く，単独に，かつ容易に運転可能な空気熱源ヒートポンプ方式のパッケージを

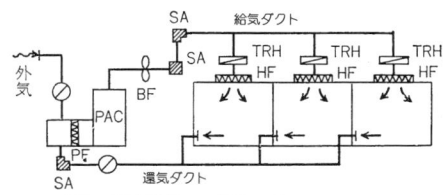

SA：消音装置　　　PF：プレフィルタ
PAC：パッケージ空調機　　BF：加圧ファン
TRH：再熱器　　　HF：高性能フィルタ

図 4.26　病院の空調方式例

設けるか,あるいは蓄熱槽を設けて,夜間はエアハンドリングユニットに必要な熱を供給する.

(b) 病 棟 部

病棟部は窓下にFCUを設けスキンロードを処理し,これに加えて換気回数 $N=3$～4回/h程度の送風を行う事例が多かったが,最近では,ヒートポンプユニットを用いる例も多くなってきた.ダクト方式を採用する場合には院内感染を防止するため各階ユニットを採用することが望ましい.

(c) 外 来 部 門

窓側にFCU,またはVAV方式,インテリアは単一ダクト定風量方式で空調する事例が多い.最近では空気熱源ヒートポンプパッケージユニットを用いる事例も認められる.

(3) 劇場・公会堂

観客席の空調は単一ダクト定風量方式を用いるのが一般的である.しかしながら,近年では変風量方式を用いる例も認められる.この場合には,空気清浄度の確保などに特に留意する必要がある.大規模の場合,舞台の空調は観客席とは別系統に設ける.比較的高級な場合には,観客席も前部席と後部席あるいは2階席系統に分ける.

観客席の吹出し方式としては,1階席では天井面より小型のノズルなどを用い吹き出し,座席下のマッシュルーム型吸込み口などから還気するのが一般的である.2階席などでは天井面のアネモ型吹出し口などを用いるのが通常である.夏期と冬期には吹出し口からの到達距離を可変にし,コールドドラフトの回避や暖房時の温風の到達距離の確保を図ることが望ましい.

観客ロビー・食堂・リハーサル室・楽屋などはそれぞれ別系統とし,ガラス窓のある室にはFCUなどを設ける.

(4) ホ テ ル

大規模シティーホテルなどでは,中央式の熱源が採用される事例が多い.この場合,客室は各室ごとにFCUなどを設ける.かつ1室当たり50～150 m^3/h程度の新鮮空気は外気空気調和機などを介して送風される.これに見合う排気を客室付属の浴室などから行う.

宴会場・食堂あるいは玄関ロビーなどは定風量または変風量の単一ダクト方式を用いる.

客室は深夜にも空調を必要とする.無資格で簡便に運転できる熱源を用いたり,蓄熱槽を設けて,深夜は冷凍機またはボイラを運転せずに空調を行ったりする.

(5) デパート・スーパーマーケット

各階の売場ごとに照明負荷や人員負荷が著しく変動する.さらに,数年に1回程度の割合で売場の配置の変更があることや防災性能の向上の観点などから,各階ユニット方式を採用するのが望ましい.冬でも冷房運転が要求される場合も多く,外気冷房可能なシステムとすることが望まれる.大規模な施設では吸収冷温水発生機や蓄熱式

ヒートポンプを用いる中央式熱源に各階のエアハンドリングユニットを組み合わせた方式が広く採用されている．中小規模では，運転が容易なことと設備費が安いため，パッケージを用いる各階ユニットの例が多い．

ペリメータ部分に事務室やロッカールームなどを設ける場合，これらは別系統とする．

4.5 空調用熱源方式

4.5.1 空調用熱源方式の分類

空調用熱源には温熱源と冷熱源とが必要となる．表4.4に空調用熱源の分類を示す．温熱源としてはボイラ，冷温水機，ヒートポンプなどが用いられる．ヒートポンプはヒートソースにより分類される．すなわち，水熱源方式，空気熱源方式などがある．水熱源方式は冷却塔により製造した冷却水や井水・地下水・河川水・海水などをヒートソースとする方式である．空気熱源方式は大気をヒートソースとする方式である．

冷熱源としては，作動原理による分類，熱の捨て場（ヒートシンク）による分類などがある．作動原理による分類としては圧縮式冷凍機方式，吸収式冷凍機方式とがある．熱の捨て方として水冷方式，空冷方式とがある．水冷方式は冷却水を用いる方式である．冷却塔を用いて大気をヒートシンクとしたり，井水・地下水・河川水・海水をヒートシンクとして利用する方式である．空冷方式は空気熱交換器を用いて大気を

表4.4 空調用熱源方式の分類

熱源種別	熱源方式	サイクル進行原理・形式等	ヒートソース,ヒートシンク		燃料または駆動力			備考
			水*	空気	油	ガス	電気	
温熱源方式	ボイラ方式	燃焼			○	○	○	貫流式,炉筒煙管式,水管式ボイラ等
冷温熱源方式	冷温水機方式	燃焼	○		○	○		吸収式
	圧縮式ヒートポンプ方式	往復動式	○	○			○	
		遠心式	○	○			○	
		回転式	○	○			○	
	吸収式ヒートポンプ方式	吸収サイクル	○	○		○		
冷熱源方式	圧縮式冷凍機方式	往復動式	○	○			○	
		遠心式	○				○	
		回転式	○	○			○	
	吸収式冷凍機方式	一重効用吸収式	○		○	○		
		二重効用吸収式	○			○		

＊：冷却水(冷却塔)，井水，地下水，河川水，海水など
○：比較的広く用いられている組合せを示す．

4.5.2 ボイラ＋冷凍機方式

温熱源にボイラを冷熱源に圧縮式冷凍機または吸収式冷凍機を用いる方式である．ボイラには温水ボイラまたは蒸気ボイラが用いられる．ボイラの燃料としては，都市ガス，LPG，重油，灯油などが用いられる．ボイラの運転には有資格者の要ることがあるので注意を要する．

（1） 電動冷凍機方式

冷熱源に電動の圧縮式冷凍機を用いる方式である．本方式は中央方式の熱源方式として，従来より広く採用されてきた方式である．レシプロ冷凍機は中小規模の施設に，ターボ冷凍機は大規模の施設に多用されてきた．これらの電動冷凍機はCOP（成績係数）の高い高効率の冷熱源方式で，冷熱需要の高い施設に適している．使用する冷媒によってはオゾン層破壊が懸念されるので，適用には慎重な検討が必要である．なお，電動冷凍機では，冷媒ガスR-11が使用されるのが通常であったが，オゾン層破壊を考慮して，R-11の新規の使用は廃止されるに至った．最近ではR-134a，R-123，その他の混合冷媒などへ移行されつつある．図4.27にボイラ＋電動冷凍機方式の構成を示す．

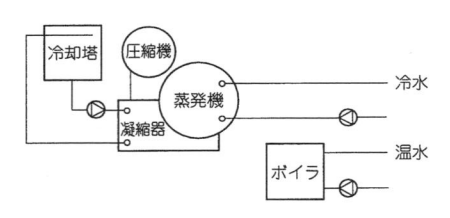

図4.27　ボイラ＋電動冷凍機方式

（2） 吸収冷凍機方式

ボイラにより発生した蒸気や高温水などを駆動源とした冷凍機である．ボイラ用の燃料としては，都市ガスや重油などが用いられる．ボイラに代えて，焼却施設や各種排熱施設よりの蒸気，温水を用いることもある．ときには高温の排ガスを駆動源として利用することもある．また，太陽熱集熱器よりの温水を用いることもある．吸収冷凍機には高温の蒸気などで駆動させる二重効用吸収式冷凍機と，低温の温水で駆動させる一重効用の吸収式冷凍機とがある．最近では，三重効用の冷凍機も開発され，一部に適用され始めている．二重効用吸収式冷凍機は大型施設で適用される場合が多い．特にホテルや病院など冷暖房需要外の目的で蒸気ボイラなどを必要とする施設などで多用されてきた．その他，地域冷房などの大型施設にも多用されている．一重効用吸収冷凍機の機器単体のCOPはそれほど高くないが，太陽熱や排熱利用などと組み合わせて，総合効率を上げる場合などに用いられる．図4.28にボイラ＋吸収冷凍機方式の構成を示す．

4.5.3　吸収冷温水機方式

吸収式冷凍機と温水機を統合したシステムである．この機器1台で，冷暖房ができ

る．燃料として，都市ガス，LPG，重油，灯油などが用いられる．冷暖房のための冷水と温水とを切り替えて取り出す型と，冷水と温水とを同時に取り出す型とがある．本方式は機械室面積が小さくて済むとともに，運転資格者が不要で，各種の大規模，中規模ビルに多用されている．図4.29に吸収冷温水機方式の構成を示す．

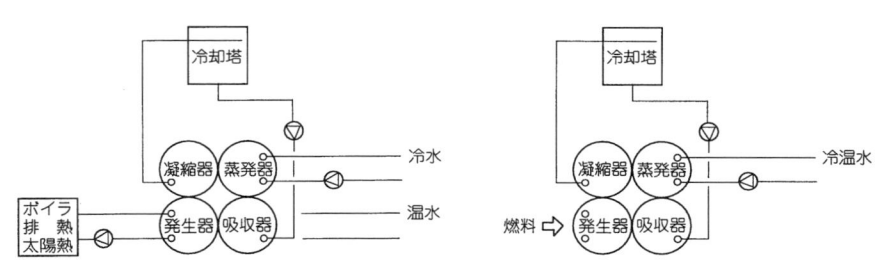

図 4.28 ボイラ＋吸収冷凍機方式

図 4.29 吸収冷温水機方式

4.5.4 ヒートポンプ方式

　低温の水熱源（井水・地下水・河川水・海水など）や空気熱源（大気など）から熱を汲み上げて，高温の水や空気を作り出すことからヒートポンプと呼称される．圧縮式ならびに吸収式のヒートポンプがある．圧縮式ヒートポンプでは，冷媒ガスを凝縮器（室内機）→膨張弁→蒸発器（室外機）→圧縮機→凝縮器と進めるヒートポンプサイクルにより暖房を，蒸発器（室内機）→圧縮機→凝縮器（室外機）→膨張弁→蒸発器と進める冷凍サイクルにより冷房を行う．ヒートポンプサイクル，冷凍サイクルは四方弁により切り替えられる．同一の機器で冷暖房が可能な方式である．数馬力の小型のものから，数百馬力の大型のものまである．電動モータを使用する方式が広く使用されている．モータの駆動は電力会社よりの購入電力によるのが一般的であるが，最近ではガスエンジンヒートポンプなどのエンジンの軸出力を直接使用する方式も普及しはじめている．ヒートポンプ方式には，その他吸収式ヒートポンプ方式もある．図

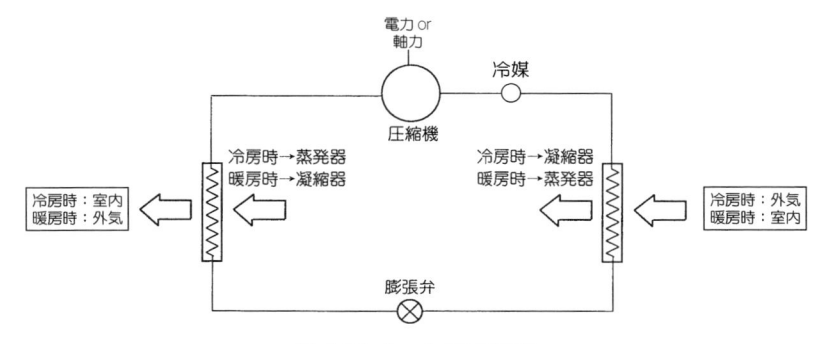

図 4.30 ヒートポンプ方式

4.30にヒートポンプ方式の概念を示す．

(1) ヒートポンプの圧縮方式

冷媒ガスの圧縮方式は冷凍機と同様である．往復動式，遠心式，回転式などがある．業務用施設などでは，レシプロ型，ターボ型，スクリュー型コンプレッサが用いられる．

(2) ヒートポンプの熱源

ヒートポンプの作動には熱の汲上げ場としてのヒートソースと，熱の捨て場としてのヒートシンクが必要である．

暖房時のヒートソースとしては，井水，地下水や大気が使用される．また，未利用エネルギの活用という立場から河川水や海水などが利用される場合も認められる．さらに，下水余熱，変電所排熱，地下鉄排熱などの都市の余熱や排熱が用いられることもある．ヒートシンクとしては室空気が用いられたり，温水が用いられたりする．前者では直接，室空気が暖められる．後者ではまず温水が加熱される．次いで，それを用いて室空気が暖められる．

冷房時のヒートソースとしては室空気が用いられたり，冷水が用いられたりする．前者では直接，室空気が冷却される．後者では，まず冷水が冷却される．次いで，それを用いて室空気が冷却される．ヒートシンクとしては井水，地下水，河川水，海水や大気が使用される．

4.5.5 蓄熱式ヒートポンプ方式

ヒートポンプ方式の一つの典型的な方式に蓄熱式ヒートポンプ方式がある．水などの蓄熱体にあらかじめ夜間などに冷熱や温熱を貯え，昼間などの冷暖房の必要なときにそれを取り出して使用するシステムである．図4.31に蓄熱式ヒートポンプの概念を示す．本方式は①ピークカットに有効で，熱源機器容量の大幅な低減に有効であること，②安定運転が可能であること，③効率の極端に低い低負荷運転の回避が可能で，熱源機の高効率運転が可能であることなどのメリットをもつ．最近では，④蓄熱

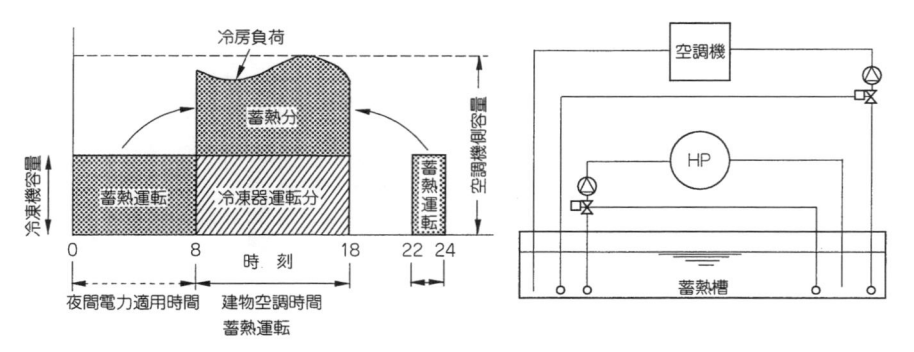

図 4.31 蓄熱式ヒートポンプ方式（開放式の例）

調整契約など安価な電気料金体系の適用が可能であること，⑤電力の負荷平準化に効果があることなどのメリットも加わり，近年急速に普及し始めている．

(1) 水 蓄 熱 方 式[2)]

蓄熱体として，水を使用するシステムである．水は使用可能な熱媒体の中で，比較的比熱の大きな物質で安全性や操作性にも優れ，従前より蓄熱体として広く使用されてきた．放送局や電算センタなどで，安定運転などの視点から，従来より数多く採用されてきた．最近では，前述の電気料金体系の改定などを契機として，その他の業務用ビルなどでも広く採用されるようになった．蓄熱体としての冷水や温水は大量に必要で，通常は建築躯体の地中梁内などの空間を利用して設けられることが多い．この場合には連通管形式やもぐり堰形式の蓄熱槽が形成される．前者の蓄熱効率は後者に比べ低い．最近では，一部にではあるが，水槽の深度を大きくした温度成層型の蓄熱タンクを設ける場合も認められる．

本方式における冷水や温水の熱媒の搬送方式には開放回路式と閉回路式とがある．搬送動力の抑制，配管腐食の防止の観点から，最近では熱交換器を介して，一次側と二次側とを分離するシステムとすることが多い．開放式とする場合には，配管等の腐食防止に留意して水質管理に留意することが必要である．

(2) 氷 蓄 熱 方 式[3)]

蓄熱体として，氷を使用して冷熱を蓄熱するシステムである．水蓄熱方式は蓄熱媒体の温度差を利用する顕熱蓄熱方式である．氷蓄熱方式は顕熱に加えて，固体と液体間の相変化に伴う潜熱をも利用する方式である．氷の融解熱は 334 J/kg (80 kcal/kg) であり，顕熱に対し大量の熱の保有が可能である．IPF*（氷充てん率）を 0.5，利用温度差を 10℃ として利用可能熱量は 189 J/kg (45 kcal/kg) となる．一方，水蓄熱方式は温度差 5℃，蓄熱効率 80% として利用可能熱量は 17 J/kg (4 kcal/kg) である．氷蓄熱方式は水蓄熱方式に比べ，単位容積当たり約 10 倍強もの大容量の蓄熱が可能である．したがって，水蓄熱方式に比べ，蓄熱体の体積は比較的小容量で済む利点がある．

氷蓄熱の方式には，スタティック型とダイナミック型とがある．スタティック型はパネルまたはコイルの外表面に製氷し，それを溶かす形で空調機に冷水を供給する方式である．氷の融かし方に内融式と外融式とがある．本方式の典型にアイスオンコイル方式がある．ダイナミック型は連続的に製氷を行いながら，空調機に冷水または氷細片まじりの冷水を送水するシステムである．リキッドアイス方式，シャーベットアイス方式，過冷却アイス方式などがある．メーカなどにより独自の呼称が付されているのが実情である．

(3) 潜 熱 蓄 熱 方 式

蓄熱体として，潜熱蓄熱材を使用するシステムである．数℃ から数十℃ の温度の

＊ IPF とは Ice Packing Factor の略字で水槽容積（氷＋水）に対する氷容積の比をいう．

異なるレベルで相変化を起こす種々のケミカル材がある．この性質に着眼した種々の温度レベルでの潜熱移動を利用する蓄熱システムである．冷熱の蓄熱にも温熱の蓄熱にも適用できる．潜熱蓄熱材をタンク内に収納し，これに冷水や温水を通して蓄放熱を繰り返すシステムで，通常は閉回路方式が構成される．

4.5.6 熱回収方式
（1） 熱回収ヒートポンプ方式

　冷凍機の運転に伴う凝縮熱は通常は大気などのヒートシンクに捨てられる．これを捨てることなく暖房や給湯の熱源として有効利用しようというのが熱回収ヒートポンプ方式である．ボイラなどを用いる場合に比べ，暖房や給湯のための熱源機器に伴う化石燃料消費は大幅に削減される．放送局や電算センタ，インテリジェントビルなど冷房負荷の卓越する建築ではきわめて有効な省エネルギシステム手段となる．図4.32に熱回収ヒートポンプ方式の概念図を示す．暖房・給湯等で使いきれない余剰熱は冷却塔等でヒートシンクへ捨てられる．逆に，凝縮熱だけでは暖房・給湯需要に満たない場合には，別のボイラ等の加熱源を追従作動させる必要がある．

（2） エンジン駆動ヒートポンプ方式

　ヒートポンプの駆動源としては，電動機を用いるのが一般的である．電動機に代えて，エンジンの軸出力により圧縮式ヒートポンプを駆動させるシステムをエンジン駆動ヒートポンプ方式と呼称する．エンジンの燃料として，都市ガス，LPG，重油，灯油などが用いられる．エンジンの運転に伴って，冷却水や排ガスなどの排熱が発生する．これらの排熱を回収して，暖房や給湯，プール加熱などの加熱源として利用し，総合効率を上げることが可能である．また，排ガスを直接排熱利用吸収冷凍機に導いて冷房用熱源として活用することも可能である．排熱を有効利用する本方式はきわめて高い熱効率の達成が可能である．しかしながら，高い熱効率を常に維持するに

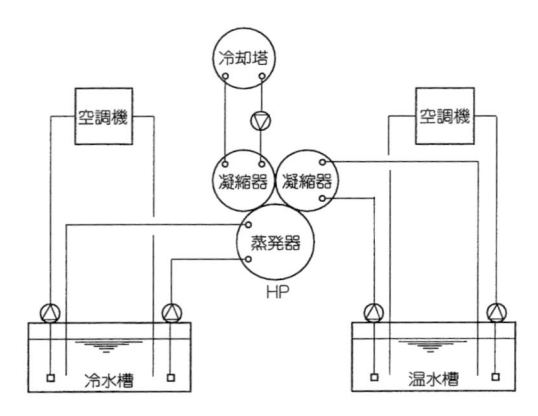

図 4.32 熱回収ヒートポンプ方式

4.5 空調用熱源方式

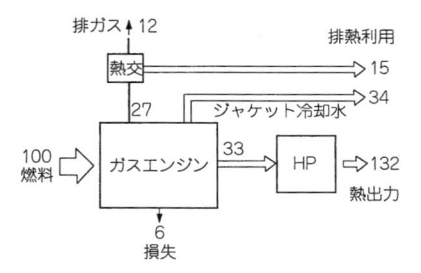

```
排ガス ↑12            排熱利用
   ┌─熱交─┐ ────────→ 15
         │ ┌─ジャケット冷却水─→ 34
         27│
100→ ガスエンジン ─33→ HP ⇒132
燃料                        熱出力
         ↓6
         損失
```

図 4.33 エンジンヒートポンプ方式の例

は，排熱利用先が常に安定して存在する必要がある．エンジン駆動のヒートポンプにより冷暖房を，排熱によりプール加熱をするスポーツセンタなどにおける適用例がある．図 4.33 にエンジン駆動ヒートポンプ方式の概念を示す．

(3) コージェネレーション方式[4]

ガスタービンやガスエンジンなどを利用して，電力を発生させると同時に排熱を利用して冷暖房や給湯用の熱源として利用する方式である．冷房には排ガス吸収式冷凍機が，暖房や給湯には排ガスボイラなどが用いられる．総合熱効率は最高 70～80% に達する．燃料として，都市ガス，LPG，重油，灯油などが用いられる．本方式は，以前はトータルエネルギ方式，オンサイトエネルギ方式などと呼称される場合もあったが，最近ではコージェネレーション方式と呼称されている．図 4.34 にコージェネレーション方式の概念を示す．

運転方式には，いわゆる電主熱従タイプと熱主電従タイプとがある．前者は電力供給に主体を置いて運転制御を行い，発生した排熱を従属的に有効利用しようとする方式である．後者は熱供給に主体を置いて運転制御を行い，従属的に電力供給を行う方式である．電力が余った場合には，条件が整えば電力会社に余剰電力を買い取ってもらう逆潮運転が可能となるに至っている．逆潮運転を計画する場合には電力会社との綿密な打合せが必要である．コージェネレーションを高効率で運転するためには電力負荷と熱負荷とが常にバランスよく保たれていることが望ましい．本方式は敷地内（オンサイト）で電力供給が必要な工場やリゾート施設などで用いられることが多い．

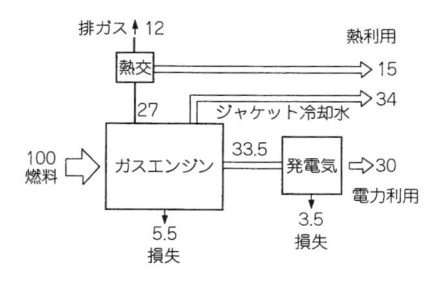

```
排ガス ↑12              熱利用
   ┌─熱交─┐ ────────→ 15
         │ ┌─ジャケット冷却水─→ 34
         27│
100→ ガスエンジン ─33.5→ 発電機 ⇒30
燃料                           電力利用
         ↓5.5      ↓3.5
         損失      損失
```

図 4.34 コージェネレーション方式の例

また，都市部でもホテルや病院など熱負荷の大きい建物で，省エネルギ性，経済性の観点から導入される事例が増えている．事務所ビルでも電力負荷と熱負荷とのバランスの保たれる範囲で，部分的に用いられることがある．本方式の延長として，燃料電池方式がある．発電効率が高く，かつ排熱を利用するため，高い総合効率を期待できる．燃料電池の排熱温度は比較的低くその有効利用可能な負荷が限定される傾向がある．燃料電池の容量は比較的小さく，1～200 kW 程度である．

4.5.7 特殊方式
（1） 太陽熱利用方式

熱源として太陽エネルギを利用する方式である．太陽熱集熱器，集熱ポンプ，集熱タンクなどから構成される．太陽熱集熱器には，平板型，真空管型などがある．集熱した太陽熱を利用して給湯や暖房・冷房ができる．給湯や暖房には比較的低温の温水でよいが，冷房には高温の温水を必要とする．太陽熱の集熱温度が低い場合には，冷房用途には使用できない．しかし，集熱量は多く給湯や暖房の太陽熱への依存率を高めることができる．逆に，集熱温度が高い場合には，吸着式冷凍機などを用いて冷房用に冷水を供することができるが，集熱量は少ない．この場合には太陽熱への依存率は低いものとなる．太陽熱暖房や給湯は家庭用を中心に普及しているが，業務用ビルなどでも一部適用されている．前述のように，太陽熱への依存率を高めるには，低温で集熱した温熱を使用することが重要である．低温の温水で充当することが可能な外気の予熱や給湯補給水の予熱に太陽熱を用いたりする工夫も有効な手法である．図4.35に太陽熱利用暖房のプロトタイプを示す．

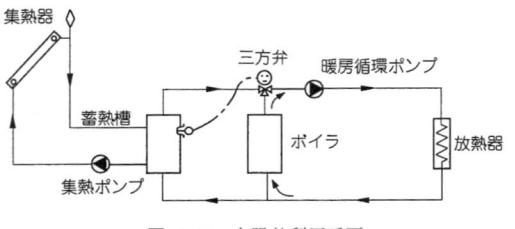

図 4.35 太陽熱利用暖房

（2） 地域冷暖房方式

集中した熱源プラントを設け，地域配管により冷水，温水，蒸気などの熱エネルギを各建物へ供給するシステムである．温熱源としては，高圧蒸気ボイラなどが初期の頃より多用されてきたが，最近ではヒートポンプなども用いられるようになってきた．冷熱源としては，圧縮式冷凍機や吸収式冷凍機が単独にあるいは組み合わされて用いられる．多くのプラントでは，機器の単機容量は大きいが，考え方は一般の大規

模建築と同様の熱源システムで構成されることが多い．しかし，超大型プラントなどでは以下のような高効率システムを見出すこともできる．すなわち，高圧蒸気ボイラにより，背圧タービンや復水タービンを駆動し，その軸出力により圧縮式冷凍機を駆動させ，残余の蒸気を用いて吸収式冷凍機を駆動させる事例などである．ごみ焼却場からの排熱や変電所などの排熱を部分的ではあるが回収利用する事例などを見出すこともできる．また，コージェネレーションシステムの排熱を回収して排ガスボイラや排ガス吸収冷凍機を駆動させる事例もある．さらに，河川水利用や海水利用による高COPのシステムを目指すものも登場している．

地域配管としては，2管式，4管式などがある．2管式の地域方式は蒸気または（高）温水を供給し冷暖房を行う方式である．需要家の建物では，蒸気や高温水を直接用いるか，熱交換器を介して間接的に用い，暖房・給湯を行う．冷房は蒸気や高温水を駆動源とする需要家に設置された吸収冷凍機により行う．4管式は，冷水と蒸気または温水を供給するシステムである．需要家の建物では，これらにより冷暖房や給湯を行う．図4.36に地域冷暖房方式の例を示す．

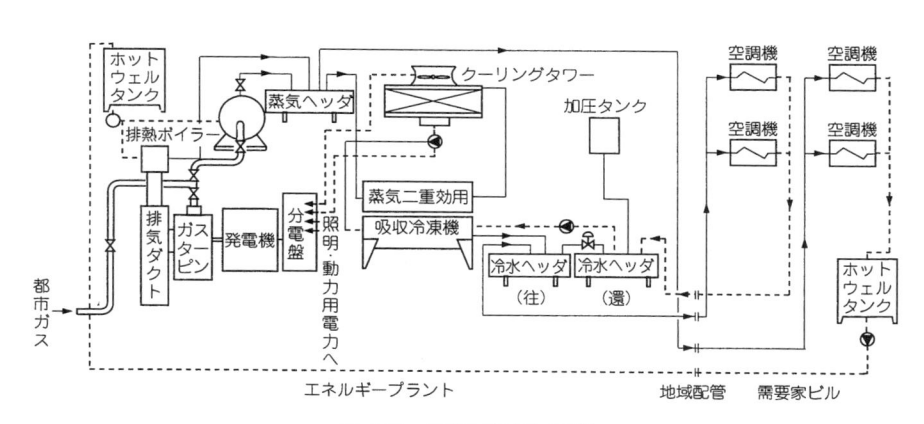

図 4.36 地域冷暖房方式事例

(3) 地域エネルギ供給方式

電気エネルギと熱エネルギを同時に供給する分散電源方式の実用化が始まった．高い効率を有する大型のエンジンで発電し，電力として利用したり，遠心冷凍機を駆動させたりする．同時に，排熱を用いて，暖房・給湯の加熱源として利用したり，吸収式冷凍機を駆動させたりする．エンジンの容量は単機容量で数千kWに及ぶものもある．また，エンジンによる発電効率は45％（低位発熱基準）に及ぶものも登場している．同方式は，排熱を利用する観点から，地域冷暖房方式に馴染みやすく，既存地域冷暖房方式の大幅なエネルギ効率の改善に有望視されている．図4.37に同方式の事例を示す．

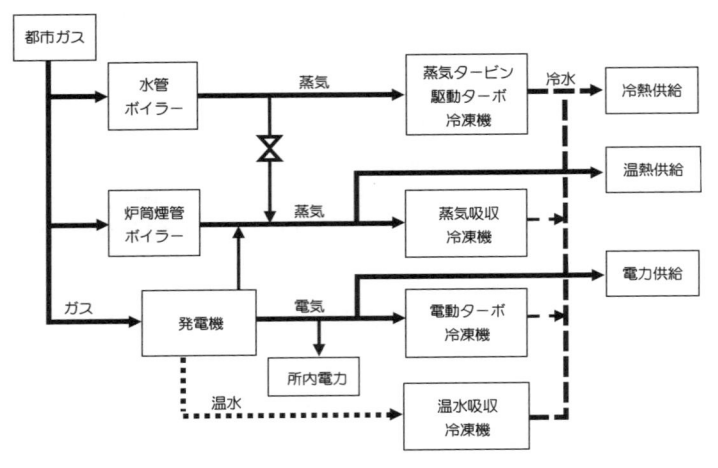

図 4.37 地域エネルギーの供給方式事例

4.6 コスト計画

　コスト計画は空調計画の大きな柱の一つである．図 4.38 は事務所ビルにおけるライフサイクルコストの試算例を示したものである．エネルギ費，保全費など設備に関わるコストが全コストの半分以上を占め，きわめて大きな要素となっていることが読み取れる．これらは空調システムに関わるところが大である．したがって，空調計画におけるコスト計画はきわめて重要な計画事項となる．なお，ライフサイクルコストは金利，物価上昇率などに大きく影響されるので注意されたい．

　コスト計画を推進するには，コスト評価手法の適用が不可避である．評価手法には

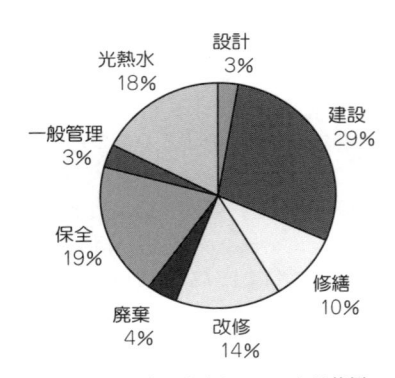

図 4.38 ライフサイクルコスト試算例

種々の方法があるが，ここでは代表的事例として，年間経常費法，ライフサイクルコスト（LCC）法を紹介する．

4.6.1　年間経常費の算出

空調設備に係わるコストとして，建設費と運転費とがある．これらの費用を総合的に評価することが要請される．年間経常費は建設費と運転費などを年間に掛かる経費として換算し経済性を検討するものである．年間経常費は次のようにして算出される．

　　　年間経常費＝固定費＋変動費
　　　固定費＝減価償却費＋租税＋保険
　　　変動費＝エネルギ費＋上下水道費＋維持修理費＋労務費

年間経常費の算出方法のあらましを表4.5に示す．

表 4.5　年間経常費の算出

費 目	費目内訳		算出方法など	備　考
固定費	減価償却費	設　備	年間償却額×資本回収係数	
	減価償却費	建　屋	同　　上	方式により機械室面積が異なる時など
	税　金		2〜3％程度	取得税・都市計画税・固定資産税など
	保　険			機械保険・建屋保険など
	その他		賃貸料など必要に応じて計上	
変動費	燃料費（ガス他）	基本料金	12ヶ月分の基本料金	ガス供給規定による
		従量料金	従量料金単価×使用量	ガス税：2％，0の場合もある
	電力料金	基本料金	12ヶ月分の基本料金	電力供給規定による
		従量料金	従量料金単価×使用量	電気税：5％
	上水道費		従量料金単価×使用量	自治体の供給規定による
	下水道費		従量料金単価×使用量	
	維持修理費		設備建設費の1〜2％程度	消耗品を含む
	労務費		人件費単価×保守員数	検討対象により保守員数は異なる
年間経常費	固定費＋変動費			

（1）減価償却法

設備などの固定資産は使用に伴って，消耗したり陳腐化したりして年々その価値を減じていく．価値が減じていくことを減価という．設備導入費（建設費）を年々の経費に置き変える方法に減価償却法がある．減価償却額に資本回収係数を乗じて年間償却費を求めるのが一般的である．投下した資本を年々返済してもらう考え方である．

減価償却額 $Φ$ ＝取得価格－残存価格

年間償却額＝$\dfrac{\text{取得価格}-\text{残存価格}}{\text{耐用年数}}$

資本回収係数 $p=\dfrac{r}{1-(1+r)^{-n}}$

ただし，
　　n：償却年数
　　r：金利
　　　減価償却費＝$Φ \cdot p$

算出に当たっては，償却年限の差異により，機械室建設に伴う固定費と空調設備建設に伴う固定費に分けて求め，最後に合算する．取得価格は該当する機械室や空調設備の建設費と考えればよい．残存価格を設備の取得時に見積るのは現実的でなく，取

表 4.6　空調設備機器の償却年数[5]

	機器名	ASHR-AE[6]	病院設備協会		機器名	ASHR-AE[6]	病院設備協会
空調機	窓掛形	10	6	冷凍機	レシプロ	20	10
	住宅用スプリット	15			ターボ	23	15
	水冷 PAC	15	6		吸収	23	
	一般空調機	—	10		亜鉛鉄板製	20	10
ヒートポンプ形空調機	住宅用空冷式	10		冷却塔	木製	20	
	一般用空冷式	15			密閉式	—	15
	一般用水冷式	19			空冷コンデンサ	20	
ボイラ	水管式	24	—		エパコン	20	15
	煙管式	25	15	保温	モールド	20	
	鋳鉄式	35	15		ブランケット	24	
	バーナ	21	15	ポンプ	床置	20	10
暖房機	温気炉	18			ラインポンプ	10	
	ユニットヒータ	20			水槽内	10	
	〃（ガス）	13			凝縮水	15	
	放熱器	25	10(鋼管) 20(鋳鉄)	電気	モータ	18	15
	吹出口・吸込口	27			モータ起動器	17	8
	FCU, IDU	20	15		変圧器	30	15
	VAV または DDユニット	20		制御	空気式	20	
	エアワッシャ	17			電気式	16	
	ダクト	30	15		電子式	15	
	ダンパ	20	—	配管	銅管・鋼管（空調用）		15
ファン	遠心式	25	15		バルブ		15
	軸流式	20			ライニング鋼管		15
	プロペラ	15			白ガス管（湯）		7
	ルーフファン	20			〃（水道）		10
	冷却（蒸気）コイル	20	10				
	円筒多管式熱交換器	24					

得価格の 10% として一般的には計算される．

償却年数は税法上の耐用年数と考えてよい．空調設備機器は通常 15 年とされているが，これよりも耐用年数の短いものもあるので注意を要する．表 4.6 に空調設備機器などの耐用年数の目安を示す．機械室建設費は建築用途や主体構造形式により異なる．それぞれの状況に応じて検討するのが原則であるが，経済検討上は 45～50 年程度で見積られることが多い．

4.6.2 ライフサイクルコストの算出

建物の一生にかかる費用をライフサイクルコスト（LCC）という．LCC には設計費，建設費，光熱水費，修繕費，改修費，廃棄費，保全費，一般管理費などが含まれる．LCC は利率，物価上昇率などを勘案して求める必要がある．通常は，建物の一生にかかる費用を現在価格に換算して求める考え方によっている．

（1） 周期現価係数

周期的に発生する支出の現在価値は次式により算出する．

$$P_n = \frac{1}{1+e} \cdot \sum_{j=1}^{n} \omega^{jm} \cdot Q = \frac{\omega^m}{1+e} \cdot \frac{1-\omega^{nm}}{1-\omega^m} \cdot Q = F_p \cdot Q$$

ただし

$$\omega = \frac{1+e}{1+i}$$

ここに，P_n：現在価値　　　　　　　m：周期（何年ごと）
　　　　Q：現在価格（見積り価格）　n：回数（何回）
　　　　e：価格変動率　　　　　　　F_p：周期現価係数
　　　　i：計算利率

（2） 定率評価係数

定率償却による評価額の現在価値は次式にて算出する．

$$P_n = \sum_{j=1}^{n} \frac{(1-r)^{j_1-1} \cdot r}{(1+i)^{j_1}} \cdot Q + \frac{(1-r)^{j_1}}{(1+i)^{j_2}} \cdot Q$$

$$= \left[\frac{r}{a} \cdot \frac{1-\left[\frac{b}{a}\right]^{n_1}}{1-\frac{b}{a}} + \frac{b^{n_1}}{a^{n_2}} \right] \cdot Q$$

$$= (F_{dd} + F_{dr}) \cdot Q$$

$$= F_{de} \cdot Q$$

ただし，
　　$a = 1+i$, $b = 1-r$
　　$n = n_1 = n_2$（下記 2 つの条件式の範囲）
　　$n_1 \leq$ 計画耐用年数と最大償却年数のうち小さい数値
　　$n_2 \leq$ 計画耐用年数

ここに，P_n：現在価値 Q：取得資産額
　　　　r：定率法償却率 i：計算利率
　　　　n_1：償却年数 1 n_2：償却年数 2
　　　　F_{dd}：定率償却係数 F_{dr}：定率残存係数
　　　　F_{de}：定率評価係数

引用文献

1) 空気調和・衛生工学会編：空気調和設備の実務の知識，改訂 2 版，平成 17 年，オーム社．
2) 空気調和・衛生工学会編：蓄熱式空調システム　計画と設計，2006 年，丸善．
3) (財)ヒートポンプ・蓄熱センター：氷蓄熱式空調システムマニュアル．
4) 日本ガス協会ホームページ：ガスコージェネレーションシステム．
5) 笠原重剛：空衛誌，Vol. 54, No. 7, 1980.
6) ASHRAE: Handbook & Product Directory 1980, Systems.

5 空調用熱源装置

5.1 空調用熱源装置

本章で取り扱う熱源装置を表5.1に示す．これらの適用については概略4.5で説明されており，本章では各機器の構造・特性およびその設計法等を述べることにする．

表 5.1 熱源装置の種類

冷熱源装置	温熱源装置	共　通
往復冷凍機 ターボ冷凍機 吸収冷凍機 スクリュー冷凍機	ボイラ	ヒートポンプ 熱交換器 蓄熱槽

5.2 冷凍機一般[1)-4)]

現在，一般に実用されている冷凍機は表5.2に示す5種類のものであり，その原理を示す．

5.2.1 冷凍機の選定

往復式が用いられる場合は，（i）パッケージ空調機のようにユニットに組み込まれる場合のほか，（ii）能力が70kW(20RT)以下の場合である．これを超える大容量の場合はターボ式，スクリュー式，吸収式が用いられる．ヒートポンプには水熱源の場合には，いずれの冷凍機も用いられるが，空気熱源の場合は圧縮比が高くなるため，30kW以下には往復式，それ以上にはスクリュー式が用いられる．一般的な特性，経済性の比較を表5.3に示す．容量制御性については吸収式とターボ式が優れており，図5.1に示すように往復式が最も悪い．従来，ヒートポンプ型小規模冷凍機には往復式が汎用的に使われていたが，スクリュー冷凍機の製品開発により低価格化が進むにつれて，70kW(20RT)～140kW(40RT)に往復式が使われる以外はスクリュ

表 5.2 冷凍機の種類

冷凍機の原理		空調用としての容量
圧縮式	・遠心式(ターボ式)	遠心式圧縮機を用いる．大容量建物に適する．	$351\,kW \sim 35\,MW\,(100 \sim 10\,000\,RT)$
	・往復式(レシプロ式)	往復式圧縮機を用いる．高圧冷媒を使用する．小規模建物に適する．	$7 \sim 422\,kW\,(2 \sim 120\,RT)$
	・スクリュー式	スクリュー式圧縮機を用いる．高圧冷媒を使用する．現在，特定フロン冷媒を使用するため，ターボ冷凍機の代替として使用されることが多い．	$105 \sim 4\,220\,kW\,(30 \sim 1\,200\,RT)$
吸収式	・単効用	一つの再生器を持つ．成績係数が低く，現在はコージェネまたは太陽熱利用冷房の際の温水利用吸収冷凍機程度に使用．	$70 \sim 2\,813\,kW\,(20 \sim 800\,RT)$
	・二重効用 冷温水発生機	低圧再生器と高圧再生器を持つ．現在，空調用として汎用的に使用される．	$176\,kW \sim 10.5\,MW\,(50 \sim 3\,000\,RT)$

圧縮式：冷媒を圧縮機で凝縮圧縮し，その膨張時の蒸発熱によって冷却する．
吸収式：冷媒を濃縮加熱し，その吸収熱によって冷却する．

表 5.3 各種冷凍機の比較

	往復式(冷水型)	スクリュー式	ターボ式	吸収式
設備費(小規模)	B	D	C	D
設備費(大規模)	B	D	A	C
運転費	C	B	B	A
容量制御性	C	B	A	A
保守管理の容易	B	B	A	B
資格者	$141\,kW\,(40\,RT)$ から必要	$141\,kW\,(840\,RT)$ から必要	必要	不要
据付け面積	B	C	C	D
必要天井高	B	B	B	C
運転時の重量	B	B	B	D
振動騒音	B	C	B	A

＊表中のA，B，C，Dはその順に不利になることを示す．

一式が主流になっている．表5.3は従来の代替フロンを使用した場合や，蓄熱槽を利用して深夜電力料金を適用した場合等の条件ははずしてあるので，これらの条件が加わる場合は設備費，運転費とも大幅に違ってくる場合があるので，別途詳細な検討が必要である．

表5.4にはピーク条件における冷凍機の成績係数COP（式 (5.5) 参照）の比較を示す．表記のように電動式が吸収式に比べて，一次・二次ともCOPは高くなる．COPについては5.3.3 (1)，一次エネルギ・二次エネルギについては12.1.2において説明する．

5.3 圧縮式冷凍機

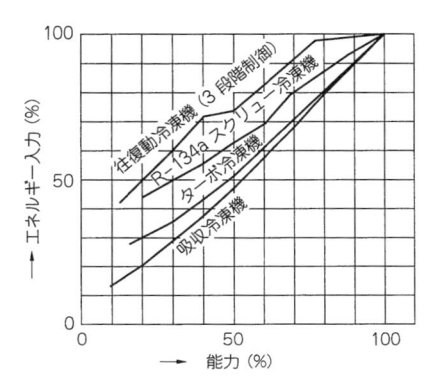

図 5.1 各種冷凍機の制御性

表 5.4 各種冷凍機の成績係数

種類		名称	容量(kW(RT))	COP 二次エネルギ
電動式	冷房用	往復式(R-22, R-134a)	70～140(20～40)	3.2
		スクリュー式(R-22, R-134a)	105～4 220(30～1 200)	4.3
		ターボ式(R-134a)	352～35 200(100～10 000)	6.4
	ヒートポンプ	熱回収ターボ(R-123)	352～35 200(100～10 000)	3.6/3.4
		空気熱源往復式(R-22)	70～422(20～120)	3.0/3.5
		空気熱源スクリュー式(R-134a)	210～3 520(60～1 000)	3.7/4.1
吸収式		単効用	70～2 813(20～800)	0.58
		二重効用	176～10 550(50～3 000)	1.45
		ガス焚冷温水発生機	70～5 625(20～1 600)	1.12

〔注〕 冷水は電動式 7/12℃, 吸収式 7/12℃, 冷却水はいずれも 32℃, ヒートポンプは温水 40/45℃ で動力と COP は A/B, A（冷房時）, B（暖房時）を示す. ガスは天然ガス (13 A : 46 046 kJ/m^3).
　　動力消費は電動式は kw/kW, 吸収式は使用蒸気量 kg/kW で示す.

5.3 圧縮式冷凍機

5.3.1 使 用 冷 媒

表 5.5 に示すように最近の冷房用圧縮式冷凍機の使用冷媒はフロン系統のものに限られるようになった. フロン系統の冷媒は同表に示すようにフッ素系の炭水化物の化合物で, その組成により R-22, R-123, R-134 a などとよばれる.

R-22 は往復式およびスクリュー式に, R-123 は一般のターボ冷凍機に, R-134 a は往復式, スクリュー式およびターボ式に用いられる. 表 5.6 に冷媒の飽和圧力を示す. 表の数字の大気圧 101.3 kPa 以下の値は真空であることを示し, これは現場では真空計の読み H_v(kPa) で示される. H_v と絶対圧力 P_{abs}(kPa) との関係は

表 5.5 各種冷媒の用途と特性

名 称	化学式	用 途	使用温度範囲	圧縮機の種類	毒 性
アンモニア	NH_3	一般製氷冷蔵用	中,低	往復式	あり
R-22	$CHClF_2$	冷房冷蔵用	低,極低	往復式,スクリュー式	なし
R-123	$CHCl_2CF_3$	冷房用	中	遠心式	ややあり
R-134 A	CH_2FCF_3	冷房用	中	往復,遠心,スクリュー式	なし

〔注〕 1 冷媒 R-11(CCl_3F)はターボ冷凍機を中心に最も汎用的に使用されていた冷媒だが,オゾン層を破壊する特定フロンのため,現在製造中止となっている.
　　　2 高は 0℃ 以上,中は 0～−20℃,低は−20～60℃,極低は−60℃ 以下.

表 5.6 冷媒の飽和圧力 (kPa)

温度(℃)	R-22	R-123	R-134 a	アンモニア
−30	164.751 72		84.925 589	119.543 063 5
−25	202.016 99		106.892 485	151.610 809
−20	246.146 915		133.272 373 5	190.249 01
−15	297.141 495		164.457 520 5	236.340 265
−10	355.981 395		201.134 391 5	290.865 239
−5	403.053 315	20.888 164 5	243.891 385 5	354.902 663 5
0	500.139 15	26.576 021 5	293.316 901 5	429.433 203 5
5	588.399	33.048 410 5	350.195 471 5	515.731 723 5
10	686.465 5	41.972 462	415.115 494 5	614.975 021 5
15	842.391 235	51.288 779 5	488.861 502 5	728.339 895 5
20	916.921 775	62.664 493 5	572.119 961	857.199 276 5
25	1 052.253 545	76.197 670 5	665.773 468 5	1 002.729 963
30	1 201.314 625	91.888 310 5	770.410 424	1 166.501 018
35	1 368.027 675	118.856 598	887.109 559	1 349.885 373
40	1 549.450 7	130.918 777 5	1 016.459 273	1 554.354 025
45	1 746.564 365	154.748 937	1 159.538 296	1 781.377 973
50	1 961.33	182.011 424	1 317.327 295	2 032.624 346

表 5.7 冷凍機の運転圧力

使用条件	温度(℃)	冷媒圧力(kPa)(( )内は mmHg)		
蒸発温度(t_E),蒸発圧力(P_E)				
	蒸発温度(℃)	R-22	R-123	R-134 a
水冷却器 直膨コイル 水熱源の熱ポンプ	$t_E=0～5℃$	$P_E=392～490$	(−510～449)	$P_E=196～255$
凝縮温度(t_C),凝縮圧力(P_C)				
入口水温(℃)	凝縮温度(℃)	R-22	R-123	R-134 a
18	$t_C=28～33$	$P_C=1 030-11 861$	$P_C=12.8～21.6$	$P_C=628-735$
25	$t_C=33～38$	$P_C=1 186-1 363$	$P_C=21.6～37.3$	$P_C=735-863$
31	$t_C=40～45$	$P_C=1 432-1 628$	$P_C=53.9～80.4$	$P_C=912-1216$
ヒートポンプ	$t_C=40～50$		$P_C=53.9～102$	

5.3 圧縮式冷凍機

$$P_{\text{abs}} = 101.3 - H_{\text{V}} \tag{5.1}$$

で示される．

　各種条件における運転圧力の代表値を表5.7に示す．冷房用冷凍機の設計条件は冷水出口水温5～7℃，冷却水入口水温32℃が一般に用いられる．後述のようにCOPを高めるためには冷水温度はなるべく高く，冷却水温はなるべく低くとる方が望ましい．

5.3.2 フロン問題

　近年，特定の種類のハロンやフロンなどの有機塩素化合物が地球を覆うオゾン層を破壊しオゾンホールを形成し地球環境上の問題（ハロン問題）となっているが，冷凍機の冷媒もこの問題に抵触する．1985年のウィーン会議，1992年のモントリオール会議を経て議定書が作成され，特定フロンは1995年全廃，指定フロンは2020年（一般には2010年だが，冷凍機用は2020年）全廃が決定された．ターボ冷凍機に汎用的に使用されてきた冷媒R-11（オゾン破壊係数ODP=1.0）は特定フロンとされ，パッケージ空調機や往復式，スクリュー式冷凍機に汎用的に使用されてきた冷媒R-22（ODP=0.05）は指定フロンとされた．現在，オゾン層を破壊しない代替フロンの開発が行われているが，安全性，効率，コスト等をクリアして汎用的に使用可能な冷媒は未だ開発されていない．オゾン層破壊係数ゼロのものをHFCとよび，これにはR-134aが相当する．この小さいものをHCFCとよび，R-22, R-123が相当する．これに対して在来のR-11, R-12等の破壊係数の大きいものをCFCとよぶ．

　パッケージ型空調機は現在も冷媒にR-22を使用している．R-123（ODP=0.02）は一時市販されたが，長期毒性試験等が未だクリアされていないため，使用を見合わせている例が多い．R-134a（ODP=0）はハロン破壊係数，安全性とも問題はないが，COPがやや低下するため，従来能力を保つためにはサイズが大型化し，コストも上昇する．冷媒自体の価格も従来より上昇する．

5.3.3 モリエ線図による圧縮機の設計法[5)-7)]

　（Ⅰ）　モリエ線図は図5.2のように横軸に冷媒のエンタルピ（kJ/kg），縦軸に冷媒の圧力（MPa）を取って冷媒の状態を示す図表である．図5.2にフロンR-134aのモリエ線図を示す．

　図5.3は実際の装置内の冷媒の変化（冷凍サイクル）がいかにモリエ線図上に示されているかを表した図である．同図は冷媒の凝縮温度35℃，蒸発温度3℃のときを表している．すなわち①点でエバポレータ（蒸発器）に入った冷媒は蒸発して②点で圧縮機に入る．圧縮機内で断熱圧縮されてエントロピ（S）一定の線上に動いて③点となり，これよりコンデンサに入り冷却して④点に入る．したがって，エバポレータ内の冷却量（q_E）は①点のエンタルピ h_1（453 kJ/kg）と h_2（575 kJ/kg）の差に通過冷媒量 G_r（kg/h）をかけたものになる．またコンデンサの除去熱量（q_C）は式

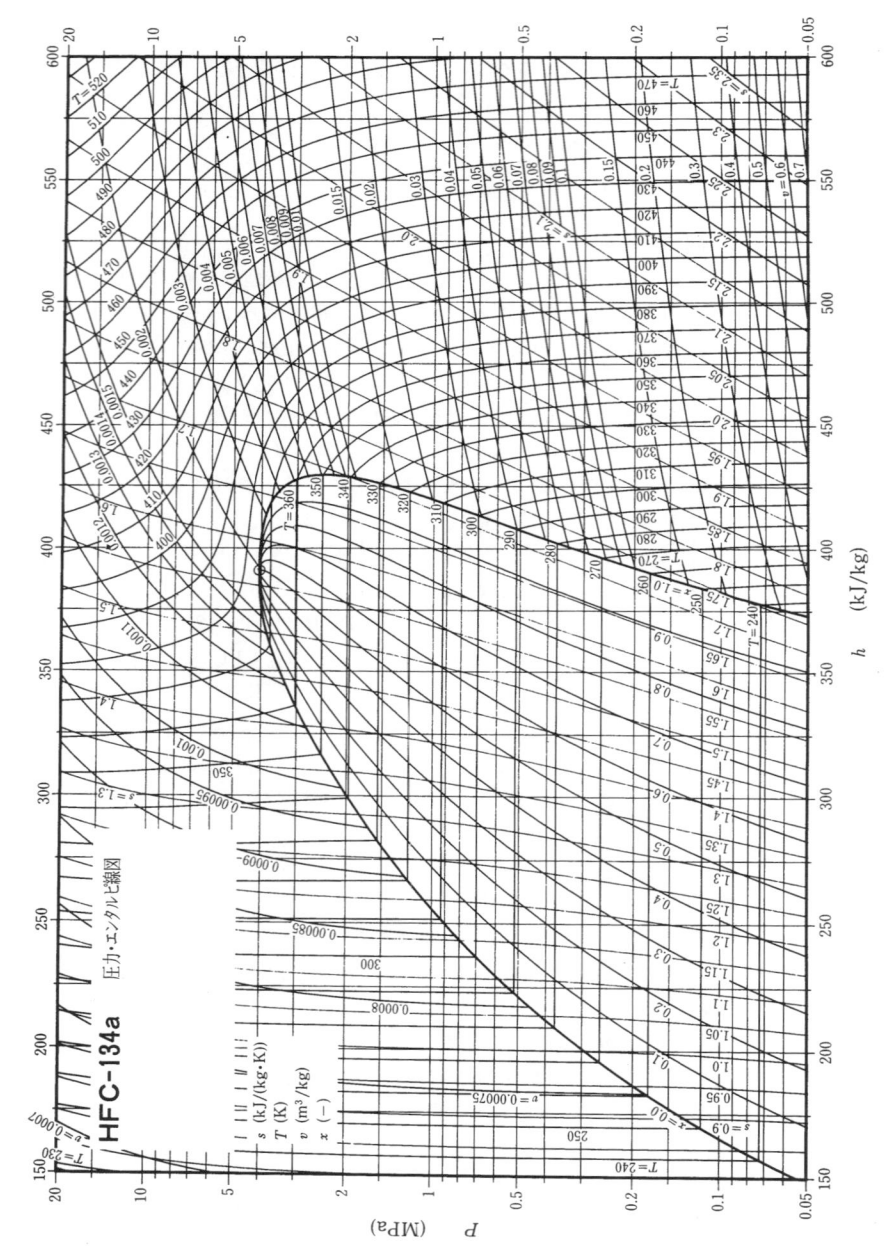

図 5.2　R-134a のモリエ線図（日本冷凍協会，日本フロンガス協会 1991）

5.3 圧縮式冷凍機

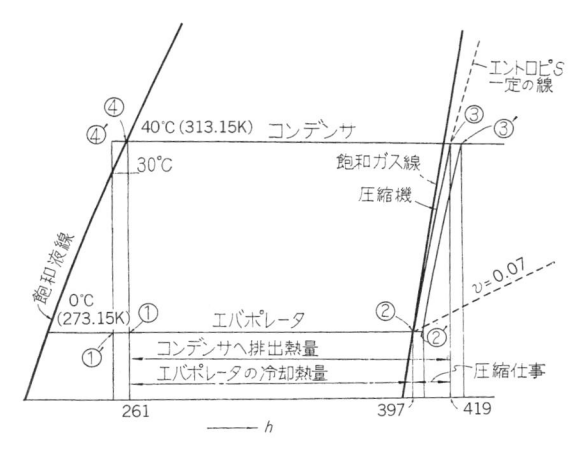

図 5.3 モリエ線図上の冷凍サイクル

(5.4) のようになる．

  冷凍効果　　　　　　　　： $q_E = G_r(h_2 - h_1)$ (W) 　　　　　　(5.2)

  圧縮効果　　　　　　　　： $W_0 = G_r(h_3 - h_2)/3\,600$ (kW) 　　(5.3)

  コンデンサ除去熱量：$q_C = G_r(h_3 - h_4)$ (W) 　　　　　　(5.4)

ここに，G_r：冷媒循環量（kg/h）

h_1，h_2，h_3：①②③④の点の冷媒のエンタルピ（kJ/kg）

また，冷凍機の成績係数（coefficient of performance，略して COP）は次式のように入力（圧縮仕事）に対する出力（冷凍効果）の比である．

$$\mathrm{COP} = \frac{q_E}{3\,600\,W_0} = \frac{h_2 - h_1}{h_3 - h_2} \tag{5.5}$$

冷凍機をヒートポンプに用いるときの COP は分子は加熱量 q_C となり，

$$\mathrm{COP_H} = \frac{q_C}{3\,600\,W_0} = \frac{h_3 - h_4}{h_3 - h_2} \tag{5.6}$$

アメリカでは COP に相当する用語に EER (energy efficiency ratio) が用いられている．この単位は Btu/h・Watt であり 1 Watt＝3.41 Btu/h なるゆえ 1 EER (Btu/h・W)＝3.41×COP，1 EER (kJ/kWh)＝3 600×COP となる．1期間中の EER を seasonal EER（略して SEER）とよび，この単位は Btu/season である．

圧縮機の寸法を決めるには式 (5.7)～(5.9) を用いる．

  ガス吸収量　　　　：$V_r = v_r \cdot G_r$ 　　　　　　　　　(5.7)

  ピストン押しのけ量：$nV_C N = V_r/60 \cdot \eta_v$ 　　　　　(5.8)

  軸馬力 (kW)　　　　：$N_e = W_0/\eta_C \cdot \eta_m$ 　　　(5.9)

ここに，V_r (m³/h)

v_r：吸込ガス比体積（m³/kg）

G_r：式（5.2）より求める

n：圧縮機の回転数（rpm）

V_C：1行程当たりのピストン押しのけ量（気筒断面積×行程長）

N：圧縮機の気筒数（rpm）

η_v，η_c，η_m：体積効率，圧縮効率，機械効率

表 5.8 高速多気筒圧縮機の η_v, η_c, η_m (%)[8]

圧縮比	3	4	5	6	7
η_v	80	75	70	65	62
η_c	85	85	84	83	81
η_m	80	79	77	75	72

実際の冷凍サイクルは，過熱過冷却が行われており，①'②'③'④' という冷凍サイクルとなる．

【例題 5.1】 図 5.3 のような加熱，過冷却なしに凝縮温度 40℃（313.15 K），蒸発温度 0℃（273.15 K）にて運転するときの圧縮機の大きさを求める．ただし，冷却容量は 176 kW，冷媒は R-134 a とする．（1 K=273.15℃，1 kW=3 600 kJ）

〔解〕 $q_E = 176 \times 3\,600 = 632\,880$ kJ/h

図より $h_1 = h_4 = 261$ kJ/kg, $h_2 = 397$ kJ/kg, $h_3 = 419$ kJ/kg なるゆえ，式（5.2）より，

$$\text{冷媒循環量 } G_r = \frac{q_E}{h_2 - h_1} = \frac{632\,880}{(397 - 261)} = 4\,654 \text{ kg/h},$$

$$\therefore \text{ 圧縮仕事 } W = \frac{G_r(h_3 - h_2)}{3\,600} = \frac{4\,654\,(419 - 397)}{3\,600} = 28.4 \text{ kW},$$

$$\text{コンデンサ除去熱量：} q_C = G_r(h_3 - h_4) = 4\,654\,(419 - 261) \text{ kJ} = 204 \text{ kW}$$

②点のガス比体積は図より $v_r = 0.07$

$$\therefore V_r = v_r \cdot G_r = 0.07 \times 4\,654 = 326 \text{ m}^3/\text{h}$$

$t_C = 40℃$，$t_E = 0℃$ に相当する飽和圧力（kPa）は表 5.6 より 1 016.5，293.3 となるため，

$$\text{圧縮比} = \frac{1\,016.5}{293.3} = 3.46$$

となる．よって表 5.8 より $\eta_v = 77$，$\eta_c = 85$，$\eta_m = 79$ にとる．

$$60 \cdot n \cdot V_c \cdot N = \frac{V_r}{\eta_v} = \frac{326}{0.77} = 423 \text{ m}^3/\text{h}$$

いま気筒の径 95 mm，行程長 75 mm にて気筒数 $N = 8$ の圧縮機を用いれば，

$$V_c = \frac{\pi}{4}(0.095)^2 \times 0.075 = 0.000\,53 \text{ m}^3$$

式（5.8）より，

$$n = \frac{V_c/\eta_v}{60\,NV_c} = \frac{423}{60 \times 8 \times 0.000\,53} = 1\,663 \text{ rpm}$$

また，$\eta_c = 85$，$\eta_m = 79$

$$\text{軸馬力：} N_e = \frac{W}{\eta_m \cdot \eta_c} = \frac{28.8}{0.85 \times 0.79} = 42.9 \text{ kW}$$

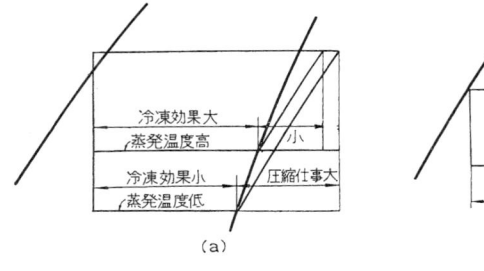

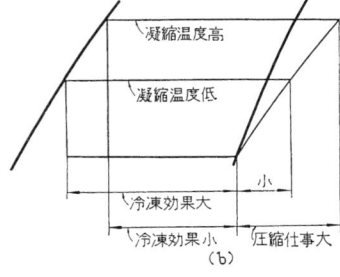

図 5.4　t_C, t_E の変化による性能変化

すなわちモータとしては 55 kW のものを用いる．

［注意］ η_v, η_m, η_c は圧縮機により著しく差異があるため，確実なデータを用いて計算すべきである．

（2）　上記の場合はコンデンサより飽和液となって，エバポレータに入り，エバポレータより飽和蒸気になる過程①-②-③-④を説明したが，実際のフロン圧縮機の運転においては途中に熱交換器を設け，エバポレータに入る液は 3～5℃ 程度，過冷却され，圧縮機に入るガスも 5℃ 程度過熱される場合が多い．この過程を図 5.3 の①′②′③′④′の線で示した．このときは ($h_2' - h_1'$) なる冷凍効果は増えるにもかかわらず，($h_3' - h_2'$) なる圧縮仕事は増加しない利点がある．（④′ なる点を求めるには飽和液線上の過冷却 30℃ の線より垂線を立て，これと水平線 40℃ との交点を求める．②′ なる点は 0℃ なる水平線と 5℃ なる等温線の交点を求める．）

（3）　図 5.4(a) より明らかなように蒸発温度 t_E が下がるほど冷凍効果は減少し圧縮仕事が大になるから，同じ冷却熱量に対し冷凍機の馬力は増大する．

また，図 5.4(b) のように冷却塔を用いるときは，蒸発温度が同じでも凝縮温度 t_C が上がれば冷凍効果は減少し圧縮仕事は減少し，馬力は増大する．

したがって，冷凍機の馬力数を減らしたい場合は，蒸発温度をできるだけ高く，凝縮器温度はできるだけ低くとらねばならない．

5.3.4　ターボ冷凍機

（1）　種　　類

（a）　単段ターボと多段ターボ

ターボ冷凍機（centrifugal refrigerating machine）としては，かつて図 5.5 に示す多段ターボのみが用いられていたが，昭和 32 年ごろより図 5.6 に示す単段ターボの多量生産が始まり，現在一般空調用には後者がもっぱら用いられている．単段タ

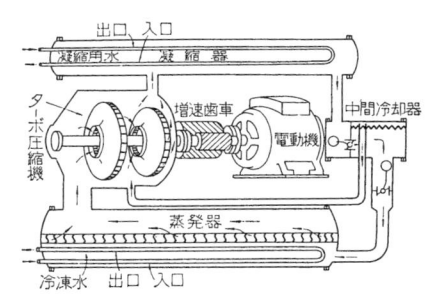

図 5.5　多段ターボ冷凍機（三菱重工）[9]

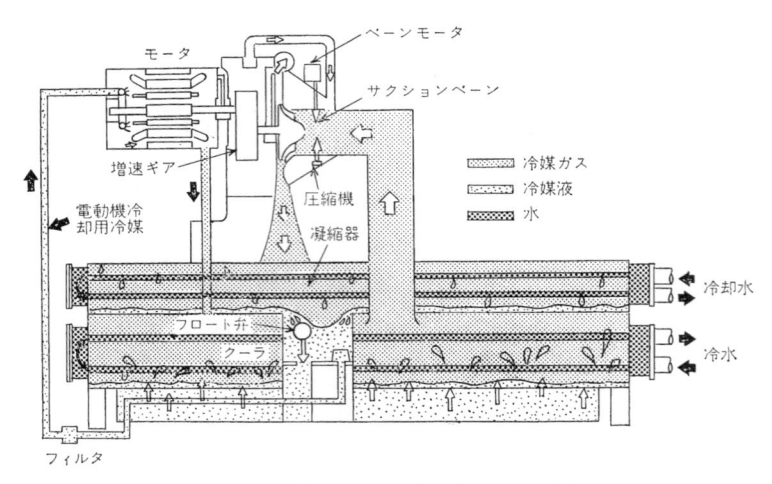

図 5.6 単段ターボ冷凍機（荏原製作所）[10]

ーボは単段の圧縮機とモータと減速ギアの3体を完全密閉の一つのケーシングで囲ったもの（密閉式）を用い羽根車の回転数を 10 000 rpm 以上に上げたもので，多段に比較して小型軽量でコストも安く工場の多量生産に適しており，その容量は圧縮機1台のもので 352 kW (100 RT)～1 758 kW (500 RT)，2 台のもの（タンデム型）で 1 758 kW (500 RT)～3 868 kW (1 100 RT) のものがある．一方，多段ターボは多段の開放式圧縮機を用い，圧縮比が高く，エコノマイザサイクル（図 5.5 の中間冷却器）が採用でき所要動力を削減することが可能である．また取扱いガス量を無制限に大きくできるので現在はスケートリンクのような低温用や能力 3 516 kW (1 000 RT)～35 160 kW (10 000 RT) の地域冷暖房用に用いられる．以下は一般冷房に用いられる単段ターボについて述べる．

(2) 特 性

単段ターボ冷凍機の特性曲線を図 5.7 に示す．横軸に冷凍能力（kW または吸込みガス量 m³/h)，縦軸に温度ヘッド（t_C と t_E の差）を示したもので，ベーン開度を種々に変えたときの特性を示す．図の上端の点線で示された曲線はサージング限界で，この曲線より左側はサージングが生じ，この状態では長くは運転を続けられない．サージング点に入るとこれを防止するため圧縮機のホットガスをバイパスして蒸発器に通す．これをホットガスバイパスとよび，この際，冷凍能力は下がるがモータ入力は変化せず，COP は減少する[11]．35°C 温水出口と書いた実線はシステム抵抗線図で，冷却水出口温度を 35°C とした場合である．図 5.7 のように 35°C の運転範囲は容量 28～100% であるが，冷却水温度が上がるほどこの実線は上に移動して，水温が 41°C では鎖線のようになり容量制御範囲が狭くなることがわかる．図の ARI の点線はアメリカ冷凍協会で決めた標準システム抵抗線である．

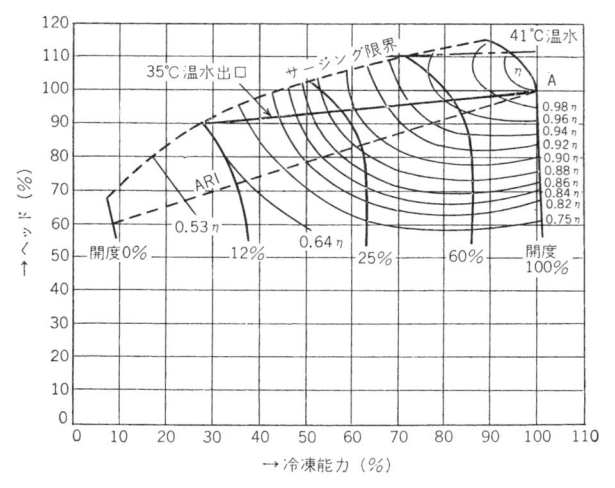

図 5.7 ターボ冷凍機の特性曲線（高田秋一）[12]

(3) ターボ冷凍機の適用

ターボ冷凍機は352 kW(100 RT)～35 160 kW(10 000 RT)のものがあり，3 516 kW(1 000 RT)以下のものは主に建物の冷房用に，3 516 kW(1 000 RT)を超えるものは地域冷暖房用に広く使用される．また，昔より水熱源のヒートポンプとして多用されてきたが昭和46年以降，熱回収ヒートポンプにも用いられるようになった．

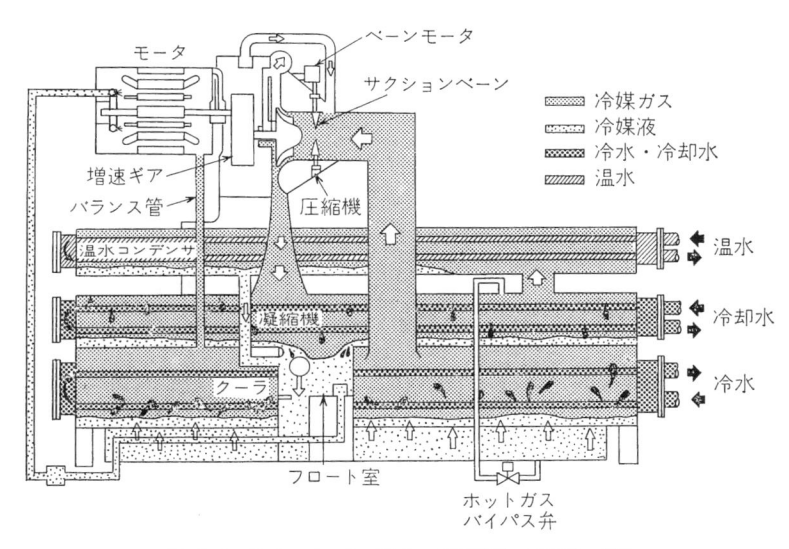

図 5.8 ダブルバンドル型ターボ冷凍機（高田秋一）[13]

熱回収ヒートポンプには図5.8に示すダブルバンドルコンデンサを設けた形式が用いられる。本機はコンデンサのチューブが冷却水用および温水用の2系統に分かれておりビル内の排熱回収用に用いられている。

2系統の内，エバポレータ側で冷房負荷をコンデンサ側で暖房負荷を処理することが可能（暖房負荷で使いきれない場合は冷却塔より排熱）なため，冷暖房負荷が同時に発生する建物に利用すれば，総合COPは高くなり省エネルギ運転が可能となる．(5.6.3を参照)

（4）インバータターボ冷凍機

冷凍機では外気温度高 → 冷却水温度高 → 凝縮温度・圧力高 → 圧縮機の圧縮比高

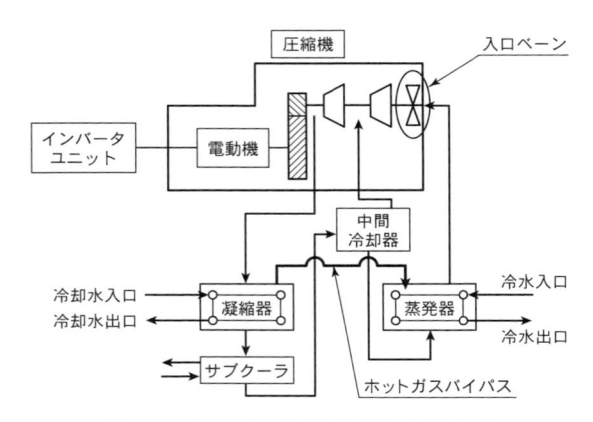

図 5.9 ターボ冷凍機系統模式図（三菱重工）

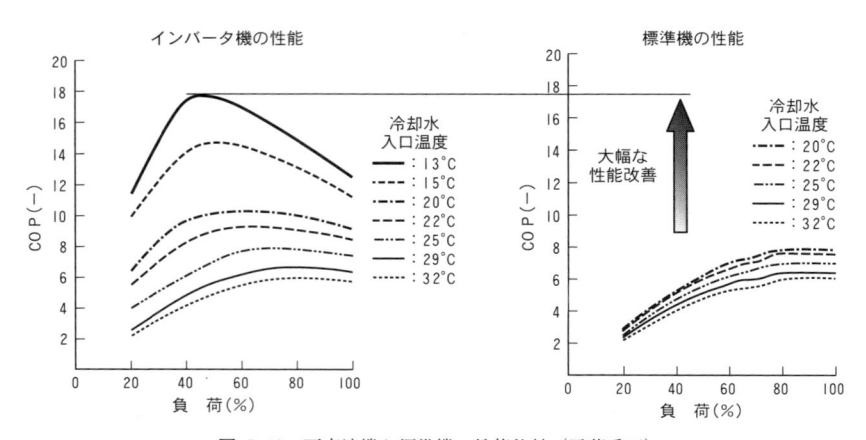

図 5.10 可変速機と標準機の性能比較（三菱重工）

→動力増となる関係があり,外気温度によって電力消費量が左右される.ターボ冷凍機は遠心式圧縮機を適用しているため,容積式(レシプロ式・スクリュー式など)とは異なり,その特性上,圧縮機の回転数により圧縮比および動力が決まる.よって最適な回転数制御をすれば年間運転での大幅な省エネルギが可能となる.

インバータターボ冷凍機は圧縮機に可変速制御(インバータ制御)を付加したことにより(厳密には入口ベーン,ホットガスバイパス弁の制御の付加),部分負荷領域において大幅な性能向上が得られる(図5.9,5.10).

5.3.5 往復冷凍機[2),6)]

(1) 種類

往復圧縮機(reciprocating compresser)を用いるもので,昭和25年に高速多気筒型が開発され,それ以降一般的に使用されてきたが容量制御性がよく振動も小さいスクリュー冷凍機がローコストで開発されてきたため,現在の往復式は約70 kW(20 RT)～140 kW(40 RT)の範囲に使用が限定されてきた.

高速多気筒型はその名の通り従来の回転数160～400 rpmを1 400～2 000 rpmに上げ,気筒数を6～12に増やして多量生産に適するように改良したもので,吐出弁はポペット弁の代わりにリング状フェザ弁を,軸封にはメカニカルパッキンを,容量制御にはフェザ弁を押し上げてピストンの圧縮を無効にする方法が多く用いられている.

15 kW以下の小容量のものには,圧縮機とモータを同一ケーシングに収めた完全密閉型(hermetic type)のものが多い.また,図5.11に示すように,いわゆるチリングユニットと,凝縮器と圧縮器の組合せからなるコンデンシングユニットがある.

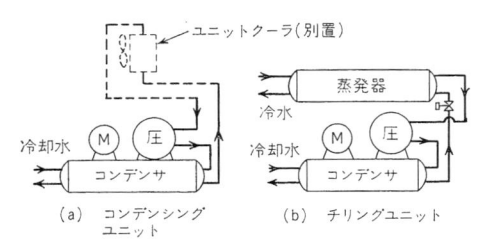

図 5.11 コンデンシングユニットとチリングユニット

(2) 特性と適用

COPは他の圧縮機に比較して前に示した表5.4のようにやや低いが,単段ターボ式に比べて圧縮比を高くとることが容易でサージングのおそれがないため,30 kW以下の空気熱源ヒートポンプのような場合に適している.また,5.2.1に述べたように30 kW以下の範囲ではターボ式・スクリュー式に比べてコストが安いため,この範囲にあってはパッケージやルームクーラをはじめ,小型のチリングユニットとして中央式空調に広く用いられている.

5.3.6 スクリュー冷凍機[2),13)]

(1) 機能と構造

スクリュー冷凍機は回転型圧縮機 (rotary compresser) の一種で,その構造は図 5.12 に示すように雌雄の 2 本のスクリュー形の回転子が噛み合い,歯と歯の間が吐出側にいたるほど小さくなり,ガスの圧縮を行うものである.図 (c) のようなシングル形も最近使用され始めた.

容量制御はこれらの回転子の軸に平行に設けたピストン状のスライド弁の移動により行い,その制御性はきわめて良い.

表 5.9 スクリュー冷凍機の各種条件下における冷凍能力 kW (RT),動力 (kW),COP

冷却水		冷水出口温度 (°C)	冷水出口温度(°C)または冷却水入口温度(°C)				
入口温度 (°C)	水量 (l/min)		5	6	7	8	9
33	4 100	変動	冷凍能力 1148(328) 動力 222 COP 5.2	1187(339) 223 5.3	1229(351) 225 5.5	1274(364) 227 5.6	1313(375) 229 5.8
変動	4 100	7	33 冷凍能力 1229(351) 動力 225 COP 5.5	35 1208(345) 234 5.2	37 1183(338) 243 4.9	39 1162(332) 252 4.6	

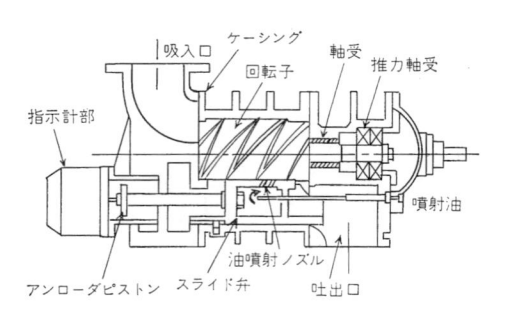

(a) スクリュー冷凍機断面図

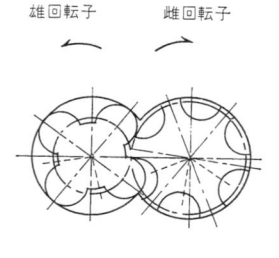

(b) 雌雄回転子のかみあい

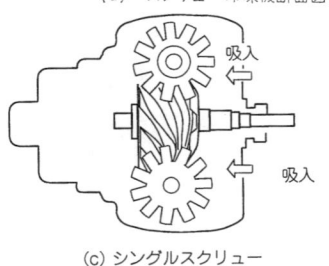

(c) シングルスクリュー

図 5.12 スクリュー圧縮機 (高田秋一)[13)]
(ダイキン工業)

(2) スクリュー冷凍機の適用

サージング特性がなく，圧縮機のローコスト化が進んできたため，約176～352 kW（50～1 000 USRT）のあたりでも汎用的に使用されるようになった．特に，352 kW（100 USRT）以上の空気熱源ヒートポンプにはもっぱらスクリュー形が用いられる．

5.3.7 モジュールチラー

（1）機能と構造

モジュールチラーは，空冷チラーをモジュール化し連結して使用するもので，高効率冷媒 R 410 A を採用し，定格 COP を大きく向上させている．モジュール単位で容量制御し流量の最適化を行うことで，1 055 kW（300 USRT）相当クラスにおいて IPLV（期間成績係数）6.7 を実現している．図 5.13 にモジュールチラーの基本寸法と組合せを示す．

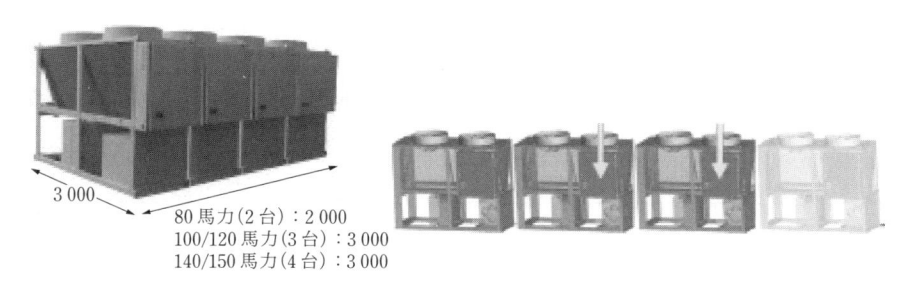

3 000
80 馬力(2 台)：2 000
100/120 馬力(3 台)：3 000
140/150 馬力(4 台)：3 000

図 5.13　モジュールチラー基本寸法と組合せ（東洋キャリア工業）

（2）特　性

モジュール化により部分負荷特性が向上し，搬入・据付が容易である．また，各モジュールは 70 kW（20 RT）未満で法定冷凍トンの低減，高圧ガス届出業務が不要といったメリットがある．クーリングタワーが不要，増移設・分割・搬入，メンテナンス（エックス構造）が大変容易になった．

5.4　吸収冷凍機[1),9),14)]

吸収冷凍機（absorption refrigerating machine）はかつて単効用（一重効用ともいわれる）のものが用いられてきたが，現在は二重効用式（double effect）およびガス（または油）の直焚きの冷温水発生機が主流である．現在ではガス焚き二重効用形が圧倒的に多く使用され，大型の単効用はコージェネ排熱温水を熱媒とした場合にみられる程度となった．

現在は吸収冷温水機が多く使用されている．吸収冷凍機も二重効用が主流になって

表 5.10 吸収冷凍機の種類（高田秋一）[1]

項目 冷凍機の名称	冷媒と吸収剤の種類	サイクルの種類	主な用途	容量 (kW(RT))	加熱源の種類	備　考
単効用 吸収冷凍機	水と 臭化リチウム	一重	空調用	176～7 032 (50～2000)	蒸気・高温水	低圧蒸気(196 kPa 以下)のある場合にチラーとして使用される
二重効用 吸収冷凍機	水と 臭化リチウム	二重	空調用	352～1 050 (100～3 000)	蒸気	中圧蒸気(785 kPa 以上)のある場合にチラーとして使用される
直火式冷温水機	水と 臭化リチウム	一重	空調用	176～352 (50～100)	都市ガス・灯油	小・中ビル用，冷温水供給
直火式二重効用 冷温水機	水と 臭化リチウム	二重	空調用	70～5 270 (20～1 500)	都市ガス・灯油	都市の公害対策からガス焚きが使用されている．冷温水供給
小形冷温水機	水と 臭化リチウム	一重	家庭 空調用	10～35 (3～10)	都市ガス・灯油	家庭用のセントラルヒーティングに使用されている．冷温水供給
低温吸収冷凍機	アンモニアと水	一重	工業用	大容量	蒸気ほか	使用例はわが国ではごくわずか
アンモニア小形 吸収冷凍機	アンモニアと水	一重	家庭用	10～42 (3～12)	都市ガス	アメリカでは使用されているが，わが国ではまだ使用されていない．空冷式チラー

きており，10 548 kW 以上のものも製作されるようになり，地域冷暖房の冷熱源として採用されるケースも多くみられる．小型の単効用のガス焚き (10.6～35.2 kW) は住宅用冷房あるいは太陽熱冷房に多用されている．表 5.10 に吸収冷凍機の種類を示す．吸収冷温水機はガス（または油）を燃焼させる装置を備えており，燃料コストの面から効率の良い二重効用式がほとんどである．

5.4.1 単効用吸収冷凍機

（1）原理と構造

図 5.14 に示すように蒸発器 (evaporator)・吸収器 (absorber)・再生器または発生器 (generator)・凝縮器 (condenser) より構成されている．冷房用の吸収冷凍機は水と臭化リチウム (LiBr) の混合溶液を用い，このうち水が冷媒の役目，LiBr は吸収材の役目をする．

図 5.14 に示すように蒸発器内で冷水から熱を奪って水が蒸発し水蒸気となる．この水蒸気は吸収器に入り内部で LiBr の溶液に吸収される．水蒸気を吸収した希溶液はポンプにより熱交換器を経て再生器（または発生器という）に入る．この中で蒸気により加熱され，希溶液中の水蒸気は追い出されて濃溶液となり，吸収器に戻る．追い出された水蒸気は低圧の凝縮器で凝縮し，水となって蒸発器に入る．実際の装置は

5.4 吸収冷凍機

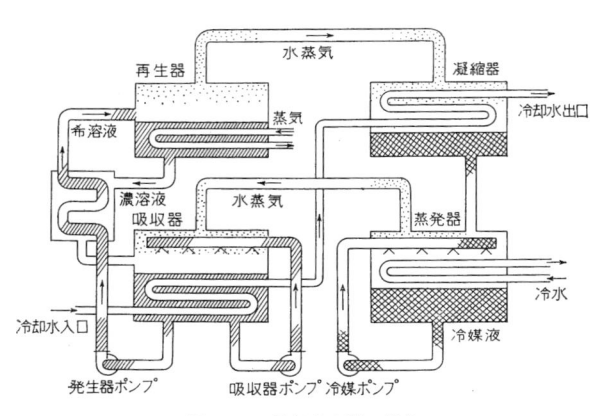

図 5.14 吸収冷凍機の機能

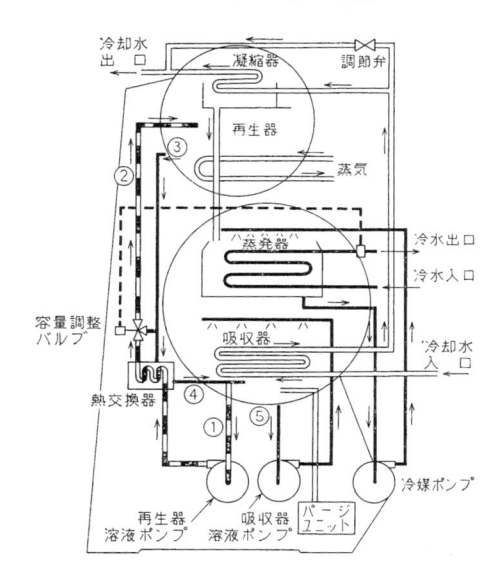

図 5.15 単効用吸収冷凍機（東洋キャリア）[15]

図5.15のように凝縮器と再生器（以下，高圧側）と蒸発器と吸収器（以下，低圧側）をそれぞれまとめて複胴とし，あるいはこれら4者をまとめて単胴に収めている．この器内の圧力はどれも大気圧以下であり普通の空調の使用条件で，高圧側は-93.33 kPa，低圧側は-100.66 kPa程度に保たれている．したがって完全に機密になるように製作し，特に冷媒用配管は溶接接合とし，弁は完全気密のもの（ベローズ止め弁）が採用されている．

(2) 吸収冷凍機の動作サイクル

図5.16は溶液温度をパラメータにとり，溶液濃度とその濃度で平衡する溶液上の水蒸気圧力との関係を，濃度を横軸に，圧力およびこれに相当する飽和蒸気温度を縦軸にとって表したものである．また，同図には溶液の比重を表す曲線が挿入されている．右の太い線は結晶線で，この曲線から右では種々の含水結晶塩が生ずる．

同図上の太い線で閉じられているループは，吸収サイクルを示したものである．点2は吸収器溶液ポンプ入口での希溶液を示す．溶液温度38℃，濃度59.5%である．点3は溶液熱交換器出口の状態で，沸騰が起こるためには，状態3から4までの定濃

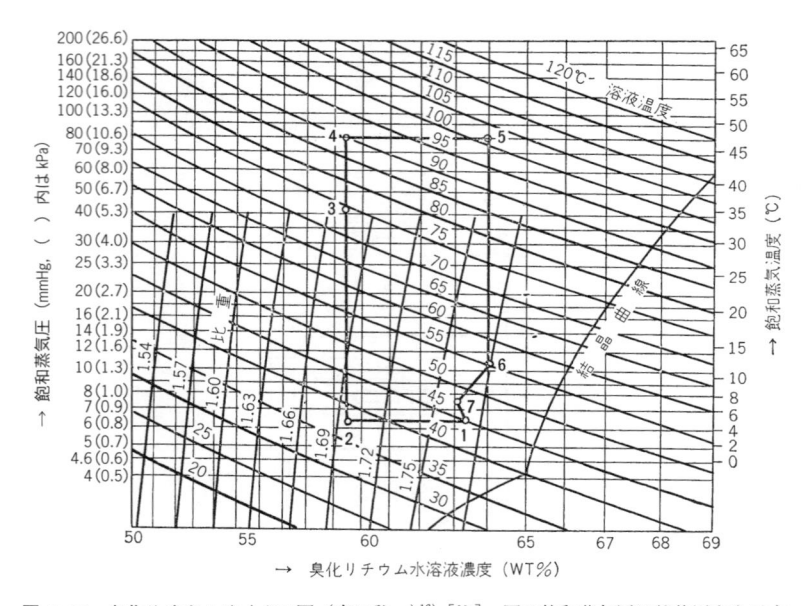

図 5.16 臭化リチウムサイクル図（高田秋一）[16]　[注] 図の飽和蒸気圧は絶体圧力を示す．

表 5.11　図5.16のサイクルデータ（高田秋一）[17]

点	溶液温度 (℃)	飽和圧力 (kPa)	溶液濃度 (%)	飽和蒸気温度 (℃)
1	46	0.84	63.3	4.6
2	38	0.84	59.5	4.6
3	74	5.6	59.5	35
4	89	10.7	59.5	47
5	101	10.7	64	47
6	57	1.52	64	12.8
7	48	1.01	63	7.2

〔注〕 ターボ冷凍機および吸収冷凍機と空気調和装置，空気調和装置と新しい冷凍機講習会テキスト，'75/2，空気調和・衛生工学会中部支部

度変化が必要である．これは，発生器内で行われる．発生器内ではさらに加熱され，沸騰が始まり，10.67 kPa の圧力低下で溶液から蒸気が発生し，溶液は濃縮される（4→5）．点5は発生器出口の溶液状態を，点6は溶液熱交換機器の出口の状態を示す．点6の濃溶液の一部と点2の希溶液の一部が混合して点7になる．これは，濃溶液が冷たい吸収器官表面に接触したとき，結晶が起こらないようにするための重要な処置である．図から明らかなように．点6は結晶線に近いのでこの処置が必要になる．点7の状態は，温度48°C，圧力1.013 kPa である．吸収器冷却管を通る冷却水によって冷却され，溶液の平均圧力は蒸発器圧力まで低下する．吸収器で水蒸気の吸収が行われ，溶液濃度は点2まで低下する．表5.11に各点の状態値がまとめてある．

(3) 単効用吸収冷凍機の性能

蒸発器において奪った熱量を $q_E(W)$，蒸気の与えた熱量を $q_S(W)$ とし，発生器と凝縮器より放出される熱量を $q_C(W)$，ポンプの仕事を $A_L(W)$ とすれば

$$q_E + q_S + A_L = q_C \tag{5.10}$$

吸収冷凍機の COP は (q_E/q_S) をいい，実際の運転状態では単効用の COP は 0.60〜0.70 である．したがって，冷却等への放出熱量 q_C は q_E の 2.5 倍前後（排熱係数）で，これは圧縮式冷凍機の冷却塔の処理熱量の 2 倍前後となり，冷却塔装置の容量は次の例題に示すようにきわめて大きくなる．$A_L \ll q_E$ であって A_L の熱量は省略しても大差はない．

表5.12に示すように単効用吸収冷式の能力は冷水出口温度 t_{cw1} が低くなるほど減少し，一般に $t_{cw1} = 7 \sim 8°C$ が用いられている．また使用蒸気圧が小さくなるほど，また冷却水入口温度が高くなるほど，能力は小さくなる．蒸気圧の設計値には一般に 98.07 kPa が用いられる．高温水を用いる場合は入口温度148°C以下，出口温度120

表 5.12 単効用吸収冷凍機の各種条件下における冷凍能力 RT（kW (RT)），蒸気消費量 SC (kg/h) および SC/RT (kg/h·kW)（高田秋一）[17]

冷却水		蒸気圧力 (kPa)	冷水出口温度 (°C)	冷水出口温度(°C)					
入口温度 (°C)	水量 (l/min)			5	6	7	8	9	10
32	3 960	98	変動	RT 1 062(302) SC 2 589 SC/RT 2.44	1 115(317) 2 689 2.41	1 164(331) 2 763 2.37	1 206(343) 2 832 2.35	1 262(359) 2 931 2.32	1 294(368) 2 971 2.3
32	4 760	変動	8	蒸気圧力 (kPa(atg))					
				39.2(0.4)	58.8(0.6)		78.5(0.8)		98(1.0)
				RT 970(276) SC 2 266 SC/RT 2.36	1 111(316) 2 580 2.32		1 217(346) 2 825 2.32		1 283(365) 2 980 2.32
変動	3 960	98	8	冷却水入口温度 (°C)					
				28		30		32	
				RT 1 438(409) SC 3 284 SC/RT 2.28		1 325(377) 3 061 2.31		1 206(343) 2 832 2.35	

°Cが必要条件である[14]．

(4) ボイラ能力とのバランス

東京，大阪地区では一般の多層建築の場合，冷凍機負荷は延べ面積$1m^2$当たり116W程度となり，$2.42 kg/h \cdot kW$の場合，単効用冷凍機の蒸気消費量は延べ面積m^2当たり約$0.28 kg/m^2 \cdot h$となる．一方，東京大阪地区では暖房負荷も$93 W/m^2$程度で，蒸気量に換算すると約$0.15 kg/m^2 \cdot h$となる．すなわち，この場合は単効用の吸収冷凍機の使用蒸気量は暖房用の約1.86倍となり，約2倍のボイラ容量を必要とする．北海道等の厳寒地では暖房負荷が大きく冷凍機負荷が小さいので暖房用ボイラの容量で冷凍機を運転するのに十分である．

【例題5.2】 352kWの単効用吸収冷凍機の蒸気消費量が$2.37 kg/h \cdot kW$（圧力98.07kPa）のとき冷却塔放出熱量を求めよ．付属モータの動力の合計を2.5kWとする．

〔解〕　$P_{abs} = 101.33 + 98.07 \fallingdotseq 199.4 kPa$
にして199.4kPaの蒸気の蒸発潜熱は2 202(kJ/kg)

$$q_E = 352 kW$$
$$q_S = 352 \times 2.37 \times 2 202/3 600 = 510 kW$$
$$AL = 2.5 kW$$
$$計\ q_C = 864.5 kW$$

冷却水の出入口温度を38.5℃，32℃とすれば，冷却水量は表5.13のようになる．
吸収冷凍機の容量制御特性は図5.1に示すように圧縮式に比べ優れている．吸収冷凍機の容量制御は，現在はほとんどの場合，入口蒸気弁の開度を冷水の出口温度により制御する方法が用いられている．

表5.13　吸収式とターボ式の冷却水量の比較

	冷却塔処理熱量 (kW)	冷却水温度 (℃)		冷却水量 $l/min \cdot kW (l/min \cdot RT)$
		入口	出口	
吸収式	864.5	32	38.5	5.43 (19.1)
遠心式	454.6	32	37	3.70 (13.0)

5.4.2 二重効用吸収冷凍機

(1) 構造と機能

図5.17に示すように再生器を高圧・低圧に分け，第一再生器で784.5kPa（174.5℃）以上の蒸気で110℃の低圧蒸気を発生させこれを第二発生器に導き，ここでも水蒸気を発生させ，ともに凝縮器に導く．他の構造は単効用とほぼ同じである．蒸気の熱を二重に利用するため，蒸気消費量は単効用の50～60％となり，冷却水入

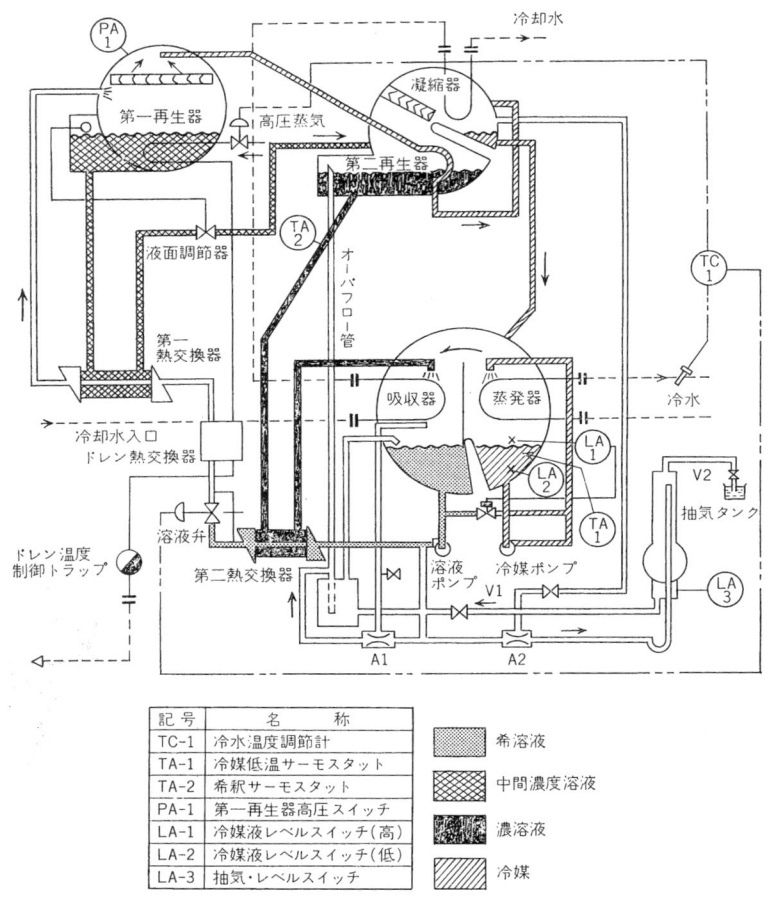

図 5.17 二重効用吸収冷凍機（荏原製作所）

口 32°C, 冷水 7°C において 1.22 kg/h·kW となる．

　加熱源としては圧力 784.5 kPa (8.0 atg) の蒸気または入口温度 200°C 出口温度 180°C の高温水を用いる*．凝縮器の放出熱量は蒸気消費熱量の減少分だけ単効用より減少し，例題 5.2 の条件において冷却水量は大体 5.4 l/min·kW となり単効用の 10% 減となる．

　ガス（または油）焚きの二重効用吸収冷凍機は，上述の第一再生器の加熱源として

---

　　* メーカーによっては冷媒液の返りを特殊な流し方をし 490 kPa (5 atg) の蒸気で運転できるものがある．

高圧蒸気の代りにガスを燃焼させるもので,冬は図5.17の冷却水回路を温水とし,ここから50℃前後の温水を取り出し暖房に用いることができる.このため本機は冷温水発生機とよばれる.

(2) 特徴と応用

二重効用式は前述のように蒸気消費量が単効用に比較して大幅に減少し,省エネルギ形として単効用よりはるかに多く使用されている.特に,冷温水発生機はボイラおよびボイラ技師が不要になり,熱源機械室の面積が縮小できるので,各種建築に多く用いられている.

5.4.3 三重効用吸収冷凍機

(1) 特　徴

近年,三重効用吸収冷凍機が開発された.高位発熱基準でCOP 1.60を達成している(図5.18).従来型の二重効用冷温水機に高温再生器を新たに加え,冷房時のエネルギ・CO_2排出量を約40%削減している.部分負荷時にはさらに高い冷房効率COP 1.70を達成している.

図5.19に三重効用吸収冷凍機サイクル概要を示す.

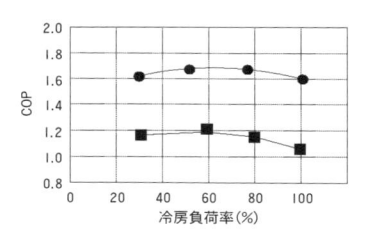

図 5.18　部分負荷特性(●:三重効用機　■:二重効用機(平均))

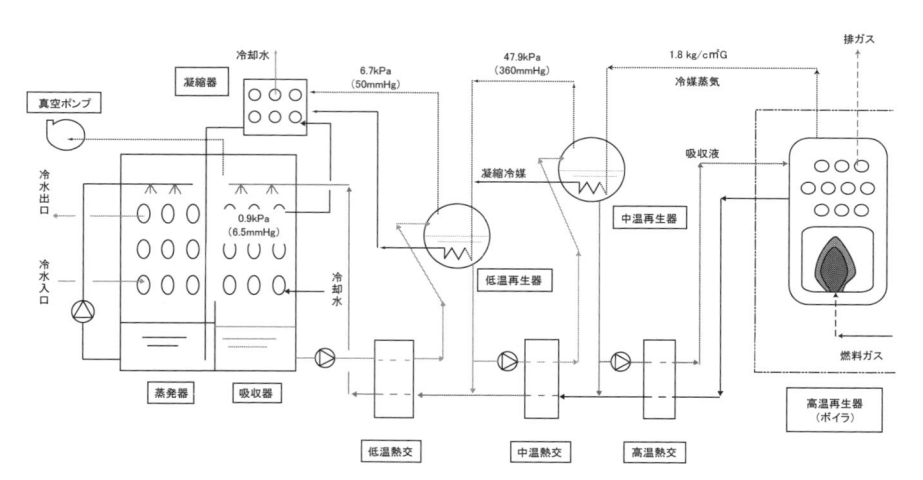

図 5.19　三重効用吸収冷凍機サイクル概要
(出典:川重冷熱工業株式会社,三重効用吸収冷温水機)

5.4.4 吸収冷凍機の特徴と適用

特徴は（a）圧縮機駆動用の大型モータが少なく運転時の騒音・振動がない．（b）蒸気を駆動力に使うため電力設備が小さくなる．（c）燃料の比単価が安く制御性がよいため運転費はモータ駆動の場合より相当安くなる．（d）負荷が規定容量を超えても過負荷による事故は発生しない．一方，欠点としては，（a）圧縮式に比べ据付け面積・高さ・重量ともに大きい．（b）前述のように排熱量が大きく，冷却塔およびその付属設備は圧縮式の2倍前後の容量を必要とする．（c）東京以西では冷凍機のためのボイラ容量は暖房用のボイラ容量の約2倍（二重効用では約1.2倍）を必要とする．（d）冷却水温度が低くなりすぎたり急変した場合，結晶事故が発生しやすい．（e）上記の（b）（c）の理由により設備費は圧縮式より高額になる．（f）圧縮式に比べ予冷時間（立上がり時間）がやや長い．

以上のような理由により吸収式を適用する場合は，

（1） 年間の冷凍機の運転費を少なくするとき
（2） 屋上などに冷凍機を設備し，その運転音を小さくしたい場合
（3） 工場などのように排気蒸気が利用できるとき
（4） 東京地区では延べ面積20 000～30 000 m² の一般建築で吸収式を用いる場合は，建物全体の契約電力は2 000 kW 未満となる場合が多く，このときは特別高圧受電にする必要がない．一方，圧縮式を用いるときはこの範囲でも特別高圧を必要とする場合が多い．そのため吸収式を用いれば特別高圧の引込費を節約でき，総合的には圧縮式より経済的になる．
（5） ハロン問題を考慮して，R-11冷媒使用冷凍機またはR-22冷媒冷凍機の使用を避けたい場合

5.4.5 吸収冷凍機の付属設備の計画

（1）蒸 気 回 り

蒸気ボイラは冷水配管の予冷時間を1時間程度取ってもよい場合はボイラの定格容量 G_M(kg/h) は冷凍機の最大容量に対する必要蒸気量 G_c(kg/h) の25%増し程度でよく，予冷時間が短い場合や建物の予冷負荷が大きい場合は1.6倍程度に取る．冷凍機の容量制御のための蒸気の±9.807 kPa の範囲に制御できるよう制御弁のサイズは入念に選ぶ．

冷凍機に付属する蒸気トラップの容量は上記の G_c の3倍以上のものを選ぶ．したがって，大型冷凍機に対してはフロートトラップを使わなければならない．吸収冷凍機用はボイラは夏運転のため8.6.2に示す方法でボイラ室は十分な換気を行う．

（2）冷 却 水 回 り

前述のように吸収式の場合は圧縮式に比較して冷却塔の処理熱量は2倍前後，冷却水量は1.5倍程度になるから，十分注意して冷却塔を選定しなければならない．冷却塔のカタログを用いる場合はおおむね放出熱量を基準とすればよく，前例において

は，圧縮式冷凍機に換算すれば
$$352 \times 864.5/454.6 = 670\,\mathrm{kW}$$
に相当し，通常の圧縮式冷凍機の670kW用の冷却塔を選ぶ．注意すべきことは吸収式においては蒸発器内の結晶生成を防止するため，冷却水入口温度 t_c はピークロードにおける設計水温 t_{cD} マイナス8℃以上に取る．すなわち，$t_{cD}=32℃$ のときは t_c は必ず24℃以上に保たなければならない．このため図5.20のように，冷却水の入口温度の制御装置を設ける．

吸収式に用いる冷却塔の運転はボイラの運転と同時に行うので，煙突よりの排気ガスが冷却塔に吸い込まれないように十分に注意を払う．重油焚きの場合，排気ガスが冷却水中に溶解すると水の酸性が増し，pHが4～5に下がり，配管や熱交換用チューブが激しく侵される結果となる．すなわち煙突の位置と冷却塔の位置は十分に離し，特に冷却塔は夏の季節風に対して煙突の風上に設ける．これらの距離が十分取れないときは煙突の上端を冷却塔頂部より5m以上高くとるか，または冷却塔上面と同レベルに図5.21のようにデッキプレートを張る．

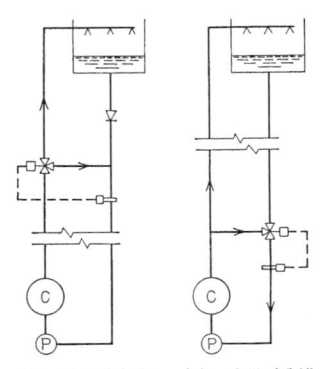

(a) 分流式制御　(b) 合流式制御

図 5.20　吸収冷凍機の冷却水温制御

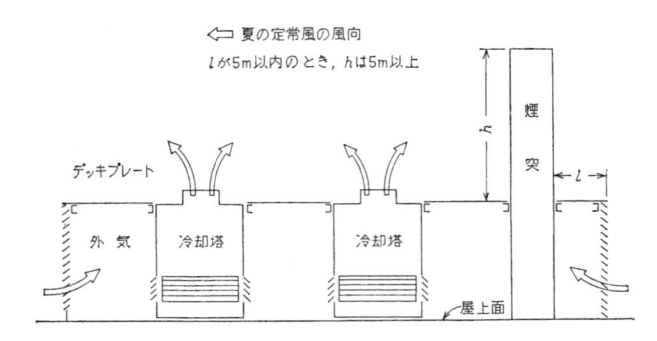

図 5.21　吸収冷凍機用冷却塔の配置

5.5 冷 却 塔[8]-[23]

5.5.1 種 類 と 選 定

開放式冷却塔（open type cooling tower）には大気式（atmospheric）・自然通風式（natural draft）・機械通風式（mechanical draft）の3種がある．空調用にはもっぱら機械通風式が用いられる（図5.22）．機械式は表5.14のように大別できる．また最近の空調用にもっぱら用いられるものは内部に充填物（packingまたはfilling）

5.5 冷却塔

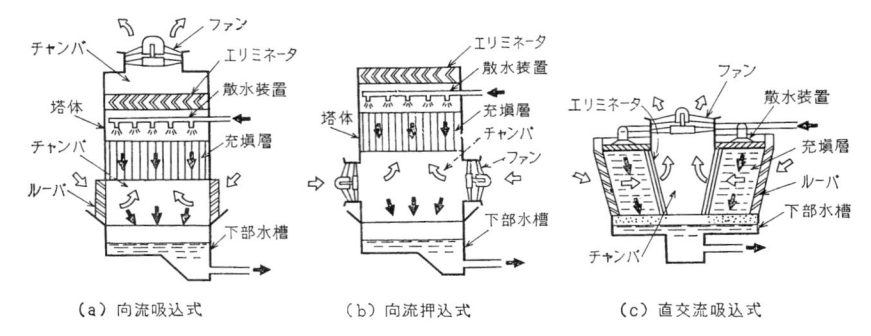

(a) 向流吸込式　　(b) 向流押込式　　(c) 直交流吸込式

図 5.22　機械式冷却塔（萩原理男）[24]

表 5.14　一般に空調用に用いられる冷却塔

名　称		特　性
開放式	逆流形（向流形）(counter flow)	押込式と誘引式に分れる．据付け面積は小さいが高さが大，理論的解析は容易である．
	直交流形 (cross flow)	逆流式に比べて据付け面積，据付け重量ともに大きいが高さは低い．充塡物の性能にもよるがK_aの値はおおむね逆流式より低い．
密閉式冷却塔（蒸発式冷却塔）		循環水の汚染を防ぐためコイル内に冷却水を通し，コイル外表面に水を散布する．据付け面積は開放式の4～5倍となる．

を入れた充塡塔（packed tower）で，以下，充塡塔について述べることにする．

　与えられた性能を満足する冷却塔には非常に多くの種類のものが市販されており，このうち，どれを選ぶかは，(a) 塔の信頼性および寿命，(b) 省エネルギ性，(c) 据付け面積，運転重量，(d) 塔の高さなどにより選択する．この場合，設計条件とメーカの性能表の条件と異なるときは，設計条件に合わせて補正する．

　開放式冷却塔のうち，空調に最も多く用いられているものは，高い充塡密度の充塡材を有する逆流式か，あるいは超高層建築の屋上などのように高さの制限のあるときに用いられる直交流式である．密閉式（図5.23）は特に閉回路水熱源ヒートポンプ方式のように冷却水配管の延長が長く建築内に広く分布している場合に多く用いられ，建設費に余裕のあるときは一般システムにも用いられる．

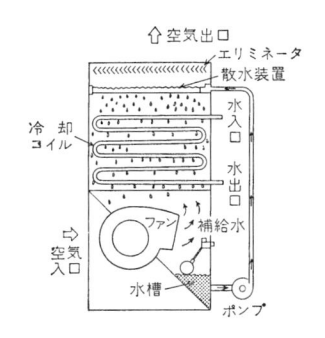

図 5.23　密閉式冷却塔（日本BAC）[25]

5.5.2 冷却塔の設計

(1) 開放式冷却塔

設計の概算値として，圧縮式冷凍機に対する 1 kW 当たりの冷却熱量を 4.54 kW とし，これを日本冷却塔工業会では冷却塔の公称能力（kW）としている．この 1 kW 当たりの風量は逆流式で 400 m³/h 前後，直交流式で 500 m³/h 前後であり，水量はいずれの場合も $t_0'=27℃$ のとき 3.7 l/min·kW 前後に取る．

吸収冷凍機使用の場合は熱量（kW）は上記の 1.7~2.0 倍，風量（m³/h·kW）は 2.0 倍程度，水量は 1.5 倍程度となる．

水温 t_w および外気湿球温度 t' を図 5.24 のように取るとき $(t_{w2}-t_1')$ をアプローチ (Δt_A) とよび，一般には 5℃ 前後にとる．$(t_{w1}-t_{w2})$ をレンジとよび，圧縮式冷凍機を用いる場合レンジは 5℃ 前後，吸収式の場合は 6~9℃ に取る．$(t_2'-t_1')$ は 5℃ 前後となる．入口空気の湿球温度 t_1' は設計条件としては表 5.15 のように選ぶ．

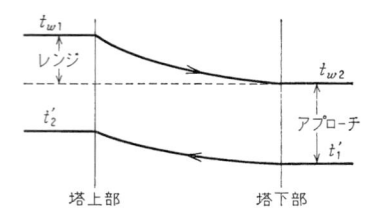

図 5.24 冷却塔のレンジとアプローチ

上記の方法で温度条件が決まると，次式で水量 L(kg/h)，風量 G(kg/h) が決定できる．

$$L = q_c/(t_{w1}-t_{w2}) \tag{5.11}$$
$$G = q_c/(h_2-h_1) \tag{5.12}$$

ここに，q_c：冷却熱量で圧縮式冷凍機では冷凍機負荷の約 1.3 倍，吸収式では 2.5 倍程度

h_1, h_2：t_1', t_2' に等しい飽和空気のエンタルピ（kJ/kg）

冷却塔の断面積 A(m²) は風速 v(m/s) または G/A(kg/m² h) によって定まる．

$$G/A = 1.2 \times 3600v = 4320v$$

逆流式では $v=1.5~3.0$ m/s$(G/A=6500~13000)$，多くは 2.0 m/s$(G/A=8500)$ 前後が一般に採用されている．

L/A は 7000~13000 kg/m² h が一般に用いられる．

冷却塔の熱交換部分の設計には総括物質移動係数 K_a(W/m³ Δh) を用いる．空調用冷却塔のようにレンジが 5℃ 以内の場合は次の近似式を用いてよい[26]．

$$q_c = K_a A Z \cdot MED \tag{5.13}$$

Z：充填層の高さ (m)，A：断面積 (m²)

表 5.15 冷却塔設計用の湿球温度 t_1' (℃)

地 方	沖縄・福岡	大阪・名古屋・東京	仙 台	札 幌
t_1'	28	27	26	23

〔注〕 千葉孝男の資料より危険率 1% 前後の値を取った．福岡は加えた．

5.5 冷却塔

$$MED = (\Delta_1 - \Delta_2)\ln(\Delta_1/\Delta_2) \tag{5.14}$$

$$\Delta_1 = h_{w1} - h_2, \quad \Delta_2 = h_{w2} - h_1$$

直交流式の場合はヌッセルト理論による図5.25を用いて ϕ と ξ より ζ を求め，これより式（5.17）で MED を求めればよい．

$$\phi = \frac{h_2 - h_1}{h_{w1} - h_1} \tag{5.15}$$

$$\xi = \frac{h_{w1} - h_{w2}}{h_{w1} - h_1} \tag{5.16}$$

$$MED = \zeta(h_{w1} - h_1) \tag{5.17}$$

レンジが5℃以上の場合は式（5.13）は10%以上の誤差を生じ，そのときは次式により数値積分で計算する．この例題は文献（1）p.433）などにある．

$$U = \int_1^2 \frac{dh}{h_w - h} = \frac{K_a Z}{G/A} = \frac{K_a V}{G} \tag{5.18}$$

$$\frac{U}{N} = \frac{K_a V}{L} = \int_1^2 \frac{-dt_w}{h_w - h} \tag{5.19}$$

$$\frac{Z}{U} = \frac{G/A}{K_a} \tag{5.20}$$

ここに，U：移動単位数（number of transfer unit）（NTU）

Z/U：(height of transfer unit)（HTU）

充填物には水膜形（film type）と飛まつ形（splash type）とこの中間形がある．水膜形はハニカム板や波形プラスチック（図5.26）などのように充填物の表面の水膜で熱交換が主に行われる形式で，ほとんどの空調用の逆流式冷却塔に用いられてい

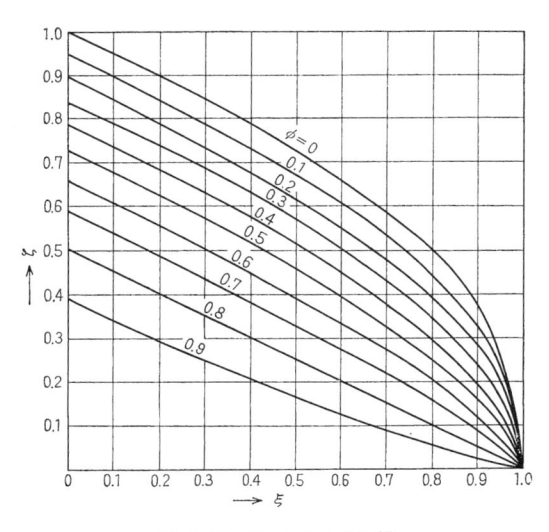

図 5.25 ヌッセルト線図[27]

表 5.16 水膜形充填物の性能（手塚俊一）[19],p.369

充填物						実験結果*			
形 状	材 質	波のピッチ(mm)	波の高さ(mm)	水平ピッチ(mm)	全 高(mm)	C_1	α	β	K_a
薄 板	マソナイト				15.9 12.7	0.771 0.952	0.26 0.26	0.74 0.74	7 176 8 862
垂直薄板	アスベスト				44.4 31.8	0.289 0.394	0.30 0.24	0.70 0.76	2 687 3 664
垂直波板	アスベスト				44.4 31.8	0.689 0.722	0.31 0.39	0.69 0.61	6 408 6 722
ハニカムボード	樹脂加工の紙			20 20 20	0.15×4 0.15×2 0.15	1.22 1.40 2.24	0.45 0.45 0.45	0.60 0.60 0.60	16 329 20 410 32 669
波 板	プラスチック	16 16 16 10 22 28	15 15 15 15 15 26		0.3 0.6 0.15×4 0.3 0.3 0.3	1.67 1.10 1.60 1.65 1.45 1.41	0.45 0.45 0.45 0.45 0.45 0.45	0.60 0.60 0.60 0.60 0.60 0.60	24 353 16 038 23 330 24 062 22 458 20 562

* C_1, α, β は $K_a = C_1 (L/A)^\alpha (G/A)^\beta$ の係数，K_a (W/m³⊿h) は $L/A = G/A = 8\,000$ のときの値を示す．

る．飛まつ形は水平板形のように表面水膜と飛まつ水滴の表面で熱交換が行われるものである．

表5.16に水膜形充填物の K_a の値を示す．飛まつ形も文献 (A 4, p. 364) に発表されている．

表5.16に示す逆流式冷却塔の水膜形充填物の K_a 値は手塚によれば次式でまとめられる[29]．

$$\frac{K_a d_e^2 c_s}{\lambda_g} = 7.5 \left(\frac{L}{A} \cdot \frac{d_e}{\gamma_l \nu_l}\right)^{0.45} \left(\frac{G}{A} \cdot \frac{d_e c_s}{\lambda_g}\right)^{0.46} Z_d^{-0.74} d_e^{0.74} \quad (5.21)$$

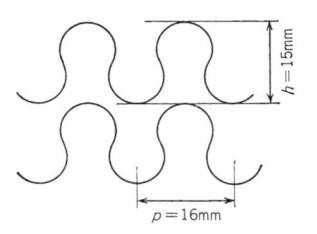

図 5.26 波形プラスチック板充填物（手塚俊一）[28]

ここに，d_e：相当直径 (m) ＝断面積(m²)/周辺長(m)
　　　　c_s：湿り比熱　　λ_g：空気の熱伝導率（W/m°C）
　　　　γ_l, ν_l：水の比重 (kg/m³)，動粘性係数（m²/h）
　　　　Z_d：充填物高さ (m)　　K_a, L, A, G：式 (5.11)〜(5.13) と同様

(2) 密閉式冷却塔[30]

密閉式冷却塔においても開放式と同様にレンジ 5〜8°C，アプローチ5°Cの条件を達成することができるが，このためには水量 L はレンジ5°Cで求めるから開放式に等しいが風量は1kW当たり 185〜213m³/h となり，開放式の1.5〜2.5倍（平均2.0倍）になる．また管群の抵抗が大きいため通過風速は面風速で1.5m/s以下に取るの

で，断面積 A は開放式の 4～5 倍となる．散水量 (L_s/A) は断面積当たり裸管式で 3000 kg/m²h 以上，フィン付管で 4000 kg/m²h 以上に取る[30]．アルミフィンや銅管は大気汚染物質（SO_2 など）により腐食されやすいので，熱交換のコイルにはもっぱら外径 20 mm 前後の裸鋼管を用いる場合が多い．このようなフィンなしの鋼管を用いた場合の熱交換式は手塚によれば[31]，

$$d_q = Gdh = x_a(h_w - h) A \cdot dZ \quad (5.22)$$
$$x_a = 1.80(L_s/A)^{0.3}(G/A)^{0.45} \times (d_e d_l)^{-0.3}(t_{w1})^{-0.75} \quad (5.23)$$

ここに，Z，G，A はすべて式 (5.21) と同じ．

x_a：比例定数（W/m³ Δh）
h_w：水温に相当する飽和空気のエンタルピ　　h：空気のエンタルピ
t_{w1}：入口水温（℃）　　L_s：散水量（kg/h）
d_e：熱交換器の空気側の相当直径（m）　　d_l：管内径（m）

水温の差 $(t_{w1} - t_{w2})$ が 5℃ 以内の場合は式 (5.22)，(5.12)，(5.13) と同様に，

$$\begin{aligned} q_c &= G(h_2 - h_1) = L(t_{w1} - t_{w2}) \\ &= x_a \cdot A \cdot MED \cdot Z \end{aligned} \quad (5.24)$$

が得られ，これより管群の高さ Z が求められる．

5.5.3 冷却塔の適用

（1）適　　用

（a）6.4.3 に述べるように冷却塔は冷凍機ごとに別に設けることが望ましい．少なくとも一般系統とは空調時間の異なる電算室用の冷却塔などは別系統とする．散水管が水圧で回転する方式の冷却塔を数台の冷凍機に対して 1 台設けると，冷凍機の運転台数が減ったときは散水管が回らなくなるおそれがある．

（b）大気汚染のはなはだしい地区や，閉回路水熱源ヒートポンプのような冷却水系統が長い場合は密閉式冷却塔を用いることが望ましい．

（c）冬季の空調を必要とする系統（例えば電算機室）の冷却塔にはタンク内に電熱器を入れて，凍結防止を行う．

（d）近所に住宅や高層アパートのあるときは，敷地境界線の騒音が騒音防止条件の規制内にあるか否かをチェックし，必要ある場合は適当な遮音装置を設ける．

（2）冷却塔の据付け

（a）冷却塔の据付け位置は外気が自由に流通する箇所で，ファン出口に障害物のない場所を選ぶ．建築の外観上，ルーバで冷却塔を囲う場合はルーバの開口面積は風速 2 m/s 以下で空気が流入するよう，十分に大きい開口面積をとる．

（b）冷却塔と煙突の相互位置は 5.4.5 (2) に述べたように十分に考慮する．また厨房の排気口などのような高温空気の出口の近くに設けてはならない．

（c）冷却塔からの飛散水滴（キャリオーバ）がかかっても，また冷却塔の騒音が出てもさしつかえないところに設ける．

(d) 冷却塔の据付けは耐震的に行う．この方法については文献32）または33）を参照する．

(e) 冷却塔を設ける位置のスラブの強度を調査し，荷重に対し強度が不十分のときは，スラブ上に鉄骨または鉄筋コンクリートのはりを設け，この上に据え付ける．

(f) 冷却塔回りの配管は6.4.3および5.4.5を参照する．冷却塔のそばに冷却水ポンプを設けるときは，このポンプの吐出口が冷却塔水槽の水面以下になるように注意する．

(g) 冷却塔への補給水の管径は高架水槽よりの高さを考慮して，図6.3（または図6.4）を用いて管径を定める．補給水量は冷却水の循環水量の1～3％（平均2％）である．高架水槽が冷却塔より低い位置にあるときは，補給水ポンプを用いて押し上げる．このポンプの水量は補給水量の2倍とする．

(h) 複数台の冷却塔を並べて設置するときは，互いの吸引空気が干渉しないよう配慮した配置とする．例えば，冷却塔の高さ以下の断面で所定量の空気が冷却塔の吸込口に向かって水平に移動すると仮定して，その場合の断面風速を3m/s以下にする．さらに，冷却塔の設置スペースが建物や防音壁に囲まれている場合，冷却塔の取入れ空気に排気が再循環（ショートサーキット）しないよう注意する．具体的には，取入れ空気の下降風速は平均で1m/s以下とし，冷却塔が複数台あるときは，それぞれの冷却塔の周囲1.8m以内の平面積で下降風速が1.5m/sを超えないようにする．

周囲が壁に囲まれている場合，冷却塔の排気口は壁より高い位置になるのが望ましく，遮音の関係からやむを得ないときでも，少なくとも壁と同じ高さにする．給気口はできるだけ排気口対面の下部からとるようにする．（音の考慮を行うときは消音トラップを建築的に工夫する等する．）

1) 冷却塔の複合騒音に注意する．騒音規制法の基準値以下にすることはもちろん，住宅塔の場合は極力低騒音とするよう消音・遮音の措置をとる．

2) レジオネラ菌の室内侵入を防ぐため，外気取入れ口に冷却塔の排気が入らないようにその位置を考慮する．

(3) 白煙防止型冷却塔

OA機器の多いオフィスや電算センター等年間冷房の空調が必要な建物は，白煙防止型の冷却塔（冬期に凝縮した水蒸気の大気中への放出を防止する冷却塔）を用いる．白煙防止の方法には加熱タイプとバイパスタイプがあり，その特徴を図5.27に示す．

5.6 ヒートポンプ[34)-36)]

ヒートポンプ（heat pump）は冷凍機の凝縮器より出る排熱を暖房に用いる場合をいい，したがって冷房用の冷凍機を暖房に用いる場合をヒートポンプとよぶ．

その熱源の種類と適用に関しては4.5.4に述べた通りで，今後，水熱源のものは太

5.6 ヒートポンプ

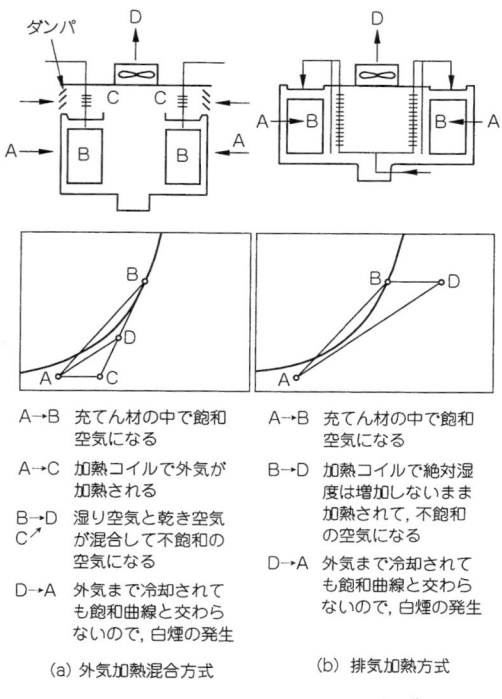

(a) 外気加熱混合方式

- A→B 充てん材の中で飽和空気になる
- A→C 加熱コイルで外気が加熱される
- B→D
- C↗ 湿り空気と乾き空気が混合して不飽和の空気になる
- D→A 外気まで冷却されても飽和曲線と交わらないので，白煙の発生

(b) 排気加熱方式

- A→B 充てん材の中で飽和空気になる
- B→D 加熱コイルで絶対湿度は増加しないまま加熱されて，不飽和の空気になる
- D→A 外気まで冷却されても飽和曲線と交わらないので，白煙の発生

図 5.27 白煙防止冷却塔の種類と特徴[4]

表 5.17 代表的な各種ヒートポンプの例

ヒートポンプ種類	建物名称	延べ面積 (m^2)	ヒートポンプ (合計 kW)	ヒートポンプ (COP)	蓄熱槽 (m^3)
水熱源 (地下水)	中部電力ビル	50 000	ターボ 1010	4.4	3 000
	独協医大	92 000	ターボ 1320	2.7	あり
空気熱源	大阪国際ビル	65 000	スクリュー 1260	3.2	あり
	浜松医大	62 800	スクリュー 2010	2.8	5 500
熱回収	ヤクルト本社ビル	11 300	ターボ 180	3.6	48
	東京海上火災ビル	63 000	スクリュー 1380	3.9	800
閉回路CPユニット	鎌倉河岸ビル	15 700	PMAC 632台	3.6	250
	南平台東急ビル	17 200	PMAC 518〃	3.6	300

陽熱利用あるいは建物よりの排熱回収用などとして，空気熱源のものはパッケージ空調機用またはヒートポンプユニットとして空調用にますます広く用いられるであろう．表5.17にわが国におけるヒートポンプ設備の代表例を示す．以下その設計法について述べる．

5.6.1 水熱源のヒートポンプ方式

(Ⅰ) 計 算 法

ヒートポンプ暖房時における冷凍サイクルを図5.28に，同装置の冷房サイクルを図5.29に示す．図5.28において圧縮機の出口における過熱ガス③は凝縮器中に入り温度43℃で凝縮して，その凝縮熱を温水に与える．凝縮器の出口冷媒は④となり膨張弁を通して蒸発器に入る．蒸発器中は低圧（392.3 kPa）に保たれているため，冷媒はここで蒸発し蒸発熱を水より奪い，②となって圧縮機に吸引される．図示のR-12のモリエ線図で明らかなように冷媒1kg当たり凝縮器に与えた熱量は，

$$h_3 - h_4 = 600 - 465 = 135 \text{ kJ/kg}$$

蒸発器内の冷凍効果は，

$$h_2 - h_1 = 580 - 465 = 115 \text{ kJ/kg}$$

圧縮機の圧縮仕事は次のようになる．

$$W = h_3 - h_2 = 600 - 580 = 20 \text{ kJ/kg}$$

$$\text{COP} = (h_3 - h_4)/(h_3 - h_2) = 135/20 = 6.75$$

これは理論上のCOPで，実際のCOPは例題5.3に示すように4.62となる．

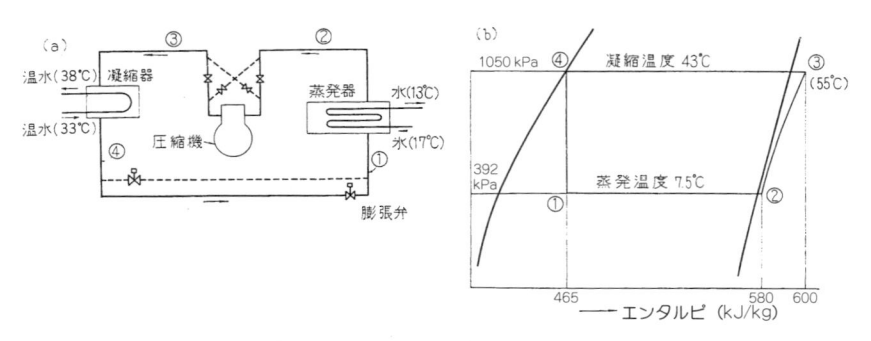

図 5.28 ヒートポンプの暖房サイクル

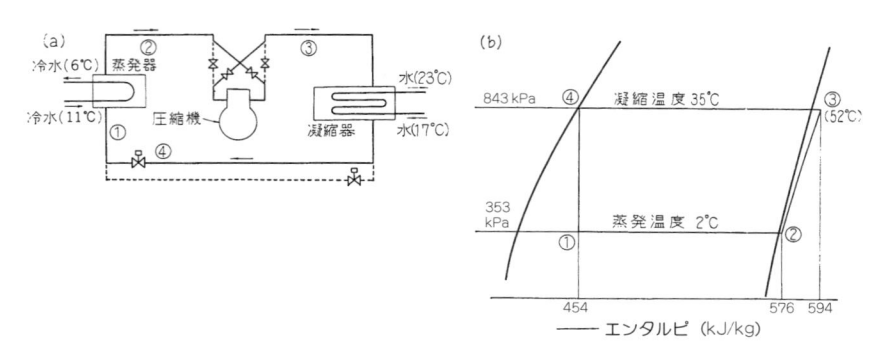

図 5.29 冷房サイクル

同装置を冷房用に用いるときは図 5.29 のようになる．このときは配管の切換えにより前の凝縮器は蒸発器（水冷却器）となり蒸発器は凝縮器となる．

上記のヒートポンプ暖房装置は水を熱源とし水に熱を与える水対水（water to water）のものであるが，このほかにわが国では水を熱源とし空気に熱を与える水対空気（water to air）のものも用いられている．最近は都市内で地下水使用の規制が厳しくなって昭和 40 年以降に新設された地下水利用の例はきわめて少なく，一般の水熱源 HP の傾向は熱回収または太陽熱利用のヒートポンプの方向に進んでいる．

（2） 水熱源の方式の設計

（a） 装置の形式を決める．一般に 176 kW 以上の容量の装置は水対水が用いられ，それ以下は水対空気が多い．大容量の装置でも特に設備費および動力費を下げたいときは水対空気を用いる．水対空気の装置は冷媒配管の設計を十分注意して行い，暖房時，冷房時ともに油の循環を円滑にする．

（b） 冷凍機の凝縮温度を決める．これは高く取れば温水温度または空気温度を高めることができ，送風機・ダクトを小形にすることができるが，COP は低くなり圧縮機の馬力数が増大しかつ圧縮比が大になるから効率が落ちる．一般に往復形にし，水対空気の場合は 40〜45°C に取る．水対水の場合は凝縮器よりの出口水温を 35〜40°C に取る．すなわち凝縮温度は 40〜45°C となる．

（c） 蒸発温度を決める．水を熱源にするときはその水の入口温度より 10〜15°C 低く取る．例えば 16°C の地下水を熱源に用いるときは蒸発温度は 5°C 前後に取る．

（d） 上記に決めた凝縮温度および蒸発温度により圧縮機を決める．

（e） 上記の温度により蒸発器・凝縮器を決める．

蒸発器すなわち水冷却器の設計は 5.5.1 に従って行い，凝縮器のうち，水加熱器（すなわち水冷式凝縮器）の場合は 5.5.2 に従って行う．

水対空気式に用いる空気加熱器（空冷式凝縮器）の設計は次のようにして行う．

$$q_c = K(MTD)S \tag{5.25}$$

$$S = NaA \tag{5.26}$$

$$q_c = c_p G(t_{a2} - t_{a1}) \tag{5.27}$$

$$MTD = \frac{\Delta_1 - \Delta_2}{\log_e(\Delta_1/\Delta_2)} \doteqdot t_c - \frac{t_{a1} + t_{a2}}{2} \tag{5.28}$$

$$\Delta_1 = t_c - t_{a1}, \quad \Delta_2 = t_c - t_{a2}$$

ここに，S：必要表面積（m²）　　A：前面積（m²）　　q_c：凝縮器の熱量（W）
　　　　K：熱貫流率（W/m²·K）（表 5.18）　N：列数
　　　　a：1 列当たり前面積 1 m² 当たりの表面積（m²）
　　　　G：風量（kg/h）　　c_p：空気の定圧比熱（kJ/kg·K）
　　　　t_c：凝縮温度（K）　　t_{a1}, t_{a2}：空気の入口，出口温度（K）

表 5.18 はフロン使用のプレートフィン形コイル（$R=16.2$）を用いたときであって，これ以外のときは K は次式より計算する．

表 5.18 プレートフィン形空冷式凝縮器の熱貫流率 K (W/m²·K)

風速 (m/s)	1.5	2.0	2.5	3.0	3.5	4.0
K	23.7	26.3	28.7	30.2	31.6	34.0

〔注〕 本表は凝縮のときのフレオンの熱伝達率 $\alpha_r = 1500$, $R = 16.2$ とし空気側の $\alpha_0 \phi$ を図 7.23 の値に取って式 (5.29) より計算した．

$$K = \cfrac{1}{\cfrac{1}{\phi \alpha_0} + \cfrac{R}{\alpha_r}} \tag{5.29}$$

ここに，K, α_r, α_0 (W/m²·K), ϕ：フィン効率, R：コイルの外表面積/内表面積

（f） 上記の装置に対し冷房時の容量を再検討し，著しく不合理のときは上記の温度条件をかえてやり直す．

（g） 凝縮器（水加熱器）の伝熱表面積 S を求める．例として，シェルチューブ形凝縮器（冷媒 R-12 使用）の水速 1.0 m/s の K 値は 581.4 W/m²·K であるので，$\Delta_1 = t_c - t_{w1} = 43 - 33 = 10$, $\Delta_2 = t_c - t_{w2} = 43 - 38 = 5$ なるゆえ，$MTD = 7.2$

$$\therefore \ S_c = 488.5/(581.4 \times 7.2) = 116.7 \, \text{m}^2$$

一方，蒸発器は，$t_E = 7.5℃$, $t_{w1} = 17℃$, $t_{w2} = 13℃$ より $MTD = 7.2℃$ となり，これに対する K 値は 651.2（水速 1 m/s）となるので

$$S_E = 418.7/(651.2 \times 7.2) = 89 \, \text{m}^2$$

地下水量：$Q_{WE} = 418.7/(17-13) = 90\,000 \, \text{kg/h}$

（h） 冷房時にこれらの機器が要求条件を満足することを確かめる．

注意すべきことは上に求めた表面積 S_c, S_E はすべて普通の鋼管を伝熱管として用いており，実際は各会社ともローフィン管その他の高性能管を用いているので，これより小さい表面積で足りる．

【例題 5.3】 次の仕様の水対水のヒートポンプを設計せよ．地下水を熱源とし，その水温は夏冬とも 17℃ とする．

表 5.19

	暖房時加熱能力	冷房時冷却能力
入 口 水 温	33℃	11℃
出 口 水 温	38℃	6℃
能　　　力	488.5 kW	523.4 kW

〔解〕 暖房時の凝縮温度（t_C）と蒸発温度（t_E）を図 5.28 のように選んでそれぞれ 43℃, 7.5℃ で圧縮機を決める．このとき，前述のように凝縮熱 $= h_3 - h_4 = 135$ kJ/kg, 蒸発熱 $= h_2 - h_1 = 115$ kJ/kg, 圧縮熱 $= h_3 - h_2 = 20$ kJ/kg となる．よって上記加熱量に対する必要冷媒循環量 G_r は式 (5.4) より，

$$G_\mathrm{r} = \frac{q_\mathrm{c}}{h_3 - h_4} = \frac{488.5}{135} \times 3\,600 = 13\,027\,\mathrm{kg/h}$$

このときの圧縮機の圧縮仕事は式 (5.3) より,

$$W_0 = \frac{G_\mathrm{r}(h_3 - h_2)}{3\,600} = \frac{13\,027 \times 20}{3\,600} = 72.4\,\mathrm{kW}$$

表 5.8 より $\eta_\mathrm{m} = 0.85$, $\eta_\mathrm{c} = 0.80$ にして軸馬力は,

$$N_\mathrm{c} = \frac{W_0}{\eta_\mathrm{c} \cdot \eta_\mathrm{m}} = \frac{72.4}{0.80 \times 0.86} = 105.8\,\mathrm{kW}$$

すなわちモータは 110 kW のものを用いれば足りる.
この場合の実際の COP は,

$$\mathrm{COP} = \frac{488.5}{105.8} = 4.62$$

蒸発器内の冷凍効果は式 (5.2) より,

$$q_\mathrm{E} = G_\mathrm{r}(h_2 - h_1) = 13\,027 \times 115 = 1,498,105\,\mathrm{kJ} = 416\,\mathrm{kW}$$

5.6.2 空気熱源ヒートポンプ[35)-38)]

空気熱源ヒートポンプ (air source heat pump, 以下 ASHP と略す) は昭和 48 年ごろより各メーカからユニット形として発売され, 設計者は使用条件 (外気温・水温・能力) によってカタログにより選定できるようになった. メーカ側ではこれを空冷式ヒートポンプチリングユニットとよぶことがある. ここでははじめにユニット形について述べた後, ASHP の設計についてもふれる.

(I) ユニット形空気熱源ヒートポンプ

工場において製作されるユニット形は図 5.30 に示すようにケーシング内部に圧縮機, 水熱交換器などを収め, ケーシングの三面 (または二面) は全面がフィン付の空気側熱交換器で占められ, 外気はここより吸引されケーシングの天井部分のプロペラ

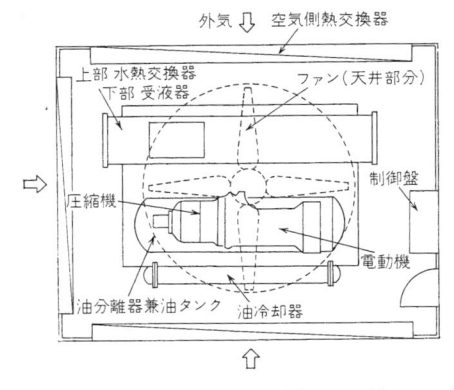

図 5.30 ユニット形空気熱源 HP[39)]

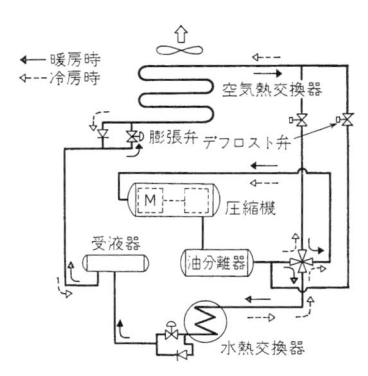

図 5.31 ユニット形 ASHP の冷媒系統図[39)]

ファンで排気される．空気側熱交換器は冬は蒸発器として外気より採熱し夏は凝縮器として外気に放熱する．スクリュー圧縮機を用いる ASHP ユニットの冷媒配管の系統図を図 5.31 に示す．往復式の場合は図のような大形の油分離器は必要なく，ほかはほぼ本図に従う．

　圧縮機にスクリュー式を用いる ASHP ユニットはモータ出力で 85～1 000 kW のものが製作されており，往復式を用いるユニットは 3～30 kW の小形系列と 17～80 kW の大形系列のものが製作されている．これらのユニットは外気を循環する必要があるため，屋上に露出で設置することが多い．

　スクリュー圧縮機を用いる冷媒 R-22 の ASHP の出力-入力線図を図 5.32 に示す．本図のように暖房時は乾球温度が上がるほど入力は減るが，これは蒸発器の膨張弁の容量範囲が十分に大きい場合のみに可能となる．また図のように容量 30% が制御限界である．

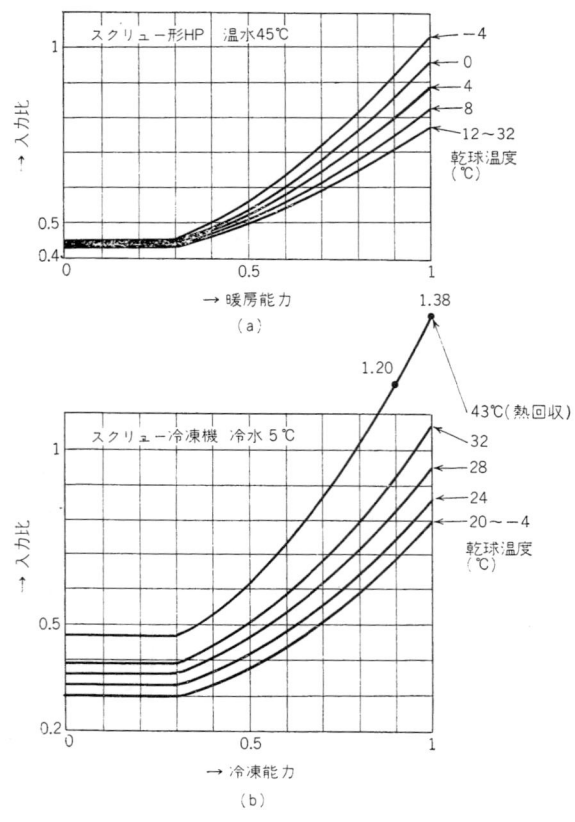

図 5.32　スクリュー形 ASHP の出力-入力[40]

ユニット形においてもデフロストを必要とし，これは次で述べるうち，ホットガスによる方法か温水スプレ法を採用している．なお，寒冷地や積雪地にあっては空気側熱交換器の表面積を30%程度ふやして，デフロストの回数を減らす方法がとられている[41].

(2) 空気熱源ヒートポンプの設計法[41]

実施例においては前述のASHPユニットを屋上に設け，図5.33のように地階の蓄熱槽より押し上げた水をこのユニットに通し，再び蓄熱槽に戻す例，屋上にすべて熱源と補機を設置する等の例が多い．しかし地階に圧縮機，水熱交換器を設け，屋上に空気熱交換器を設置して，この間を冷媒配管で結ぶ例もある．この場合冷媒のリークを防止するように冷媒配管の施工を入念にする．

(a) ASHPにおいてはすべての場合，装置の加熱能力 q_c は図5.34のように外

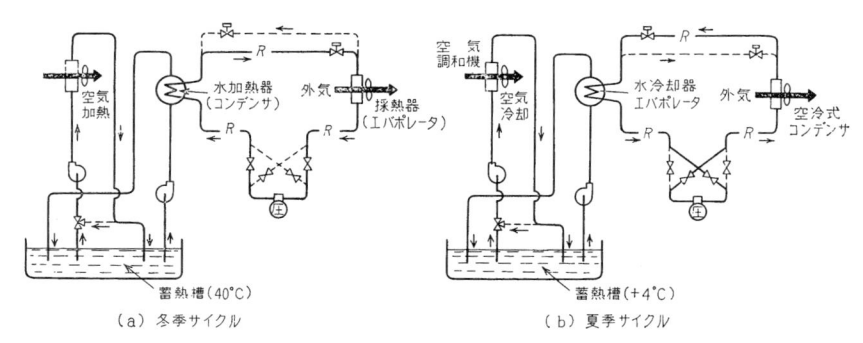

図 5.33 空気熱源ヒートポンプの系統図

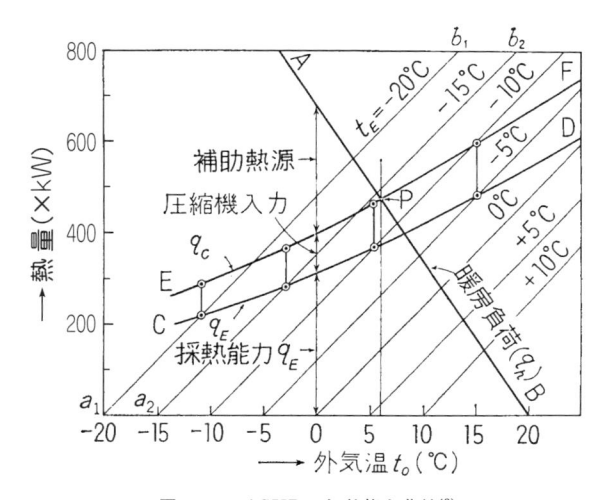

図 5.34 ASHPの加熱能力曲線[42]

表 5.20

圧縮機	設計条件		CMH/kW^a	kW^b/kW^a
	外気(DB)	温水出口		
往 復 式	7℃	45℃	390〜515	0.28〜0.38
スクリュー式	−2℃	45℃	680〜775	0.41〜0.46

〔注〕 CMH：空気側熱交換器風量 (m^3/h)
　　　kW^a：暖房時出力（1 163 W）
　　　kW^b：圧縮機用モータ出力

気温 t_0 が下がるにつれて低下し，一方，建物の暖房負荷 q_h は外気温 t_0 が下がるとともに増加する．したがって，低い外気温度で q_c を q_h に等しくするためには装置の容量を十分に大きくする必要があり，不経済な装置となる．一般の建物の場合については q_c は暖房時間中の平均外気温度 t_{om} に対する q_h に等しくとり，これより t_0 が下がった場合はインバータによりモータの回転数を上げて能力を増やすか，または補助熱源を用いる．あるいは t_{om} 以上においては q_c が q_h より大になるので，その余分の熱を蓄熱して，これを低い t_0 のときに利用した方が有利になる．ただし前述の大形の ASHP ユニットにおいては深夜電力利用のため表 5.20 に示すように t_{oD}（設計外気温）を −2℃ と，低くとっている例が多い．

(b) 蒸発器のデフロスト[41]

蒸発器の表面温度が 0℃ 以下になるので，これに空気を通すときに表面に結霜し，熱交換の効率が悪化するので，デフロスト（除霜）の必要がある．いままでの運転の経験では東京や大阪地区のように内地中央部の太平洋岸では氷雨の日を除いてほとんど除霜の必要はないといわれている．デフロストの方法には次の各種がある．

1) ホットガスのバイパス法は圧縮機の吐出ガスをバイパスして蒸発器に通す方法で，前述の ASHP ユニットや ASHP 式のパッケージにもっぱら使われている．

2) 蒸発器の下部に電熱器を組み込み，デフロストのときは圧縮機を停止して，電熱器に通電し，温風を送って除霜を行う．

3) 蒸発器表面に温水をスプレする．普通，水加熱器出口よりの温水を導き，着霜信号（蒸発圧力の低下）により電磁弁を開きスプレする．

(3) 空気熱源ヒートポンプの計算法

蒸発器（エバポレータ）の採熱量 q_E (W) は外気温 t_0 (℃)，蒸発温度 t_E (℃) を用い，

$$q_E = K_E S_E \{(t_0+t_{02})/2 - t_E\} \tag{5.30}$$

$$q_E = c_p G_E (t_0 - t_{02}) \tag{5.31}$$

$$\therefore \quad q_E = k(t_0 - t_E) \tag{5.32}$$

$$k = \frac{K_E S_E}{1+(K_E S_E/2 c_p G_E)} \tag{5.33}$$

$$q_E = c_p G_E (t_0 - t_E - \Delta t') \tag{5.34}$$

ここに，K_E, S_E：蒸発器の熱貫流率（W/m²·K），表面積（m²）
c_p：空気の定圧比熱（kJ/kg·K）
t_0, t_{02}：蒸発器の空気入口，出口温度（K）
G_E：蒸発器を通す外気の風量（kg/h）　　$\Delta t'：(t_{02}-t_E)$

これらの式を用いて，次のように設計を進める．

（a）暖房設計温度（表1.14参照）t_{0D}に対する暖房負荷 q_{hD} を計算する．次に暖房時間中の平均温度より暖房時間における平均温度 t_{0m} を求める．例えば暖房時間8～17時のとき，東京における t_{0m} は6.4℃となる．この t_{0m} を用いて潜熱負荷の変動を無視すれば t_{0m} に対する暖房負荷 q_{hm}（W）は t_1（℃）を室温とすれば，

$$q_{hm} = q_{hD}(t_1 - t_{0m})/(t_1 - t_{0D}) \tag{5.35}$$

（b）蒸発温度 t_E（℃）と凝縮温度 t_c（℃）を決める．t_E は上記の t_{0D} より10℃以上低く取る．例えば東京で暖房時間8～17時のときは−5℃ないし−10℃の範囲に取る．t_c の決め方は水熱源の場合に準じる．

（c）上記の t_E および t_c より冷媒R-12に対しては表5.21から $k_c = (q_c/q_E)$ を求め次式より q_{Em} を決定する．

$$q_{Em} = q_{hm}/k_c \tag{5.36}$$

R-12以外では各冷媒のモリエ線図より (q_c/q_E) を求めることができる．

表 5.21　k_C＝凝縮熱量/蒸発熱量（排熱係数）

t_E（℃）	t_c（℃）						
	25	30	35	40	45	50	55
−30	1.280	1.318	1.356	1.394	1.441	1.492	1.554
−25	1.246	1.279	1.314	1.351	1.394	1.438	1.493
−20	1.210	1.240	1.274	1.307	1.348	1.388	1.438
−15	1.183	1.213	1.243	1.274	1.312	1.349	1.395
−10	1.156	1.184	1.211	1.240	1.276	1.311	1.353
−5	1.130	1.157	1.180	1.209	1.243	1.276	1.315
0	1.103	1.130	1.150	1.176	1.208	1.238	1.273
+5	1.079	1.101	1.123	1.147	1.177	1.205	1.241

〔注〕R-12モリエ線図の状態点より計算（過熱＝0℃，過冷却＝0℃）．

（d）風量 G_E を決定する．あるメーカのカタログ値より計算すれば風量も所要動力も冬の外気の設計温度の差により著しく異なる．風量を大きくすれば S_E は小さくなるが，ファン動力は増大する．

（e）q_E，G_E より，式（5.31）から t_{02} を求め，式（5.30）の q_E に q_{Em}，t_0 に t_{0m}，このほか上で求めた t_{02}，t_E，K_E を代入して S_E を求める．K_E の確実な資料はまだ発表されていないから，一応，図7.23の直接膨張コイルの K の値に対し，表面の結霜を考慮して0.8倍して用いる．

（f）上記の t_E，t_c に対し q_{Em} の能力を有する圧縮機を選定する．この圧縮機と上に求めた蒸発器について例題5.4のように能力曲線を描き，t_{0D} における能力 q_{CD} を

求める．

（g）　$(q_{hD}-q_{CD})$ なる大きさの補助ヒータを空調機内に設備する．あるいは空気対水の場合は水配管の途中に小形ボイラをはさむ．

（h）　蓄熱槽を用いるときは次のように蓄熱量を求め，これより 5.9.3 の方法で蓄熱槽を計画する．

例題 5.4 のようにして求めた図 5.34 の CD および EF は，t_0 の変化に対する採熱量 q_E の変化曲線および装置の加熱能力 q_c を示す曲線となる．また t_{oD}，t_{om} に対する暖房負荷 q_{hD}，q_{hm} がわかっているから，この 2 点を直線で結べば，この直線 AB は暖房負荷 q_h の変化を示す．

以上で各外気温度に対する q_c と q_h がわかったから，図 5.35 のように各時刻の外気温に相当する q_c と q_h の曲線を書けば，これが 1 日の q_c と q_h の変化曲線で蓄熱量は図の斜線の部分の面積に等しい．図 5.35 では給熱量の面積＞余剰熱量の面積となり，蓄熱量だけでは不足し，補助熱源を必要とする．図の実線は平日（表 1.14 の平均温度の日）の熱量を示し，点線はピークの日（表 1.14 の設計条件の日）を示す．図示のようにピークの日は 1 日を通じて暖房負荷が加熱能力より大きくなり，終日補助熱源を必要とする．

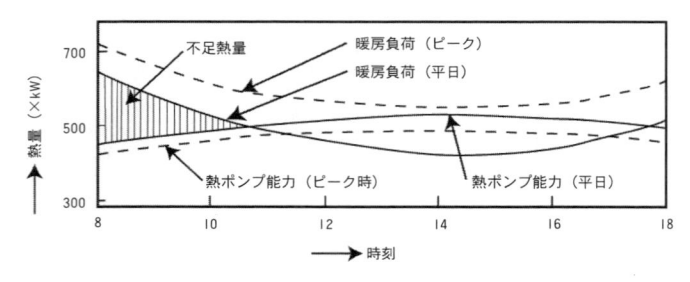

図 5.35　各時刻の加熱能力と暖房負荷

（i）　以上の装置が冷房時の条件を満足するか否かを調べる．

【例題 5.4】 東京に建てられる事務所建築の暖房負荷が 698 kW のとき（$t_{oD}=0°C$），冷媒 R-12 を用いる．空気熱源の熱ポンプ暖房装置を計画する．室温は 20°C とする．
〔解〕　暖房の時間を 8～17 時とすれば，この間の外気平均温度の平均値は $t_{om}=6.4°C$ となる．これを 6.0°C として式（5.35）より，

$$q_{hm}=698\times\frac{20-6}{20-0}=488.6\,\text{kW}$$

t_E は t_{oD} より 10°C 以上低く選び $t_E=-10°C$ とする．t_c は水熱源の t_c の決め方 5.6.1（2）を参照して $t_c=45°C$ とする．冷媒に R-12 を用いればこのとき表 5.21 より $k_c=1.276$ となる．

式（5.36）より，

5.6 ヒートポンプ

$$q_{Em} = 488.6/1.276 = 382.9\,\text{kW}$$

表 5.20 の往復式を参考にして CMH/kW を 490 とすれば，

$$G_E = 1.2 \times 490 \times 488.6 \fallingdotseq 287\,000\,\text{kg/h}$$

外気温度差 $t_0 - t_{o2} = \dfrac{q_{Em}}{c_p G_E} = \dfrac{382.9 \times 3\,600}{1.007 \times 287\,000} = 4.77°\text{C}$

すなわち，$t_{om} = 6°\text{C}$ のとき $t_{o2} = 1.2°\text{C}$

採熱器としてプレートフィンコイルを用い風速 3.5 m/s として図 7.25 より $K = 32.69\,\text{W/m}^2\,\text{K}$，この 0.8 倍の 22 をとる．よって，

$$S_E = \dfrac{q_E}{K_E\{(t_0+t_{o2})/2 - t_E\}} = \dfrac{329\,150}{22\{(6+1.2)/2-(-10)\}} = 1\,100\,\text{m}^2$$

圧縮機としては圧縮機の能力表より $t_E = -10°\text{C}$，$t_C = 45°\text{C}$ で 382 800 W (109 RT) のものを選ぶ．例えば，12 M 4（1 180 rpm）形を用いれば，この条件で 189.6 kW, 87 kW なるゆえ，これを 2 台用いる．

次に式 (5.32), (5.33) に，上に求めた G_E, K_E, S_E などを代入して，

$$k = \dfrac{22 \times 1\,100}{1+\{(22 \times 1\,100)/(2 \times 1.007 \times 287\,000)\}} = 23\,227$$

$$q_E = 23\,227\,(t_0 - t_E)$$

上式の t_0, t_E にそれぞれ数値を代入して，図 5.34 の a_1b_1, a_2b_2, ……なる直線を求める．次にカタログより 12 M 4 形冷凍機 2 台の q_E を次のように求める．

t_E(°C)	−20	−15	−10	−5	0	+5
q_E(kW)	222	291	379	493	623	782
q_e/q_E	1.347	1.309	1.277	1.243	1.207	1.176
q_e(kW)	299	381	484	613	752	920

表 5.21 より (q_C/q_E) を求め，これと q_E との積より q_C を求める．

上に求めた a_1b_1, a_2b_2, ……の線上に各 t_E に応じた q_E をプロットする．この点の直上に q_C をプロットすれば q_E, q_C の曲線が図 5.34 のように得られる．q_C の曲線 CD と暖房負荷の線 AB は $t_0 = 6°\text{C}$ なる点 P で交わりこの点が 488.6 kW となる．

0°C における q_E は図より $q_{ED} = 320\,\text{kW}$ となるゆえ，

式 (5.34) より，

$$\Delta t' = \dfrac{-q_{ED}}{c_p G_E} + t_0 - t_E$$

$$= \dfrac{-320 \times 3\,600}{1.007 \times 287\,000} + 0 - (-10) = 6.0°\text{C} > 2°\text{C}, \quad \text{OK}$$

0°C における q_C は図より 407 kW なるゆえ，補助熱源の能力は，

$$q = 698 - 407 = 291\,\text{kW}$$

すなわち 30 kW の電熱器を 10 段設け，これをサーモスタットでステップコントロールする．空気対水の場合は上記能力のボイラを設けてもよい．

(4) 加 熱 塔[43]

冷房用冷却塔に冬季は−10℃程度のブラインを通し,外気より採熱する例はわが国において相当数の例が実現している[43].この場合の冷却塔をわが国では加熱塔(heating tower) とよぶ.加熱塔よりの冷水を加熱源に利用するヒートポンプも一種のASHPである.加熱塔に循環するブラインとしては塩化カルシウム ($CaCl_2$)・エチレングリコール (EG)・プロピレングリコール (PG) など種々のものがある.このうち,$CaCl_2$ は腐食性が激しく,配管のみならずキャリオーバにより付近の鉄板屋根なども激しく腐食するから使用してはならない.EG,PG などは腐食性はないがコストが高いので,キャリオーバが最小の塔を選ぶ必要がある.

これらのブラインを用いたときの加熱塔の K_a の値は同じで水温では水を用いるときより低下するが水温の低下により K_a は大になるので[44],冷房時の水使用の K_a の値と同等か,あるいは多少低下する程度である[45],[46].

5.6.3 ヒートポンプによる排熱回収[47]

(1) 建物内の熱バランス

冬季においてはペリメータよりの熱損失や外気の予熱負荷がある一方,室内の (1) 電灯,(2) 人員からの発熱のほか,(3) 送風ファンの動力による発熱などがある.霞が関ビルの中間階のプランを例に取り,その計算結果を図5.36に示す.図は人員からの床面積当たりの発熱 (W/m^2) を12,ファン動力を8,HPを用いるとして,その圧縮機の入力を人員・電灯発熱の合計の20%とし,電灯を30から $60W/m^2$ に代えて計算した.これが図の水平線である.図の斜線は外気の導入量を 0,2,3,$5m^3/m^2h$ に代えたときの暖房負荷の値で,これは外気温度

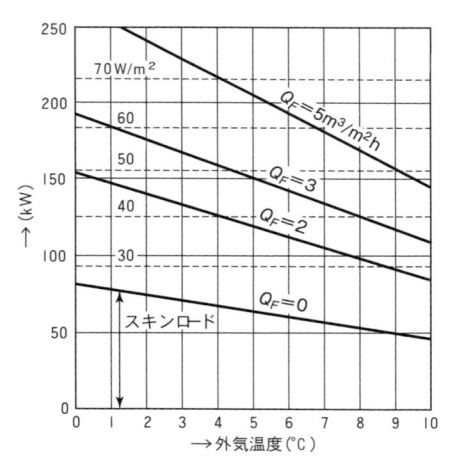

図 5.36 室内発生熱(点線)と暖房負荷(実線)

(t_0) に対し右下がりの直線となる.斜線と水平線との交点が外気の平衡温度(break even point) t_B で,電灯入力が増えるほど t_B は低くなる.例えば外気 $2m^3/m^2h$ のとき,30,40,$50W/m^2$ に対する t_B は 8.6℃,4.0℃,−0.2℃となり,東京の事務所建築においては蓄熱を行えば $30W/m^2$ でもわずかの補助熱源でよいことがわかる.上記は日射を算入しなかったが,それを考慮すれば十分に余裕が生じる.

(2) 熱回収システム

本格的な熱回収システムとしては中央式のほかに 4.4.6 (5) で述べた閉回路水熱

源HPを用いる個別方式があるが，ここでは中央式について述べる．この特長は，(1) ダブルバンドル形HP (5.3.4参照) を用いる．(2) 開放式または密閉式蓄熱槽を用いて余った熱を蓄熱し，不足時に放出する．(3) 機械室・電気室・エレベータ機械室などからの排気からの熱回収を行う，などである．図5.37にこれらの諸要素を入れたダイヤグラムを示す．

この例[48)]では約28m³の密閉式蓄熱槽を有し，これは低温蓄熱を行う．すなわちコンデンサの余剰熱量をV-2によりこの内部に蓄え，不足の熱量は電熱で補い，必要時にV-1を通じて蒸発器に通す．冷房負荷が暖房負荷以上になるとV-3で熱回収コイルはバイパスし，さらに冷房負荷が増えるとV-4により冷却塔側に水をまわす．

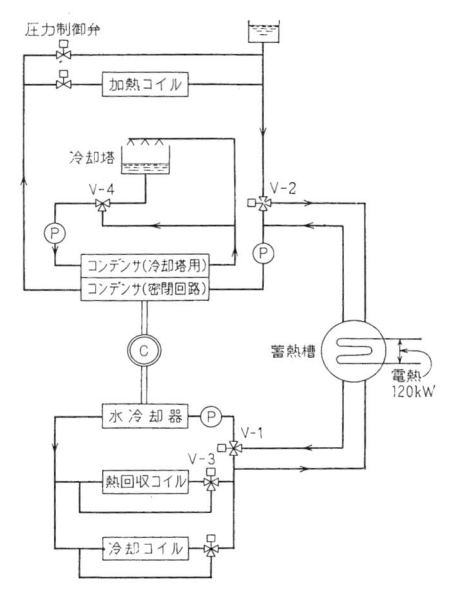

図 5.37 熱回収方式ヒートポンプ (Hill)[48)]

熱回収コイルには機械室，電気室などよりの高温の排気を通す．

(3) 予熱負荷の問題と補助熱源

間欠運転の場合は建築構造体が冷えているため大きい予熱負荷が朝の立上り時にかかる．一方，照明よりの発熱も最初は構造体に吸熱されて少ないため予熱負荷をまかなうことができない．図5.38は動的計算によって求めた立上り時の負荷（実線）と

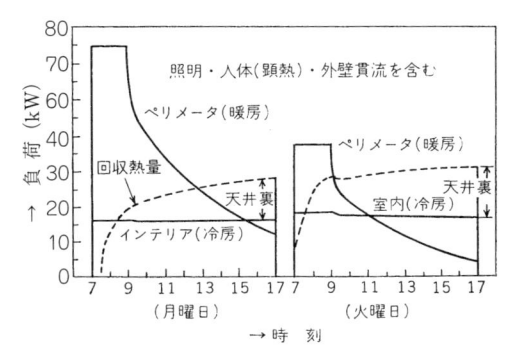

図 5.38 予熱時の暖房負荷 (実線) と加熱能力 (点線)
(石野久弥)[49)]

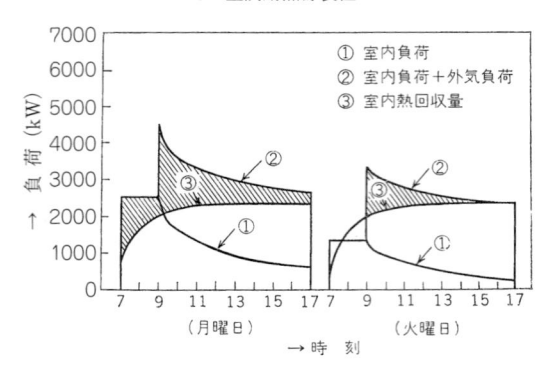

図 5.39 予熱負荷と加熱能力（石野久弥）[49]

表 5.22 熱回収方式に用いる補助熱源

(1) 蓄 熱 槽	外気温度が平衡温度 t_B を超えるときは熱が余るのでこれを蓄熱し，t_B 以下のときに放熱する．
(2) 電 熱	深夜に電熱ボイラを運転して蓄熱する．
(3) 空気熱源 HP	外気より採熱する．COP が 3 に近いため，(2)より省エネルギになる．
(4) 機械室などの排気	機械室・電気室・エレベータ機械室内の排気を 10℃ まで冷却し，その排熱を利用する．厨房からの排気はグリースを含み用いられない．
(5) ボ イ ラ（ガスまたは油だき）	給湯用またはバックアップ用のボイラを設け，この熱を利用する．

熱回収（点線）の状況を示し，月曜日に特にその不足分が大きくなることがわかる．実際のヒートポンプの負荷には外気負荷が加わり図 5.39 のようになり，斜線の部分は蓄熱槽または補助熱源でまかなう．

補助熱源としては表 5.22 に示す各種のものがある．このうち，(1)の蓄熱槽は必ず必要で，東京地区においてはこれに (4) を加えれば他の補助熱源は一般には必要としない場合が多い．

(4) 熱回収方式の経済性

熱回収装置においてはボイラとその付属機器は不要になるが，冷凍機にダブルバンドル形を必要とし，機械室などの排熱回収（表 5.22 の 4）に余分の設備費を必要とするなど，結果においては表 5.23 のように通常方式に比して設備費は大差ない．一方，運転費についても冬のヒートポンプ運転のため多量の電力を必要とし，表のように高額となる．

表 5.23 は昭和 47 年において算出したも

表 5.23 経済比較（年額 100 万円）[50]

項　　目		熱回収方式	通常方式
固定費	熱源機器	25.7	24.9
	ボイラ室	0	1.85
	煙　　突	0	1.15
	小　　計	25.7	27.9
運転費	熱源エネルギ	26.5	21.3
	補機動力	19.5	16.9
	小　　計	46.0	38.2
合　　計		71.7	66.1

〔注〕 電力（昼間 8 円/kWh，深夜 4 円）
A 重油 10.6 円/l，固定費は利率 8%
設備・建築の耐用年数は 15 年，50 年

表 5.24

点灯後時間	0	1	2	3	4	6	8	10
係数 k_1（月　曜）	0	0.3	0.6	0.65	0.70	0.8	0.85	0.9
係数 k_2（月曜以外）	0	0.7	0.8	0.9	0.93	0.95	1.0	1.0

〔注〕 本表は文献 49) の図 19 のレタン温度よりレタン空気を室温マイナス 7°C まで冷却するものとして求めた．

のであるが，現在においてもこの両者の比が逆転することはない．

（5） 中央式熱回収方式の設計法[51]

（a） 手計算法でもよいから損失熱量，室内の取得熱量を計算し，平衡温度 t_B を求める．

（b） 平衡温度が冬のピーク時（表 1.14）の運転時間中の外気の平均温度以下ならばなんらかの補助熱源を必要とする．

（c） 朝の立上り時の予熱負荷，採熱量を計算して図 5.39 のような負荷曲線を求め，これより不足熱量を計算し蓄熱槽を求める．この予熱負荷・採熱量の計算は電算機によれば求められるが[49]，手計算法では一つの便法として次の方法を用いる．
予熱負荷について 2 章に述べた方法を用い，採熱量に関しては表 5.24 の係数 k_1 または k_2 を電灯＋人員負荷に乗じる．

（d） 機械室・電気室・エレベータ機械室よりの排気からの回収熱量を計算し，一日の合計が（c）で求めた蓄熱量に不足するときは表 5.22 に示した（2），（3），（5）のうち，いずれかの補助熱源を設ける．

（e） HP の能力は（c）で求めた朝方の予熱負荷をまかなえるものとする．

（f） 夏の冷房負荷の計算から冬用の HP の能力で不足の分は冷房専用の冷凍機を設ける．

5.7 ボ イ ラ

5.7.1 ボイラの種類と適用[52),53)]

（I） 現在，空調設備に利用されているボイラは表 5.25 に示す 6 種類で，特にこのうち炉筒煙管式，鋳鉄式，真空式ボイラ（温水専用）が多く用いられる．

これらのうち，鋳鉄ボイラは圧力 98.1 kPa 以下の低圧蒸気用（温水の場合は水頭 490 kPa 以下），真空式ボイラは 50〜80°C の温水用にのみ用いられ，ほかはすべて低

表 5.25 空調用ボイラの種類

名　称	能力の範囲(蒸発量)(W)	使用圧力(kPa)
(1) 鋳鉄ボイラ	350〜 4 890	98 以下
(2) 炉筒煙管ボイラ	580〜23 260	196〜1 177
(3) 立て型ボイラ	175〜 4 650	196〜1 177
(4) 水管式ボイラ	580〜23 260	490〜3 923
(5) 蒸気発生機	465〜 580	490〜1 275
(6) 真空式ボイラ（温水専用）	1 960〜245 166	真　空

圧用または1176.8kPaに至る高圧用にも適用できる．したがって，高圧蒸気の供給を必要とする病院・ホテルおよび吸収冷凍機を用いる場合などは（2）〜（5）の高圧ボイラを必要とする．

（2） 暖房・給湯用としても大規模なものは炉筒煙管式が広く用いられ，小規模なものは真空式温水ボイラの使用が多くなってきている．

（3） 蒸気発生機は単管式貫流形ボイラの一種で，燃焼室の周囲に連続した水管が取り巻いており，押し込まれた水は水管を通る間に蒸気となり，水滴を分離して罐外に出る．ボイラ本体をはじめバーナ・給水ポンプをコンパクトにまとめて架台上に設置し，設置スペースは他のボイラに比較して格段に小さくて済む．蒸気量2.4t/h（伝熱面積30m²）まではボイラ技師を必要とせず小規模の病院・ホテルなどのほか洗濯業・製菓業や大工場その他の高圧蒸気供給用に広く用いられている．コストの点と騒音の点から空調にはあまり多く用いられていない．

（4） 真空式ボイラは昭和50年以降に開発されたボイラで，図5.40に示すように低温の蒸気が蒸気室内に設けられたコイル内を通過する水を加熱する．蒸気は99℃以下のため蒸気圧は大気圧以下となり，ボイラ法規の適用は受けない．したがって大容量のものでもボイラ技師が不要となる．またコイルは2バンク以上設けることができ，異なる温度の温水を取り出すことができる．例えば1バンクは80℃の暖房用温水を循環し，1バンクは給湯用として60℃の湯を取り出すことも自由となる．またさらに1バンクを追加してこれにプール水を通しプールの加熱に応用することもできる．このボイラはボイラ法規の適用を一切受けないので，中小規模の施設に普及している．

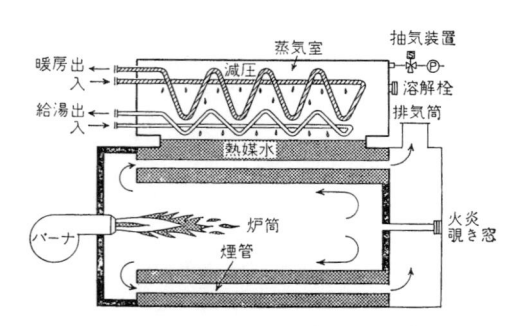

図 5.40 真空式ボイラ（平川鉄工所）

5.7.2 ボイラの性能とその決定法

（I） ボイラ能力の表示法

表5.26のような4種類の出力表示があり，現在，カタログは定格出力で示されることが多い．正味出力に対する定格出力の比は一般に，1.35倍とする．

また，これらの出力の単位には次の4種類が用いられる．

表 5.26 ボイラ出力

(1) 過負荷出力	運転時間 30 分～1 時間においては定格出力の 10～20% 増しの出力が可能となる. これを過負荷出力という.
(2) 定格出力	何日間でも連続運転できるボイラの最大能力をいう. 正味出力に配管ロス, 焚き始め (warming up) の負荷 35% を加えたもの.
(3) 常用出力	配管ロスを考慮して正味出力の 1.05～1.10 倍
(4) 正味出力	ボイラの出力表示規格 HASS 103, 104 に放熱器容量 (net rating) と定義されており, 暖房と給湯を加えた正味負荷に等しい出力である.

(a) 発生熱量 q (W)

$$q(\mathrm{W}) = (G_s h_2 - G_w h_1) \tag{5.37}$$

ここに, G_s: 蒸気発生量 (kg/h)　　G_w: ボイラへの給水量 (kg/h)

h_2, h_1: それぞれの発生蒸気および給水のエンタルピ (kJ/kg)

(b) 換算蒸発量 G_e (kg/h)

$$G_e = q/2\,257 \tag{5.38}$$

ここに, q は (a) で求めた発生熱量 (W) で, 2 257 は 100°C の水蒸気の蒸発潜熱 (kJ/kg).

(c) 相当放熱面積 A_R (m²)

$$A_R = q/756 \tag{5.39}$$

ここに, 756 W/m² は蒸気を利用する鋳鉄放熱器の放熱面積当たりの標準放熱量 (蒸気 102°C, 空気 18.5°C のとき)

(d) ボイラ馬力 BHP

$$\mathrm{BHP} = G_e/15.65 = q/8\,436 \tag{5.40}$$

ここに, 15.65 は 19 世紀ごろの蒸気機関における 1 馬力を発生するための必要蒸気量 (kg/h)

(2) ボイラ効率

$$\eta_B = \frac{q}{G_f \times h_f} \times 100\% \tag{5.41}$$

表 5.27 各種燃料油の性質

	引火点 (°C)	比重 (kg/l)	粘度レッドウッド	低発熱量 (kJ/kg)	低発熱量 (kJ/l)	硫黄分含有率 (%)
白灯油	50	0.79		43 535	34 325	0.08
茶灯油	50	0.79		43 535	34 325	0.5
軽油	75	0.83	33.3	43 115	35 790	1.2
A重油	83	0.85	39.0	42 700	36 420	0.5～1.0
B重油	88	0.91	149	41 440	37 670	2.0
C重油	125	0.94	428	41 020	38 510	2.5

〔注〕 本表は市販品の平均値で著者が文献 1), 54) 等からまとめた. 比重は約 20°C における値.

表 5.28 ガス燃料の組成と性質

種類		組成(容積%)					高発熱量 (kJ/m³)	低発熱量 (kJ/m³)	比重	供給地区
		CH_4	C_mH_n	H_2	CO	その他				
都市ガス	6 C	20	5	46	9	20	18 840	16 950	0.54	大阪,名古屋
	6 B	29	6	37	3	25	20 930	18 840	0.61	東京,埼玉,千葉等
天然ガス (LNG)	13 A	88	12	0	0	0	46 050	41 440	0.65	東京周辺
	—	97	3	0	0	0	40 600	36 590	0.56	
LPG (液化石油ガス)	プロパン	0	100	0	0	0	101 720	96 280	1.55	
	ブタン	0	100	0	0	0	133 950		2.1	

〔注〕 本表は文献1),55)などにより著者が作成.組成は供給会社あるいは供給年度により多少異なる.比重は空気比重を1.00として,これに対する比.

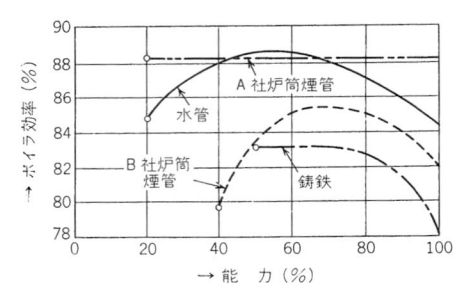

図 5.41 各種ボイラの効率

ここに,q:前記(a)で規定された発生熱量(W)
G_f:燃料の消費量(kg/h)または(m³/h)
h_f:低発熱量(kJ/kg)または(kJ/m³)

表5.27および表5.28に各種燃料の h_f を示す.

図5.41に国産の油だきボイラの効率を示す.本図は各社カタログなどから著者が作成した.曲線の〇印は容量制御の限界と考えてよい.この限界以上は比例制御で運転し,これ以下ではオンオフ式の運転となる.

(3) ボイラの能力決定

今までボイラの決定の基礎となる損失熱量の計算には室内の照明,人員や太陽熱取得などは差し引かれておらず,また定格出力は正味負荷の1.35倍となり,両方が相まって東京以西の温暖地域では一般にボイラが過大に選ばれている場合が多い.多数のボイラの場合は余ったボイラは予備機(stand by)と考えてよいが,1台だけ設置の場合は部分負荷のとき,図5.41の制御範囲の限界以下で運転することになり,制御が不完全で不経済な運転となる.これを避けるためには損失熱量から少なくとも室内人員,照明による取得熱量を差し引いて小形のボイラとするか,あるいはボイラを2台とし,その容量を70:30%に分割して,低負荷の場合は小形ボイラを運転する

5.8 熱交換器

ように設計することが望ましい．

（4）ボイラの設置

かつては大規模建築においてもボイラを冷凍機などの空調機械室内に間仕切をつけることなく据え付ける例が多かったが，最近はボイラ室を分離して設けることが多い．これは（1）往復式やスクリュー式の冷凍機の 70 kW 以上のものはボイラと別室に設けるか，または 5 m 以上の距離を取ることが規制されたため（高圧ガス取締法の製造施設基準 3.2）．（2）油消費量が一定以上の場合は消防法により CO_2 ガスなどの特殊消火設備を必要とするが，その設備容量を減らすため．（3）吸収冷凍機使用のときは夏のボイラ運転が必要となり，この発生熱量をボイラ室内のみにとどめるため，などの理由による．

5.8 熱交換器

広義の熱交換器（heat exchanger）には空気冷却コイル，加熱コイルをはじめ冷凍機の蒸発器・凝縮器なども含むが，空調部門において蒸気-水および水-水のものを熱交換器とよぶことが多く，本節もこれに従う．

この熱交換器としては円筒多管式（shell and tube type），プレート形およびスパイラル形の 3 種類が用いられている．

5.8.1 円筒多管式熱交換器[56),57)]

（I）構造

図 5.42 に示すように胴体（シェル）内に多数の管（チューブ）を収める形式で最も広く用いられている．図のものは，管内に水を通しこれを管外の蒸気で加熱する形式で管内水速は 1.2 m/s 以下に選ぶ．管は外径 25.4 mm の銅管が多く用いられ図 5.43 に示すように流量が少ない場合はパス数をふやして管内流速を上げるように設計する．6～8 パスのものもある．構造については小形のものを除いて第 1 種の圧力容器の法規の適用を受ける．

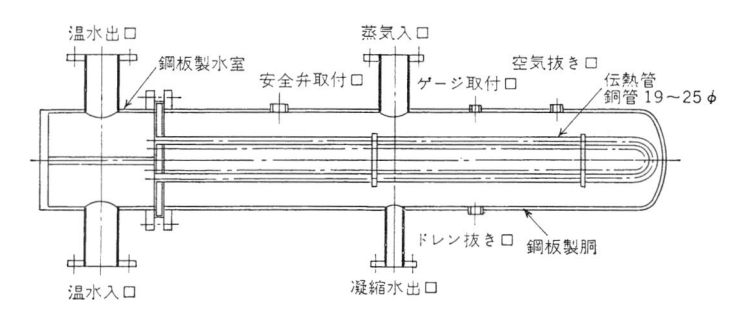

図 5.42 蒸気-水熱交換器（空気調和・衛生工学便覧，改訂第 10 版）[1)]

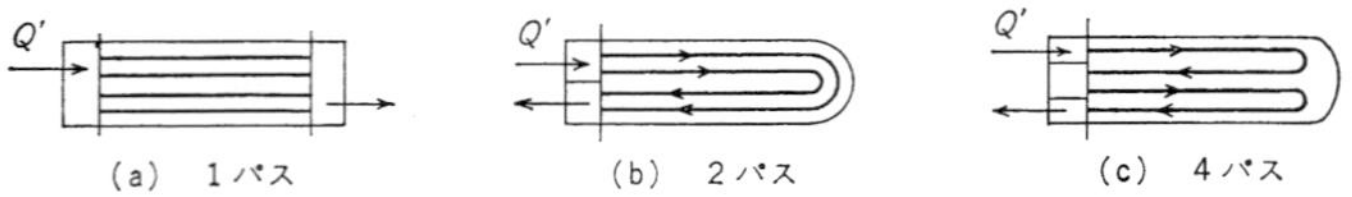

図 5.43 パス数

(a) 1パス　　$v_w = Q'/A$
(b) 2パス　　$v_w = 2Q'/A$
(c) 4パス　　$v_w = 4Q'/A$

v_w：流速（m/s）　Q'：流量（m³/s）　A：チューブ断面積の合計（m²）

(2) 設 計 法

蒸気によって温水を加熱する熱交換器（水加熱器）の設計の概略を説明する．水加熱器の伝熱面積 S は次式により求める．

$$q_t = K \cdot S \cdot MTD \tag{5.42}$$

$$MTD = \frac{\Delta_1 - \Delta_2}{\ln \Delta_1 / \Delta_2} \tag{5.43}$$

$\Delta_1 = t_s - t_{w1}, \quad \Delta_2 = t_s - t_{w2}$

$$q_t = L(t_{w1} - t_{w2}) \tag{5.44}$$

ここに，S：熱交換器の必要表面積（m²）　q_t：加熱量（W）
t_s：蒸気温度（K）　K：熱貫流率（W/m²·K）（表 5.29）
t_{w1}, t_{w2}：コイルの出口，入口の水温（K）　L：水量（kg/h）

円筒多管式を水-水熱交換器（例えば冷水-冷水，高温水-温水）に用いる場合の K の値は 582〜1 047 と低くなり，最近は水-水熱交換には次に述べるプレート形またはスパイラル形が多く用いられている．

表 5.29 水加熱用熱交換器の熱貫流率 K（W/m² K）(Bossow)[58]

	水速（m/s）	0.1	0.2	0.5	1.0	2.0	2.5
銅　管	$t_m^* = 100℃$	1 163	1 512	2 210	2 790	3 256	3 490
	60	1 000	1 396	1 977	2 559	3 082	3 256
	40	814	1 163	1 745	2 326	3 082	3 024
鋼　管	$t_m = 100℃$	1 000	1 280	1 745	2 093	2 384	2 559
	60	872	1 163	1 570	1 920	2 269	2 384
	40	698	990	1 396	1 745	2 093	2 268

* $t_m = (t_{w1} + t_{w2})/2$

5.8.2　プレート形熱交換器[57],[59]

昭和 30 年前後ドイツより技術導入され，食品工業・化学工業などに広く用いられてきたが，空調に用いられたのは昭和 50 年以降で，現在，太陽熱利用装置・超高層建築などの水-水熱交換器などとして多用されており，今後はコストとスペースの点から蒸気-水熱交換器にも広まっている．

5.8 熱交換器

(1) 構造と機能

ステンレス鋼（SUS 304, SUS 316）製のひだ付プレートを図5.44のように多数並べて，この間の交互に冷水（被加熱水）と温水（加熱水）を逆流に通す．プレートの周囲は合成ゴム（例えばニトリルゴムNBR）のガスケットを設け水密とする．このガスケットの上部・下部の水通路部に切欠きを設け，冷水と温水をプレート間に交互に流通させる．すなわち，図5.44においてNo.1のプレートは温水側に切欠きがあり，No.1プレートの左側は温水が通り，No.1プレートの反対側には冷水が通る．

耐圧および耐温についてはガスケットとプレートの種類で異なるが，最高で耐圧1 961 kPa 耐温140℃ までのものが製作でき，また水の代りに高圧蒸気を用いることも可能である．ガスケットの寿命は短く，蒸気で3年，水で5年といわれている．

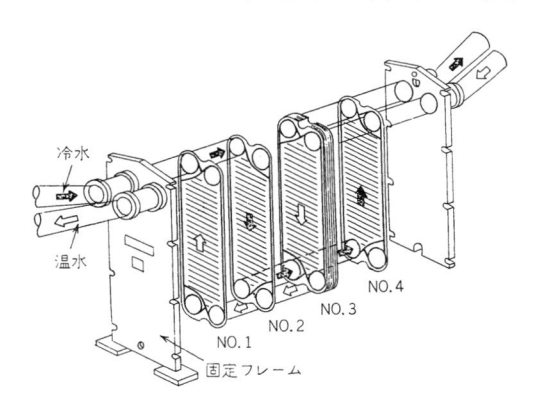

図 5.44 プレート形熱交換器[58]

(2) 性能と設計法[57],p.309

円筒多管式と同じ計算式（5.42）および（5.43）に次の Δ_1, Δ_2, K の値を用いる．

$$\Delta_1 = t_{w1} - t_{c2}, \quad \Delta_2 = t_{w2} - t_{c1}$$

$$\frac{1}{K} = \frac{1}{\alpha_1} + \frac{1}{\alpha_2} \tag{5.45}$$

$$\frac{\alpha}{c_p(L/A)}\left(\frac{c_p\mu}{\lambda}\right)^{2/3} = \frac{0.023}{\{D_e(L/A)/\mu\}^{0.2}} \tag{5.46}$$

ここに，t_{w1}, t_{w2}：温水の入口，出口水温（K） t_{c1}, t_{c2}：冷水の入口，出口温度（K）

α_1, α_2：加熱水，被加熱水側の熱伝達率（W/m²K）

c_p：流体比熱（kJ/kgK） L：流量（kg/h）

A：通過断面積（m²）

μ：粘度（kg/mh）= 3 600 = 9.80η（η は表13.4 より求めた粘性係数 kgs/m²）

λ：流体の熱伝導率（W/mK）

$D_e : 2ab/(a+b)$ （a は通路長 (m)，b は通路幅 (m)）

実際の性能は流速が 0.5 m/s 前後において $\alpha = 5\,000 \sim 6\,000$ となり，$K = 2\,000 \sim 3\,500$ の値で K の値は円筒多管式の 3〜5 倍となる．また（$t_{w2} - t_{c1}$）の温度差を 2°C 程度まで取ることができる．ただ水側の圧力損失は大きく 39〜98 kPa となる．

5.8.3 スパイラル形熱交換器[57),60)]

本器もプレート式と同様，戦後から化学工業その他で用いられていたが空調部門には昭和 40 年代後半に導入されプレート式と同様の分野に多用されている．

（1）構造と機能

ステンレス鋼板（厚さ 1.8〜4.0 mm）を図 5.45 のように渦巻き状に巻いてその端部は溶接により水密としガスケットを用いない．図の形式は水-水に用いられるが，このほかに蒸気-水の形式のものがある．いずれも耐圧 2 452 kPa，耐温 400°C のものまで可能となる．プレート式と異なり，パイプフランジ以外はガスケットを用いないので，これの取り換えの心配はないが，形状重量はプレート式より大きい．

（2）性能と設計法

式 (5.42)，(5.43) および式 (5.45) により，伝熱面積 S (m²) を求める．α は次式により求められる[60)]．

$$\frac{\alpha D_e}{\lambda} = 0.023\,k \left(\frac{D_e v' \gamma}{\mu}\right)^{0.8} \left(\frac{c_p \mu}{\lambda}\right)^{0.333} \times \left(\frac{\mu}{\mu_w}\right)^{0.17} \quad (5.47)$$

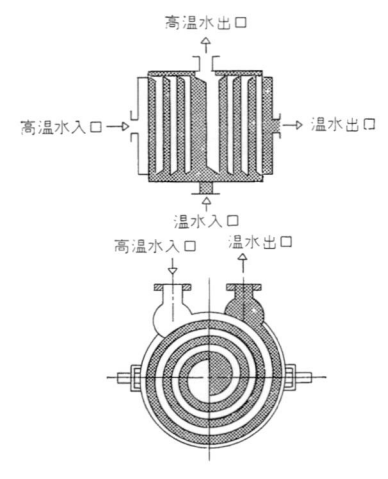

図 5.45 スパイラル形熱交換器[61)]

ここに，k：1〜1.3（スパイラル形状により異なる）
　　　v'：流速 (m/h)
　　　γ：水の比重量 (kg/m³)
　　　μ：水温に対する粘度 (kg/mh)
　　　μ_w：伝熱面の平均表面温度に対する粘度 (kg/mh)

a, D_e, λ, c_p は式 (5.46) と同様．

上式より求めた α は v_w が 1 m/s 前後で 3 000〜4 000，K の値は 1 000〜2 000 となる．水の圧力損失は流路間隔で異なり，$v_w \fallingdotseq 1.2$ m/s のとき流路延長 10 m に対し 20〜49 kPa となる．

5.8.4 水槽内コイル

エアワッシャのタンク内または密閉式蓄熱槽の内部などに銅管または鋼管製の蒸気コイルを沈めて水を加熱するときは，伝熱量は表 5.30 のように低くなりコイルの必要全長は著しく大になる．本表の伝熱量は式（5.42）の $K(MTD)$ の積に相当する．したがって，最近は水槽内加熱の場合も外部に円筒多管式の熱交換器を設けて，これにポンプで循環することが多い．

表 5.30 水槽内に沈めたコイルの伝熱量（W/m^2）（水は自然対流のとき）[62]

Δt (℃)	20	40	60	80	100	120
銅　　　管	267	896	1 686	3 082	3 838	5 117
青 銅 管	233	768	1 512	2 559	3 373	4 652
鉄　　　管	140	488	1 000	1 745	2 326	3 256
鉛　　　管	—	128	198	279	326	

〔注〕 本表はスケールのない状態で，スケールのついたときは本表の1/2，水中の固形物が 25% 以上のときは 1/3 にとる．Δt は蒸気と水の温度差（℃）

5.9 蓄 熱 水 槽[63],[64]

蓄熱槽（thermal storage tank または heat accumulator）は水・砕石・氷または融解物質（例えば $Na_2SO_4 \cdot 12 H_2O$）のような蓄熱物質を利用しているが，大規模の空調設備としてはもっぱら水が用いられている．

水蓄熱の場合，開放式と密閉式があり，開放式蓄熱槽は地階の床下ピットを利用してつくられ，わが国ではきわめて多数の例に用いられている．

5.9.1 開放式蓄熱水槽の特徴と応用

蓄熱水槽を用いる利点としては，(a) 電力使用の冷凍機の場合は冷凍機容量の減少分（ピークカット）だけ冷凍機設備費が減少するうえ，受電電力が減少し，受電設備が小さくなると同時に基本料金が減少する．(b) 熱回収式あるいは太陽熱利用のように熱回収のピーク時と暖房負荷のピーク時にずれがある場合にこれを調整できる．(c) 単価の安い深夜電力を利用できる．(d) ホテルまたは病院などに生ずる深夜の負荷に熱源を運転せずにポンプの運転のみで対応できる，などの点がある．

反面，問題点としては，(1) 空調機用の二次ポンプの揚程が著しく大きくなり，このため動力消費量が増える．(2) 空調機に用いる冷水は冷凍機の出口側より 2〜3℃ 高くなり，二次側の温度差が大きく取れない．(3) 前述 (a) のピークカットには残業運転を必要とし，このための人件費が増える．(4) 蓄熱槽の熱損失分だけ熱源回りのエネルギ消費量は増える．これを減少させるためには，水槽の完全な断熱工事が必要となりその工事費が増加する．(5) 開放回路のため十分な水質管理を必要としこれを怠ると早期に腐食事故を起こす．

以上の点から蓄熱水槽が多く用いられる場合は，(i) 事務所建築などでピークカ

ットにより設備費，運転費を減らす場合，(ⅱ) TVスタジオなどでピークロードが著しく大きい場合にこれを平坦にする場合，(ⅲ) 太陽熱利用や熱回収の場合，(ⅳ) ホテルや病院などの深夜運転の場合，などである．

開放式蓄熱槽は冷水に用いられるが，50℃以下の温水にも適用できる．50℃の限界は保温材または防水層の材質の耐熱性によるものである．

ただしボイラの温水を蓄熱槽に入れると，ボイラ側の腐食が早期に発生するため，温水は必ず熱交換器を通さなくてはならない．

5.9.2 開放式蓄熱水槽の構造とその使い方[65]

わが国においてはほとんどの場合，地階の床下にあるピットが用いられ図5.46のように，これを連通管で連絡し水をためる．図のように水槽の周囲は上部も含めて完全に断熱する．

連通管の設計図表を図5.47に示す．図は隣接する水槽の水位の差 H と管内流量 Q，管径 D との関係を示す．管内流速 v_w は流量管径に無関係で図の水平線となる．槽の間には図5.46のように連通管のほかに排水管

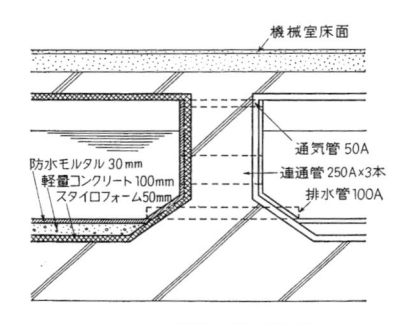

図 5.46 蓄熱水槽の断面図

（径100A前後），通気管（径50A前後）を設ける．また各槽上部のマンホールを省略するため連通管と兼用して槽間に径500mmのマンホールを設けることもある．

配管の接続は一般に図5.48(a)のように行い，はじめの槽①に冷凍機Eの冷水を導き，ここから空調機に至る二次冷水を取り出す．終りの槽③に二次冷水の返りと冷凍機へのくみ上げ管を接続する．冷凍機への一次冷水，空調機への二次冷水の温度を制御するためには図(b)のように，両方に三方弁を設ける．返り管の末端上部は図示のようにU字形に配管し，これに真空防止器（vacuum breaker，略してVB）を取り付け，上部配管の水が落水することを防止する．さらに，立下り管に自動閉止弁V2を設けて，ポンプ停止時に閉めて立下り管を常に満水にしておくことが多い．

建築高30m以上の高層建築においては二次ポンプの押上げ揚程のため，ポンプ動力が激増する．これを軽減するための種々なる方式を図5.49に示す．図の P は(a)の場合の二次ポンプの揚水動力を100%としたときの所要動力の比を示す．図示のように密閉式の場合の(f)に比べてすべての場合に動力は2倍以上となる．また後述の図6.14に示したように高層部の配管を開放・密閉共用とし，負荷の少ないときは密閉回路で運転することも賢明な方法と考えられる．

5.9.3 開放式蓄熱水槽の設計法[4]

この設計法には中島による水温応答係数による方法[68]，中原の蓄熱槽効率による方

5.9 蓄熱水槽

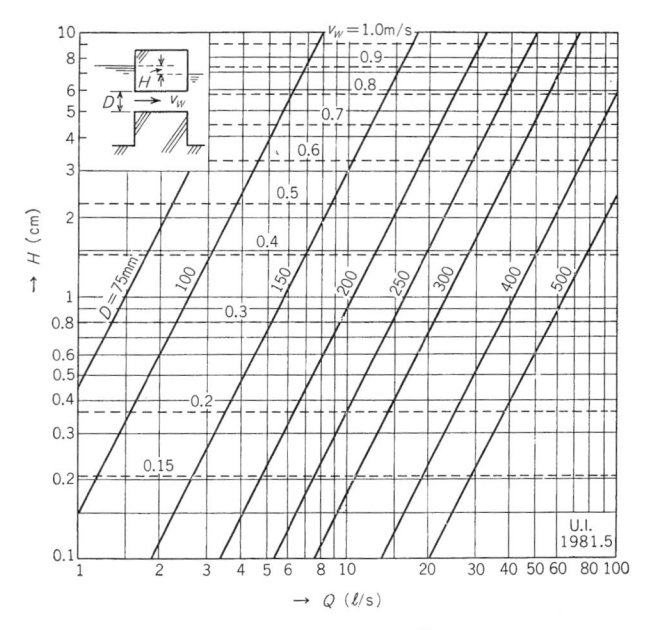

図 5.47 連通管設計図[66]

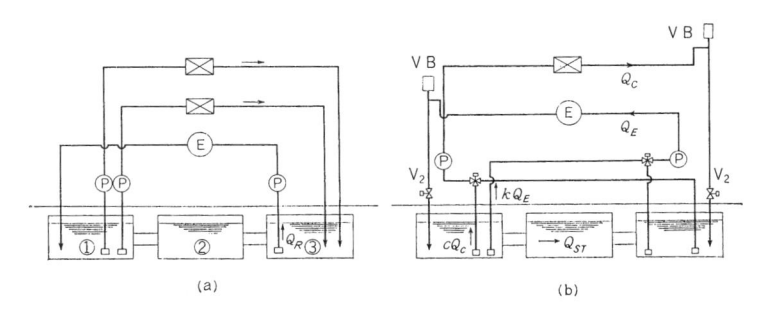

図 5.48 蓄熱槽回り配管系統図

法[71]などの方法がある．以下に示すのは中原信生による蓄熱槽効率を用いる手法である．

(1) 用語と記号

蓄熱槽効率： $\eta_{st} = \dfrac{Q}{c_p \Delta \theta_c V}$ (5.48)

Q：必要蓄熱容量（W）
c_p：水の容積比熱

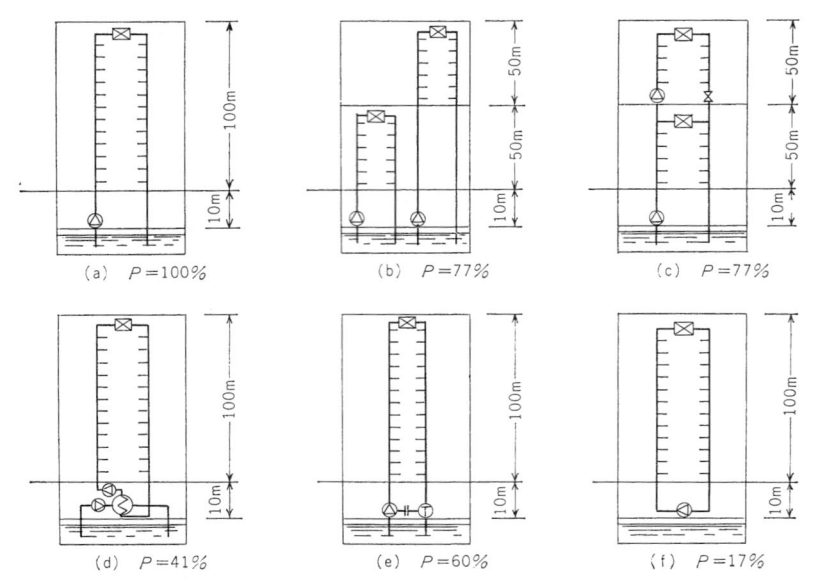

図 5.49 蓄熱槽よりの揚水方法[67]

 $\Delta\theta_c$：基準温度差（K）
 V：蓄熱容量（m³）

図 5.50 は冷水蓄熱槽内の長さ方向の水温の変化を示したもので曲線（B）は蓄熱終了時，曲線（A）は放熱終了時を示す．

ここに，t_i, t_o：冷凍機の入口，出口水温（℃）
   t_1：蓄熱時のくみ上げ側水槽水温
   t_{om}：蓄熱時の吐出側水槽の最低温度
   t_r：空調機還水側水温
   t_{rm}：空調機還水側設計水温
   t_c：放熱時のくみ上げ側水槽の水温

(2) 蓄熱槽よりの熱損失

図 5.51 には水量 1 100 m³ の冷水蓄熱槽よりの1日の熱損失と温度差の関係を示す．ここに温度差は蓄熱水温と周囲代表温（地中温×0.6＋外気温×0.4）の差を示す．

7月における値は水量 m³ 当たり 131 W/m³h に達し，断熱のない槽はきわめて大きいことがわかる．断熱した場合の実測値[69]によれば水容積当り冬の温水槽で 18.8 W/m³，夏の冷水槽で 14.7 W/m³ となり，夏冬の合計は年間蓄熱量当たり 10〜16% といわれる．

5.9 蓄熱水槽

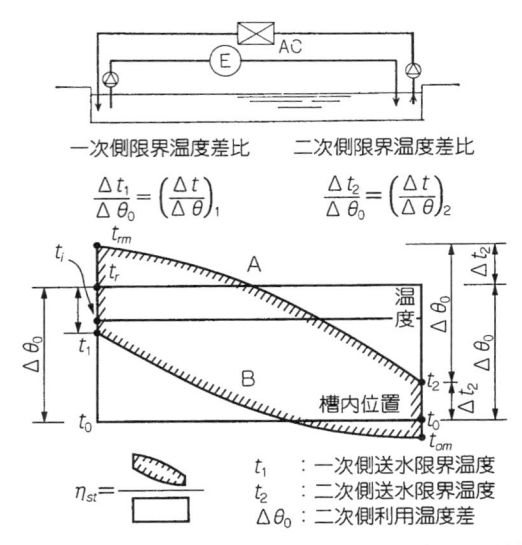

図 5.50 温度プロフィールと蓄熱槽効率の関係 (中原信生)[4]

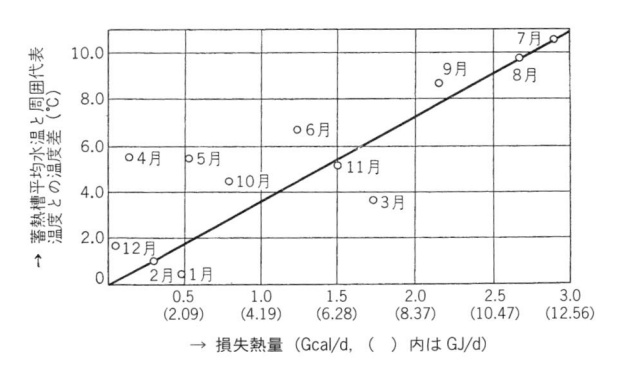

図 5.51 蓄熱槽の熱損失の実測値 (李春夫)[70]

(3) 蓄熱槽の計算法

中原によれば[71]蓄熱槽効率は以下のように求められる．設計要因については，表5.31に示す．

1) 変流量・定流量両系ごとの負荷を算出し，熱源運転時間帯・蓄熱槽回り各種温度・二次側定温度送水の有無・分割槽数などを決定する．設計条件を表5.32に示す．

2) 表5.32の蓄熱槽効率推定表の設計条件の水準を決定し，それに対応する要因効果 $\Delta\eta_i$ を見出す（表5.33）．基本的には，設計条件の水準が中間的な数値であれば要因効果は内挿した値とするが，安全側の値としてもよい．B×Dなどの交互作用

表 5.31 蓄熱槽効率に影響する設計要因の一欄 (N. Nakahara, et al., 1988)

A：熱源運転時間帯
B：最小最大熱負荷比＝最小負荷/最大負荷
C：二次側定温度送水
　なし：定温度送水なし
　あり(1)：送水温度＝設計コイル入口温度
　あり(2)：送水温度＝設計コイル入口温度
　　　　　±*0.2
　　　　　×設計コイル出入口温度差
　（*：冷房時＋，暖房時−）
D：定流量系統日負荷比＝定流量系統日負荷/全日負荷
E：一次側限界温度差比（図5.50参照）
F：二次側限界温度差比（図5.50参照）
G：槽数
H：定流量系統最小最大熱負荷比

I：最大 R_0 値

最大 $R_0 = \dfrac{K_1 dA r_{\mathrm{in}}{}^{K_2}}{L}$, $A r_{\mathrm{in}} = \dfrac{dg(\Delta\rho/\rho_0)}{u_{\max}{}^2}$

円管入力　　　　$K_1=0.7$, $K_2=-0.5$
　　　　　　　　d：円管流入口直径
スロット−せき入力　$K_1=2.0$, $K_2=-0.6$
　　　　　　　　d：スロット−せき流入口の垂直幅
g：重力の加速度，$u_{\max}$：最大流入速度，
L：槽水深
$\Delta\rho=\rho_0-\rho_1$
ρ_0：最低入力温度での密度
ρ_1：最高入力温度での密度
J：個別・総括入力

表 5.32 設計条件

	設計条件				設計条件		
	1	2	3		1	2	3
A	0〜24	7〜22	22〜8	E	0.4	0.6	0.8
B	0.8	0.5	0.2	F	0.2	0.4	0.6
C	なし	あり(1)	あり(2)	G	10	20	40
D	0.2	0.5	0.8				

は，BとDの設計要因が独立に η_{st} に影響するのではなく，互いに干渉していることを示し，それぞれの設計要因の水準の組合せによる要因効果の補正として $\Delta\eta_i$ を求めることになる．

3) 各種要因効果の合計として蓄熱槽効率を式 (5.49) から求める．

$$\eta_{\mathrm{st}} = 1.136 + \sum \eta_i \qquad (5.49)$$

ただし，信頼限界が ±0.102 なので，最終的には安全側の数値としてもよい．

4) 総合有効容積率 P を，表5.34 および式 (5.51)〜(5.53) から求める．

5) 算定された η_{st} と P から必要蓄熱槽容量 V は，式 (5.50) で求められる．

$$V = \dfrac{Q}{c_{\mathrm{p}} \Delta\theta_0 \eta_{\mathrm{st}} P} \qquad (5.50)$$

蓄熱槽効率の推定表からわかるように，蓄熱性能に対する蓄熱槽回りの制御法や温度設定の影響が非常に大きく，蓄熱性能は蓄熱システム全体の設計にかかっている．分割槽数だけをいたずらに多くしても，蓄熱性能の大幅な向上は望めないことに注意すべきである．

$$P = 44v_2 + 13v \qquad (v \leq 0.15 \mathrm{m/s}) \qquad (5.51)$$
$$P = 0.33v_2 + 0.9v \qquad (v < 0.15 \mathrm{m/s}) \qquad (5.52)$$

総合有効容積率 P と各分割槽の P の関連は，式 (5.53) で与えられる．

5.9 蓄熱水槽

表 5.33 多槽連結型蓄熱槽の蓄熱槽効率推定表（N. Nakahara, et al., 1988）
$\eta_{st}=1.136+\sum\Delta\eta_i$（信頼限界 ± 0.102）

設計要因*	要因効果 $\Delta\eta_i$			設計要因	要因効果 $\Delta\eta_i$		
	1	2	3		1	2	3
A	−0.018	0.097	−0.078	C×D	D1	D2	D3
B	0.046	0.013	−0.059	C1	0.121	−0.095	−0.026
C	−0.209	0.047	0.163	C2	−0.035	−0.026	0.009
D	0.124	−0.057	−0.067	C3	−0.086	0.070	−0.017
E	−0.106	0.023	0.083	C×E	E1	E2	E3
F	−0.157	−0.044	0.201	C1	−0.105	0.027	0.077
G	−0.043	0.042	0.002	C2	0.037	−0.012	−0.025
B×D	D1	D2	D3	C3	0.068	−0.015	−0.053
B1	−0.051	0.016	0.035	C×F	F1	F2	F3
B2	0.023	−0.012	−0.035	C1	0.049	−0.121	0.072
B3	0.028	−0.028	0.000	C2	−0.020	0.058	−0.038
B×F	F1	F2	F3	C3	−0.030	0.064	−0.034
B1	0.030	−0.007	−0.022				
B2	0.050	−0.044	−0.006				
B3	−0.080	0.051	−0.028				

〔注〕 ＊設計要因の記号は表5.31を参照のこと

表 5.34 P 値（中島康孝，昭55）

通水管を通過する水速 (m/s)	P 値					
$v<0.1$	0.55	0.6	0.7	0.7	0.4	0.65
$v=0.2$	0.7	0.7	1.1	1.2	0.9	1.1
$v>0.3$	1.0	1.1	1.7	1.7	1.0	1.4

$$総合 P = P_1 K_1 + P_2 K_2 + \cdots + P_N K_N \tag{5.53}$$

【例題 5.5】 図 5.52 のような夏の空調負荷を有する装置に対し蓄熱槽を設計する。

〔解〕 （1） 図のように時間ごとの負荷を階段状に考えて 8 時より 24 時までの合計負荷を求めれば，

$$395+407+419+\cdots+709=11\,479\,\text{kW}$$

冷凍機は図のように 6 時より 24 時まで 18 時間運転するとすれば，

$$q_R = 11\,479/18 \fallingdotseq 638\,\text{kW}$$

したがって，蓄熱でピークをまかなうのは 15〜24 時の図の黒い面積で，蓄熱量は，

$$q_s = (709+849+\cdots+907+709)-638\times 9 = 2\,452\,\text{kW}$$

蓄熱槽からの熱損失などを 15% 考慮して，

$$q_s = 2\,452 \times 1.15 = 2\,820\,\text{kW}$$

（2） 図 5.50 の水温を $t_l=10°C$，$t_0=5°C$，$t_h=8°C$，$t_r=15°C$，$t_{rm}=16°C$，$t_c=7°C$ とする。

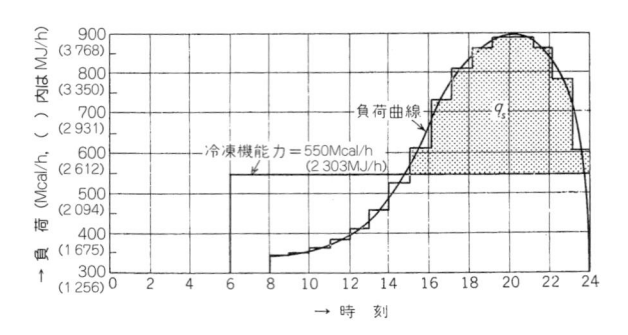

図 5.52 負荷曲線

設計条件は表 5.32 よりケースを選定する．A 2, B 2, C 2, D 1, E 2, F 1, G 2 とする．蓄熱槽効率 h_1 は A 2＝0.097，B 2＝0.013，C 2＝0.047，D 1＝0.124，E 2＝0.023，F 1＝−0.157，G 2＝0.042 となる．

各種要因効果の合計として

η_{st}＝1.136＋0.097＋0.013＋0.047＋0.124＋0.023−0.157＋0.042
　　＝1.325

表 5.34 より有効容積率を 0.9 とする．必要蓄熱槽容量は，式 (5.50) より

$$V = \frac{Q}{c_p \Delta \theta_0 \eta_{st} P} = \frac{2\,424}{1 \times (15-5) \times 1.325 \times 0.9} = 203 \, \mathrm{m}^3$$

すなわち図 5.53 のように 3m×4m×1.4m(深さ)＝16.8m² の槽を 16 槽設ければよい．

　　16.8 m²×16＝268.8 m²＞203 m²

冷凍機は前に求めた 638 kW に配管損失，蓄熱槽の損失約 20％ を加えて 766 kW とする．

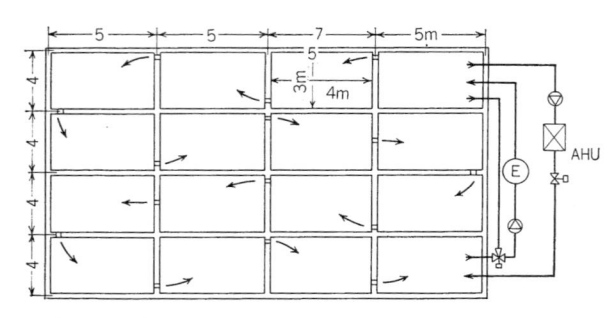

図 5.53 蓄熱水槽平面図（槽内の矢印は蓄熱時の水流の方向）

5.9.4 密閉式蓄熱槽[72)]

密閉式蓄熱槽は鉄板製の完全密閉のタンクで,屋内ではグラスウール75mm以上,屋外では125mm以上の保温を行う.本器は主に温水 ($t_s=80℃$) または高温水 ($t_s=120〜150℃$) を貯溜して,二次側には必要に応じて $t_r=40〜50℃$ の温水を取り出すので,前記の (t_s-t_r) の値が $40〜100℃$ となり,かつ完全押出し流れ(ピストン流)となり蓄熱効率 η_{st} は 1.00 に近くなるために,槽内水量は小さくて済み,小形の槽で大きい蓄熱量をまかなうことができる.このため病院の新生児室・手術室などのように深夜も暖房を必要とし,かつパッケージ空調機を使う箇所に用いられる.

冷水に対しては温度差を大きく取れないので蓄熱量が小さく使用例は少ない.

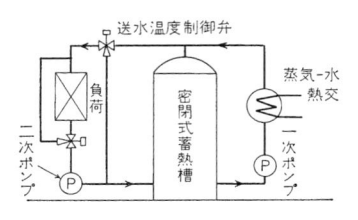

図 5.54 密閉式蓄熱槽回り配管系統図

引用文献

1) 空気調和・衛生工学会:空気調和・衛生工学便覧,II,昭 56.
2) 日本冷凍協会:冷凍空調便覧(改訂版),I,昭 56.
3) 内田秀雄編:冷凍機械工学ハンドブック,朝倉書店,昭 43.
4) 空気調和・衛生工学会:空気調和・衛生工学便覧(第 12 版)II,汎用機器・空調機器編,平成 7.
5) 長岡順吉:冷凍の原理とその応用,共立出版,昭 41.
6) 藤岡 宏:フロン冷凍機の理論と実際,昭 47.
7) 山田治夫:冷凍および空気調和,養賢堂,昭 48.
8) 日本冷凍協会:冷凍空調便覧,I,昭 47.
9) 三菱重工:カタログ,1965.
10) エバラ製作所:ターボ冷凍機カタログ,1978.
11) 高田秋一:ターボ冷凍機,冷凍協会,昭 51.
12) 高田秋一:空衛誌,Vol.51,No.2,p.137.
13) 高田秋一:冷凍空調技術,Vol.30,No.349,1979.3. 36)と同じ
14) 高田秋一:冷凍空調技術,Vol.29,No.344.
15) 東洋キャリヤ:吸収冷凍機カタログ,1965.
16) 高田秋一:空調工学会中部支部講習会テキスト,1975.
17) 高田秋一,高田倶之:空気調和装置,産業図書,昭 52.
18) 空気調和・衛生工学会:空気調和・衛生工学便覧,II,昭 50.
19) 内田秀雄:空気調整の基本計画,裳華房,昭 30.
20) 葛岡常雄:冷水塔,日刊工業新聞,昭 40.
21) McKelvey, K. K., Brooke, M.: The Industrial Cooling Tower, Elsevier, 1959
22) Berman: Evaporative Cooling of Circulating Water, Pergamon Press, 1961.
23) 冷却塔特集号,空衛誌,Vol.52,No.4,1978.
24) 荻原理男:空調冷凍,Vol.40,No.4.
25) 日本 BAC:BAC 冷却塔カタログ,1980.
26) 井上宇市:衛工誌,Vol.34,No.2,p.121.
27) Nusselt, W.: ZVDI, Vol.55, p.2021, 1911.

28) 手塚俊一：空衛誌, Vol.52, No.4, 31)と同じ
29) 手塚俊一：空衛誌, Vol.47, No.11, p.1.
30) 安西敏浩：空衛誌, Vol.52, No.4, p.369.
31) 手塚俊一：空衛誌, Vol.52, No.4, p.9, 28)と同じ
32) 委員会報告：空衛誌, Vol.55, No.4, 5.
33) 日本電電公社：空調装置詳細図集, 通信建築研究所, 昭55.
34) ヒートポンプ特集号, 冷凍, Vol.55, No.634, 1980.
35) ヒートポンプ特集号, 空衛誌, Vol.51, No.2.
36) 高田秋一：冷凍空調技術, Vol.30, No.349, 1979. 13)と同じ
37) 木村, 高橋：冷凍, Vol.49, No.562, p.56, 1974.8.
38) 小野裕弘：空衛誌, Vol.51, No.2, p.23.
39) 三菱ヨーク：空気熱源ヒートポンプカタログ, 1975.
40) 相賀　洋：早大修士論文, 1981.4.
41) 上松, 小野, 井手口：冷凍, Vol.51, No.590, p.28, 1976.
42) 井上宇市：衛工誌, Vol.35, No.3.
43) 柳町政之助：空衛誌, Vol.38, No.6, p.1.
44) 井上, 小鴨：空衛誌, Vol.36, No.4, p.1.
45) 河野元昭：空衛誌, Vol.36, No.4, p.7.
46) 飯野, 藤本：空衛講, 1965.10.
47) 熱回収空調方式セミナテキスト, 空衛学会, 1972.7.
48) Hill：HPAC, 1960.9（衛工誌, Vol.35, No.2）.
49) 石野久弥：空衛誌, Vol.46, No.10.
50) 井上宇市：熱回収テキスト（前記 (7.52)）, p.11.
51) 井上, 新：岡田：空衛誌, Vol.46, No.5.
52) 日本ボイラ協会：ボイラ便覧, 昭47.
53) 高田秋一：冷凍空調技術, Vol.30, No.356, 1979.
54) 日本建築学会：建築の省エネルギ計画, 彰国社, 昭56.
55) 日本ガス協会：都市ガス空調システム, オーム社, 昭53.
56) 日本機械学会：伝熱工学資料, 昭37.
57) 編集委員会：熱交換器ハンドブック, 日刊工業新聞, 昭40.
58) 日阪製作所：プレート形熱交カタログ, 1980.
59) 吉田敬堂：空調冷凍, Vol.40, No.2, 4, 1980.
60) 中西芳弘：空調冷凍, Vol.40, No.4, p.85, 1980.
61) 黒瀬工作所：スパイラル熱交カタログ, 1973.
62) Armstrong Co.：Steam Trap Catalogue, 1950.
63) 蓄熱槽特集号, 空衛誌, Vol.50, No.9, 1976.
64) 中島康孝：連載講座1～7, 空衛誌, Vol.54, No.5～11, 1980.
65) 小原, 寒河江：空衛誌, Vol.50, No.9.
66) 井上宇市：空衛誌, Vol.35, No.2.
67) 井上宇市：空衛誌, Vol.48, No.6, p.9.
68) 中島康孝：連載講座1～7, 空衛誌, Vol.54, No.5～11, 1980.
69) 鈴木信吉, 他：空衛講, p.249, 1980.10.
70) 李　春夫：空衛論, No.11, p.96, 1979.10.
71) 中原信生：空衛誌, Vol.50, No.9, p.33.
72) 井上, 佐野：空衛誌, Vol.52, No.5.

6 配管設備

本章においては主として水配管(冷水・冷却水・温水)を取り扱い,蒸気および冷媒配管については簡単に触れるにとどめる.蒸気配管については文献 (1), p.257) など,冷媒配管に関しては文献 (2), p.396), 3) などを参照されたい.

6.1 配 管 材 料[4),p.685]

6.1.1 管

各種配管の使用材料とこれに該当する JIS 名称を表 6.1(a)～(c)(国土交通省仕様書 平成 13 年版,以降「国交省仕様書」という)に示す.ガス管(JIS G 3542 配管用炭素鋼管の略称)は常用圧力 1 176.8 kPa (12 atg) 以下の箇所に用い,これを越える場合は圧力鋼管(JIS G 3454)を用いる.銅管は厚さにより K,L,M,N の 4 種があり,K,L,M,N の順に厚さが薄くなる.最近は銅管の孔食(ピッチング),浸食(エロージョン)の事故が多くなり,内部の流速や水圧の大きい場合は安全のために L または M 形を用いる[5),6)].

配管腐食については文献 (4), p.692), 7), 8) などを,配管施工については文献 (1), p.257), 9), 10), 11) などを参照されたい.

6.1.2 継 手 類

(1) 継手の種類と特徴

鋼管と鋼管あるいは機器を互いに接続して必要な管径を形成するために各種の継手が用いられるが,用途・使用条件・環境条件・施工条件・設備保全の条件などを考慮して継手の種類を決める必要がある(表 6.2).

(2) 継 手 の 規 格

各種配管の継手と該当する JIS 名称を表 6.3(国交省仕様書)に示す.可鍛鋳鉄継

表 6.1(a) 冷温水管および冷却水管の材質

呼　称	規　格 番号	規　格 名　称	備　考	用　途
鋼　管	JIS G 3442	水配管用亜鉛めっき鋼管	—	冷温水, 冷却水
	JIS G 3452	配管用炭素鋼鋼管	白管	
	JIS G 3454	圧力配管用炭素鋼鋼管	STPG 370 白管 Sch 40	
塩ビライニング鋼管	JWWA K 116	水道用硬質塩化ビニルライニング鋼管	SGP-VA	冷却水
	WSP 011	フランジ付硬質塩化ビニルライニング鋼管	SGP-FVA	
	WSP 057	管端コア付水道用樹脂ライニング鋼管	K-VA	
耐熱性ライニング鋼管	JWWA K 140	水道用耐熱性硬質塩化ビニルライニング鋼管	SGP-HVA	冷温水
	WSP 054	フランジ付耐熱性樹脂ライニング鋼管	SGP-H-FVA SGP-H-FCA	
	WSP 058	管端コア付耐熱性樹脂ライニング鋼管	K-HVA	
ポリ粉体鋼管	JWWA K 132	水道用ポリエチレン粉体ライニング鋼管	SGP-PA	冷却水
	WSP 039	フランジ付ポリエチレン粉体ライニング鋼管	SGP-FPA	
	WSP 057	管端コア付水道用樹脂ライニング鋼管	K-PA	
ステンレス鋼管	JIS G 3448	一般配管用ステンレス鋼管	SUS 304	冷温水, 冷却水
	JIS G 3459	配管用ステンレス鋼管	SUS 304	
	JIS G 3468	配管用溶接大径ステンレス鋼管	SUS 304	
銅　管	JIS H 3300 JIS H 3300	銅及び銅合金継目無管 外面被覆銅管	硬質(M)	冷温水
架橋ポリエチレン管	JIS K 6769	架橋ポリエチレン管		冷温水

注1　規格にない塩ビライニング鋼管およびポリ粉体鋼管は，材料，製造方法，品質等はJWWA K 116およびJWWA K 132に準じたものとする．
注2　ファンコイル回りの小口径プレハブ配管に架橋ポリエチレン管(JIS K 6769)を使用する例も増えている．

表 6.1(b) 蒸気，高温水管の材質

呼　称		規　格 番号	規　格 名　称	備　考	用　途
管	鋼　管	JIS G 3452	配管用炭素鋼鋼管	黒管	油管，蒸気給気管
		JIS G 3454	圧力配管用炭素鋼鋼管	STPG 370 黒管 Sch 40	蒸気給気管，蒸気還管
		JIS G 3454	圧力配管用炭素鋼鋼管	STPG 370 黒管 Sch 40 黒管 Sch 80	高温水管
	ステンレス管	JIS G 3448	一般配管用ステンレス鋼管	SUS 304	蒸気還管

表 6.1(c) 冷媒管の材質

呼　称		規　格 番号	規　格 名　称	備　考	用　途
管	銅　管	JIS H 3300	銅及び銅合金継目無管	硬質，軟質または半硬質	
	銅　管	JIS G 3454	圧力配管用炭素鋼鋼管	STPG 370 黒管 Sch 40	
	断熱材被覆銅管		原管は，JIS H 3300による．	製造者標準品	

注　冷媒用銅管の肉厚は，冷凍保安規則関係基準の規定による．

6.1 配管材料

表 6.2 継手の種類と特徴

継手の種類	特徴
a. ねじ継手	鋼管の両端に管用テーパねじを切り，ねじ込み式管継手を用いて，互いに接続するものである．
b. フランジ継手	接合する鋼管のそれぞれの端部にフランジと称するつば状の部品を取り付け，ガスケットを挟んでボルト孔にボルトを通してボルト・ナットで締め付ける構造の継手である．主として取外しの必要な配管に用いられる．
c. 溶接継手	配管用炭素鋼鋼管(SGP)を主として用いる．建築設備用配管においても，高い安全性と信頼性が要求される被覆アーク溶接，マグ溶接を含め，数々の溶接方法でSGPに溶接して用いる．突合せ溶接式管継手(JIS B 2311，JIS B 2312，JIS B 2313)が広く使用されている．
d. メカニカル継手	メカニカル継手の種類　メカニカル継手とは，一般的に管の接合形式がねじや溶接やフランジタイプでもない，主にゴムのガスケットなどをシールに用いた機械的接合方式によるものを広く総称している． 鋼管用のメカニカル継手の代表的なものとしては，メカニカル形管継手とハウジング形管継手があり，いずれも鉄鋼製管継手用語(JIS B 0151)の中に「可動式管継手」の一種として分類記載されている．

手（JIS B 2301），溶接継手（JIS B 2311 または JIS B 2312）は常用圧力 1 176.8 kPa（12 atg）以下の箇所に用い，これを越える場合は圧力鋼管（JIS G 3454）および溶接継手（JIS B 2305）を用いる．一般に施工を容易にするため管径80 A以上のものは溶接接合とし，これ未満にのみねじ込み接合を行うことが多い．溶接接合の場合は溶接継手を用いる[5),6)]．蒸気管，油管，冷媒管の継手については国交省仕様書参照．

6.1.3 弁　類[(4),p. 749]

空調設備で用いられる弁（バルブ）は，JIS規格によって，材質，形状，耐圧により区分されている．弁類は用途により，玉形弁（グローブ弁），仕切り弁（ゲート弁），アングル弁，逆止め弁，バタフライ弁，ボール弁，空気抜き弁などがある．また，使用圧力により呼称5K弁，10K弁用，材質により青銅弁，鋳鉄弁，鋳鋼弁，ステンレス弁，寸法，圧力によりねじ込み型とフランジ型がある．

玉型弁は主に流体の流量調整用に，仕切り弁，バタフライ弁は管路の開閉用に用いられる．

仕切り弁には弁体のみが上下する内ねじ式と，弁棒，弁体が上下する外ねじ式がある．

主な弁類を図6.1に示す．各種弁の開度と流量の特性を図6.2に示す．また，弁の使用区分を表6.4に示す．

表 6.3 冷温水および冷却水管の継手

呼　称	規格 番号	規格 名称	備　考
鋼管継手	JIS B 2301	ねじ込み式可鍛鋳鉄製管継手	亜鉛めっきを施したもの
	JIS B 2302	ねじ込み式鋼管製管継手	亜鉛めっきを施したもの
	JPF MP 004	圧力配管用ねじ込み式可鍛鋳鉄製管継手	亜鉛めっきを施したもの
	JPF NP 003	圧力配管用パイプニップル	
	JIS B 2238	鋼製管フランジ通則	亜鉛めっきを施したもの 溶接式フランジは JIS B 2220 を使用すること
	JIS B 2220	鋼製溶接式管フランジ	亜鉛めっきを施したもの
	JIS B 2239 JPF MP 009	鋳鉄製管フランジ通則 ねじ込み式可鍛鋳鉄製管フランジ	亜鉛めっきを施したもの
	JIS B 2311	一般配管用鋼製突合せ溶接式管継手	亜鉛めっきを施したもの
	JIS B 2312	配管用鋼製突合せ溶接式管継手	亜鉛めっきを施したもの
	JIS B 2313	配管用鋼板製突合せ溶接式管継手	
	JIS B 2316	配管用鋼製差込み溶接式管継手	
	JPF MP 006	ハウジング形管継手	
塩ビライニング鋼管及びポリ粉体鋼管継手	JPF MP 003	水道用ライニング鋼管用ねじ込み式管端防食管継手	
	JPF NP 001	管端防食管継手用パイプニップル	
	WSP 011	フランジ付硬質塩化ビニルライニング鋼管	(エルボ,チーズ,レジューサー)
	WSP 039	フランジ付ポリエチレン粉体ライニング鋼管	
	JPF MP 010	水道用ライニング鋼管用ねじ込み式管端防食管フランジ	
	JPF MP 012	管端コア付ライニング鋼管用ねじ込み式樹脂ねじ形管継手	
	JPF NP 002	樹脂ねじ形管継手用パイプニップル	
	JWWA K 150	水道用ライニング鋼管用管端防食形	
耐熱性ライニング鋼管継手	JWWA K 141	水道用耐熱性硬質塩化ビニルライニング鋼管用管端防食形継手	
	JPF MP 005	耐熱性硬質塩化ビニルライニング鋼管用ねじ込み式管端防食管継手	
	WSP 054	フランジ付耐熱性樹脂ライニング鋼管	(エルボ,チーズ,レジューサー)
	JPF MP 011	耐熱性硬質塩化ビニルライニング鋼管用ねじ込み式管端棒曲管フランジ	
	JPF MP 012	管端コア付ライニング鋼管用ねじ込み式樹脂ねじ形管継手	
	JPF NP 001	管端防食管継手用パイプニップル	
	JPF NP 002	樹脂ねじ形管継手用パイプニップル	
ステンレス鋼管継手	JIS B 2312	配管用鋼製突合せ溶接式管継手	
	JIS B 2313	配管用鋼板製突合せ溶接式管継手	
	JIS B 2238	鋼製管フランジ通則	亜鉛めっきを施したもの
	SAS 322	一般配管用ステンレス鋼鋼管の管継手性能基準	
	SAS 354	一般配管用ステンレス鋼鋼管の突合せ溶接式管継手	
	SAS 361	ハウジング形管継手	
	SAS 363	管端つば出しステンレス鋼管継手	
銅管継手	JIS H 3401 JCDA 0001	銅及び銅合金の管継手 銅及び銅合金の管継手	
架橋ポリエチレン継手	JIS K 6770	架橋ポリエチレン管継手	

注 1. 規格にない鋼製溶接式管継手は, 材料, 製造方法および品質等は, JIS に準じたものとする。
　 2. JIS B 2312 および JIS B 2313 は, JIF SP 011 (鋼製突合せ溶接式亜鉛めっき管継手) による亜鉛めっきを施したものとする。
　 3. JIS B 238, JIS B 2220 および JIS B 2239 の呼び圧力 10 K フランジは, 並形とする。
　 4. 規格にない水道用ライニング鋼管用ねじ込み式管端防食継手は, (社)日本水道協会他の第三者認証機関の認証登録品とする。

6.1 配管材料

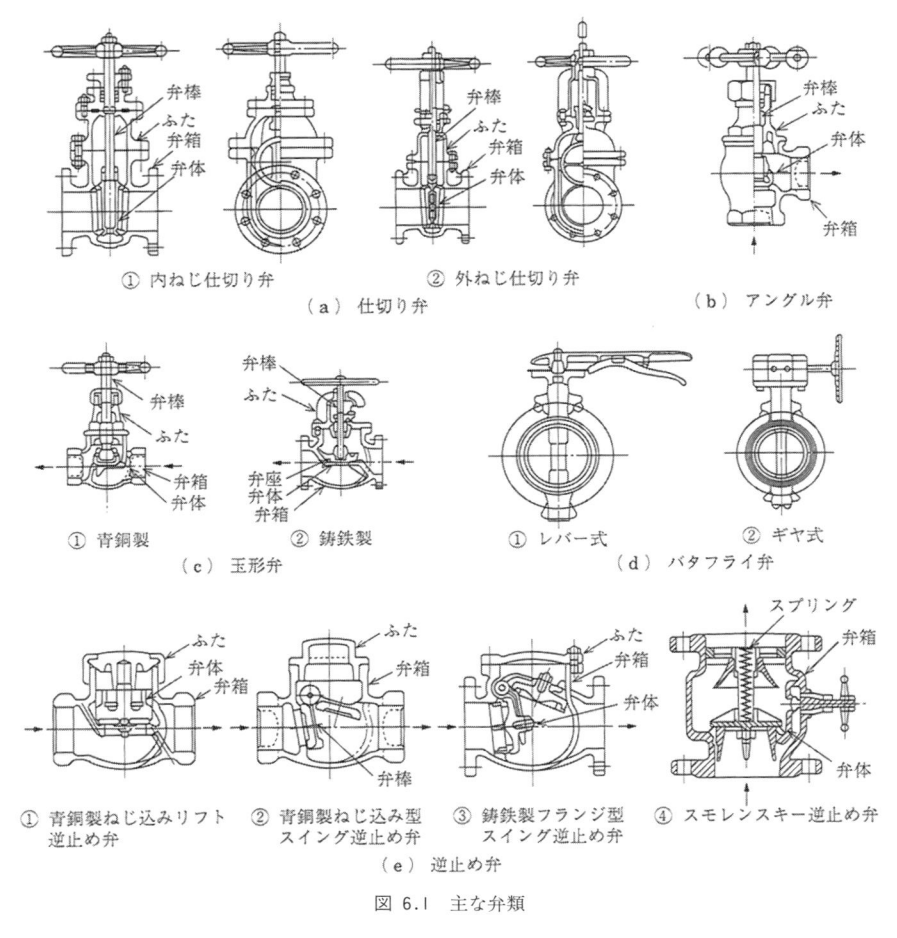

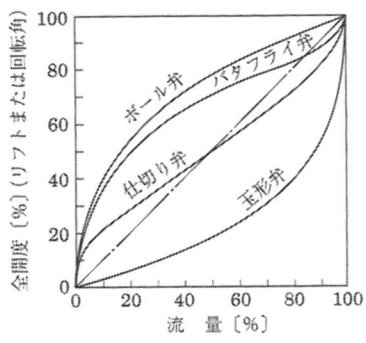

① 内ねじ仕切り弁　② 外ねじ仕切り弁
(a) 仕切り弁
(b) アングル弁

① 青銅製　② 鋳鉄製
(c) 玉形弁
① レバー式　② ギヤ式
(d) バタフライ弁

① 青銅製ねじ込みリフト逆止め弁
② 青銅製ねじ込み型スイング逆止め弁
③ 鋳鉄製フランジ型スイング逆止め弁
④ スモレンスキー逆止め弁
(e) 逆止め弁

図 6.1　主な弁類

図 6.2　各種の弁の流量特性（安藤紀雄, 1992）

表 6.4 弁の使用区分

		用 途	管径	規 模	継手	材 質	JIS 規格
冷温水用	仕切弁	常用 460 kPa 以下	65 以下 80 以上	JIS 5 K*1 または 125 E JIS 5 K または 10 内ねじ	ねじ込 フランジ	青銅 鋳鉄要部青銅	B 2011 B 2031
		常用 980 kPa 以下	65 以下 80 以上	JIS 10 K*2 JIS 10 K または 10 K 内ねじ	ねじ込 フランジ	青銅 鋳鉄要部青銅	B 2023 B 2043
	玉形弁	常用 490 kPa 以下	65 以下 80 以上	JIS 5 K または 125 JIS 5 K または 10 K	ねじ込 フランジ	青銅 鋳鉄要部青銅	B 2011 B 2041
		常用 980 kPa 以下	65 以下 80 以上	JIS 10 K JIS 5 K または 10 K	ねじ込 フランジ	青銅 鋳鉄要部青銅	B 2021 B 2041
	逆止弁	常用 980 kPa 以下	50 以下 65 以上	JIS 10 K 10 K スイング	ねじ込 フランジ	青銅 鋳鉄要部青銅	B 2025 ―
	バタフライ弁	常用 980 kPa 以下	65 以上	JIS 10 K	ねじ込 フランジ	ステンレス鋼 鋳鋼製	B 2032
蒸気用	仕切弁	147 kPa 以下	65 以下 80 以上	JIS 5 K または 125 E JIS 5 K または 10 K 内ねじ	ねじ込 フランジ	青銅 鋳鉄要部青銅	B 2011 B 2031
	玉形弁	980 kPa 以下 686 kPa 以下	65 以下 80 以上	JIS 10 K JIS 10 K	ねじ込 フランジ	青銅 鋳鉄要部青銅	B 2021 B 2041
	逆止弁	980 kPa 以下 686 kPa 以下	50 以下 65 以上	JIS 10 K スイング JIS 10 K または 10 K スイング	ねじ込 フランジ	青銅 鋳鉄要部青銅	B 2025 B 2045

*1 許容耐圧を示す. 490(kPa・G)
*2 許容耐圧を示す. 980(kPa・G)

6.2 配管径の設計

6.2.1 水配管

(1) 水配管の口径の設計に用いる水の流速は表 6.5 を参照し定める. 鋼管において浸食を防ぐための許容水速は 2.0 m/s を目安とする.

図 6.3 は次に示すウイリアム・ハーゼン公式で係数 $C=100$ の場合の水配管の抵抗線図で, これは古くなった鋼管・鋳鉄管に対する値である.

$$Q_\mathrm{w}=6.27C \cdot d^{2.63} \cdot R^{0.54}\times10^{-5} \tag{6.1}$$

表 6.5 水速の推奨値 (Richter および Carrier Co.)

ドイツの推奨値 (m/s)[18]		鋼管の浸食防止のための最大水速[13]	
		年間運転時間 (h)	水 速 (m/s)
ポンプ吸込管 (開放回路)	0.5〜1.0		
密閉配管 (ポンプ循環)	1.5〜2.0	1 500	3.6
同 上 (遠距離配管)	1.5〜3.0	2 000	3.45
同 上 (高温水配管)	2.0〜3.0	3 000	3.3
給水配管 (主管)	1 〜2	4 000	3.0
同 上 (分岐管)	0.5〜0.7	6 000	2.7
同 上 (ポンプ加圧)	2 〜4.0	8 000	2.4

6.2 配管径の設計

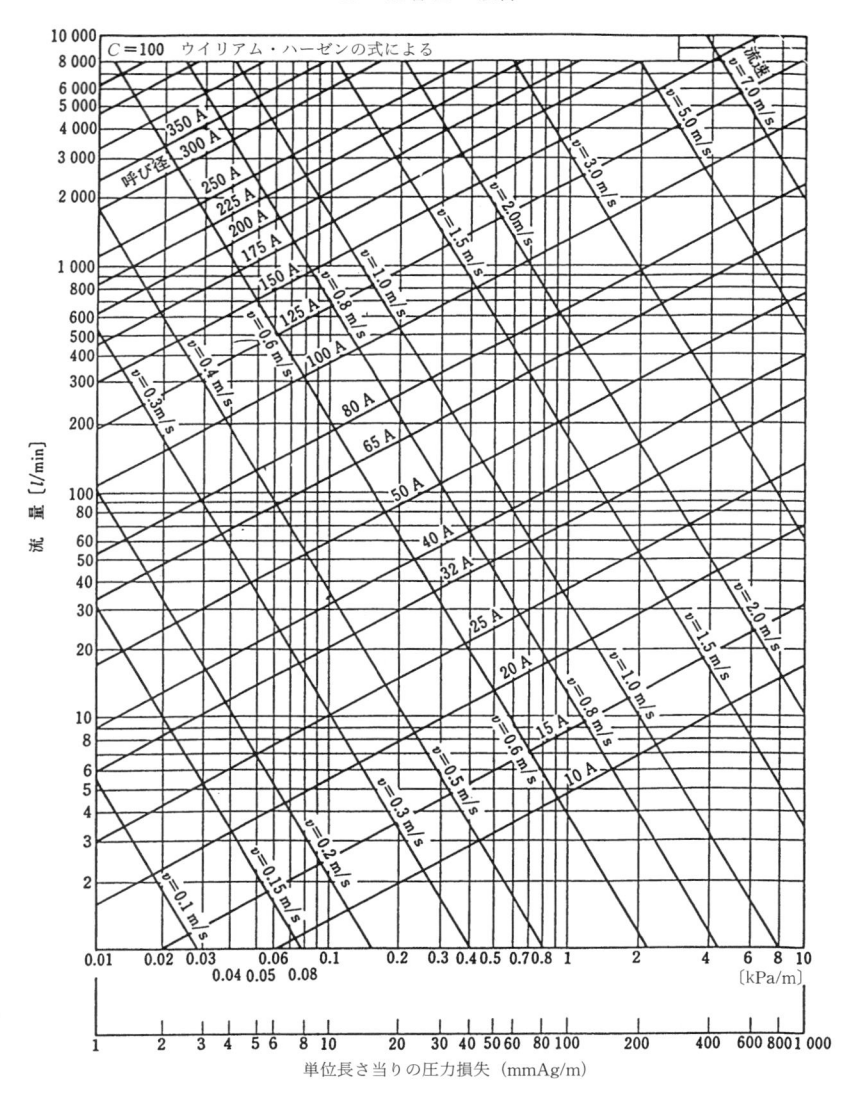

図 6.3 鋼管 (SGP) の抵抗線図 (ウイリアム・ハーゼン公式, $C=100$)

ここに，Q_w：流量 (l/min)，C：係数，d：内径 (mm)，R：圧力降下 (kPa/m)
　水温が高くなるほど抵抗は小さくなるので，本図を温水に用いれば安全側の数値が得られる．
　継手または弁などの抵抗は表 6.6 に示す局部抵抗の相当長を用い，例題 6.2 のよう

表 6.6 (a)　局部抵抗の相当長 (m) (Carrier Co.)[14]

管径	玉形弁	アングル弁	ゲート弁	スイング逆止弁*1	90°*2 標準エルボ	45°*2 標準エルボ	チー	チー直通 チー	チー直通 異径チー $d \overset{1}{\rightharpoonup} \tfrac{3}{4}d$	チー直通 異径チー $d \overset{1}{\rightharpoonup} \tfrac{1}{2}d$
10 A	5.2	1.8	0.2	1.5	0.4	0.2	0.8	0.3	0.4	0.4
12.5 A	5.5	2.1	0.2	1.8	0.5	0.2	0.9	0.3	0.4	0.6
20 A	6.7	2.7	0.3	2.4	0.6	0.3	1.2	0.4	0.6	0.5
25 A	8.8	3.7	0.3	3.1	0.8	0.4	1.5	0.5	0.7	0.8
32 A	11.6	4.6	0.5	4.3	1.0	0.5	2.1	0.7	0.9	1.0
40 A	13.1	5.5	0.6	4.8	1.2	0.6	2.4	0.8	1.1	1.2
50 A	16.8	7.3	0.7	6.1	1.5	0.8	3.1	1.0	1.4	1.5
65 A	21.0	8.8	0.9	7.6	1.8	1.0	3.7	1.3	1.7	1.8
80 A	25.6	10.7	1.0	9.1	2.3	1.2	4.6	1.5	2.1	2.3
90 A	30.5	12.5	1.2	10.7	2.7	1.4	5.5	1.8	2.4	2.7
100 A	36.6	14.3	1.4	12.7	3.1	1.6	6.4	2.0	2.7	3.1
125 A	42.7	17.7	1.8	15.2	4.0	2.0	7.6	2.5	3.7	4.0
150 A	51.8	21.3	2.1	18.3	4.9	2.4	9.1	3.1	4.3	4.9
200 A	67.1	25.9	2.7	24.4	6.1	3.1	12.2	4.0	5.5	6.1
250 A	85.3	32.0	3.7	30.5	7.6	4.0	15.2	4.9	7.0	7.6
300 A	97.5	39.6	4.0	36.6	9.1	4.9	18.3	5.8	7.9	9.1
350 A	110	47.2	4.6	41.2	10.4	5.5	20.7	7.0	9.1	10.4
400 A	125	54.9	5.2	45.7	11.6	6.1	23.8	7.9	10.7	11.6
450 A	140	61.0	5.8	50.3	12.8	7.0	25.9	8.8	12.2	12.8
500 A	158	71.6	6.7	61.0	15.2	7.9	30.5	10.1	13.4	15.2
600 A	186	80.8	7.6	73.2	18.3	9.1	35.1	12.2	15.2	18.3

*1　弁の抵抗は全開時のもの．45°Y形弁はアングル弁の抵抗と同じ．
*2　各口径相当の弁座を有するリフトチェック弁は玉形弁の抵抗と同じ．

表 6.6 (b)　局部抵抗の相当長 (断面形状変化) (m) (Carrier Co.)[14]

管径	管の急拡大* d/D 1/4	管の急拡大* d/D 1/2	管の急拡大* d/D 3/4	管の急縮小* d/D 1/4	管の急縮小* d/D 1/2	管の急縮小* d/D 3/4	タンク 入口	タンク 出口
10 A	0.4	0.2	0.1	0.2	0.2	0.1	0.5	0.2
12.5 A	0.6	0.3	0.1	0.3	0.2	0.1	0.6	0.3
20 A	0.8	0.5	0.2	0.4	0.3	0.2	0.9	0.4
25 A	1.0	0.6	0.2	0.5	0.4	0.2	1.1	0.6
32 A	1.4	0.9	0.3	0.7	0.6	0.3	1.7	0.8
40 A	1.8	1.1	0.4	0.9	0.7	0.4	2.0	1.0
50 A	2.4	1.5	0.5	1.2	0.9	0.5	2.7	1.3
65 A	3.1	1.9	0.6	1.5	1.2	0.6	3.7	1.7
80 A	4.0	2.4	0.8	2.0	1.5	0.8	4.3	2.2
90 A	4.6	2.8	0.9	2.4	1.8	0.9	5.2	2.6
100 A	5.2	3.4	1.2	2.7	2.1	1.2	6.1	3.1
125 A	7.3	4.6	1.5	3.7	2.7	1.5	8.2	4.3
150 A	8.8	6.7	1.8	4.6	3.4	1.8	10.1	5.8
200 A	—	7.6	2.6	—	4.6	2.6	14.3	7.3
250 A	—	9.8	3.4	—	6.1	3.4	18.3	8.8
300 A	—	12.5	4.0	—	7.6	4.0	22.3	11.3
350 A	—	—	4.9	—	—	4.9	26.2	13.7
400 A	—	—	5.5	—	—	5.5	29.3	15.2
450 A	—	—	6.1	—	—	6.1	35.1	17.8
500 A	—	—	—	—	—	—	43.3	21.3
600 A	—	—	—	—	—	—	49.7	25.3

*　d, D は管の内径 ($d<D$) 管径 d を用いて読む．

6.2 配管径の設計

に求める．本表は水配管のみならず他の蒸気・冷媒・油配管にも適用できる．
　局部抵抗の相当長の合計の，直管抵抗合計に対する比 k（式（8.18）参照）は配管長の長い場合 0.2～0.3，短い場合 0.4～0.6 となる．
　図 6.4 は（$C=130$）ウイリアム・ハーゼン公式で塩化ビニールライニング鋼管の

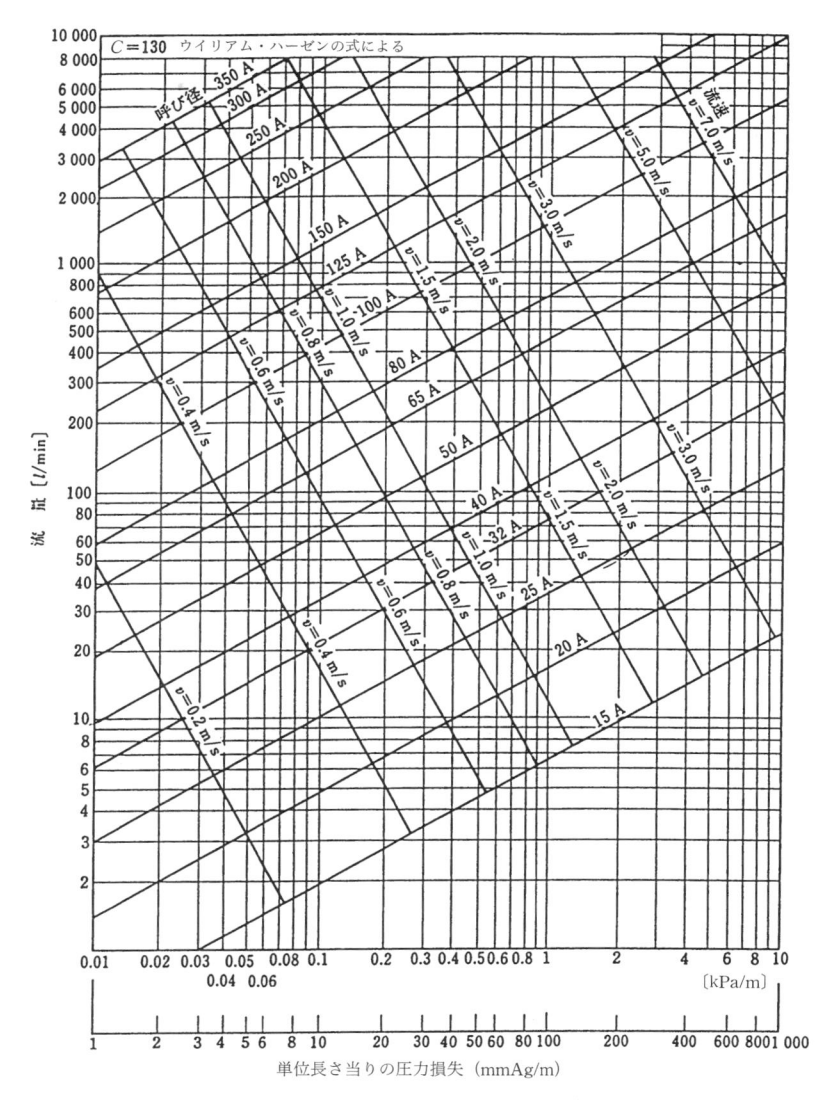

図 6.4　塩化ビニールライニング鋼管抵抗線図

抵抗線図である．

（2） 空調用水配管の設計法を次に述べる．

ダクト設計と同様に等圧法で行うが，屋内配管では管内流速を2m/s以下に取る．また循環ポンプの揚程をある限度に抑え，ポンプ動力の省エネルギを図るため長い配管ほど低い抵抗を選ぶ．すなわち大規模建築のFCU（ファンコイルユニット）用の配管のように最遠ユニットまでの配管（これをindex circuitとよぶ）の往復の全長Σlが200mを超えるような例では図6.3の$R=0.5$kPa/m（51mmAq/m）の上で管径を選ぶ．この往復全長が60m以下の短い場合は図6.3の$R=2.0$kPa/m（204mmAq/m）の上で管径を選ぶ．往復全長が60～200mの場合は$R=0.5$～2.0kPa/m（51～204mmAq/m）（490～1960Pa/m）の間の適当なRを選び等圧法で行う．ただし水速は2m/sを限度とする．

【例題6.1】 図6.5に示す空調機に至る二次側配管の管径と二次ポンプの揚程を求める．ただし各空調機の冷却コイルの最大負荷はすべて87000W（75000kcal/h）とする．

〔解〕 水の出入口温を11℃，6℃の5℃差とし，水の比熱が4.186kJ/kgであるから，1台の空調機への冷水量は，

$L=87000\times 60/(4.186\times 5)=250$kg/min≒250 l/min

したがって，各部の水量は表6.7(1)列のようになる．

ヘッダより空調機までの配管全長は$(10+10+20+30)\times 2=140$mとなるので前述のように$R=0.5$～$2.0$kPa/m（51～204mmAq/m）の間の適当なRを選定する．ここでは，$R=0.8$kPa/mを取る．

図6.3により管径は(2)列のように求められる．例えばCB間は，$L=250l$/mと$R=0.8$kPa/mの交点は65Aと50Aの中間となり，ここでは65Aを用いる．65管に250l/mを通すときの抵抗はLとRとの交点から0.40kP/m（40.4mmAq/m）となり，これを(3)列に記入する．(3)列と(4)列（往復全長）の積から(5)列が求められる．(5)列のC，B，A，Dの間の合計は，

　　　　$8.0+12.4+36.0=56.4$kPa（$=5706$mmAq）

これに局部抵抗相当長の割合を20％として二次側配管の全抵抗は，

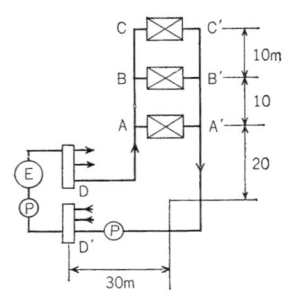

図6.5 冷水配管系統図

表6.7

部　　分	CB, C'B'	BA, B'A'	AD, A'D'	DED'
(1) 水　量 L	250	500	750	1500
(2) 管　径 d	65 A	80 A	100 A	125 A
(3) 抵　抗 R(kPa/m(mmAq/m))	0.40(40.4)	0.62(62.9)	0.36(36.4)	0.45(45.8)
(4) 往復長 Σl	20	20	100	30
(5) $R\times \Sigma l$ (kPa(mmAq))	8.0(808)	12.4(1258)	36.0(3640)	13.5(1374)

6.2 配管径の設計

$\Delta H = 56.4 \times 1.2 = 67.68 \fallingdotseq 68\,\text{kPa}$

二次ポンプの揚程としてはこれに冷水コイルの抵抗（30 kPa），制御弁の抵抗（40 kPa）を加え，

$H = 68 + 30 + 40 = 138\,\text{kPa}$

約9％の余裕を取り，150 kPaの揚程を選ぶ．

【例題 6.2】 図示のような系統の各塩化ビニールライニング配管径と冷却水ポンプの揚程を求めよ．ただし各凝縮器および冷却塔の水量を 600 l/m とし，冷却塔の噴霧圧力を 50 kPa とする．

〔解〕 1 200 l/min に対しては図6.4より 125 A 管で，水速 2.0 m/s, 100 A 管で 2.3 m/s とする．ここでは 125 A 管を用いる．このときの $R = 0.21$ kPa/m (21.4 mmAq/m) となり，以下 $R = 0.21$ kPa/m (21.4 mmAq/m) を基準として管径を定める．すなわち，600 l/min に対し 100 A 管を用いる．$v_w = 1.2$ m/s, $r = 0.18$ kPa/m (18.4 mmAq/m)，冷却塔まわりの還り管は水のバランシングのため 200 A 管のヘッダとする．

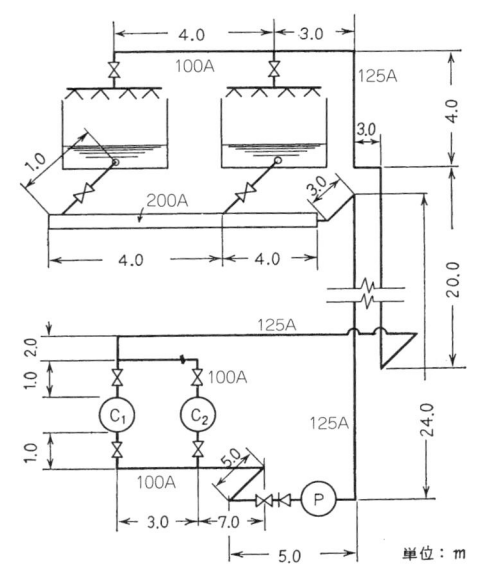

図 6.6 冷却水配管系統（例題 6.2）

1 200 l/m を 125 A 管に通す部分の直管部の延長は往復で $l = 96$ m，その部分の局部抵抗の相当長の合計は表6.6により求めた相当長を用い，

```
125 A エルボ    11 個× 4.0 ＝44 m
異径チー直通    3 個× 3.7 ＝11.1
仕 切 弁        1 個× 1.8 ＝ 1.8
逆 止 弁        1 個×15.2 ＝15.2
               合計 l′      ＝72.1 m
```

$\therefore\ l + l' = 96 + 72.1 = 168.1\,\text{m}$

同様に 600 l/m を 100 A 管に通す部分は，

$l + l' = 10 + 11.8 = 21.8\,\text{m}$

冷却塔のヘッダ部分は抵抗を無視する．

すなわち，摩擦抵抗の合計は，

(a) $168.1\,\text{m} \times 0.21\,\text{kPa/m} + 21.8\,\text{m} \times 0.18\,\text{kPa/m} = 39.225 \fallingdotseq 39\,\text{kPa}$, (b) コンデンサ抵抗を 80 kPa (8.2 mAq), (c) 冷却塔の実揚程（水面よりノズルまで）3.0 m に必要な圧力 $3.0 \times 9.8 = 29.4\,\text{kPa}$, (d) 冷却塔の噴霧圧力 50 kPa (5.1 mAq) を加えて，ポンプ揚程 $H = 39 + 80 + 29.4 + 50 = 198.4\,\text{kPa}\,(20.2\,\text{mAq})$

余裕として約10%をとり，ポンプの揚程を $198.4 \times 1.1 = 218.24 \fallingdotseq 220\,\text{kPa}$ とする．

6.2.2 蒸気配管

表6.8に蒸気管と還水管の流量表を示す．高圧蒸気については$196\,\text{kPa}$ ($2.0\,\text{atg}$，ゲージ圧*) の場合のみを示した．$490\,\text{kPa}$ ($5\,\text{atg}$)，$980\,\text{kPa}$ ($10\,\text{atg}$) の場合は文献1)などを参照されたい．$196\,\text{kPa}$ ($2\,\text{atg}$) の配管については配管延長（ボイラから使用機器まで）が$200\,\text{m}$以内のときは$R = 19.6$ ($\text{kPa}/100\,\text{m}$)，$80\,\text{m}$までは$R = 49$，$40\,\text{m}$までは$R = 98$を用いる．（ ）内の流量は蒸気流速が$60\,\text{m/s}$を超えるときで，1サイズ大きい管径を用いる．

表 6.8 蒸気管および還水管の流量表（kg/h）*1

口径 (A)	低圧蒸気管			還水管			
	横引き管		立上り管	横引き管		立下り管	
	先下り	先上り		真空式	重力式	真空式	重力式

$P = 29.4\,\text{kPa}$ ($0.3\,\text{atg}$)

口径 (A)	先下り	先上り	立上り管	真空式	重力式	真空式	重力式
20	9		5.4	84		145	21
25	17	4.4	10	145	51	250	50
32	33	10	20	250	106	400	110
40	50	14	31	400	166	830	167
50	96	25	58	830	355	1 400	332
65	186	61	108	1 400	590	2 230	
80	296	102	156	2 220	1 090	3 320	
100	600	230	282				
125	1 030	430	530				
150	1 680	730	920				

$P = 196\,\text{kPa}$ ($2.0\,\text{atg}$)

口径 (A)	蒸気管			還水管		
	$R^{*2} = 19.6$	49	98	$R = 19.6$	49	98
20	29	46	65	150	250	380
25	47	85	120	310	500	750
32	110	170	240	630	1 050	1 500
40	170	260	380	1 000	1 700	2 500
50	300	480	690	2 100	3 500	5 000
65	630	1 000	1 400	3 300	5 300	8 000
80	950	1 500	2 200	6 400		
100	1 950	3 100	4 400			
125	3 500	5 500	(7 800)			
150	5 300	8 200	(12 000)			

*1 低圧蒸気管・還水管は文献 (4)，p.260) にある原表（単位はEDR）をkg/hに換算した．横引き管（先下り）は圧力降下$R = 4.9\,\text{kPa}\cdot 100\,\text{m}$の場合のみ示した．
*2 Rは圧力降下（$\text{kPa}/100\,\text{m}$）を示す．

---

* 絶対圧とゲージ圧：絶対真空を0とする圧力を絶対圧（P_a）という．ゲージ圧（P_g）は大気圧（P_o）を基準とする圧力であり，計測器の表示値であることからゲージ圧と呼ばれる．よって，$P_\text{g} = P_\text{a} - P_\text{o}$ である．

6.2.3 配管圧線図

配管系内の圧力分布を求め，機器の耐圧や配管材質を決定するのに，圧力線図が用いられる．一般に横軸に管内圧力，縦軸に位置高さをとることが多い．図 6.7 に代表的な配管回路の例題を示す．地域冷暖房の導管などでは，横軸に水平距離，縦軸に圧力をとることもある．

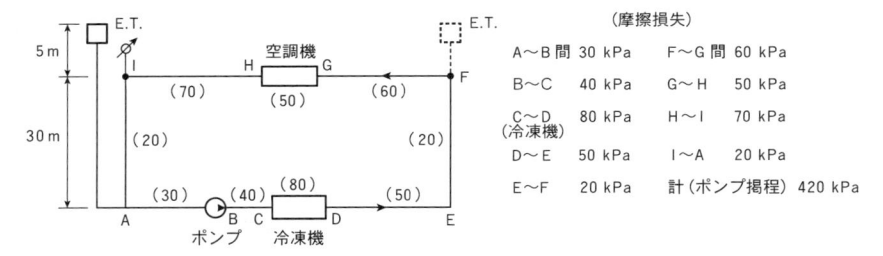

(摩擦損失)

A～B 間	30 kPa	F～G 間	60 kPa
B～C	40 kPa	G～H	50 kPa
C～D (冷凍機)	80 kPa	H～I	70 kPa
D～E	50 kPa	I～A	20 kPa
E～F	20 kPa	計(ポンプ揚程)	420 kPa

(a) A 点に膨張タンクを接続した場合

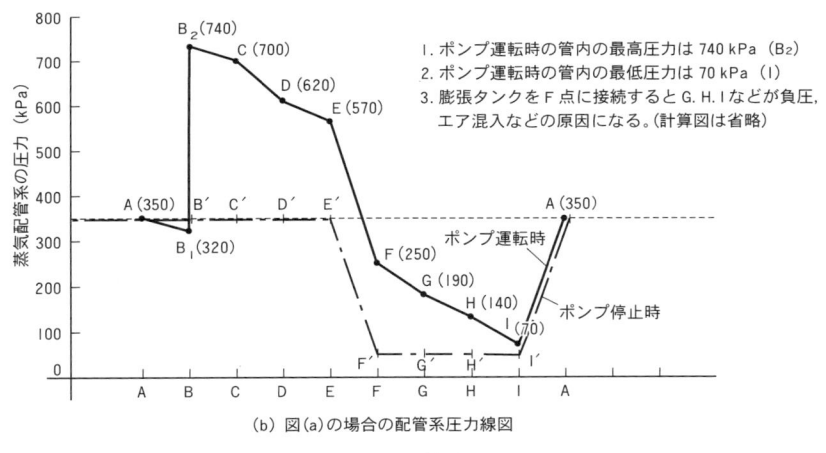

1. ポンプ運転時の管内の最高圧力は 740 kPa（B_2）
2. ポンプ運転時の管内の最低圧力は 70 kPa（I）
3. 膨張タンクを F 点に接続すると G．H．I などが負圧，エア混入などの原因になる．(計算図は省略)

(b) 図(a)の場合の配管系圧力線図

図 6.7 配管系の圧力

6.3 水配管の方式

6.3.1 方式の分類

(1) 開放式と密閉式

図 6.8 (a)，(b) のように配管の末端が大気に開放された水槽に連絡されているものを**開放式**（open system）という．冷却塔やエアワッシャのように水槽を有する機器に連絡する場合あるいは床下の蓄熱槽に連絡する場合などは開放式となる．開放式は密閉式に比べて水中の酸素量が大きくなり腐食が起こりやすく白ガス管を用い，か

(a) 開放式　　　(b) 開放式　　　(c) 密閉式

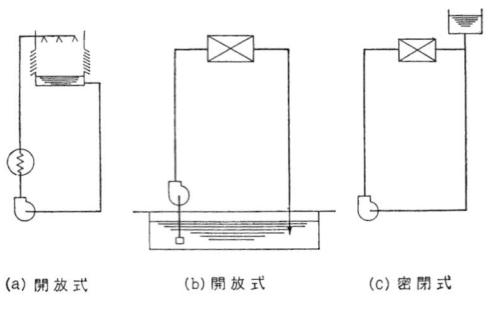

図 6.8　開放式回路と密閉式回路

つ入念に水処理を行う必要があり，またウォーターハンマの起こるおそれが多い．開放式の場合は必ずポンプに摩擦抵抗の外に押上げ揚程 H が加わり，ポンプ動力が大きくなる．

密閉式（closed system）は図（c）に示すように水の循環経路が大気に開放されていない方式をいう．この方式は開放式に比べて，(1) ポンプ揚程が循環の抵抗だけで動力が少なくて済む．(2) 循環水が空気に接触してないので水処理費が安くて済む，などの利点がある．装置内の水の膨張のために必ず膨張をタンクを必要とする．

(2)　直接レタンとレバースレタン方式

図 6.9 のように，返り管の方式を**直接レタン式**（direct return）と**レバースレタン式**（reverse return）に分類できる．後者は，各ユニットの抵抗が大体等しいときは，各ユニットに往復する水経路の延長が，ユニットごとに等しいので，各ユニットの水量はおおむね設計水量に等しくなる．すなわち水のバランシングがよい．直接レタン方式は各ユニットごとに弁を設けて，竣工時にこれを調節し，設計水量を確保する．配管抵抗とユニットまわりの抵抗の比を 1：3 程度にすると，直接レタン方式でも水のバランシングはよくなるといわれる．

配管内の空気抜きの点では末端に空気が集まるから，ここに膨張タンクをつけられるので図（b）立配管の場合はレバースレタン方式の方が有利である．

(a) 直接レタン方式　　　(b) レバースレタン方式

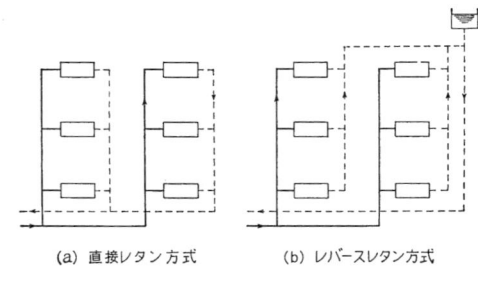

図 6.9　返り管の二方式

6.3 水配管の方式

（3） 二方弁と三方弁制御

空調機の冷水コイルまたは温水コイルの制御にはかつて図 6.10 (a) に示す三方弁が用いられてきた．三方弁制御はコイル内水量は変わるが配管内流量は負荷の変動によらず一定で，定水量となり，冷凍機まわりの配管は図 6.11 (a) に示すように簡単になるが，ポンプの流量が一定となり搬送動力の節約はできない．

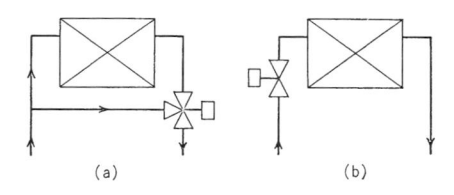

図 6.10 コイルまわり制御

このため最近は図 6.10 (b) に示す二方弁制御が大規模ビルでは次第に多用されるようになった．二方弁制御は三方弁制御に比べて一般に制御性が良く，負荷が減ると配管内水量が減少しポンプ水量も減るのでポンプの台数制御などによりポンプの消費動力を節約できる．一方，冷凍機の蒸発器を通す水量は 90% 以下に減少すると凍結の恐れがあるため，冷凍機のまわりには図 6.11 (b) に示すような差圧制御弁を設ける必要がある．

6.3.2 密閉式配管における配管系統

本項の各図のフローシートはすべて，その概略を示すもので，(1) 系統はレバースレタンが望ましい場合でも直接レタン方式とし，(2) 弁は説明に必要のあるところ以外はすべて省略し，(3) 機器回りの配管は省略して書いてある．(2)(3) に関して詳細は 6.4 を参照されたい．

ポンプの設置については熱源側（冷凍機・熱交換器）と負荷側を共通のポンプでまかなう単式ポンプ方式（図 6.11）と，これを別々に設ける複式ポンプ方式（図 6.12）

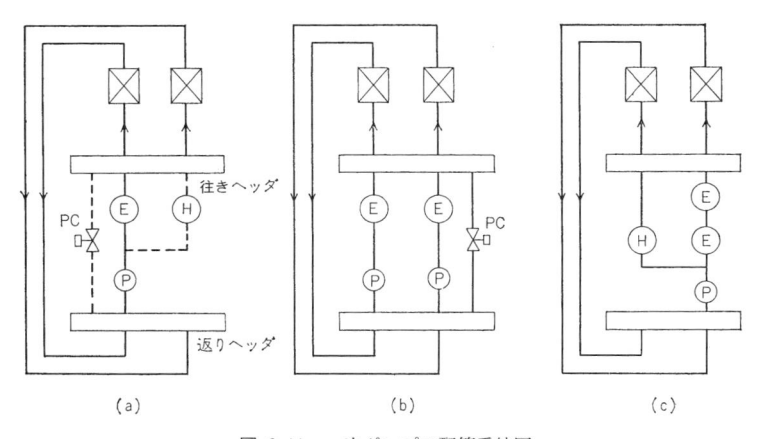

図 6.11 一次ポンプの配管系統図

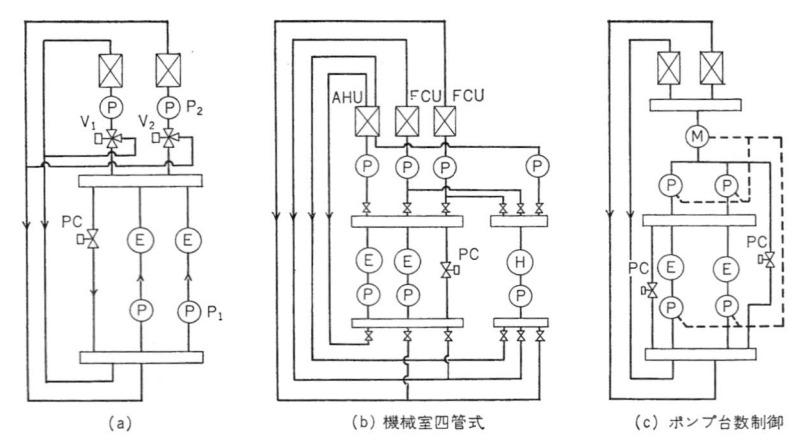

図 6.12　二次ポンプの配管系統図

があり，前者は中小規模で予算のない場合に用いられ，ほかは一般に後者が用いられる．

配管系統については非常に多くのバリエーションがあり，本書ではその主なものを示すにとどめる．多数の実例については木内俊明が文献（15), p.82）に紹介しているので参照されたい．

(1)　一次ポンプ方式の場合

この場合は系統は簡単になるがポンプ側の水量制御ができないので，搬送動力を節約することは困難である．往きヘッダから空調機に至り，返りヘッダにもどる配管を二次側配管とよび，冷凍機回りの配管を一次側とよぶ．

冷凍機1台の場合は図6.11 (a) のように簡単になる．負荷側に三方弁を設けるときは冷凍機流量は一定になるが，二方弁の場合は冷凍機水量が減ることを防止するため，図の点線のように，差圧調整弁 PC を設ける必要がある．冷温水コイルを用いる場合は，図の点線のように熱交換器（H）を入れる．

2台以上の冷凍機を設ける場合は図 (b) のようにし，負荷が半分となれば片側の冷凍機の運転を止める．ただし，このときは運転していない蒸発器を通る水量の混合のため冷水出口温が上昇するので，この方法は恒湿室のように減湿の要求が厳しい所では冷凍機の冷水側に自動閉鎖弁を設ける．またの方法は図 (c) のように冷凍機の蒸発器（E）をシリーズに連結する．図 (c) の方法は大きい負荷時に水の温度差 Δt_W を 8〜10℃ に上げ水量を減らすことができるが，ポンプの揚程は蒸発器の1台の抵抗分だけ増加する．

(2)　二次ポンプ方式の場合

図 6.12 (a) は方位別のファンコイルユニット（FCU と略す）の系統のように水

温制御を行う場合で，冷凍機側に一次ポンプ（P_1），負荷側に二次ポンプ（P_2）を設ける．冷凍機側には差圧調整弁 PC を設けて水量を一定に保つ．

図 6.12 (b) は機械室内四管式の場合で，熱ポンプ方式の場合に多く用いられる．この場合 H はコンデンサとなる．空調機（AHU）には冷水コイルおよび温水コイルを設け，冷水・温水を同時に送水するが，FCU は必要に応じて冷水・温水のいずれかをヘッダのバルブで切り換えて送水する．例えば冬季，南側ゾーンの FCU には冷水を，北側ゾーンの FCU には温水を送水する．

図 6.12 (c) はポンプの台数制御の場合で，二次側の負荷で送る熱量が変わるが，この変動を熱量計または流量計Ⓜにより求めこれにより二次ポンプおよび冷凍機の台数を同時に制御する．二次ポンプの差圧制御弁 PC はポンプの吐出側の圧力により制御する．

6.3.3 開放回路の配管系統

（I）蓄熱槽配管の系統

この場合は負荷が減少しても，空調機の運転台数が減っても冷凍機の凍結防止リレーがはたらくおそれもないし，出口水温が高まるおそれもない．しかし二次ポンプの揚程が増加しその動力費は大になり，また空調機の入口水温より数度，低めに冷凍機出口水温を設定する必要がある．

図 6.13 は一般の場合を示す．冷凍機台数が増えても，この系統でよい．必要のある場合は温水蓄熱も行う（5.9.2 参照）．

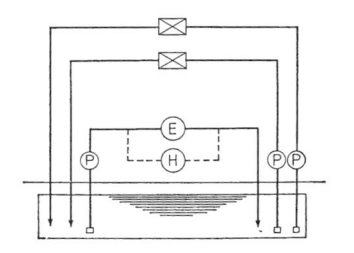

図 6.13 蓄熱槽まわりフローシート

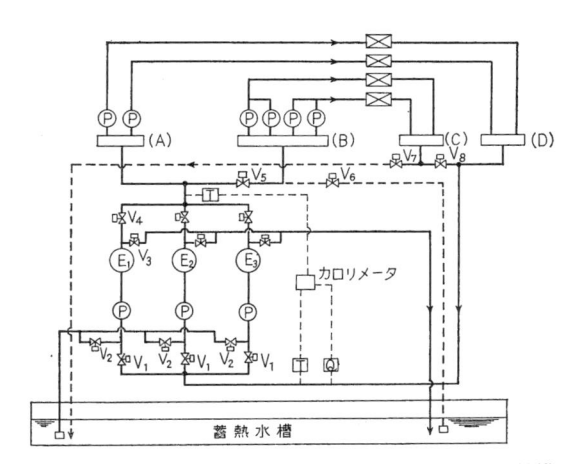

図 6.14 開放・密閉切替え方式（大阪神方式）（高橋誠義）[16]

図6.14は大阪神ビルの例で熱源側・負荷側ともに開放式・密閉式のいずれも選択できる方式である．すなわち冷凍機側は V_1, V_2, V_3, V_4 なる弁の切換えで同時に一部を循環，他を蓄熱に用いることができ，負荷側は常時密閉回路のヘッダ (A) (D)，密閉・開放兼用のヘッダ (B) (C) に接続され，後者は日中は密閉式，夜間などの負荷の減少時は開放式として運転できる．カロリメータにより，装置にかかる刻々変わる負荷に応じて冷凍機の運転台数の選択を行う．

（2） 冷却水配管の系統

冷却塔と冷凍機はできるだけ同数設けて，図6.15 (a) のように配管することが望ましい．図 (b) の方法は途中の配管は節約されるが，冷凍機のうち，1台を止めたときにおいても，冷却塔ファンは全数を運転しなくてはならないために動力の節約ができない．また水のアンバランスのためオーバーフローしやすい．図 (c) は冷却水の一部を空調機内の再熱器に通す場合で，再熱器内の水の抵抗に相当する揚程の加圧ポンプ (booster pump) を設ける．

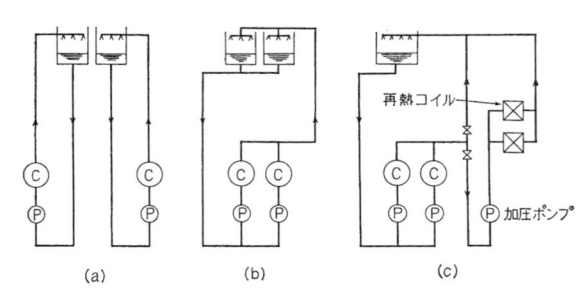

図 6.15 冷却水系統図

6.3.4 配管方法

（1） エア抜き方法・水抜き方法

配管は空気だまりができないように勾配に配慮する．また，異径管を接続する場合はブッシングを用いず，図6.16のように偏心レジューサを用いる．やむをえずエア

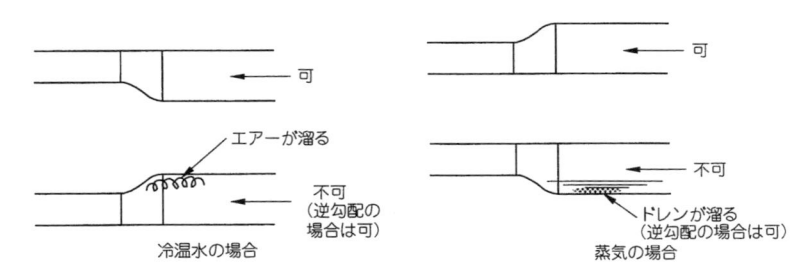

図 6.16 異径管の接続方法

6.4 機器回りの配管法

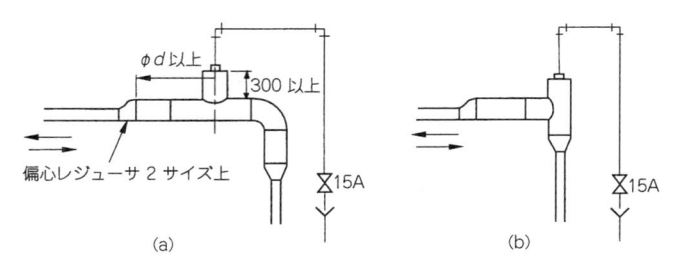

図 6.17 空気抜き・水抜き方法[17]

一がたまるところには図6.17のように空気抜き弁を設ける.また,配管の最下部に水抜きを設ける.

6.4 機器回りの配管法

6.4.1 コイル回りの配管

(1) 図6.18 (a) に冷水コイル回りの配管を示す.空気抜きを容易に行うため,図のように水はコイル下方の入口よりコイル上方の出口に通るように配管する.三方弁のバイパスには玉形弁を設けて,これを絞り,バイパス抵抗とコイル抵抗を等しくする.

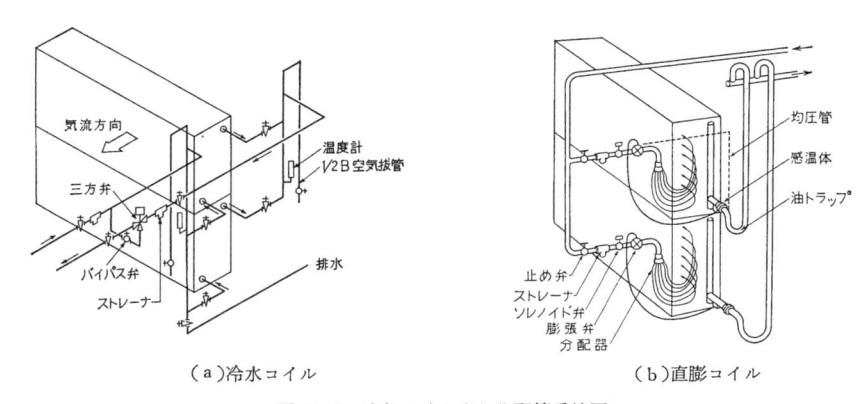

図 6.18 冷却コイルまわり配管系統図

(2) 直膨式の場合,液管のソレノイド弁は冷凍機電源とインタロックして,冷凍機停止時に液冷媒がコイル中に流入することを防止する.大形の膨張弁には図の均圧管を必要とする.

(3) 図6.19に蒸気ヒータの配管方法を示す.
蒸気側の自動制御弁は二方弁を用いストレーナを併設する.還水管はヒータにある

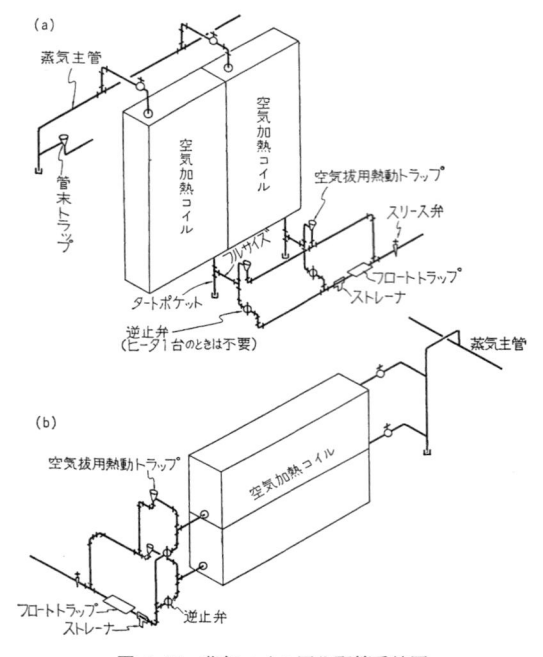

図 6.19 蒸気コイル回り配管系統図

タッピングの寸法にて図示のフルサイズと書いた位置まで連絡し，これより2つに分け上部は空気抜き用熱動トラップに入り，下部はチェッキ弁を付して後，フロートトラップに入る．チェッキ弁は他のヒータの蒸気を逆流させないためである．ゆえに1台のみのときは略してよい．

図 (b) には水平に据付けたときを示すが，このときはヒータ自体に 1/100 程度の勾配をとりドレンの排除をよくする．

もし自動制御用の弁が各ヒータに別々に設けられるときはフロートトラップは1台のヒータに1台ずつ設ける．294kPa（3atg）以上の高圧蒸気が用いられるときは熱動トラップが不確実であるため，この代りにPコックを設け，手動で空気抜きを行う．またフロートトラップの代りにバケットトラップを用いる．

6.4.2 エアワッシャ回りの配管

エアワッシャが1台の場合または数台が同一水準に設けられた場合は，途中に水槽を設けることなく図 6.20 の (a)，(b) のような回路により配管することができる．これらの場合は押上高はワッシャの水面よりスタンドパイプ上端までの H でよい．

数台のエアワッシャが異なる水準にある場合，あるいは特に蓄熱層を必要とするときは，ワッシャよりの排水を一度，水槽に受けてこれよりポンプに吸い込まねばなら

6.4 機器回りの配管法 263

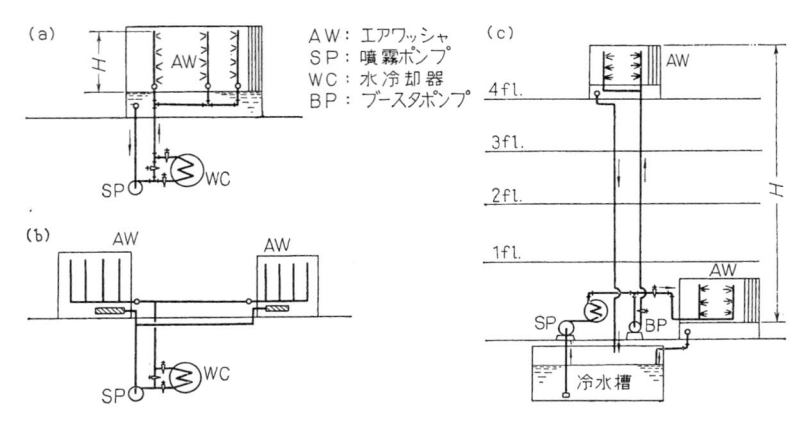

図 6.20 エアワッシャ回り配管系統図

ない．この場合は (c) のように，加圧用のポンプ（これをブースタポンプという）を設ける方が設備費は高いが動力費は安くなる．

ポンプの揚程に関しては，開放式の場合でワッシャが高所にある場合は受水槽よりワッシャまでの高さ H を揚程に加えねばならないから，著しく揚程が増加し動力費の増大をもたらす．

6.4.3 冷却塔回りの配管

1台の冷却塔の回りの配管は図 6.21 (a) のように行う．注意すべきことは一般の場合，図 6.21 (a) のように冷却塔からの返り管は必ず冷却塔の水面以下に敷設し，重力で還水する．もし冷却塔が冷凍機（またはパッケージ）より下部に位置するときは，図 (b) のように冷却塔のそばに冷却水ポンプを設け，加圧して冷凍機にもどす．

数台の冷却塔が並列に配管に接続しているときは，水量にアンバランスが生じ，タンクからオーバーフローしやすい．そのため各入口管には弁を設け，これにより入口

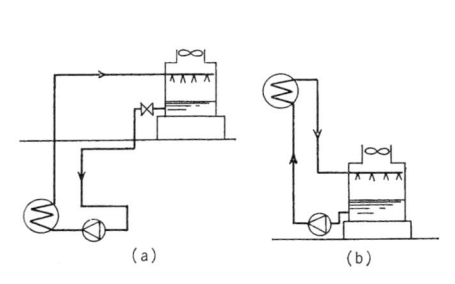

図 6.21 冷却塔回り系統図

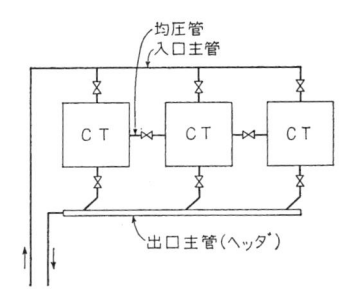

図 6.22 冷却塔の横引き配管

水量を調節するとともに，タンクは相互に入口管と同口径の**均圧管**（バランス管）で連絡することが望ましい．なお流出水量をバランスさせるために出口主管は入口主管より 2 サイズぐらい大きめのヘッダとし，これに 45 エルボを用い，抵抗が少ないように出口管を連絡する（図 6.22）．

6.5 機器・水槽の設計法

6.5.1 循環ポンプ

循環ポンプの水量は 5 章の各節に述べた方法によって求めた各機器の計算水量をそのまま用い，その揚程は，(a) 配管抵抗，(b) 各機器内抵抗，(c) 押上揚程の三者の和の 10% 増しに取る．6.3.1 に述べた密閉式の場合は (c) 押上揚程は 0 となる．同項の図 6.11 のように一次ポンプの場合は，機器の抵抗としては蒸発器とコイルの抵抗の和をとり，図 6.12 のような二次ポンプの場合，一次ポンプには蒸発器の抵抗，二次ポンプにはコイル抵抗を考慮する．なお，これらの配管中に自動制御弁があるときは，その抵抗として弁 1 個に対し 5m 前後を加える．

開放式蓄熱水槽またはエアワッシャの場合は押上揚程を算入する．前者では水槽水面よりコイルまでの高さ，後者では図 6.20 の各図に記入した H が押上揚程となる．なお，エアワッシャでは噴霧ノズルの必要圧力をポンプ揚程に加えねばならない．

6.5.2 配管ヘッダ

配管ヘッダは各系統に至る多数の止め弁の操作のために設けるものであり，したがって，空調機，冷凍機ともに 1 台の場合は不必要である．

配管ヘッダの口径は，その通過流量に対して流速が 1〜1.5m/s の範囲，最大でも 2m/s になるように求める．すなわち負荷側が 80 A 管 6 本とし，その各流速をすべて 2m/s とすると，80 A 管 1 本の断面積（表 13.15）は 51cm^2 であるから，

$$6 \times 51 = 306 \, \text{cm}^2$$

流速を 1.5m/s とすれば，

$$306 \times (2.0/1.5) = 408 \, \text{cm}^2$$

したがって，250 A 管（断面積 507cm^2）をヘッダとして必要とする．

配管の抵抗として，ヘッダの相当長 $l_e = 1.96 \sim 2.94 \, \text{kPa}$（0.2〜0.3mAq）を加えなくてはならない．

6.5.3 膨張タンク

（I）　開放式膨張タンクの設計法

密閉式配管のときは配管内の水の膨張量を収容するため，膨張タンク（expansion tank）を設ける．水の膨張量を ΔV

表 6.9 装置内水量（l/延面積 m^2）

	all air 方式	ユニット併用方式
冷房時	0.40〜0.55	0.70〜1.30
暖房時	1.25〜2.00	1.20〜1.90

〔注〕ユニット併用方式は誘引ユニット，ファンコイルとダクト併用の場合，表記の暖房時の値は温水ボイラ使用の場合で，熱交換器使用のときはだいたい冷房時と同様．

(m^3),装置内の水量を W (kg) とすれば，
$$\Delta V = W(v_2 - v_1) \tag{6.2}$$
ここに，v_2，v_1 は運転中および運転開始前の温度の水の比容積（m^3/kg）（表13.2の飽和水の比容積参照）

装置内の水量は装置の設計が完成すれば，その配管，各機器内の水量の合計より求めることができる．表6.9は15例の事務所建築についての統計値である．

（2） 密閉式膨張タンクの設計法

密閉式膨張タンクは大気に開放していない膨張タンクで，大気圧以上の圧力のもとで使用される．小規模な温水暖房設備の場合，膨張タンクが配管の最高部より高い位置に取り付けられない場合，高温水暖房の場合等に用いられる．ダイアフラム式膨張タンク（図6.23）の場合のタンク容量は以下のように設計する．

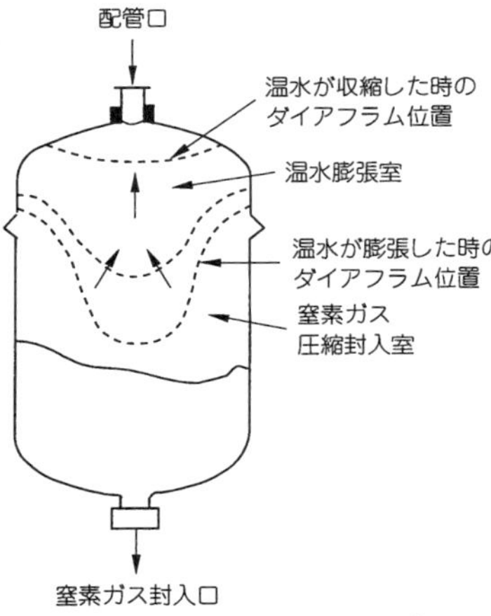

（a） タンク容量の算定

$$V_t = \frac{Q_w}{P_a/P_1 - P_a/P_2}$$

V_t：膨張タンクの最少必要容量（L または m^3）

Q_w：装置内保有水の膨張量（L または m^3）

P_a：大気圧（101.325 kPa（10.33 mAq）絶対圧力）

P_1：膨張タンクの初期充塡圧力（101.325 kPa（10.33 mAq）絶対圧力）

P_2：膨張タンクの最大許容圧力（101.325 kPa（10.33 mAq）絶対圧力）

実際の容量決定に当たっては最少必要容量に 10%～20% の余裕をとる．

（b） 初期圧力（P_1）と最大許容圧力（P_2）の設定

$$P_1 = H_h + H_a + P_a \quad \text{(kPa)}$$

H_h：膨張タンクの押し上げ水頭（膨張タンクから配管最高部までの高さ）

H_a：エア抜きに必要な圧力（95～20 kPa）

小規模暖房（低圧ボイラ）の場合 P_2 は 101.325 kPa（10.33 mAq）以下に抑える．

$$P_2 < (P_a + 10) - H_b$$

H_b：膨張タンクとボイラの高低差（kPa）

一般にタンクとボイラの位置は同レベルとなるので，逃し弁の設定圧力と等しく 202.65 kPa

大規模暖房（一般ビル）の場合，タンクの位置はボイラの安全弁と同一レベルとするので，タンクの許容圧力増はボイラの許容圧力増と考える．

図 6.23 ダイアフラム式膨張タンク

（配管口／温水が収縮した時のダイアフラム位置／温水膨張室／温水が膨張した時のダイアフラム位置／窒素ガス圧縮封入室／窒素ガス封入口）

引用文献

1) 空気調和・衛生工学会：空気調和・衛生工学便覧，II，昭 56.
2) 日本冷凍協会：冷凍空調便覧，I，昭 47.
3) Trane Co.: Refrigerating Manual, Trane Co., 1953.
4) 空気調和・衛生工学会：空気調和・衛生工学便覧（改訂第 10 版），I，昭 56.
5) 佐藤，匂坂：住友軽金属技報，Vol. 12, No. 4, 1971, Vol. 13, No. 1, 1972.
6) 平島雅雄：設備と管理，1979.5.
7) 腐食，防食特集号，建築設備，No. 318, 1977.9.
8) 種田 稔：空衛誌，Vol. 54, No. 7, p. 25.
9) シュワイゲラ：配管工学ハンドブック，I, II，森北出版，昭 49.
10) 日本電電公社：空調装置詳細図集，通信建築研究所，昭 55.
11) 空調配管の施工法特集，空衛誌，Vol. 52, No. 12.
12) 須田清澄，他：設備配管，1978.11.
13) Carrier Cherne Grant: Modern Air Conditioning, Heating and Ventilating, 3 rd Ed., Pitman, 1959.
14) Carrier Co.: Handbook of Air Conditioning System Design, McGraw-Hill, 1965
15) 建築設備大系 8，建築設備設計図集，彰国社，昭 45.
16) 高橋誠義：空調冷凍，Vol. 4, No. 21, p. 71.
17) 菱和調温：空調衛生設備データブック（第 2 版），森北出版，平成 2.
18) Richter, H.: Rohrhydraurik, Springer, 1971

7 空気調和機

7.1 中央式空気調和機の構成

7.1.1 概　　説

　空気調和機（air conditioner）（略して空調機という）とは，一言にしていえば空気を吸込みこれを調和空気に変化させて送風する器具のことであって，この内部に空気浄化，空気冷却および減湿，空気加熱および加湿の機能をもつ各種の機器を収容している．調和空気（conditioned air）とは，室内の要求温湿度および清浄度に応じて適当なる温湿度および清浄度を有するように処理した空気のことである．
　（Ⅰ）　空調機の構成要素
　空調機は下記の機器により構成されている．
　（a）エアフィルタ（AF）……air filter
　（b）全熱交換器
　（c）空気予熱器（PH）……preheater
　（d）空気予冷器（PC）……precooler
　（e）空気冷却減湿器（AC）……air cooler or dehumidifier
　（f）空気加湿器（AH）……air humidifier
　（g）空気再熱器（RH）……reheater
　（h）送風機（F）……fan
　上記のうち，空気の温湿度変化を受け持つ機器は下記のものが使用されている．

```
空気予熱器  ┐
空気再熱器  ┴─ 空気加熱コイル（HC）heating coil
空気予冷器    ┐
空気冷却減湿器 ┴─ エアワッシャ（AW）または空気冷却コイル（CC）
```

空気加湿器　水スプレ（WS），蒸気スプレ（SS），エアワッシャ（AW）など

（2）エアワッシャと冷却コイル

空気冷却または減湿器としてはエアワッシャと冷却コイルが用いられている．エアワッシャは冬季は加湿に用いることができ，じんあいを多量に含む空気を取り扱っても効率は低下しない．しかし長さが2m以上必要となり，エアワッシャ内部の腐食がはなはだしく，内部塗装を毎年励行しない限り漏水のおそれがある．かつ水系統は開放回路（6.3.1参照）となるので，最近のように建物各所に空調機が分散配置されるときは，著しく水配管が複雑となり，ポンプ揚程も大きくなる．

冷却コイルは最近では多量生産のため価格もエアワッシャよりはるかに安くなり，奥行が短いためコンパクトに収めることができ，水または冷媒の回路が密閉式のため漏水のおそれがなく，高さの異なる位置に設けても閉鎖式配管でよいため配管系統は簡単で動力費も安くて済む．これに反しコイルの欠点はじんあいの多い空気を取り扱い，フィルタが不完全のときは目詰りを起こすこと，大気汚染（SO_2など）の激しいときはフィンが腐食すること，加湿装置を別に必要とすることなどである．

これらの点から，最近はエアワッシャを冷却用に用いるのは木綿の紡績工場などのレタン空気中に異物やじんあいの多い場合に限られ，一般には冷却コイルが用いられる．

（3）エアフィルタなど

エアフィルタは室内環境基準が法制化（1.2.1参照）されて以降，その性能に対する要求が厳しくなり，コスト的にも他の冷却コイル，ファンなどの機器と匹敵するものを必要とするようになった．また最近の省エネルギの要求から全熱交換器を設備する例が次第に増えつつある．

予熱器は外気温度が－10℃以下になる地区において必要で，わが国の内地におい

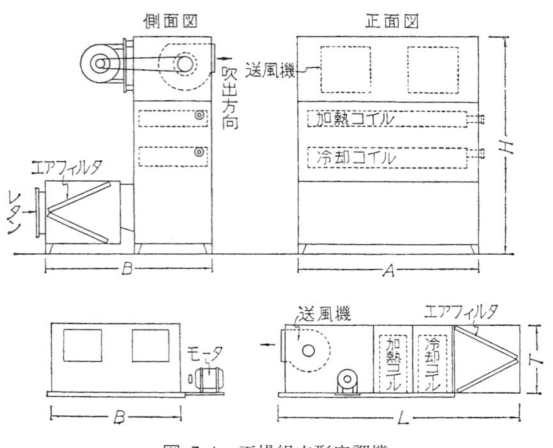

図 7.1　工場組立形空調機

ては設備しない場合が多い．

　加湿器としては最近エアワッシャはほとんど用いられず，7.7.1に述べる蒸気スプレまたは水加湿式が多く用いられている．

　これらの機器をいかに組み合わせるかについては機械室の大きさ，熱負荷の性質，予算などにより異なるが，7.1.2にその数例を図示する．

　空調機には図7.1に示すような立形のものと横形のものがあり，前者は機械室のスペースの小さいときに用いられる．また，これらのユニットは小形のものを除きファンセクション・コイルセクション・フィルタセクションの3部分に分割され輸送と搬入を便利にしている．

7.1.2　空調機内の配列

　図7.2(a)はエアワッシャ（AW）と再熱器（RH）のみの組合せであり，かつては温風暖房または空気調和用に広く用いられてきたが，最近は前記のように一般にはほとんど用いられない．

　図7.2(b)に示す方法が一般的で，AF，CCおよびRHを設けた例である．加湿器（AH）としてはエアワッシャの噴霧水をコイルに吹き付けるとコイルのファンが早く腐食するので，前述のように蒸気スプレ（SS）または高圧水スプレ（WS）を用いる．冷却コイル（CC）の風速が$2.5\,\mathrm{m/s}$を超えるときは図のエリミネータ（E）を設ける．

　図7.2(c)は空気冷却コイル（CC）と再熱器（RH）を兼用した場合であって調和機の全長は最も短くて済む．この場合コイルには夏は冷水，冬には温水を通すので，このコイルを冷温水コイルとよぶ．この方法では冷暖房に再熱ができないので，湿度の制御が困難で，特に顕熱比の小さいときは室内の湿度が高めになりやすい．

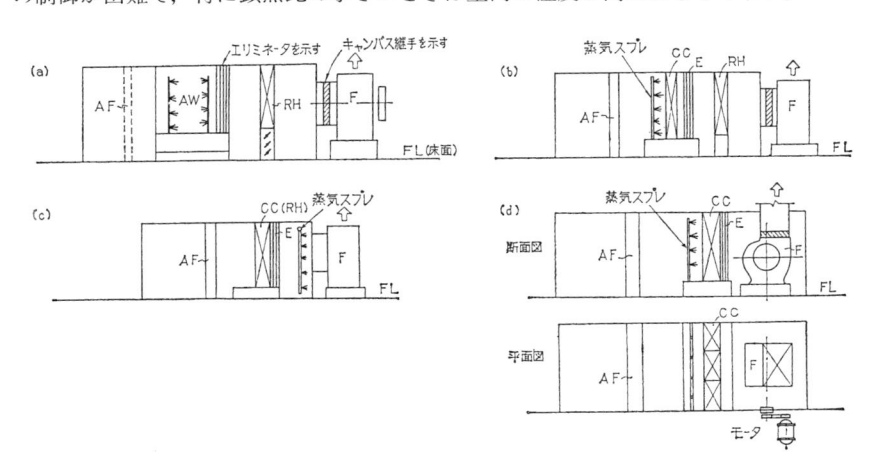

図7.2　空調機内の各種配列方式

送風機の寸法が過大となる場合は両側吸込形送風機を用いて図7.2(d)のようにする．送風機のシャフトを延長軸として図示のとおりモータはチャンバの外側におくが，防振のため送風機とモータと共通床盤にするときはチャンバ内側に設けることが多い．

7.1.3 空調機室

空調機の回りの寸法を図7.3に示す．Dは配管スペースを考慮して1.0m以上とする．G, Eは施工時に人が入れる程度でよく，最小0.30mを必要とする．これ以下の場合は，$E=0$, $G=0$すなわち建築の外壁をケーシングとした方がよい．コンクリート外壁をケーシングに兼用するときは保温板の厚さは75mm以上とし，上に述べたように壁の内面に保温層を施工する．ファン側のFの寸法はプーリ取り換えの必要上，0.50m以上を必要とする．

調和機室の床面は全面にわたり防水工事を施す．床スラブの強度は$500\,\mathrm{kg/m^2}$程度でよいが，大形ファンおよび同モータなどの大形の回転体の下部は床の防振のため小ばりで補強することが望ましい．

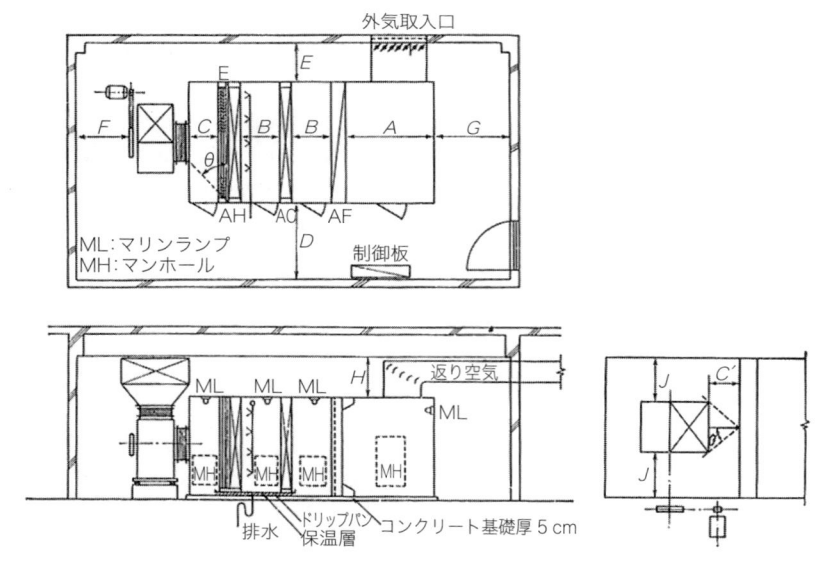

図 7.3 空調機室の必要寸法

7.1.4 デシカント空調機

（Ⅰ） **構成と特徴**（従来の空調とデシカント空調について）

年間を通じて高温多湿な気候において，従来の過冷却（空気を露点温度以下に冷却

して湿気を取り除くこと）をした後，再熱を行う空調では，冷やし過ぎで無駄なエネルギを投入することになるが，デシカント空調は，吸湿材によって湿気を取るため，冷やし過ぎることなく低湿度の空調空気が得られるため，従来より，省エネルギ性能の高い空調となる（図7.4, 7.5）．

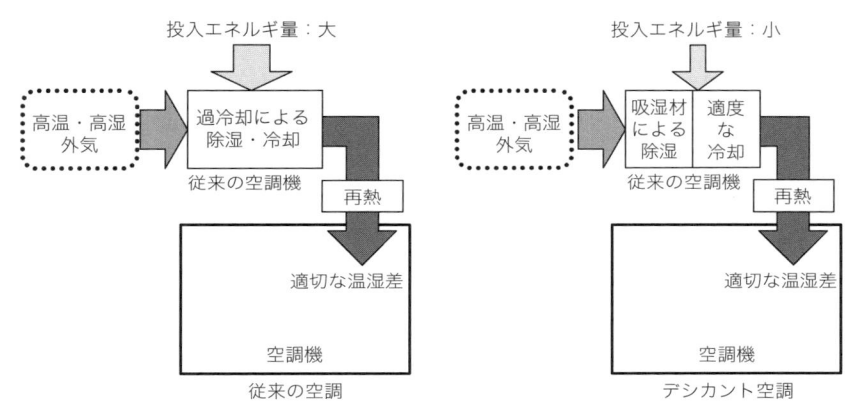

図 7.4 従来空調とデシカント空調

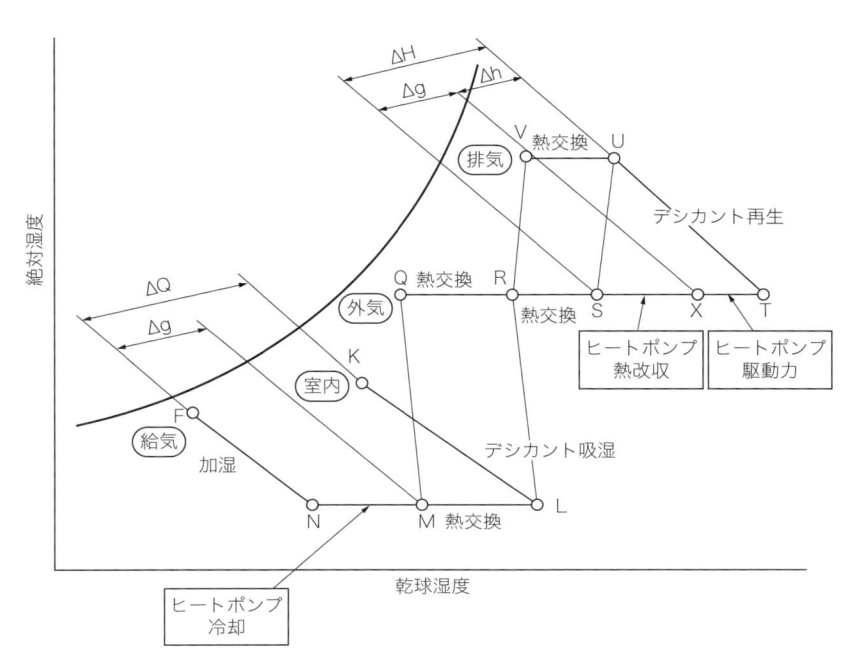

図 7.5 デシカント空調の空気線図上の状態変移

デシカント空調機は，除湿ロータ，顕熱交換ロータ，冷却コイル，加熱コイル，送風機で構成される．高温で多湿の外気Qは除湿ロータを通って除湿され，高温で低湿の外気Lとなる．この状態の外気Lは除湿に伴って起こる凝縮熱のため外気Qよりもさらに高温（50℃近く）になるため，顕熱交換ロータにて室内からの排気Kと熱交換して中温で低湿の外気Mとなる．この状態の外気Mを，冷凍機からの冷水によって冷却コイルで適温低湿の外気Nを作り，室内に供給するF.

一方，室内からの排気は顕熱交換ロータを通って暖められ，さらに除湿ロータを再生する（乾かす）ために加熱コイルに通して高温低湿の排気を作る．高温低湿の排気を，QからLの過程で吸湿した除湿ロータに通して吸湿材を乾かし，高温多湿の排気として外部に排出する．これらの過程を繰り返すことにより，少ないエネルギーで効果的な除湿を行うデシカント空調システムが成立する．

7.1.5　パッケージ型空気調和機

熱源を内蔵した空気調和機がパッケージ型空気調和機である．近年，レンタブル比向上や省スペースなどのメリットを重視し採用する事例が増えている．パッケージ型空調機の選定方法は以下の通りである（詳細は「国交省建築設備設計基準　平成18年度」による）．

（1）　冷房能力（H_c）から形番を選定し，送風量は（Q_s）は，原則としてその形番の標準風量を用いる．

なお，標準風量では送風量が不足する場合は，115％を超えない範囲内において風量の割増しを検討する．

（2）　ダクト形の機外静圧は，ダクトの抵抗計算に基づき決定する．ただし，選定形番の許容静圧以下であることを確認する．

不足する場合はブースターファンを送風ダクト中に増設する（国交省基準）．

（3）　水冷式パッケージ形空気調和機の選定は表7.1による．

① 冷房能力（H_c）は，室内吸込空気温度により補正を行い，JIS B 8616の条件における能力とする．この場合において，能力補正は，冷房能力の計算値を図7.6による補正値で除したものとする．

② 冷却水量は，選定した形番に基づき決定する．

（4）　空冷式および空気熱源ヒートポンプパッケージ形空気調和機の選定は，以下による．

冷暖房能力（H_cおよびH_h）は，室内吸込み空気温度，外気温度，冷媒管長さおよび高低差により補正を行い，JIS B 8616の条件における能力とする．この場合において能力補正は，冷暖房能力の計算値を補正値で除したものとする．

（5）　マルチパッケージ型空気調和機

複数の室内機に対して1台の屋外機で運転するパッケージを「マルチパッケ

7.1 中央式空気調和機の構成

表 7.1 水冷式パッケージ形空気調和機の諸元

形番(ACP-)			10	16	25	32	50	63	80	100	備考
定格冷房能力 [kW]		50 Hz	8.5	13.6	21.8	27.2	43.7	54.5	69.0	87.5	設計条件換算能力
		60 Hz	9.5	15.0	24.3	30.7	48.7	61.5	77.5	97.5	(冷却水出入口温度32℃, 37℃)
定格冷房能力 [kW]		50 Hz	9.0	14.0	22.4	28.0	45.0	56.0	71.0	90.0	JIS 条件能力
		60 Hz	10.0	16.0	25.0	31.5	50.0	63.0	80.0	100.0	(冷却水出入口温度30℃, 35℃)
形式	床置直吹形		●	●	●	●	●	—	—	—	●印のみ適用
	床置ダクト形		—	●	●	●	●	●	●	●	
冷却水	水量 [l/min]	50 Hz	36	60	90	120	180	240	300	360	冷却水出入口温度
		60 Hz	40	65	97.5	130	195	260	325	390	(32℃, 37℃)
	圧力損失 [kPa]	50 Hz	33	42	59	72	72	49	62	67	製造者上限値
		60 Hz	49	53	76	83	84	62	71	73	
圧縮機	電動機出力 [kW]		2.2	3.75	5.5	7.5	11.0	15.0	19.6	22.0	合計値(参考)
	容量制御		オン・オフ				3位置				(参考)
送風機	直吹形	電動機出力 [kW]	0.1	0.2	0.4	0.75	1.5〜2.2	—	—	—	(参考)
		標準風量 [m³/min]	22〜25	40〜45	60〜70	80〜90	130〜145	—	—	—	(参考)
		到達距離 [m]	8.0	9.0	11.0	16.0	22.0	—	—	—	残風速 0.25 m/s (参考値)
	ダクト形	電動機出力 [kW]	0.4〜0.75	0.35〜0.75	0.55〜1.5	1.5〜2.2	2.2〜3.75	3.75〜5.5	5.5〜7.5	5.7〜7.5	(参考)
		標準風量 [m³/min]	22	40	60	80	130	180	220	260	(参考)
		機外静圧 [Pa]	29〜98	140〜245	147〜294	245〜392	245〜392	294〜490	343〜490	343〜490	
		吹出温度差 [℃]	14.7	13.4	12.9	12.9	12.9	12.9	12.9	12.9	
法定冷凍能力 [トン]		50 Hz	1.4	2.3	3.2	4.5	7.8	9.8	11.0	13.1	(参考)
		60 Hz	1.7	2.7	4.2	5.5	8.3	11.0	13.1	16.0	
運転質量 [kg]			135	215	290	350	700	850	950	1000	(参考)
温水ヒータ	加熱能力 [kW]		6.0	13.3	19.7	26.2	34.9	48.2	69.0	76.2	最大能力
	温水量 [l/min]		20	40	60	70	100	150	183	200	温水温度 55℃
	圧力損失 [kPa]		20	20	28	29	29	29	20	20	(参考)
電気ヒータ	加熱能力 [kW]		9.0	15.0	24.0	30.0	40.0	45.0	60.0	75.0	最大能力
	(標準制御) [kW・段数]		9−1	15−2	24−2	30−2	40−2	45−2	60−2	75−2	最大取付可能容量5段以上は、サイリスタ制御とする。
	(ステップ制御) [kW・段数]		9−2	15−3	24−3	30−4	40−4	45−4	60−4	75−4	
蒸気ヒータ	加熱能力 [kW]		10.5	23.2	33.7	44.2	58.1	87.2	105	122	最大能力
	蒸気量 [kg/h]		15	30	45	60	84	130	168	196	蒸気圧 34 kPa
加湿器	加湿能力 [kg/h]	蒸気スプレー式	2	3	5	8	11	13	15	15	
		パン形	1.2	2.4	3.6	4.8	7.8	7.8	10.4	10.4	(参考)
		超音波形	1.2	2.4	3.6	4.8	—	—	—	—	(参考)
	消費電力 [kW]	パン形	1.0	2.0	3.0	4.0	6.0	6.0	8.0	8.0	(参考)
		超音波形	0.06	0.12	0.18	0.24	—	—	—	—	(参考)

条件(1) 夏期吸込空気温度は、27℃(DB)、19℃(WB) とする (JIS B 8616)。
　　(2) 冬期吸込空気温度は、18℃(DB) とする。
　　(3) 電源は、三相 200 V とする。
　　(4) 水噴霧式の加湿方式は用いない。
　　(5) 電動機出力は、「以下」表示とする。

図 7.6 室内吸込空気温度，冷却水入口温度による能力補正

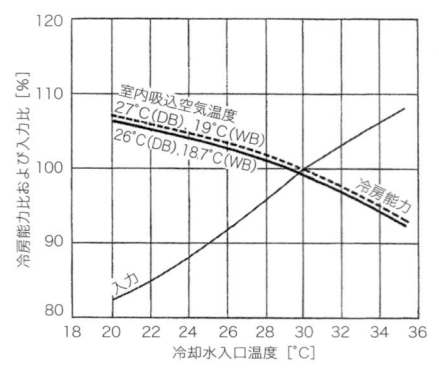

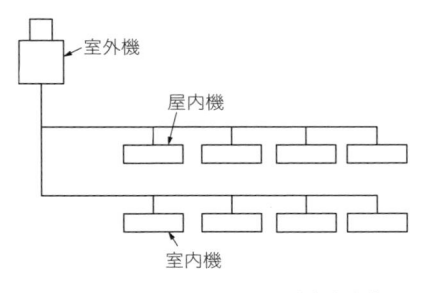

図 7.7 マルチパッケージ型空気調和機のシステム図

ージ空気調和機」とよんでいる．単独型を複数組設置する場合に比べ室外機の設置スペースが小さく，連絡配管の系統を整理できるなど有利な点が多い．マルチパッケージ型空調機には，2～3 台の室内機を連絡配管で接続し，運転停止を個別または同時に行うものや，能力の違う複数の室内機を自由に配置し，室内機の総能力に見合った室外機を組み合わせて設置し，個別やグループごとに運転停止ができるものなどがある．

屋内機ごとに冷房・暖房運転が自由に選択できる「冷暖フリー型」もある．図 7.7 にシステム図を示す．

室外機には空冷式のほかに，水冷式（水熱源方式）がある．水熱源方式は，冷房負荷と暖房負荷が混在している場合に有利である．室内機の運転状況や負荷の度合いに応じて室外機の適切な能力制御を行うために，インバータによる回転数制御が採用されているものもある．マルチパッケージ型空調機は，大・中規模の店舗事務所建物に多く採用されており，加湿器や空気清浄機（エアフィルタ，電気集じん機）の組込みや全熱交換器との連動ができるもの，あるいは複数の室内ユニットを集中監視盤などのビル管理システムと接続して，空調料金の課金も含め一括管理できるものなどが開発されている．

マルチパッケージ形空気調和機の選定は，以下による．

室内機の冷暖房能力は（H_{ci} および H_{hi}）は，室内吸込空気温度により補正を行い，屋外機の冷暖房能力（H_{co} および H_{ho}）は，外気温度，冷媒管長さおよび高低差により補正を行うことにより，JIS B 8616 の条件における能力とする．この場合において，補正能力は，冷暖房能力の計算値を補正値で除したものとする．

なお，マルチパッケージ形空気調和機の選定手順は，「国交省建築設備設計基準 平成 18 年度，p. 305 図 2-17」に詳しく示されており，参照されたい．

7.2 送風機

7.2.1 送風機の種類と性能

空調用に用いられている送風機またはファン (fan) の種類と性能の概略を表 7.2 に示す．その主なものの概略構造図を図 7.8 に示す．

遠心送風機のうち，最も多く用いられているのは多翼送風機であり，これは表 7.2 のように寸法は最も小さく，コストも安いが効率は劣り発生騒音も大きく，また静圧の最高は 1 080 Pa に限定される．

静圧が 980 Pa 以上の場合は最近は翼形かリミットロード形が多用される．前者は効率は高いが寸法が大きくコストも高い．チューブラ形は外見は軸流送風機に似てダクトの軸心上に設けられるので，据付けのための場所を取らず，またダクトも少なくなる．構造は図 7.8(d) に示すように遠心式で軸流式に比べ騒音も低く，また高い静

表 7.2 空調用送風機（高田秋一）[1]

	名　　称	風量範囲 (m³/min)	静　圧 (Pa)	効　率 (%)	比騒音 (dBA)	比較 大きさ (%)
遠心送風機	多翼送風機（前曲形・シロッコファン）	10〜3 000	98〜1 080	45〜60	40	100
	ターボ送風機（後曲形）	20〜1 500	980〜2 940	65〜80	35	135
	リミットロード送風機（リバース形）	20〜3 000	590〜1 765	55〜65	42	115
	翼形送風機	100〜3 000	980〜1 960	70〜85	30	135
	チューブラ送風機（後曲形）	100〜1 500	98〜1 080	60〜75	35	—
軸流送風機	ベーン付軸流送風機	40〜1 000	98〜 785	75〜85	40	
	チューブ軸流送風機	500〜5 000	49〜 147	55〜65	45	
	プロペラ送風機	20〜 500	0〜 98	10〜50	45	
その他	斜流送風機	10〜 100	0〜 590	70〜80	35	
	クロスフロー送風機	5〜 250	0〜 295	—	—	
	プラグファン	20〜3 000	200〜2 000	60〜70	35	95

(a) 多翼送風機

(b) リミットロード送風機

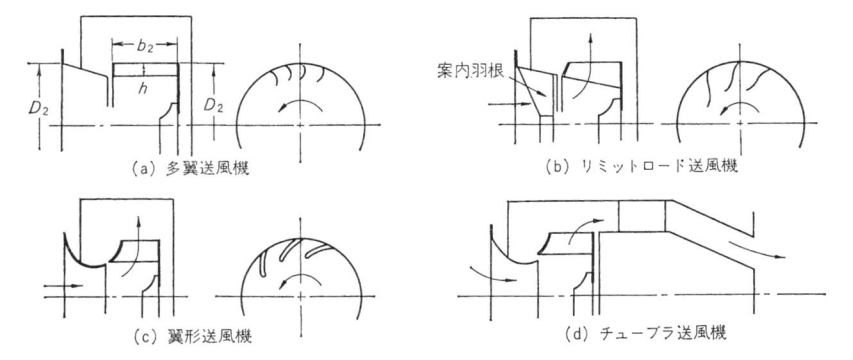

(c) 翼形送風機

(d) チューブラ送風機

図 7.8　各種空調用送風機（高田秋一）[1]

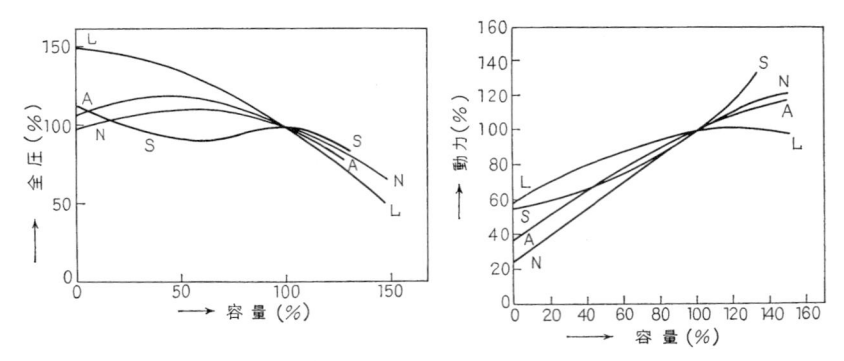

図 7.9　各種送風機の特性曲線（高田秋一）[2]

圧を出すことができる．ただしファンがダクトと直通するので室内に通じるダクトにはなんらかの吸音装置を入れることを考慮する．

　軸流送風機は大風量で静圧の低い場合に適しているが，欠点としては発生騒音が大きい．このうちプロペラ形は小形のものは住宅その他の排気ファンに，大形のものは冷却塔に多用される．

　斜流形やクロスフロー形はルームクーラなどの家庭用電気製品に多用されている．

　図7.9に代表的な送風機の特性曲線を示す．図中のS—Sは多翼形，N—Nはターボ形，L—Lはリミットロード形，A—Aは翼形送風機の略号である．

　図の動力曲線に示すように多翼形（S—S）は風量100％以上で急激に所要動力が増加し，このためモータが過負荷になるおそれがある．このような形を過負荷形（overloading）とよぶ．過負荷形にあっては最初の運転時に電流計により電流値を読み，これがモータの定格電流以内に収まっていないときは，鉄板などの固定抵抗を入れて定格電流以内にする．

　これに反してリミットロード形（L—L）は100％の風量以上でかえって動力は減少し，この形を非過負荷形（non overloading）とよぶ．

7.2.2　送風機の設計

（1）　送風機の寸法の選択

　効率の最良の点で運転するためには表7.3の吐出風速と羽根の周速（先端速度）を有するように送風機の形番を選ぶ．

（2）　送風機に関する公式

多翼送風機の番号：

$$\text{No.} = \frac{\text{羽根の径(mm)}}{150 \text{(mm)}} \tag{7.1}$$

所要動力：

$$kW = \frac{Q \times P_\text{T}}{1\,000 \times 3\,600 \times \eta_\text{T}} \tag{7.2}$$

7.2 送風機

表 7.3 送風機の推奨速度 (ASHRAE Guide, 1957)

静　圧		多翼形		ターボ形および リミットロード形		軸流形
(mmAq)	(Pa)	吐出風速 (m/s)	先端速度 (m/s)	吐出風速 (m/s)	先端速度 (m/s)	吐出風速 (m/s)
6.4	62.2	5〜5.5	7.6〜8.5	4〜5.5	13〜15.5	5.5〜7.5
9.5	93.3	5〜5.5	8.8〜9.5	4〜5.75	15〜17.5	6.3〜8.5
13	124.5	5〜6	9.8〜10.7	4.5〜6.5	17〜20	7〜9.5
16	155.6	6〜7	11.1〜12.3	5〜7.5	19〜22.5	7.5〜10.5
19	186.7	6.5〜7.5	12.4〜13.5	5.5〜8.3	21〜25	8.3〜11.8
22	217.8	7〜8.5	13.1〜14.5	6〜8.8	22.5〜26.5	9〜12.5
25	248.9	7.5〜9	14.1〜15.6	6〜9.5	24〜29	9.5〜13.5
32	311.2	8〜9.5	15.8〜17.2	6.5〜10.5	26.5〜32	10.8〜15
38	373.4	9〜10.5	17.4〜19	7〜11.5	29〜35	11.8〜16.5
45	435.6	9.5〜11	18.7〜21	7.5〜12.5	31〜38	12.5〜18
51	497.8	10〜12	20〜22.5	8〜13.5	33〜40	13.5〜19
57	560.1	11〜13	21.3〜23.7	8.5〜14	35〜43	
63	622.3	11.5〜13	22.4〜24.8	9〜14.7	37〜45	
76	746.8	12.5〜14	24.5〜26.8	10〜16	41〜49	

表 7.4 送風機の法則 (fan laws)

$N \to N_1$ (比重＝一定)	$d \to d_1$ (N＝一定)
$Q_1 = \dfrac{N_1}{N} Q$ $P_1 = \left(\dfrac{N_1}{N}\right)^2 P$ $kW_1 = \left(\dfrac{N_1}{N}\right)^3 kW$	$Q_1 = \left(\dfrac{d_1}{d}\right)^3 Q$ $P_1 = \left(\dfrac{d_1}{d}\right)^2 P$ $kW_1 = \left(\dfrac{d_1}{d}\right)^5 kW$

〔注〕 Q：風量 (m³/h)，P：静圧 (P_a)，N：回転数，d：送風機の羽根車の径

または，
$$kW = \frac{Q \times P_S}{1\,000 \times 3\,600 \times \eta_S} \tag{7.3}$$

$$P_T = P_S + \frac{1}{2}\rho V_S^2 = P_S + \frac{1}{2} \times 1.2 \times V_S^2 \tag{7.4}$$

ここに，Q：風量 (m³/h)　P_T：全圧 (P_a)　P_S：静圧 (P_a)
ρ：空気の比重 (kg/m³)　V_S：吐出風速 (m/s)　η_T：全圧効率
η_S：静圧効率 (表 7.2)

運転動力（三相）
$$kW = \frac{\sqrt{3} \times E \times I \times \phi}{1\,000} \tag{7.5}$$

（単相）
$$kW = \frac{E \times I \times \phi}{1\,000} \tag{7.6}$$

ここに，E：電圧 (V)　I：電流 (A)　ϕ：力率＝0.60〜0.85
空気比重が一定で，同じダクト装置に用いるときは，表 7.4 に示す法則が成立する．

（3） 送風機の風量制御法[3],p.458

最近，変風量 (VAV) 空調方式が用いられるようになってから，ファンの風量制

御法が重視されるに至った．これは，変風量方式は他の空調方式に比べてきわめて省エネルギ的であるといわれているが，その省エネルギ量の相当部分は実はファンの動力の節約によるもので，そのためには風量制御時に動力が十分に節約できる方式でないと無意味となる．

　一般に遠心送風機に用いられる風量制御方法は，(イ) ファンの回転数の変化による方法（回転数制御），(ロ) 吸込口に設けたベーンによる方法（ベーン制御），(ハ) スクロールダンパによる方法，(ニ) 吐出ダクトに設けたダンパによる方法（ダンパ制御）の4方法である．これらの方法の風量と所要動力との関係の概略を図7.10に示す．図示のように，回転数制御が最も効果的で，ベーン制御がこれに次ぎ，ダンパ制御が最も悪い．回転数制御には現在インバータ制御による方法が多い．スクロールダンパ制御はベーン制御より多少悪い．実状は設備費の関係でベーンまたはスクロールダンパ制御が最も多く用いられている．

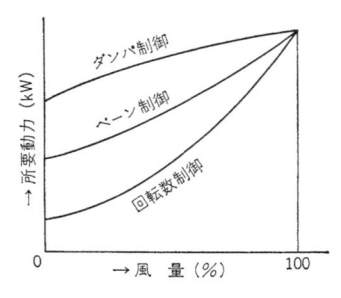

図 7.10　送風機の風量制御による所要動力

7.2.3　送風機の据付けと防振法[4),5)]

　送風機その他の機械の据付けは一般に防振基礎を必要とする．防振基礎に用いる防振材料には生コルク・防振ゴム・金属ばねなどがある．

　防振ゴムは一重のもので静的たわみ量8mm以下，固有振動数 (n_0) 6 Hz 以上に用いられ，二重としても静的たわみ量15mm前後，$n_0=4.5$ Hz 前後までしか用いられず，これ以下の n_0 に対しては防振スプリングが適当とされる[5)]．防振ゴムや金属ばねを用いるときは，送風機本体とモータは形鋼で作られた強固な共通床板の上に据え付け，この共通床板の下にこれらの防振材料をはさんでコンクリート基礎上に取り付ける．

　さらに厳重な防振を必要とする場合は図7.11のように，コンクリート床板上に機械をのせ，この床板を防振材料で支持する．このコンクリート床板の重量は機械の総重量の2〜3倍とし，その寸法は鉄製の共通床板の寸法より50%以上大きくする．また送風機・電動機の総合した重心はコンクリート床板の重心より30cm以内に取る．なお図のように，送風機の下部の床にはなるべく小ばりを設け，モータに接続する電線はケーブルを用いて十分にたるませておく．

　最近の地震被害の調査において，防振ゴムまたはスプリングが破損して防振架台上の機器が転倒あるいは滑り出す被害が多い．これを防止するため，防振付の架台にはストッパを設けて，強震時の変位を小さくして被害を防止する工事が広く行われるようになった．ストッパは図7.11(b) に示すもののほかに種々の形式がある．

　上記の防振材料のたわみ δ とは，静止時の機械および床板の重量によるたわみ量

7.2 送風機

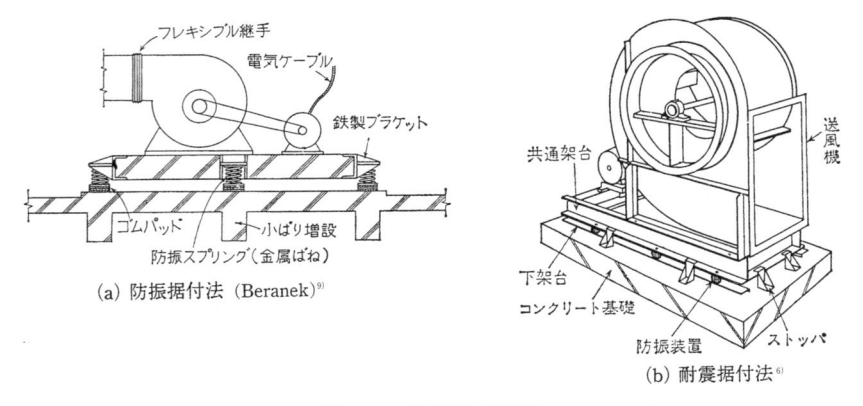

(a) 防振据付法（Beranek）[9]

(b) 耐震据付法[6]

図 7.11 送風機の据付法

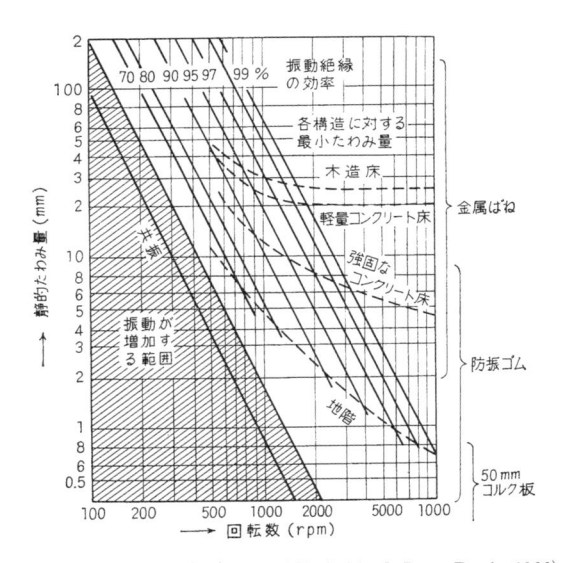

図 7.12 振動絶縁効率（ASHRAE, Guide & Data Book, 1966）

で，機械の回転数と使用すべき防振材料の静的たわみとの関係を図7.12に示す．図7.12中の斜線は振動絶縁効率 η_I を示し，また点線は，各床構造に対する防振材料の最小たわみ量を示す．振動絶縁効率90%とは，防振材料により建物に伝達する力の90%を吸収し，残りの10%だけを伝達する意味である．表7.5に送風機その他の機械の η_I を示す．

なお，屋上機械室の床の遮音については文献（7），p.89）によい実例が示されている．

表 7.5 振動絶縁効率 η_1 の最小値 (小笠原祥五)[5]

		η_1 (%)			η_1 (%)
送風機(すべての大きさ)	800 rpm 以上	90～95	往復式圧縮機	11 kW 以下	85
〃	350～800 rpm	70～90	〃	15～45 kW	90
〃 (8番以下)	200～350		〃	55～150 kW	95
〃 (9番以上)	200～350	70～80	ターボ圧縮機		98
ポ ン プ		95	吸収冷凍機		95
配 管		95	冷 却 塔		85
パッケージ空調器		90	コ ン デ ン サ		80
蒸 気 発 生 器		95	ファンコイルユニット		80

〔注〕 地階や工場など騒音が問題にならないところでは $\eta_1=70\%$ で十分である.

【例題 7.1】 地上階のコンクリート床に据え付けた回転数 800 rpm の送風機に用いる防振材料とその静的たわみを図 7.12 より求めよ.

〔解〕 表 7.5 より $\eta_1=90\%$ 以上となるので 95% とする.図より $\eta_1=95\%$ で 800 rpm の δ は 35 mm となり,金属ばねが適当している.また 800 rpm で強固なコンクリート床では δ は 17 mm 以上あればよく,$\delta=35$ mm でよいことになる.

7.3 エアフィルタ

7.3.1 エアフィルタの性能

(I) ろ(濾)過効率 η_f (%)

$$\eta_f = \frac{C_1-C_2}{C_1}\times 100 = \left(1-\frac{C_2}{C_1}\right)\times 100 \tag{7.7}$$

ここに,C_1,C_2:フィルタ入口側,出口側のじんあい濃度

ろ過効率は除じん効率,じんあい捕集率,汚染除去率などともよばれている.

効率の測定法を大別すると重量法,変色度法および DOP 法の 3 方法がある.また重量法,変色度法の試験用粉体には関東ロームの土の粉,その他の粉体を用いて作った人工粉体 (JIS Z 8901) と,大気中のじんあいをそのまま用いる大気じんがあり,前者は一般に重量法の測定に,後者は変色度法の測定に用いられる.

重量法においてはフィルタの上下流の粉じんの重量 (mg/m³) を測定し,これらを式 (7.7) の C_1,C_2 として効率を求める.変色度法 (discoloration method または dust spot method) は比色法ともよばれ,アメリカの連邦基準局 (NBS) で開発されたので NBS 法ともいわれる.

この方法は上下流の空気中の粉じんを別の 2 枚のろ紙に採集し,この 2 枚のろ紙の光の透過量を等しくするよう,上下流から採集する空気量 Q_1,Q_2 を調節すれば $Q_1C_1=Q_2C_2$ となるから,$C_2/C_1=Q_1/Q_2$ となり,Q_1,Q_2 を使って C_2/C_1 を求め,これを式 (7.7) に代入して効率を求める.

DOP 法は DOP (di-octyl-phthalate) の粒子が直径 0.3 μm (ミクロン) の均一性

7.3 エアフィルタ

表 7.6 空気清浄装置の性能別分類と性能概要（今井隆雄）[8]

性能別分類	エアフィルタの形式	適応粒子径（ミクロン）	適応粉じん濃度[*1]	圧力損失（Pa）	粉じん捕集効率(%)			粉じん保持容量(g/m²)
					重量法	変色度法	DOP法	
ラフフィルタ(低性能フィルタ)	自動更新形ロールフィルタ マルチパネル形フィルタ 定期洗浄形パネルフィルタ ろ材交換形パネルフィルタ 定期洗浄形パネルフィルタ[*2]	5以上	中～大	30～196	70～90	15～40	5～10	500～2 000
中性能フィルタ(1)	ろ材折込み形フィルタ ディープベッド形フィルタ	1以上	中	80～245	90～96	50～80	15～50	300～800
中性能フィルタ(2)	ろ材折込み形フィルタ ディープベッド形フィルタ バグフィルタ	1以下	小	147～345	99以上	80～95	50～80	70～250
高性能フィルタ	ろ材折込み形フィルタ	1以下	小	245～490	NA[*3]	95以上	90以上	50～70
HEPAフィルタ	同 上	1以下	小	245～490	NA	NA	99.97	
静電気式空気清浄装置	二段荷電式定期洗浄形 二段荷電式ろ材集じん形 一段荷電式ろ材誘電形	1以下	小	80～98 98～196	99以上	80～95 70～90	60～75	600～1 400[*4]

*1 粉じん濃度は大 $0.4 \sim 7.0 \mathrm{mg/m^3}$, 中 $0.1 \sim 0.6 \mathrm{mg/m^3}$, 小 $0.3 \mathrm{mg/m^3}$ 以下
*2 衝突粘着式フィルタ
*3 Not Applicable（適用できない）
*4 ろ材部の粉じん保持容量 (g/m²)

が保たれているので，これを試験粉体とし，フィルタの上下流の粒子数を光散乱式じんあい計測器（ロイコ式などの商品名がある）で測定し効率を求める．

上記の3方法の測定結集は表7.6に示すように重量法による値が最も高く，DOPによる方法が最も低くなり，DOP法が最も厳格なテストになる．

(2) 微生物に対するろ過効率

病院や食品工場などにおいては室内の微生物（細菌・ウィルス・真菌など）の濃度が対象となり，フィルタの微生物に対するろ過効率が問題となるが，これは表7.7に示すように，DOP測定による粉じんに対する効率よりも高くなる．なおHEPAフィルタの細菌に対するろ過効率およびHEPAフィルタ面の細菌の性状に関しては文献6)を参照されたい．

表 7.7 細菌に対するろ過効率（MSA Co）[9]

フィルタ種類	中性能 No. 85	高性能(1) No. 95	高性能(2) ホスピタル	HEPA
初期抵抗(kPA)	60～80	90～137	98	225
DOP効率(%)	45～55	65～75	95～98	99.97
細菌に対する効率(%)	90～95	95～99	99+	99.99+

(3) 粉じん保持容量（dust holding capacity）

フィルタの空気抵抗が最初の1.5倍になるまでフィルタ面に捕集されたじんあい量を示し，ろ過面積当たり (g/m²)，またはフィルタ1台当たり (g/台) で示される．

これが大きいほどフィルタの寿命は長くなる．表 7.6 に示すように高性能のものほど小さくなる．

（4）空気抵抗

フィルタに捕集されるじんあい量が大きくなるにつれて空気抵抗を増す．表 7.6 の圧力損失のうち，初めの数字はおおむね初期の値で，後ろの数字は末期の値と考えてよい．

7.3.2 フィルタの種類と応用

（1）エアフィルタをそのろ過のメカニズムと更新の方法により分類すれば，表 7.8 のようになる．

この表のうち，電気集じん器（electric precipitator）は一般にはエアフィルタとはよばないが，本書では便宜上エアフィルタの中に含める．

空調用に用いられる電気集じん器は多くのものが二段荷電式を用いており，これは図 7.13 のように，第一段の電離部で放電線に 10～12 kV の直流電圧を与え，放電し空気中の粉じんをプラスに荷電する（マイナスの場合もある）．

第二段目は集じん部で，ここでは極板に 5～6 kV の直流電圧がかかっており，プラスに荷電された粉じんは陰極板に集じんされる．この集じん板に集じんした粉じんは，かつては温水で洗浄して除去していたが，現在は表 7.9 の（2）の方式のように，

表 7.8 エアフィルタの分類

除じんメカニズムによる分類	静電式（電気集じん器）(electrostatic type)	ごみを含む空気を放電電場に通し，ごみに帯電させ，この帯電したごみを陽極板に吸引し除去する．
	乾性ろ過式 (dry filtration type)	ふるいのようにフィルタの目より大きいごみをこして除去する．中性能・高性能はほとんどこの方式である．
	粘性式 (viscous impingement)	フィルタ中を通る気流がろ材の繊維を避けながらジグザグに進む間にごみがろ材表面（油塗布）に付着し，除去される．
保守管理面による分類	自動洗浄形	連続してろ材が洗浄油タンクを通過し，ろ材は洗浄されて再使用される．
	自動更新形	汚れた部分のろ材は自動的に巻き取られる．
	定期洗浄形	ろ材が汚れたとき，これを取りはずして洗浄し再使用する．
	ろ材交換形	汚れたろ材を捨てて新しいものに入れ換える．
	ユニット交換形	ろ材が汚れるとユニットそのものを入れ換える．

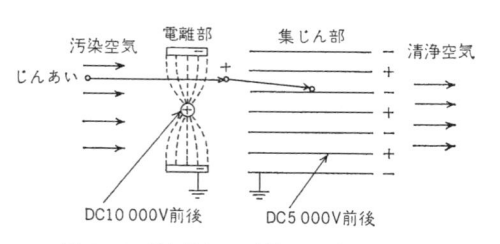

図 7.13 電気集じん（塵）器の集じん原理

7.3 エアフィルタ

表 7.9 各種フィルタの性能（神野信義)[10]

浄化原理	保守方式	商品名	機構	適応粒径	適応含じん濃度*	捕集率(%)	圧力損失(Pa)
静電式	自動洗浄	(1)エレクトロマティック	二段荷電式で，集じん極板を回転させて自動洗浄する	1μ以下	小	85～90（変色度法）	83
	自動更新	(2)ロールオトロン，ルフトールエヤクリーナ	二段荷電式，集じん極板部でダストを凝集させてダクト捕集部のガラス繊維または不織布製ろ材で自動的に巻き取る	1μ以下	小	90（変色度法）	118
		(3)FDフィルタ	一段荷電式(ろ材誘電形)，ろ材(不織布)をジグザグに用い，自動更新	1μ以下	小	70（変色度法）	98～196
	定期洗浄	(4)エレクトロセル，ルフトフィルタ，クリネヤエアクリーナ	二段荷電式，集じん極板を定期的に洗浄	1μ以下	小	85～90（変色度法）	78
	ろ材交換	(5)エレクトロPL	一段荷電式(ろ材誘電形)，特殊ろ材を使用し，ろ材のみ交換	1μ以下	小	70（変色度法）	30～196
ろ過式	自動更新	(6)ロールオマティック	特殊加工のガラスろ材を使用し自動的に巻き取り	1μ以上	大	85（重量法）	83～123
		(7)VMCフィルタ	不織布ろ材をジグザグに用いてろ過面を広くし，ろ材を自動更新	1μ以上	大	85（重量法）	98～157
	定期洗浄自動更新	(8)オートエアマット	特殊ろ紙を使用した自動巻取式	3μ以上	大	90（重量法）	49～196
	定期洗浄	(9)オートロール，FV形ロールフィルタ，NSロールフィルタ	不織布ろ材を使用した自動巻取形で，取り外して洗浄	1μ以上	中	80（重量法）	78～118
		(10)フィレドンエアフィルタ	不織布ろ材のユニット形，取外し洗浄	1μ以上	中	80（重量法）	60～118
		(11)ビニルスポンジエアフィルタ	スポンジ状フォームのユニット形，取外し洗浄	3μ以上	中	80（重量法）	80～147
	ろ材交換	(12)エアマット，エアフィルタ	ろ紙をプリーツ状にセットしたユニット形	1μ以上	中	92（重量法）	30～147
		(13)ディープベッド	ガラスろ材によるポケット形ユニットフィルタ	1μ以上	小	85（変色度法）	30～245
		(14)NSフィルタ	綿をろ材としたポケット形	1μ以上	小	85（変色度法）	30～147
	ユニット交換	(15)ドライパック，ハイフロー	ガラスファイバろ材による特殊吹流し形	1μ以上	小	95（変色度法）	30～245
		(16)エアロゾルブCP6，ダストロン55，バリセル6	グラス綿，ろ材をプリーツ状に折り込み	1μ以上	小	60（変色度法）	49～98

表 7.9 （つづき）

浄化原理	保守方式	商品名	機構	適応粒径	適応含じん濃度*	捕集率(%)	圧力損失(Pa)
ろ過式	ユニット交換	(16)エアロゾルブCP9，ダストロン95，バリセル10	グラス綿，ろ材をプリーツ状に折り込み	1μ以上	小	90(変色度法)	147〜294
		(17)アストロセル，アブソリュートフィルタ，アトモス，パーフェクト	特殊加工ガラスろ材をプリーツ状にセットした高性能フィルタ	1μ以下	小	99.97(DOP)	245〜490
衝突粘着式	自動洗浄	(18)マルティデューティ，マルチパネル	プレートスクリーンまたはワイヤスクリーンが油膜を形成，自動回転洗浄	3μ以上	大	80〜85(重量法)	118
	定期洗浄	(19)LPエアフィルタ	ワイヤスクリーンの三角すい状にして積層したユニット形	5μ以上	大	70(重量法)	30〜118
		(20)グリスフィルタ	ワイヤスクリーンの三角すい状にして積層したユニット形	5μ以上	大	80(重量法)	30〜98
		(21)ビニロック	化学繊維を特殊成形したユニット形	3μ以上	中	80(重量法)	49〜147
	ろ材交換	(22)レニエグラス	ガラスろ材を用いたユニットフィルタ	3μ以上	中	80(重量法)	30〜98
吸着式	ガス除去剤の再生	(23)エアリカバリW，フィルタホールド	活性炭・シリカゲルなどを波形に折り曲げられた2枚の平行な多孔板の間に充填したもの．充填剤を取り出して再生	濃度		ガス除去率	49〜98
				中〜低濃度		ガスの種類と充填剤により異なるが，活性炭の場合，SO_2に対し80〜90%	
	ユニット交換	(24)フィロフレッシュ，エアリカバリP，サイドカーボン	活性炭・シリカゲルなどを平行な多孔板の間に充填したユニット形	低濃度		活性炭の場合，SO_2に対し70〜80%	49〜98
吸収式	ガス除去剤の再生	(25)アイクリーンスーパーS，エアクリーンA	アルカリまたは二酸化マンガンなどを不織布などに含有させたろ材を使用した巻取形．ろ材のみ交換	低濃度		SO_2に対し70〜80%	39〜98
	ユニット交換	(26)マイクリーンスーパーS，エアクリーン	アルカリまたは二酸化マンガンなどを不織布などに含有させたユニット形	低濃度		SO_2に対し70〜80%	39〜98
		(27)キャピラリワッシャ	ガスの吸収に適した溶液をろ層に散水するろ層散水形	高〜中濃度		ガス吸収溶液により異なる．SO_2に対して70〜90%	196〜980

* 含じん濃度：大 $0.4〜7\,mg/m^3$，中 $0.1〜0.6\,mg/m^3$，小 $0.3\,mg/m^3$ 以下

集じん板で塊（かたまり）になった粉じんをこの下流に設けたフィルタで捕集する形が多い．この形式を乾式電気集じん器とよぶ．

（2） わが国で市販されている主なフィルタをろ過方法により分類すると表7.9の

ようになる．次にこれらのフィルタの応用法を述べる．

（3） 前述の表7.6に示すラフフィルタはパッケージ空調機・ルームクーラ・ファンコイルユニットなどの小形ユニットの組込みフィルタに用いられるほか，プレフィルタとして多用される．プレフィルタとしてはビル用などの大形空調機には表7.9の(6)，(9) などの自動巻取形が多く用いられ，小形空調機には (10)，(11)，(20)，(21) などのユニット形が一般に用いられる．

中性能フィルタはビル管法の規制（室内粉じん $0.15\,\mathrm{mg/m^3}$ 以内）が行われるオフィスビル・ホテルその他の一般ビルに多く用いられる．設備費が許されるときは表7.9の (2) の自動更新形の電気集じん器を，他の場合は (16) などのユニット形を用いる．

高性能フィルタは病院の清浄区域，製薬工場など空気浄化の要求が厳しい所に用いられこれには (15)，(16)′のようなユニット形が，予算の許すところには (2) または (4) の電気集じん器が多く用いられる．

HEPAフィルタは High Efficiency Particulate Air Filter の略でDOP測定法による効率99.97%以上のもので表7.9の (17) が該当する．HEPAフィルタはクリーンルームまたはバイオクリーンルームなど空気清浄度を最も厳しく要求されるところにもっぱら用いられる．

従来，捕集率の高いろ材は，$0.3\,\mu\mathrm{m}$ 付近の粒子が最も捕集しにくいと考えられていたため，HEPAフィルタは $0.3\,\mu\mathrm{m}$ の粒子で性能測定を行っていたが，最近，各種の研究の結果，$0.1\,\mu\mathrm{m}$ 付近の粒子が最も捕集しにくいことがわかってきた．最近はこのような状況から，$0.1\,\mu\mathrm{m}$ 付近の粒子で捕集率試験を行うこともあり，このサイズの粒子に対し99.995%の効率のフィルタを ULPA (ultra low penetration air) フィルタと称することもある．なお，IES-RP-CC-001-86「HEPAフィルタ」付録Bによると，D型フィルタをULPAフィルタとしている．(IES: Institute of Environmental Science, HEPA Filter IES-RP-CC 0,01-86)

ガス吸収形は表7.9の (23)〜(27) に示し，これらは SO_2 の除去に効果があり，あるものは NO_2 の除去にも有効といわれる．

（4） 中性能以上のフィルタはろ過効率は高いが粉じん保持容量（DHC）が小さいので，その前にプレフィルタとしてDHCの大きいラフフィルタを必ず設ける．HEPAフィルタにあってはプレフィルタをラフフィルタ，中性能フィルタの二段にする方が望ましい．プレフィルタのある場合はその効率を η_p，メインフィルタの効率を η_m とすれば，その総合効率 η_T は次式で求められる．

$$\eta_\mathrm{T}=1-(1-\eta_\mathrm{p})(1-\eta_\mathrm{m}) \tag{7.8}$$

7.3.3 空気清浄の計算法[11]

フィルタの選定は概略には7.3.2に述べたような基準で行えばよいが，(a) 室内の清浄度が特に高く要求される場合，(b) 室内の人員密度が大きい場合，(c) 外気の汚

染がはなはだしい場合などのクリチカルな場合は次に示す計算法により効率の決定を行う．これに関しては空気清浄装置設置基準（空気清浄協会）が定められている[12]．

（1） まず外気の汚染条件を決定する．信頼できる測定値があればこれを用い，ない場合は表7.10に示す基準を用いる．東京以外の地区では表7.10の値を参考にして決定する．

表 7.10 東京都内における空気浄化装置設計用大気浮遊粉じん濃度（mg/m³）
（南野，藤井）[13]

グレード	設計値 2.50%	設計値 5%	内　容	適 用 場 所
1	0.16	0.13	空気のきれいな郊外	町田・青梅
2	0.19	0.15	郊外	八王子・府中・立川
3	0.22	0.17	山手線内(商住地区)	四谷・荒川
4	0.25	0.19	ビジネス街	丸の内・銀座・新宿・池袋
5	0.28	0.21	空気汚染のひどい都内	葛飾・江戸川

〔注〕1 危険率2.5%の値は，かなり厳密な設計を行う際に使用する．
　　　2 日中（9～18時）のみ運転の場合は，2.5%，5%の値にそれぞれ0.94，0.96をかけた値とする．

（2） 室内における発生粉じん量を推定する．これには多数の資料[11),14)]があるが概算としては在室者1人当たりの発じん量としては喫煙の多いときは15mg/h人，普通の喫煙時10mg/h人，喫煙の少ないとき5mg/h人を取る[15)]．

（3） フィルタ効率を求める式は次のように室内における粉じんのプラスとマイナスについて平衡式を立てて求めることができる．

例えば図7.14のように最も簡単な場合を求めてみる．系統が複雑になっても同じ方法で解くことができる．フィルタ効率を η とすれば送風空気により供給される粉じん量は $(1-\eta) \times (C_F Q_F + C_R Q_R)$ mg/h，室内発生量は M mg/h なるゆえ，室内の粉じんの増加量はその和となる．他方，レタンエアで室内より除去される量は $C_R(Q_F + Q_R)$ なるゆえ，この増減量が等しいとすれば，

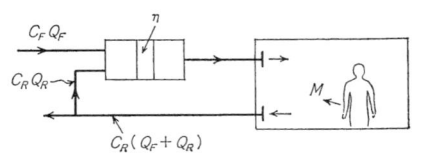

C_F, C_R：外気・室内の粉じん量（mg/m³）
Q_F, Q_R：外気・レタン空気量（m³/h）
M：室内の発じん量（mg/h）

図 7.14 室内空気浄化ダイヤグラム

$$(1-\eta)(C_F Q_F + C_R Q_R) + M = C_R(Q_F + Q_R) \tag{7.9}$$

$$\therefore \quad \eta = \frac{Q_F(C_F - C_R) + M}{C_F Q_F + C_R Q_R} \tag{7.10}$$

$Q_F/(Q_F + Q_R) = k_F$, $M/Q = nm/Q$

とすれば（ここに，n：人数，m：1人当たりの発じん量，$Q = Q_R + Q_F$）

$$\eta = \frac{k_F(C_F - C_R) + nm/Q}{k_F C_F + (1-k_F)C_R} \tag{7.11}$$

7.3 エアフィルタ

【例題7.2】 東京都心のオフィスビルで事務室内の粉じん量を $0.15\,\mathrm{mg/m^3}$ にするためのフィルタの効率を求めよ．ただし，その室内の $n=50$ 人，$Q=5\,000\,\mathrm{m^3/h}$，$k_F=0.3$ とし喫煙は中程度とする．

〔解〕 表7.9よりグレード4として $C_F=0.25\,\mathrm{mg/m^3}$，喫煙量より $m=10\,\mathrm{mg/h}$ 人とする．よって式（7.11）より，

$$\eta = \frac{0.3(0.25-0.15)+50\times 10/5\,000}{0.3\times 0.25 + 0.70\times 0.15} = 0.722$$

変色度法による中性能フィルタの効率は 50～80% で，この中の 73% 以上のものを選ぶ．

この場合プレフィルタとしてラフフィルタに効率（変色度法）20% のものを用い，メインフィルタの効率を 65% とすれば式（7.8）により次のようになり，これでもよい．

$$\eta_T = 1-(1-0.20)(1-0.65) = 0.72$$

7.3.4 フィルタの設置

フィルタはそのスペースが大きいために図 7.15(a) のように空調機の内部に設けられ，必ず全風量を取り扱うように設置する．フィルタの維持管理のためにフィルタ上流のケーシング内部に人が入り得るようにマンホールを設け，かつ前後の機器との間隔を 50 cm 以上離す．特にロール形のフィルタを用いるときは，フィルタ前面はこの取外しおよび搬出を容易に行うことができるよう 1.2 m 以上のスペースを取らなくてはならない．

ユニット形のものはフィルタの前面風速を $1.50\,\mathrm{m/s}$（300 fpm）以下にする必要があるため図 7.15(b) のようにジグザクにして取り付けるというような工夫がされる場合がある．

電気集じん器は高電圧を取り扱う関係上，絶対に水滴が浸入しないようにする．この場合は外気取入口のルーバも特に雨水が浸入しないように作らねばならない．

9.4 に後述する乱流式クリーンルームや，病院の清浄区域の空調系統では図

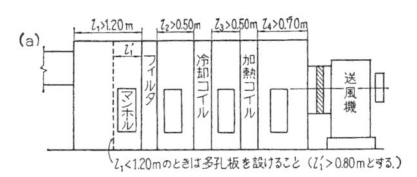

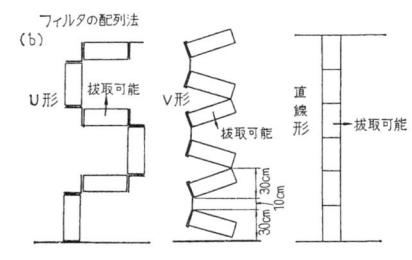

図 7.15 フィルタ配列法

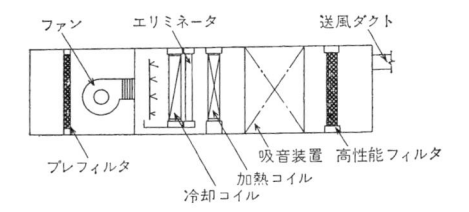

図 7.16 病院用フィルタ配置

4.27に示したように，吹出口直前にメインフィルタを設け，空調機にはプレフィルタを設ける．病院の病室，外来などにあっては図7.16のように，メインフィルタをファン吐出側に設けることが推奨されている[16]．これはファン下流において空調機内を正圧とし，外部の粉じんの吸い込みを防止するためである．

7.4 空気冷却コイル

7.4.1 総　　説
（1）分　　類

最近は多量生産が容易のため，もっぱらプレートフィンが用いられる．プレートフィンは銅管に多数のアルミニウム板製のフィンを取り付けたもので，フィンのピッチは25.4mm（1インチ）に入るフィンの枚数で示し，例えば8形とはフィンピッチが25.4/8＝3.175mmのものをいう．

表7.11　空気冷却コイルの分類

熱媒	冷水形コイル	管内に冷水（0～10℃の水）を通すもの．
	直接膨張コイル	管内で冷媒を直接に膨張させその蒸発熱によって空気を冷却するもの．
フィン	ヘリカルフィン（ら旋状フィン）	エロフィン管のようにリボン状のフィンを管に巻きつけたもの．
	プレートフィン（クロスフィン）	空気流に平行に金属板のフィンを並べフィンに直角に管を通したもの．

（2）冷水コイル内の空気状態の変化

3.5（B-1）′に簡単に述べたように冷水コイルを通過する空気は入口においては図7.17のようにコイルの表面温度 t_{s1} が入口の露点温度 t_1'' より高いため顕熱のみの冷却となりコイル表面は乾いている．この部分を乾きコイル（dry coil）とよび，ここの空気の変化は図7.17に示す①―②′なる水平線上の変化となる．冷水コイルは水流と空気流を逆に通すので図7.17のように水温 t_w，t_s はともに空気出口にいくに従い低下する．t_s が t_1'' に等しい点Aからは空気中の水蒸気はコイル表面に凝縮して表面

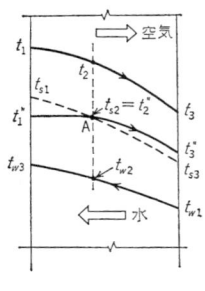

図7.17　冷水コイル内温度変化

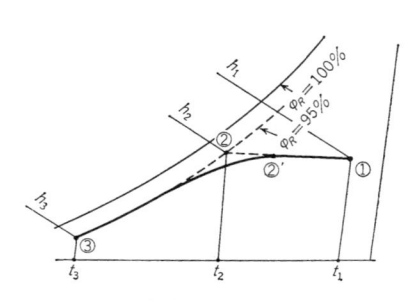

図7.18　空気線図上の冷水コイル内変化

7.4 空気冷却コイル

表 7.12 冷水コイル出口空気の相対湿度 φ_R [18]

入口条件	DB WB	32℃ 27℃	32 22	28 22	27 24	27 20
コイル列数	10	95～96%	—	—	—	94～95
	8	94～95%	92～95	95	95～96	94～95
	6	91～94%	90～91	92～94	92～95	91～93
	4	—	82～85	87～88	90～94	85～89
入口条件	DB WB	27 19	27 17	26 18.7	22 17	22 15
列　数	8	94～95	95	94～96	94～95	95
	6	92～94	90～91	91～94	92～94	93～95
	4	87～91	81～90	85～89	87～91	85～93

はぬれる．この部分を湿りコイル（wet coil）とよび，ここでは顕熱と潜熱の移動が同時に行われて，空気線図（図 7.18）の②′—③の線に示すように空気は冷却と同時に減湿する．湿りコイルの実験結果[17]や理論的なシミュレーションの結果[18]を見ると，ほとんどの場合図 7.18 の実線のように湿りコイルの出口近くはある相対湿度（φ_R）一定の線上に変化する．

すなわち 1 列ごとに解くコイルのシミュレーションプログラムにより出口条件を検討した結果ほとんどの例で φ_R 一定の線上にのり，その相対湿度は表 7.12 のようになる．表記の φ_R に範囲があるものは低い φ_R は冷水入口温 $t_{w1}=0$℃，高い φ_R は $t_{w1}=9$℃ の場合である．本表のようにレタンエアを混合して用いるコイルの入口条件 $t_1=27$℃ 前後，$t_1'=22$℃ 前後ではほとんど $\varphi_R=95$% 前後となり，全外気に近い場合や 25℃ 以下の低温の場合は $\varphi_R=90\sim95$% となることがある．

パッケージのように冷媒温度が低い場合や，コイルの負荷に比べて冷水温が低いか，水量の大きい場合は，コイルの表面温度が低くなり，例えば 4 列の欄に示すように 85% 前後に下がる．

このことから，本書の冷水コイルの設計法においては①—②′の線の延長と $\varphi_R=95$% の線の交点を②とし，近似的に①—②間は乾きコイル，②—③間を湿りコイルと仮定して計算を進める．

7.4.2 冷水コイルの設計法

（1）設計上の注意

（a）空気流と水流の方向は逆流になるようにし，式（7.13）で求める MTD をできるだけ大きくする．$t_2-t_{w1}=5$℃ 以上に取る．これ以下にするときは MTD が小になりコイルの列数が著しく増える．

（b）コイルの列数は通常の空気冷却用には 4～8 列が多く用いられる．t_2 が 12℃ 以下のときや MTD の過小のときは 8 列以上になることもある．コイルの列数は計算結果に対し 2 列未満は 10% 増し，4 列以上では 5% 増しに取る．これはコイル前

面の風速の分布にムラがあり，予期の性能が発揮できないためである．

（c）コイルを通過する空気の風速は前面風速 v_f が 2～3m/s の場合が最も経済的である．もしコイルの冷却負荷が著しく大きいときは列数も大になるから 2m/s 程度の低風速にしてコイル前面積を増加して列数を小さくし摩擦抵抗を小

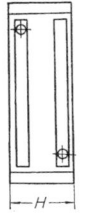

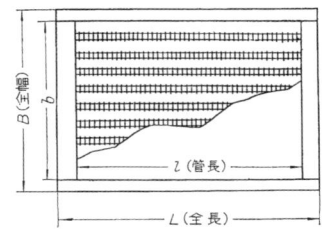

図 7.19 冷水コイルの寸法

にする．コイルに付着した水膜を飛ばさぬためには 2.3m/s 以下の風速を用いる．これ以上の風速を用いるときはコイルの直後にエリミネータを設ける．

（d）水速は一般に 1m/s 前後が用いられる．あまり大きくすると水の抵抗が増え管内面の浸食のおそれがあるため 1.5m/s 以下とする．これ以上の水速になる場合は，ダブルサーキット（図 7.21）を用い水速を小さくする．

（e）水温の上昇（Δt_w）は一般に 5℃ 前後に取る．Δt_w を大にすれば水量は小でポンプの動力は小になるが，水速 v_w が小になり列数は大になる．また入口の冷水温度 t_{w1} は 1℃ 以上に取らないと氷結のおそれがある．t_{w1} を低く取れば列数は小になるが冷凍機の動力は大きくなる．地域冷房や超高層建築など配管長が著しく長くなる場合は，ポンプ動力を節約するため $\Delta t_w = 8～10$℃ に取ることが多い．

（f）コイルの据付けは管が水平になるように行う．垂直に据付けるときはフィンの面が水平となり，フィンの表面にたまった水のため，伝熱性能がかなり低下する．

(2) 用語の定義

（a）外表面積 S_o：フィンの表面積 S_f と管表面積 S_p の合計（m²），本書の 7.4.3 では S_o の代りにフィンの表面積 S_f のみを外表面積 S とする．

（b）前面積（face area）A_f と前面風速（face velocity）v_f：A_f は図 7.19 のコイルの管長 l と幅 b の積で，風量 Q'(m³/s) を A_f で除した値が v_f となる．

（c）管内表面積 S_w：チューブの内側の面積の合計である．

（d）内外表面積比 $R = S_o/S_w$ または S_f/S_w

（e）自由面積（free area）またはコア面積 A_c と実風速 v_c：自由面積とは空気が流れる部分の面積で，前面積 A_f より管とフィンの投影面積を差し引いたもの．風量 Q'(m³/s) を A_c で除した値を本書では実風速（core velocity）v_c とよぶ．

（f）コイルの相当直径

$$d_e = 4A_c l / S_o \tag{7.12}$$

ここに，l はコイル奥行方向のフィンの長さ

（g）対数平均温度差

冷水形コイルにおいては水の出口ヘッダを空気の入口側に設け図 7.20(b) のように空気の通過方向と水の通過方向を逆にする．このような配置を逆流（counter flow）または向流とよび，双方の通過方向の同じ場合を平行流（parallel flow）また

7.4 空気冷却コイル

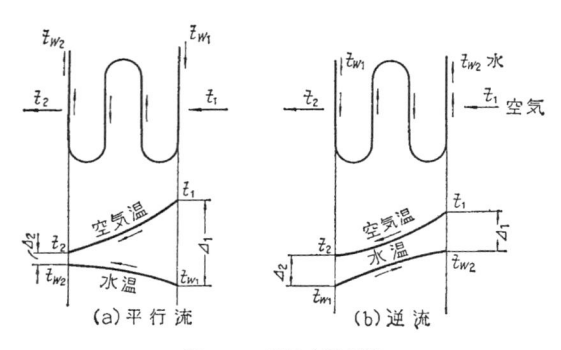

図 7.20 逆流と平行流

は並流とよぶ（図 (a)）．

この場合，水と空気の温度差は次式に示す対数平均温度差（logarithmic mean temp. difference）MTD を用いる．

$$\text{MTD} = \frac{\Delta_1 - \Delta_2}{\ln(\Delta_1/\Delta_2)} = \frac{\Delta_1 - \Delta_2}{2.30 \log_{10}(\Delta_1/\Delta_2)} \tag{7.13}$$

ここに，Δ_1：空気入口側における温度差　Δ_2：空気出口側における温度差
　　　　$\ln$：$\log_e$（自然対数）

すなわち，逆流のときは，　$\Delta_1 = t_1 - t_{w2}$,　$\Delta_2 = t_2 - t_{w1}$
　　　　　平行流のときは，　$\Delta_1 = t_1 - t_{w1}$,　$\Delta_2 = t_2 - t_{w2}$

13章の表 13.5 は Δ_1 と Δ_2 より MTD を読む図表である．

(h)　フルサーキットとダブルサーキット

コイル内の水速の過大になる場合は図 7.21(a) のように水の通る通路数を2倍にして水速を半分にする．これをダブルサーキットといい，図 (b) の形をフルサーキットとよぶ．

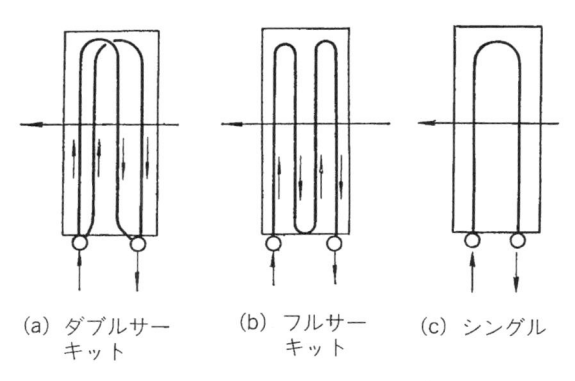

(a) ダブルサーキット　(b) フルサーキット　(c) シングル

図 7.21　冷水コイルの水の流し方

7.4.3 冷水コイルの計算法

本書ではコイルの乾き部分と湿り部分を分離して行う計算法を示す．この方法は形状寸法のいかんによらず任意のコイルに応用でき，上述の総合熱貫流率を用いる方法に比べれば，正確度においては優れている．しかしまだ十分に厳密ではなく，一つの近似計算法の範囲を出ていない．

この理由は，(イ) 前述の図 7.18 のように乾きコイルの状態線（水平線）と湿りコイルの状態線（$\varphi_R = 95\%$）が図の②点で一致し，全体の状態線としては①-②-③のような折れ線となると仮定したこと，(ロ) 湿りコイルにおいては，水温に等しい飽和空気のエンタルピ h を飽和温度 t の一次関数としている．(ハ) 章末付録に示すように式の誘導に多くの仮定をしている，などである．

(ロ) については出入口の水温の差 Δt_w が大きいとき[*1]は誤差が大きくなるので，Δt_w が大きいときは湿りコイルをさらに 2 分割ないし 3 分割して計算を進める．

下記の計算の妥当性は文献 18) に示してある．

(1) 乾きコイルの計算

前述の図 7.18 に示したように入口条件① (t_1, h_1) より引いた水平線と $\varphi_R = 95\%$ の線の交点を② (t_2, h_2) とし，②を乾きコイルの出口とする．①および②点の水温をそれぞれ t_{w3}, t_{w2} とする．風量・水量をそれぞれ G(kg/h)，L(kg/h) とし除去熱量を q_{12}(W) とすれば，次式が成立する．

$$q_{12} = G(h_1 - h_2) \tag{7.14}$$

$$= L(t_{w3} - t_{w2}) \tag{7.15}$$

$$q_{12} = K_D \cdot S_{12} \cdot \text{MTD} \tag{7.16}$$

$$\frac{1}{K_D} = \frac{R}{\alpha_w} + (r_1 + r_2) R + \frac{1}{\alpha_f \{\phi + (1/R)\}} \tag{7.17}$$

$$\alpha_w = 3\,605(1 + 0.015 t_{wm}) v_w^{0.8} / d_i^{0.2} \tag{7.18}[*2]$$

$$\alpha_f = 0.677 v_e^{0.64} \lambda_a / (\nu_a^{0.64} d_e^{0.36}) \tag{7.19}[*3]$$

$$d_e = 4 A_c l / S_{12} \tag{7.20}$$

α_f, α_w の値を表 7.13，表 7.14 に示す．

ここに，A_c, d_e, l, MTD, r : 7.4.2(2) で説明

K_D ：乾きコイルの熱貫流率（W/m²K）

S_{12} ：乾きコイルの表面積（m²）　　d_i : 管の内径（cm）

r_1 ：管内表面の汚れ係数（m²K/W），水道の閉回路循環水で 0.000 086，開回路で 0.000 17[19)]

r_2 ：フィンと管の接触熱抵抗（m²K/W），実測値[21)]によれば銅管とア

[*1] $t-h$ 線図の曲率の大なるほど直接近似から離れるので入口水温 (t_{w1}) 15°C 以下では Δt_w は 8 °C 以上，t_{w1} が 16°C 以上では Δt_w 6°C 以上の場合は 2 分割する．

[*2] McAdams による（文献 19)）.

[*3] 新津，内藤の実験による（文献 20)）.

7.4 空気冷却コイル

表 7.13　α_f (W/m²K)

実風速 v_e　(m/s)	3.0	3.5	4.0	4.5	5.0	5.5	6.0
α_f (W/m²K)	64.7	71.4	77.7	83.9	89.7	95.3	100.7

上表は $d_e=0.3$ cm のときの値で $d_e \neq 0.3$ cm のときは α_f に次の補正係数 C_1 を乗じる.
ここに, $C_1 = (0.3/d_e)^{0.36}$
〔注〕本表の α_f は $t_a = 20°C$ のときで $\nu_a = 0.0000156$, $\lambda_a = 0.0257$ を用いて式 (7.19) より計算した.

d_e (cm)	0.1	0.2	0.3	0.4	0.5	0.6	0.8	1
C_1	1.49	1.16	1	0.9	0.83	0.78	0.7	0.65

表 7.14　α_w (W/m²K)

水速 v_w　(m/s)	0.5	0.8	1	1.2	1.4	1.6	1.8	2
α_w (W/m²K)	2 150	3 132	3 744	4 331	4 900	5 452	5 992	6 519

上表は管内径 $d_i = 1.46$ cm のときの値で $d_i \neq 1.46$ のときは下表の補正係数 $C_2 = (1.46/d_i)^{0.2}$ を乗じる.

d_i (cm)	1.3	1.46	1.6	1.8	2	2.5
C_2	1.02	1	0.98	0.96	0.94	0.9

上表は水温 $t_w = 8°C$ のときの値で $t_w \neq 8°C$ のときは下記の補正係数 $C_3 = (1+0.015t_w)/1.12$ を乗じる.

t_w (°C)	5	8	10	12	14	16
C_3	0.96	1	1.03	1.05	1.08	1.11

ルミフィンの拡管加工の場合 $r_2 = 0.000017 \sim 0.00017$

v_w　：水速 (m/s)　v_e：実風速 (m/s)　$t_{wm} = (t_{w2} + t_{w3})/2$：水の平均温度

α_f　：フィン表面の熱伝達率 (W/m²K), 表 7.13 参照

α_w　：管内表面の熱伝達率 (W/m²K), 表 7.14 参照

ϕ：フィン効率, 図 7.22 参照

λ_a　：空気の熱伝導率 (W/mK)

ν_a　：空気の動粘性係数 (m²/s)

フィン効率 ϕ を求めるためにフィンの相当半径 x_e を用いる. プレートフィンについては,

$$x_e = \sqrt{(a \times b)/\pi} \tag{7.21}$$

ここに, a, b は奥行の列方向の管のピッチ, 上下の段方向の管のピッチである. 図 7.22 の横軸の W, y_b は図示の寸法, α_f は上述, λ はフィン材料の熱伝導率（アルミの場合は $\lambda = 203$ W/mK）である.

(2) 湿りコイルの計算

前に示した図 7.18 において②点 (t_2, h_2) から③点 (t_3, h_3) までは $\varphi_R = 95\%$ の線上を変化するものとする. t_2, t_3 に相当する水温を t_{w2}, t_{w1} とする（図 7.17）.

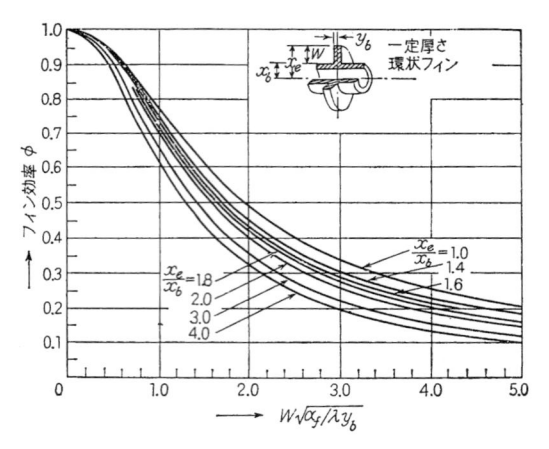

図 7.22 フィン効率 (Gardner)[22]

$$q_{23} = G(h_2 - h_3) \tag{7.22}$$
$$= L(t_{w2} - t_{w1}) \tag{7.23}$$
$$q_{23} = K_w S_{23} \text{MED} \tag{7.24}$$
$$\frac{1}{K_w} = \frac{Rb_w}{\alpha_w} + R(r_1 + r_2)b_w + \frac{1}{k_f\{\phi_w + (1/R)\}} \tag{7.25}$$
$$\text{MED}(平均対数エンタルピ差) = (\Delta_1 - \Delta_2)/\ln(\Delta_1/\Delta_2) \tag{7.26}$$
$$\Delta_1 = h_2 - h_{w2}, \quad \Delta_2 = h_3 - h_{w1}$$

h_{w1}, h_{w2} : t_{w1}, t_{w2} に等しい飽和空気のエンタルピ (kJ/kg)

$$k_f = 0.02596\left(\frac{r_a D_a}{d_e}\right)\times\left(\frac{v_e d_e}{\nu_a}\right)^{0.8} \tag{7.27}*$$

ここに，b_w : 飽和空気のエンタルピをその空気温度 t の一次式としたときの比例定数（すなわち $h_w = a + b_w t_w$）（表 7.15）

K_w : エンタルピ基準の熱貫流率 (W/m²Δh)

S_{23} : 湿りコイルの表面積 (m²)

k_f : フィン表面の物質移動係数 (W/m²Δh)（表 7.16）

D_a : 水-空気系の拡散係数（20℃において $D_a = 0.0903$ m²/h）

ϕ_w : 湿りコイルのフィン効率，図 7.22 より求めるが，α_f の代りに次に

表 7.15 比例定数 b_w の値，ここに，$h_w = a + b_w t_w$

t_w (℃)	0〜5	5〜10	10〜15	15〜20	20〜25	25〜30	30〜35	35〜40
b_w	0.435	0.51	0.608	0.737	0.902	1.112	1.374	1.696

〔注〕 $b_w = (h_{w2} - h_{w1})/(t_{w2} - t_{w1})$ なるゆえ任意の t_w に対する b_w は湿り空気表により計算できる。

* 新津，内藤による（文献 20)).

表 7.16　フィン表面の物質移動係数 $k_f(\text{W/m}^2\Delta\text{h})$

前面風速 v_f　(m/s)	1.65	1.92	2.2	2.47	2.75	3.02	3.3
実風速 v_e　(m/s)	3	3.5	4	4.5	5	5.5	6
k_f	59.2	67.0	74.5	81.9	89.1	96.1	103.1

$v_f/v_e=0.55$ のときを示し，この値が大きく異なるときは正確な v_e を計算し，v_e より k_f を求める．
上表は $d_e=0.3\text{cm}$ のときの値で $d_e\neq0.3\text{cm}$ のときは次表の補正係数 $C_4=(0.3/d_e)^{0.2}$ を乗じる．

d_e　(cm)	0.1	0.2	0.3	0.4	0.5	0.6
C_4	1.25	1.08	1	0.94	0.9	0.87

〔注〕　本表は空気温度 20℃ のときを式 (7.27) から計算した．
　　　 20℃±10℃ の温度変化に対する k_f の変化は 3% である．

示す修正熱伝達率 α_f' を用いる*．

$$\alpha_f' = \frac{b_w}{c_s L_e}\alpha_f \tag{7.28}$$

　b_w　：上述の比例定数（表 7.15）
　c_s　：空気の湿り比熱
　L_e　：ルイス数 $=3.19\,(v_c d_e/\nu_a)-0.16$ 　　　　　　　(7.29)

他の R, r_1, r_2, α_w, v_e, d_e, ν_a などは式 (7.17)〜(7.20) と同じ．

7.4.4　直接膨張コイルの設計法[23]

　直接膨張コイル（直膨コイル，direct expansion coil, 略して DX コイル）も 7.4.3 に述べた方法で設計することができるが，管内の冷媒の熱伝達率が液→気泡入りの液→液滴入りのガス→飽和ガス→過熱ガスに変化するに従い，大きく異なるので，まだ厳密な計算はできない．ここでは略算法を示す．

（1）　設計上の注意
（a）　冷媒の流れは空気流の方向と逆流になるように取る．これは空気入口温度と冷媒出口温度の差を大きくして冷媒の過熱度の大小により膨張弁によって精密な制御を行うためである．
（b）　冷房負荷の最大のときにおいて冷媒の蒸発温度を 5℃ 以上に取る．これを 3℃ 以下に取るときは，冷凍機の容量制御がない場合は冷房負荷が減少したときにコイル表面温度が下がりコイル表面に結霜（フロスト）するおそれがある．
（c）　冷凍機の動力費を小にするためにはコイルの列数をふやしてなるべく高い蒸発温度を用いる．

（2）　設　計　順　序
（a）　乾きコイルの場合の列数の決定も冷水コイルの式 (7.14)〜(7.16) を用いる．ただし K_D は図 7.23 より求める．このとき，t_1, t_2 を入口，出口空気の乾球温度

　＊　いずれも新津，内藤による（文献 20））．

(℃) とし $t_{w1}=t_{w2}$ はいずれも冷媒蒸発温度 t_E を用いる.

$$\frac{1}{K_D}=\frac{R}{\alpha_i}+\frac{1}{\alpha_0\phi} \qquad (7.30)$$

$$R=\frac{外表面積}{内表面積}$$

α_i, α_0：コイルの内表面, 外表面の熱伝達率（W/m²K）

ϕ：フィン効率

冷媒 R-22 が蒸発する際の実用値としては

$$\alpha_i=1\,163\sim1\,744\,W/m^2K$$

$\alpha_0\phi$ の値を図 7.23*¹ に点線で示す.

(b) 湿りコイルの列数の決定

前面風速 v_f を用い, 列数を適当に仮定して表 7.17 より CF を求め, 次式より h_C を決定する.

$$h_C=h_1-q_T/(G\times CF) \qquad (7.31)$$

ここに, h_C：コイルの平均表面温度 t_C に相当する空気のエンタルピ（kJ/kg）

h_1：入口空気のエンタルピ（kJ/kg）

$q_T=G(h_1-h_2)$：コイルの冷却負荷（W）

G：風量（kg/h）　　CF：コンタクトファクタ（表 7.17）

次に, 次式により冷媒温度 t_E を決定する.

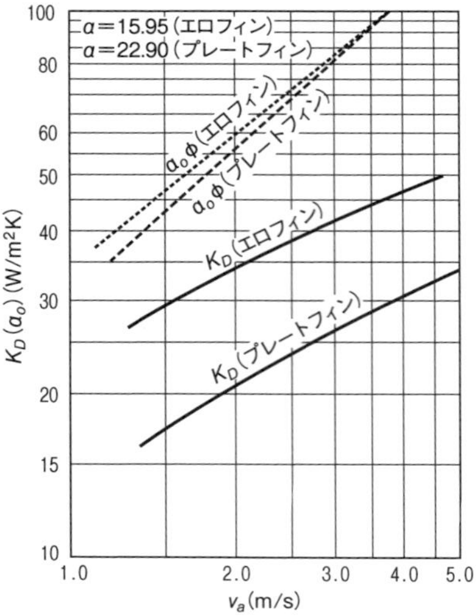

図 7.23　直膨コイルの乾き表面の K_D 値*¹

表 7.17　直接膨張コイルのコンタクトファクタ（CF）*²

コイル種類 列　数	ヘリカルフィンコイル 8 型 （$a=15.95$）				プレートフィンコイル （$a=22.9$）			
	$v_a=1.5\,m/s$	2.0	2.5	3.0	$v_a=1.5\,m/s$	2.0	2.5	3.0
1	0.39	0.37	0.35	0.33	0.45	0.44	0.43	0.42
2	0.62	0.60	0.58	0.57	0.70	0.69	0.67	0.66
3	0.77	0.75	0.73	0.71	0.83	0.83	0.82	0.80
4	0.86	0.84	0.82	0.81	0.91	0.90	0.89	0.89
5	0.91	0.90	0.89	0.88	0.95	0.95	0.94	0.93
6	0.95	0.94	0.93	0.92	0.97	0.97	0.97	0.96
7	0.97	0.96	0.95	0.94	0.99	0.98	0.98	0.98
8	0.98	0.98	0.97	0.96	0.99	0.99	0.99	0.99

*1　図 7.23 はエロフィン Co.（ヘリカルフィン），トレーン Co.（プレートフィン）のカタログ値より求めた（文献 24）～26)).

*2　表 7.17 のヘリカルフィンコイルのデータは文献 27）の BF のデータより $CF=1-BF$ として求め, プレートフィンコイルの CF は図 7.23 の α_0 の値を式 (3.55) に代入して求めた.

$$t_E = t_c - \frac{q_T \cdot R}{\alpha_1 \cdot A \cdot a \cdot N} \tag{7.32}$$

ここに，t_c ：コイル表面温度（℃）（h_c より求める）

q_T ：コイルの冷却負荷（W）

α_1 ：コイル内面の熱伝達率（W/m²K）＝1 163～1 744

A ：前面積（m²）　　R ：外表面積/内表面積

a ：表面積（m²/前面積・列）　　N ：列数

（c）出口乾球温度 t_2 の決定

コイルの入口空気の状態点（t_1, x_1）と飽和線上に取った温度 t_c の点を結ぶ直線と t_2'（出口湿球温度）の交点より t_2 は求められる．

7.5　空気加熱コイル

7.5.1　総　　説

（1）空気加熱コイルとしては，かつてはヘリカルフィンコイル（エロフィンヒータとよばれる）がもっぱら用いられていたが，現在ではこれに代ってプレートフィンコイルが一般に用いられている．空気加熱コイルとしては表7.18に示す4種類がある．

表 7.18　空気加熱コイルの種類

温水コイル	温度 40～60℃ の温水を管内に通すもので，自動制御弁による流量制御または温度制御を行う．冷水コイルと兼用する場合が多く，これを冷温水コイルとよぶ．
蒸気コイル	管内に 9.8～196 kPa の蒸気を通す．列数は温水コイルより少なくなる．
冷媒コイル	ヒートポンプを用い，空気側コイルを空冷式コンデンサとし，冷媒の凝縮熱量を空気に与える．設計法は 5.6 参照．
電熱コイル	管の中心に電熱線があり，この周囲にマグネシアなどの絶縁材を詰めたもの（シーズヒータ）を用い，これにフィンを設ける．小形パッケージあるいは恒温室の再熱器として用いられる．

（2）コイルの凍結防止[28]

0℃以下の空気が長時間，コイルに触れると，コイル内の水（蒸気コイルの場合は凝縮水）が凍結し，このためコイルが破損することが多い．次にこれの防止法を述べる．

（a）運転停止時は外気ダンパを全閉とするようファンとインタロックする．外気ダンパは十分に気密でなくてはならない．さらに寒冷地にあっては外気チャンバに電熱器を設け，チャンバ内の空気温を上げる．

（b）温水コイルにおいては夜間の運転停止中は，循環ポンプを運転してコイル内の水を流動する．

（c）運転中については全熱交換器を用い，外気温を1℃以上に高めて導入すれば

次の (d), (e) は必要ないといわれる．
(d) 外気と返り空気は十分に混合するよう，これらのダクト開口部を配置する．
(e) 蒸気コイルにおいては圧力 49 kPa 以上の蒸気を用い，コイルの管を垂直とするか，水平の場合は管に傾斜を取り管内に凝縮水がたまらないように配列する．また日中でも 0℃ 以下に下がる所では蒸気弁の比例制御の代りにオンオフ制御を用いる．

7.5.2 温水コイルの設計法

（1） この場合は 7.4.2 に述べた冷水コイルの設計法に従うが，加熱コイルではコイル面に水滴が付着することはないので，乾きコイルとなり，風速は 2～3.5m/s の範囲で選ぶことができる．

（2） 計算には冷水用の乾きコイルの式 (7.14)～(7.20) をそのまま用いることができる．すなわち，

$$q_s = G(h_2 - h_1) \tag{7.33}$$
$$= c_p G(t_2 - t_1) \tag{7.34}$$
$$= L(t_{w2} - t_{w1}) \tag{7.35}$$
$$= K_D \cdot S_f \cdot \text{MTD} \tag{7.36}$$
$$\frac{1}{K_D} = \frac{R}{\alpha_w} + (r_1 + r_2)R + \frac{1}{\alpha_f\{\phi + (1/R)\}} \tag{7.37}$$
$$\alpha_w = 3605(1 + 0.015 t_{wm}) v_w^{0.8}/d_i^{0.2} \tag{7.38}$$
$$\alpha_f = 0.677 v_e^{0.64} \lambda_a / (\nu_a^{0.64} d_e^{0.36}) \tag{7.39}$$
$$\text{MTD} = (\Delta_1 - \Delta_2)/\ln(\Delta_1/\Delta_2) \tag{7.40}$$

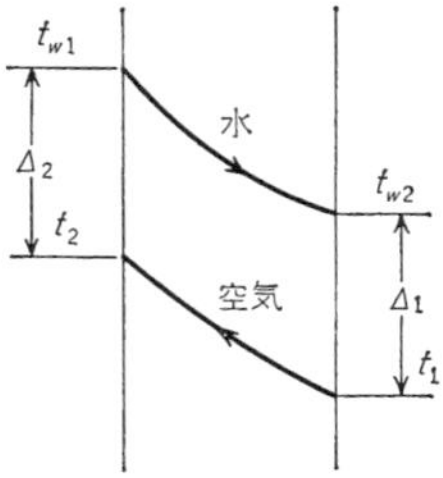

図 7.24 温水コイル内の温度変化

上式の t_1, t_2, t_{w1}, t_{w2} は図 7.24 参照．ほかは，式 (7.14)～(7.20) と同様．

（3） 冷温水コイル

冷水コイルを冬は温水コイルに用いる場合がある．このときは式 (7.41) および (7.42) より MTD と Δt_w を計算し式 (7.43) に代入して t_{w1} を求めればよい（式 (7.43) は $L > c_p G$ の場合に成立する）．$L < c_p G$ のときは s の符号を負にすればよい．

$$\text{MTD} = q_s/(K \cdot S) \tag{7.41}$$
$$q_s = c_p G(t_2 - t_1) = L(t_{w1} - t_{w2}) = L \cdot \Delta t_w \tag{7.42}$$

ここに，L：温水流量(kg/h)
t_{w1}, t_{w2}：入口，出口の温水温度(℃)

$$t_{w1} = \frac{e^s t_2 - (\Delta t_w + t_1)}{e^s - 1} \tag{7.43}$$

$$s = \frac{-\Delta t_w - (t_1 - t_2)}{\text{MTD}} \tag{7.44}$$

7.5.3 蒸気コイルの設計法

(1) 設計上の注意

(a) 蒸気コイルは列数が少ないので前面風速 v_f は $3.0 \sim 5.0 \mathrm{m/s}$ で選ぶ.

(b) 使用蒸気圧は $9.8 \sim 196 \mathrm{kPa}$ が多く用いられる. 寒冷地においては凍結防止のため $49 \mathrm{kPa}$ 以上を用いる.

(c) 蒸気コイル用のトラップの容量（処理水量）はピーク時の蒸気量の3倍以上のものとし, トラップには熱動トラップ付フロート形を選ぶかまたは図6.19に示すようにフロートトラップと熱動トラップを併用する.

(2) 計 算 式

$$q = G(h_1 - h_2) \tag{7.45}$$
$$= L_s \cdot r \tag{7.46}$$
$$= K_s \cdot S_f \cdot \mathrm{MTD} \tag{7.47}$$
$$\frac{1}{K_s} = \frac{R}{\alpha_s} + (r_1 + r_2)R + \frac{1}{\alpha_f \{\phi + (1/R)\}} \tag{7.48}$$

ここに, L_s：蒸気量(kg/h)　　r：蒸気の蒸発潜熱(kJ/kg)
　　　　K_s：蒸気コイルの熱貫流率(W/m²K)
　　　　α_s：蒸気凝縮時の熱伝達率(W/m²K)

これ以外の記号は式 (7.14)～(7.20) と同様, $\alpha_s = 3\,488 \sim 11\,628$ であり, 計算には $3\,488$ を用いる.

7.6 エアワッシャ[29),p.147,30),p.105]

7.6.1 総　　説

1) 種類と応用

エアワッシャ（空気洗浄器）はかつては冷却減湿器, 加湿器兼用として一般建築および工場建築に用いられてきたが, 現在は一般建築に対しては加湿器として一部に使われるに過ぎない. しかし工場建築のうち, 調湿を主目的とする紡績工場やタバコ工場には今でも冷却減湿器としても広く用いられている.

また外気冷房のときにエアワッシャによる蒸発冷却は湿度の制御に効果的で, 省エネルギ設備の一環として今後復活する傾向が強い.

現在エアワッシャとしては表7.19に示すような多種のものがあり, 特に (c)(d)(e) のような新形のものは産業用として用いられている. 今後, 一般建築の蒸発冷却用としては, (d) のキャピラリ形が多用されるものと思われる. これらについては 7.6.5 に述べる. 横形低速形はほとんど用いられないので本書ではこれを省略する.

表 7.19 エアワッシャの種類

スプレ形	(a) 横形低速式	昭和30年頃までは最も一般的に用いられており,前面風速は $v_f=2\sim 3\,\mathrm{m/s}$ を用いる.
	(b) 横形高速式	$v_f=5\sim 8\,\mathrm{m/s}$ を用い,断面積を小形にしたもの.
	(c) ユニット形高速式	キャリアCo.およびルワCo.の製品が有名で,風速10m/s前後を用いる.工場生産形で,天井づりとする場合が多い.
充填形	(d) キャピラリ形	グラスウールのフィルタ形ユニットを充填物に用いる.長さは1m以内で収まる.
	(e) 逆流形	工場生産形でユニットとして用いる.

7.6.2 加湿用エアワッシャの設計法

(1) 断熱加湿用エアワッシャ

3.4.4に述べたように,ワッシャのタンクの水を冷却も加熱もせずに循環する場合,断熱加湿となり,その際の飽和効率 η_s は $\eta_s=(t_1-t_2)/(t_1-t_1')$ で示され,その値を表7.20に示す.

表 7.20 断熱飽和変化の飽和効率

バンク数	1	1	1	2	2	2
方向	平行流	平行流	逆流	平行流	対向流	逆流
長さ l (m)	1.2	1.8	1.8	2.4~3.0	2.4~3.0	2.4~3.0
飽和効率 η_s	50~60	60~67	65~80	80~90	85~95	90~98

(2) 温水噴霧のエアワッシャ

伝熱効率 X(図7.25)を用いて,減湿用エアワッシャと同様に解く.本図の X は著者の研究室で行った,ノズル4.5mmの加湿時の実験値より求めた.図の t_{w1} は入口水温を示す.

$$X=(h_2-h_1)/(h_{w1}-h_1) \tag{7.49}$$

$$G(h_2-h_1)=L(t_{w1}-t_{w2}) \tag{7.50}$$

$$t_{w2}=t_{w1}-(G/L)(h_2-h_1) \tag{7.51}$$

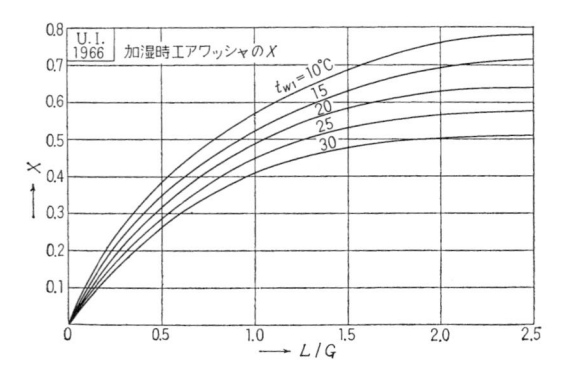

図 7.25 加湿時の伝熱効率 X

7.6.3 特殊形エアワッシャ

(1) キャピラリ形[31]

図 7.26 に示すように器内にグラスウールのエアフィルタに似たウエットセルを斜めに並べこれに水を噴霧して空気と接触させる．充塡材のグラスウールは空気の通路と平行になるように繊維が並んだものを用いる．

1 台のウエットセルの寸法とその性能を表 7.21 に示す．1 台のセルの処理能力は最大で $31\,\mathrm{m^3/min}$ であり，風量に比例してセル数を増加する．

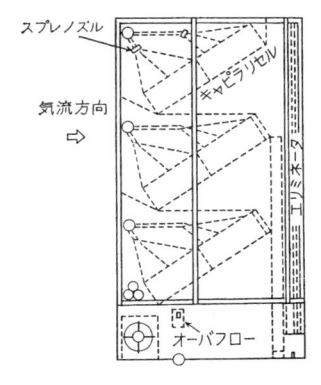

図 7.26 キャピラリエアワッシャ（阿部貞市）[30]

表 7.21 キャピラリ形のウェットセル 1 台当たりの能力（阿部貞市）[29]

寸　　法	大きさ $510×215\,\mathrm{mmH}$，グラスファイバ径 $280\,\mu\mathrm{m}$ 長さ $230\,\mathrm{mm}$，67 000 本，接触面積 $11.6\,\mathrm{m^2}$
風量，水量	風量 $(Q')=17\sim31\,\mathrm{m^3/min}$， 水量 $(L')=12\sim34\,l/\mathrm{min}$（ノズル水圧 $19.6\sim58.8\,\mathrm{kPa}$）
性　　能 $(Q'=31\,\mathrm{m^3/min})$	$L'=34\,l/\mathrm{min}$ で抵抗 $111.8\,\mathrm{Pa}$ $L'=12\,l/\mathrm{min}$ で $\eta_s=97\%$ $L'=34\,l/\mathrm{min}$，$t_{w1}=10\sim15°\mathrm{C}$ で $X=0.5\sim0.53$

(2) ユニット形

キャリア Co. で開発された形状は図 7.27 に示すような構造で円形断面の内部に 8～10 m/s の高速で空気を通す．エリミネータは風圧により回転し，遠心力で水を分離する．ユニットとして使う場合と，これにダクトを接続する場合がある．いずれもファンの騒音が大きく工場にもっぱら用いられる．風量は 17 000～76 000 $\mathrm{m^3/h}$ のものがあり，噴霧水圧は 200～300 kPa（2～3 atg），$L/G≒1.0$ 前後で使用される．図 7.28 に示すものは固定形エリミネータをもつ製品の性能でノズルはいずれも逆流とし，水圧は 200～300 kPa（2～3 atg）を使用した場合である．

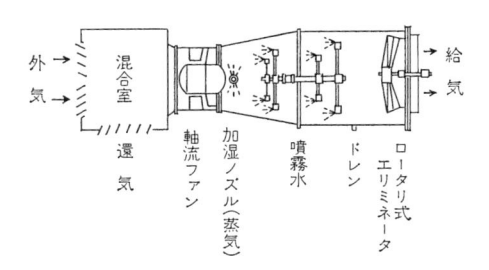

図 7.27 高速 AW の構造（阿部貞市）[29],p.179

図 7.28 高速 AW の性能（阿部貞市）[29),p.179]

図 7.29 逆流式 AW の構造（阿部貞市）[29),p.180]

(3) 逆 流 形

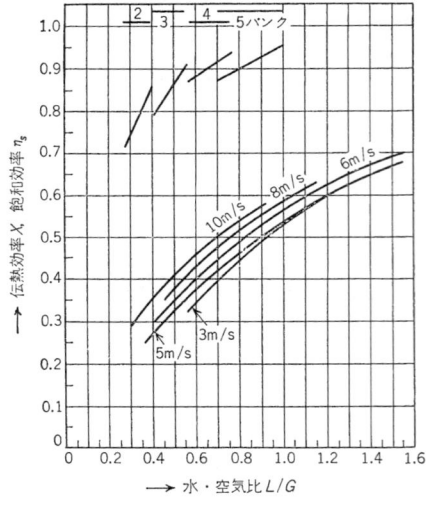

図 7.29 のように逆流式冷却塔と同じ構造で充填物にはプラスチックスのものを用いる．G/A，L/A ともに $8\,000 \sim 10\,000\,\mathrm{kg/h}$ のとき $K_a = 5.8 \sim 8.14\,\mathrm{kW/m^3}\,\varDelta\mathrm{h}$ の性能が得られる[29),p.180]．K_a については式 (5.13) 参照．

7.7 加 湿 装 置[32)]

空気の加湿方法としては表 7.22 に示す方法がある．

表 7.22 加湿方法

（a）エアワッシャによって断熱加湿を行う方法
（b）エアワッシャ内に温水を噴霧する方法
（c）小量の水または小量の温水を噴霧する方法
（d）蒸気を噴霧する方法
（e）加湿パンの水面より蒸発した水蒸気を用いる方法
（f）室内への直接噴霧
（g）水を浸透材を通すことにより気化させる方法

7.7.1 小量の水または温水の噴霧

（I）この場合は 3.5 節の（A 3）に述べたように水のエンタルピ（水温と等しい）に等しい水分比 u の勾配の比率線に平行の線上の変化となる．使用するノズルは表 7.23 に示すような噴霧オリフィス径が 1 mm 以下の小形のものを用い，できる

7.7 加湿装置

表 7.23 小形ノズルの噴霧水量 (l/h)[33]

接続口径 (B)	噴霧オリフィス径 (mm)	噴 霧 圧 力 (kPa)					
		147	196	245	294	392	490
1/4	0.64	6.5	7.5	8.2	8.9	10.1	11.1
1/4	0.97	12.0	13.4	15.0	16.1	18.2	20.0
1/4	1.20	19.0	21.5	23.6	25.5	29.0	32.0

だけ微細な水滴とする．

蒸発水量と噴霧水量の比を加湿効率 η_H と名付ければ，きわめて微細な水滴を噴霧するノズルを用いたとき η_H は 30% 前後と考えてよい．

(2) 高 圧 水 噴 霧[34]

図 7.30 のような 100W 以下の小形ポンプを内蔵した加湿ユニットを用い，ヒュミディスタットの指令でソレノイド弁を開きポンプを運転し水道水を 300kPa（3atg）以上に加圧して噴霧する．孔口径 1.6mm のノズルで圧力 350kPa（3.5atg）で噴霧したときの水滴粒子径は $10 \sim 200 \mu$（平均 20μ）となる[34]．この方法はパッケージ空調機をはじめ，大形空調機などに蒸気が得られない場合に広く用いられる．

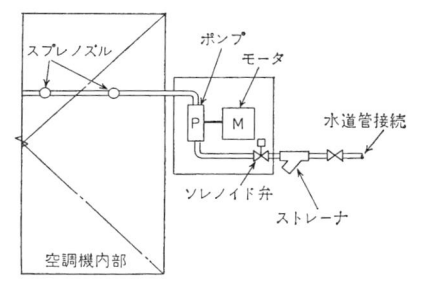

図 7.30 高圧水噴霧形加湿器

【例題 7.3】 風量 12 000 kg/h の空気（$t_3=16.3°C$, $x_3=0.00565$ kg/kg）を温水噴霧により $x_4=0.00726$ kg/kg まで加湿するとき噴霧水量を求めよ．ただし温水温度を 40°C とし $\eta_H=0.30$ とする．

〔解〕 図 7.31 のように③点（t_2, x_3）の状態点より $u=40$ に平行線③④を引き，これと x_4 の水平線との交点を④とする．

加湿量 $L=G(x_4-x_3)$
$= 12\,000(0.00726-0.00565)$
$= 19.3$ kg/h

$\eta_H=0.30$ なるゆえ噴霧水量 L' は
$L'=19.3/0.30=64.4$ kg/h

表 7.23 の 0.64mmϕ のオリフィスで圧力 294kPa のときは噴出量は1個当り 8.9 l なるゆえノズルの総数は，

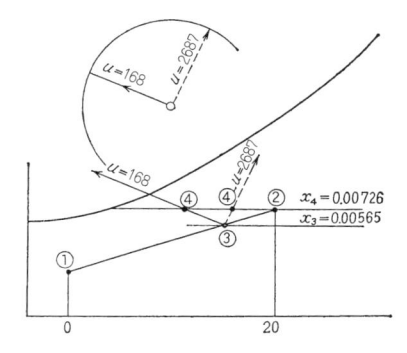

$64.4/8.9=7.2 \rightarrow 8$ 個

図 7.31 温水スプレ，蒸気スプレのプロセス

噴霧水の加熱量 q は温度 10°C の水道水を 40°C まで加熱するとすれば，

$q=64.4(40-10)=1\,930$ kcal/h $=2.25$ kW

7.7.2 蒸気の噴霧

加湿効率 η_H は 100% に近く,最も効率がよく,かつ自動制御の応答も早い.多くの場合は管に多くの細孔をあけて,これより蒸気を噴射する.孔口径と噴出蒸気量の関係を表 7.24 に示す.蒸気圧力が高いと騒音を発生するので,なるべく 30 kPa (0.3 atg) 以下の圧力で噴射する.空気の状態変化は比率線に平行な変化となる.

表 7.24　小孔よりの蒸気噴出量 (kg/h)

孔径 (mm)	蒸気圧力 (kPa)					
	4.9	9.8	19.6	29.4	49.03	98.07
0.5	0.032	0.046	0.064	0.08	0.10	0.13
1.0	0.12	0.17	0.24	0.29	0.37	0.50
2.0	0.52	0.73	1.02	1.24	1.59	2.12
3.0	1.16	1.64	2.30	2.80	3.57	4.77

〔注〕　本表はガス体のオリフィスからの噴流の式において流出係数 $C=0.6$ として計算した.

【例題 7.4】　前例において蒸気噴霧の場合を解く.蒸気圧力は 31 kPa (0.32 atg) とする.

〔解〕　この場合,蒸気の絶対圧力は 130 kPa (1.35 ata) なるゆえ,蒸気のエンタルピは表 13.2 の h'' より 2 687 kJ/kg となり,図 7.31 に示すように $u=2687$ の線に平行に状態点③より引いた点線と $x_4=0.00726$ との交点が④′となる.$h_4'=33.12$ kJ/kg, $h_3=28.64$ なるゆえ,加湿熱量は,

$$q_H = G(h_4' - h_3)$$
$$= 12\,000(33.12 - 28.64)$$
$$= 53\,760 \text{ kJ/h}$$

蒸気噴出量　$G_s = q_H / h_s$
$$= 53\,760 / 2\,687$$
$$= 20.0 \text{ kg/h}$$

孔の径を 2.0 mm とすれば $P=30$ kPa (0.3 atg) において 1 個の孔よりの噴出量は表 7.24 より,1.24 kg/h なるゆえ,孔の必要な数は次のようになる.

$$n = 20.0 / 1.24 = 16 \text{ 個}$$

図 7.32 は蒸気スプレ用の製品を示す.蒸気中のドレンは完全に分離し,スプレノズルのチューブは周囲を加熱して,乾き蒸気を噴霧するように考案されている.

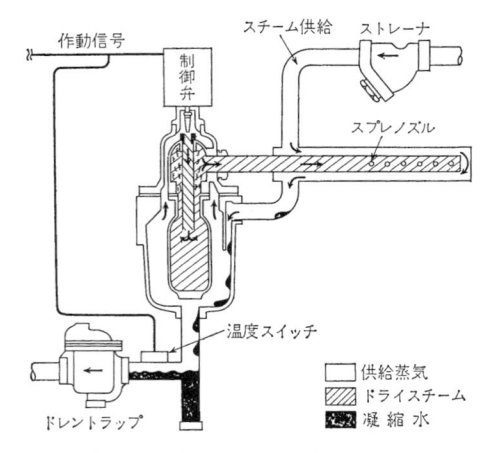

図 7.32　Armstrong 形蒸気加湿器[35]

7.7.3 加湿パンを用いる方法

加湿パンの内部にある温水の水面より発生する蒸気により加湿する方法で,温水加熱用には蒸気または電気ヒータが用いられる(図7.33).水面の面積が小さいため加湿量が小さく,自動制御の応答も遅いので,パッケージなどの小形の装置に用いられる.この場合,空気の状態は水温と同じ温度の蒸気のエンタルピを熱水分比に取った比率線上に変化する.例えば水温が40℃のときは$u=615$となる.

水面の表面積A_H(m²)の決定には次式を用いる*.

$$L = (0.0178 + 0.0152 v_a)(p_w - p) A_H \tag{7.52}$$

ここに,L:加湿量(kg/h) v_a:空気の風速(m/s)
p_w,p:それぞれ水温と同じ温度の飽和空気および通過空気の水蒸気圧(Pa)

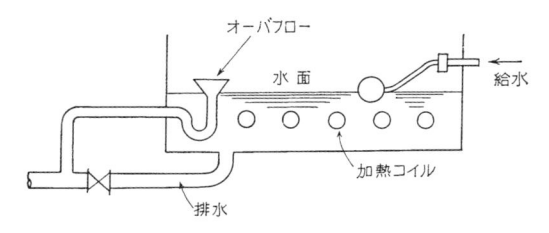

図 7.33 パン形加湿器

7.7.4 気化式加湿器

気化式加湿器は加湿材に水を通した面に通風し,気化した水分により加湿を行う(図7.34).加湿量は,濡れ表面積,通風量,風速,通過風量により決まるが,有効加湿量に対して加湿器ユニットが各メーカーより製作されている.加湿装置には蒸発残留物が付着するので,室内には白い粉は発生しない.ただし,加湿器に残った蒸発残留物を自動的に除去するシステムが必要である.

7.7.5 超音波式加湿器

水面より数cm下に超音波音源のセラミック系振動子を配置し,超音波振動を発生させると水面に噴水状の水柱が形成され,その先端部より水が霧化し,それをファンにより外部に誘引する(図7.35).霧化した水は非常に微細で,空気中に吸収されやすい.振動子・高周波発振回路・変圧器・水槽・ファンより構成される.振動子は,水あかやかびなどの付着に弱く,これが振動面に付着すると加湿量が減少するだけでなく,破損する場合もある.振動子の寿命は,普通5 000~10 000時間であるが,寿命がくる前でも加湿力が減少するため,振動子の交換を含めて清掃など保守管理には留意する必要がある.

---

* 水面よりの蒸発量の式には多くのものがあり,その主なものは著者により文献36)に紹介されている.式(7.52)はロシアで行われた実験による式である.

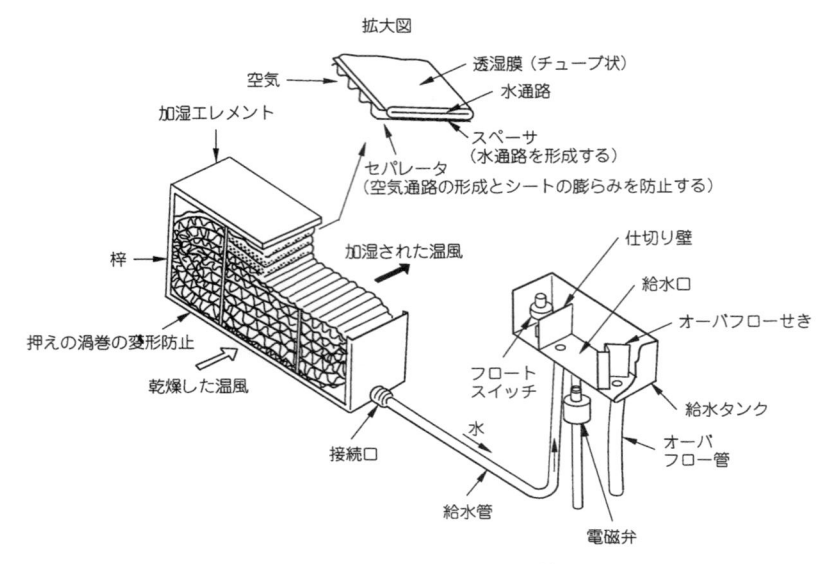

図 7.34 浸透膜気化式加湿器[37]

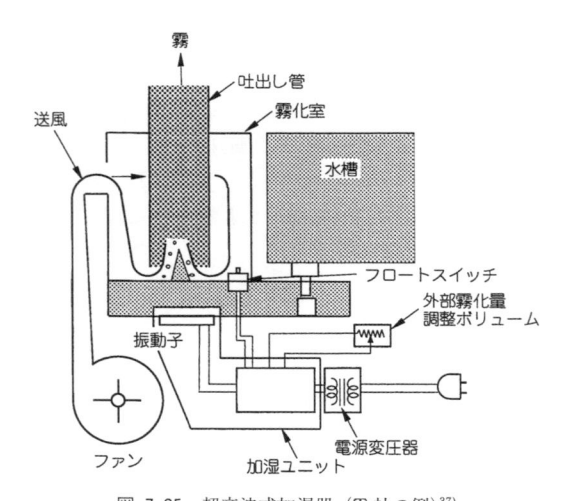

図 7.35 超音波式加湿器（T 社の例）[37]

　水槽内の水に超音波を与え水面より直径数ミクロン程度の微細な水滴を発生させ加湿を行うもので，超音波発生のため電気入力 120～320 W の振動子を用い 1.3～4.0 l/h の加湿を行う．価額は高圧水加湿より高く，容量も小さいが，大きい水滴の流出

はなく，また低温でも加湿できるため，天吊りのパッケージ空調機等に広く用いられてきたが，水道水の硬度分（白い粉）が室内の窓面に発生する問題に対応するため，純水装置を併設しなければならない例が多く，メンテナンス費がかかることから，自然蒸発式（気化式）に移行しつつある．

7.7.6 室内直接加湿法

紡績工場をはじめ，印刷工場あるいは煙草工場などでは室内の要求湿度が高く，しかも発熱量が大きく，SHFも高い．このような場合，空調機内部での加湿だけで処理すると，冷房時の装置露点温度が高くなり，吹出温度差を大きく取ることができず，したがって吹出風量が著しく大きくなる．

これをさけるため空調機内の加湿は冬季のみに限り，他の季節は室内にスプレノズルあるいは遠心式加湿器などを設けて直接加湿を行う．この場合は次に示すように，噴霧水の蒸発冷却の効果で，吹出温度差が大になり，少風量ですむことになる．図7.36に示すスプレノズルはケルチングノズルとよばれ圧縮空気30 kPa（0.3 atg前後）により水を微細な水滴として室内に噴霧する．この取付け方法は図7.37に示すように，空気管と給水管の両方を接続する．

室内に図7.37に示すような噴霧設備を設け，加湿を行う場合，噴霧された水量の中，蒸発した分を L_e(kg/h) とすれば，図7.38において室内空気②は吹出空気④より湿度 x が大になり，G を吹出風量（kg/h）とすれば，

$$G(x_2 - x_4) = L_e \tag{7.53}$$

この際，断熱変化の原理により吹出空気⑤は室内空気②まで一定湿球温度線に沿っ

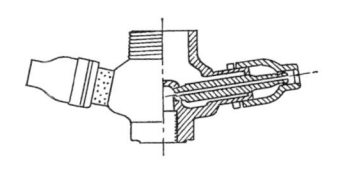

図7.36 ケルチングノズル
（浜田栄一）[38]

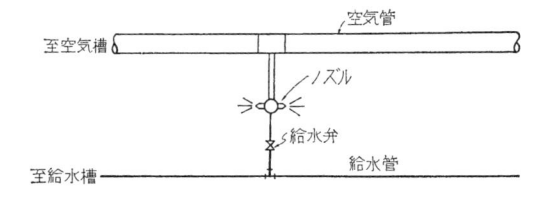

図7.37 ケルチングスプレ装置

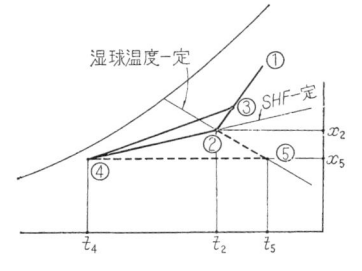

図7.38 室内直接スプレのプロセス

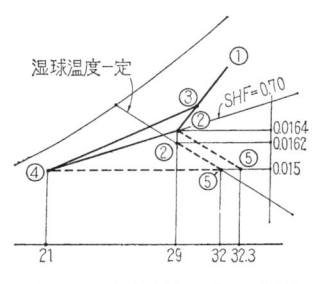

図7.39 室内直接スプレの例題

て変化したとすれば，吹出空気としては④より⑤まで，温度上昇をしたと考えてよい．

すなわち，

$$G = \frac{q_s}{c_p(t_5 - t_4)} \tag{7.54}$$

G は，次式から求められる．次式の分子の第二項 $L_e \cdot r$ は加湿水分の蒸発による冷却量である（$r = 2\,500\,\mathrm{kJ/kg}$）．

$$G = \frac{q_s - L_e \cdot r}{c_p(t_2 - t_4)} \tag{7.55}$$

このとき，

$$\mathrm{SHF} = \frac{q_s - r \cdot L_e}{q_s + h_w \cdot L_e} \tag{7.56}$$

となる．ここに h_w は噴霧水のエンタルピである．

水分比 u を用いるときは，h_w を噴霧水のエンタルピとすれば，

$$u = \frac{q_s}{L_e} + h_w \tag{7.57}$$

室内の取得潜熱（q_L）が取得顕熱（q_s）に比して著しく小なるとき，あるいは室内の取得潜熱を無視するときは，式 (7.55) を用いて G を求めることができるが，一般の場合は室内取得潜熱 q_L があり，次式が成立する．

$$G(x_2 - x_4) = \frac{q_L}{r} + L_e \tag{7.58}$$

$$c_p G(t_2 - t_4) = q_s - r \cdot L_e \tag{7.59}$$

この2式より G を消去して L_e を求めれば，

$$L_e = \frac{q_s(x_2 - x_4) - c_p \dfrac{q_L}{r}(t_2 - t_4)}{c_p(t_2 - t_4) + r(x_2 - x_4)} \tag{7.60}$$

この場合は，

$$\mathrm{SHF} = \frac{q_s - r \cdot L_e}{q_s + q_L + h_w \cdot L_e} \tag{7.61}$$

このときは図 7.43 のように，

$$x_2' = x_2 - (q_L/r) \tag{7.62}$$

表 7.25　ケルチングノズル1個当たりの噴霧量 $L_N(l/\mathrm{h})$
（田中道一）[39]

吸上高 (mm)	圧縮空気圧力 (kPa)			
	30	40	60	80
100	4.3	5.0	5.6	6.0
150	3.8	4.6	5.2	5.6
200	3.3	4.2	4.7	5.2
300	2.3	3.3	3.8	4.3

7.7 加湿装置

表 7.26 ケルチングノズル用の配管径 (A)

ノズル個数	1～4	5～8	9～16	17～24	25～40	41～80	81～130
空気管	32 A	40 A	50 A	65 A	80 A	100 A	125 A
給水管	15 A	15 A	15 A	20 A	20 A	—	—

のように②′点 (t_2, x_2') を取り，これより湿球温度線に平行に引いた線と x_4 の交わる点が⑤′となる．$t_5-t_4 > t_5'-t_4$ なるゆえ，風量は前の場合に比し増大する．

ケンチングノズルは圧縮空気（30 kPa（0.3 atg）程度）により水を吸上げ噴霧する形式のもので，各ノズルに対し給水配管と空気配管を必要とするが，そのだいたいの標準は表 7.26 による．

【例題 7.5】 ある紡績工場（冷房面積 5 000 m²）の条件が下記のとおりのときに冷房設計を行う．

屋内　$t_2 = 29°C$，$\varphi_R = 65\%$，$x_2 = 0.0164$，$t_2' = 23.7°C$

屋外　$t_1 = 32°C$，$t_1' = 27°C$

取得熱量：$q_s = 2\,100\,000$ kJ/h，$q_L = 84\,000$ kJ/h

〔解〕 二段式エアワッシャを使用しその出口が $t_4 = 21°C$，$x_4 = 0.015$ とする．式 (7.60) より，

$$L_e = \frac{q_s(x_2-x_4) - c_p \cdot \dfrac{q_L}{r}(t_2-t_4)}{c_p(t_2-t_4) + r(x_2-x_4)}$$

$$= \frac{2\,100\,000(0.0164-0.015) - 1.007 \times \dfrac{84\,000}{2\,500} \times (29-21)}{1.007(29-21) + 2\,500(0.0164-0.015)}$$

$$= \frac{2\,940 - 269}{8 + 3.5} = 214 \text{ kg/h}$$

よって式 (7.58) より，

$$G = \frac{\dfrac{q_L}{r} + L_e}{x_2-x_4} = \frac{\dfrac{84\,000}{2\,500} + 214}{0.0164-0.015} = \frac{217.4}{0.0014} \ 155\,286 \text{ kg/h}$$

式 (7.59) より求めれば，

$$G = \frac{q_s - r \cdot L_e}{c_p(t_2-t_4)} = \frac{2\,100\,000 - 2\,500 \times 214}{1.007(29-21)} = \frac{1\,565\,000}{8} \ 195\,625 \text{ kg/h}$$

式 (7.61) より，$h_w = t_w = 17$ として，

$$\text{SHF} = \frac{q_s - r \cdot L_e}{q_s + q_L + h_w \cdot L_e} = \frac{2\,100\,000 - 2\,500 \times 214}{2\,100\,000 + 84\,000 + 17 \times 214} = \frac{1\,565\,000}{2\,187\,638}$$

$$= 0.715 ≒ 0.70$$

②点と④点を結んだ線は SHF ≒ 0.70 となり条件を満足する．すなわち吹出条件は，最初の仮定 $t_4 = 21°C$，$x_4 = 0.015$ でよいことになる．

必要ノズル数はその噴霧効率 = 0.80 と考え，空気圧力 30 kPa（0.3 atg），吸上高

を 150 mm とすれば,

$$n=\frac{L_\mathrm{e}}{\eta \cdot L_\mathrm{N}}=\frac{214}{0.80\times 3.8}=70 \text{ 個}$$

よって四つ口ノズルを 20 組設ける.

7.8 減 湿 装 置

空気の減湿装置 (dehumidifier) には表 7.27 の 4 種がある.このうち,(c) および (d) を総称して**化学的減湿装置** (chemical dehumidifier) とよぶ.

表 7.27 減湿装置の種類

(a)	冷 却 減 湿 装 置	冷却コイルまたは空気洗浄器を使用する方法
(b)	圧 縮 減 湿 装 置	空気を圧縮して余分の水分を凝縮させる方法,大馬力を必要とするので一般には用いられない
(c)	吸収式減湿装置	塩化リチウム・トリエチレングリコールなどの液体吸収剤を用いるものが多用される
(d)	吸着式減湿装置	シリカゲル・活性アルミナ・アドソールなどの固体吸着剤を用いる方法

7.8.1 冷却減湿装置

前述の冷却コイル(または空気洗浄器)を有する空調機は夏季は冷却減湿装置として運転する.これらの機器の詳細は 7.4,7.6 を参照する.

一般に市販されている電気式除湿器は冷却減湿の原理を応用したもので,図 7.40 のように入口側の直膨コイルで減湿したのち,空冷式コンデンサにより再熱する.空気線図上の変化は同図 (b) のように,出口空気のエンタルピは圧縮機に消費される電力の分だけ入口空気のエンタルピに対して上昇する.

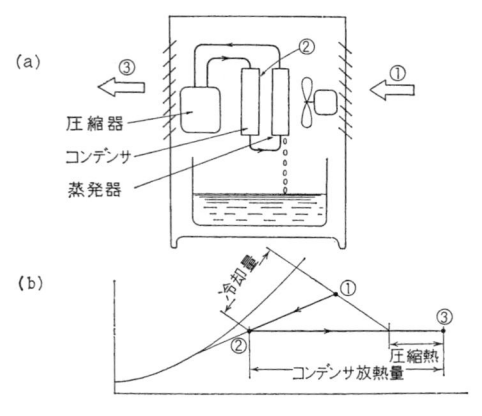

図 7.40 電気式除湿器

7.8.2 吸収式減湿装置[23),40),p.684,41)~44)]

わが国では塩化リチウム（LiCl）を吸収剤とするカサバー（Kathabar）と称する製品*が多く用いられている．本器は図7.41に示すように空気を，LiCl溶液をスプレする吸収塔に通し減湿し，同時に希釈された溶液を再生塔にスプレして，加熱・濃縮する形式のものである．吸収塔内では水蒸気が吸収され水になるとき放出する蒸発潜熱を処理するため，冷却コイルで溶液を冷却する．この冷却コイルには，冷水・地下水あるいは冷却塔循環水を通す．この水温は溶液温度より 8～10℃低く取る．また冷却熱量は空気の冷却，減湿負荷に，その 5～10％ に相当する溶解熱を加えた値となる．再生塔内の加熱コイルには蒸気を通すため，夏季でもボイラの運転を必要とする．

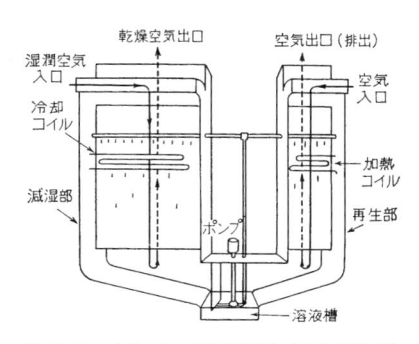

図 7.41 カサバー式減湿装置（中外炉工業）

LiCl を用いる減湿装置は次に示す条件の場合に対しては冷却減湿式より有利である．
(a) 空調されている室内の t が 0℃ 以上で t'' が 0℃ 以下のとき
(b) 空調されている室内の顕熱比が 60％ 以下のとき
(c) 調和機出口の露点が 5℃ 以下のとき
(d) 室内の顕熱負荷の変動が大きいときに室内湿度を一定に保ちたいとき
(e) 温度が 32℃ 以上または 10℃ 以下で低湿度にするとき

すなわち一般の空調においては地下街などの顕熱比が小さい場合[45)]，工業用空調においては，製薬室や低温乾燥室などの低湿度を要求する場合に適している．これらの場合においては例題 7.13 に示すように，この装置と冷凍機による冷却を兼用すれば，冷却減湿法に比して，冷凍機が小形になり，経済的に有利になる．

LiCl の減湿装置は加湿装置としても用いることができる．加湿の場合は溶液濃度を低く，温度を高く取れば，空気線図上の状態線は湿度を高める方向に進む．

表 7.28 にある国産製品の所要蒸気量と冷却水量を示す．

図 7.42 は湿り空気の水蒸気圧と平衡状態にあるその空気の乾球温度と等しい水温の LiCl の水溶液の濃度を示したもので，吸収塔内の空気状態の変化は次のように求めることができる．

7.8.3 吸着式減湿装置[23)]

本装置はきわめて低湿度（$t''=-50℃$）の空気も得ることができ，取り扱いも簡単

＊ Surface Combustion Co. 製品（国内メーカ，中外炉工業）

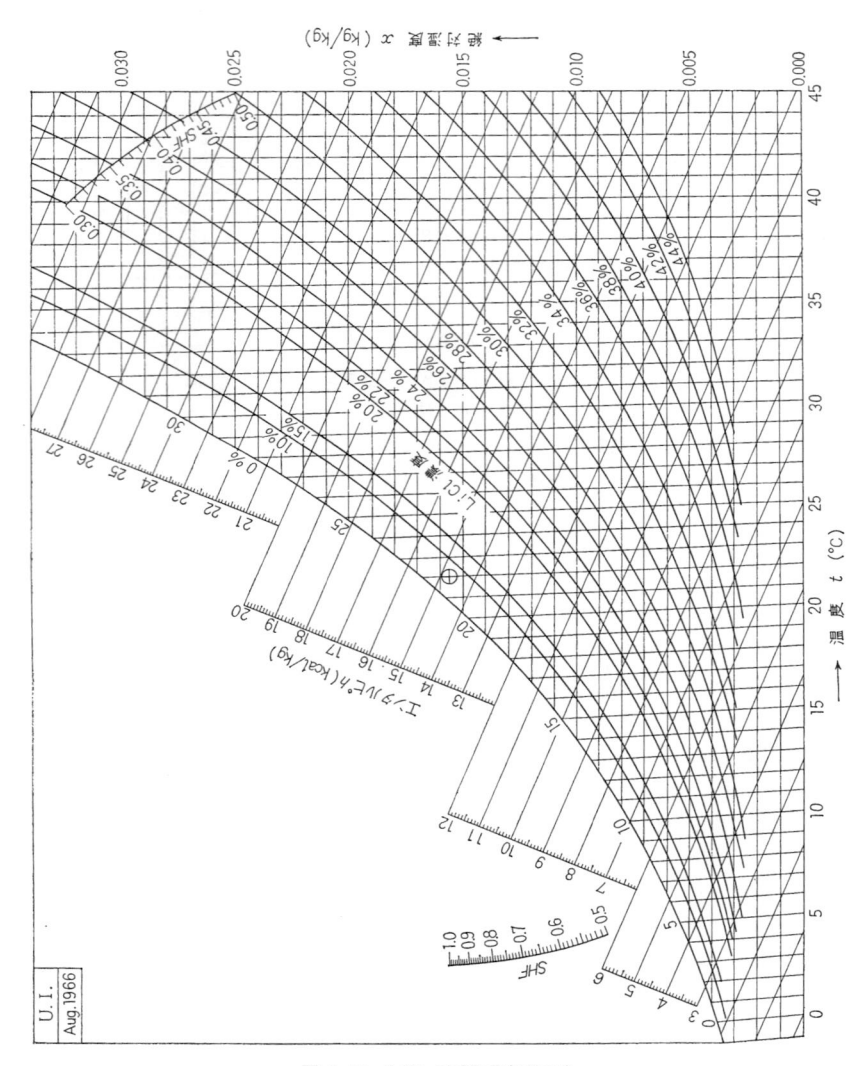

図 7.42 LiCl の平衡蒸気線図*

---

* この線図は内田秀雄の空気線図上の相対湿度の代りに，各温度の飽和空気と平衡状態にある LiCl の溶液濃度（%）を記入したものである．平衡する溶液濃度は新しい Vits の線図（文献 41）に紹介されている）によって求めた．

表 7.28 除去水分1kg当たりの再生用蒸気量と冷却水量（武内哉一）[43]

	蒸気量 (kg)/水分 (kg)				冷却水量 (l)/水分 (kg)			
	蒸気圧力 (kPa)	50	100	200	水温 (℃) 18	22	26	32
出口露点温度	12℃	3.00	2.70	2.40	—	—	—	115
	8	3.12	2.77	2.49	55	90	113	130
	4	3.23	2.84	2.52	80	120	155	180
	0	3.3	2.87	2.57	115	200	—	—
	−3	3.4	2.90	2.60	180	—	—	—

である．しかし欠点としては，(a) 一定時間の後に再生を必要とするので2つの塔を準備する必要がある．(b) その再生には大量の熱（1kgの水分除去に4605～5862kJ）を必要とする．(c) 装置内にごみが詰まると吸湿能力を著しく害する，ことなどである．本装置は大風量を処理するときは装置がきわめて大形になるので，低温低湿実験室や乾燥室など，小風量を使用する場合に用いられる．

本器内の空気の変化は3.5 (D-3) に述べたように一定湿球温度線上を変化し，したがって出口空気の温度 t は入口空気より高くなり，この下流に冷却コイルを設けて，空気を冷却する必要がある．本器の計算法は文献46)や文献47)を参照されたい．

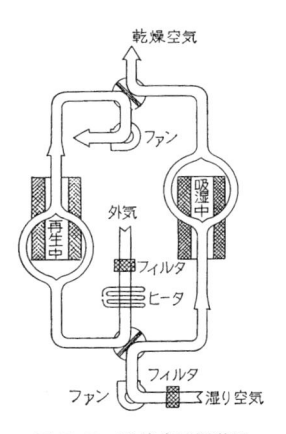

図 7.43 吸着式減湿装置

7.9 全熱交換器および顕熱交換器

これらを総称して空気対空気熱交換器といい回転式と固定式のものがある．特に最近は省エネルギの担い手としてオフィスビルをはじめ工場に至る各種建築に急速に普及している．

全熱交換器は設備費は高いが，空調の外気負荷のピークロードの減少により，冷凍機・ボイラ・付属機器の容量が小となり，全熱交換器の設備費をまかない，その後の毎年の運転費を節約できる利点がある．ただ全熱交換器のまわりに4本のダクトが接続するので機械室スペースはかなり大きく取る必要がある．

7.9.1 全 熱 交 換 器[48]～[51]

回転式と固定式があり，いずれもアルミ板などの素材に吸湿剤として塩化リチウムを浸透させた板を用い，顕熱と同時に潜熱も交換するので全熱交換器とよばれる．

(1) 回転式全熱交換器

図7.44(b) に示すように上記の素材をハニカム状のロータに成形しこのロータを

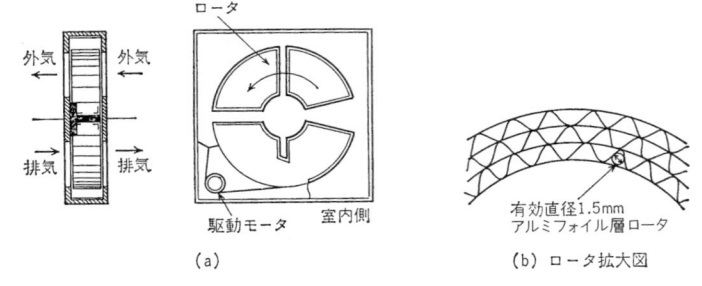

図 7.44 全熱交換器（バーナインターナショナル）[52]

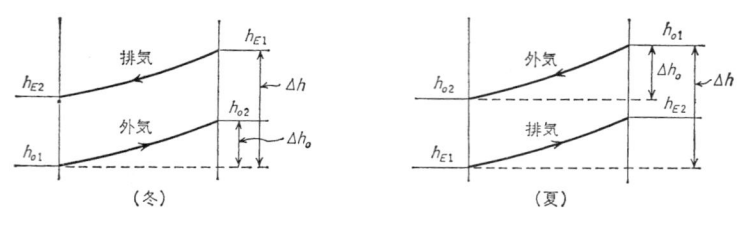

図 7.45 全熱交換器内エンタルピ変化

回転させる．ロータの上半分に外気を通し下半分に室内からの排気を通す．冬においては排気の温湿度が外気より高く，排気によりロータの素材の温度，水分含有量が上がり，これが回転して外気に触れて温湿度を放出し，外気に与える．その結果，外気のエンタルピは図 7.45 のように h_{o1} より h_{o2} に上がる．夏は逆に外気の温湿度が除去されて排気の温湿度が増加し，外気のエンタルピが h_{o1} より h_{o2} に減少する．すなわち，熱回収量 q(kJ) は G_F を外気量（kg/h）とすれば，

$$q = G_F(h_{o1} - h_{o2}) \tag{7.63}$$

全熱交換器のエンタルピ効率 η_h は図の $(\Delta h_o/\Delta h)$ をいい，

冬：
$$\eta_h = \frac{\Delta h_o}{\Delta h} = \frac{h_{o2} - h_{o1}}{h_{E1} - h_{o1}} \tag{7.64}$$

夏：
$$\eta_h = \frac{\Delta h_o}{\Delta h} = \frac{h_{o1} - h_{o2}}{h_{o1} - h_{E1}} \tag{7.65}$$

この効率は前面風速 3m/s で外気量 Q_o/排気量 Q_E が1のとき，メーカにより異なり 60～75% であり，Q_o/Q_E の比および風速により図 7.46 のように変化する．この効率はロータの回転数 5rpm 以上ではだいたい一定となり，10rpm 前後の回転数が一般に用いられている．

回転式の場合は排気中の汚染物質（じんあい・細菌）などが少量ではあるが外気中に移行するがその移行率は細菌において 2% 以下[53] であり，下流の空調機に設けたエアフィルタにより除去されるので問題は少ない．

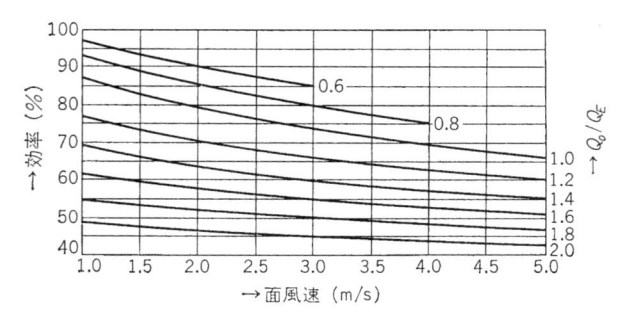

図 7.46 全熱交換器の効率（東洋製作所）[54]

(2) 固定式全熱交換器

図 7.47 のように (1) に述べた素材を交互に方向を変えて並べ，一段ごとに排気—外気—排気の順序に通し，顕熱潜熱は仕切板を通って移動する．その効率は式(7.64)，(7.65)で示され，効率の値も回転式と大差ない．仕切板があるため汚染物質の排気から外気への移行は少ないと考えられる．

(3) 全熱交換器の適用

図 7.48 のように空気線図上では，外気の出口は外気入口①と排気入口②を結んだ線上に外気出口③があり，$\eta = \overline{①③}/\overline{①②}$であるので③点が求められる．実際の設置は図 7.49 のように給気側・排気側にファンとラフフィルタを設けることが望ましい．これらのファンで全熱交換器の抵抗（機種により異なるが面風速 3 m/s で 127〜176 Pa）を処理する．

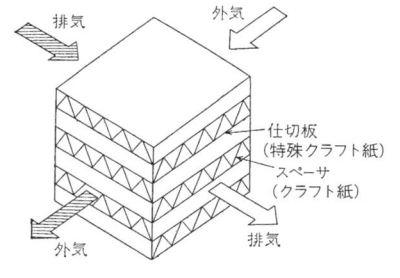

図 7.47 固定式全熱交換器（三菱電機）[55]

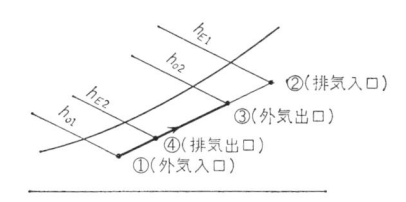

図 7.48 全熱交換器内プロセス（冬季）

図 7.49 は固定式の場合を示したが，回転式の場合は空気の導入方法が上・下に分割してなされるだけで，他の要領は同じである．

全熱交換器は冷房時・暖房時の最小風量を取り扱うが，注意すべきことは中間期または冬季の外気冷房を行うときには全熱交換器を通してはならない．これは排気により外気が加熱加湿されて外気冷房の効果を削減するからである．このため外気冷房を必要とするときは図 7.50 のように，排気・外気ともに全熱交換器をバイパスするようにダクトを設ける．

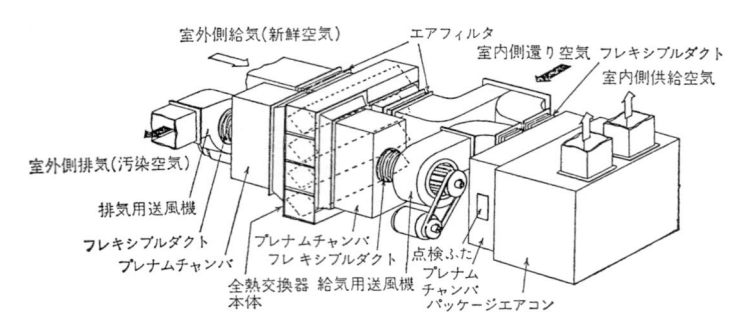

図 7.49 全熱交換器据付法（三菱電機）[55]

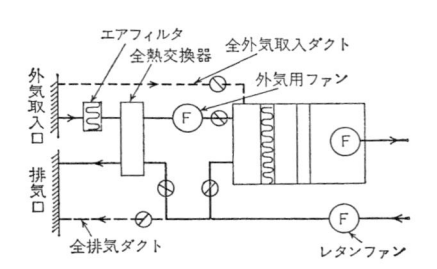

図 7.50 全熱交換器まわりのダクト配置図

7.9.2 顕熱交換器

金属板で製作したロータを回転する回転形のほかに**ヒートパイプ**がある．いずれも顕熱のみの交換のため図 7.51 に示すように水平線上の移動にとどまり，効率は，

$$\eta = \frac{t_{o2}-t_{o1}}{t_{E1}-t_{o1}} \tag{7.66}$$

となる．交換熱量 $C_P G_F(t_{o2}-t_{o1})$ は全熱交換器の交換熱量 $G(h_{o2}-h_{o1})$ に比して小さく一般の空調装置において，室内の排気からの熱回収には，全熱交換器に比較して不利である．したがって，これらの機器は煙道の排ガスからの熱回収，工業用加熱炉からの熱回収など，排気温度が 100°C 以上の場合に適当している．ヒートパイプに関しては単行本[56],[57]の他多数の文献[58],[59]があり，これらを参照されたい．

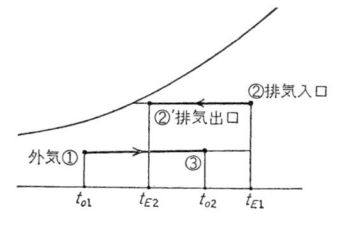

図 7.51 顕熱交換器内プロセス

付　録——冷却コイルの伝熱の式の誘導

（1）乾きコイル

$$dq = K_D(t_a - t_w)\,dS_f \tag{7.67}$$

$$dq = \{\alpha_w + (1/r_1)\}(t_p - t_w)\,dS_w = \{\alpha_w + (1/r_1)\}(t_p - t_w)(dS_f/R) \tag{7.68}$$

$$dq = (1/r_2)(t_B - t_p)\,dS_p \doteqdot (1/r_2)(t_B - t_p)(dS_f/R) \tag{7.69}$$

$$dq = dq_1 + dq_2 \tag{7.70}$$

$$dq_1 = \alpha_f(t_a - t_f)\,dS_f = \alpha_f \phi (t_a - t_B)\,dS_f \tag{7.71}$$

$$dq_2 = \alpha_B(t_a - t_B)\,dS_B \doteqdot \alpha_B(t_a - t_B)(dS_f/R) \tag{7.72}$$

$dq_1 \gg dq_2$ のため $\alpha_B \doteqdot \alpha_f$ とし，上式から t_p，t_B を消去すれば，

$$(t_a - t_w)\,dS_f = \frac{dq}{K_D} = \left\{ \frac{R}{\alpha_w + (1/r_1)} + r_2 R + \frac{1}{\alpha_f\{\phi + (1/R)\}} \right\} \times dq \tag{7.73}$$

$$\therefore \quad \frac{1}{K_D} = \frac{R}{\alpha_w + (1/r_1)} + r_2 R + \frac{1}{\alpha_f\{\phi + (1/R)\}} \tag{7.74}$$

$$\doteqdot \frac{R}{\alpha_w} + (r_1 + r_2)R + \frac{1}{\alpha_f\{\phi + (1/R)\}} \tag{7.75}$$

（2）湿りコイル

エンタルピ $h = a + bt$ なるゆえ $t = (h - a)/b$

$t_w \doteqdot t_p \doteqdot t_B$ として，$a_w \doteqdot a_p \doteqdot a_B$，$b_w \doteqdot b_p \doteqdot b_w$ と考える．

$$dq = K_w(h_a - h_w)\,dS_f \tag{7.76}$$

$$dq = \{\alpha_w + (1/r_1)\}(t_p - t_w)\,dS_w$$
$$= \{\alpha_w + (1/r_1)\}\{(h_p - a_p)/b_p \tag{7.77}$$
$$- (h_w - a_w)/b_w\}\,S_w$$

$$\doteqdot \{\alpha_w + (1/r)\}\{(h_p/b_p) - (h_w/b_w)\}(dS_f/R) \tag{7.78}$$

$$dq = (1/r_2)(t_B - t_p)\,dS_p \doteqdot (1/r_2)\{(h_B/b_B) - (h_p/b_p)\}(dS_f/R) \tag{7.79}$$

$$dq = dq_1 + dq_2 \tag{7.80}$$

表 7.29　記　号　表

h：空気のエンタルピ（kJ/kg）	t：温度（℃）
k_f：ガス側物質移動係数（W/m²h）	α：表面の熱伝達率（W/m²K）
K_D：乾きコイルの熱貫流率（W/m²⊿h）	ϕ：フィン効率
K_w：エンタルピ基準の熱貫流率（W/m²⊿h）	添字 a：空気
q：移動熱量（W）	B：フィンのベース
r_1：管内表面の汚れ係数（m²K/W）	f：フィン
r_2：フィンと管との接触熱抵抗（m²K/W）	p：管
$R = (S_o/S_w)$：内外表面積比	w：水
S：表面積（m²）	

湿りコイルのフィン効率を ϕ' として,

$$dq_1 = k_f \phi'(h_a - h_B) dS_f \tag{7.81}$$

$$dq_2 = k_B(h_a - h_B) dS_B \fallingdotseq k_B(h_a - h_B)(dS_f/R) \tag{7.82}$$

$$\therefore \quad dq = b_B k_f \{\phi' + (1/R)\}\{(h_a/b_B) - (h_B/b_B)\} dS_f \tag{7.83}$$

$b_B \fallingdotseq b_w$ として, 式 $(7.76) \sim (7.83)$ より $(h_p/b_p),\ (h_B/b_B)$ を消去して,

$$\frac{1}{K_w} = \left\{\frac{R}{\alpha_w + (1/r_1)} + r_2 R\right\} b_w + \frac{1}{k_f\{\phi' + (1/R)\}} \tag{7.84}$$

$$\fallingdotseq \left\{\frac{1}{\alpha_w} + (r_1 + r_2)\right\} R b_w + \frac{1}{k_f\{\phi' + (1/R)\}} \tag{7.85}$$

引用文献

1) 空気調和・衛生工学会:空気調和・衛生工学便覧 (改訂第9版), I, 昭50.
2) 建築設備大系2, 機械器具, 自動制御, 昭41.
3) 空気調和・衛生工学会:空気調和・衛生工学便覧 (改訂第10版), I, 昭56.
4) 監修委員会編:建築設備施工マニアル (空調篇), 建築設備士協会, 昭48.
5) 小笠原祥五:建築設備シリーズ3, 空気調和設備の防音と防振, 丸善, 昭42.
6) 井上宇市:空気清浄, Vol. 13, No. 8, p. 42.
7) 編集委員会編:光, 熱, 音, 水, 空気のデザイン, 彰国社, 昭55.
8) 今井隆雄:空衛誌, Vol. 52, No. 3, p. 55.
9) MSA: Technical Report, 1972.
10) 菱和調温 (株) 編:空調衛生技術データブック, 森北出版, 昭56.
11) 日本空気清浄協会:空気清浄ハンドブック, オーム社, 昭56.
12) 委員会報告:空気清浄, Vol. 15, No. 8, 1978.
13) 南野, 藤井:建学講, p. 261, 1977.10.
14) 吉沢 晋:空衛誌, Vol. 52, No. 3, p. 25.
15) 村松 学:空衛誌, Vol. 52, No. 3, p. 39.
16) USDHEW: Minimum Requirements of Construction and Equipments for Hospital and Medical Facilities, DHEW Pub., HRA 79-14500, 1979.
18) 井上, 李, 高井:空衛講, p. 201, 1981.10.
17) 吉田康敏:空調冷凍, Vol. 20, No. 4, 1980.
19) McAdams, W. H.: Heat Transmission, McGraw-Hill, 1954.
20) 新津, 内藤:空衛誌, Vol. 41, No. 6.
21) 新津, 内藤:空衛誌, Vol. 40, No. 5.
22) 日本機械学会:伝熱工学資料, 昭37.
23) 鈴木, 大矢:除湿の実用設計, 共立出版, 昭55.
24) Aerofine Co.: Cooling Coil Bulletine, 1950.
25) Trane Co.: Bulletine, DS-365, 1951.9.
26) 井上宇市:衛工誌, Vol. 30, No. 6, 1956.
27) Carrier Cherne Grant: Modern Air Conditioning, Heating and Ventilating, 3 rd Ed., Pitman, 1959.
28) 石田栄一ほか:空衛誌, Vol. 51, No. 6, pp. 30, 54.
29) 建築設備大系4, 暖房換気空気調和, 彰国社, 昭53.
30) 斎藤, 阿部:食品工業の冷暖房と湿度の調整, 光琳書院, 昭37.
31) First: ASHRAE J., 1961. 3 (古沢訳, 空衛誌, Vol. 36, No. 3).
32) 加湿特集号, 空調冷凍, Vol. 16, No. 5, 1976.

33) Bink Mfg Co.: Bulletine, No. 12.
34) 原井　清：空調冷凍, Vol. 21, No. 4, 1981.
35) 進和貿易：アームストロング加湿器カタログ, 1979.
36) 井上宇市：空衛誌, Vol. 36, No. 1, p. 144.
37) 空気調和・衛生工学会：空気調和・衛生工学便覧（第12版）II, 汎用機器・空調機器編, 平成7.
38) 空気調和・衛生工学会：空気調和・衛生工学便覧, II, 昭50.
39) 田中道一：繊維工業学会誌, Vol. 3, No. 11, 1937.11.
40) 空気調和・衛生工学会：空気調和・衛生工学便覧, II, 昭42.
41) 浅井弘道：空調冷凍, Vol. 2, No. 7, p. 1.
42) 肥田敏雄：空調冷凍, Vol. 2, No. 7, p. 18.
43) 武内哉一：新設備, 1965.3.
44) 肥田敏雄：日本機械学会講習会, 1962.2.
45) 服部　功：空衛誌, Vol. 37, No. 3, 1961.
46) 空気調和・衛生工学会：空気調和・衛生工学便覧, I, 昭42.
47) 武内哉一：空調冷凍, Vol. 2, No. 7, p. 6.
48) 奥田, 村尾：空衛誌, Vol. 54, No. 7, p. 669.
49) 大矢信男：冷凍, Vol. 51, No. 588, p. 54, 1976.
50) バーナインターナショナル：空調冷凍, Vol. 11, No. 3～5, 1971.
51) 吉野, 橋本：空調冷凍, Vol. 16, No. 1, 1976.
52) バーナインターナショナル：エコノベントカタログ.
53) Fisher, D. R., et al.: ASHRAE Trans., Vol. 81, No. 2, 1975.
54) 東洋製作所：ヒートレックカタログ, 1980.
55) 三菱電気：ロスナイカタログ, 1977.
56) Chi, S. W.（大島ほか訳）：ヒートパイプの反論と応用, JATEC出版, 昭53.
57) 大島ほか：ヒートパイプ工学, 朝倉書店, 昭54.
58) 浅野裕一郎, 他：冷凍, Vol. 50, No. 11, 1980.
59) 金井富義：空調冷凍, Vol. 20, No. 11, p. 101.

8 ダクト設備

8.1 ダクトの抵抗

8.1.1 静圧と動圧

流体が管内を流れるとき,次のベルヌーイの法則が成立する.

$$p_1 + \frac{v_1^2}{2}\rho + Z_1\rho g = p_2 + \frac{v_2^2}{2}\rho + Z_2\rho g + \Delta p_e \tag{8.1}$$

1,2は断面1,2に対するものであることを示す.

p:**静圧**(static pressure)(Pa) $\qquad v$:流体の速度(m/s)
Z:中心線の高さ(m) $\qquad \rho$:流体の密度(kg/m³)
Δp_e:摩擦などによる圧力損失(Pa) $\qquad g$:重力加速度(m/s²)

$\dfrac{v^2}{2}\rho$ を**動圧**(velocity pressure)(p_v)とよび,$p+\dfrac{v^2}{2}\rho$ を**全圧**(total pressure)とよぶ.

空気を通すダクト設備においては一般に次式が成立する*.

$$p_1' + \frac{v_1^2}{2}\rho = p_2' + \frac{v_2^2}{2}\rho + \Delta p_e \tag{8.2}$$

ここで p' は断面の中心と同じ高さの外部空気圧を基準としてはかった静圧.

---

* ダクト設備においては内部の静圧 p をその高さにおける外部の空気圧 p_o を基準としてはかる場合が多く,このときの圧力を p' とすれば,

$$p_1 - p_2 = p_{o1} - p_{o2} + p_1' - p_2' = (Z_1 - Z_2)(\rho_o - \rho_1)g + p_1' - p_2' \tag{8.4}$$

ここで γ_o は外部の空気の密度.式(8.4)を式(8.1)に代入して,

$$p_1' + \frac{v_1^2}{2}\rho = p_2' + \frac{v_2^2}{2}\rho + (Z_1 - Z_2)(\rho_o - \rho_1)g + \Delta p_e \tag{8.5}$$

$$(Z_1 - Z_2)(\rho_o - \rho_1)g \fallingdotseq 0$$

とすれば式(8.5)は式(8.2)となる.

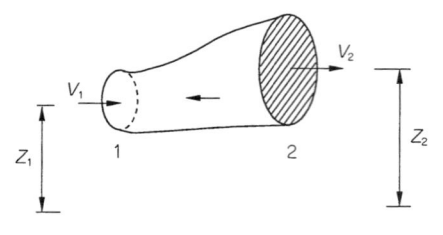

図 8.1

標準空気（1 気圧，20°C）は $\rho=1.20\,\mathrm{kg/m^3}$ であるから，

$$p_v(\mathrm{Pa}) = \frac{v^2}{2}\rho = 0.6v^2 \tag{8.3}$$

式（8.2）の Δp_e はダクト途中の圧力損失であってこれは直線部分の摩擦抵抗 Δp_f と曲り，分岐点などにおける抵抗 Δp_d の和となる．

すなわち，

$$\Delta p_e = \Delta p_f + \Delta p_d \tag{8.6}$$

8.1.2　直線ダクトの摩擦抵抗

$$\Delta p_f = \lambda \frac{l}{d} \cdot \frac{v^2}{2}\rho \tag{8.7}$$

$$\lambda = 0.0055\left\{1 + \left(20\,000\frac{\varepsilon}{d} + \frac{10^6}{Re}\right)^{1/3}\right\} \tag{8.8}$$

$$Q = \frac{\pi}{4}d^2 v \times 3\,600 \tag{8.9}$$

ここに，Δp_f：直線ダクトの摩擦抵抗（Pa）　　λ：摩擦係数
　　　　l, d：ダクトの長さ（m），径（m）　　v：平均風速（m/s）
　　　　ρ：空気の密度（kg/m³）　　　　　　Q：風量（m³/h）
　　　　$Re = \dfrac{vd}{\nu}$：レイノルズ数　　　　ε：等価粗さ（m）（表 8.1）
　　　　ν：空気の動粘性係数 $= 0.15 \times 10^{-4}$（m²/s）

λ は Re と ε/d により図8.2 より求める．図 8.2 は Moody の線図といわれ，ダクトばかりでなく，給水管・油管など，すべての流体輸送管に応用できる．

式（8.8）は Moody の求めた略算式[1]で $Re = 10^4 \sim 10^7$ の範囲にわたって正解（図 8.2 に記入した式）に対して数％の誤差を生じる．13 章の付図の作成のための λ は図 8.2 より読んだ値を用いた．ε はダクト内面の凹凸の平均高さ（m）をいい，これを等価粗さまたは粗度とよび表 8.1 に示す．

13 章の付図は $\varepsilon = 0.18\,\mathrm{mm}$ すなわち内面に多少凹凸のある鉄板ダクトに標準空気（1 気圧，20°C，$\rho = 1.20\,\mathrm{kg/m^3}$）を通す場合のダクト長 1 m 当たりの抵抗（Pa）と風量（m³/h）の関係より直径 d（cm）または風速 v（m/s）を求める図である．ダ

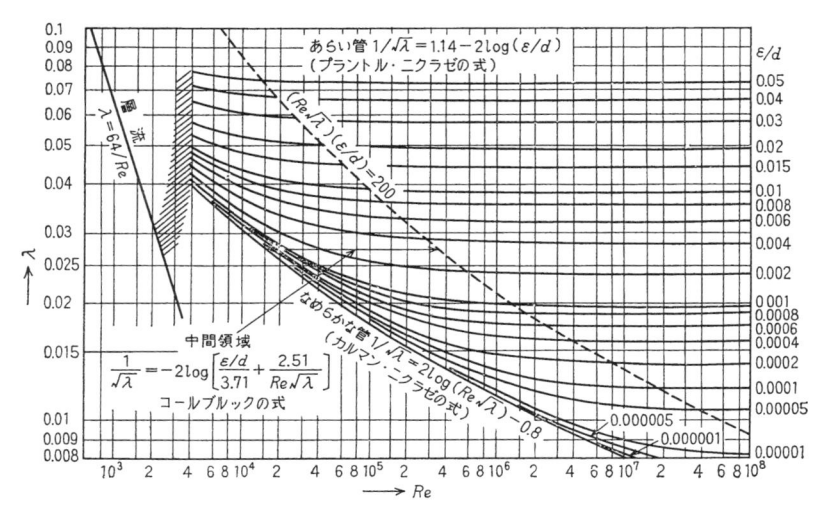

図 8.2 ムーディ (Moody) の線図[1]

表 8.1 等価粗さ ε (mm) (Richter)[2],[3]

亜鉛鉄板ダクト	0.15	ガラス管・銅管	0.0015
フレキシブルダクト	0.6〜0.8	塩ビ管・ポリエチレン管	0.007
亜鉛めっき鋼管	0.15	コンクリートダクト	1.0〜3.0
さびた鋼管	1.0〜3.0	レンガ製ダクト	3.0〜5.0

表 8.2 粗面ダクトの補正係数 k_1 (ASHRAE, 1977)[4]

ダクト内面	例	風速 (m/s)			
		5	10	15	20
特に粗いとき	コンクリート仕上	1.7	1.8	1.85	1.9
粗いとき	モルタル仕上	1.3	1.35	1.35	1.37
特に滑かなとき	引抜鋼管, ビニル管	0.92	0.85	0.82	0.80

クトの材料が鉄板以外の場合は表 8.2 の係数 k_1 を同図より求めた抵抗に掛ける．本表は径 1.00 m のときでこれより径が小なるときは k_1 は増加し大なるときは k_1 は減少する．

空気の密度 ρ が 1.20 (kg/m³) 以外の場合は次の k_2 を掛ける．

$$k_2 = \frac{\rho}{1.20} \tag{8.10}$$

空気の気圧の変化は大気圧 ±5 kPa 程度ならば補正の必要はない．

長方形ダクト (長辺 a, 短辺 b) の場合は次式よりこれと等しい抵抗を有する円形ダクト (直径 d_e) の抵抗に換算する．a/b の比をアスペクト比とよぶ．

$$d_e = 1.3\left\{\frac{(ab)^5}{(a+b)^2}\right\}^{1/8} \tag{8.11}$$

表13.14は a, b より相当直径 d_e を求める表である．

8.1.3 局 部 抵 抗

(1) 全圧基準の局部抵抗係数

ダクトの曲り，分岐管その他の異形部分においては渦流によるエネルギ消費の結果，圧力損失を生ずるが，これを個別抵抗または局部抵抗（local resistance）（全圧基準）ΔP_T という．ΔP_T は次式で求めることができる．

$$\Delta P_T = \zeta \frac{v^2}{2}\rho \tag{8.12}$$

ここに，ΔP_T：局部抵抗（全圧基準）（Pa）　　　v：風速（m/s）
　　　　ρ：空気の密度（kg/m³）　　　　　　ζ：局部抵抗係数

曲り部分の局部抵抗はそれと等しい抵抗を生ずるような直線ダクトの長さにおきかえることができる．この直線ダクトの長さを局部抵抗の相当長とよぶ．これを l'（m）で表し，円形ダクトの直径を d，長方形ダクトの長辺の長さを a とすれば l'/d または l'/a を相当長比という．

$$\zeta \frac{v^2}{2}\rho = \lambda \frac{l'}{d}\cdot\frac{v^2}{2}\rho \tag{8.13}$$

または，

$$\frac{l'}{d} = \frac{\zeta}{\lambda} \tag{8.14}$$

すなわち相当長比は ζ に比例し λ に反比例する．

表8.3に各種の局部抵抗における l'/d の値または ζ の値を示す．この局部抵抗は全圧基準の値であって，本図を用いて計算すれば静圧再取得の値は考慮しなくてもよい．

吹出口・加熱コイル・冷却コイル・フィルタなどは大きい抵抗を生ずるからこれらの抵抗を追加して全抵抗を求めねばならない．

(2) 静圧基準の局部抵抗

静圧基準の局部抵抗 Δp_e を用いる場合で，上流下流の風速が変わるときはベルヌーイの法則により，

$$p_2 = p_1 + \left(\frac{v_1^2}{2}\rho - \frac{v_2^2}{2}\rho\right) - \Delta p_e \tag{8.15}$$

となるため，圧力損失は動圧の差の分だけ誤差を生じる．したがって静圧基準の場合は，この動圧の差も考慮に入れなくてはならない．実際に静圧基準の局部抵抗を用いてダクトの設計を行う場合は，動圧の誤差の分を

$$p_2 - p_1 = k\left(\frac{v_1^2}{2}\rho - \frac{v_2^2}{2}\rho\right) \tag{8.16}$$

8.1 ダクトの抵抗

表 8.3 局部抵抗係数の値（全圧基準）[7]

(1) 曲りの局部抵抗係数

名称文献	図	計算式	局部抵抗係数 ζ
円形ダクトエルボ[8]（成形）		$\Delta P_T = \zeta \dfrac{v_0^2}{2}\rho$ $\zeta = \zeta' K_\theta$	$\theta=90°$のときζ | r/D | 0.5 | 0.75 | 1.0 | 1.5 | 2.0 | 2.5 | | ζ | 0.71 | 0.33 | 0.22 | 0.15 | 0.13 | 0.12 | $\theta=90°$以外の場合：$\zeta' \times K_\theta$ | $\theta[°]$ | 0 | 20 | 30 | 45 | 60 | 75 | 90 | 110 | 130 | 150 | 180 | | K_θ | 0 | 0.31 | 0.45 | 0.60 | 0.78 | 0.90 | 1.00 | 1.13 | 1.20 | 1.28 | 1.40 |
長方形のエルボ[8]（ベーンなし）	$r/W=0.5$	$\Delta P_T = \zeta \dfrac{v_0^2}{2}\rho$ $\zeta = \zeta' K_\theta K_{Re}$ $\left(Re=\dfrac{v_0 D}{\nu}\right)$	ζ′ の表 | r/W \\ H/W | 0.25 | 0.5 | 0.75 | 1.0 | 1.5 | 2.0 | 3.0 | 4.0 | 5.0 | 6.0 | 8.0 | | 0.5 | 1.3 | 1.3 | 1.2 | 1.2 | 1.1 | 1.0 | 1.0 | 1.1 | 1.1 | 1.2 | 1.2 | | 0.75 | 0.57 | 0.52 | 0.48 | 0.44 | 0.40 | 0.39 | 0.39 | 0.40 | 0.42 | 0.43 | 0.44 | | 1.0 | 0.27 | 0.25 | 0.23 | 0.21 | 0.19 | 0.18 | 0.18 | 0.19 | 0.20 | 0.21 | 0.21 | | 1.5 | 0.22 | 0.20 | 0.19 | 0.17 | 0.15 | 0.14 | 0.14 | 0.15 | 0.16 | 0.17 | 0.17 | | 2.0 | 0.20 | 0.18 | 0.16 | 0.15 | 0.14 | 0.13 | 0.13 | 0.14 | 0.14 | 0.15 | 0.15 | K_θ | $\theta[°]$ | 0 | 20 | 30 | 45 | 60 | 75 | 90 | 110 | 130 | 150 | 180 | | K_θ | 0 | 0.31 | 0.45 | 0.60 | 0.78 | 0.90 | 1.00 | 1.13 | 1.20 | 1.28 | 1.40 | K_{Re}（$Re\times 10^{-4}$） | r/W | 1 | 2 | 3 | 4 | 6 | 8 | 10 | 14 | ≥20 | | 0.5 | 1.40 | 1.26 | 1.19 | 1.14 | 1.09 | 1.06 | 1.04 | 1.0 | 1.0 | | ≥0.75 | 2.0 | 1.77 | 1.64 | 1.56 | 1.46 | 1.38 | 1.30 | 1.15 | 1.0 |
ベーン付き長方形直角エルボ[8]（小型ベーン）		$\Delta P_T = \zeta \dfrac{v_0^2}{2}\rho$	| No. | r[mm] | s[mm] | L[mm] | ζ | | 1 | 50 | 40 | 20 | 0.12 | | 2 | 115 | 60 | 0 | 0.15 | | 3 | 115 | 80 | 40 | 0.18 | ベーンに伸長エッジがない場合，損失は単一エルボではあまり増加しないが，連続エルボとすると相当増加する．
吸音ボックス[9]（1方向吹出し）	25mm グラスウール内張り	$\Delta P_T = \zeta \dfrac{v_0^2}{2}\rho$	$\zeta = 1.40\left(\dfrac{a}{L}\right)^{0.83}\times\left(\dfrac{H}{L}\right)^{-0.53}$

(2) 断面変化による局部抵抗係数

円形ダクトとの漸拡大と急拡大，円形ダクトの漸縮小と急縮小[8]

図: $A_0/A_1 < 1$ および $A_0/A_1 > 1$（v_0, A_0, θ, v_1, A_1）

計算式: $\Delta P_\mathrm{T} = \zeta \dfrac{v_0^2}{2}\rho$

局部抵抗係数 ζ

A_0/A_1	$\theta[°]$									
	10	15	20	30	45	60	90	120	150	180
0.06	0.21	0.29	0.38	0.60	0.84	0.88	0.88	0.88	0.88	0.88
0.1	0.21	0.28	0.38	0.59	0.76	0.80	0.83	0.84	0.83	0.83
0.25	0.16	0.22	0.30	0.46	0.61	0.68	0.64	0.63	0.62	0.62
0.5	0.11	0.13	0.19	0.32	0.33	0.33	0.32	0.31	0.30	0.30
1	0	0	0	0	0	0	0	0	0	0
2	0.20	0.20	0.20	0.20	0.22	0.24	0.48	0.72	0.96	1.0
4	0.80	0.64	0.64	0.64	0.88	1.1	2.7	4.3	5.6	6.6
6	1.8	1.4	1.4	1.4	2.0	2.5	6.5	10	13	15
10	5.0	5.0	5.0	5.0	6.5	8.0	19	29	37	43

円形/長方形ダクトの漸拡大と急拡大[8]

計算式: $\Delta P_\mathrm{T} = \zeta \dfrac{v_0^2}{2}\rho$

局部抵抗係数 ζ

A_0/A_1	$\theta[°]$									
	10	15	20	30	45	60	90	120	150	180
0.06	0.26	0.27	0.40	0.56	0.71	0.86	1.00	0.99	0.98	0.98
0.1	0.24	0.26	0.36	0.53	0.69	0.82	0.93	0.93	0.92	0.91
0.25	0.17	0.19	0.22	0.42	0.60	0.68	0.70	0.69	0.67	0.66
0.5	0.14	0.13	0.15	0.24	0.35	0.37	0.38	0.37	0.36	0.35
1	0	0	0	0	0	0	0	0	0	0
2	0.23	0.20	0.20	0.20	0.24	0.28	0.54	0.78	1.0	1.1
4	0.81	0.64	0.64	0.64	0.88	1.1	2.8	4.4	5.7	6.6
6	1.8	1.4	1.4	1.4	2.0	2.5	6.6	10	13	15
10	5.0	5.0	5.0	5.0	6.5	8.0	19	29	37	43

$A_0/A_1 > 1$ の場合は上段より推定

長方形ダクトの一軸方向漸拡大[8]

計算式: $\Delta P_\mathrm{T} = \zeta \dfrac{v_0^2}{2}\rho$

局部抵抗係数 ζ

A_0/A_1	$\theta[°]$									
	10	15	20	30	45	60	90	120	150	180
0.06	0.26	0.27	0.40	0.56	0.71	0.86	1.00	0.99	0.98	0.98
0.1	0.24	0.26	0.36	0.53	0.69	0.82	0.93	0.93	0.92	0.91
0.25	0.17	0.19	0.22	0.42	0.60	0.68	0.70	0.69	0.67	0.66
0.5	0.14	0.13	0.15	0.24	0.35	0.37	0.38	0.37	0.36	0.35
1	0	0	0	0	0	0	0	0	0	0
2	0.23	0.20	0.20	0.20	0.24	0.28	0.54	0.78	1.0	1.1
4	0.81	0.64	0.64	0.64	0.88	1.1	2.8	4.4	5.7	6.6
6	1.8	1.4	1.4	1.4	2.0	2.5	6.6	10	13	15
10	5.0	5.0	5.0	5.0	6.5	8.0	19	29	37	43

$A_0/A_1 > 1$ の場合は上段より推定

長方形ダクトの変形[10]

計算式: $\Delta P_\mathrm{T} = \zeta \dfrac{v_0^2}{2}\rho$

$0 < 14°$　$\zeta = 0.15$

8.1 ダクトの抵抗

名称文献	図	計算式	局部抵抗係数 ζ							
長方形ダクトの漸縮小と急縮小[11]	(図)	$\Delta P_T = \zeta \dfrac{v_0^2}{2}\rho$	A_0/A_1	\multicolumn{7}{c}{$\theta[°]$}

A_0/A_1	10	15〜40	50〜60	90	120	150	180
2	0.05	0.05	0.06	0.12	0.18	0.24	0.26
4	0.05	0.04	0.07	0.17	0.27	0.35	0.41
6	0.05	0.04	0.07	0.18	0.28	0.36	0.42
10	0.05	0.05	0.08	0.19	0.29	0.37	0.43

(3) 分流による局部抵抗係数

円形ダクトの分流（直角円すい形取出し）[8]

計算式: $\Delta P_T = \zeta \dfrac{v_1^2}{2}\rho$

ζ：①→③

v_3/v_1	0	0.2	0.4	0.6	0.8	1.0	1.2	1.4	1.6	1.8	2.0
ζ	1.0	0.85	0.74	0.62	0.52	0.42	0.36	0.32	0.32	0.37	0.52

ζ：①→②

v_2/v_1	0	0.1	0.2	0.3	0.4	0.5	0.6	0.8	1.0
ζ	0.40	0.32	0.26	0.20	0.14	0.10	0.06	0.02	0

円形ダクトの分流[8]（コニカル45°斜め取出し）

計算式: $\Delta P_T = \zeta \dfrac{v_1^2}{2}\rho$

ζ：①→③

v_3/v_1	0	0.2	0.4	0.6	0.8	1.0	1.2	1.4	1.6	1.8	2.0
ζ	1.0	0.84	0.61	0.41	0.27	0.17	0.12	0.12	0.14	0.18	0.27

ζ：①→②

v_2/v_1	0	0.1	0.2	0.3	0.4	0.5	0.6	0.8	1.0
ζ	0.40	0.32	0.26	0.20	0.14	0.10	0.06	0.02	0

角ダクトの分流[12]（割込み分岐）

計算式: $\Delta P_T = \zeta \dfrac{v_1^2}{2}\rho$

ζ：①→②

v_2/v_1	0.2	0.4	0.6	0.8	1.0	1.2	1.4	1.6
ζ	0.249	0.112	0.05	0.063	0.15	0.31	0.547	0.856

ζ：①→③

x	0.2	0.4	0.6	0.8	1.0	1.2	1.4	1.6
ζ	0.256	0.12	0.072	0.112	0.24	0.456	0.76	1.152

ただし，$x = \left(\dfrac{a}{b}\right)^{2/4} \times (v_3/v_1)$

長方形ダクトより45°テーパ付き長方形ダクト分岐[8]

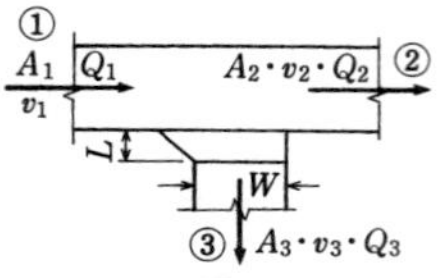

図: A_1, Q_1, v_1 → A_2, v_2, Q_2; 分岐 W, v_3, A_3, Q_3; $L=0.25W, 75\text{mm}$; $A_1=A_2$

計算式: $\Delta P_T = \zeta \dfrac{v_1^2}{2} \rho$

$\zeta : ① \rightarrow ③$

v_3/v_1	Q_3/Q_1								
	0.1	0.2	0.3	0.4	0.5	0.6	0.7	0.8	0.9
0.2	0.91								
0.4	0.81	0.79							
0.6	0.77	0.72	0.70						
0.8	0.78	0.73	0.69	0.66					
1.0	0.78	0.98	0.85	0.79	0.74				
1.2	0.90	1.11	1.16	1.23	1.03	0.86			
1.4	1.19	1.22	1.26	1.29	1.54	1.25	0.92		
1.6	1.35	1.42	1.55	1.59	1.63	1.50	1.31	1.09	
1.8	1.44	1.50	1.75	1.74	1.72	2.24	1.63	1.40	1.17

$\zeta : ① \rightarrow ②$

v_2/v_1	0	0.1	0.2	0.3	0.4	0.5	0.6	0.8	1.0
ζ	0.40	0.32	0.26	0.20	0.14	0.10	0.06	0.02	0

(4) 合流による局部抵抗係数

長方形ダクトの合流[12]（浅い割込み合流）

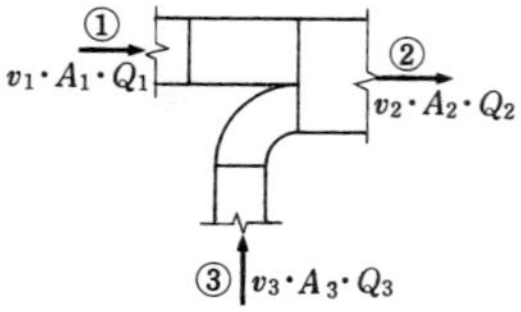

図: ① $v_1 \cdot A_1 \cdot Q_1$ → ② $v_2 \cdot A_2 \cdot Q_2$; ③ $v_3 \cdot A_3 \cdot Q_3$

計算式: $\Delta P_T = \zeta \dfrac{v_2^2}{2} \rho$

$\zeta : ① \rightarrow ②$

A_1/A_2	v_1/v_2					
	0.4	0.6	0.8	1.0	1.2	1.5
0.75	−1.2	−0.3	−0.35	0.8	0.1	—
0.67	−1.7	−0.9	−0.3	0.1	0.45	0.7
0.60	−2.1	−1.3	−0.8	0.4	0.1	0.2

$\zeta : ③ \rightarrow ②$

v_1/v_2	0.4	0.6	0.8	1.0	1.2	1.5
ζ	−1.3	−0.9	−0.5	0.1	0.55	1.4

長方形ダクトと長方形ダクトの合流[8]（直角取付け）

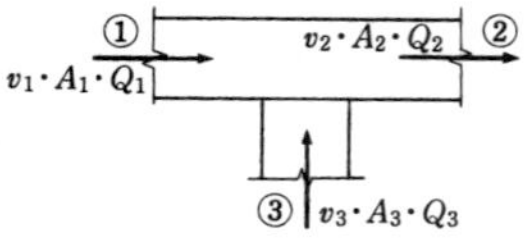

図: ① $v_1 \cdot A_1 \cdot Q_1$ → ② $v_2 \cdot A_2 \cdot Q_2$; ③ $v_3 \cdot A_3 \cdot Q_3$

計算式: $\Delta P_T = \zeta \dfrac{v_2^2}{2} \rho$

A_3/A_1	A_1/A_2	A_3/A_2
0.5	1.0	0.5

$\zeta : ③ \rightarrow ②$

v_2 [m/s]	Q_3/Q_2									
	0.1	0.2	0.3	0.4	0.5	0.6	0.7	0.8	0.9	1.0
<6	−0.75	−0.53	−0.03	0.33	1.03	1.10	2.15	2.93	4.18	4.78
>6	−0.69	−0.21	−0.23	0.67	1.17	1.66	2.67	3.36	3.93	5.13

$\zeta : ① \rightarrow ②$

Q_1/Q_2	0	0.1	0.2	0.3	0.4	0.5	0.6	0.7	0.8	0.9	1.0
ζ	0	0.16	0.27	0.38	0.46	0.53	0.57	0.59	0.60	0.59	0.55

8.1 ダクトの抵抗

名称文献	図	計算式	局部抵抗係数 ζ										
長方形ダクトより45°傾斜をもつ長方形ダクトの合流[8]	①→$v_1\cdot A_1\cdot Q_1$ $v_2\cdot A_2\cdot Q_2$→② ③↑$v_3\cdot A_3\cdot Q_3$ $L=0.25W, 75mm$	$\Delta P_T=\zeta\dfrac{v_2^2}{2}\rho$	A_3/A_1		0.5		A_1/A_2	1.0		A_3/A_2		0.5	
			ζ: ③→②										
			v_2 [m/s]	Q_3/Q_2									
				0.1	0.2	0.3	0.4	0.5	0.6	0.7	0.8	0.9	1.0
			<6	−0.83	−0.68	−0.30	0.28	0.55	1.03	1.50	1.93	2.50	3.03
			>6	−0.72	−0.52	−0.23	0.34	0.76	1.14	1.83	2.01	2.90	3.63
			ζ: ①→②										
			Q_1/Q_2	0	0.1	0.2	0.3	0.4	0.5	0.6	0.7	0.8	0.9	1.0
			ζ	0	0.16	0.27	0.38	0.46	0.53	0.57	0.59	0.60	0.59	0.55

(5) 分流・合流による局部抵抗係数

名称文献	図	計算式	局部抵抗係数 ζ		
長方形ダクトの割込み合流・分流[8]	$r/W_c=1.5$ $Q_3/Q_1=Q_2/Q_1=0.5$ (90°割込み図)	$\Delta P_T=\zeta\dfrac{v_1^2}{2}\rho$	ζ: 合流②・③→①		
			A_3/A_1 または A_2/A_1	0.50	1.0
			ζ	0.23	0.07
			ζ: 分流①→②・③		
			A_3/A_1 または A_2/A_1	0.50	1.0
			ζ	0.30	0.25

(6) 管出口の局部抵抗係数

名称文献	図	計算式	局部抵抗係数 ζ		
打抜き鉄板吹出し口	v_0:面風速 自由面積比 = $\dfrac{孔面積}{ab}$	$\Delta P_T=\zeta\dfrac{v_0^2}{2}\rho$	v_0 [m/s]	自由面積比	
				0.2	0.4	0.6
			0.5	30	6.0	2.3
			1.0	33	6.8	2.7
			1.5	36	7.4	3.0
			2.0	39	7.8	3.2
			2.5	40	8.3	3.4
			3.0	41	8.6	3.7

(7) 管入口の局部抵抗係数

名称文献	図	計算式	局部抵抗係数 ζ				
吸込み口[13] (木製ルーバ)		$\Delta P_T=\zeta\dfrac{v_0^2}{2}\rho$	A_0/A_1	0.5	0.6	0.7	0.8	0.9
			ζ	4.5	3.0	2.1	1.4	1.0
吸込み口[14] (打抜き鉄板)		$\Delta P_T=\zeta\dfrac{v_0^2}{2}\rho$	自由面積比	0.2	0.4	0.6	0.8
			ζ	35.0	7.6	3.0	1.2

名称文献	図	計算式	局部抵抗係数 ζ				
円形フード[15]	(円形)	$\Delta P_\mathrm{T} = \zeta \dfrac{v_0^2}{2}\rho$	$\theta[°]$	20	40	60	90
			ζ	0.02	0.03	0.05	0.11
短フード[15]		$\Delta P_\mathrm{T} = \zeta \dfrac{v_0^2}{2}\rho$	$\theta[°]$	20	40	60	90
			ζ	0.13	0.08	0.12	0.19

(8) ダクト内障害物による局部抵抗係数

名称文献	図	計算式	局部抵抗係数 ζ								
長方形ダクト内平行翼ダンパ[8]	$L/R = \dfrac{NW}{2(H+W)}$ N：羽根枚数 R：ダクトの周長[mm] L：羽根の総長[mm]	$\Delta P_\mathrm{T} = \zeta \dfrac{v_0^2}{2}\rho$	L/R	$\theta[°]$						
				0	10	20	30	40	50	60	70
			0.3	0.52	0.79	1.4	2.3	5.0	9	14	32
			0.4	0.52	0.85	1.5	2.4	5.0	9	16	38
			0.5	0.52	0.92	1.5	2.4	5.0	9	18	45
			0.6	0.52	0.92	1.5	2.4	5.4	9	21	45
			0.8	0.52	0.92	1.5	2.5	5.4	9	22	55
			1.0	0.52	1.0	1.6	2.6	5.4	10	24	65
			1.5	0.52	1.0	1.6	2.7	5.4	10	28	102
円形ダクト内のバタフライダンパ[8]		$\Delta P_\mathrm{T} = \zeta \dfrac{v_0^2}{2}\rho$	D/D_0	$\theta[°]$								
				0	10	20	30	40	50	60	70	75	80	85
			0.5	0.19	0.27	0.37	0.49	0.61	0.74	0.86	0.96	0.99	1.0	1.0
			0.6	0.19	0.32	0.48	0.69	0.94	1.2	1.5	1.7	1.8	1.9	1.9
			0.7	0.19	0.37	0.64	1.0	1.5	2.1	2.8	3.5	3.7	3.9	4.1
			0.8	0.19	0.45	0.87	1.6	2.6	4.1	6.1	8.4	9.4	10	10
			0.9	0.19	0.54	1.2	2.5	5.0	9.6	17	30	38	45	50
			1.0	0.19	0.67	1.8	4.4	11	32	113	—	—	—	—

として考慮する．この右辺の値を静圧再取得（static pressure regain, 略して SPR）とよぶ．k の値は Δp_e により変わるが一般に 50～80% を取る．

このように静圧基準の局部抵抗を用いると静圧再取得を考慮する必要があり計算が複雑になるが，全圧基準の局部抵抗を用いると計算は例題 8.1 のように簡単となる．

8.2 ダクトの設計法

8.2.1 ダクトの設計における留意点

空気は水と比べると熱容量が小さく，しかも圧縮性の流体であることから水搬送と比較して搬送効率が劣る．したがって搬送抵抗を少なくする工夫が省エネルギの上か

ら大切である．また過大な局部抵抗は騒音や振動の発生の原因にもなるので好ましくない．アスペクト比も適正な範囲内でダクトを選定しないと経済的にも不利となる．これらのためには以下の点に配慮する必要がある．

（a）　空調機はできるだけ負荷の近くに配置するとともに合理的ダクトルートを計画する．

（b）　高速ダクトで計画する場合を除いて表8.4に示す推奨風速以内で設計する．

（c）　曲りの部分はなるべく大きい曲率半径 R を取る．$R/a=1.5\sim2.0$ が最も一般的に用いられる（a はダクト長辺の長さ）．R/a が1.5以内の場合はガイドベーンを設けて抵抗を小さくする．ガイドベーンの寸法に関しては8.4.3（4）を参照する．

（d）　ダクトの拡大の部分の角度はなるべく 20° 以下とする．

（e）　縮小部分の角度はなるべく 45° 以内とする．

（f）　ダクト断面のアスペクト比はなるべく6より小とし，特に10以上になることを避ける．

8.2.2　等圧法によるダクト設計法

ダクトの設計は一般に等圧法で行われている．等圧法は正確には等摩擦法（equal friction method）とよばれ，わが国では定圧法ともいわれている．この方法はダクトの最遠端，または最も抵抗の大きい経路（これを主経路 index circuit とよぶ）について同じ圧力損失 R_D の値で設計する．

（I）　低速ダクトの設計法

低速ダクトにおいては $R_D=0.8\sim1.5\,\mathrm{Pa/m}$（平均 $1.0\,\mathrm{Pa/m}$）に取ることが多い．またダクトの最大風速は騒音発生やダクト強度の点から表8.4のように制限があり，多くの場合風量が $10\,000\,\mathrm{m^3/h}$ を超える部分は風速で，これ以下の部分は圧力降下で決められる．13章の付図に示す抵抗線図の線はこのような制限で記入したもので著者の試案である．図の一点鎖線は工場その他の騒音に対して制限のない場合，二点鎖線は一般の建物，点線は住宅，音楽堂など騒音の制限の厳しい場合に用いる．

表8.5には機器における許容風速を示す．本表の風速はいずれも面風速（face velocity）で，これは風量（$\mathrm{m^3/s}$）を高さと幅の積（前面積とよぶ）で割ったものである．

表 8.4　ダクトおよび機器内風速（低速ダクト）（ASHRAE Handbook, 1972）[6]

	推奨風速 (m/s)			最大風速 (m/s)		
	住　宅	公共建物	工　場	住　宅	公共建物	工　場
ファン吸込口	3.5	4.0	5.0	4.5	5.0	7.0
ファン吐出口	5〜8	6.5〜10	8〜12	8.5	7.5〜11	8.5〜14
主　ダクト	3.5〜4.5	5〜6.5	6〜9	4〜6	5.5〜8	6.5〜11
分岐ダクト	3	3〜4.5	4〜5	3.5〜5	4〜6.5	5〜9
分岐立上りダクト	2.5	3〜3.5	4	3.25〜4	4〜6	5〜8

表 8.5　機器回りの風速 (m/s)（ASHRAE Handbook, 1977)[4]

空気取入ルーバ	風量 12 000 m³/h 以上	2.0
同上	風量 3 000 m³/h 以下	1.4
排気がらり	風量 12 000 m³/h 以上	2.5
同上	風量 3 000 m³/h 以下	1.6
加熱コイル	最低 1～最高 7.5（一般に	2.5～3.0)
冷却コイル	エリミネータなし	2.5 以下
	エリミネータ付	3～3.5
風量制御ダンパ		4～6
一般のエアワッシャ		2～3

（2）高速ダクトの設計法

4.3.2 (1) で述べた通り高速ダクト方式はファン動力が過大になり，省エネルギの点から好ましくない．しかし工業用排気ダクトや排煙ダクトには今後も用いられることがあるので，ここにその設計法を述べる．

高速ダクトにあっては主ダクトの風速を $20\sim30\,\mathrm{m/s}$ に取る（表 8.6 参照）．風速を大にすればダクトの抵抗が増すから送風機の静圧は大となり，したがって動力費がふえる．ダクト内の風速を $30\,\mathrm{m/s}$ 以上に上げることは技術的にはさしたる困難はないが動力費の増額の点から著しく不経済になる．高速ダクト方式にあっても，返りダクトと空調機は低速の方式と同じ風速をとる．ダクト自体の設

表 8.6　高速式の送風ダクト内の許容風量 (Shataloff)[17]

風量 (m³/h)	最大許容風速 (m/s)
5 000～ 10 000	12.5
10 000～ 17 000	17.5
17 000～ 25 000	20
25 000～ 40 000	22.5
40 000～ 70 000	25
70 000～100 000	30

〔注〕送風ダクト以外は表 8.4 に準ずる．

計方法は既述の低速ダクトの方法をそのまま用いてよい．一般的に高速ダクトを定圧法で設計する場合は圧力損失を $10\,\mathrm{Pa/m}$ 前後に抑えて行う．

空調用に用いる高速ダクトにあってはファンおよびダクトの発生騒音が大きいから，これを消音するため各吹出口直前には消音ボックスを設ける．消音ボックスの入口側には圧力調整用ダンパを設けてダクト内の高い圧力を適当に減圧して吹き出す考慮が必要となる．

高速ダクト内で渦流が発生すると，これに伴って騒音が発生し，ダクトの鉄板を通してこの騒音がもれ室内の騒音レベルが高くなる．したがって高速ダクトの曲りや分岐はなるべくスムーズなカーブを取り，渦流の発生をできるだけ少なくする考慮が必要である．また特に静粛な室を通過する場合はダクト自体を遮音する必要がある．

工場排気ダクトや排煙ダクトは騒音のことは考えなくてよいので，上記の考慮は必要ない．

【例題 8.1】図 8.3 のような一般建築に設けられたダクトの大きさを決定し，送風機の必要静圧を求める．

〔解〕（a）まずダクトの大きさを決定する．一般建築においては 13 章の付図の二

点鎖線によって設計する．

例えば，ZA 間に対しては $Q=18\,000\,\mathrm{m^3/h}$ で，$v=8\,\mathrm{m/s}$，$R=0.67\,\mathrm{Pa/m}$，$d=88$ cm となる．円形ダクトの場合は直径 88 cm を用いるが，この場合は天井ふところ（はり下から天井仕上材上端までのスペース）の寸法からダクトの高さを 40 cm に抑えられるとして表 13.14 から 88 cm ϕ に対する長方形ダクトとして 185×40 cm の寸法を選ぶ．断面積 A, 実風速 v_a は，

$$A=1.85\times0.40=0.74\,\mathrm{m^2}$$
$$v_a=18\,000/(0.74\times3\,600)=6.76\,\mathrm{m/s}$$

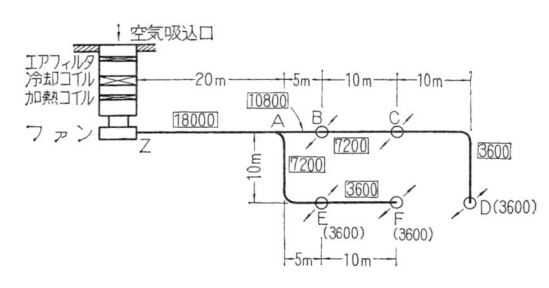

図 8.3 ダクト平面図（例題 8.1）

となり，局部抵抗は v_a を基準として求める．

（b）次にダクトの主経路を決める．点 A における分流損失の大きさが大きく，ABCD 間の長さと AEF 間の長さは 10 m しか違わないことから，ZAEF の抵抗が ZABCD の抵抗より大きいことが予想でき，この場合は ZAEF を主経路とする．

（c）各部の圧力損失を求める．A 部の抵抗を求める．表 8.3（3）角ダクトの分流（割込み分岐）の局部抵抗係数を用いる．

$$v_2/v_1=7.14/6.76=1.06,\quad v_3/v_1=6.84/6.76=1.01$$
$$(a/b)^{2/4}=(73/40)^{2/4}=1.35$$

なるゆえ，

$$\zeta_{1-3}=0.70 \rightarrow \Delta P_{T(1-3)}=0.70\cdot0.6(6.76)^2=19.2\,\mathrm{Pa}$$
$$\zeta_{1-2}=0.20 \rightarrow \Delta p_{T(1-2)}=0.20\cdot0.6(6.76)^2=5.5\,\mathrm{Pa}$$

表 8.7

区間	風量 Q (m³/h)	直径 d (cm)	風速 v (m/s)	抵抗 R (Pa/m)	長方形ダクト $a\times b$ (cm)	断面積 (m²)	実風速 v_a (m/s)
ZA	18 000	88	8.0	0.66	185×40	0.74	6.76
AB	10 800	69	8.0	0.90	105×40	0.42	7.14
BC	7 200	58	7.0	1.00	73×40	0.292	6.84
CD	3 600	44	6.3	1.00	41×40	0.164	6.10
AE	7 200	58	7.0	1.00	73×40	0.292	6.84
EF	3 600	44	6.3	1.00	41×40	0.164	6.10

次に AE 間の曲りの抵抗を求める．表 8.3（1）長方形のエルボ（ベーンなし）の局部抵抗係数を用いる．$H/W=40/73=0.55$ であり，$r/w=1.5$，$Re\times10^{-4}\geqq20$ とすると

$$\zeta_{エルボ}0.20 \rightarrow \Delta P_{T(エルボ)}=0.2\cdot0.6\cdot(6.76)^2=5.5\,\mathrm{Pa}$$

AEF 間はすべて $R=1.0\,\mathrm{Pa/m}$ なるゆえ，AEF 間の抵抗は上記エルボの抵抗を加えて
$$25\times1.0+5.5=30.5\,\mathrm{Pa}$$
これに ZA 間の直管抵抗と A 部の分岐抵抗 $\Delta P_{\mathrm{T}(1-3)}$ を加えて ZAEF 間の全抵抗は，
$$\Delta P_{\mathrm{T1}}=30.5+19.2+20\times0.66=62.9\,\mathrm{Pa}$$
もし $\Delta P_{\mathrm{T2}} > \Delta P_{\mathrm{T1}}$ のときは主経路を ZABCD に変えて計算をやり直す．

 ΔP_{T1} と ΔP_{T2} との差が等しくなるように，ダクトの分岐部 AB 間に設けたダンパを絞って，予定通りの風量に調整する．このような調整をダクトのバランシングとよぶ．もし ΔP_{T1} と ΔP_{T2} の差が著しく大きい場合はダクトルートの変更，ダクトサイズの見直しなどにより両者の差を少なくする．

ダクトの圧力線図を描くと図 8.4 のようになる．

（d）送風機の必要静圧を求める．空調機の抵抗をフィルタ $100\,\mathrm{Pa}$，冷却コイル $200\,\mathrm{Pa}$，加熱コイル $70\,\mathrm{Pa}$，合計 $370\,\mathrm{Pa}$ とし，吹出口，吸音装置の合計を $100\,\mathrm{Pa}$ とすれば全抵抗すなわちファン全圧は，
$$P_{\mathrm{T}}=370+100+62.9=532.9 \to 550\,\mathrm{Pa}$$
余裕をみて，これをファン静圧に採用してもよいが，正確には式（8.2）より吐出風速を $11\,\mathrm{m/s}$ とし，ファン静圧は，
$$P_{\mathrm{S}}=550-0.6\cdot11^2=477.4 \to 500\,\mathrm{Pa}$$

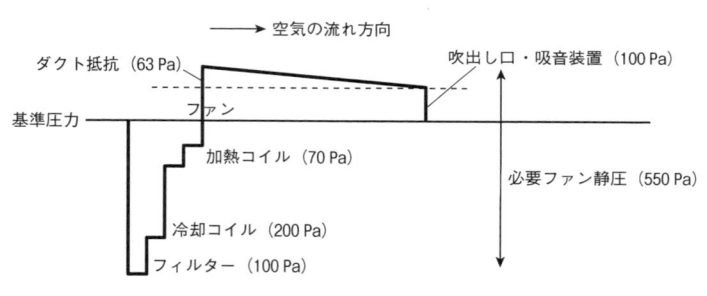

図 8.4 ダクト経路の圧力線図

8.3 ダクトの熱損失と保温

8.3.1 計 算 法

図 8.5 に示すように，周囲温度 $T_{\mathrm{o}}[\mathrm{{}^\circ C}]$ にダクト径 $R[\mathrm{m}]$ の円形ダクトがある．端部（$x=0$）より温度 $T_{\mathrm{in}}[\mathrm{{}^\circ C}]$ の空気が速度 $v[\mathrm{m/s}]$ で流入するとき，反対の端部より流出する空気の温度 $T_{\mathrm{out}}[\mathrm{{}^\circ C}]$ を求めたい．このような場合，完全押出し流れと想定すれば，下図に示す微小区間 Δx における熱収支式をたて，それを解くと式（8.17）を導くことができる．ただし，空気の物性値は温度変化によらず一定とし，ダクト長さ方向の熱伝導は無視している．

8.3 ダクトの熱損失と保温

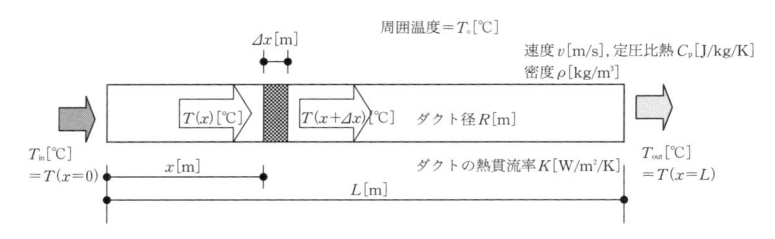

図 8.5 計算に用いた円形ダクト

$$(T_{\text{in}} - T_{\text{o}}) \cdot e^{-4KL/v(C_p\rho R)} + T_{\text{o}} = T_{\text{out}} \tag{8.17}$$

【例題 8.2】 長さ $L=20$ m，直径 $R=0.3$ m の保温しないダクトが温度 $T_{\text{o}}=0$ ℃ の屋外を通っている．ダクト内に $T_{\text{in}}=40$ ℃ の温風を風速 7 m（≒1 780 m³/h）で通すとき，温度降下と損失熱量を求めよ．ただし温風の密度 $\rho=1.2$ kg/m³，定圧比熱 $C_p=1 000$ J/kg/K，ダクト外表面の総合熱伝達率を 23 W/m²/K とする．

〔解〕 円形ダクトの熱貫流率 K は保温のない場合 22 W/m²/K 程度であるから，これを式（8.17）に代入すると，出口空気温度は 20.0℃ となる．したがって損失熱量は 42 700 kJ/h となる．

【例題 8.3】 上記の例題で，グラスウール 25 mm で保温した場合の温度降下と損失熱量を求め，例題 8.2 の解と比較せよ．

〔解〕 円形ダクトの熱貫流率 K はグラスウール 25 mm の保温付の場合 2.5 W/m²/K 程度であるから，これを式（8.17）に代入すると出口空気温度は 37.0℃ となり，損失熱量は 6 400 kJ/h となる．上記の保温のない場合の試算結果と比較すると，断熱によって 85% の損失熱量の低減になることが分かる．

8.3.2 保 温 施 工 法[16),17)]

一般の空調用の送風ダクトは熱損失の防止や表面結露の防止のため保温施工が必要となる．保温材としては長方形ダクト，円形ダクトともグラスウール 25 mm を用いる．ボイラ室内や屋外などの場合はグラスウール 50 mm を用いる．空調機や空調用ファンにもグラスウールの 50 mm を用いる．

ダクトの保温の施工は長方形ダクトの場合は鋲にアルミガラスクロスばりのグラスウール保温のブランケットまたは保温板を巻き，これを金網で止める方法が多い．円形ダクトの場合はアルミガラスクロスばりのグラスウール保温ブランケットを巻き，これを金網で止める方法が一般的である．機械室など見え掛りの場所はこの上をアルミ板（厚 0.4～0.6 mm）で仕上げる．

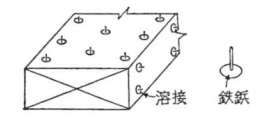

図 8.6 ダクト保温法

浴室や屋内プールの天井裏など湿度の高い場所には上記の保温材の上をアスファルトルーフィングで被覆し防水を行う．

8.4 ダクト構造法[16)-19)]

8.4.1 在来ダクト工法

ダクトの内部風速がおおむね15m/s以内にある範囲すなわち低速ダクトの構造を述べる．この範囲を超過するときは適当なる補強を行い，特に風速が16m/s以上のものは8.4.5の構造法に従わねばならない．ダクトの構成部材については JIS A 4009「空気調和および換気設備用ダクトの構成部材」に規定されている．鉄板製ダクトは亜鉛めっき鋼板（JIS G 3302，亜鉛めっき鋼板）をはぜ継にて製作する．

以下，長手方向の接合部（longitudinal connection）を継目とよび，これに直角方向の接合部（transverse connection）を継手とよぶ．図8.7にわが国で用いられるはぜとフランジの各種を示す．甲はぜは主に継手に用いられ，継目としてはダクトの四隅に図示のピッツバーグはぜを用いる．ダクトの補強法は図8.8に示すリブ形補強や補強用アングルを用いるものと立はぜやダイヤモンドブレーキ補強を用いるものがあるが現在は立はぜやダイヤモンドブレーキによる補強法は加工性や気密性の観点からほとんど使用されておらず，同図 (b), (d) に示すリブ形補強や補強用アングルを用いることが多い．表8.9に補強用アングルの寸法を示す．

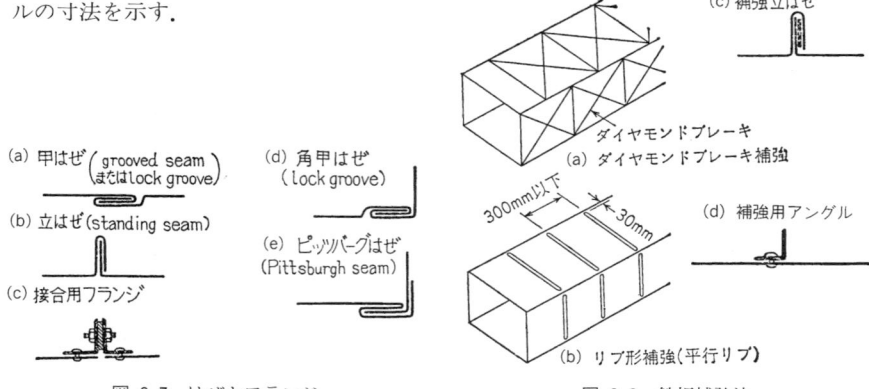

図 8.7 はぜとフランジ

図 8.8 鉄板補強法

表 8.8 低速ダクトの板厚（JIS A 4009）

長方形ダクト長辺(mm)	板厚(mm)	円形ダクト直径(mm)	板厚(mm)	鋼板製円形スパイラルダクト径(mm)	板厚(mm)
450 以下	0.5	500 以下	0.5	450 以下	0.5
460～750	0.6	510～630	0.6	460～710	0.6
760～1 500	0.8			720～1 000	0.8
1 510～2 200	1.0			1 010～	1.0
2 210～	1.2				

〔注〕 長方形および円形ダクトの板厚は JIS A 4009 による．

8.4 ダクト構造法

表 8.9 長方形ダクト補強アングルおよび接続フランジ (JIS A 4009)

長方形ダクト長辺 (mm)	補強アングル		接続フランジ					
	アングル	間隔 (m)	フランジ		フランジ用ボールト		フランジ用リベット	
			アングル	間隔 (m)	径 (mm)	ピッチ (mm)	径 (mm)	ピッチ (mm)
250～750	不要	—	25×25×3	3.64	8.0	100	4.5	65
760～1 500	25×25×3	1.84	30×30×3	2.73	〃	〃	〃	〃
1 510～2 200	30×30×3	0.925	40×40×3	1.82	〃	〃	〃	〃
2 210～	40×40×3	〃	40×40×5	1.82	〃	〃	〃	〃

ダクトの板厚は表 8.8 に示すものを用いる．

ダクトは取り付けの関係上，1.8～3.6 m の長さにセクションを分けて製作し，取り付けのときはこれらのセクションを図 8.7(c) に示す接合用フランジによって接合する．接合用フランジの合わせ目には厚 3 mm 以上のガスケットを挿入して気密とする．接合用フランジの大きさとその間隔は板厚により異なり表 8.9 に示す．

8.4.2 ダクトの新工法

(I) SMACNA 工法[20),21)]

先述したように SMACNA 工法は昭和 30 年代末にアメリカより導入されたが，(イ) SMACNA 工法によっても期待するほど工費が下がらない，(ロ) 工事現場では他の職種がダクトを足場にすることが多く，この場合 SMACNA 工法のダクトは破損する，などの点から，この工法は次第に下火になった．

しかしダクトの工場内生産に伴い，SMACNA 工法の一部は一般に採用されている．わが国で一般的に採用されている工法を次に示す．

図 8.9(a) に示すボタンパンチスナップロック（スナップロックまたはボタンパンチといわれる）は在来のピッツバーグはぜの代りに多用されている．同図 (b) のドライブスリップ（D スリップといわれる）は辺長 450 mm 以下のダクトの継手，S ス

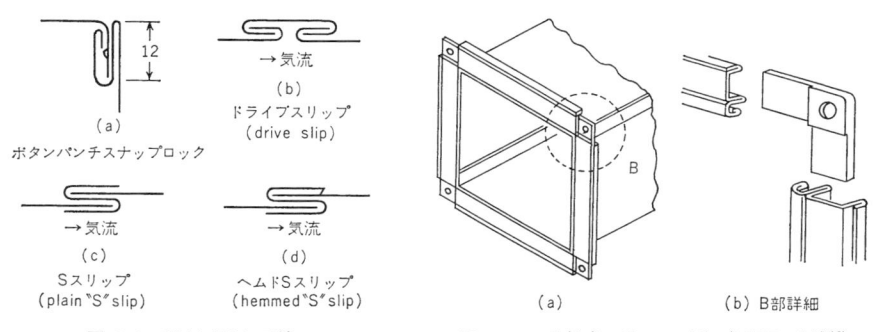

図 8.9 SMACNA 工法

図 8.10 分割式フランジ工法（MEZ 工法）[16)]

リップは辺長1000mmまでのダクトの継手に用いられている．このうち，Sスリップの使用例は少ない．

（２）鉄板製分割フランジ継手

昭和50年代にドイツから導入された技術（MEZ工法といわれていたが現在ではコーナーボルト工法と呼ばれている）で図8.10に示すように鉄板製のフランジを特殊な継手で組み合わせる方法である．在来工法のアングル製フランジに比べて工場製作が簡単で，寸法の変化にも応じられる利点がある．ただし，四隅の継手回りは十分にシーラを塗らないとリークの増えるおそれがある．

（３）グラスウールダクト[5),16)]

内面に飛散防止加工を施し，外面をアルミ箔で覆った厚さ20～25mmのグラスウールを板または筒に組み立ててダクトを作る方法で昭和40年代の初期から用いられている．

この方法はダクト自体が保温・吸音材であるので，保温・吸音施工を必要とする鉄板ダクトと比較して建設コストは低減される傾向にある．しかし強度が弱いのでダクトの補強費用がかさむので注意を要する．特に強度上の問題から1000×600mm以上の大形ダクトには利用できない．また法規上，防火区画の貫通箇所には用いられない．耐圧力は500Paといわれるが，100Pa以内にとどめる方が安全なので，長さの延長が30m以下の短いダクトに使用を限ることが望ましい．

8.4.3 ダクトの付属品

（１）ダンパ

ダンパは通過風量の調整または閉鎖に用いられる器具であってこれを風量調整ダンパ（volume damper，略してVD）という．これには，図8.11に示すように4種類のものが用いられる．(a)をバタフライダンパといい小形ダクトに用いられる．大形ダクトでは羽根が大きくなり開閉が困難になるので(b)または(c)の多翼ダンパを用いる．(b)の形を平行翼形，(c)の形を対向翼形といい，風量の制御の点からは(c)の方がよい．また吹出口にはこの形のダンパ（シャッタとよばれる）が用いられることが多い．(d)はスプリットダンパといい，主に分岐部分に設け分岐ダクト内の風量制御に用いられる．

多翼ダンパは全閉しても，すきまから必ず空気の漏れがある．できのよいダンパでも，そこを通る風量に対して1～5%は漏れ，できの悪いダンパは10～20%が漏れるといわれる．ただし，後述の防煙ダンパは20Paの差圧においてダンパのリーク量が前面積当り$5m^3/min\,m^2$以下なることが法的に規制されており，現在，これに合格した製品が用いられている（建設省告示2565）．今後は制御用ダンパ，特に外気取入ダンパには，これと同等の気密の製品が使用されることが望ましい．

（２）防火ダンパ

図8.12は防火ダンパ（fire damper，略してFD）を示す．これは火事の際，火炎

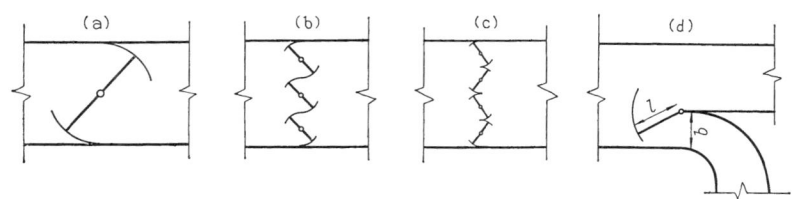

図 8.11 各種ダンパ

がダクト内に侵入したときには図示のヒューズ（可溶片）の溶解により自動的に閉鎖するものでダクトが防火区画を貫通する所に用いる．ヒューズの可溶温度は72℃（排煙ダクトの場合は280℃）とする．FDを防火区画より離して設けるときはダンパと防火区画の間は厚さ1.5mmの鉄板を用いることが法的に規制されている．FDと前述のVDの機能を兼ねるものを防火風量調整ダンパ（略してFVD）とよぶ．

（3）防煙ダンパ[22]

防煙ダンパ（smoke damper, 略してSD）とは煙感知器連動のダンパをいい，室内に設けた煙感知器により，火災の初期時に発生した煙を探知してダンパを閉鎖し，他の防火区画への煙の侵入を防止する．したがって，SDは図8.13のようにモータまたはソレノイド（電磁石）駆動の自動ダンパであって，FDに比べて単価は格段に高くなる．SDに温度ヒューズを追加してFDの機能をもたせたものを防煙防火ダンパ（略してSFD）とよぶ．昭和48年の法規の改正により2以上の階に連絡するダクトスペースの貫通部にはすべてSFDを設置することとなった．ここでは図8.14に東京都の指導によるSFD, FDの設置の一例を示す．

SFDと前述のVDの機能をかねるダンパが多く用いられており，これをSFVD（防煙・防火・風量調整ダンパ）とよぶ．

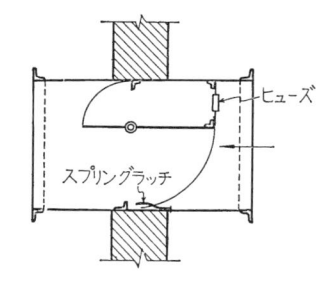

図 8.12 防火ダンパ（FD）

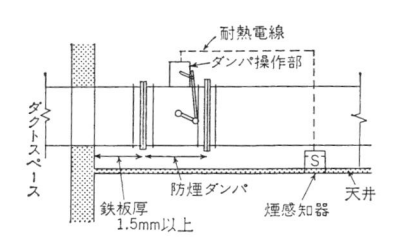

図 8.13 防煙ダンパ（SD）

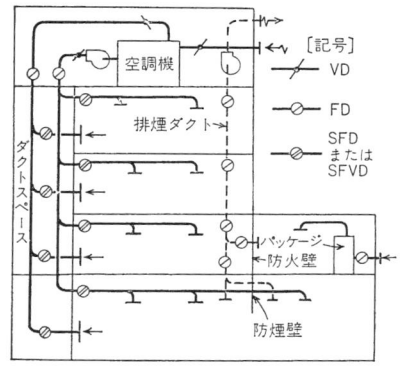

図 8.14 FD, SFDの配置

(4) ガイドベーン

ダクトの曲り部分においてダクトの曲率半径がダクトの長辺の1.5倍以内のときは図8.15に示すごときガイドベーンを設けて抵抗を小にする．ガイドベーンの役目は曲りの気流を細分して生ずる渦流の大きさを小にすることにあるので，曲りの外側より内側に設けた方が適当である．したがってガイドベーンの間隔は次表のように内側に密であって外側に疎となる．

図8.15(a)(b)のようにRおよびaを取るときガイドベーンの間隔X, X_1……は表8.10を参照する．

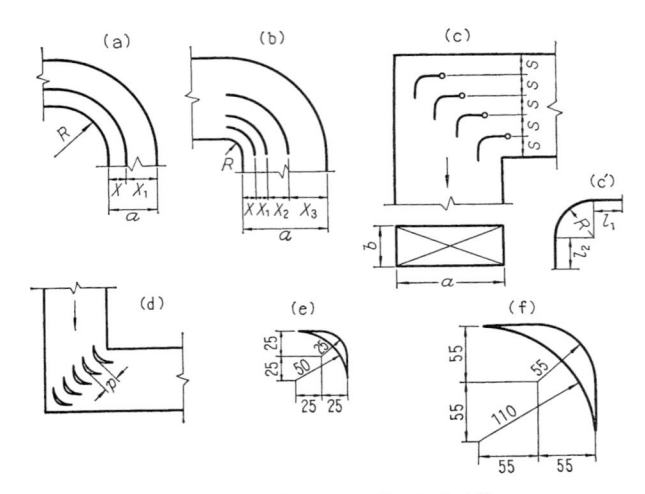

図 8.15 ガイドベーン (York Co.)[23]

表 8.10 ガイドベーンの間隔 (York Co.)

R/a	ベーンの数	X	X_1	X_2	X_3
0.35～0.70	1	$0.35a$	$0.65a$		
0.14～0.30	2	$0.2a$	$0.3a$	$0.5a$	
0.067～0.14	3	$0.1a$	$0.15a$	$0.25a$	$0.5a$

〔注〕 R, a, X などは図8.15参照．

図8.15(c)は角形エルボに設けた場合であって1枚のベーンの寸法を(c′)に示す．(c′)においてsをベーンの間隔とすれば，$R=1.4s, l_1=0.7s, l_2=1.0s$とする．

同図(d)は角形エルボに厚みのあるガイドベーンを設けた場合であってその寸法を(e)(f)に示す（寸法はmm）．ベーンの間隔pは(e)の場合38mm，(f)の場合は81mmである．

8.4.4 ダクトの各部構造法とリークテスト

（Ⅰ）在来ダクトの分流・合流には図8.16(a)のような深い割込みが用いられてきたが，この方法でも分岐ダクトの風量比を設計通りに保つことは困難な上に，工作に多大の手間がかかり，しかも割込みの付け根の部分から空気の漏れがきわめて大きい．このため最近では同図の(b)(c)に変りつつある．図8.17は吹出口への分岐ダクトの取り出し方で，ここでも前述の深い割込みは不要である．図8.18には機器とダクトの接続法を示す．

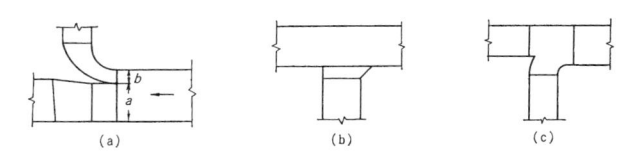

図 8.16 分岐ダクトの取出し方

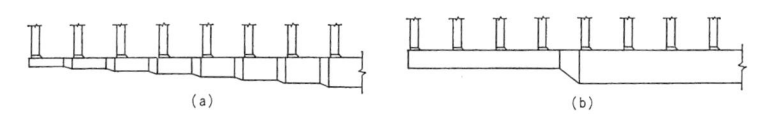

図 8.17 吹出口の取出し方（ASHRAE, 1979）[24]

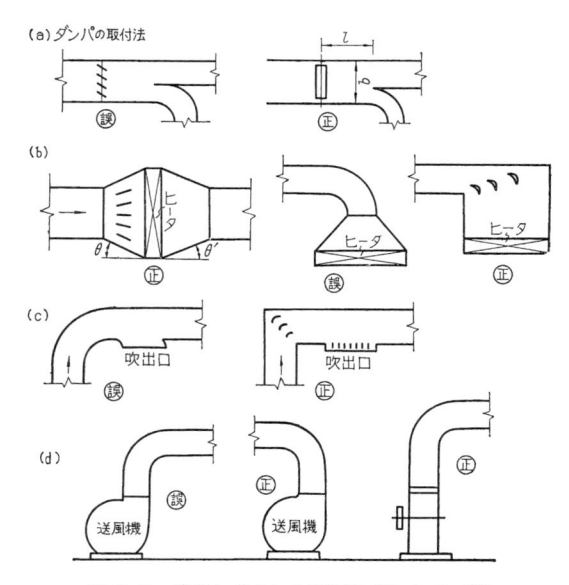

図 8.18 機器とダクトの接続法（York Co.）[23]

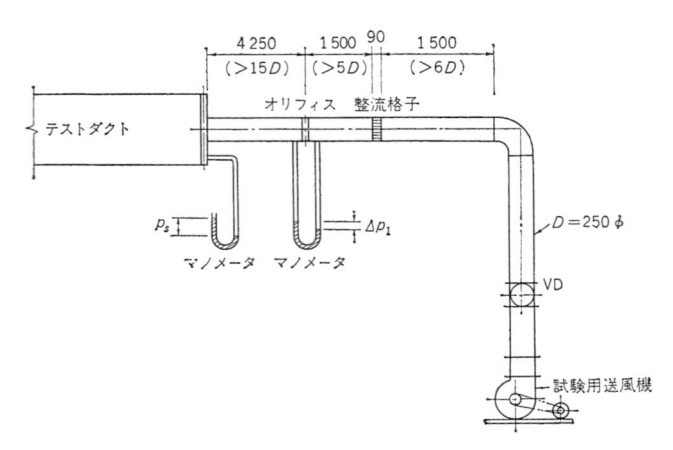

図 8.19 ダクトのリークテスト装置

（2） リークテスト[5]は工事中のダクトの一部が完成したときに行う．これには試験のためのテストダクトの吹出口その他の開口部は密閉して，これに図 8.19 のように試験用送風機を接続して送風する．この送風量を測定すれば，この送風量がテストダクトのリーク量となる．このリーク量がこのダクトの区間の送風量の 10% 以下なら合格とする．

リークテストの後，テストダクトを加圧してダクトの継手や継目に石けん水を塗り，泡が大きく出る所はリーク量も大きいので，シーラまたはダクトテープで気密とする．

8.4.5 高速ダクトの構造

ダクト内の風速が 15 m/s を超えるとき，あるいはダクト内の静圧が 500 Pa を超えるようなときは下記の構造法を用いる．排煙ダクトの構造も風速のいかんにかかわらず高速ダクトに従う．

高速ダクトはできる限り円形断面のスパイラルダクトを用い長方形ダクトははり下，その他のやむをえないところにのみ限定する．表 8.11 に高速ダクトの板厚を示す．表中の円形ダクトの継手は直管または分岐部分などの継手をいう．スパイラルダクトの場合は高速でも低速ダクトと同じ板厚でよく，表 8.8 の数値を用いる．

表 8.11 高速ダクトの板厚（JIS A 4009）

円形ダクト			長方形ダクト	
大きさ (mm)	板厚 (mm)	継手板厚 (mm)	大きさ (mm)	板厚 (mm)
～450	0.8	1.0	～450	0.8
460～630	1.0	1.2	460～1 200	1.0
			1 210～2 000	1.2

円形の高速ダクトはスパイラルダクトを用い，これ以外の現場製作ダクトは継目部分は半田または接着材により完全に気密とする．継手部分はスパイラルダクトでは挿入継手にビス止めとし，これ以外はフランジを用いる．どれも良質の接着剤か気密用テープにより気密とする．高速ダクトでは竣工後，リークテスト（漏洩試験）を行い，漏洩量が送風量の1％以下であることを確認する．

8.5 ダクトの消音設計[25)-28)]

室内の温熱環境の条件がいかに良好でも吹出口からの騒音が気にかかるような空調設備では不完全である．本節ではダクトの音響設計を取り扱い，ASHRAE Handbook 1980 の内容を骨子として記述する．

8.5.1 基礎事項

(Ⅰ) 音の強さなど

人間の感覚は刺激の強さの対数に比例して感じ，音の強さ IL としては基準値 I_0 を用い，これとの比の対数値で示す．

$$IL = 10 \log_{10}(I/I_0) \tag{8.18}$$

I_0 としては人間の可聴できる最小値 $1 \times 10^{-12} \mathrm{W/m^2}$ を用いる．IL の単位はデシベル（dB）で，以下，対数で示す SPL，PWL など，すべてのものの単位はデシベルである．

次に音の強さとして音圧 P を基準に取れば I は P^2 に比例するゆえ，音圧レベル SPL には P_0 として 2×10^{-5} Pa を用い，

$$SPL = 20 \log_{10}(P/P_0) \tag{8.19}$$

次に音のエネルギ，すなわち音源の出力を表すためには音のパワーレベル PWL が用いられる．

$$PWL = 10 \log_{10}(W/W_0) \tag{8.20}$$

現在，W_0 としてはわが国でもアメリカでも 1×10^{-12} W（ワット）を用いる．

人間の可聴範囲の 50~10 000 Hz（ヘルツ：毎秒の振動数）の周波数を1オクターブごとに区切る．この1オクターブの範囲をオクターブバンドとよび，本書では各オクターブバンドごとの代表値として下表の 63, 125, 250, ……Hz の値を用いる．以下，この代表値を周波数バンド，あるいは単にバンドとよぶことにする．

表 8.12 オクターブバンドの代表値（Hz）

代表値	63	125	250	500	1 000	2 000	4 000	8 000
オクターブバンド	40~90	90~180	180~355	355~710	170~1 400	1 400~2 800	2 800~5 600	5 600~11 200

(2) 音の大きさの測定

人間の耳に感ずる音の大きさ（ホン）は音の強さと周波数により異なりFletcher, Munsonの図表で示される．周波数1000HzのSPLを基準として，これと同じ大きさに聞える音をホンとしている．音の大きさの測定は指示騒音計を用いる．この聴感補正回路にはA特性，B特性，C特性があるが，最近ではA特性のみが用いられている．これをdB Aと書くことがある．

ある工場でファンの騒音テストを行うとき，ファンを止めたときの周囲の騒音を暗騒音という．暗騒音がファンの騒音より8dB以上低いときは，暗騒音を無視してよい．

(3) 音圧レベルの和および差

SPL_1 と SPL_2 との和（または差）を SPL_3 とすれば，

和： $SPL_3 = 10\log_{10}(10^{SPL_1/10} + 10^{SPL_2/10}) = SPL_1 + \Delta_1$ (8.21 a)

差： $SPL_3 = SPL_1 + 10\log_{10}\{1 - 10^{(SPL_1 - SPL_2)/-10}\} = SPL_1 - \Delta_2$ (8.21 b)

前の2式の計算は，表8.13の数値を用いれば簡単にできる．

表 8.13

2つのSPLの差	0	1	2	3	4	5	6	7	8	9
加えるときのΔ_1	3	2.5	2.1	1.8	1.5	1.2	1.0	0.8	0.6	0.5
引くときのΔ_2	∞	6.9	4.3	3.0	2.2	1.7	1.3	1.1	0.7	0.6

【例題8.4】 ファン運転時の SPL が48dB，暗騒音が42dBのときのファンのみの SPL を求めよ．

〔解〕　　　　48−42=6dB　なるゆえ　Δ_2=1.3

　　　　　　∴　ファン SPL = 48−1.3 = 46.7dB

8.5.2 室内の許容騒音

従来はNC曲線（noise criterion curve）が主に用いられてきたが，ASHRAEでは図8.20に示すRC曲線（room criterion curve）を提案した．これらの曲線は各オクターブバンドごとの許容騒音レベル SPL を各段階ごとに示したものである．

RC曲線がNC曲線と異なる点は (a) 極低周波の振動による騒音が問題になる31.5Hzまで範囲を広げたことと (b) 2000～4000Hzの SPL が，NC曲線よりやや厳しくなったことである．

この曲線のどのRC値を選ぶかの指定を表8.14に示す．参考のため図8.21にNC曲線を示す．NC曲線と騒音計によるA特性（ホンまたはdB A）との関係は，

　　　　NC=ホン（A）−5　　　　　　　　　　　　　　　　(8.22)

8.5 ダクトの消音設計

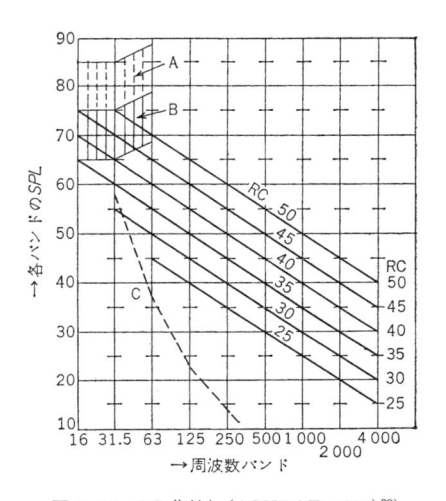

図 8.20 RC 曲線*（ASHRAE, 1980）[29]

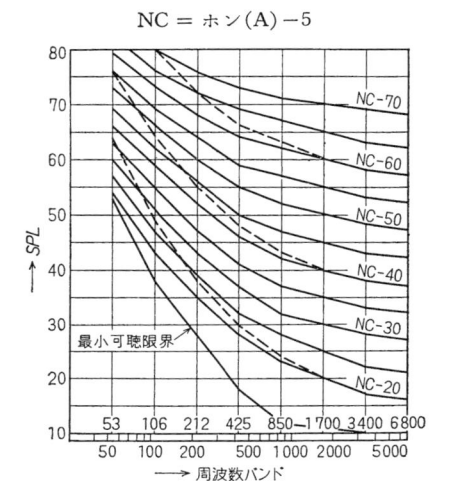

図 8.21 NC 曲線（ASHRAE, 1976）[30]

$NC = $ ホン$(A) - 5$

表 8.14 RC 値（NC 値）の推奨値（ASHRAE Handbook, 1980）[31]

建物または室内		RC 値	建物または室内	RC 値
個人住宅		25～30	教　会	25～30
アパート		30～35	学校教室	25～30
ホテル	客室・宴会場	30～35	図書館	30～35
	ロビー・ホール・廊下	35～40	映画館	30～35
	サービス区域	40～45	本格的劇場	(25～30)
オフィス	重役室・会議室	25～30	音楽堂	(20～25)
	個人事務室	30～35	録音スタジオ	(15～25)
	一般事務室	35～40	レストラン	(35～45)
	電算機室・玄関ロビー	40～45	カフェテリア	(40～50)
			百貨店	(35～45)
病院	個人病室・手術室	25～30	同上（1 階・地階）	(40～50)
	一般病室・検査室	30～35	水泳プール	(40～55)
	待合ホール	35～40	体育調練室（ジム）	(35～45)
			体育館	(30～40)

〔注〕 原書（1980 年版）には本格的劇場以下の欄については本文に SPL の選定法を詳しく示して表には数字の記入がなく，ここでは 1976 の ASHRAE Handbook の値を記入した．

---

* RC 曲線の A に示す区域は騒音の原因となる振動を軽量の壁や天井に関して明瞭に感知でき，軽量の家具やドアや窓がガタガタする．B 区域は上記の振動が多少感じられ，家具・ドア・窓もときによるとガタガタする．C 曲線の下は連続音に関しては感知できない．

8.5.3 発生騒音

(1) ファン発生騒音 L_w (dB)

$$L_w = K_w + 10\log(Q/Q_0) + 20\log(P/P_0) + c + BFI = K_w + M_w + c + BFI \tag{8.23}$$

ここに，　M_w：$10\log(Q/Q_0) + 20\log(P/P_0)$：風量，静圧による補正
　　　　　K_w：ファンの基準発生騒音（表8.15）
　　　　　Q：ファンの風量（m³/h）　$Q_0 = 1.7$ m³/h
　　　　　P：ファン静圧（Pa）　$P_0 = 250$ Pa
　　　　　c：ファンの効率低下による修正値（表8.16）
　　　　BFI^*：表8.15に示す．BFIの欄の発生域のバンドにのみ加える．

表 8.15　送風機の基準発生騒音（K_w）と BFI（ASHRAE Handbook, 1980）[29]

ファン形式		羽根車直径 (m)	周波数バンド (Hz)						BFI	
			63	125	250	500	1 000	2 000	4 000	dB	発生域 (Hz)
遠心ファン	翼形および後曲形	0.9以上	32	32	31	29	28	23	15	3	250
		0.9未満	36	38	36	34	33	28	20		
	多翼形	全部	47	43	39	33	28	25	23	2	500
	ラジアル形	1.0以上	45	39	42	39	37	32	30	8	125
	ブロワ	1〜0.5	55	48	48	45	45	40	38	8	125
		0.5未満	63	57	58	50	44	39	38	8	125
軸流ファン	ベネアクシャル	1.0以上	39	36	38	39	37	34	32	6	125
		1.0未満	37	39	43	43	43	41	38	6	125
	チューブアクシャル	1.0以上	41	39	43	41	39	37	34	5	63
		1.0未満	40	41	47	46	44	43	37	5	63
	プロペラファン	全部	48	51	58	56	55	52	46	5	63

表 8.16　効率低下による修正値 c（ASHRAE Handbook, 1980）[31]

そのファンの最高効率に対する 運転効率の割合（％）	効率低下による修正値 c
90〜100	0
85〜 99	3
75〜 84	6
65〜 74	9
55〜 64	12
50〜 54	15

【例題 8.5】 例題8.8に用いる風量 8 000 m³/h，静圧 500 Pa，軸動力 1.85 kW の No. 4 多翼ファンの発生騒音を求める．このファンの最高の静圧効率 η_0 は 65% とする．

＊　blade frequency increment とは気流がファンの羽根の間を通過するときに発生する PWL で，特定の周波数（毎秒回転数と羽根数の値）で生じる．

〔解〕 まず c を求める.運転の静圧効率は式(7.3)より
$$\eta = (8\,000 \times 500/9.8)/(102 \times 1.85 \times 3\,600) = 0.60$$
$$\therefore\ \eta/\eta_0 = 0.60/0.65 = 0.92$$
すなわち,表8.16より $c=0$

次に表8.15より K_w の値は表8.17の(2)のようになり,また BFI の生じるバンドは500 Hz で BFI の値は2となる.
$$M_w = 10\log(Q/Q_0) + 20\log(P/P_0)$$
$$= 10\log(8\,000/1.7) + 20\log(50/25) = 36.7 + 6.0 \fallingdotseq 43$$
なるゆえ,次のように各バンドの PWL の値(L_w)を得ることができる.

表 8.17

(1) バンド (Hz)	63	125	250	500	1 000	2 000	4 000
(2) K_w	47	43	39	33	28	25	23
(3) M_w	43	43	43	43	43	43	43
(4) c	0	0	0	0	0	0	0
(5) BFI	0	0	0	2	0	0	0
(6) 計 (L_w)	90	86	82	78	71	68	66

(2) 吹出口および吸込口の発生騒音 L_D (dB)[28]
$$L_D = 10\log A + M_D + N_D \tag{8.24}$$
ここに, A:吹出口のネック面積(吸込口は孔面積)(m²)
M_D:図8.22による発生 PWL
N_D:表8.18による周波数別補正係数

同じ大きさの吹出口が室内に n 個あるとき,騒音レベルは1個の場合に対し $10\log_{10}n$ だけ大きくなる.この値を表8.19に示す.

表 8.18 各種吹出口および吸込口パワーレベル N_D (dB) (板本)[28]

	周波数バンド (Hz)	63	125	250	500	1 000	2 000	4 000	8 000	備 考
吹出口	ノズル形吹出口	−2	−7	−7	−11	−16	−18	−19	−22	首風速15 m/s 以下
	パンカールーバ	−3	−7	−9	−14	−14	−17	−22	−19	〃
	格子形吹出口	−6	−5	−6	−9	−11	−18	−26	−31	面風速5 m/s 以下
	スロット吹出口(パイプライン)	−8	−7	−6	−6	−9	−14	−24	−27	〃
	丸形ディフューザ	−2	−5	−8	−12	−16	−23	−29	−37	首風速7 m/s 以下
	角形ディフューザ	−3	−6	−7	−8	−11	−18	−28		〃
	パン形吹出口	−6	−6	−6	−9	−11	−16	−24	−23	〃
	輪形吹出・吸込口	−	−5	−4	−7	−9	−14	−24	−40	首風速6 m/s 以下
吸込口	グリル形吸込口	−8	−12	−10	−6	−6	−14	−23	−36	面風速3 m/s 以下(ダンパ全開)
	パン形吸込口	−9	−7	−10	−10	−12	−16	−29	−38	首風速5 m/s 以下
	マッシュルーム	−3	−9	−11	−14	−11	−10	−18	−30	〃

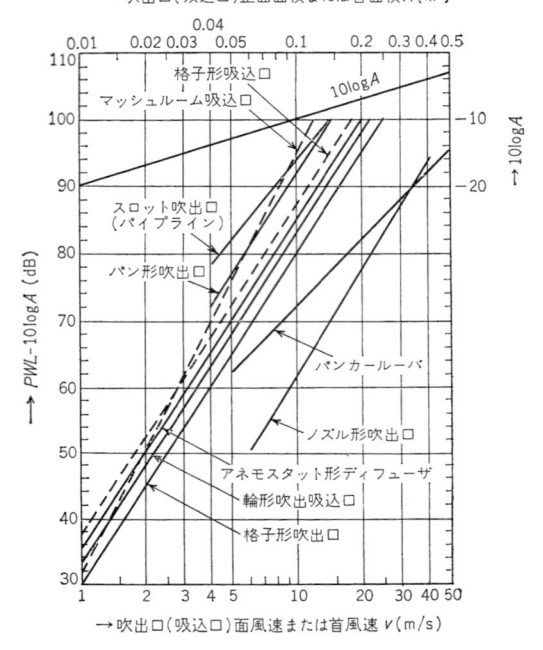

図 8.22 吹出口・吸込口の発生 PWL (M_D)（板本守正）[28]

表 8.19 2個以上の吹出口があるときの SPL の増加量

吹 出 口 の 個 数	1	2	3	4	8	10	20
SPL 増加量 (dB)	0	3	5	6	9	10	13

【例題 8.6】 例題 8.8 に用いる吹出口がユニバーサル形（格子形）で断面積 $800\,\mathrm{cm^2}$ ($0.08\,\mathrm{m^2}$)，風速 $2.3\,\mathrm{m/s}$ のとき，吹出口の発生騒音を求めよ．

〔解〕 $10\log A = 10\log 0.08 = -10.97 \fallingdotseq -11$

図 8.22 より風速 $2.3\,\mathrm{m/s}$ のときの $M_D = 48\,\mathrm{dB}$，表 8.18 より次表のような N_D が得られこれらを加えた L_D が求める値となる．

表 8.20

バンド (Hz)	63	125	250	500	1 000	2 000	4 000
$10\log A$	−11	−11	−11	−11	−11	−11	−11
M_D	48	48	48	48	48	48	48
N_D	− 6	− 5	− 6	− 9	−11	−18	−26
L_D	31	32	31	28	26	19	11

8.5.4 透過損失

内部の PWL が大きいダクトが静粛な室内を通るときはダクト内騒音が外に出ることを防止するために表面を遮音する．表 8.21 は建築構造のうち，ダクトの表面仕上げに近似したものの透過損失を示す．

表 8.21 ダクト仕上材料の透過損失（日本建築学会音響分科会）[32]

材　料 （　）内は厚さ（mm）	平均	周波数バンド（Hz）				
		125	250	500	1 000	2 000
鉄　板（1.0）	24	17	19	24	28	33
ワラン合板（12）	23	20	21	23	26	24
フレキシブルボード（4）	24	19	21	23	28	32
鉛　板（1.0）	30	26	26	28	32	38
合板（4.5）＋中空（17）＋鉄板（1.6）＋中空（17）＋合板（4.5）	23	18	17	22	28	29
PB（7）＋中空（50）＋RW（50）	29	13	20	27	36	42
PB（7）＋RW（50）	30	17	23	30	36	42
モルタル（20）＋中空（65）＋合板（3）	35	20	24	36	45	50

［注］　PB：プラスタボード　　RW：ロックウール

表のようにいずれも低周波領域の値が低く，したがって後述の吸音装置で低周波領域に対して十分に減衰する必要がある．これらの遮音材料は小さいすきまでも音が漏れるので，完全に気密の構造としなくてはならない．

8.5.5 室内における吸音効果

吹出口まで伝達してきた音のエネルギ PWL は吹出口から室内に拡散して音場をつくり騒音レベル SPL を生ずる．この（$PWL-SPL$）の値は従来は図で求めていたが，ASHRAE では略算法を提案している．この略算法をここに紹介するがこの略算法による誤差は 1～2 dB にすぎないといわれている．

まず表 8.22 により天井高さと室内の表面仕上げによる $PWL-SPL$ の値を求め，これに床面積に対する修正値を表 8.23 より求めて加える．この方法は室内の吹出口（または吸込口）と人間の耳との距離が表 8.23 に示す最小距離 l_m より大きい場合にのみ適用され，これより小さい場合は他の方法を用いる．なお表 8.22 に示す室の仕上げは次のように判定する．

「ハード」は室内の平均吸音率 $\bar{\alpha} \fallingdotseq 0.1$ のもので，大教会・体育訓練室（ジム）・工場などがこれに属する．

「ソフト」は $\bar{\alpha} \fallingdotseq 0.4$ のものをいう．ラジオやテレビスタジオ・劇場・講義室がこれに属する．

「中間」は $\bar{\alpha} \fallingdotseq 0.2$ のものをいい，商店・レストラン・事務室・会議室・ホテル客室・病院病室・住宅居室・一般教会（プロテスタント）などがこれに属する．

【例題 8.7】 後述の問題 8.8 における会議室の吸音効果を求めよ．

〔解〕　この室の床面積 96 m²，天井高 3 m，吹出口と人間の最小距離 3 m，吹出口数 3

表 8.22 室の吸音効果 $PWL-SPL$ (ASHRAE Handbook, 1980)[31]

天井高 (m)	室の表面仕上げ	周波数バンド (Hz)							
		63	125	250	500	1 000	2 000	4 000	8 000
3.0	ハード	4	2	1	1	1	2	2	3
	中間	4	4	4	4	4	4	4	5
	ソフト	4	5	6	6	6	6	7	7
6.0	ハード	4	2	1	1	1	2	3	5
	中間	4	4	4	4	4	4	5	6
	ソフト	4	5	6	6	6	6	7	8
9.0	ハード	4	2	1	1	2	2	3	6
	中間	4	4	4	4	4	5	5	7
	ソフト	4	5	6	6	6	7	7	8
12.0	ハード	4	2	1	1	2	2	4	7
	中間	4	4	4	4	4	5	5	8
	ソフト	4	5	6	6	6	7	7	9

[注] 床面積 $11.6m^2$ の室を基準としており,これ以上の床面積の室は表 8.23 による補正係数 ΔL を加える。

表 8.23 床面積による補正値 ΔL と最小距離 (ASHRAE Handbook, 1980)[31]

床面積 (m^2)	室の内表面積 (m^2)	補正値 ΔL (dB)	最も近い吹出口と人間の耳の最小距離 l_m (m)			
			吹出口数 1	2	3	4
11.6	58	0	1.3	1.0	0.8	0.7
23	102	+2	1.7	1.4	1.1	0.9
46	186	+5	2.3	1.8	1.4	1.1
93	325	+8	3.1	2.3	1.8	1.4
156	604	+11	4.0	3.1	2.3	1.8
372	1 161	+14	5.5	4.0	3.1	2.4

表 8.24

周波数バンド (Hz)	63	125	250	500	1 000	2 000	4 000	8 000
吸音効果	4	4	4	4	4	4	4	5
補正値 ΔL	8	8	8	8	8	8	8	8
合計	12	12	12	12	12	12	12	13

個である。最小距離 $l_m=3m$ であり表 8.23 の吹出口数 3,床面積 $93m^2$ の $l_m=1.8m$ でこれは $3m$ 以下なるゆえ略算法が使用できる。表 8.22 の天井高 $3m$,室の表面仕上は中間の欄より表 8.24 の吸音効果の値が得られる。

表 8.23 より補正値 $\Delta L=8$ を得て,表 8.24 に記入してこれを加える。

8.5.6 ダクト各部の自然減衰

ダクト内部の吸音材内張りがないときでも表 8.25 に示すように各部で PWL は減衰する。円形ダクトの減衰量は $1 000 Hz$ 以下で $0.1 dB/m$,これを超えると不規則に増大し,$4 000 Hz$ では $0.3 dB/m$ となる。表の端末反射は吹出口または吸込口で

8.5 ダクトの消音設計

表 8.25 ダクトの自然減衰量（直通ダクトのみ dB/m，他は全部 dB）
(ASHRAE Handbook, 1980)[31]

		寸　　　法	周波数バンド (Hz)						
			63	125	250	500	1 000	2 000	4 000
長方形	ダクト	$P/A^{*1}>12$	0	0.9	0.3	0.3	0.3	0.3	0.3
		$P/A=12\sim5$	0.9	0.3	0.3	0.3	0.3	0.3	0.3
		$P/A<5$	0.3	0.3	0.3	0.3	0.3	0.3	0.3
エルボ	長方形	幅 0.13 (m)	0	0	0	1	5	7	5
		0.26	0	0	1	5	7	5	3
		0.51	0	1	5	7	5	3	3
		1.00	1	5	7	5	3	3	3
	円形	直径 0.13〜0.26 (m)	0	0	0	0	1	2	3
		0.26〜0.51	0	0	0	1	2	3	3
		0.51〜1.00	0	0	1	2	3	3	3
		1.00〜2.00	0	1	2	3	3	3	3
端末反射[*2]		(m)　　　(m²)							
		直径 0.13　断面積 0.02	17	12	8	4	1	0	0
		0.26　　　　　0.06	12	8	4	1	0	0	0
		0.51　　　　　0.26	8	4	1	0	0	0	0
		1.00　　　　　1.0	4	1	0	0	0	0	0
		2.00　　　　　4.1	1	0	0	0	0	0	0
分岐	周波数に関係ない	A_2/A_1 (%)	5	10	15	20	30	40	80
		ΔPWL	13	10	8	7	5	4	1

*1　P：ダクト辺長の合計 (m)　　A：ダクト断面積 (m²)
*2　吹出口が壁または天井にフラットに取り付いており，室のほかの表面とは 3〜4D
（D はダクト径）離れているときに用いる．この距離が 3〜4D 以下のときは，1 サイズ
大きい寸法のダクトの減衰量を用いる．

PWL の一部がダクト内に反射するために生ずる減衰量で，8.5.5 に述べた室内の吸音効果とは異なるものである．

8.5.7　消　音　装　置

消音装置には図 8.23 に示すようなものがあるが，現在，わが国で最も一般的に用

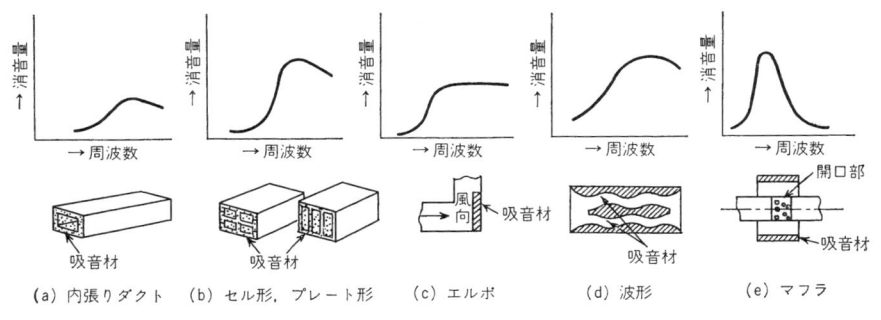

図 8.23　各種消音装置の特性（小笠原祥五）[26]

(a) 内張りダクト　(b) セル形，プレート形　(c) エルボ　(d) 波形　(e) マフラ

いられているのはこのうちの，(c) 内張りエルボと図にはないが吸音ボックスの2種類である．セル形，プレート形は昭和30年頃まで用いられていたが，最近は低周波領域の減衰性能が悪いため一般的には用いられない．

(1) 内張りダクトの減衰量

表8.26にその値を示す．

表 8.26 内張りダクトの減衰 (dB/m) (ASHRAE Handbook, 1976)[30]

	寸法 (cm)*	周 波 数 バ ン ド (Hz)						
		63	125	250	500	1 000	2 000	4 000	8 000
長方形	15× 15	—	4.6	4.0	10.8	16.5	18.7	17.4	—
	15× 30	—	3.6	3.0	8.5	16.7	18.0	15.4	—
	30× 30	—	2.3	2.0	6.9	15.4	14.7	3.0	—
	30× 60	—	1.6	1.6	5.9	15.1	10.0	2.0	—
	60× 60	—	1.0	1.3	4.9	11.8	1.6	0.3	—
	60× 90	0.3	1.0	2.0	3.5	7.9	4.6	3.0	2.3
	60×120	0.3	0.6	1.6	3.3	7.5	3.9	2.3	2.0
	60×180	0.3	0.3	1.6	3.9	7.2	3.9	2.3	2.3
円形	15 D	0.6	1.5	3.0	5.4	6.6	6.6	6.0	4.9
	30	0.45	0.9	2.1	4.5	6.6	6.6	4.5	3.0
	60	0.3	0.6	1.5	3.0	5.1	2.7	1.5	1.6
	120	0.12	0.3	0.9	1.8	1.8	1.5	1.5	1.6

* 寸法は吸音材の内のり寸法
〔注〕 本表の吸音材は25mm厚．上記寸法ダクトで500Hz以下は吸音材の厚さが t mm のときは上記に $(t/25)^{1.58}$ を乗じる．ただし，$t=13\sim50$ mm の範囲に適用．

(2) 内張り直角エルボの減衰量

表 8.27 消音エルボ（空気層付）の減衰量（図8.25）（長友宗重）[25]

ダクト幅 W(m)	周 波 数 バ ン ド (Hz)							
	63	125	250	500	1 000	2 000	4 000	8 000
0.20	5	5	6	11	20	25	27	27
0.40	8	9	14	22	25	28	29	29
0.60	9	11	17	24	27	29	30	30
0.80	10	12	20	27	29	30	30	30

表 8.28 消音エルボ（図8.24）の圧力損失（長友宗重）[25]

風 速(m/s)	4	6	8	10	15
圧力損失(Pa/個)	8.0	16	28	48	95

8.5 ダクトの消音設計

表 8.29 消音エルボ（空気層なし）の減衰量（図 8.25）
(ASHRAE Handbook, 1980)

	ダクト幅 D(m)	周波数バンド (Hz)						
		63	125	250	500	1 000	2 000	4 000
エルボ下流にも内張り	0.13	0	0	0	1	6	11	10
	0.26	0	0	1	6	11	10	10
	0.51	0	1	6	11	10	10	10
	1.00	1	6	11	10	10	10	10
エルボの上・下流とも内張り（図8.25）	0.13	0	0	0	1	6	12	14
	0.26	0	0	1	6	12	14	16
	0.51	0	1	6	12	14	16	18
	1.00	1	6	12	14	16	18	18

〔注〕 吸音材の厚さはダクト幅 D の 10%

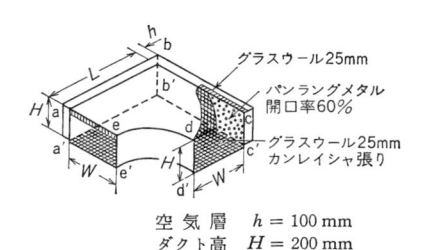

図 8.24 消音エルボ（空気層付）
（長友宗重）[25]

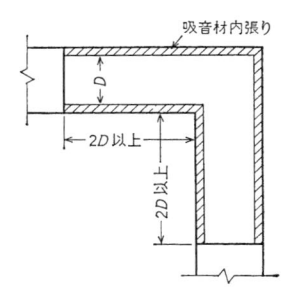

空気層 $h = 100$ mm
ダクト高 $H = 200$ mm

図 8.25 消音エルボ

（3） 消音ボックスの減衰量

$$R = 10 \log_{10}\left\{S_e\left(\frac{\cos\theta}{2\pi d^2} + \frac{1-\alpha}{\alpha S_w}\right)\right\}^{-1} \tag{8.25}$$

ここに，S_e, S_w：チャンバ出口のダクト断面積およびチャンバ内表面積（m²）
　　　　d, θ：チャンバの出口，入口の距離（m）およびこれを結んだ線と出口の法線のなす角度
　　　　α：チャンバの内張り材料の吸音率

略算としては $\cos\theta$ を 0 として計算すればよい．

（4） マフラ形消音器

図 8.26 の構造で 125～500 Hz の低周波数の騒音の減衰には効果がある．外筒の内面に吸音材を張り付けると効果がある．消音器の径が大きくなるので，空調用には最近はあまり用いられない．ある周波数 f に対する減衰量を R とすれば，

$$R = 10 \log_{10}\left\{1 + \left(\frac{\sqrt{c_0 V/2S}}{f/f_r - f_r/f}\right)^2\right\} \tag{8.26}$$

$$c_0 = n\pi a^2 / (l_c + \beta a) \tag{8.27}$$

表 8.30 内容積の異なる内張りエアチャンバ消音力 (dB) (坂本守正)[33]

	内容積 V(m³)	周波数バンド (Hz)						
		63	125	250	500	1 000	2 000	4 000	8 000
A (短辺吹出)	0.5	10	18	12	20	22	23	24	22
	1.0	18	16	10	16	19	22	25	23
	2.0	15	11	14	19	20	21	21	20
B (長辺吹出)	0.5	8	20	17	14	14	15	16	14
	1.0	20	22	11	11	15	16	15	14
	2.0	18	17	16	13	14	13	12	10

〔注〕 $V=0.5\text{m}^3$　$L\times B\times H=1.45\text{m}\times 0.72\text{m}\times 0.48\text{m}$
　　　$V=1.5\text{m}^3$　$L\times B\times H=1.85\times 0.90\times 0.6$
　　　$V=2.0\text{m}^3$　$L\times B\times H=2.3\times 1.15\times 0.75$
　　A：長さ L の面に出口ダクト接続
　　B：長さ B の面に出口ダクト接続
　　いずれも底面の厚さ 25 mm，32 kg/m³ グラスウール内張り．

ここに，S：ダクト断面積 (m²)
　　　　n：孔の数　a：孔の半径 (m)
　　　　l_e：孔の長さ (m) $\fallingdotseq 0$　$\beta \fallingdotseq \pi/2$
共鳴周波数 f_r は，
$$f_r = (c/2\pi)\sqrt{c_o/V} \qquad (8.28)$$
ここに，c：音速 (m/s)
　　　　V：空洞の容積 (m³)

上記の式はマフラ部分に隔壁のない場合にあてはまる．図のように隔壁を設け，各チャンバで共鳴周波数を色々とかえるように設計することができる．

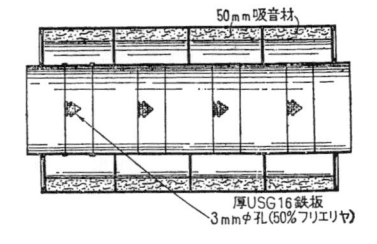

図 8.26 マフラ形消音装置 (Wilson)[34]

8.5.8 ダクトの消音計画法

(1) 消音計画

(a) 次に示す例題のような詳細な消音計算を行う必要のあるのは，表 8.16 に示す RC レベルの平均値が 30 dB 以下の場合，すなわち放送スタジオ・テレビスタジオ・音楽堂・住宅などで，これ以外にも特に室内の静粛を条件とする場合には必要である．

(b) 消音計画を行う前に，各吹出口には設計風量にできるだけ近い風量が吹き出すよう，分岐ダクトの設計を詳しく行うかあるいは各分岐ごとにスプリットダンパのような風量の制御装置を設けておく必要がある．設計風量に対して著しく過大な風量のときは，吹出口で騒音を発し，これを吹出口のシャッタで絞ると，さらに騒音が大になる．すなわち次章に述べる室内の空気分布を害しない限りにおいて，設計風量に対して大きめのサイズの吹出口を選んでおく方が安全である．

8.5 ダクトの消音設計

（c） 計算に用いる室内の許容騒音レベルはあくまで外部騒音と外壁の遮音量を考慮して選定する．騒がしい街路に面して窓の遮音が悪い場合に空調による室内の許容騒音レベルを低く保つことは無意味である．また電算機室のように室内に騒音の発生源のあるときは無意味である．また電算機室のように室内に騒音の発生源のあるときは，許容騒音レベルはかなり高くしてもよい．

（d） 室内の騒音源の1つに機械からの振動の伝達によるものがある．したがって厳密な消音計算を要するところでは，7.2.3に示すように回転機器には防振装置を設け，配管・ダクトなどはフレキシブル継手で振動を絶縁した上，防振つり金物を用い，振動の伝達を完全に防止する必要がある．

（e） ダクトの風速が過大なときはエルボ・分岐・ダンパなどで騒音が発生しやすいので，音楽堂のような場合は観客席の天井ふところの主ダクトの風速は 6.0 m/s 以下，吹出口への分岐管では 3 m/s 前後にすることが望ましい．

(2) 消音装置の配置と吸音材料

（a） 基本計画において消音計算を行わない時点では，消音器の配置を表 8.31 の概略数によって行う．この消音器には消音エルボまたは消音ボックスのいずれかを選び，空調機出口から吹出口に至る間および吸込口から空調機（またはレタンファン）に至る間に表記の個数をそれぞれ配置する．

表 8.31 吹出口までに設置すべき消音器の概略数

RC レベル	例	消音器の概数
20	音楽堂・録音スタジオ	4〜6個
30	映画館・図書館	3〜4個
40	一般事務室	2〜3個

〔注〕 本表の数字は送風ファン静圧が 70 mm 前後の場合で 15 mm 増加ごとに1個を追加．

この消音器の半数以上は，機械室の外部に設ける．全数近くを機械室内に設けると機械室内騒音が消音した後のダクト内に透過するおそれがある．また音楽堂のような場合に客席に接するダクトスペースの遮音が不完全な場合は，これよりダクトの音が室内に透過するおそれがあり，その場合はシャフトに至る間に半数程度の消音器を設ける．

（b） 例えば消音器が3個，必要なときはファン出口と吹出口直前に消音ボックス，途中のダクトに消音エルボ1個を設ける．レタンファン（両吸込）のチャンバあるいはこれがないときは空調機の吸込チャンバに厚さ 50 mm のグラスウールの吸音内張りを行えば，上記の消音器の1つに代用できる．

（c） VAV ユニットや二重ダクトの混合ユニットの発生騒音はかなり大きいので，その下流に消音ボックスまたは内張りダクトを設ける．

（d） 内張りの吸音材料には一般に厚さ 25 mm または 50 mm のグラスウール（比重 24〜32 kg/m^3）が用いられる．この繊維ははがれることを防止するため表面は不燃性のガラスクロース（風速が 7 m/s を超えるときは，開孔率 30% 以上の穴あき金属板）で被覆する．保温材と同様，銅鋲（びょう）を鉄板に溶接し，これにより吸音材・被覆材を固定する．軟質ポリウレタンフォーム（モルトプレン）は可燃性で，か

表 8.32 吸音材料の定常波法による吸音率（小笠原祥五）[26]

材　料	かさ比重 (kg/m³)	厚さ (mm)	周波数(c/s)					
			125	250	500	1 000	2 000	4 000
グ ラ ス ウ ー ル	12	25	0.06	0.07	0.18	0.33	0.58	0.77
	16	25	0.06	0.08	0.18	0.35	0.63	0.85
	24	25	0.06	0.08	0.22	0.45	0.81	0.93
	32	25	0.06	0.11	0.22	0.51	0.86	0.98
グラスウール（ネオプレンコーティング）	24	25	0.07	0.10	0.28	0.68	0.96	0.68
岩綿ブランケット	240	25	—	0.22	0.37	0.72	0.94	0.95
ポリウレタンフォーム	27	25	0.03	0.06	0.12	0.24	0.50	0.85
ビニールスポンジ	—	12	—	0.02	0.07	0.11	0.18	—
吸音プラスタ	—	12	—	0.11	0.30	0.53	0.63	—
アスベスト吹付	—	25	—	0.19	0.22	0.35	0.45	—

つ風化するので，ダクト内吸音材には不適当である．表8.32に各種吸音材料の吸音率を示す．このうち，グラスウールが最も一般に使われる．

（3）消 音 計 算 法

次の例題に示すようにファンの発生 PWL からダクト各部の自然減衰（8.5.6参照），室内の吸音効果（8.5.5参照）を差し引いて室内の SPL を求める．これと推奨 RC から求めた各バンドごとの SPL の差を吸音装置で処理する．

【例題 8.8】 図8.27に示す会議室に送風するダクトの消音設計を行う．使用するファンは No.4 多翼ファン $8\,000\,\text{m}^3/\text{h} \times 500\,\text{Pa} \times$ 軸動力 $1.85\,\text{kW}$ とする．

〔解〕 表8.33を準備して各オクターブバンドごとの計算を行う．

まず送風機の発生 PWL は例題8.5（表8.17参照）により求められている（1欄）．次にダクト各部の自然減衰を2～6欄に記入する．直管ダクトは，

$$P/A = (0.62+0.50) \times 2/(0.62 \times 0.50) = 2.24/0.31 = 7.2$$

なるゆえ表8.25より 63 Hz のみ 0.9，他は 0.3 dB/m が得られ，これに長さ 25 m を

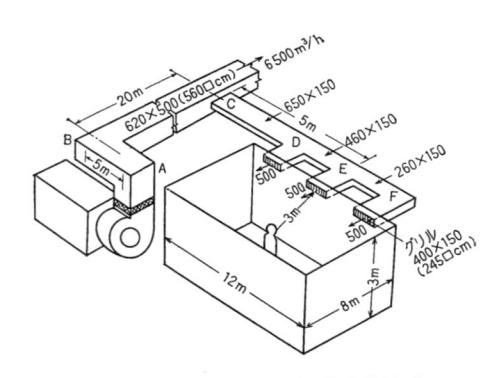

図 8.27 ダクト配置図（消音計算例題）

8.5 ダクトの消音設計

表 8.33 消音計算

	周波数バンド (Hz)	63	125	250	500	1 000	2 000	4 000
1	送風機発生騒音（例題 8.5）	90	86	82	78	71	68	66
2	直管ダクト（A-B-C）	22.5	7.5	7.5	7.5	7.5	7.5	7.5
3	エルボ（B 部）	0	1	5	7	5	3	3
4	分岐（C 部）	5	5	5	5	5	5	5
5	直管ダクト（C-E）	0	4.5	1.5	1.5	1.5	1.5	1.5
6	吹出口の端末反射（245 mmϕ）	12	8	4	1	0	0	0
7	自然減衰合計（2+3+4+5+6）	39.5	26	23	22	19	17	17
8	吹出口 PWL = (1−7)	50.5	60	59	56	52	51	49
9	室内吸音効果（例題 8.7）	12	12	12	12	12	12	13
10	吹出口 SPL = (8−9)	38.5	48	47	44	40	39	36
11	吹出数による補正（表 8.22）	5	5	5	5	5	5	5
12	吹出口 3 個の SPL = (10+11)	43.5	53	52	49	45	44	41
13	室内許容 SPL (RC 30)	50	45	40	35	30	25	20
14	必要消音量 = (12−13)	−6.5	8	12	14	15	19	21
15	消音エルボ（表 8.30）1 個	9	11	17	24	27	29	30
16	正味の消音効果 = (15−3)	9	10	12	17	22	26	27
17	消音エルボを入れた吹出口 PWL (8−16)	41.5	50	47	39	30	25	22
18	吹出口発生騒音（例題 8.6）	31	32	31	28	26	19	11
19	修正吹出口 PWL	41.5	50	47	39	32	26	22

かける（2 欄）．C 部の分岐部分は，
$$A_2/A_1 = 0.65 \times 0.15/0.62 \times 0.50 = 0.31$$
なるゆえ表 8.25 より全バンドにわたって 5 dB となる（4 欄）．C-D，D-E 間の直管ダクトの P/A はそれぞれ 16.4，17.7 となり，$P/A > 12$ より減衰量が求められる（5 欄）．端末反射は表 8.25 より求められる（6 欄）．

7 欄に自然減衰量の合計を記入し，これをファンの発生 PWL より差し引くと吹出口直前の PWL が出る（8 欄）．これと室内 SPL との差（室内吸音効果）は例題 8.7 のようにして求め，これを差し引くと吹出口からの SPL が求められる（10 欄）．吹出口が 3 個あるゆえ 1 個の場合に比べて表 8.19 より 5 dB 大きくなるので，これを加え室内への発生 SPL が求められる（12 欄）．一方，この室は会議室で推奨レベルは表 8.16 より RC 30 とし，RC 30 に相当する各バンドの SPL を図 8.21 より求める（13 欄）．必要消音量は 12 欄と 13 欄の差より求められる（14 欄）．B 部のエルボを図 8.25 に示すような消音エルボ（ダクト幅 0.62 m）とすればその消音力は 15 欄の通りで，これより 3 欄のエルボ減衰量を差し引いた値（16 欄）が正味の吸音エルボの消音効果となる．16 欄の数字は全部 14 欄の値を満足する．

吹出口の発生騒音の影響をみるため，8 欄と 16 欄の差により消音エルボを入れた場合の吹出口の PWL を求め，次に例題 8.6 により求めた吹出口発生 PWL を 18 欄に記入する．17 欄と 18 欄を比較して 10 dB 以内の差があるときは，表 8.13 の値を用いて，17, 18 欄の PWL を合成する．例えば 1 000 Hz においては 4 dB の差がある

ため,表8.13より1.5dB(4捨5入して2dB)を大きい方の32に加える.このようにして19欄を求める.19欄と17欄の差が16欄と14欄の差より小さいときは問題ないが,これを超えるときは消音器能力が不足のため,消音器を選びなおす.

引用文献

1) Moody, L.: T. ASME, Vol. 66, p. 672, 1944.
2) Recknagel, Sprenger: Taschenbuch für Heizung Lüftung u. Klimatechnik, Oldenbourg, 1964.
3) Richter, H.: Rohrhydraurik, Sprnger, 1971.
4) ASHRAE: Ditto 1977, Fundamentals.
5) 井上宇市編:ダクト設計施工便覧,丸善,昭55.
6) ASHRAE: Handbook of Fundamentals, 1972.
7) 空気調和・衛生工学会編:空気調和・衛生工学便覧14版,3空気調和設備編,pp. 181-187, 2010.
8) ASHRAE Handbook Fundamentals, pp. 32. 21-32. 46, 1989.
9) 板本守正ほか:日本建築学会大会学術講演梗概集,p. 373,昭55.
10) Carrier: Handbook of Air Conditioning System Design, pp. 2-31, McGraw-Hill, 1965.
11) ASHRAE Handbook Fundamentals, pp. 33. 29-33. 31, 1985.
12) 新津靖,倉橋明次:衛生工業協会誌,Vol. 31, No. 2(昭32), pp. 52-62の実験式より算出.
13) I.H.V.E.A.: Guide to Current Partice, 1959.
14) 小林陽太郎,吉澤晋:日本建築学会論文報告集,Vol. 63,昭34.
15) Buffalo Forge Co.: Fan Engineering, p. 132, 1949.
16) 監修委員会編:建築設備施工マニアル(空調篇),建築設備士協会,昭48.
17) 委員会編:空気調和設備工事標準仕様書(HASS 107-1976),空気調和・衛生工学会,昭51.
18) 委員会編:空気調和給排水設備施工標準,建築設備士協会,昭53.
19) 日本電電公社:空調装置詳細図集,通信建築研究所,昭55.
20) SMACNA: Duct Manual and Sheet Metal Construction, I, Low Velocity Systems, 1963.
21) SMACNA: Ditto II, High Velocity Systems, 1965.
22) 防災特集号,空衛誌,Vol. 47, No. 3.
23) York Co.: HV, 1951. 10.
24) ASHRAE: Ditto 1979, Equipment.
25) 長友宗重:空気調和設備の騒音制御,鹿島出版会,昭38.
26) 小笠原祥五:建築設備シリーズ3,空気調和設備の防音と防振,丸善,昭42.
27) 永田 穂:建築の音響設計,オーム社,昭49.
28) 板本守正:空調設備の消音設計,理工学社,昭51.
29) 日本冷凍協会:冷凍空調便覧,II,昭47.
30) ASHRAE: Handbook & Product Directory 1976, Systems.
31) ASHRAE: Ditto 1980, Systems.
32) 日本建築学会:実務的騒音対策指針,技報堂,昭50.
33) 板本守正:建学講,1979.9.
34) Wilson, M.: HPAC, 1954. 11 (衛工誌,Vol. 29, No. 2).

9 吹出口と室内空気分布

9.1 吹出口と吸込口

9.1.1 吹出口の種類

表9.1に吹出口の分類を示す．拡散形吹出口（diffuser）とよばれる形式は一次空気を層状に吹き出し，これに二次空気（室内空気）を誘引混合する（この一次空気と二次空気の混合割合を誘引比という）ので，一般に吹出温度差を大きく取れるが，到達距離は小さい．これと反対に軸流吹出口は吹出空気を直線状に吹き出すため，誘引比は拡散形ほど大きくないが，反面，到達距離は大きくなる．表9.1の吹出温度差は

表 9.1 吹出口の種類

方　式	分　　類	種　類	例	冷房時最高吹出温度差（天井高2.7m）
天井吹出（下向）	(1) 拡　散　形（ceiling diffuser）	円形	アネモスタット形・パン形	11～14℃
		角形	TCSX・TMDC・アネモスタット形・パン形・ユニバーサル形	11～14℃
	(2) 軸　流　形	ノズル	天井ノズル・パンカルーバ	4～8℃
	(3) ス　ロ　ッ　ト　形	線形	ブリーズライン形・Tライン形・カームライン・トロファ形	10～12℃
	(4) 多孔パネル		全面天井吹出 マルチベント吹出口	4～8℃
側壁吹出（横向）	(5) 拡　散　形（wall diffuser）	角形	ユニバーサル形	8～10℃
	(6) 軸　流　形	ノズル	壁付ノズル・パンカルーバ	7～10℃
床面または窓台吹出口（上向）	(7) 拡　散　形		スロット形・ユニバーサル形・グリル形	7～10℃

一般的な値で，詳しくは到達距離，吹出風速，吹出定数（K値）などに関係し，9.3の方法で計算する．

人間がドラフト（9.2.2参照）を感じないための吹出風量は各吹出口により差があり，これを表9.2に示す．これは正確には9.2.1で述べるADPIにより検討する．

表 9.2　各種吹出口の吹出風量の適正値
(ASHRAE Handbook, 1979, p. 2.2)[1]

吹出口種類	床面積当たり風量 (m^3/m^2h)	天井高3mのときの最大換気回数
グリル形	19～38	7
スロット形	25～63	12
多孔パネル	32～95	18
天井ディフューザ	32～160	30
全面多孔天井	32～310	60

これらの吹出口のうち，天井吹出口としてはアネモスタット形・パン形などが広く用いられ，モジュール方式を採用する高級オフィスビルにはTラインが，劇場などの天井の高い場合は天井ノズルあるいはアネモスタットなどが一般に用いられる．

壁付吹出口としてはユニバーサル形が最も多く，大空間にはノズル形が用いられることが多い．床面に吹出口を設ける例は今までは電算機室がほとんどであったが，最近ではオフィスビルでの床下空調方式の採用事例が増えてきている．

9.1.2　各種吹出口の特徴

（I）　固定羽根吹出口

フェースとして立方向または横方向に固定羽根を設けたもので，羽根の剛性が大きいため許容風速を5m/s程度に取ることができる．吹出温度差はユニバーサル形ほどは大きく取れない．この温度差は式（9.8）により降下度を概算して居住範囲内に冷風が侵入しないような値を用いなくてはならない．

（2）　可動羽根吹出口（ユニバーサル形吹出口）

固定羽根形にあっては到達距離と降下度の関係を完全に室の居住条件に合わせて設計しない限り，取付け後に居住範囲内に冷風が侵入するおそれがある．この羽根の角度を変更し取付け後に到達距離および降下度の修正を行うことができるようにしたのがこの可動羽根形である．これの特性はほとんど固定羽根形と同様で吹出許容温度差も大きくとることができる．吹出抵抗が少ないため図9.1のように後部にあなあき鉄板をビスで止めて各吹出口の風量をバランスさせることが望ましい．この孔の大きさの割合は近似的に表8.3（22）により求め，吹出口の位置によりその割合を変え

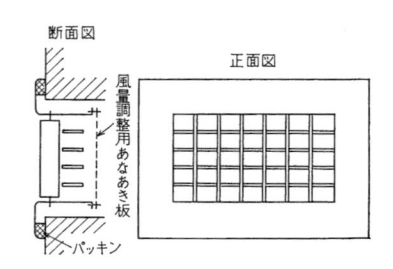

図 9.1　ユニバーサル形吹出口

る.
(3) ノズル形吹出口

図9.2のようにフェースのまったくない形で劇場などにおいて到達距離をふやすために吹出風速を5m/s以上にして用いることができる．このほかに騒音の発生のおそれが少ないから事務室や放送局スタジオなどに低風速吹出口としても用いられる．図のようにダクトに直角に取り付けノズルの長さをその径の2倍以上（長いほどよい）取れば風量はかなりよくバランスする．

図9.3にノズル形の製品を示す.

(4) パンカルーバ (punkah louver)

ノズル形吹出口で図9.4のように吹出口の方向を左右，上下に変えることができる首振り形で，厨房などのスポット冷房に適している．

(5) アネモスタット形吹出口

冷風はコーン（吹出口中央部の円錐状の筒）上面に沿って吹き出すからコーン下面は負圧になり，吹出空気量の30%程度の室内空気を吸い込んで吹出空気と混合し，この混合空気を吹き出す結果となる．この性能を内部誘引性能とよぶ．このため実際に吹き出される空気は既に室内空気を一部混合したものとなり，これがさらに二次対流を生じつつ居住範囲に到達する．本吹出口は吹出口のうちで最も大なる誘引性能を示し，吹出温度差は表3.2に示したようにきわめて大きく取ることができる．

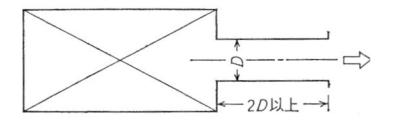

図9.2 壁付ノズル形吹出口

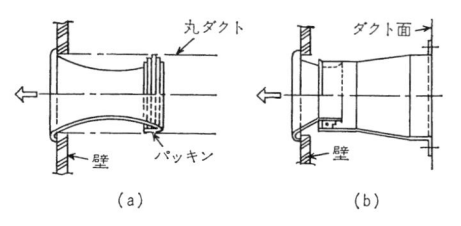

図9.3 ノズル形吹出口（丸光産業）[2]

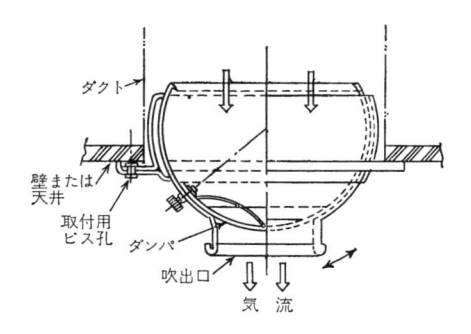

図9.4 パンカルーバ吹出口（丸光産業）[2]

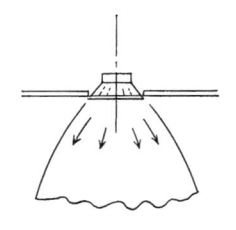

(a) コーンを上げた場合　　(b) コーンを下げた場合

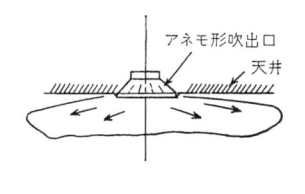

図9.5 C-2形アネモスタット（新晃工業）[3]

アネモスタット形吹出口は，コーンを調節することにより気流性状を変えることができる．特に天井が高い場合や温風を吹き出す冬季にはコーンを上げて図9.5のように気流を下方に延ばして使用する．最近では形状記憶合金を使って送風温度に応じて自動的にコーンの調節をする機種もある．

（6）パン形吹出口

図9.6のような簡単な断面の吹出口で誘引比はアネモ形に比較して小さく，したがって天井高2.7mで吹出温度差は11℃前後に抑える必要があるが，到達距離は長くなる．

アネモC-2形と同様，コーンを上げれば下向気流に，下げれば横向気流に変えることができる．

図9.7に示すのは吹出吸込兼用の形で，外周から吹き出し，中央から吸い込む．

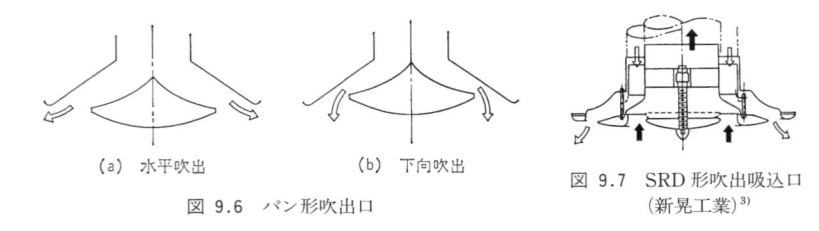

(a) 水平吹出　　(b) 下向吹出

図 9.6　パン形吹出口

図 9.7　SRD形吹出吸込口
（新晃工業）[3]

アネモ形やパン形のような円形の拡散吹出口は室内の空気を天井面に沿って誘引する結果，室内空気の汚れがひどい室では吹出口周囲の天井が汚染する．これを防止するためには，吹出面を天井面から5cm以上下げればよいといわれ，図9.8はその形の吹出口である．

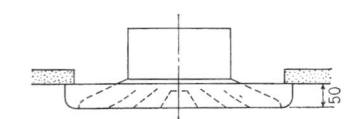

図 9.8　CH形アネモスタット
（新晃工業）[3]

（7）スロット形吹出口

図9.9のように著しくアスペクト比の大きい吹出口で，体裁がよいので意匠を重視する室に多く使用されている．図9.10に示すトロファ形はスロット形吹出口を照明器具と組み合わせたものである．ダブルシェルタイプ照明器具ともいわれている．

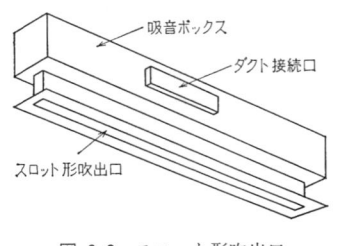

図 9.9　スロット形吹出口

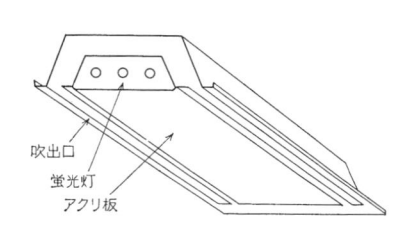

図 9.10　トロファ形吹出口

9.1 吹出口と吸込口

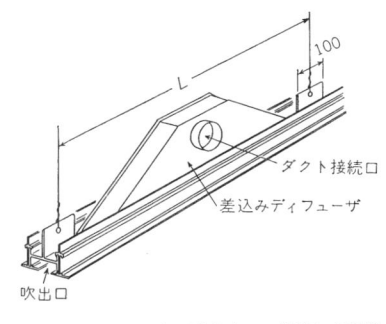

図 9.11 Tライン形吹出口（新晃工業）[3]

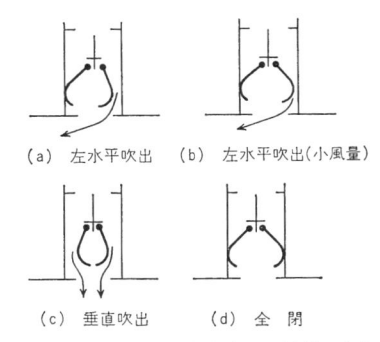

図 9.12 Tライン形吹出口の風量・方向制御（新晃工業）[3]

図9.11に示すTライン形吹出口は二本の天井下地の骨組をそのまま吹出口に用い上部に梯形のボックスを取り付け，これに丸ダクトを接続する．図9.12のように吹出口に設けた2枚のベーンの調整で，気流の方向の調整，風量制御を行う．高層建築などのモジュール方式に合わせて広く用いられている．

(8) 多孔パネル形吹出口

前に述べたアネモ形，パン形にも角形のものがあるが，このほかに図9.13に示すように吹出面（多孔板）上面のベーンの角度の変化で，吹出方向を自由にかえられるものも製作されている．

(9) 大容積室において観客席の座席に吹出口を取り付ける例が最近次第に増えている．これについては9.2.5(4)において述べる．

(10) 近年，OAフロアの採用事例の増大に伴い，床下をチャンバーとして利用する床吹出空調方式が増えてきている．床吹出空調方式に用いられる吹出口の例を図9.14に示す．図9.15は床吹出口のベーン調節により垂直方向吹出，水平方向吹出とした場合のそれぞれの残風速分布を示す．このように床吹出空調方式では居住者に不快感を与えないような気流分布性能を持つ吹出口の選定のほか，吹出口の配置，送風温度に充分留意する必要がある．

図 9.13 TCSX形吹出口（新晃工業）[3]

図 9.14 床吹出口の例[4]

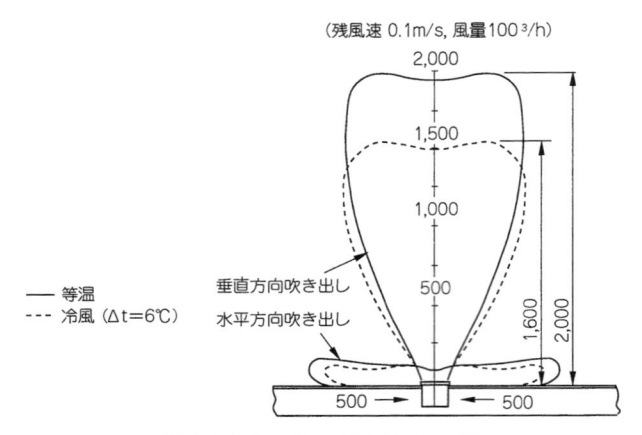

図 9.15 床吹出口の残風速分布の例

(残風速 0.1m/s, 風量 100㎥/h)

―― 等温
--- 冷風 (Δt=6℃)

垂直方向吹き出し
水平方向吹き出し

9.1.3 吸込口の種類

壁付および天井付として固定羽根型吸込口またはユニバーサル型吸込口が最も多く用いられる．前者は鋼製もしくはアルミ鋳物の格子（グリル）の裏面に風量調整用のダンパVDを設けたものである．天井ふところをレタンチャンバとしてレタン空気を天井ふところに吸い込む方式においてはTラインやレタンスリット付照明器具などが用いられる．床面にはもっぱらマッシュルーム形（図9.16）が用いられる．

表 9.3 吸込口

取付位置	種類
壁	固定羽根型，ユニバーサル型
天井	固定羽根型・ユニバーサル型 線状（Tラインなど）レタンスリット付照明器具
床	マッシュルーム形

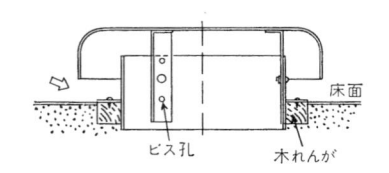

図 9.16 マッシュルーム形吸込口

9.2 室内の空気分布

9.2.1 ドラフトの問題

（1）室内気流速の許容値

人体に対して不快な冷感を与える気流を**コールドドラフト**（賊風）または略して**ドラフト**とよぶ．これは，(a) 冬季に室の窓のすきまよりすきま風が流入する場合，または低温の外壁内面で冷えた空気が流下する場合のように，室温よりかなり低い温度の気流に人体がさらされる場合．(b) 低い温度の室内で卓上扇風機にあたるように室内の居住範囲の平均気流よりも高速の気流に人体がさらされる場合，などに起こ

る現象である．

人体の感ずる冷感は体内の熱生産すなわち代謝熱量よりも体からの熱損失が多い場合に生ずる．体からの熱損失は，(a) 人体周囲の空気温が低いとき，(b) 人体周囲の気流の速度が大きいとき，(c) 周囲空気の湿度が小さいとき，(d) 周壁の温度が低いとき，にいずれも大となる．

したがって室内の居住範囲において保つべき気流の速度は温湿度や周壁の温度条件を一定にすればある範囲内になくてはならない．この値はもちろん室内の人の活動状況により異なり，労働の際は大きくなり安静の際は小となる．ASHRAEでは着座して執務している状態の人に対する室内気流速の許容値として $0.075 \sim 0.20$ m/s（$15 \sim 40$ ft/min）の値を推奨している．本書では居住区域内に入った吹出空気の中心速度の許容限界を 0.50 m/s に抑えている．

したがって吹出口・吸込口の設計では室内気流速度を前記の範囲内に抑えるように取ればよい．

(2) EDT と ADPI

ASHRAEではドラフトの指針として次に示す有効ドラフト温度（effective draft temperature，略して EDT）を定義した．

$$\mathrm{EDT}(°\mathrm{C}) = (t_x - t_m) - 0.039(200 v_x - 30) \tag{9.1}$$

ここに，t_x, t_m：室内のある場所の温度および室内の平均温度（°C）
v_x：室内のある場所 x の微風速（m/s）

この EDT が $-1.5°\mathrm{C}$ より $+1°\mathrm{C}$ の範囲にあり微風速が 0.35 m/s 以内の場合は居住者（成人）の多くは快適である．室内の各点で以上の条件を求め，全体の点数に対する快適点数の割合を空気拡散性能係数（air diffusion performance index，略して ADPI）という．すなわち，室内に均一に人が分布していれば ADPI は快適と感じる人の割合を示す．ただ，ADPI は吹出気流によるドラフトのみを問題にしており，9.2.2に述べるようなドアのすきま風またはガラス窓よりのドラフトは算入されない．これらに対しては9.2.2に従って十分なる防止方法を取った後に ADPI でチェックしなくてはならない．

(3) ドラフト防止のための吹出口選定法

表9.4は各吹出方法に対して最大の ADPI が得られる到達距離 T と室の代表長さ L との比（T/L）とそのときの ADPI を示す．ここに T は室内風速 0.25 m/s（表の＊印のみは 0.50 m/s）のときの到達距離である．また T/L の許容範囲と ADPI の最低値を併記してある．

【例題 9.1】 $3\mathrm{m} \times 3\mathrm{m}$ のモジュールの中央に風量 $250\mathrm{m}^3/\mathrm{h}$ の天井ディフューザを設ける．熱負荷が $58\mathrm{W/m}^2$ のとき，ディフューザを選定せよ．

〔解〕 $3\mathrm{m} \times 3\mathrm{m}$ ごとに間仕切を設ける場合を考えれば吹出口より間仕切までの最短距離は $1.5\mathrm{m}$ となる．一方，$58\mathrm{W/m}^2$ なるゆえ表9.4の(2)を選び $T/L = 0.8$

$$\therefore \quad T = 0.8 L = 0.8 \times 1.5 = 1.2\mathrm{m}$$

表 9.4　各種吹出方法と ADPI の関係（冷房時のみ）（ASHRAE Handbook, 1977）[5]

吹出口種類	熱負荷 (W/m²)	最大ADPI T/L	最大ADPI ADPI	T/Lの範囲 許容 T/L	T/Lの範囲 最低ADPI	Lの求め方
(1) 壁付格子形（ユニバーサル形）	47	1.4	87	1.0〜1.7	84	対面の壁までの距離
	93	1.6	82	1.1〜2.1	76	
	140	1.7	77	1.3〜2.2	70	
	186	1.8	73	1.5〜2.2	70	
(2) 円形天井ディフューザ	47	0.8	94	0.8〜1.3	93	壁まで，または隣りの吹出口の気流の末端までの距離
	93	0.8	91	0.6〜1.4	85	
	140	0.8	87	0.6〜1.4	80	
	186	0.8	83	0.7〜1.2	80	
(3) 窓台吹出格子形固定羽根	47	0.8	97	0.7〜1.1	93	吹出方向の室の長さ
	93	1.1	90	1.0〜1.7	85	
	140	1.4	82	1.2〜1.8	78	
	186	1.7	73	1.4〜1.7	70	
(4) 窓台吹出格子形可変羽根	47	0.7	94	(0.8〜2.1)		同　上
	93	0.7	94	(0.8〜2.0)	(64)	
	140	0.7	94	(0.7〜1.8)	(72)	
	186	0.7	94	0.6〜1.7	80	
(5) 天井スロットディフューザ	47	0.3*	92	0.3〜1.6	80	壁までまたは二つの吹出口間の中心まで
	93	0.3*	91	0.3〜1.3	80	
	140	0.3*	90	0.3〜1.0	80	
	186	0.3*	88	0.3〜0.8	80	
(6) トロファ形	47	1.0	95	5.0以下	90	二つの吹出口の中心までの距離プラス天井より居住区域上限まで
	93	1.0	95	3.5以下	90	
	140	1.3	92	3.0以下	88	
	186	2.4	87	3.8以下	80	
(7) 多孔板天井ディフューザ	35〜163	2.0	96	1.0〜3.4	80	壁までまたは二つの吹出口の中心までの距離
				1.4〜2.7	90	

吹出口カタログより C-1 形アネモスタットを選び風量 $250\,\mathrm{m^3/h}$ に対し風速 $0.25\,\mathrm{m/s}$ に対する拡散半径は 12.5 形で 2.0 m，15 形で 1.6 m となり上記の 1.2 m を超えるので，このいずれも最大 ADPI を満足しない．15 形を用いれば $T/L=1.6/1.5≒1.1$ となり表の許容範囲 0.8〜1.3 内に収まり，ADPI は 90 以上となるのでこれを用いることとする．

9.2.2　室内空気分布の問題点

（1）　室内の空気分布について最も多く問題の生ずるのは夏と冬のコールドドラフトである．夏のコールドドラフトは天井付ノズル吹出口やスロット形吹出口にその例が多く，これは 9.3.3 (2) に示す計算方法により精密に設計すればそのおそれは少ない．

9.2 室内の空気分布

冬のコールドドラフトは吹き出した温風が天井面に滞留し，居住区域に冷風が侵入する例に多い．これは特にすきま風が侵入する玄関ホールや，ガラス面が多く天井高の高い玄関ロビーなどに生じやすい．この解決法としては，(イ)このような室では到達距離の大きい吹出口を選定し温風を床面に到達させる．(ロ)窓側に放熱器を設けることによりガラス面よりのコールドドラフトを防止する．(ハ)または二重ガラスを用いる．(ニ)玄関のドアは (a) 回転ドア，(b) 二重ドア，(c) 二重ドアの間にコンベクタを設ける，(d) エアカーテンを設けるなどしてすきま風の侵入を防止するなどがある．あるいはこのような箇所には床暖房を行うことが効果的である．

窓のある天井高の高い大空間の室，例えば体育館や工場などの空調においても上記の玄関ロビーと同様な問題が生じやすい．

(2) 劇場などの観客席にあっては周壁にガラス窓がないので，アネモスタットのような天井ディフューザを用いても，温風は層状になり，これが天井面から次第に厚さをまして観客席に至るので，居住域の温度は次第に上がる．ただし，舞台背面の大きい壁が外気に面していると，ここで生じたコールドドラフトが座席前部に流下し，最前列の座席が寒いという問題が起こりやすい．これを防ぐためには，この壁の下方より温風を吹き上げてコールドドラフトを防止する方法が効果的である．

いずれにしても冬のコールドドラフトはガラス面あるいは壁面から流下するものと，外気に面する出入口から入るすきま風によって生ずるものであるから，(1)に述べた(ロ)，(ハ)，(ニ)の方法をとる．

9.2.3 吹出口・吸込口の配置法

(I) 吹出口の位置

(a) 壁面上部あるいは，天井付下向吹出口を用いる際は冬季は吹出風速を 2.5 m/s 以上として温風が天井面に停滞することをさけねばならない．またこれらの場合，風量が小さく吹出温度差の大きいときは室内の気流分布が一様にならないおそれがあるので，室内への吹出風量は表 3.3 の換気回数を確保しなればならない．逆に表の範囲より著しく大になる場合は，前述の ADPI を用いてドラフトを検討する必要がある．壁面上部の場合は図 9.17(a) のようにはりに当るおそれがあるのでその位

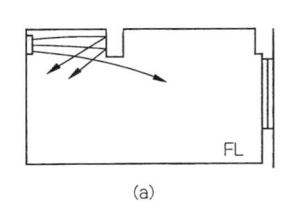

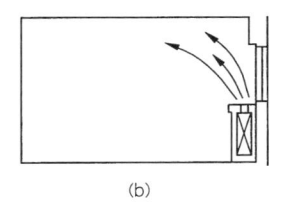

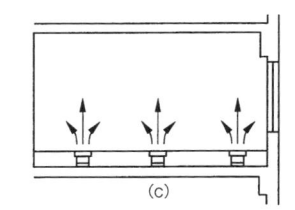

図 9.17 吹出口の配置

置を十分下げるか，あるいは水平の可動羽根を用い気流をそらす必要がある．

（b）壁下部よりの吹出は冷房時に吹出気流が直接に居住範囲に入らないようにしなければならない．ただし，この方法は暖房時，1.5〜2.0m/s 程度の低速吹出でも暖房効果が得られるので住宅の温風暖房にはよく用いられる．

（c）窓台に吹出口を設け，これより斜め上方に吹き出す方法（図（b））は冷暖房ともに満足すべき結果が得られる．特に暖房時には冷たいガラス面よりのコールドドラフトを防止できるので有利である．

（d）床に吹出口を設ける場合（図（c））は，吹出気流の影響が居住者に不快感を与えないように吹出口の配置に留意する．

（2）吸込口の配置

吹出口の配置を上述の（1）に従って行えば吸込口の配置は比較的自由となる．

（a）大風量の吸込口を居住域の近くに設けると，付近の居住者がドラフトを感じるので，なるべく居住域から離れた箇所に設ける．これができないときは吸込風速を 1m/s 程度に落すか，または分散配置する．

（b）吸込口として壁付のものを用いる場合でも，煙草の煙は天井面に滞留するから，会議室・ロビーなどの喫煙の多く行われる室は壁付吸込口のほかに天井付吸込口を設け，室内送風量の 10〜20% をこれより排気する方が望ましい．

（c）廊下を返り空気の通路に用いる際は，扉に排気ガラリを設けるか，または扉の下端を 3〜5cm 床面よりはなして（これをアンダカットという）これより排気を行う方法が用いられる．室内の会話が漏れることを嫌う場合は，吸音装置のついた返りダクトに吸込口を接続する．

（d）天井ディフューザの近くに吸込口を配置するとディフューザからの吹出空気の一部を直接吸い込むことがあるので吹出口との位置関係に留意する．

（e）モジュール方式の場合は各モジュールに 1 個ずつの吸込口を必要とし，図 2.18，2.19 に示したようにこの場合は天井排熱を兼ねて照明器具にスリット孔をあけてここから天井ふところに吸い込む形式が有利である．

（f）劇場などの観客席においては，かつては多数のマッシュルーム吸込口を客席床面全面に配置してこれより吸い込む場合が多かった．この吸込口は位置の決定（芯出し），取付けに多大の労力を必要とするため，最近は壁面またはステージ前面に大形のレタングリルを設ける場合が多い．

（3）モジュールプランニング[6]

オフィスビルなどでは竣工後のテナントによる間仕切を増設の際，吹出口を追加しなくても済むように，建築の平面図を一定の大きさの格子に切って，この格子の枠の中に，吹出口・吸込口・照明・スプリンクラなどのすべての必要な設備要素を収める方式が行われている．これをモジュール方式とよび，一つの枠をモジュールとよぶ．このモジュールの大きさは消火用スプリンクラ 1 個の到達半径の法的規制（耐火建築の 1 階以上は半径 2.3m）に押さえられて 3.0×3.0m または 3.2×3.2m にする場合

9.2 室内の空気分布

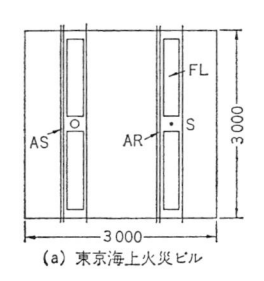

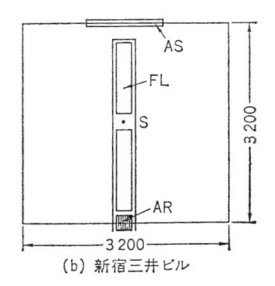

(a) 東京海上火災ビル　　(b) 新宿三井ビル

AS：吹出口　　AR：吸込口
S：スプリンクラ　　FL：蛍光灯

図 9.18 モジュール内配置の代表例[7]

が多い．モジュールに設ける吹出口はアネモ形・Tラインなどが多く用いられ，吸込口は照明器具に設けたスリット（図 2.18）またはTラインなどが用いられる[7,8]．図 9.18 にモジュールの代表例を示す．

9.2.4 吹出口・吸込口の風速

いずれも 8.5.2 に述べたように室内許容騒音レベルにより決定する．次にその標準を示す．

（I）吹出口の許容風速

室内の各許容騒音に対する吹出口の許容風速の一例を表 9.5 に示す．これは前章の 8.5 に示す音響計算法を用いて求めたもので，これと同様の方法で他の場合も求められる[9]．またノズル形のように吹出口の前に障害物のない場合は発生騒音が低いので吹出風速を高く取ることができる．

表 9.6 に各種建物に対する許容吹出風速を示す．ノズル形の場合は表の値より高くしてよい．

表 9.5 発生騒音より求めた吹出口許容風速（後藤滋）[9]

許容 SPL	吹出口種類	吹出許容速度 (m/s)		条　件
		拡散音のみ	直接音を考慮	
NC 35	丸形ディフューザ 150φ	5.8	5.4	室の大きさ 27.5×16.5×3m
	〃　　　 200φ	5.8	5.4	室の平均 $\alpha=0.15$
	多角　　〃　　 150φ	5.3	5.0	吹出口 15個
	〃　　　 200φ	4.9	4.6	
	輪形吹出吸込口	6.8	6.3	
NC 55	A形ノズル	20.0	18.7	室の大きさ 7×14×3m
	E形　〃	21.8	20.2	平均 $\alpha=0.15$
	バンカルーバ	29.6	27.2	吹出口　6個

表 9.6 吹出口の許容風速 (Carrier Co.)[10]

建物の種類	許容吹出風速 (m/s)
放 送 局	1.5～2.5
住宅・アパート・教会・劇場・ホテル寝室・音響処理した個人事務所	2.5～3.75
個 人 事 務 所	2.5～4.0
映 画 館	5.0
一 般 事 務 室	5.0～6.25
百 貨 店	7.5
百 貨 店 (主階, すなわち一階)	10.0

〔注〕 天井付吹出口の許容風速は表9.5の各吹出口の項を参照する.

(2) 吸込口の風速

表 9.7 吸込口の許容風速
(ASHRAE Handbook, 1972)[11]

吸込口の位置	許容面風速 (m/s)
居住区域の上にあるとき	4.0 以上
居住区域内で座席より遠いとき	3.0～4.0
〃　　　　近いとき	2.0～3.0
ドアグリルまたは壁ガラリ	2.5～5.0
ドアのアンダカット	3.0
工　　　場	4.0 以上
住　　　宅	2.0

9.2.5 大空間の吹出方法[12)-16)]

（I） 体育館・劇場観客席など天井高6m以上で容積10 000m³以上の室の吹出法を述べる．大空間の例を表9.8に示す．これらの室ではいかなる吹出方法を用いても冷風は床面に到達するので，冷房は問題が少ないが，暖房時に温風を床面まで到達させるためには慎重な設計が必要となる．特に体育館や大きい玄関ホールのように窓面が大きいときは，冬季にここから生じるコールドドラフトを9.2.2（1）に述べたような方法で十分に遮断する必要がある．

また9.3に述べる非等温気流の式は障害物のない自由空間のみに適用されるため，室内の断面が変形している場合や吹出口の気流が相互に干渉する場合にはこのまま適用できない．このような場合は縮尺1/20～1/50の模型を作り模型実験にて室内気流分布を確かめることが多い[17),18)]．この模型実験には次式で示すアルキメデス数 Ar とよばれる無次元数が用いられる[19),20)]．

$$Ar = g \cdot l \cdot \frac{\Delta t}{v^2 T} \tag{9.2}$$

ここに, l：吹出口の相当直径 (m) 　　Δt：吹出温度差 (℃) 　　T：室温 (K)
　　　　v：吹出風速 (m/s) 　　　　　g：重力加速度＝9.8 (m/s²)

次に大空間に応用される各種の吹出方法について述べる．

表 9.8 大空間の吹出方法の例[16]

種類	名　　称	容積(m³)	天井高(m)	収容人数	吹　出　方　法
体育館	代々木体育館	190 000	20	15 000	水平ノズル
	ミュンヘン屋内競技場	290 000	30	14 000	水平ノズル
	ウィーン市体育館	120 000	17	14 500	天井ノズル
	アストロドーム	1 160 000	66	60 000	ディフューザと水平ノズル
	東京ドーム	1 240 000	60	56 000	水平ノズル
	福岡ドーム	1 760 000	68	52 000	水平ノズル
観客席	東京文化会館	17 300	18	2 230	水平ノズル 天井ディフューザ
	EXPO' 鉄鋼館	22 000	16	1 000	水平ノズル
	ベルリン・オペラハウス	13 000	18	1 000	上向吹出
重機械工場	三菱広島造船所造機工場	21 000	14	—	天井回転ノズル
宗教建築	大石寺正本堂妙壇	200 000	40	6 000	上向吹出
	東京カテドラル	25 000	35	1 000	水平ノズル
空港ロビー	新東京国際空港	90 000	8	—	水平ノズル

（2） 横向大形ノズル

この方式は戦前からエゼクタ方式[21]として用いられたものの発展形であって，戦後，世田谷区役所・東京文化会館[22]などに用いられ，代々木競技場で広く喧伝された．この方式の特長は到達距離が50〜100mのように大きくできるので，大空間を数少ないノズルで処理することができダクトが少なくなるので設備費の点ではきわめて有利となる．反面，温風吹出時に居住域を十分に暖房するためには後述のような考慮が必要となり，かつ冷風時，温風時とも場内の温熱環境（微風速・室温）は不均一になりやすい．このため，体育館や空港ロビーのような温熱環境を重視しない場合に適している．図9.19に代々木競技場の気流方向の図を示す[23]．

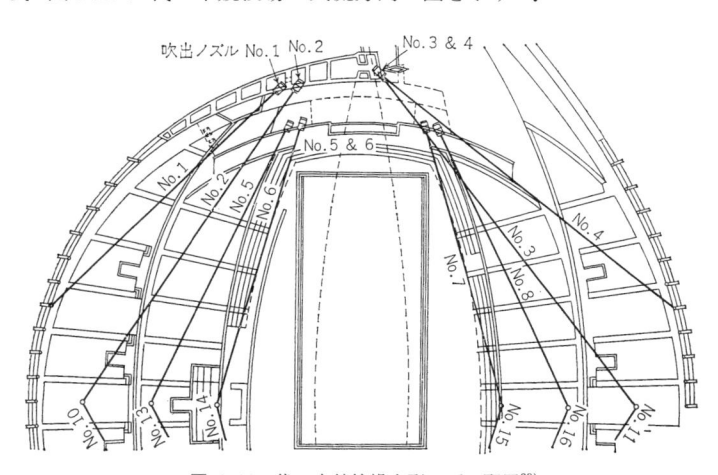

図 9.19 代々木競技場大形ノズル配置[23]

図 9.20 の説明：

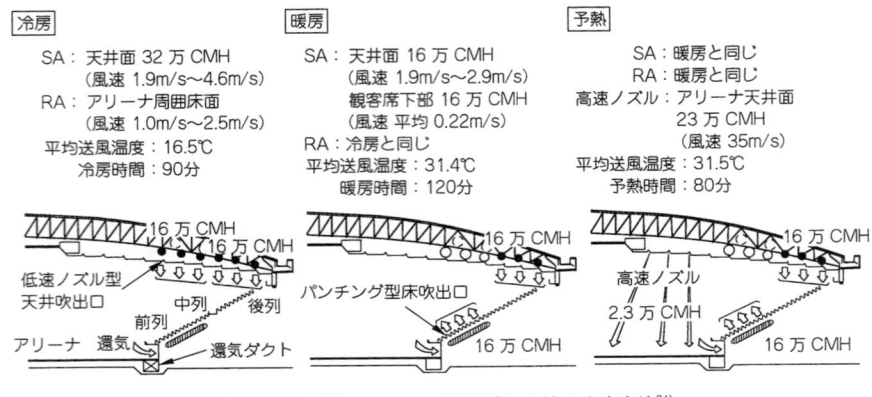

冷房	暖房	予熱
SA：天井面 32万 CMH （風速 1.9m/s～4.6m/s） RA：アリーナ周囲床面 （風速 1.0m/s～2.5m/s） 平均送風温度：16.5℃ 冷房時間：90分	SA：天井面 16万 CMH （風速 1.9m/s～2.9m/s） 観客席下部 16万 CMH （風速 平均 0.22m/s） RA：冷房と同じ 平均送風温度：31.4℃ 暖房時間：120分	SA：暖房と同じ RA：暖房と同じ 高速ノズル：アリーナ天井面 23万 CMH （風速 35m/s） 平均送風温度：31.5℃ 予熱時間：80分

図 9.20 大阪城ホールの冷暖房時における吹出方法[24]

ノズルの吹出風速と口径は次節の非等温水平吹出の式 (9.7), (9.8) により冷房時の到達距離と吹出温度差から求める．暖房時には温風が居住域に到達するようノズルの角度を下げることができるように設備する．

劇場観客席など温熱環境を重視する場合はノズルの設計は冷風吹出のみを考慮して上記のように行い，冬季は等温吹出（吹出温度を室温に等しくする）を行い，場内の熱損失は床暖房などで処理するように設備することが望ましい[25]．

または図 9.20 のように数多くの小形ノズルを用いても温熱環境は均一となる．

(3) 天井下向ノズル

劇場観客席などに応用した例が多いが温風と冷風の到達距離が異なるため，(イ) 図 9.21 のようにダクトを 2 系統に分け，温風時の吹出口は n_1 個を用い，冷風時の吹出口には (n_1+n_2) 個用いれば，温風の吹出速度を冷風の $(n_1+n_2)/n_1$ 倍にすることができる[16]．(ロ) 前に示した図 9.14 のような併用吹出口を用い温風はノズルか

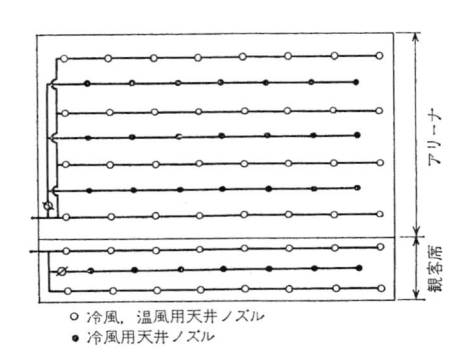

図 9.21 夏・冬に吹出風速を変える天井ノズル吹出口[16]
○ 冷風，温風用天井ノズル
● 冷風用天井ノズル

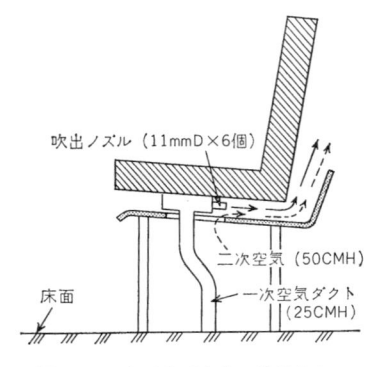

図 9.22 大石寺正本堂の椅子吹出口（五十嵐，他）[26]
吹出ノズル（11mmD×6個）
二次空気（50CMH）
一次空気ダクト（25CMH）

ら，冷風はディフューザから吹き出すようにする，などの考慮が必要となる．
　（4）上向吹出方法

ドイツではかなり多く用いられていたが[27),28)]，最近わが国でもインテリジェントビルや宗教建築にその応用例[26),29)]がふえるようになった．図9.22の例[26)]は各座席の下にノズルを設け1席当たり一次空気 $25\,\mathrm{m^3/h}$ を吹き出し，二次空気 $50\,\mathrm{m^3/h}$ を吸引して全風量 $75\,\mathrm{m^3/h}$ を吹き出す例である．ドイツのデータ[27)]によれば全風量（一次＋二次空気）は1席当たり $60\,\mathrm{m^3/h}$ 以上として吹出温度差を3〜4℃とし，全風量に対する吹出風速は $1.5\,\mathrm{m/s}$ 以下にする．

9.3　室内空気分布の計算法[5),30)]

9.3.1　吹出に関する用語

アスペクト比（縦横比）：長辺を短辺で割った値（図9.23における A/B の値）
一次空気：吹出口より吹き出された空気
降下度（drop）：水平に吹き出された空気がある距離，進行したときの気流の中心線と吹出口の中心との距離（m）（図9.24(b)の y）

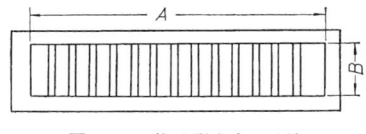

図 9.23　格子形吹出口寸法

自由面積（free area）または**孔面積**：吹出口の吹出孔面積の合計

$$\text{自由面積比} = \frac{\text{自由面積}}{\text{前面積}} \tag{9.3}$$

前面積（face area）：吹出口の孔に接する外周で，はかった全面積すなわち図9.23の $(A \times B)$ をいう．
到達距離（throw）：吹出口より吹き出した空気が進行して，吹出気流の中心線上の風速が $0.5\,\mathrm{m/s}$ になった位置までの水平距離（図9.24(a)，(b)の x）

　（a）鉛直吹出　　　　（b）水平吹出

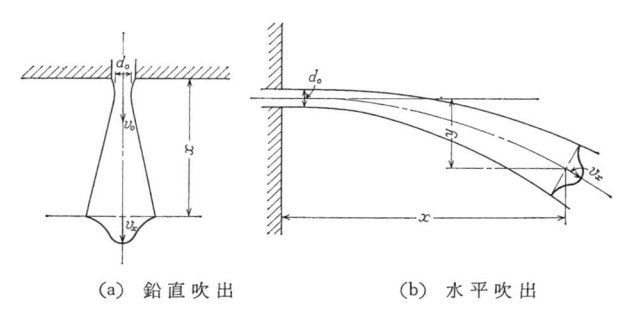

図 9.24　吹出口の到達距離 x と降下度 y

内部誘引（internal induction）：吹出口の内部に室内空気を吸込んでこれと吹出一次空気とを混合して吹き出す作用
二次空気：吹出空気（一次空気）により誘引されて運動する室内空気
吹出温度差：吹出空気と室温との温度差
吹出風速：本節では吹出風量を孔面積で割った数字
誘　引：吹出口から吹き出された一次空気に引張られて室の空気が運動する現象

$$\text{誘引性能または誘引比} = \frac{(\text{一次空気の量}) + (\text{二次空気の量})}{(\text{一次空気の量})} \quad (9.4)$$

9.3.2　気流の特性式[31],[32]

表 9.9　記　号　表

A_0：吹出口の自由面積（m²）	v_r：ふく流吹出口にて中心より R なる距離の気流中心風速（m/s）
d_0：吹出口の相当直径（$d_0 = \sqrt{A_0(4/\pi)}$）	v_x：吹出口より x なる距離の気流中心風速（m/s）
H_0：スロット吹出口の孔の短辺長（m）	
K：吹出定数（表9.11）	
R_0：ふく流吹出口の半径（m）	w_0：吹出口の幅（m）
R：ふく流吹出口の中心からの距離（m）	x：到達距離（m）
v_0：吹出速度（m/s）	y：降下度（m）

（Ⅰ）　吹出口からの吹出気流は次の4域に分けられる．
第1域：$v_x = v_0$ で一定値，吹出口からおおむね $4d_0$ または $4w_0$ の範囲
第2域：v_x が $\sqrt{x}$ に反比例する範囲で，円形ノズルでは $8d_0$ の範囲，アスペクト比 m が大きくなると，その範囲は大体 $4mw_0$ に拡がる．
第3域：v_x が x に反比例し，十分に混合拡散する範囲で，次に述べる式（9.5）～（9.14）はこの範囲にあてはまる．この範囲は吹出口の形式などで異なり $20d_0$ ないし $100d_0$ に達する．
第4域：第3域を出た気流は風速は急激に減少し，第3域の外から（3～4）d_0 の距離で風速は 0.25 m/s のいわゆる静止空気の状態に到達する．

次に吹出空気の中心風速などの式を各場合について示す．これらはいずれも非等温吹出（吹出温度と室温の異なる場合）で自由噴流（壁や天井に影響を受けない場合）を示す．もし等温吹出のときは式中の $\pm \varDelta t_0 = 0$ とする．壁や天井に沿うときは v_x または v_r の値を $\sqrt{2}$ 倍すればよい．

また鉛直吹出の各式でプラスマイナスがあるが，この符号の取り方は次表による．

表 9.10

	下向吹出	上向吹出
冷房時（$t_d < t_r$）	＋	－
暖房時（$t_d > t_r$）	－	＋

9.3 室内空気分布の計算法

(2) 軸流吹出口
(a) 鉛直吹出（図9.24(a)）

$$\frac{v_x}{v_o} = K\frac{d_o}{x}\left\{1 \pm 1.9 B_o\left(\frac{x}{d_o}\right)^2\right\}^{1/3} \tag{9.5}$$

ここに，$B_o = \dfrac{\beta g \Delta t_o d_o}{K v_o^2}$：浮力係数 (9.6)

β：気体膨張係数 $= 1/(273+t)$　　$g = 9.80$

K：**吹出定数**（表9.11）　　$\Delta t_o = t_r - t_d$：吹出温度差

(b) 水平吹出（図9.24(b)）

$$\frac{v_x}{v_o} = K\frac{d_o}{x} = K'\frac{\sqrt{A_o}}{x} \tag{9.7}$$

表 9.11　吹出定数 K の値（ASHRAE Handbook, 1977）[5]

吹出口種類	吹出風速 v_o(m/s)	
	2.5〜5.0	10〜50
ノズル形（円形・正方形）	5.0	6.2
ノズル形（アスペクト比大）*	4.3	5.3
ふく流形	$K'=3.5$	$K'=4.8$
格子形吹出口（フリーエリヤ 40% 以上）	4.1	5.0
多孔板吹出口		
フリーエリヤ　3〜5%	2.7	3.3
10〜20%	3.5	4.3

* アスペクト比 40 以内

表 9.12　吹出口種類による K 値（ASHRAE Handbook, 1977）[5]

吹出口種類	吹出方向[*1]	断面積[*2] A_o	K	K'
壁付ユニバーサル（高い位置）	$\theta=0°$	気流面積	5.0	5.7
	$\theta\neq 0°$		3.7	4.2
壁付線状吹出口（高い位置）	高さ 100mm 以下	〃	3.9	4.4
	高さ 100mm 以上		4.4	5.0
壁付ユニバーサル（低い位置）	$\theta=0°$	自由面積	4.4	4.5
	$\theta\neq 0°$		2.6	3.0
幅木形吹出口	$\theta=0°$	〃	3.9	4.0
	$\theta\neq 0°$		1.8	2.0
床面吹出口		〃	4.1	4.7
			1.4	1.6
天井円形吹出口	360°	気流面積	1.0	1.1
天井方向形吹出口[*3]	4方向	〃	3.3	3.8
天井線形吹出口	天井に沿って水平1方向	〃	4.8	5.5

*1　吹出方向の θ はベーン角度
*2　気流面積は縮流部分の気流断面積，自由面積は吹出口の自由面積
*3　TCSX（図9.13）のような形式

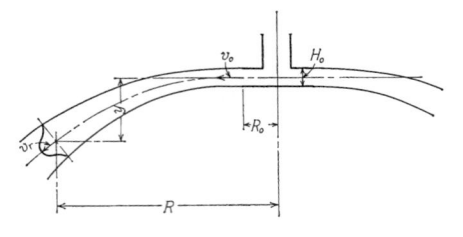

図 9.25 ラジアル（ふく流）吹出口

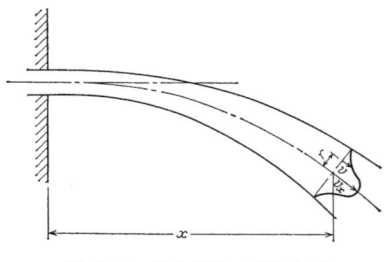

図 9.26 横向気流の風速分布*

$$\frac{y}{d_o} = 0.42 B_o \left(\frac{x}{d_o}\right)^3 \tag{9.8}$$

ここに，A_o：吹出気流の縮流部分の面積 （m²）
$K' = 1.13K$
B_o：浮力係数 （式 (9.6)）

(3) スロット形吹出口（アスペクト比の大きいとき）
(a) 鉛直吹出

$$\frac{v_x}{v_o} = \sqrt{K'\frac{H_o}{x}\left\{1 \pm 1.6 B_o'\left(\frac{x}{H_o}\right)^{3/2}\right\}^{1/3}} \tag{9.9}$$

$$B_o' = \frac{\beta g \Delta t_o H_o}{\sqrt{K'} \cdot v_o^2} \tag{9.10}$$

(b) 水平吹出

$$\frac{v_x}{v_o} \fallingdotseq \sqrt{K'\frac{H_o}{x}} \tag{9.11}$$

$$\frac{y}{H_o} = 0.42 B_o'\left(\frac{x}{H_o}\right)^{5/2} \tag{9.12}$$

(4) ふく流吹出口（図 9.25）

$$\frac{v_r}{v_o} \fallingdotseq \frac{\sqrt{K\frac{H_o}{R_o} \cdot \left(K\frac{H_o}{R_o}+1\right)}}{\frac{\sqrt{R(R-R_o)}}{R_o}} \tag{9.13}$$

$$\frac{y}{R_o} = 0.26 \frac{\beta g \Delta t_o R_o}{v_o^2 \sqrt{K\frac{H_o}{R_o} \cdot \left(K\frac{H_o}{R_o}+1\right)}} \left(\frac{R}{R_o}\right)^3 \tag{9.14}$$

---

* 気流内断面の速度分布は上記の(2)(3)(4)を通じて図9.26のように v，r を取れば，
$$v = v_x \cdot e^{-n}$$
$$n = ar^2/x^2$$
軸流吹出口では a を $2K^2$，スロット形では $(\pi/2)K^2$，ふく流吹出口では，
$$a = (\pi/2)\{K(KH_o+R_o)/R_o\}^2$$

9.3.3 コンピュータ解析手法

近年,アトリウムなどの大空間を持つ建物が増えてきている.アトリウムのような大空間を冷房する場合,省エネルギの観点から居住域に限定した空調方式が有効である.このような場合は大空間の上下温度分布を予測するコンピュータ解析手法が必要になる.最近では空調学会から戸河里モデルに基づいた大空間の空調熱負荷計算プログラムが発表された.戸河里モデルの概念図とコンピュータ解析例をそれぞれ図9.27,図9.28に示す.

また,吹出し気流の速度分布や温度分布,炭酸ガスなどの濃度分布を求めたい場合は気流計算を行う必要がある.気流計算は収束計算を必要とするため3次元の解析は現状では困難である.したがって気流計算は模型実験と並行して行うと相互に補足しあい効果的な結果を得られる.図9.29に床吹出し空調方式の気流解析例を示す.

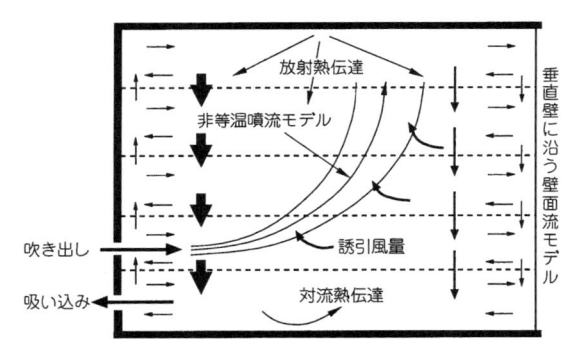

図 9.27 戸河里モデル

上下温度分布(8/5, 14:00)

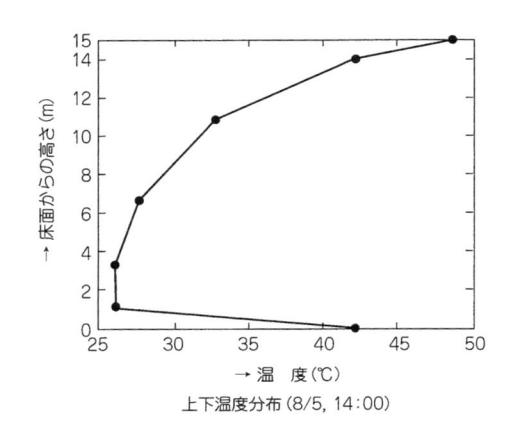

図 9.28 大空間の上下温度分布試算例

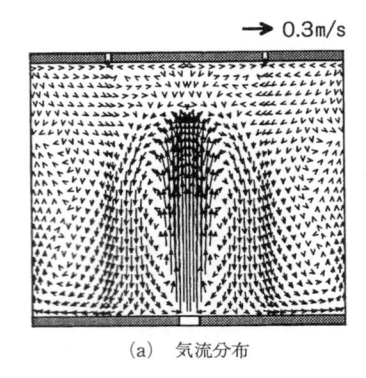

図 9.29 気流解析例

解析条件
天井発熱 232.5 W
内部発熱 232.5 W
吹出温度 20.0℃
吹出風量 200 m³/h

9.4 クリーンルームとバイオクリーンルーム

9.4.1 総　　説[33)-35)]

（1）クリーンルームは室内空気中のごみ（粉じん）を極小にするために考案された室で昭和36年ごろにアメリカで開発され，ただちにこの技術はわが国にも導入されてトランジスタ工場などに普及し，現在，半導体など精密機器の生産に重要な役割を担っている．後述のバイオクリーンルーム（bioclean room，略してBCR）に対して工業用クリーンルーム（industrial clean room，略してICR）とよばれる．

（2）ICRの清浄度はクラスによってよばれ，例えば米国連邦規格（Fed. Std. 209 E）ではクラスM1とは空気1m³の中に粒径0.5 μm（ミクロン）以上の粉じんを10のべき乗個（$10^1 = 10$）個以内含む場合をいう．クラスM1からクラスM7などの種類がある．最近ではULSI（超高密度集積回路）の製造技術の発展に伴いM1の清浄度を持つスーパークリーンルームも出現している．

（3）従来形の吹出方法は図9.30のように室内に多数の空気の渦流が生じ，その中の粉じんは沈降せずに空気とともに流動する．これに対しICRにおいては図9.31(b)に示すようにHEPA（high efficiency particulate air）フィルタ（DOP試

図 9.30 従来形吹出方法

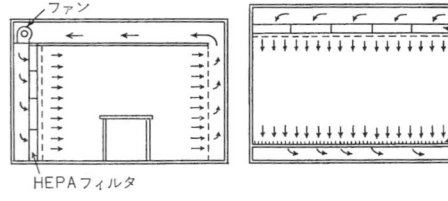

図 9.31 層流式クリーンルームの吹出方法

験法で99.97%以上の捕集効率をもつ）で完全にろ過した清浄空気を0.4～0.5m/sの風速で天井全面より吹き出し床全面から吸い込む．その結果，室内気流の流れはピストン状となり，人体その他から発生する粉じんはすべてこの気流に洗い流されて吸込口に流入する．このピストン状の気流を層流とよび，天井から床に向かう方式を垂直層流（down flow），同図（a）のように壁から吹き出し，反対側の壁に吸い込まれる方式を水平層流（cross flow）とよぶ．

9.4.2 層流方式の種類と適用

（1）前に述べた垂直層流式・水平層流式はいずれも最高級の ICR でクラス M 3.5 以上の室に用いられるがこれに対して図 9.32 に示す方式は乱流式または非層流式クリーンルームといわれ大形吹出口の直前に HEPA フィルタを設け，これより清浄空気を吹き出す．この方法では，吹出口直下でクラス M 5，室内全般ではクラス M 5～M 5.5 の清浄度が維持できる．

（2）層流式の ICR においては図 9.33 のように全風量を空調機から送風する場合（全風量形と仮称）と図 9.34 のように必要な一次空気のみを送風してほかは室内のまわりで循環する方式（一次空気形と仮称）がある．後者の方が経済的であるが，振動をきらう超 LSI 工場などには前者が用いられる．

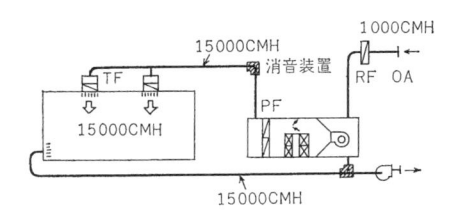

TF：HEPA フィルタ　PF：プレフィルタ

図 9.32　非層流式クリーンルーム

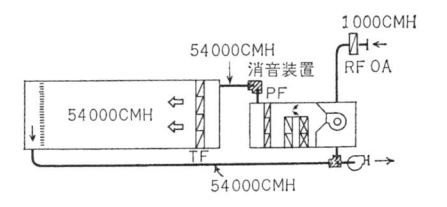

RF：ラフフィルタ　OA：外気

図 9.33　全風量形送風クリーンルーム

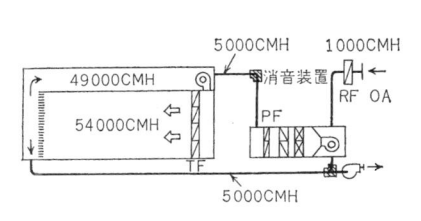

図 9.34　一次空気送風形クリーンルーム

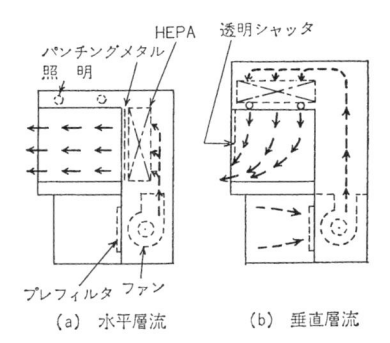

図 9.35　クリーンベンチ（日本エヤテック）[36]

(a) 水平層流　(b) 垂直層流

（3） さらに室内に図9.35のようなチャンバを設け，このチャンバ内を清浄空間としてこの内部で作業することがある．このチャンバをクリーンベンチ（clean bench）とよぶ．

（4） 表9.13に空気清浄度に対する換気回数の目安を示す．表のように清浄度が高くなるほど換気回数が飛躍的に大きくなり設備費も運転費も激増する．この点からクラスM3.5以上は室全体の清浄度をきわめて高くする必要のある室，例えばLSIやシャドーマスクの製造室などに用いられ，一般には非層流室内にクリーンベンチを設け，この中で作業する場合が多い[33]．

表 9.13 空気清浄度に対する換気回数の目安

空気清浄度	換気回数（回/h）
クラス M 3.5	200～600
クラス M 4.5	40～150
クラス M 5.5	20～ 80
クラス M 6.5	15～ 30

9.4.3 バイオクリーンルーム[33),35),37)]

（1） 前記のICRにおいては空気中の粉じんと同時に空中微生物（細菌・カビ・ウイルスなど）もきわめて少なくなることがわかりICRをそのまま無菌室に応用する試みが始まった．空中微生物を対象としたクリーンルームをバイオクリーンルーム（BCR）とよぶ．

BCRは現在，無菌手術室または無菌病室として内外に広く用いられているほか，製薬工場の清浄工程（good manufacturing practice，略してGMP）に欠かすことのできない設備となっている．

（2） 病院の手術室においては前述の垂直層流および水平層流式が全室方式として用いられているほか，手術台の上部または前方に図9.36のようなフィルタモジュー

表 9.14 BC手術室の適応症

1. 人工関節手術（股関節・膝関節など）
2. 心臓外科手術
3. 臓器移植手術
4. 皮膚移植手術（熱傷患者の）

表 9.15 BC病室の適応症

1. 急性白血病
2. 臓器移植の術後患者
3. 重度の熱傷患者の開放療法

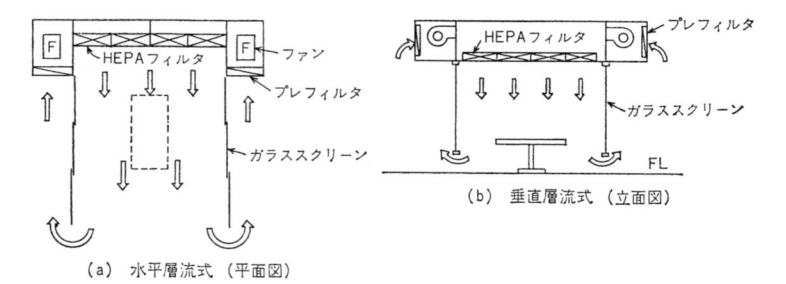

図 9.36 手術室用フィルタモジュール

ルを設備して手術台およびその周囲を清浄空間にする方式も広く採用されている．表9.14に示す症例は感染防止が必須の条件で，BC手術室を必要とする．

(3) 無菌病室の適応症を表9.15に示す．この場合は水平層流式（全室式またはフィルタモジュール方式）が多く用いられ常時の吹出風速は0.4m/sとし就眠時はこれを0.2m/sにおとす例が多い．

(4) 製薬工場[33),38),39)]においては最終工程で加熱減菌のできない注射薬や眼薬の製造場所は最も清浄度を必要としクラスM3.5～M4.5とし，これは図9.37に示すように室全体はクラスM6前後に保ち，製造箇所にはビニールカーテン付のフィルタモジュール（クリーンブース）を設け，この内部をクラスM4.5前後に保つ．軟膏剤のうち，最後に無菌操作（高熱減菌）のできない場合の充填室はクラスM5.5を必要とするが，他の内用液剤・外用製剤はクラスM6.5ないしM7でよい．

この他，食品工場を始め実験動物舎などにもBCRを必要とするが，これらに関しては文献（E8）を参照されたい．

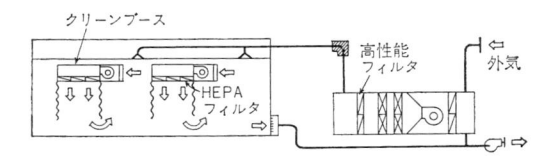

図 9.37 製薬工場の空調法

引用文献

1) ASHRAE : Ditto 1979, Equipment.
2) 丸光産業：吹出口カタログ，1975．
3) 新晃工業：吹出口総合カタログ，1981．
4) 松下精工：床吹出口カタログ,1995．
5) ASHRAE : Ditto 1977, Fundamentals.
6) 井上宇市編：超高層建築のシステムデザイン，中外出版，昭46．
7) 井上宇市：空衛誌，Vol. 48, No. 6, p. 3.
8) 木内俊明：空衛講，Vol. 55, No. 10, p. 48.
9) 後藤 滋：空調冷凍，Vol. 5, No. 12.
10) Carrier Co. : Handbook of Air Conditioning System Design, McGraw-Hill, 1965
11) ASHRAE : Handbook of Fundamentals, 1972.
12) 大容積室の空調法特集，冷凍，Vol. 18, No. 545, 1973.
13) 大空間の空調特集，設備配管，Vol. 7, No. 10, 1969.
14) 大空間の空調特集，設備配管，Vol. 12, No. 14, 1974.
15) 大空間の空調特集，空衛誌，Vol. 51, No. 11, 1977.
16) 井上宇市：冷凍，Vol. 48, No. 545, p. 1, 1973.
17) 勝田，土屋：建学講，1967.10.
18) 中原，後藤，宮川：空衛誌，Vol. 45, No. 10, 1971.

19) Batürin: Lüftungs anlagen für Industriebauten, 2 Auflage, VEB Verlag,1959
20) Batürin, V. V.: Fundamentals of Industrial Ventilation, 3 rd Ed., Pergamon Press, 1972.
21) Merle, A.（加藤訳）：衛工誌，Vol. 6，No. 2，p. 113，1932.
22) 小原淳平：空調冷凍，Vol. 1，No. 5，p. 1，1961.
23) 井上宇市：空衛誌，Vol. 39，No. 3，1965.
24) 安井ほか：空衛誌，Vol. 59，No. 12，p. 13，1989.
25) 井上宇市：設備配管，Vol. 5，No. 8，p. 25，1967.
26) 五十嵐，梶野：冷凍，Vol. 48，No. 545，p. 70.
27) Linke: GI, 1960. 7.
28) Krüger, et al.: GI, 1963. 12.
29) 鈴木昭一：空衛誌，Vol. 51，No. 11，p. 37.
30) 空気調和・衛生工学会：空気調和・衛生工学便覧，II，昭 42.
31) Koestel: Trans., ASHVE, 1954.
32) Koestel: Trans., ASHVE, p. 213, 1955, 1977.
33) 日本空気清浄協会：空気清浄ハンドブック，オーム社，昭 56.
34) 早川，都築監修：空気調和のための空気清浄，ソフトサイエンス社，昭 49.
35) 日本建築学会：設計計画パンフレット 25，病院のバイオクリーンルーム，彰国社，昭 55.
36) 井上宇市：医器誌，Vol. 51，No. 1，1981.
37) バイオクリーン特集号，空衛誌，Vol. 51，No. 1，1977.
38) 栗田守敏：冷凍，Vol. 44，No. 505，p. 70.
39) 井上宇市：医器誌，Vol. 51，No. 1，1981.

10 換気・排煙設備

10.1 換気の目的

換気の目的は，室内で発生する粉じんや熱，湿気，臭気，有害ガスなど（以下，汚染物質と呼ぶ）を希釈または除去することで，室内の環境基準を満足することにある．表10.1に室内有害物質の許容濃度の例を示す．

表 10.1 室内有害物質の許容濃度

有害物質		許容濃度		有害物質			許容濃度
		(ppm)	(mg/m³)				
ガス*1	一酸化炭素	50	55	粉じん*3	第1種	アルミナ・黒鉛など	1.5 mg/m³
	二酸化硫黄	5	13		第2種	石炭・木粉など	3
	二酸化窒素	5	9		第3種	その他	6
	アセトン	200	480	粉じん*2		室内浮遊粉じん	0.15 mg/m³
	ベンゼン	10	32				
	フェノール	5	19				
ガス*2	一酸化炭素	10		微生物*4		清浄手術室・無菌病室	10個/m³
	二酸化炭素	1 000				一般手術室・新生児室	200以下
						病室・診察室	200〜500

* 1　ACGIH，日本産業衛生協会
* 2　ビル管理法
* 3　日本産業衛生協会，1980年
* 4　スイス病院換気規則

また，換気の目的として，居住者や，室内に設置される燃焼機器への酸素補給の目的もある．表10.2には法規による必要換気量を示す．

表 10.2 法規による必要換気量

室　名	必要換気量 Q (m³/h) ただし，A：床面積 (m²)	関連法規
一般室	$Q=20A/a_f$ (a_f は一人当たり占有面積で10以上の場合は10とする)	建基法
観客席	$Q=20A/a_f$ (a_f は3以上の場合は3とする)	同上
厨房・浴室など	$Q=40k'G$　ただし，フードのある場合は，$Q=20k'G$ ここで，G は燃料消費量 (Nm³/h，灯油のみ kg/h)，k' は理論排ガス量 (Nm³/Nm³，灯油のみ Nm³/kg) ただし，住宅で42MJ/h以内のときおよびバランス形器具を除く．	建基法
屋内駐車場	$Q/A≧25$ かつ換気回数 10 回/h	都条例
興業場	$Q/A≧75$（空調の場合は，この内外気量25）	都条例
地下建築物	$Q/A≧30$（空調の場合は，この内外気量10）	都条例
事業所	自然換気の場合で天井高4m以下の時 10m³/h 人	安衛法

	都市ガス	天然ガス	LPガス	ブタンガス	灯油
発熱量 MJ/m³ 灯油は MJ/kg	14.7	20.9	39.8	46.0	50.2	29.5	43.1
理論排ガス量 k'	3.93	5.34	10.5	12.1	12.9	7.33	12.1

〔注〕建基法（建築基準法）　都条例（東京都建築安全条例）　安衛法（労働安全衛生法）

10.2　換気の分類と特徴

　換気は，屋外の風や建物内外の空気の密度差によって生じる圧力差を利用する自然換気と，給排気ファンを用いる機械換気に大きく分類される．機械換気は，給排気ファンの設置によって表10.3のように分類される．第一種換気は給排気量を調節することによって室内の圧力を任意に調整することが可能である．第二種換気は室を正圧に保ち汚染空気などの流入を防止する場合に用いられる．第三種換気は室内を負圧に保ち汚染空気などの流出を防止する場合にそれぞれ用いられる．

　機械換気は表10.3の他に，室全体を換気する全体換気と，汚染物質をその発生場所で処理する局所換気に分類する場合がある．全体換気は，汚染物質が室全体に均一

表 10.3　機械換気の分類

名　称	内　　容	対　　象
第一種換気	給気ファンと排気ファンの両方を設ける．	機械室，電気室，倉庫，大規模の厨房，洗濯室など
第二種換気	給気ファンを設けて送風し，排気は排気口から自然に流出させる．	発電機室，ボイラー室などの燃焼空気の供給
第三種換気	排気ファンを設けて排気し，給気は給気口から自然に流入させる．	便所，湯沸室，小規模の厨房など

に拡散することを前提とした換気方法であるため，不快な臭気や人体に有害な物質を処理する場合には不向きである．一方，局所換気は，汚染物質をその発生場所で処理する方法であるため，汚染物質の室内への拡散を抑制できる．局所換気は，全体換気と比較して換気風量を少なくすることができるため効率が良く，厨房の排気や実験室の排気などに用いられる．

10.3 換気の計算法

(1) 全体換気の計算法

室内に熱の発生がある場合には，式（10.1）を用いて必要換気量を求めることができる．

$$Q = \frac{H}{c_\mathrm{p} \rho (t - t_0)} \tag{10.1}$$

ここで，t：室内の空気温度（℃）
t_0：導入空気（新鮮空気）の温度（℃）
H：発生熱量（kW）
c_p：空気の定圧比熱（kJ/kg℃）
ρ：空気の密度（kg/m³）
Q：換気量（m³/h）

式（10.1）に用いる各種機器の発生熱量 H の概算値を表 10.4 に示す．

室内に粉じんや有害ガスなどの汚染物質の発生があり，汚染物質が室全体に均一に拡散されている状態における汚染物質に関する収支式は式（10.2）で与えられる．

$$Q = \frac{M}{K - K_0} \tag{10.2}$$

ここで，K：室内の汚染濃度（m³/m³ または mg/m³）
K_0：導入空気（新鮮空気）の汚染濃度（m³/m³ または mg/m³）
M：汚染物質の発生量（m³/h または mg/h）
Q：換気量（m³/h）

式（10.1）（10.2）は室内の室内空気温度や汚染濃度が換気によって一定に保たれている状態で成立する式であり，このような状態を定常状態という．

表 10.4 機器の発生熱量の概算値

機 器 名	発 生 熱 量	機 器 名	発 生 熱 量
炉筒煙管ボイラ	定格熱量の 1〜3%	エレベータ巻上機（VVVF）	巻上機出力の 12〜20%
水管ボイラ	定格熱量の 1%	吸収冷凍機	RT 当たり 12〜18 W
発電機（水冷式）	出力（kW）の 15〜20%	蒸気滅菌器	定格蒸気消費量の 3〜10%
発電機（空冷式）	出力（kW）の 30〜50%		
変圧器(75〜300 kVA)	能力（kW）の 2%		

【例題 10.1】 500 kVA の変圧器 3 台を収容する変電室の必要換気量を求めよ．ただし，この変圧器の最大出力時の効率 η を 98％，最大電力時の建物全体の電気機器の力率 ϕ を 96％ とする．また，設計用外気温度条件は 32.5（℃），変電室の設計温度を 40（℃）とする．

〔解〕 変圧器の出力 kW は kVA と力率の積であって，変圧器の効率が 98％ であるから放熱量 q は，

$$q = 500 \times 3 \times 0.96 \times (1-0.98) = 28.8 \text{ (kW)}$$

したがって，必要換気量 Q は式（10.2）より，

$$Q = 28.8 \div (40-32.5) \div 0.33 \times 10^3 = 11\,600 \text{ (m}^3/\text{h)}$$

【例題 10.2】 100 人が在室する室の必要換気量を求めよ．ただし，室内の許容二酸化炭素濃度をビル管理法に定める 1 000 ppm，外気の二酸化炭素濃度を標準大気組成の 300 ppm，一人当たりの二酸化炭素発生量を 0.022（極軽作業時）（m³/h）とする．

〔解〕 与条件より，$K = 0.001$（m³/m³），$K_0 = 0.0003$（m³/m³）

$$M = 0.022 \times 100 = 2.2 \text{ (m}^3/\text{m}^3)$$

したがって，$Q = 2.2 \div (0.001-0.0003) = 3\,140$（m³/h）

一人当たりの換気量 q は，

$$q = 3\,140 \div 100 = 31.4 \text{ (m}^3/\text{人}\cdot\text{h)}$$

例題のように熱や汚染物質の発生状況，法的規制などに応じて必要換気量を決定すべきであるが，設計の初期の段階では詳細が不明な場合もある．このような場合には概略値として表 10.5 に示す値を用いて計画を進め，詳細が決定した時点で必要換気量を検算する．

最近では厨房のような暑熱室では作業員のためのスポット冷却（spot cooling）を行う例が次第に増えてきている．これはスポット冷却用の空調機を設置し，作業域に換気風量の 10％ 前後の冷風を下向きノズルまたはパンカールーバで吹き出す方法である．

表 10.5 換気量の目安

室　　名	換気回数 （回/h）	換気量（床面積当たり） （m³/m²h）	例
営業用厨房（小）	40～60	100～150	小レストラン・そば屋などの場合
営業用厨房（大）	30～40	120～150	ホテル・大レストラン・病院などの場合
洗濯室	20～40	60～120	ホテル・病院付属の場合
便所（使用頻度小）	5～10	15～30	事務所建築など
便所（使用頻度大）	10～15	30～45	映画館・学校など
地階倉庫	5～10	15～30	
屋内駐車場	10 回以上	30 以上	
ボイラ室	10～15	30～50	夏はボイラの運転はしない場合
ボイラ室（夏期運転）	20～40	70～120	
変電室	10～15	30～50	
発電機室	30～50	150～500	

地下室に設ける大規模の変電室や発電機室などでは換気風量が著しく大きく，また換気経路も長くなるため換気用搬送動力が大きくなる傾向にある．このような場合には機器の搬出入経路を兼ねたドライエリアをこれらの室に隣接して設けるなど換気経路を短くする工夫が大切である．換気抵抗や換気経路が著しく大きくなる場合は，経済性や省エネルギの観点から総合的に判断し，夏期に換気によらず冷房を行う例もある．このような場合でも省エネルギに配慮し，中間期や冬期には換気によって発熱を処理できる風量を確保することが望ましい．

　また，駐車場の場合には，換気に有効な開口（床面積に対し 1/10 以上）が確保できれば機械換気によらず自然換気として良い（駐車場法）．機械換気による場合も，CO_2 濃度制御（これに駐車場内の空気温度による制御を付加する場合もある）により換気用動力の削減に留意すべきである．

(2) 局所換気の設計法

　局所排気にはフードが用いられるが，フードは囲い式フードと開放式フードに機能的に分類される．囲い式フードは実験室に用いられるドラフトチャンバが代表的な例で，汚染物質が周辺空気に拡散しないように汚染源が囲われている．このため，汚染物質の室内への拡散がきわめて少なく，特に有害物質を扱う場合に用いられる．一方，開放式フードは，ある程度の汚染物質（臭気，水蒸気，熱など）の室内への拡散が許容される場合に用いられる．開放式フードは厨房，実験室，工場などで用いられる天蓋式フード（canopy hood）がその代表的な例である．図 10.1 に，天蓋式フードを示す．

天蓋式フードの吸い込み風量を Q （m³/h）とすれば，一重フードの場合は，

$$Q = 7\,200\, hU \cdot v_x \tag{10.3}$$

または，　　$Q = 3\,600\, F \cdot v_f \tag{10.4}$

　ここで，h：フード下面から汚染源までの高さ (m)
　　　　　U：フードの周長 (m)
　　　　　F：フードの開放面積 (m²)
　　　　　v_x：捕集風速 (m/s)
　　　　　v_f：面風速 (m/s)

二重フードの場合は，周辺スロットの幅を 10～20 mm とし，上記天蓋式フードの吸

図 10.1　天蓋式フード

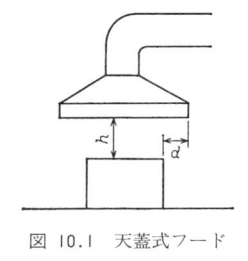

表 10.6　補集風速，面風速の推奨値（Sprenger）[1]

$v_x = 0.10\sim0.15$ (m/s)	（周囲が静止気流の時）
$v_x = 0.15\sim0.30$ (m/s)	（弱い気流のある時）
$v_x = 0.20\sim0.40$ (m/s)	（強い気流のある時）
$v_f = 0.9\sim1.2$ (m/s)	（四周開放）
$v_f = 0.8\sim1.1$ (m/s)	（三辺開放）
$v_f = 0.7\sim1.0$ (m/s)	（二辺開放）
$v_f = 0.5\sim0.8$ (m/s)	（一辺開放）

い込み風量 Q の85%程度をフード周囲のスロットから吹き出す．天蓋式フードの補集風速，面風速の推奨値を表10.6に示す．

局所排気の制御風速などは，労働安全衛生関係の法規によって厳しく規制されている．したがって，これらの法規で規制される物質を取り扱う研究所，病院，工場などにおいては法規に適合するように設計を行わなければならない．その主な法規は以下の通りである．

（a） 有機溶剤中毒予防規則
（b） 鉛中毒予防規則
（c） 特定化学物質等予防規則
（d） 粉じん障害防止規則

なお有機溶剤については危険物の規制に関する政令および規則により室内の換気設備が規制を受ける．

また，東京都では火災防止を目的として，厨房の天蓋フードや排気ダクトの構造や使用法を規制する火災予防条例を公布した．

10.4 換気効率

10.3(1) に示した換気計算法は，いずれも室内に汚染物質が均一に拡散された状態あるいは室内空気温度が均質な状態にあることを前提としている．すなわち，室内に供給された空気は，瞬時に理想的に拡散・混合（これを完全拡散混合という）するという仮定にたっている．しかしながら，実際は吹出口の位置や吸込口の位置，汚染物質の発生場所，気流性状，吹出空気と室内空気の温度差などにより完全拡散混合の仮定が成り立たないことが多い．図 10.2 は，吹出口から室内に吹き出された空気が，吸込口に吸い込まれるまでの経路を概念的に示したものである．室内に吹き出された空気が吸込口に短絡（ショートサーキット）的に吸い込まれたり，あるいは長時間にわたり室内に滞留する場合もあることを示している．

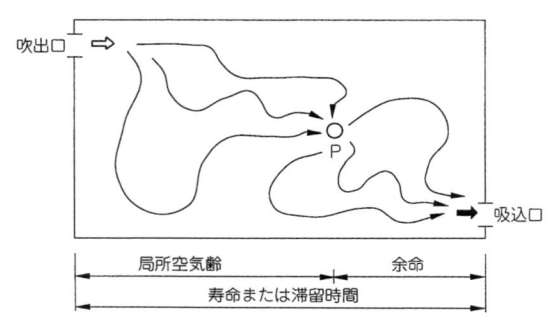

図 10.2 空気齢，余命，寿命

最近では，このような換気性状を換気効率（air change efficiency）の概念を用いて換気性能を評価する試みが行われている．以下に，換気効率の評価で用いられる用語について解説する．

局所空気齢（local mean age of air）：空気が給気口から室内の任意の点Pに移動するのにかかる平均時間

平均空気齢（average age of air）：屋内空間全体において測定された局所空気齢の平均

余命（residual life of air）：室内の特定点から排気口に至るまでの時間

寿命または滞留時間（residence time of air）：吹出口から排気口に至るまでの時間

名目換気時間（nominal time constant）：換気回数 n の逆数

局所空気交換効率（local air change index）：名目換気時間/局所空気齢

平均空気交換効率（coefficient of air change performance）：名目換気時間/平均空気齢

トレーサーガス：人体に無害で容易に空気と混合するガスで，目視または濃度変化を計測することにより，局所空気齢，換気回数などを測定するために用いられる（SF_6，CO_2 など）

最近では，ディスプレースメント空調・換気（大空間などで居住域のみを効率よく空調・換気するための手法で，吹出口と吸込口の関係，気流分布に留意した空調・換気方式）や床吹出空調（9.2.3 参照）のように清浄空気や新鮮空気，空調空気の効率の良い供給方式が注目を集め，実施例も増えてきている．これらの空調・換気方式と従来型の天井吹出，天井吸込などの換気性能を比較する場合，例えばASHRAEでは，現在作成中の規格案のなかで呼吸域平均空気交換効率（air change effectiveness）を次のように定義している．

$$E_{ace} = 名目換気時間/室内呼吸域の平均空気齢 \quad (10.5)$$

すなわち，吹出口から呼吸域に至るまでの換気性能（外気の呼吸域への分配性能）を評価するものである．

このように，換気性能を正しく評価することによって，健康で快適な室内空間を省エネルギと両立させながら達成しようとする試みが現在盛んに行われている．

現在のところは換気効率を定量化するためには気流計算によらなければならないが，換気効率の値を設定して換気システムを設計する簡便な方法が確立され，今後の換気設計における重要な視点になると思われる．

10.5 排煙設備

昭和45年の建築基準法の改正により延面積が $500\,m^2$ を超える建物（学校，体育館を除く．詳細については建築基準法35条同施行令126の2参照）には排煙設備の設

置が規定された．

（1） 排煙の目的

火災における死者の大多数は煙が原因であるとされている．煙が人に与える害は，酸素濃度の減少および二酸化炭素の増加による窒息をはじめ，一酸化炭素などの有害ガスによる中毒，呼吸器の火傷による呼吸困難などがある．この他にも煙は避難時の視界を遮り，避難を困難にさせるなどの弊害をもたらす．

したがって，火災時の煙を制御し，火災時における安全な避難と容易な消火活動の確保が排煙設備の使命である．

（2） 排煙設備の設計手順

排煙設備の設計手順は，概略以下の通りである．

① 防煙区画の設定
② 排煙方式の選択
③ 排煙窓面積および排煙風量算定
④ 排煙窓，排煙口の配置

①～④の手順について以下に述べる．

① 防煙区画の設定

建物の防災計画では，火災の拡大防止を目的として面積区画，層間区画，たて穴区画，異種用途区画などのさまざまな防火区画が設けられる．排煙区画の設定もこれらの防火区画と整合性のとれた計画とすべきである．

排煙区画は防煙壁もしくは排煙垂れ壁（天井より下方に50cm以上．ただし，後述する機械排煙方式で天井チャンバー方式を選択した場合は25cm以上）で床面積500 m^2 以下毎に区画しなければならない．ただし，天井高が3m以上で用途上区画が困難な場合（劇場，映画館など）は，内装制限を付加することにより緩和される．

② 排煙方式の選定

排煙方式には大きく分類して，自然排煙と機械排煙に分類される．

自然排煙は直接外気に面する排煙上有効な窓（天井から80cm以内で，かつ防煙垂れ壁以内の窓で，防煙区画面積の1/50以上の面積を有する窓）などによる方法であり，排煙機などの動力を用いないため停電による機能停止がないなどの長所を有する．

機械排煙は排煙機を用いる方法で，さらに（イ）吸引機械排煙方式，（ロ）給排気機械排煙方式，（ハ）給気機械排煙方式に分類される．（イ）の場合は室の内圧が低くなるため漏煙の危険性が少ない特徴を持ち，特に天井チャンバー排煙方式とした場合は間仕切が自由にできるため一般居室に適用されることが多い．（ロ）は排煙量に見合う給気を機械力で行う方式で，室圧を適当に保つためには注意が必要である．（ハ）は加圧排煙とも呼ばれ外気を給気し，避難経路に煙が侵入することを防止する目的で用いられる．付室や階段室など比較的小面積の場所に適用すると少ない風量で効果を発揮する特徴がある．（ロ），（ハ）はいずれも建築基準法38条に基づく大臣認定が必

要である．

以上のような排煙方式のなかから，室の用途や形態に配慮し適切な排煙方式を選択する．なお，防煙垂れ壁のみで仕切られた防煙区画では，自然排煙方式と機械排煙方式を隣接して設けることはできないので注意する．

機械排煙方式を選択する場合は，駐車場，特別避難階段の付室・非常用エレベータの乗降ロビーなどは排煙機を含めて単独系統にする必要があるなどの制約がある．

③ 排煙窓面積および排煙風量算定

一般居室における自然排煙窓の必要面積は前述した通りであるが，特別避難階段の付室や非常用エレベータの乗降ロビーでは窓面積 $2m^2$ 以上（兼用の場合は $3m^2$ 以上）で取付高さが天井の高さ $1/2$ 以上の規定がある．

機械排煙の場合の排煙風量は防煙面積 $1m^2$ 当たり $1m^3/min$ 以上と規定されている．排煙機の風量は $120m^3/min$ 以上かつ 2 以上の防煙区画を有する場合は最大区画の防煙床面積 $\times 2m^3/min$ と規定されている．排煙ダクトのサイズは風速 $20m/s$ 以下を目安に選定し，横引きダクトにあっては同時開放される 2 つの防煙区画の合計風量をダクト風量として算定する．たてダクトにあっては，排煙機から最遠の階から順次比較し，各階毎の排煙風量のうち大きい方の風量とする．排煙ダクトの風量算定例を図 10.3 に示す．

特別避難階段の付室などを機械換気する場合には，自然給気口を設けるなどの特別

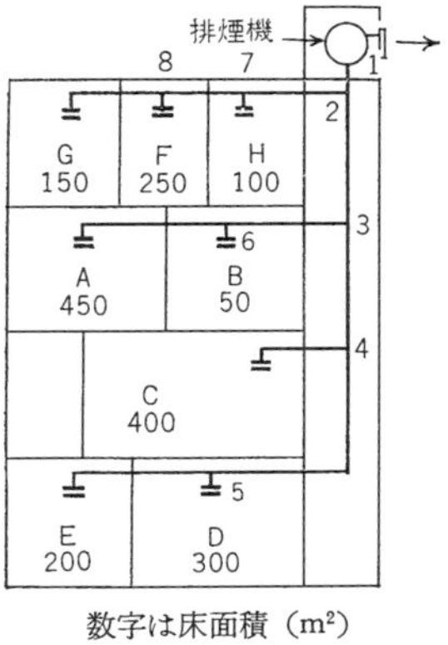

風道部分	通過風量 (m^3/min)	ダクト受持ち区画	面積比較
5-E	200(E)×1=200	E	
4-5	200(E)+300(D)=500	E+D	
3-4	500	E+D+C	E+D>C
A-6	450(A)×1=450	A	
6-3	450(A)+50(B)=500	A+B	
3-2	500	E+D+C+A+B	
G-8	150(G)×1=150	G	
8-7	150(G)+250(F)=400	G+F	
7-2	400	G+F+H	G+F>F+H
2-1	500	全部	E+D, A+Bが最大

数字は床面積 (m^2)

図 10.3 排煙ダクト風量の算定例

表 10.7 特別避難階段の付室などの排煙設備

	特別避難階段付室	非常用エレベータ用ロビー	付室兼用エレベータロビー
給気口 (m^2)	1 以上	1 以上	1.5 以上
給気ダクト面積 (m^2)	2 以上	2 以上	3 以上
排煙ファン風量 (m^3/min)	240 以上	240 以上	360 以上

の規定がある．特別避難階段の付室などの排煙設備の基準を表10.7に示す．

④　排煙窓，排煙口の配置

排煙窓，排煙口は防煙区画のどの位置からも30m以内になるように配置する．排煙口は吸込み風速が10m/s以下になるようにサイズを選定する．

その他，排煙設備に関しては詳細な規定があるので以下の参考文献に留意して設計する．

参考文献：日本建築センター編集・発行，「新・排煙設備技術指針1987版」，1989年
　　　　　日本建築主事会議編集，「建築設備設計・施工上の指導指針」，（財）日本建築設備安全センター発行，1993年

引用文献

1) Recknagel, Sprenger : Taschenbuch für Heizung Lüftung u. Klimatechnik, Oldenbourg, 1964.

11 自動制御

11.1 自動制御の概要

(1) 自動制御の目的

自動制御の「目的」は，快適性，安全性，省エネルギ，省資源，省力化を実現することである．自動制御の対象は空調設備，熱源設備，電源設備から建物の窓の開閉やブラインド制御にまで渡る．自動制御はこれらの建築設備の「目的」を満足するよう自動的に動かすという大変重要な役割をもっている．

(2) 制御系の構成と基本機能

制御系とは，空調機の室内温度を例に取れば，図11.1のように，制御対象である室内空気温度やダクト，空調機などの被制御系と，空調機を自動的に制御する自動制御系から構成される．

自動制御系は，対象の状態を常に「検出」し，目標にあっているか「判断」し，適切な「操作」をするという3つの基本機能から成り立っている．

自動制御に使われる用語を11.7に示す．

11.2 自動制御の分類

11.2.1 自動制御の分類

図11.2は，自動制御系を階層的に分類し，さらに，設備系統による分類を行ったものである．

(1) 個別制御（単一ループ制御）

図11.3は，室温を快適に保つことを目的とした制御例である．温度調節器で室温を検出し，目標となる設定温度と比較して制御弁に適切な操作を加え，加熱コイルの

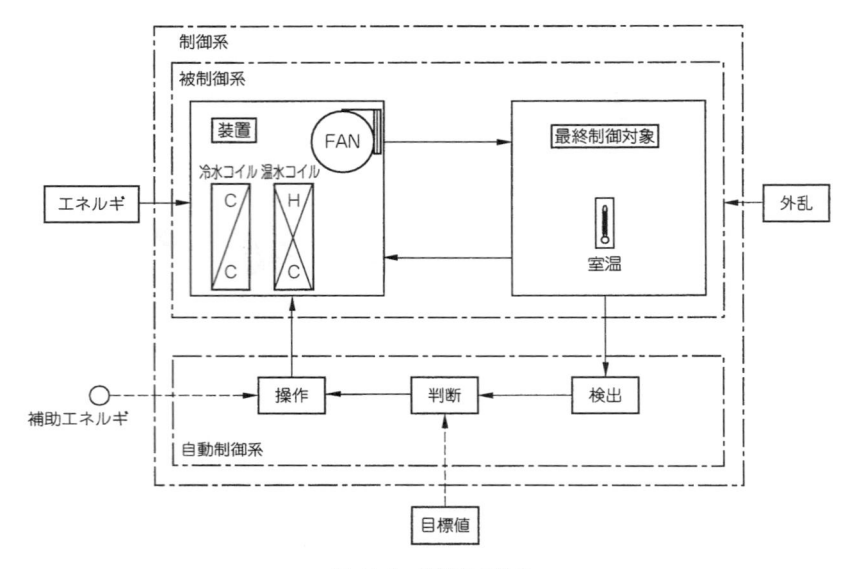

図 11.1 制御系の構成

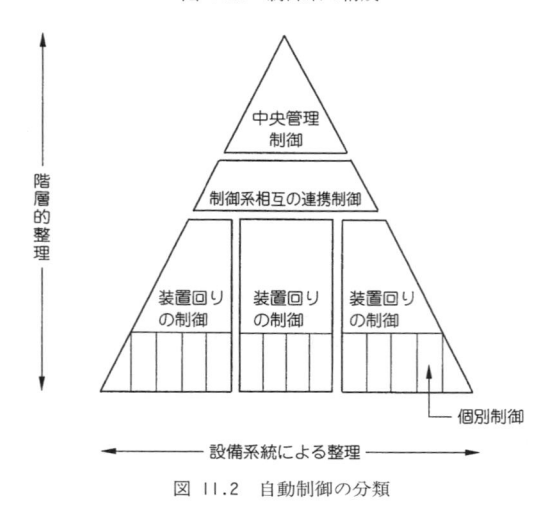

図 11.2 自動制御の分類

蒸気流量を連続的に可変させ室温を制御していることを表している．このような信号の流れを表したものをブロック線図といい，この流れをループという．

この例では蒸気流量の変化が室温の変化として再び温度調節器に戻ってくる．このように制御する方式をフィードバック制御という．フィードバック制御では常に訂正動作が行われるので，一次的に目標値をはずれても結局修正が行われ，室温は目標値

11.2 自動制御の分類

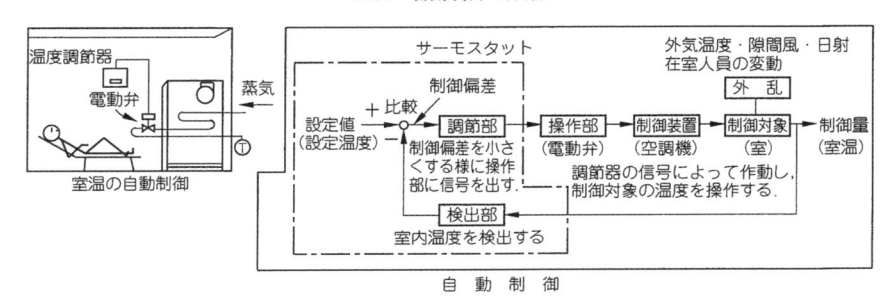

図 11.3 室温制御の例

に制御されることになる．フィードバック制御は自動制御の基本であり，建築設備のプロセス制御の中心となる．室温制御と同様な個別制御は，熱交換器，加熱コイル，VAV ユニット，ファン，貯湯槽などに適用される．

(2) 装置回りの制御（マルチループ制御）

一般の空調機を例に取れば，単一ループ制御だけでは機能しない．例えば除湿再熱制御では，冷却コイルと加熱コイルを連続的に制御し，過冷却・減湿・再熱という一連の動作を行う．また，予冷予熱時は，一定時間外気取り入れダンパを閉めて，全還気運転を行ったり，中間期には，外気導入量を増やし省エネルギを図るといった制御動作も行う．このような制御を装置回りの制御という．ほとんどの装置回りの制御は，複数のフィードバック制御ループとシーケンス的な動作が組み合わされて構成される（11.4 節参照）．

冷凍機，ポンプ等の熱源機器は，部分負荷に効率よく対応させる目的で，装置を複数に分割して設置することが多い．これら装置群を適切に管理するためには台数制御が用いられるが，この台数制御も装置まわりの制御である．

(3) 制御系相互の連携制御（グローバル制御）

建築設備の制御系の特徴として，複数の制御系間で相互に影響を及ぼす部分が非常に多いことがあげられる．このような場合は，部分の積み重ねだけでは，本来の目的を得るには不十分である．表 11.1 に制御系相互の連携が重要となる事例を示す．

これら以外にも，熱源の制御系と空調機の制御系の間には，ポンプの圧力制御と空調機のバルブ制御や，熱源の送水温度と空調機コイル流量などのように相互に影響を及ぼす関係にあるものが多い．

このように，個別制御，装置回りの制御だけでは解決できず，制御系相互の関係を整理し適切に動作させることが大切であり，このような制御を制御系相互の連携制御という．この制御は，制御系全体のプロセスの特徴を理解する必要があり，また，高度で複雑な制御を要する．近年では計算機を利用した制御システムが普及し，このような高度で複雑な制御が比較的容易に行われるようになった．

11 自動制御

表 11.1 連携制御の必要性の高い事例

インテリアとペリメータの混合損失防止	冬期にインテリア空調が冷房負荷で，ペリメータ空調が暖房負荷の場合，境界付近でミキシングロスが発生する．原因としては，温度センサーの取付位置や温度目標値の管理が適正に行われていない，気流の分布がミキシングしやすい系となっている等があげられる．この場合インテリア制御とペリメータ制御の連携でこれらを解消する必要がある．
外調機と内調機の混合損失防止	外調機の給気温度が一定の定値制御の場合，内調機が冷房サイクルで制御し，外気が低温の場合には外調機は一旦加熱と加湿を行い，内調機で再び冷却，減湿するといった動作になる．そのため，内調機の制御の条件により，外調機の給気温度と露点温度の目標値を最適にするような追値制御を連携して行う必要がある．
空調開始時の熱源と空調機の連携起動	空調機が室内の予冷を行う時に，冷凍機が所定の能力を出し，冷水が十分冷却された状態にないと，いくら空調機を運転したところで室温は一向に目標を満足せず，ファンの無駄な運転を行っていることになる．この場合，熱源系の予冷運転を空調機の起動前に完了させる必要がある．

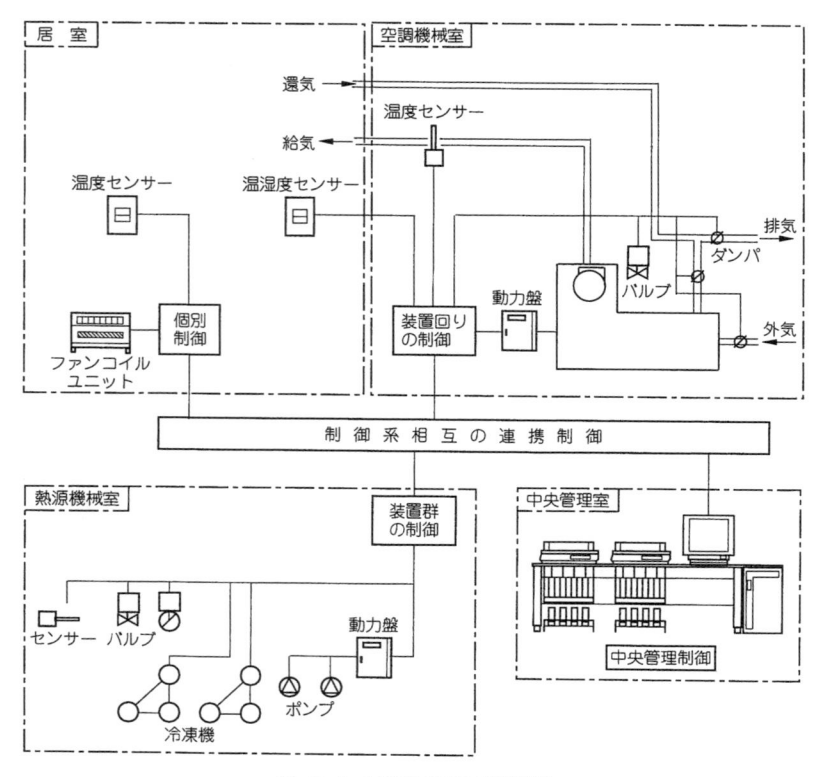

図 11.4 制御系相互の連携制御

(4) 中央管理制御（セントラル制御）

建築設備に自動制御を適用した場合には，制御系が満足に機能しているか否かを管理することが，快適性や省エネルギの観点から重要である．特に，建築設備の規模が大きくなると，設備の運転管理を効率的に行うために中央管理室等に管理情報を集中させる必要性が高くなる．これを中央管理制御といい，このための装置を中央監視制御設備という（11.6節参照）．

11.2.2 建築設備のプロセスの特徴

自動制御理論は，あくまで方法論であり，制御対象のプロセスの特徴を十分に把握することが大切である．プロセスの把握が不十分であった場合，どんなに高級な自動制御系を導入しても，機能が発揮されない場合や，かえって悪影響を与える場合もある．

以下に，自動制御系から見た建築設備のプロセスの特徴を示す．

（1） 人間を対象とした目標値

人体の温熱感に影響を及ぼす因子は，温度，湿度の他に，気流速，ふく射，代謝量，着衣量がある．このため，快適性を目的とした人間を対象とする目標値としては，温度，湿度だけでは不十分である．さらに，快適性には個人差がある（PMV＝0でも5％の不満足）ことなどに十分配慮した上で目標値の設定を考えることが大切である．

（2） 制御系の設定値

制御系は，目標値を個々の制御ループの設定値に反映させて，初めて動作させることができる．例えば，快適な温度という目標値は，室内を冷房する必要があるときには冷却制御ループの設定値，暖房する必要があるときには加熱制御ループの設定値になる．設定値を決めるときには，ミキシングロスなどに注意が必要となる．

表 11.2 制御系の目標値と設定値

	制御系の目標値	自動制御系設定値の注意点
空調機制御系	・快適性を目的としたプロセスには温度，湿度以外にふく射温度，気流，CO_2など複数ある． ・温度という1つの制御量を変更すると，湿度も変わってしまうなど，制御量が相互に影響し合っている．	・快適性の目標値を点ではなく範囲として設定値に反映させる． ・制御ループ間での干渉が起こらない設定値にする．
熱源制御系	・空調負荷というプロセスには熱量，温度，圧力，差圧，流量など複数ある． ・熱量という制御量は，温度という遅れの大きいプロセスと流量という比較的応答の早いプロセスで出来ている． ・流量と差圧は制御量が相互に影響し合っている．	・空調機の制御系が安定した動作が行える設定値とする． ・設定値の変更は，負荷特性や装置の応答に合わせてゆっくり行う． ・制御ループ間での干渉が起こらない設定値にする．

(3) 装置の能力と特性

建築設備は，能力と特性の異なる設備から構成される．熱源系を例にとれば，装置の特性はおおむね表11.3のようになる．

表 11.3 熱源の特性

特性＼装置	ターボ冷凍機	吸収式冷凍機	往復動式冷凍機
立上がり時間	5～15分	30～50分	5～10分
容量制御の範囲	30～100%	20～100%	圧縮機単位のステップ
温度制御の応答	応答が早い	応答が遅く，急激な負荷の変動に追従しにくい．	段階的で変動がある．

この他にも，空調機の冷水コイルでは，入口空気の温湿度条件によって特性が異なる他に，加熱用の温水コイルと蒸気コイルでは，プロセスゲインが非常に大きく異なるため注意が必要となる．また，配管の制御系も，レバースレタン式とダイレクトレタン式のように圧力分布の違いによって自動制御を適用する必要がある．

(4) 制御系の不連続性

一般的な空調設備は，間欠的に運転される不連続な制御系であり，運転パターンは，季節や曜日によって異なる．空調機の制御では，立ち上がり時に速く目標に到達させようと操作量の変化が大きい制御を適用したり，コイルの能力が過大に選定されると，行き過ぎ量が大きくなりハンティングの原因になる．また，熱源機の運転台数を増減する時には，装置の容量制御の遅れによる送水温度の乱れや，配管系の圧力分布の変動は，空調機の温度制御系の外乱となったり，ウォーターハンマーの原因にもなる．

(5) プロセスの分布

表11.4のように，室温等のように大きな幅で制御量が分布している系では，計器の選定やセンサの設置場所，設定値の管理が重要である．

表 11.4 プロセスの分布と注意点

	分布の特徴	制御系の注意点
室内環境系	・室内の水平温度分布や，垂直温度分布が大きい． ・ペリメータゾーンの放射温度（窓方向とインテリア方向）が大きい．	・センサーの設置場所に注意を要する．（特にファンコイル等のペリメータにおいては床下吸入付近の温度計測はミキシングロスの原因となる．） ・設定値の管理以外に建築上の対策も必要である．
ダクト系	・複雑で長いダクト系は，吹出口にかかる静圧分布が大きく異なる．	・ダクト系のVD等による風量調整が不十分であると，センサーの検出する値と目的となる制御量の差が大きくなる．
配管系	・ダイレクトレタン式の配管系では高層階と低層階では，空調機の前後差圧が異なる．	・配管系の圧力分布を動特性からとらえた圧力制御の適用が必要である． ・空調機の可制御域を考慮した配管設計が必要となる． ・配管内の圧力分布の調整が不十分であると温度差がつかない原因となる．

11.2 自動制御の分類

（6） プロセスの応答特性

建築設備のプロセスは，むだ時間や時定数の大きい系から小さい系までが混在する．そのため自動制御の適用や制御変数（パラメータ）の設定には注意が必要となる．

表 11.5 プロセスの応答特性

	応 答 特 性
室内温度	・遅れは比較的大きいが，給気の直達部分では時定数は小さい． ・自己平衡性が高く，系全体の時定数は長い．
空調機の給気温度	・遅れも時定数も小さいので，制御動作の切換わる点で干渉しやすく，注意を必要とする．
配管系の圧力，流量	・応答が非常に速く，測定値に微振動を伴うことが多い．
配管系の温度	・測定場所により応答が異なり，また，自己平衡性も比較的高いので，センサーの設置場所等に注意が必要である．

（7） 制御系の外乱

制御系の外乱には，外気温湿度や日射などの外界気象の変化，在室人員や照明発熱の変動，事務機器の使用状況に伴う内部負荷の変化など，大きく変動するものがある．そのため冷房と暖房の切り替えや，0～100%の冷温水流量変化といった短時間に操作量を大きく追従させることのできる自動制御系の適用が必要となる．

（8） 事　　　例

建築設備のプロセスの特徴を十分に理解しないで計装した事例を以下に示す．

（a） 給気温度制御のハンチング

図11.5は，あるビルの4管式空調機が外気冷房中の給気温度制御の動作である．室内温度は安定しているが，給気温度は不安定に変動し，冷水弁制御と温水弁制御がハンチング現象が見られた事例で，主たる原因は以下の3点であった．

① 冷水弁制御と温水弁制御を1つの比例制御ループで行ったため，給気温度の行き過ぎ量が逆の弁制御に影響した．

② 外気冷房によって，プロセスゲインが大きく変化し，制御ループに設定されたパラメータ（比例帯などの制御変数）では制御が安定しなかった．

③ 快適性の目標値を，点として室温設

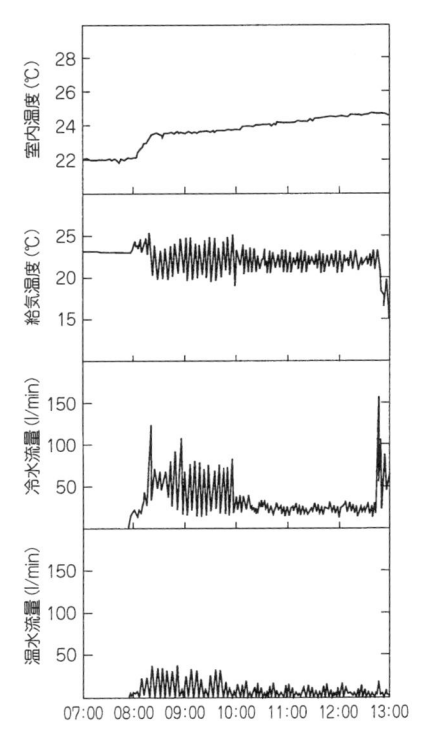

図 11.5 給気温度制御の事例

定値にしたため（不感帯が小さい）給気温度制御が過敏に反応した．このビルでは管理の対象点が代表室温だけであったため，長期に渡ってこのような現象が発見できず，大きなエネルギ損失となった．

（b） 不安定な空調負荷流量と冷凍機出口温度

図11.6は，あるビルの冷房開始後の冷水負荷流量と冷温水発生機出口温度の計測値である．冷房開始直後の配管内の水温は21℃程度で，空調機の2方弁は全開となる．その後，冷温水発生機がゆっくりと立ち上がり送水温度が下がり始める．送水温度が下がると，空調機は冷房能力を出し，室内が冷え始めると2方弁が閉まり方向に動作する．負荷流量が減り熱源のバイパス流量が増えると，冷温水発生機の入口温度が急速に下がり，本体の容量制御が追随できずに，出口温度が過冷却となって停止してしまっている．冷温水発生機が再び起動するまでの間に，送水温度が上がり空調機の2方弁が全開となり負荷流量が増え，同じようなサイクルを繰り返し，制御系は一向に安定していない．

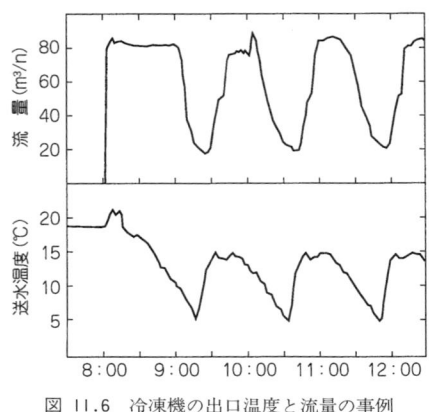

図 11.6 冷凍機の出口温度と流量の事例

11.2.3 自動制御

（1） 自動制御の種類

自動制御には，フィードバック制御・フィードフォワード制御・シーケンス制御がある．これらのうち空調における自動制御（温湿度制御等）ではフィードバック制御が主に用いられる．フィードバック制御には，調節部出力の演算方法による分類（制

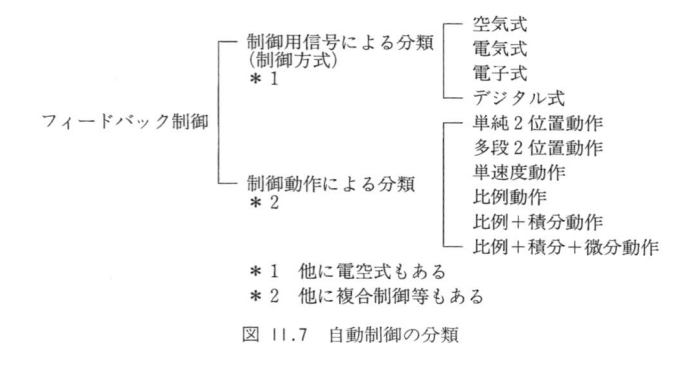

```
                    ┌─ 制御用信号による分類 ─┬─ 空気式
                    │   （制御方式）         ├─ 電気式
                    │      *1               ├─ 電子式
フィードバック制御 ─┤                        └─ デジタル式
                    │                        ┌─ 単純2位置動作
                    │                        ├─ 多段2位置動作
                    │                        ├─ 単速度動作
                    └─ 制御動作による分類 ───┼─ 比例動作
                          *2                ├─ 比例＋積分動作
                                             └─ 比例＋積分＋微分動作
```

＊1　他に電空式もある
＊2　他に複合制御等もある

図 11.7　自動制御の分類

11.2 自動制御の分類

表 11.6 基本的制御動作[1]

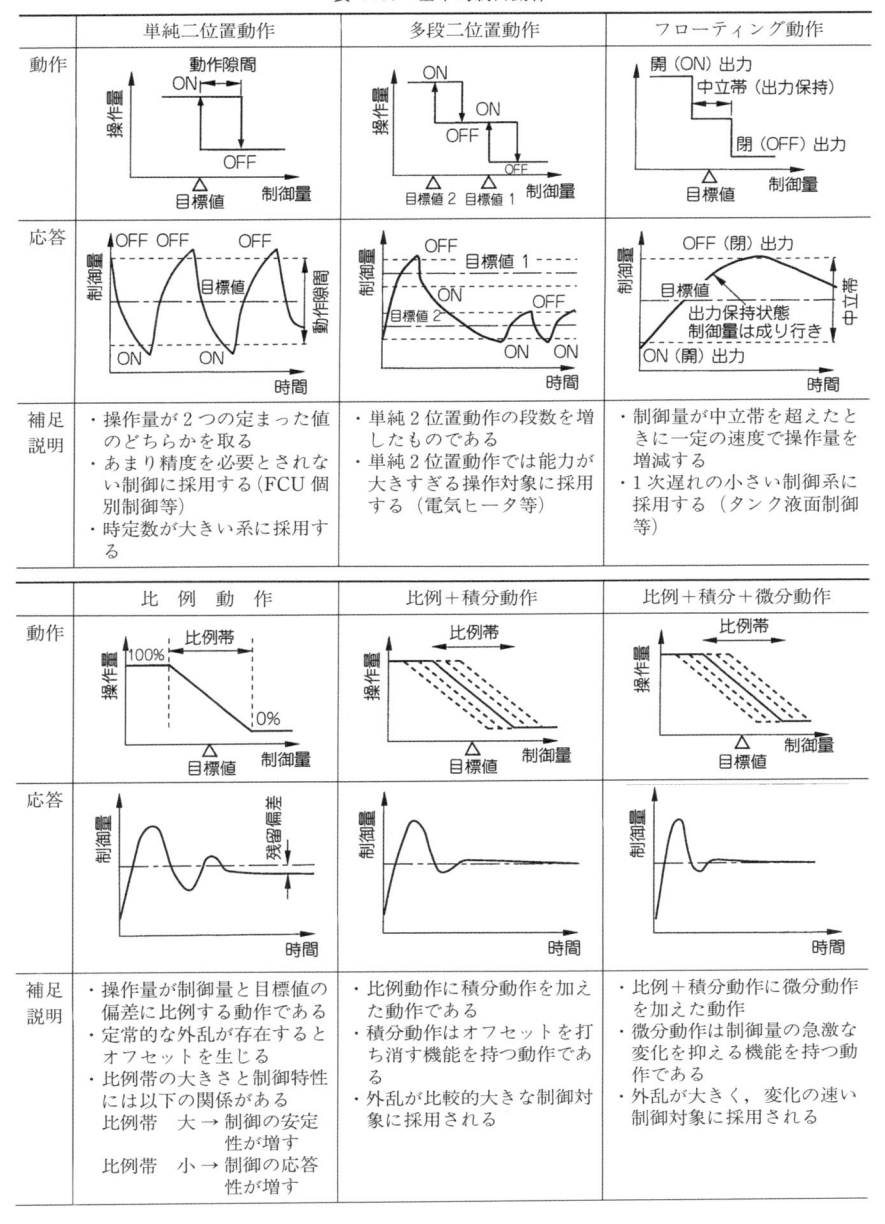

	単純二位置動作	多段二位置動作	フローティング動作
動作	操作量が2つの定まった値のどちらかを取る（ON/OFF、動作隙間あり）	単純二位置を多段化（ON/OFF 2段）	開(ON)出力／中立帯(出力保持)／閉(OFF)出力
応答	OFF/ON を繰り返す波形（目標値周りに動作隙間）	目標値1・目標値2の間で ON/OFF を繰り返す	OFF(閉)出力、出力保持状態（制御は成り行き）、ON(開)出力
補足説明	・操作量が2つの定まった値のどちらかを取る ・あまり精度を必要とされない制御に採用する（FCU個別制御等） ・時定数が大きい系に採用する	・単純2位置動作の段数を増したものである ・単純2位置動作では能力が大きすぎる操作対象に採用する（電気ヒータ等）	・制御量が中立帯を超えたときに一定の速度で操作量を増減する ・1次遅れの小さい制御系に採用する（タンク液面制御等）

	比 例 動 作	比例＋積分動作	比例＋積分＋微分動作
動作	比例帯内で操作量が100%→0%に直線的に変化	比例帯が平行移動（積分動作）	比例帯が平行移動＋傾き変化（微分動作）
応答	目標値に対して残留偏差（オフセット）が残る振動応答	オフセットなく目標値に収束する振動応答	より速くオフセットなく目標値に収束する応答
補足説明	・操作量が制御量と目標値の偏差に比例する動作である ・定常的な外乱が存在するとオフセットを生じる ・比例帯の大きさと制御特性には以下の関係がある 　比例帯　大　→　制御の安定性が増す 　比例帯　小　→　制御の応答性が増す	・比例動作に積分動作を加えた動作である ・積分動作はオフセットを打ち消す機能を持つ動作である ・外乱が比較的大きな制御対象に採用される	・比例＋積分動作に微分動作を加えた動作 ・微分動作は制御量の急激な変化を抑える機能を持つ動作である ・外乱が大きく，変化の速い制御対象に採用される

表 11.7 給気温度補償制御の事例

項目＼名称	給気温度リミット制御	給気温度カスケード制御	給気温度補償制御
適用対象および目的	・蒸気加熱コイルの場合 　暖房時：過加熱防止 ・大空間の場合 　冷房時：吹出口結露防止 　暖房時：温度成層防止	・恒温恒湿空調の場合 　加除湿が室温に与える影響を軽減する	・大空間の場合 　室内温度制御を安定させる
動作	給気温度が上下限値を超えないように制御する	空調機側で加わる外乱が室温に影響を与えないように給気温度を制御する	空調機，室内温度間の伝達遅れによる制御の不安定化を防止する
方法	室温制御以外に給気温度制御の機能を，並列に追加し，演算出力の小さい方で弁を制御する	室温制御以外に給気温度制御の機能を直列に追加し，弁を制御する	給気温度により室内温度を簡易的に予測し，予測室温により弁を制御する

御動作）と検出部→調節部→操作部に用いられる制御信号の種類による分類（以下，制御方式）がある（図 11.7 参照）．

（2） 制御動作の特徴・および選定基準

空調の自動制御において用いられる基本的な制御動作としては表 11.6 のように 1) 単純二位置動作，2) 多段二位置動作，3) フローティング動作，4) 比例動作，5) 比例＋積分動作，6) 比例＋積分＋微分動作がある．また，これらを組み合わせて，特性の改善を行う補償制御がある．補償制御としてはカスケード制御・オーバーライド制御（リミット制御）・給気温度補償制御・フィードバック＋フィードフォワード制御がある．表 11.7 に室内温度と給気温度を用いた補償制御の例を示す．以上の制御動作は古典制御理論と呼ばれ，空調制御に採用されるのはほとんどがこれらの制御動作である．その他の制御動作としては現代制御理論やファジー制御があるが，プロセスの応答特性の把握や調整が難しいことから空調制御への適用例は少ない．

11.3 自動制御の構成

本節では自動制御の構成要素である検出部・調節部・操作部の説明を行う．
　電気式・空気式の場合には検出部と調節部は通常一体構造となっているが，ここでは個別に説明を行うものとする．

11.3.1 検出部

検出部は制御量を計測し，電気信号・物理的変位により調節部へ計測値を出力する機能を持つ．空調において主要な制御対象となるのは温度と湿度である．近年ではこれを発展させて，室内の放射温度，気流などを計測して，総合的な室内環境制御を行う試みがなされている．また，室内の二酸化炭素，タバコの煙，浮遊粉じん等の室内空気質に対する関心も高まっており，これらを検出する必要性もでてきている．

熱源回りでは，冷温水温度・圧力・流量・液位等の検出が必要になる．その他気象状態を把握して室内制御に反映させたり，居住者に知らせることも行われている．

11.3.2 調節部

調節部は，検出部から出力される制御対象の計測値を設定値と比較し，偏差を収束させるような操作出力を操作部に対して行う．検出部からの信号に物理的な変位を用い，操作出力が空気圧力となるものを空気式，電気信号となるものを電気式という（図 11.8）．

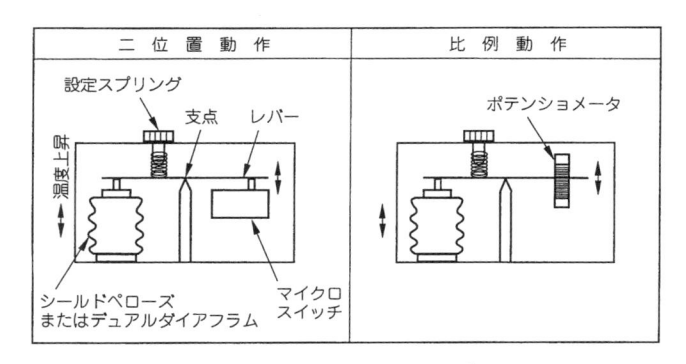

図 11.8 電気式制御システム[1]

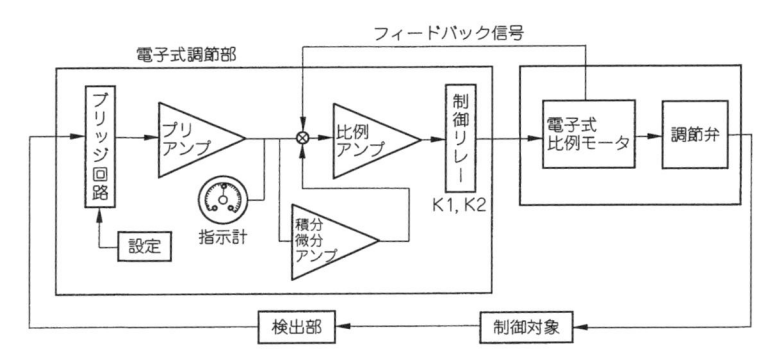

図 11.9 電子式制御システム

また，検出部からの信号が電気信号（抵抗値・電流値）で調節部が検出部と独立し，演算回路を含むものを電子式という．本書では，特に電子式の中で演算回路がマイクロプロセッサにより行われ，複合制御機能・通信機能を有する調節部をDDC式と呼ぶ（図11.9）．
　その他，電子式調節器に空気式操作器を用いる電空式がある．

11.3.3 操　作　部
　操作部は，調節部からの制御出力により冷温水流量・風量等を調節する機能を持つ．空調制御における操作部は制御弁・ダンパ・インバータなどがある．
　（1）制　御　弁
　制御弁は流量調節による温度制御・圧力制御に広く用いられるため，様々な種類のものが存在する．選定に関わる定格値を理解することが重要である．
　（a）制御弁の種類
　制御弁は，弁の構造・流量特性・駆動方式によって分類される．弁の構造による分類を表11.8に示す．弁前後の差圧が一定に保たれている場合の流量特性（固有流量特性）を図11.10に，流量変化に伴って弁差圧が変化した場合の流量特性（有効流量特性）を図11.11に示す．ここで，P_Rを固有流量特性という．

表 11.8　弁の構造による制御弁の分類[1]

名称	グローブ弁	ロータリー形弁	ボール弁
外観			
用途	従来から汎用的に用いられている	サイズが小さくしやすくグローブ弁に替り使用される	ON/OFF制御に使用される
名称	バタフライ弁	ケージ形弁	偏心軸回転形弁
外観			
用途	主に大流量時のON/OFF制御に使用される	高差圧時に使用される	大流量で精密な制御に使用される

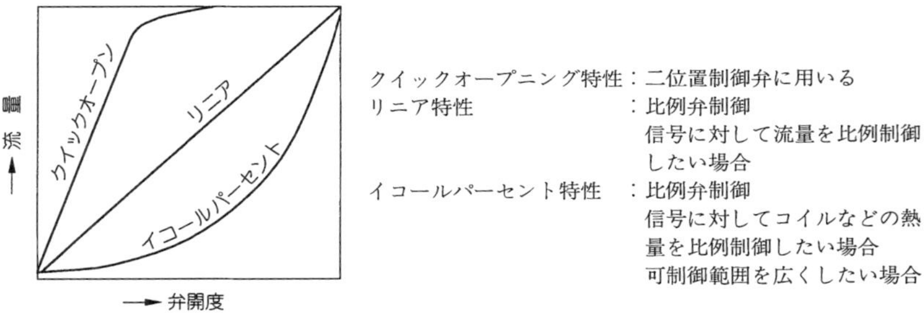

11.3 自動制御の構成

クイックオープニング特性：二位置制御弁に用いる
リニア特性　　　　　：比例弁制御
　　　　　　　　　　　信号に対して流量を比例制御
　　　　　　　　　　　したい場合
イコールパーセント特性：比例弁制御
　　　　　　　　　　　信号に対してコイルなどの熱
　　　　　　　　　　　量を比例制御したい場合
　　　　　　　　　　　可制御範囲を広くしたい場合

図 11.10　流量特性による制御弁の分類

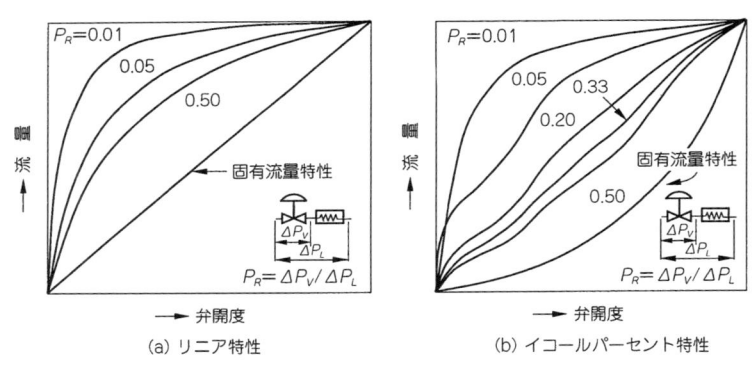

(a) リニア特性　　　(b) イコールパーセント特性

図 11.11　弁差圧と流量特性[1]

(b) 流量係数 C_v 値 (capacity value)

弁の容量を表す数値として，通常は C_v 値（流量係数）を使用している．この値は以下の式によって表される．この C_v 値により弁の口径（ポートサイズ）が決定される．

1) 温水の場合

$$C_v = \frac{0.7Q\sqrt{G}}{\sqrt{\Delta P}}$$

Q：流量 (l/min)　　ΔP：弁前後の差圧 (kPa)
G：流体の比重（冷温水の場合はおよそ $G=1$ でよい）

2) 蒸気の場合

蒸気の場合には，弁前後の差圧 (ΔP) を流入側絶対圧力 (P_1) の 0.5 倍（限界圧力降下）より小さくなるように選定する．

$$C_v = \frac{WK}{0.1391\sqrt{\Delta P(P_1+P_2)}}$$

W：最大流量 (kg/h)　　ΔP：弁前後の差圧 (kPa)

P_1：流入側絶対圧力（kPa）(ata)　　P_2：流出側絶対圧力（kPa）(ata)
K：$1+0.0013\times$過熱度（℃）

（c）弁のレンジアビリティ

弁の容量に対して制御可能な最小容量の比をレンジアビリティという．例えば，定格 C_v 値に対して 1/50 の容量まで弁の特性を維持しつつ制御できる弁がある場合，この弁のレンジアビリティを 50：1 という．レンジアビリティはその比が大きいほど可制御流量範囲が広くなる．一方，レンジアビリティが不足した場合には制御性が悪くハンチングを起こしやすい．

（d）クローズオフレーティング

弁が全閉状態を維持できる最大の差圧をクローズオフレーティングという．弁の形態や用する駆動部の定格により異なる．空調機回りの制御弁では，配管システムによって異なるが，490.3 kPa のクローズオフレーティングがあれば十分である．490.3 kPa 以下の制御弁を使用する場合には圧力分布を算出した上で適用可能か判断する．

（e）弁駆動部

弁駆動部には操作動力を外部から得る他力式，弁自体にかかる差圧等を駆動源とし外部の動力を用いない自力式の2種類がある．また，他力式には空動式・電動式等がある．

（f）弁本体選定時の留意点

弁を選定する際の留意点は上記で説明した流量特性，C_v 値，レンジアビリティ，クローズオフレーティング等の他にキャビテーションによる騒音・エロージョンや信頼性がある．

（2）ダンパ

冷温水・蒸気の制御にバルブを用いるように，空気の制御にはダンパを用いる．

（a）ダンパの構造

比例制御用ダンパは翼の構造から対向翼と並行翼に大別できる．それぞれのダンパの開度に対する固有風量特性を図 11.12 に示す．風量特性から見ると，ダンパの圧力

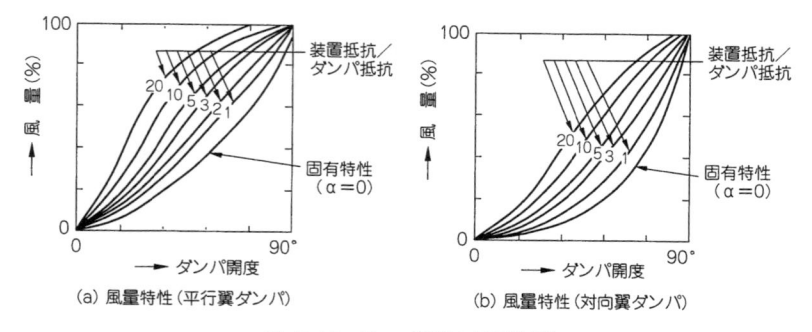

図 11.12　ダンパ開度と風量特性[1]

降下に対して系の圧力降下が大きい系，例えば空調機コイルが直列に設置されているなどの場合には対向翼ダンパを，圧力降下が小さい系には並行翼ダンパを選択することが望ましい．

（b）トルク

ダンパ駆動部を選定する際に，ダンパの形状・大きさやダクトの静圧によりダンパを開閉するのに必要な軸トルクが異なる．そのためダンパにより必要なトルクを算出し，それに見合った操作器（駆動部）を選択する必要がある．必要トルクはダンパメーカにより異なるため注意が必要である．

（3）インバータ

大容量トランジスタの開発，低価格化により動力電源周波数，電圧を変化させて，交流モータの回転数を制御するインバータの汎用性が高まった．空調設備においてもポンプ，ファン等の容量制御にインバータを用いることが一般的になった．

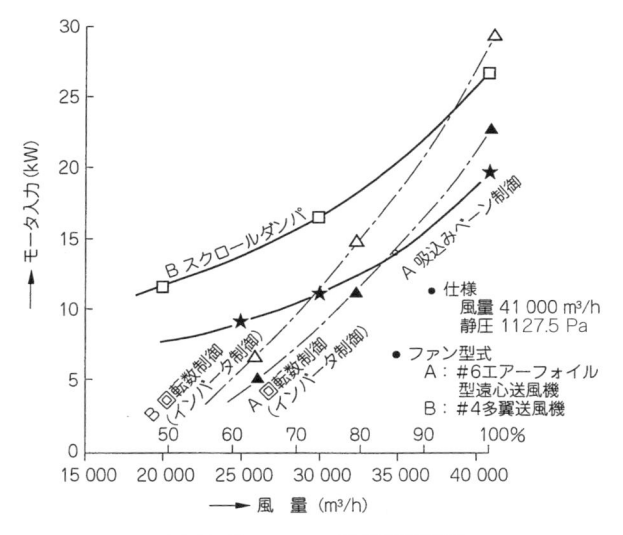

図 11.13　ファンの容量制御特性[2)]

インバータによる容量制御は，バルブ，ダンパなどにより，流路の抵抗を変化させて流量を変化させる方式とは違って，大きな省エネルギ効果をあげることが可能である．インバータと他の容量制御装置との特性比較を図 11.13 に示す．

11.4　空調機回りの制御

本節では各種空調機器に対して適用する一般的な制御項目とその動作説明を行う．

11.4.1　定風量方式空調機

　定風量方式の空調機における一般的な制御フローを図 11.14 に示す．なお，図 11.14 では除湿再熱制御を行っている．

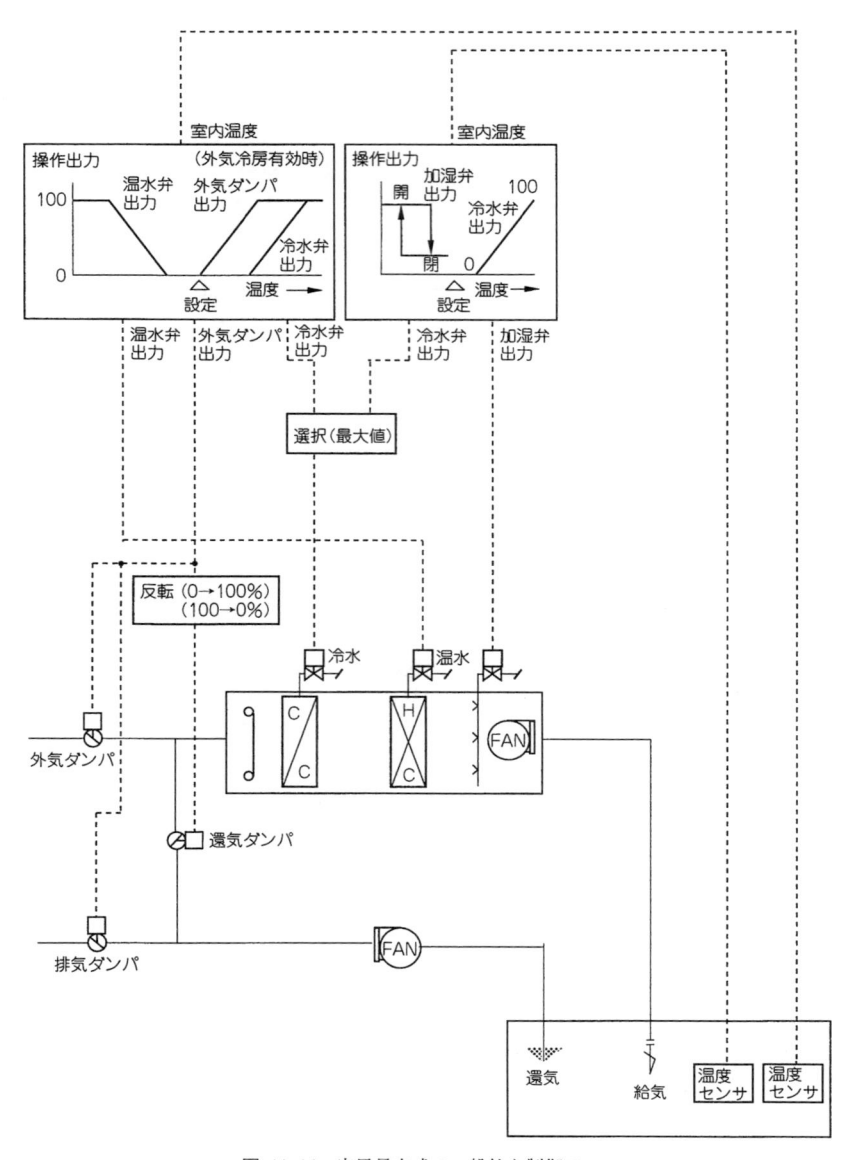

図 11.14　定風量方式の一般的な制御フロー

11.4 空調機回りの制御

(a) 室内温度制御

室内または還気ダクトに設置された温度検出器の出力により冷水弁，温水弁，外気/還気/排気ダンパを制御する．冷房負荷時は，室内温度が上昇するとともに外気ダンパ，冷水弁を開方向に操作し，暖房負荷時には室温が下降するとともに温水弁を開方向に操作する．ただし，外気ダンパは外気冷房が有効な場合（後述）のみ操作し，無効な場合には換気用外気量を取り入れるための最小固定開度とする．また，排気ダンパは外気ダンパと同動作，還気ダンパは逆動作とする．

(b) 外気冷房制御

外気が所定の条件の場合（図11.15），外気導入量を増加させることにより冷房を行う．外気の冷房能力が不足している場合には冷水弁の制御を行う．

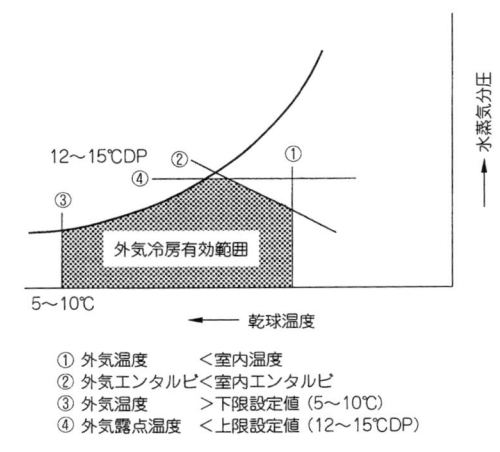

```
                          ↑
                          水
                          蒸
                          気
                          分
      12〜15℃DP ②  ①      圧
              ④            →
         ③
         ░░░░░░░░░░
         ░░外気冷房░░
         ░░有効範囲░░
         ░░░░░░░░░░
       5〜10℃
                  ← 乾球温度

   ① 外気温度    ＜室内温度
   ② 外気エンタルピ＜室内エンタルピ
   ③ 外気温度    ＞下限設定値 (5〜10℃)
   ④ 外気露点温度  ＜上限設定値 (12〜15℃DP)
```

図 11.15 外気冷房制御の制御フロー

(c) 室内湿度制御

室内または還気に設置された湿度検出器の出力により，加湿負荷時は湿度低下とともに加湿弁を開放し，除湿負荷時は冷水弁を開方向に制御する．なお，除湿負荷時には冷水弁は湿度により優先的に制御されるため室内は過冷却状態となる．よって室内温度を一定に保つために自動的に温水弁が開方向に操作され再熱が行われる．

(d) ウォーミングアップ制御

室内の予冷予熱運転を行っている際には原則的に外気の取り入れを中止し，外気負荷の軽減と予冷予熱時間の短縮による送風機動力の軽減を図る．外気冷房が有効な場合には通常時と同様の制御を行う場合もある．また，ダクト内の結露防止のために加湿を禁止する．

(e) その他の制御項目

1) インターロック

給気ファン停止時は冷水弁，温水弁，外気/排気ダンパ，加湿弁を全閉し，還気ダ

ンパを全開する．

2) 給気温度リミット制御

温度伝達の遅れにより，冷房時には給気温度が室内の露点温度より低下し吹出口が結露したり，また，暖房時で特に蒸気コイルを採用した場合には給気が過加熱されることがある．これらを防止するために給気温度リミット制御を採用する．

給気温度が設定された上下限値に達した際に，上下限値を越えないようにする制御出力を，室内負荷による制御出力より優先させる制御方式である．

3) CO_2濃度制御

建築物における衛生的環境の確保に関する法律で規定されているCO_2濃度は1 000 ppm 以下である．設計外気量を導入することでCO_2濃度が1 000 ppm を大きく下回る場合には外気量を削減し空調負荷を軽減する．特にデパートのように人員変動の大きな空調系統に採用すると有効である．

11.4.2 変風量方式空調機

変風量方式の空調機における一般的な制御フローを図11.16に示す．

（a） 室内温度制御

室内温度を一定とするようにVAVユニットに風量設定信号を出力する．なお，VAVユニットには風量制御装置が含まれており，これが設定風量を保つようにダンパを制御する．換気のために最小風量を確保する必要がある．

（b） 給気温度制御

給気温度検出器の出力により冷水弁，温水弁，外気／還気／排気ダンパを操作する．一般的に給気温度制御は安定性を確保するために比例帯を広くとるので，制御残留偏差が大きくなりやすい．そのため電子式あるいはDDC式制御による比例＋積分制御の採用が望ましい．

（c） 室内湿度制御

代表室内・還気ダクトに設置された室内湿度検出器の出力により加湿弁・冷水弁を操作する．なお，蒸気式加湿器が採用されている場合は，小風量時に送風ダクト内空気が過飽和する可能性があるため給気露点温度制御を採用する．

（d） ファン回転数制御

全VAVユニットの制御状態（ダンパ全開信号・室内温度制御状態等）によりファン回転数制御を行う．給気ダクトに静圧検出器を設置し，給気静圧を一定にするように制御回転数を操作する場合もある．

（e） 給気温度設定制御

全VAVユニットの制御状態により給気温度設定を自動的に変更する．VAVユニットが可制御（全開から最小開度の間）の範囲で，室温と給気温度との温度差を大きくし，ファンの搬送動力を軽減することを目的とする．

11.4 空調機回りの制御

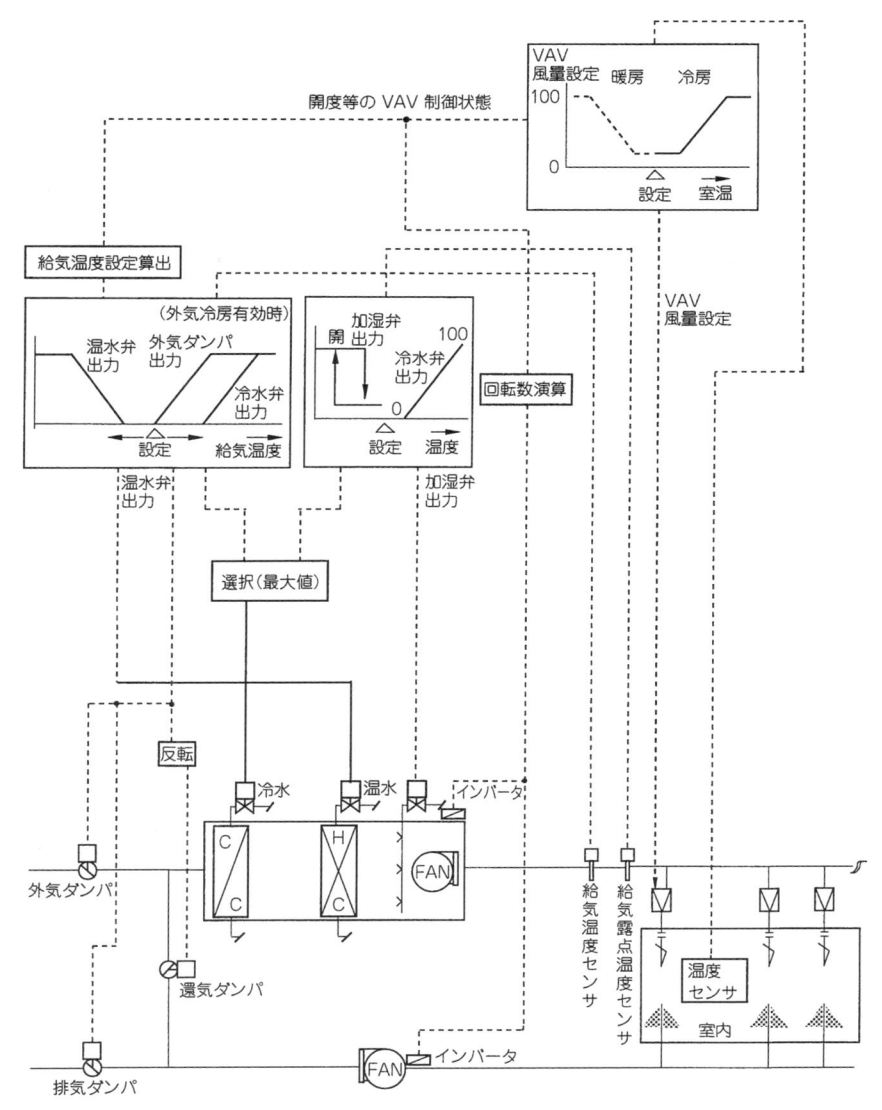

図 11.16 変風量方式の制御フロー

(f) その他制御項目

外気冷房制御，ウォーミングアップ制御，インターロック，CO_2 制御等は，定風量方式空調機と同様である．

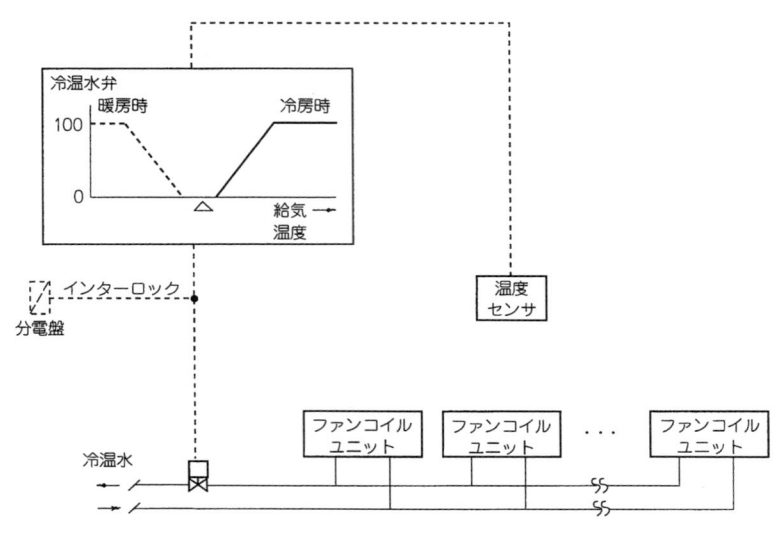

11.4.3 ファンコイルユニット

ファンコイルユニットの一般的な制御フロー（二管式ゾーン制御：複数ユニット一括制御）を図 11.17 に示す．四管式および個別制御（単一ユニット毎の制御）の場合がある．

図 11.17 ファンコイルユニットの一般的な制御フロー

（a）温度制御
複数台のファンコイルユニットの空調域を代表する位置に設置された温度検出器の出力により冷温水二方弁を制御する．

（b）その他の制御項目
1) インターロック
分電盤からのファン起動状態により停止時には冷温水弁を全閉とする．

2) 風量制御
ファンコイルユニットの風量は，通常手元スイッチにより手動操作されるが室内温度により自動制御される場合もある．

3) ミキシングロス防止制御
インテリアゾーンの空調機が冷房運転を行い，ペリメータゾーンのファンコイルユニットが暖房運転を行っている際に発生するミキシングロスを防止するために，ファンコイルユニット側の温度設定値を強制的にインテリアゾーンの設定値を下回るように変更する．

11.4 空調機回りの制御

11.4.4 その他の空調方式

(1) 全熱交換器

全熱交換器の一般的な制御フローを図 11.18 に示す．図 11.18 には単独設置の場合を示すが，空調機内に組み込まれる場合も多い．

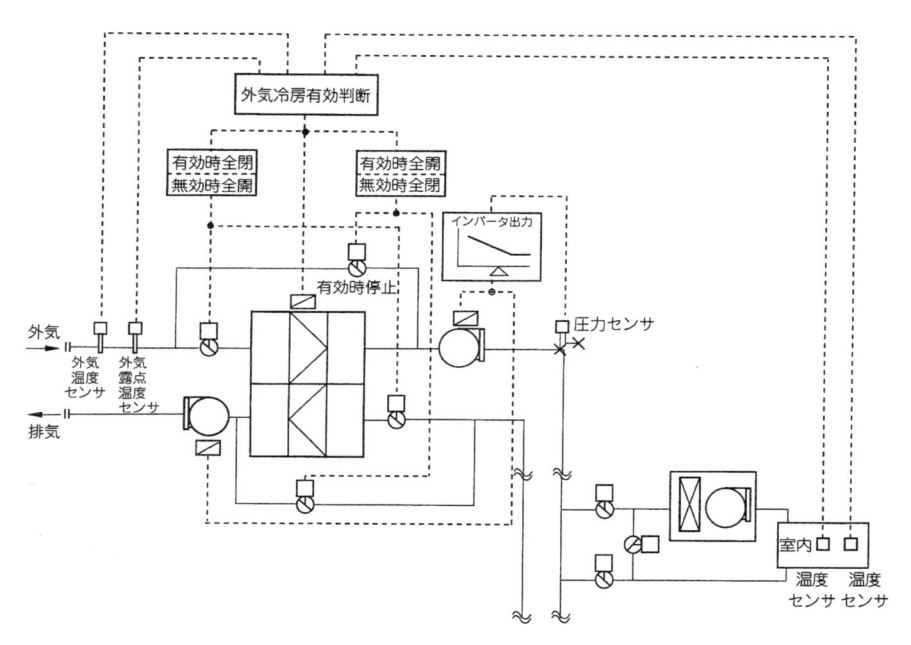

図 11.18 全熱交換器の一般的な制御フロー

(a) 外気冷房制御

定風量方式空調機と同様に外気冷房の有効判断を行う（ただし室内条件は代表室にて計測する）．外気冷房有効時には外気/排気ダンパを閉止し，還気ダンパを開放し，全熱交換器のモータを停止する．

(b) 静圧制御

送風ダクトに空調機のモータダンパ等の風量制御装置が設置されている場合には，給気ダクトに静圧センサを設置し，静圧が一定の位置となるようにファンの回転数制御を行う．

(2) 外気処理空調機

一般的な外調機の制御フローを図 11.19 に示す．

(a) 給気温度制御

給気ダクトに設置された温度検出器の出力により冷温水弁を操作する．

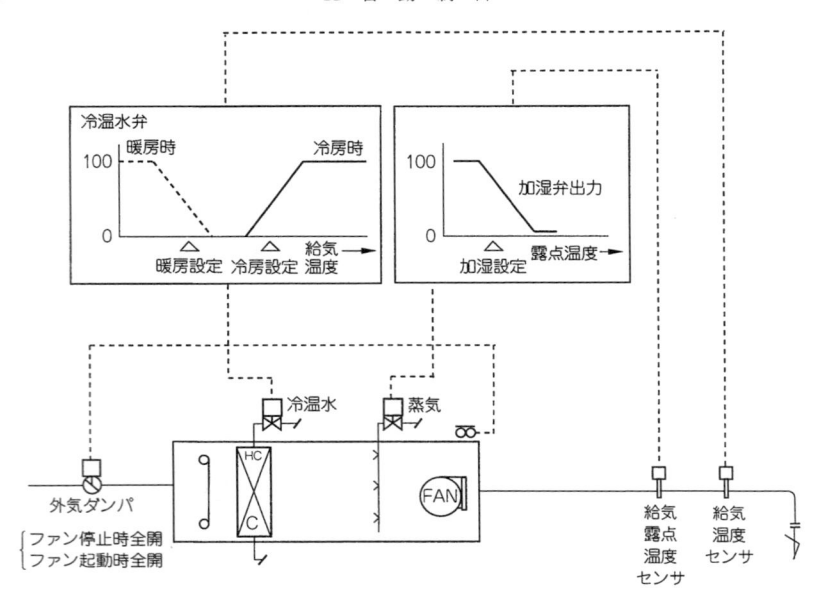

図 11.19 外気処理空調機の一般的な制御フロー

(b) 加湿制御
給気ダクトに設置された露点温度検出器の出力により加湿弁を操作する．
(c) その他制御項目
1) コイル凍結防止制御
ファン停止時は外気ダンパを閉止し，外気を遮断する．運転中に凍結する可能性がある場合には温水弁に対して最小開度を設ける．
2) インターロック
ファン停止時は冷温水弁・加湿弁を閉止する．
3) 静圧制御
全熱交換器の静圧制御と同様である．
(3) 恒温恒湿空調機
工場・研究所等の温湿度条件・清浄度条件の厳しい系統の空調には設備上の対応の他に制御においても特殊な対応が必要となる．一般的な制御フローを図11.20に示す．
(a) 温度制御
加湿・除湿・冷温水の状態（温度・圧力）変化等の空調機側に発生する外乱の影響を補償し，室内温度の乱れを最小とするために室内温度による給気温度カスケード制御を採用する．

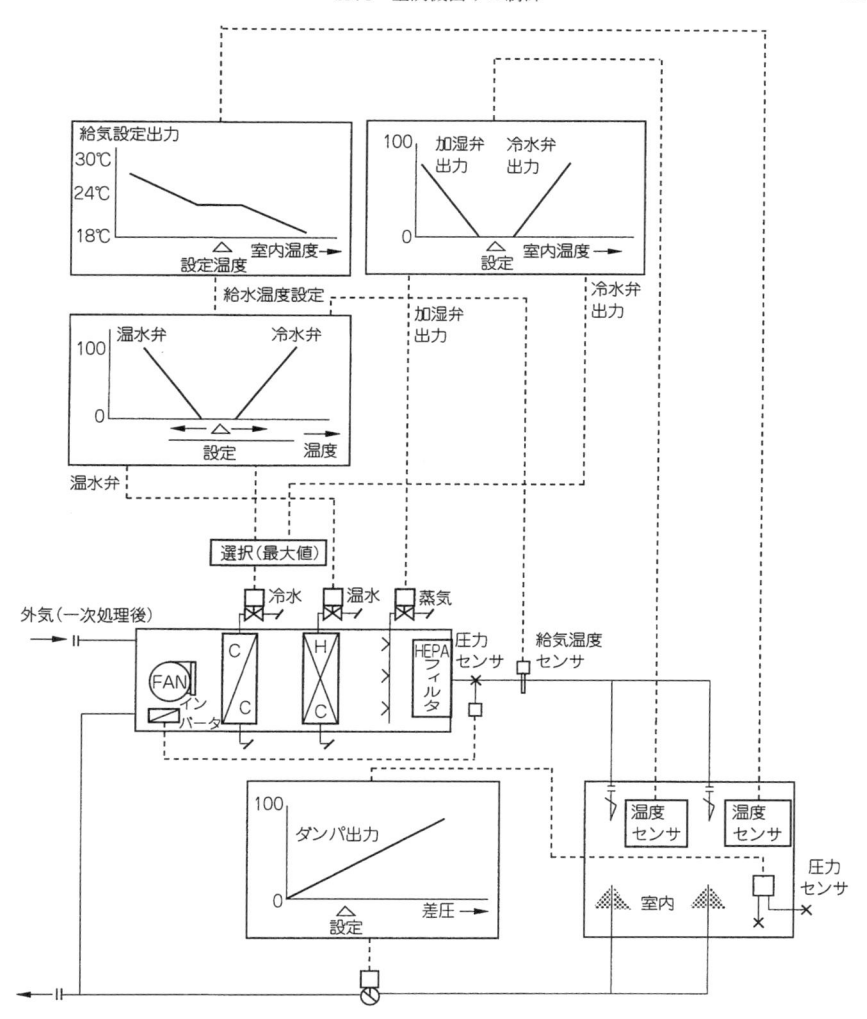

図 11.20 恒温恒湿空調機の一般的な制御フロー

(b) 湿度制御

冷水・蒸気の状態(温度・圧力)変化による室内湿度による給気露点温度カスケード制御を採用する場合もある.

(c) 室圧制御

クリーンルームの場合,外部からのほこりの進入を防ぐために室圧を正圧に保つ必要がある.そのため,制御系の異常時のフェイルセーフ対策も考慮し,給気静圧を一

定とし，排気量を制御することで室内静圧を一定正圧に保つ．ドラフトチャンバー等で大きな外乱が発生する場合にはその使用状況をモニターしフィードフォワード制御を行う場合もある．なお，バイオハザードルーム等で室内を負圧に保つ必要がある場合には排気量を一定とし，給気風量を制御する．
（d） その他制御
1） 給気温度設定変更制御
室内側にターミナルレヒータが設置されている場合には，各レヒータが可制御の範囲内に納まるように給気温度設定を変更する場合もある．なお，この場合には室内温度制御はターミナルレヒータにより行い，空調機側では給気温度・給気露点温度制御を行う．

11.5 熱源回りの制御

熱源まわりの制御の目的は，所定の温度や圧力で冷温水や蒸気を供給し，かつ省エネルギを行うことである．熱源は，低負荷運転対策や冗長化による安全性のために複数台設置されるのが一般的である．そのため，低負荷および故障等に対応した熱源の台数制御が必要となり，重要な制御項目となる．

本節では各種熱源システムに対して適用する台数制御を含む一般的な制御項目とその動作説明を行う．なお，空調機側は変流量方式であることを前提とする．

11.5.1 密閉式配管システムにおける熱源群制御

密閉式配管システムにおける熱源群の制御は，単式ポンプシステムと複式ポンプシステムの制御に大別される．
（1） 単式ポンプシステム
単式ポンプシステムの熱源における一般的な制御フローを図11.21に示す．
（a） 熱源機台数制御
単式ポンプシステムでは，一般的に熱源機の台数制御を負荷流量により行う．空調機側で軽負荷時等に温度差がつかない場合に，熱量等により決定された熱源機運転台数では搬送能力（ポンプ運転台数）が不足するからである．ただし，その場合，熱源機は熱量的に余剰に運転されることになり，低負荷運転気味になりやすいので注意が必要である．極端に熱源機が低負荷運転となることを防止するために熱源機の入口温度により1台停止させることもある．

一方，負荷側が変流量方式の場合は，コイル入口温度等の条件が一定であれば，空調機器の要求水量が少なくなるにつれ温度差が大きくなるので，小流量時には搬送能力（ポンプ運転台数）を満足しても熱量の不足を起こす可能性がある．そのため送水温度を計測し，温度条件を満たさない場合には熱源機の追加運転を行う．なお，熱源機の台数が少ない場合には還水ヘッダ温度のみによる簡易台数制御も可能である．

11.5 熱源回りの制御

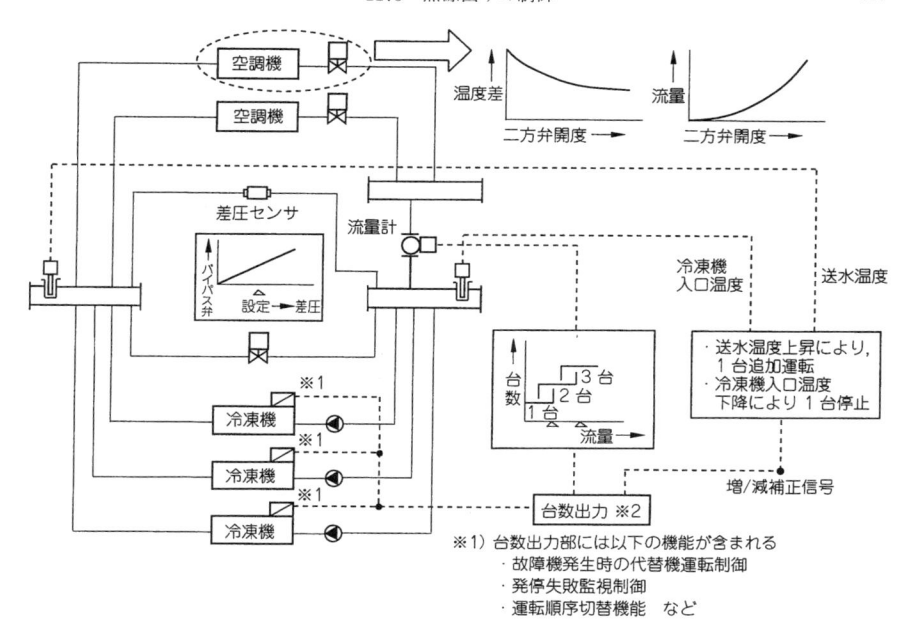

図 11.21 単式ポンプシステムの一般的な制御フロー

（b） 熱源機台数制御に付属する制御機能
1） 故障発生時の代替機運転制御
故障機が発生した場合には，代替機を運転する．
2） 運転順序切り替え機能
異種・異容量の機器が混在しているシステムでの機器の選択や，機器毎の運転時間の平滑化のために運転順序を切り替える．
3） 効果待ち制御
熱源機起動直後・停止直後は，熱源機始動時間・本体容量制御整定時間・ポンプ残留運転時間・配管内温度分布が安定する時間分は流量・温度ともに安定しないため台数判断を行うことが出来ない．そのため，熱源機特性に合わせ起動直後・停止直後は台数制御を禁止する効果待ち制御が必要となる．具体例としては圧縮式冷凍機では5～10分，吸収式冷凍機では30分程度を見込む．
4） 初期運転台数演算機能
熱源機起動前は流量は0である．また，熱源機を一台運転でスタートすると効果待ち制御のために起動直後の急激な負荷増加に追従しきれなくなる可能性がある．そのため始動時に必要な運転台数を外気温度や予測演算等により決定する．
5） 順次起動制御
電力系統の保護のために，複数台の同時起動を防止し，起動時刻を1台ずつ遅らせ

る．

6) ヘッダ間差圧制御

ヘッダ間の差圧を計測し，バイパス弁により差圧一定制御を行う．差圧を一定に保つ目的の一つは冷凍機を安定して運転することである．一般的な冷凍機は安定した運転を行うために個々のポンプの熱源機への供給流量を一定に保たなければならないが，空調機側の二方弁が閉まったり，ポンプ運転台数が増加した際には個々のポンプの流量が少なくなる．この流量の減少によるヘッダ間差圧の上昇を検知し，差圧が設定値まで下がるようにバイパス弁を開方向に操作し，バイパス水量を増加させることでポンプ個々の供給流量を一定に維持し，冷凍機を安定して運転させる．

また差圧を一定に保つことの他の目的は空調機の温度制御を安定させることである．

7) 熱源機本体制御

熱源機は出口温度を一定とするために，または機器を保護するために，機種毎に異なる容量制御機能を内蔵している．容量制御は出口温度または入口温度により行われる．

8) 送水温度設定変更制御

冷凍機の運転効率を向上させるために軽負荷時は冷凍機出口温度の温度設定を上昇させる．

9) 本体および補機間シーケンス制御

熱源機本体と補機（冷水ポンプ・冷却水ポンプ・冷却塔等）間は本体保護のため連動・インターロック制御を行う．

(2) 複式ポンプシステム

複式ポンプシステムの熱源における一般的な制御フローを図11.22に示す．

(a) 熱源機台数制御

複式ポンプシステムでは熱源機の台数制御は基本的に負荷熱量により行う．負荷熱量は送水温度と還水温度（二次側）との温度差に流量を乗じて求める．ただし，熱源機の能力は外気条件や，メンテナンスの状態により変動する．この変動分は定格能力のみを基準とした台数制御では補償できない．対策として，送水温度・機器入口温度を補償要素として用いるのが一般的である．冷凍機の場合であれば，実能力が不足し，送水温度が所定条件を越える場合には冷凍機を追加運転し，実能力が過剰で入口温度が運転効率を悪化させたり，保護回路が作動するほどに低下する前に1台停止することで能力変動を補正する．

また，流量により台数決定を行い送水・機器入口温度により台数補正を行う場合もある．熱量による台数制御と比較し送水温度を確保しやすい利点があるが省エネルギにはなりにくい．

(b) 二次ポンプ台数制御

二次ポンプ台数制御は一般的に流量により行う．ポンプ台数が少ない場合には，吐

11.5 熱源回りの制御

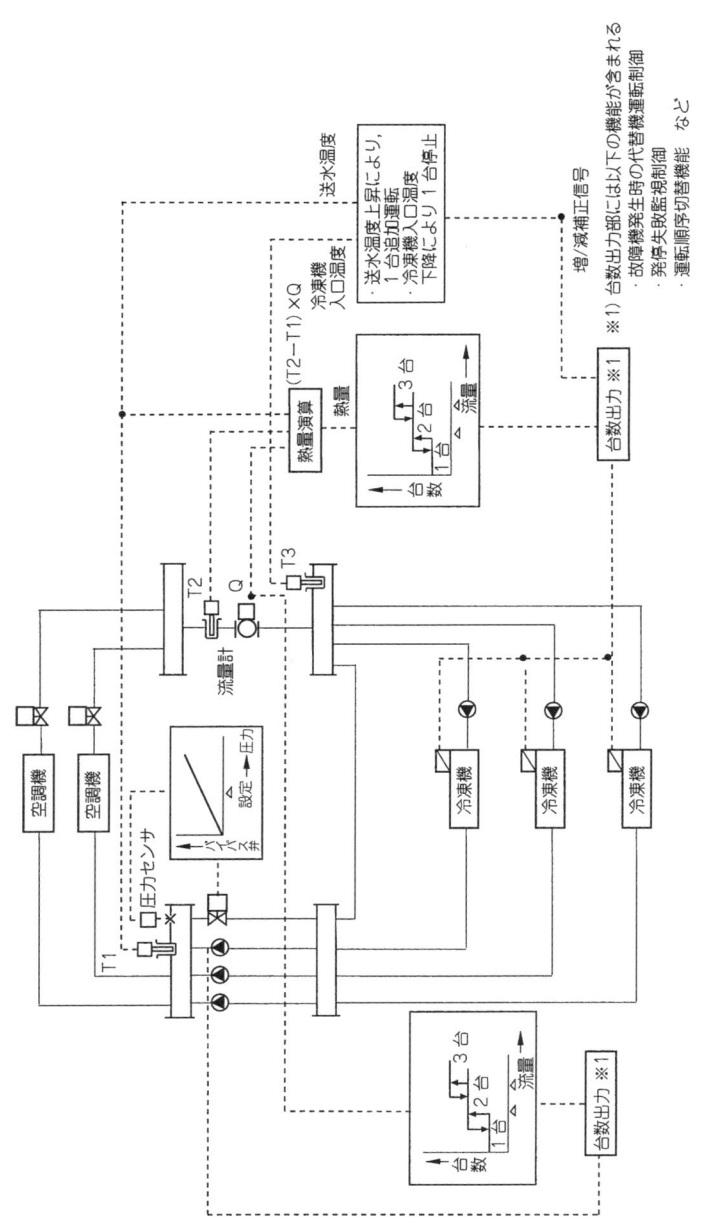

図 11.22 複式ポンプシステムの一般的な制御フロー

i) バイパス弁による圧力制御

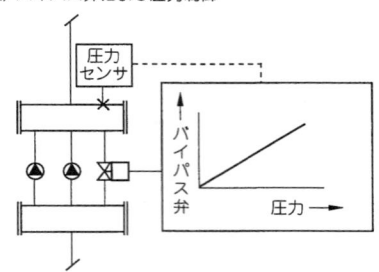

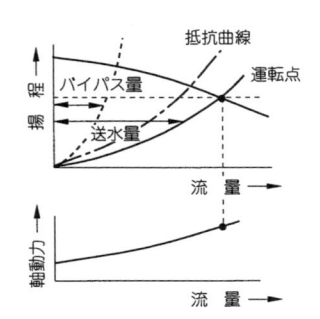

ii) インバータによる圧力制御

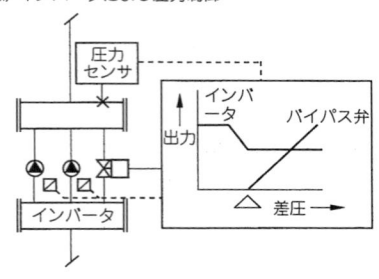

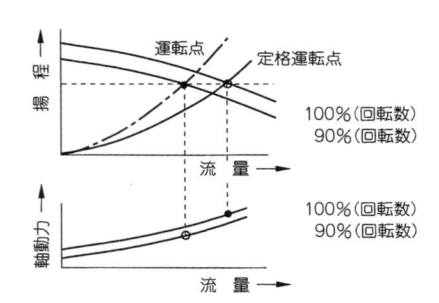

iii) インバータによる圧力制御（末端差圧）

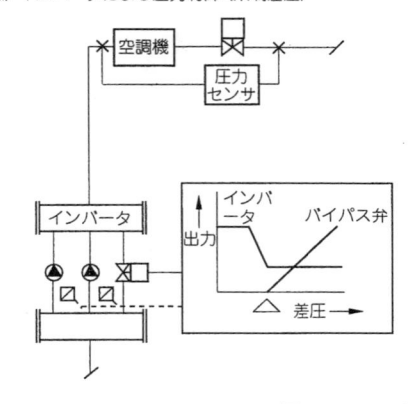

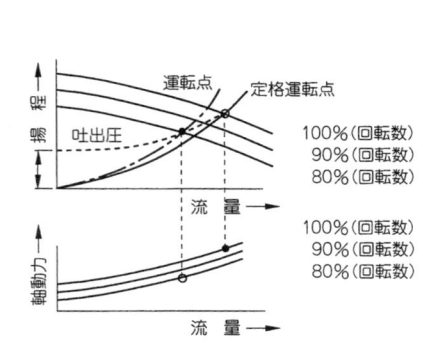

図 11.23　二次ポンプ制御の例

出圧によるポンプ台数制御も可能である．
　（c）　二次ポンプ吐出圧制御
　二次ポンプ吐出圧を計測し，バイパス弁によりポンプ吐出圧一定制御を行う．空調

機の二方弁が閉まれば，流量が少なくなり圧力が上昇するので，この圧力上昇分を検知し圧力が一定値となるまでバイパス弁を開方向に操作する．圧力を一定にすることで空調機の温度制御を安定させることを目的とする．

省エネルギのために，インバータを設置しポンプ回転数による吐出圧制御を行う場合も多い．その場合には配管末端の空調機入口と制御弁出口の差圧による制御を行うと更に大きな省エネルギ効果が得られる（図11.23参照）．

（d） その他制御

熱源機台数制御に付属する制御機能・熱源機本体制御・本体および補機間シーケンス制御等は単式ポンプシステムと同等である．

11.5.2　開放式配管における熱源群制御

開放式配管システムと密閉式配管システムとを比較した際の特徴は，安価な夜間電力の有効利用が可能であり，停電時等非常時の対応が容易な点にある．これら特徴を生かすために密閉式配管の熱源群とは制御方法が異なる．

開放式配管システムは大きく一次側（熱源機側）制御と二次側（空調機側）制御に分けられる．

（1） 一次側（熱源機側）制御

開放式配管システムの一次側制御の一例を図11.24に示す．

（a） 蓄熱状態による熱源機台数制御

蓄熱槽内に，温度分布にあわせて温度検出器を設置し，蓄熱状態をモニターする．この蓄熱状態により熱源機の台数制御を行う．また，時間帯毎に制御方法や蓄熱状態の目標値を変更する．これらの制御は以下の項目を目的として実行される．また，これらの目的を満たすために空調負荷予測機能を追加する場合もある．

1) 夜間の電力料金割引時間帯に必要十分な熱量を蓄熱する．
2) 空調機への送水温度を確保する．
3) 夜間の電力割引時間の開始時刻には残蓄熱量を0にする（夜間電力の利用率を増やすため）．
4) 高効率運転とするために，可能な限り連続運転する．
5) 停電中に空調が必要な建物においては停電中に必要な熱量分を最低蓄熱量として保持する．

（b） 熱源機台数制御に付属する制御機能

故障機代替運転制御・運転順序切り替え機能・効果待ち制御・順次起動制御は単式ポンプシステムの制御内容と同様である．

（c） 熱源出入口温度制御

空調機への送水温度を一定とし，蓄熱槽内の温度分布を保つことで，槽の運用効率を高めるために，一般的に熱源機の出口温度により入口三方弁の制御を行う．ただし，熱源機器の本体容量制御が出口温度で行われる場合には，三方弁による制御と容

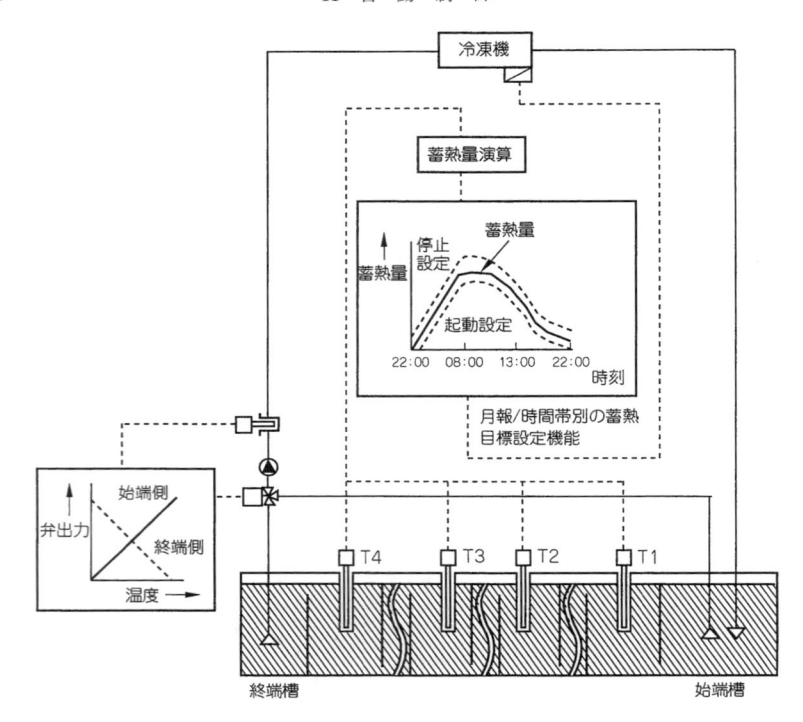

図 11.24　開放式配管システムの一次側制御の例

量制御が干渉しあい制御が不安定となるため三方弁制御は入口温度により行う．また，ポンプサクション側の抵抗を減らしたい場合には，出口側で分流制御を行う場合もある．この場合には温度制御を安定させるために，終端槽に戻す冷温水が槽内の冷温水と混合しやすいような設備上の対策が必要である．

　(d)　その他制御項目
　1)　還り管圧力保持制御（落水防止制御）
　熱源機器が蓄熱槽に比較して高所に設置される場合には，落水によるポンプ停止中の配管腐食防止・ポンプ運転中の配管振動防止のために，圧力保持制御弁を還り管の蓄熱槽近辺に設置し，圧力制御弁入口の圧力を保持する．高層ビルにおいてはポンプの運転との連動を考慮した計装を行う．
　2)　二次側熱量による熱源機台数制御
　蓄熱槽容量が小さく，用途が非常時対応のみの場合には，密閉式配管と同様に二次側熱量で熱源機の台数制御を行うこともある．その際には蓄熱槽内の温度により熱源機の追加運転制御も行う．

11.5 熱源回りの制御

（2） 二次側（空調機側）制御

開放式配管システムの二次側制御の一般的な制御フローを図11.25に示す．

（a） 二次ポンプ台数制御

複式ポンプシステムの二次ポンプ台数制御と同様である．

（b） 二次ポンプ吐出圧制御

複式ポンプシステムの二次ポンプ吐出圧制御と同様である．ただし，開放式配管システムに使用されるポンプは電源容量が大きく，インバータ容量も大きくなり，インバータでの省エネルギによる投資回収が難しくなるため，インバータを使用した吐出圧制御を行うことは少ない．

（c） 還り管圧力制御（落水防止制御）

一次側制御と同様である．

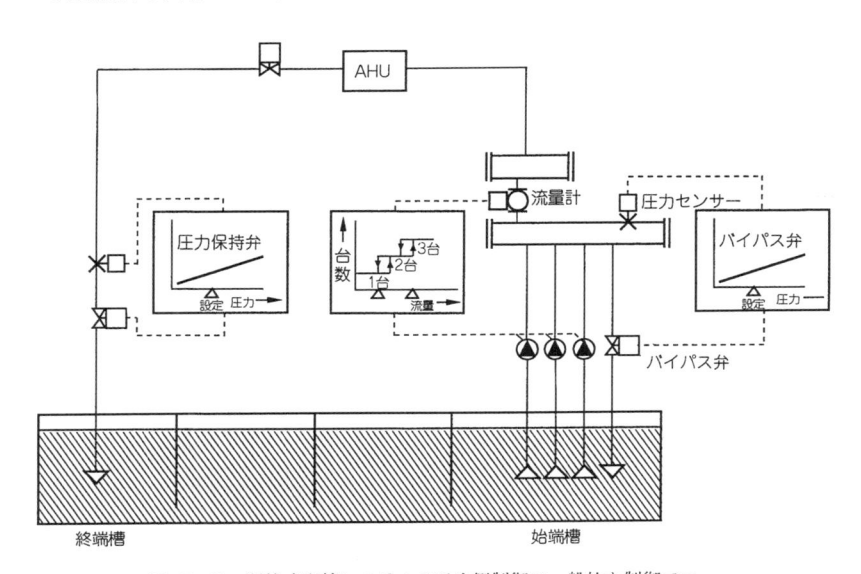

図 11.25　開放式配管システムの二次側制御の一般的な制御フロー

11.5.3　その他の熱源制御

（1） 冷　却　塔

冷却塔の一般的な制御フローを図11.26に示す．

（a） 冷却塔出口温度制御

冷却塔出口の冷却水温度により冷却塔ファンの発停制御を行う．ファンを停止しても冷却水温度が設定値まで上昇しない場合には，冷却塔にバイパス管路を組み冷凍機入口温度によりバイパス水量を制御する．一般的には冷却水量を一定に保つために冷却塔出口に混合型三方弁を設置し，バイパス水量を制御することが多い．

(b) 凍結防止制御

冷却塔下部水槽の凍結を防止するため，槽内水温によりヒータの二位置制御を行う．ただし，空だき防止のために水位のレベルを検知し，低水位の場合にはヒータの動作を防止する．

(c) その他制御項目

1) 冷却水水質制御

冷却水の導電率により，強制的に補給水を導入し水質を改善する場合もある．ただし，一般的には薬液による水質管理が行われる．

2) インターロック

一般的にインターロックは冷凍機側盤により行われる．冷凍機本体停止時は冷却水ポンプ，冷却塔ファンは停止する．また，冷却水ポンプ故障停止時は冷凍機本体も停止する．

(2) 熱交換器

熱交換器の一般的な制御フローを図11.27に示す．図11.27は水―水熱交換器の場合を示す．

(a) 送水温度制御

熱交換器二次側の送水温度により熱交換器一次側の制御弁を操作する．

(b) その他制御項目

1) インターロック

一次側ポンプ・二次側ポンプは連動とし，またポンプ停止時には制御弁を全閉とする．

(3) 貯湯槽

貯湯槽の一般的な制御フローを図11.28に示す．

(a) 槽内温度制御

槽内温度により一次側の蒸気制御弁を操作する．

(b) 槽内上限温度リミット制御

温度分布，制御系異常等により送水温度が高温となることを防止するため，槽内上

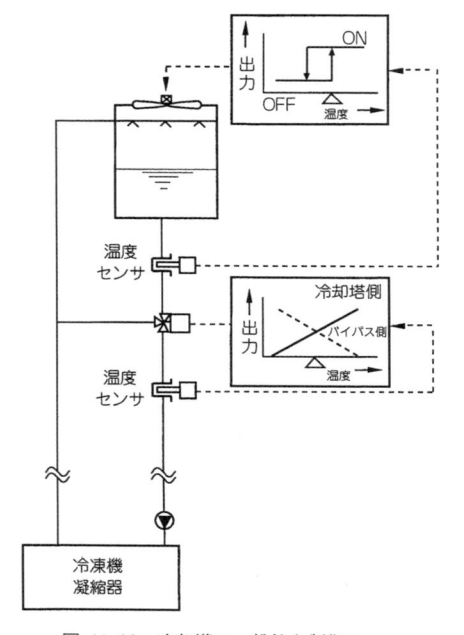

図 11.26 冷却塔の一般的な制御フロー

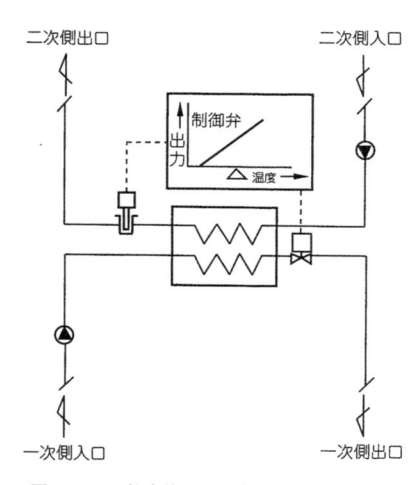

図 11.27 熱交換器の一般的な制御フロー

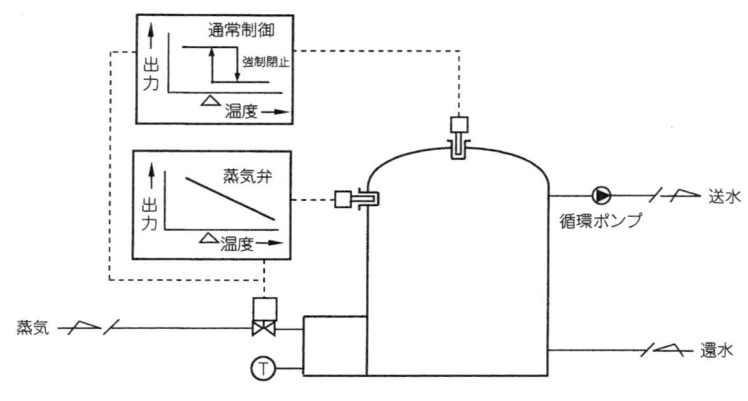

図 11.28 貯湯槽の一般的な制御フロー

部に温度検出器を設置し，上限値を超えたときに蒸気制御弁を強制的に閉止する．
（c）その他制御項目
1）インターロック
二次側ポンプ停止時には制御弁を全閉とする．

11.6 監視制御

11.6.1 監視制御システムの構成

監視制御システムでは中央管理制御（セントラル制御）が実施される．すなわち，ローカルユニットにおける空調機回りや熱源回りの個別制御（単一ループ制御）や装置回りの制御（マルチループ制御）を統合して制御・監視・操作・管理する機能をもつ．多くの場合，中央管理室（あるいは，防災センタ）に設置され，建物管理者が建物の運用管理を行う際に使用するため，CRT 表示やプリンタ出力などのユーザインターフェイスが重要となる．

また，近年の傾向として，空調，熱源，衛生，受変電から照明，昇降機，自火報・防排煙設備，出入管理・侵入監視のセキュリティ設備にいたるまで，様々な建築設備の管理の統合化，あるいは，OA 機器やテレコミュニケーションとの機能の統合化，さらに，ファシリティマネジメントや建物経営支援システムとの統合化というように，監視制御システムの概念が広がりつつあるが，本項においては，空調設備にかかわるものに限定して解説する．

監視制御システムにおける代表的な機能構成を表11.9に示す．
（1）制御機能
年間カレンダや日スケジュールに応じて空調機回りや熱源回りの個別制御・装置回りの制御を実施する機能，火災時や停電時に個別の制御を管理する機能，快適環境お

表 11.9 監視制御システムの代表的な機能構成

記号	名　　称	機　　能
CPU	演算装置	制御・監視・管理機能の演算装置
CRT	表示装置	制御・監視・管理機能における表示装置
KB	キーボード	操作機能における入力装置
MS	マウス	操作機能における入力装置
MPR	表示用プリンタ	自動記録や操作記録における出力装置
LPR	記録用プリンタ	日報や月報などの管理データの出力装置
HDD	記憶媒体（オンライン）	OSやシステムプログラム，D/Bの記憶媒体
FDD	記憶媒体（オフライン）	オフライン用の入出力媒体

よび省エネルギーを目的としてローカルユニットにおける個別の制御を統合して制御する機能などがあげられる．

（2） 監視・操作機能

監視制御システムにおける統合化制御や空調機回りや熱源回りの個別制御の状態を監視し，必要に応じて建物管理者が操作する機能である．

（3） 管　理　機　能

個別の制御や統合化制御における状態や操作の履歴などをデータベースとして保存したりCRT表示やプリンタ出力する機能，建物管理者が建物を運用管理する際の支援機能，建物使用者が建物を利用する際に利便性を提供する機能などがあげられる．

監視制御システムにおける代表的なシステム構成を図11.29に示す．

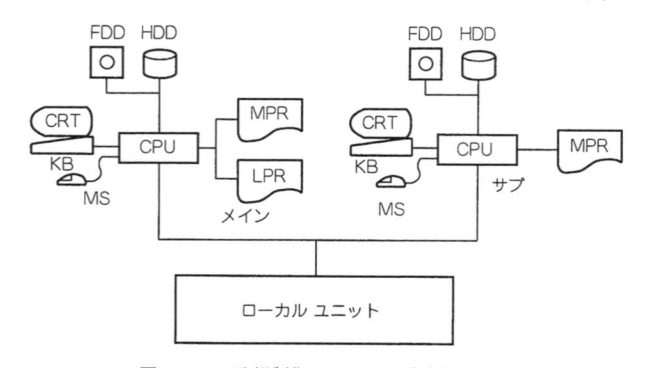

図 11.29 監視制御システムの代表的な構成

11.6.2 制　御　機　能

ここでは，11.4 空調機回りの制御，11.5 熱源回りの制御で記述したような，個々に独立したローカルユニットによる個別制御でなく，複数の制御を連動や協調させるもの，あるいは，時刻や季節の概念で制御するものなど，統合化制御や管理について記述する．

（1）制御機能
（a）スケジュール運転制御
平日や休日毎に設備機器の運転スケジュールを設定することで自動的に機器の起動，停止を行う．これにより，手動で個々の機器を個別に遠隔発停操作する場合に比べ，建物管理者の大幅な省力となる．

（b）スケジュール設定制御
年間カレンダや日スケジュールに従い，温湿度設定などを自動的に設定変更する．これにより，室温設定の年間リズミング（例えば，夏期冷房時の設定を高く，冬期暖房時の設定を低くする）などの時刻や季節の概念を取り入れた制御が実現できる．

（c）火災時制御
火災発生時に当該空調機の強制停止や，加圧排煙システムの場合は上下階の空調機の加圧運転などの連動制御を行う．あるいは，消防署への自動通報や館内放送による避難誘導なども自動的に実現でき，建物としての安全性が確保される．

（d）停復電時制御
停電発生時に自家発電機の起動，その発電容量に見合った電力負荷の投入，遮断制御，さらに，復電時には自家発電機の停止や停電発生時状態への復帰などを行う．これより，停電時および復電時の自動的な対応が可能となる．

（2）省エネルギ制御機能
（a）最適起動・停止制御（図11.30）
部屋の使用時間帯に室内環境が確保されるよう最適な時刻に空調機の起動，停止を行うもので，できる限り遅く空調機を起動させ，できる限り早く停止させることで，省エネルギを図るものである．停止の際は，部屋の使用終了時刻において室内環境が設定範囲内に確保されていればよいので，終了時刻より早い時刻に空調機を停止できることになる．また，室内温度の上昇あるいは下降スピードの実績値を学習することで，予測の精度をより高くすることも可能である．

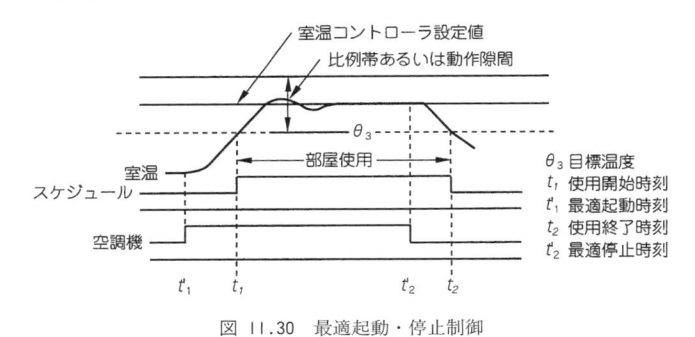

図 11.30 最適起動・停止制御

θ_3 目標温度
t_1 使用開始時刻
t'_1 最適起動時刻
t_2 使用終了時刻
t'_2 最適停止時刻

（b）節電間欠運転制御（図11.31）
室内環境が快適となる範囲内で空調機などの間欠運転を行う．機器の運転時間およ

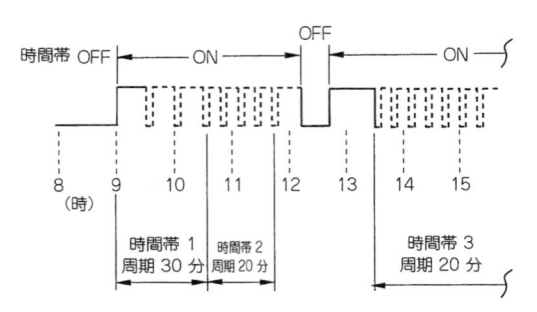

図 11.31 節電間欠運転制御

び停止時間は室内環境が設定の範囲内となるように調整され，複数の機器がある場合は動力負荷が均一となるように台数制御される．これより，省エネルギが図られるとともに，使用動力の平滑化も可能となる．

（c） 電力デマンド制御

建物の契約電力量を超過しないように負荷の投入，遮断制御を行う．電力会社とのデマンド契約に基づき，30分をインターバルとして，インターバル終了時の電力量を予測する．予測電力量が契約量を超過しないように，あらかじめ登録された設備機器の容量から負荷の遮断のレベルや台数を算出する．これより，倉庫群の換気ファンや共用部のパッケージを停止したり，空調機の室温設定温度を変更することで，電力量を低減し，契約電力量の超過による違約を防止できる．

11.6.3 監視・操作機能

空気調和に関わる機器の運転状態や室内環境状態などを常時監視し，CRT 画面上や表示パネル上に表示したり，重要な情報についてはプリンタへの印字やブザーを鳴動させる．これより，主に建物管理者が空気調和の運転状況の確認を行い，この時，何らかの不具合や修正が必要な場合は，マウスやタッチパネル，キーボードなどを用いて，発停や設定変更などの操作をする．表11.10に，空調・熱源の制御，監視・操作・管理項目の一例を示す．

（1） 監 視 機 能

（a） 状態監視

室内環境や設備機器運転状態に関わる監視を常時行い，建物管理者のリクエストに応じて，その結果をCRT画面に表示する．重要な監視点については表示パネル上で常時表示することも可能である．また，プリンタに日付，時刻，運転状態などを印字したり，ハードディスクにデータベースとして蓄えることで，後からデータとして活用することも可能となる．

（b） 警報監視

室内環境や設備機器などの制御状態の異常を検出し，警報発生と同時に，CRT画

11.6 監視制御

表 11.10 空調・熱源の制御，監視・操作・管理項目の例

監視制御システム（空調・熱源制御にかかわる機能）		
制 御 機 能	監 視・操 作 機 能	管 理 機 能
(1) 制御機能 　① スケジュール運転機能 　② スケジュール設定機能 　③ 火災時制御 　④ 停復電時制御 (2) 省エネルギ制御機能 　① 最適起動・停止制御 　② 節電間欠運転制御 　③ 電力デマンド制御 　④ 力率改善制御 ローカルユニット 　空調機温湿度制御 　熱源台数制御　など	(1) 監視機能 　① 状態監視 　② 警報監視 　③ 発停監視 　④ 運転時間・回数監視 　⑤ 計測値上下限・偏差監視 (2) 操作機能 　① 遠隔発停操作 　② 遠隔設定操作	(1) データ管理機能 　① 日報・月報 　② 自動記録 　③ 操作記録 　④ グラフ表示 　⑤ データ保存 (2) 建物管理者支援機能 　① 機器台帳管理 　② 保全作業管理 　③ エネルギ管理 　④ 集中検針 (3) 建物使用者支援機能 　① 室内環境設定 　② 時間外空調運転 　③ 建物情報表示

面の強制表示，ブザー鳴動，プリンタの印字などにより，建物管理者の注意を喚起する．また，火災などの重要警報についてはオペレータ支援のガイダンスを合わせて表示することで，適切な行動を促す．

（c） 発停監視

設備機器への発停出力後，機器運転状態の確認を行い，発停指令と機器状態の不一致がある場合，発停失敗の警報を出力する．これより，発停失敗によるトラブル発生を未然に防止することができる．

（d） 運転時間・回数監視

設備機器毎の稼働時間や発停回数を積算し，一定時間や回数を越えた場合，警報出力などで対処する．また，メンテナンス時には稼動時間や発停回数を目安として，部品交換などを実施できる．

（e） 計測値上下限・偏差監視

計測値の上限・下限値，あるいは，設定値に対する偏差値を常時監視し，設定範囲を逸脱した場合，警報出力などで対処する．これより，制御や機器の不具合などを事前に察知し，居住者のクレームや機器故障を防止することも可能となる．

（2） 操 作 機 能

（a） 遠隔発停操作

CRT 画面や表示パネル上の手動操作により，設備機器あるいは機器群の発停操作を行う．発停監視や状態監視機能と合わせて用いることで，手動の熱源台数制御や電力デマンド制御などの建築設備の最適運転を支援できる．

（b） 遠隔設定操作

CRT 画面や表示パネル上の手動操作により，温湿度設定や省エネルギ制御のパラ

メータなどを遠隔で設定操作する．計測値上下限・偏差監視機能などと合わせて用いることで，過度な温湿度設定を防止することも可能となる．

11.6.4 管理機能

監視制御システムがもつ室内環境や機器運転状態のデータを有効に活用することで，建物管理者の運転支援を行うことができる．また，ファシリティマネジメントやユーザーサービス機能を管理機能として提供することもできる．

（１）　データ管理機能
（ａ）　日報・月報
室内温湿度や使用電力量などの時刻データ（日報）や日データ（月報）を一覧で表示あるいは印字する機能であり，日報・月報は設備機器の運転記録として保存される．

（ｂ）　自動記録
警報発生，正常復帰，状態変化などの自動記録，印字を行う．これより，状態変化時に建物管理者の注意を喚起したり，メンテナンス時や不具合発生時に機器履歴として活用する．

（ｃ）　操作記録
動力の発停などの遠隔発停操作や，温湿度設定変更などの遠隔設定操作の履歴を自動記録，印字することで操作履歴として活用することもできる．

（ｄ）　グラフ表示
時系列データの折れ線グラフや積算値の棒グラフなどの表示，印字をする機能である．これより，室内環境の一日のトレンドや月別使用電力量の昨年度比較などができる．また，それらを活用して，制御性の確認や，省エネルギの評価が可能となる．

（ｅ）　データ保存
データベースとして，ハードディスクやフロッピーディスク等への保存を行う．後から，データベースを活用することで，快適環境や省エネルギの解析，評価が可能となる．

（２）　建物管理者支援機能
（ａ）　機器台帳管理
設備機器の仕様，メーカ，購入年月などをデータベース化することで，従来，台帳で管理されていたもののペーパーレス化ができ，台帳データの追加，修正，検索などが，容易に実現できる．

（ｂ）　保全作業管理
作業項目や担当者などのスケジュールへの展開や，予定と実績のチェックなどの保全作業のスケジュール管理を行う．

（ｃ）　エネルギ管理
電力，ガス，水などの使用量や機器効率などを，データ保存やグラフ表示機能を活

用して，エネルギ管理機能として実現する．これにより，省エネルギ運転の状況確認
や，不具合時の原因追求，さらには，改善手法の検討が可能となる．
　（d）　集中検針
　電力，ガス，水メータなどの自動検針を行い，必要に応じてテナントへの請求書発
行業務までサポートする．これにより，従来の目視での検針，手計算，手書きの請求書
といった作業に比べ，格段に省力となる．
　（3）　建物使用者支援機能
　（a）　室内環境設定
　使用者用端末を用いた温湿度設定などにより，居住者の好みの環境が実現できる．
　（b）　時間外空調運転
　使用者用端末を用いた時間外空調運転操作により，空調機器の運転スケジュールを
変更することで時間外の室内快適環境を確保できる．また，時間外空調運転時間を積
算することで，テナントへの料金徴収データとして活用できる．
　（c）　建物情報表示
　室内環境や外気環境，施設予約状況などの表示を行うことで，建物使用者の利便性
を向上させることができる．

11.7　自動制御に使われる用語

　（1）　一　般　用　語
　制　御（control）：ある目的に適合するように，対象となっているものに必要な操
作を加えること．
　制御系（control system）：制御対象，制御装置などの系統的組合せ．室温制御を
例にとれば室内空間，ダクト，空調機，手動弁，風量調整ダンパ，計装システムな
ど，ある目的に関係するものの組合せの総称．
　自動制御系（automatic control system）：制御が自動的に行われる制御系．
　定値制御（fixed command control）：目標値が一定の自動制御．この時の目標値
のことを設定値という．
　追値制御（follow-up control）：目標値が変化する自動制御．例としては配管系の
流量/管路抵抗特性に合わせて，ポンプの吐出圧力制御の目標値が可変される制御が
上げられる．カスケード制御，プログラム制御，比率制御などの総称．
　カスケード制御（cascade control）：フィードバック制御系において，一つの制御
ループの出力信号によって他の制御ループの目標値を変化させて行う制御．例として
は，ダクトの長い空調システムなどはプロセスの特性が大きな遅れを持つため，室温
で直接冷水コイルのバルブを制御すると，制御系が安定しにくくなるため，比較的応
答の早い空調機の給気温度を制御し，このループの目標値を室内温度を制御するルー
プで動かす場合などがある．

プログラム制御（program control）：目標値があらかじめ定められた時間的変化をする場合の追値制御．蓄熱槽の蓄熱目標がピークカット時間，残業時間，空調開始時間などに合わせて変更される場合などが代表的．

比率制御（ratio control）：目標値がある他の量と一定の比例関係をもつ制御方式で，蒸気ボイラーの液面位を一定にする場合，蒸気発生量と比例させて給水する流量の目標値を変化させる制御などがある．

シーケンス制御（sequence control）：あらかじめ定められた順序に従って制御の各段階を逐次進めていく制御．（シーケンス制御では次の段階で行うべき制御動作があらかじめ定められていて，前段階における制御動作を完了したのち，または動作後一定時間を経過したのちに次の動作に移行する場合や，制御結果に応じて次に行うべき動作と選定して次の段階に移行する場合などが組み合わさっていることが多い．）冷凍機と冷却水ポンプ，冷水ポンプの起動，停止時の連動や空調機，排気ファン，外気ダンパなどの連動が代表的である．空調機制御の外気冷房時には外気ダンパが全開にならないと冷水弁制御は行わない，冷房中には加湿を行わない，除湿時以外は冷水弁温水弁は同時に制御しない等の制御ループ間での相互干渉防止や必要な制御ループの選択といった条件設定も含まれ，このような動作の禁止を行うものを特にインターロック制御と呼ぶ．

DDC制御（direct digital control）：計算機を利用して多数の制御ループを直接制御する方式．建築設備の分野では中央に集中型のコンピュータを設置して行うものをセントラルDDC方式（data center control system）という．また，近年はマイクロコンピュータの実用化と危険分散を目的として比較的小さな単位で制御装置を分散させ，中央のコンピュータは全体的な制御，制御装置間の連携制御などを分担する分散型DDC方式（distributed control system）が主流になっている．この分散された制御装置をDDC（direct digital controller）という．

サンプリング制御（sampling control）：制御系の一部にサンプリングによって得られた間欠的な信号を用いる制御．DDC制御は基本的にこの方式に相当し，制御量を計測する間隔をサンプリング周期という．

プロセス制御（process control）：工業用プロセスの状態に関する諸量，例えば温度，圧力，流量組成などの制御．

最適制御（optimum control）：制御対象の状態を自動的にある所要の最適状態にしようとする制御．（制御状態あるいは制御結果を与えられた基準によって評価し，その評価成績をもっとも良くしつつ，制御の目的を達成させようとする制御方式の総称．制御系のおかれた環境が変化し，制御系の特性が変化しようとする場合，それらの変化に応じて制御装置の特性を，ある所要の条件を満たすように変化させる制御を適応制御という．適応制御も最適状態をめざす点で最適制御であるといえる．）

自力制御（self operated control）：操作部を動かすのに必要なエネルギが，補助エネルギ源から得ず，制御対象から直接に得て行う制御方式．

11.7 自動制御に使われる用語

他力制御（power actuated control）：操作部を動かすのに必要なエネルギが，補助エネルギ源から与えられる制御方式．

フィードバック（feedback）：制御系の要素または要素の集まりの出力信号をその入力信号に戻すこと．

フィードバック制御（feedback control）：フィードバックによって制御量を目標値と比較し，それらを一致させるように訂正動作を行う制御で閉ループ制御ともいう．

フィードフォワード制御（feedforward control）：外乱の情報などの制御量に関するある要素によって，その影響が制御系に現れる前に必要な訂正動作を行う制御で，フィードバック制御のように制御結果を直接目標値と比較するようなフィードバックを持たない．

ブロック線図（block diagram）：自動制御系の特性を表現する手法で，信号の入力から信号の変換，制御量の判断，出力などを表すもの．

建築設備の計装システムを表現する手法としては，一般的に使用される計器をシンボル化し，信号の流れを点線で接続する計装図として利用される．

静特性・動特性（static characteristic, dynamic characteristic）：制御系において，関連する状態量（制御量，操作量，目標値，外乱）がすべて一定の平衡状態であるとき，それらの関係が示すプロセス特性を静特性という．これに対し，ある状態量が時間的に変化し，それが他の状態量に影響を及ぼす過渡的関係をプロセス特性の動特性という．

（2） 自動制御系の信号と構成に使われる用語

目標値（desired value）：希望する制御量の値で，図 11.3 では室内の温度を 25°C に保ちたいとすれば，25°C が目標値となる．定値制御では設定値ともいう．

操作量（manipulated variable）：制御量を支配するために制御装置が制御対象に与える量．図 11.3 では電動弁のモータの回転量．

制御量（controlled variable）：制御対象の量で，測定され制御されるもの．図 11.3 では室内温度．また，操作量に対する制御量の変化量の比をプロセスゲインという．空気調和の制御系には，冷水コイル制御と温水コイル制御のようにプロセスゲインの異なる装置が組み合わさっているため，自動制御系の制御変数（パラメータ）も動作条件に合わせて個々に設定されることが望ましい．

外乱（disturbance）：制御系の状態を変えようとする外的作用．図 11.3 では他に蒸気の圧力変動も含まれる．

制御対象（controlled process）：物体，プロセス，機械などにおいて制御の対象となる部分（制御対象は外見的には物体，プロセス，機械までの部分のこともあれば，それ全体のこともある.）

制御装置（control device）：制御量を目標値と一致させるように，制御対象に操作

を加える装置．

検出部（primary means）：制御量を検出し，基準入力（設定値）と比較し得るようにする部分．

調節部（controlling means）：基準入力と検出部出力との差（動作信号）により操作部へ信号を送り出す部分．

操作部（final control element）：調節部からの信号を操作量に変え，制御対象に働きかける部分．

（3） 制御系の特性に使われる用語

応　答（response）：制御系またはその要素の入力の変化に応ずる出力の時間的変化のありさま．

ステップ応答（step response）：操作量がある一定の値から他の一定の値に瞬間的に変化した時の応答．（自動制御系の動特性を知るには目標値変更および外乱を入力信号とし，制御量を出力信号としてその応答をみればよい．）

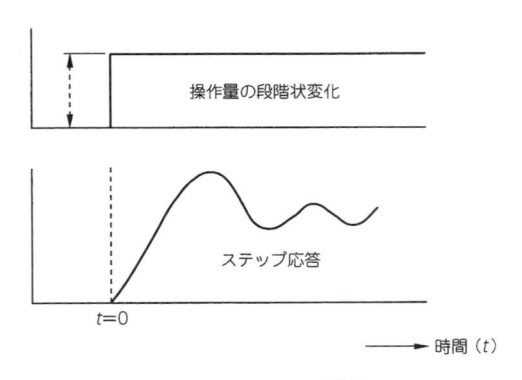

図 11.32　ステップ応答

応答時間（response time）：ステップ応答において，出力信号が最終値からの特定範囲におさまる時間．

過渡応答（transient response）：入力がある定常状態から他の状態に変化したとき，出力が定常状態に達するまでの応答．

制御偏差（error）：制御量から目標値を引いた値．

過渡偏差（transient deviation）：入力の変化があった後の過渡状態における制御差．（ステップ応答の制御偏差が過渡偏差の典型的なもの．）

行き過ぎ量（overshoot）：階段状入力信号に対し制御量が目標値を越えた後，最初にとる過渡偏差の極値．

整定時間（setting time）：自動制御系のステップ応答において制御量が最終値からの特定範囲におさまるまでの時間．

残留偏差（offset）：定常状態に落ちついた後に残る制御偏差，自動制御系の定位

性による残留偏差をオフセットという．単純な比例制御では発生しやすく，空調機の給気温度制御などの制御系で見られる．

サイクリング（cycling）：制御量が周期的に変化する状態．この状態が好ましくないサイクリングをハンチング（乱調）という．ON・OFF 制御では特に周期的な変動が生ずる．

遅れ（lag）：入力信号の変化に対して出力信号の変化がただちに伴わない現象．

1 次遅れ（first order lag）：ステップ応答が単一の指数関数状変化を示す系の遅れ．（1 次遅れの小さい系には，サンプリング周期の短い制御が必要となる．）

高次遅れ（time lag of higher order）：ステップ応答が減衰振動状もしくは，過制振の状態になる系の遅れ．

時定数（time constant）：一時の遅れ系のステップ応答において，出力信号変化が定常最終値の 63.2% に達する時間．空調設備のプロセスでは制御系全体を一次遅れ

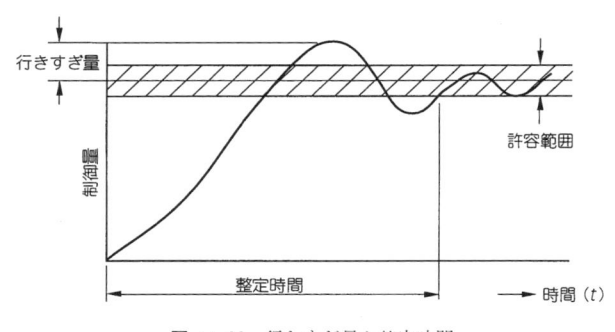

図 11.33 行きすぎ量と整定時間

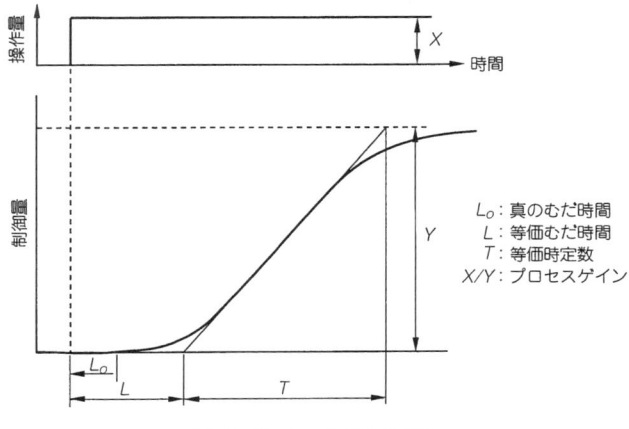

L_0：真のむだ時間
L：等価むだ時間
T：等価時定数
X/Y：プロセスゲイン

図 11.34 むだ時間と時定数

系に近似させた等価時定数のことを示す.

むだ時間（dead time）：操作量が変化してから制御量の変化が認められるまでに経過する時間.

引用文献

1) 日本計装工業会：計装工事マニュアル（建築物編）
2) 中原信生：詳解ビル建築設備の省エネルギー，省エネルギーセンター

12 省エネルギ計画

12.1 エネルギ消費

12.1.1 総　説

　1973年，1979年に生じた第一次・第二次オイルショックは省エネルギの大切さを改めて認識させた．それを契機に建築や空調の分野でも革新的な省エネルギ手法の研究・開発が推進され，現実の建物に適用されてきた．法的にも「エネルギの合理的使用に関する法律」（以下，省エネルギ法）などが制定され，PALやCECが整備されるに至った．

　最近では地球環境問題や都市環境問題がクローズアップされている．特に地球温暖化や都市のヒートアイランド化が深刻な問題となっている．しかも，建築物がこれらの環境問題に大きく影響しているとの認識が高まり，現状では建築物の影響が次のように推定されている．

（a）わが国の化石エネルギ消費の約30%は建築分野から（図12.1）
（b）わが国の温室効果ガス発生量の約30%は建築分野から（図12.2）
（c）東京23区部の人工排熱量の50%は建築分野から（図12.3）

　建築分野に起因するこれらの影響のほとんどは建築における化石エネルギ消費に由来すると考えられている．ここに，持続可能な社会に向けて建築における省エネルギがますますその重要度を増している．このような事態を踏まえて，政府は省エネルギ法を改正し，2002年にはPALやCECの規制強化を図った．

　地球温暖化に対しては気候変動枠組条約締結国会議（地球温暖化防止京都会議，COP 3）が1997年に開催され，京都議定書として，温室効果ガスの削減目標量が採択された．わが国は1990年の温室効果ガス排出量を2010年には6%減じることを国際的に公約した形になっている．しかしながら，2005年現在，わが国全体では基準年の1990年に比べて約12%増が認められる状況に至っている．特に，業務用建築で

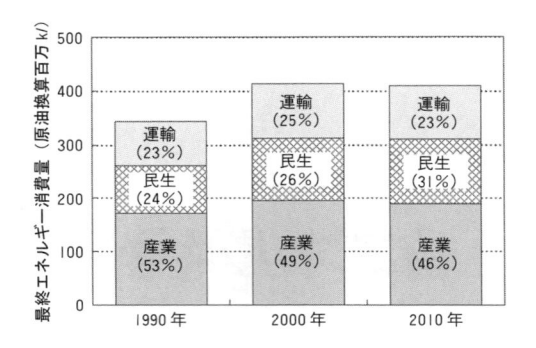

図 12.1 わが国の一次エネルギ消費構成[1]
(出典：エネルギー白書2005（2005.05発行）)

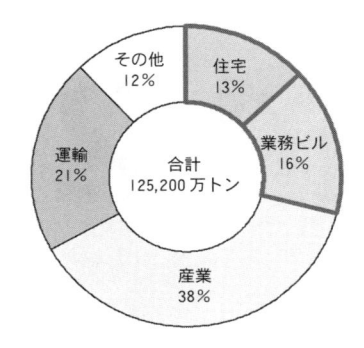

図 12.2 わが国のCO_2排出量構成（2004年）[2]
(出典：我が国の温室効果ガス排出量，環境省，2005.10)

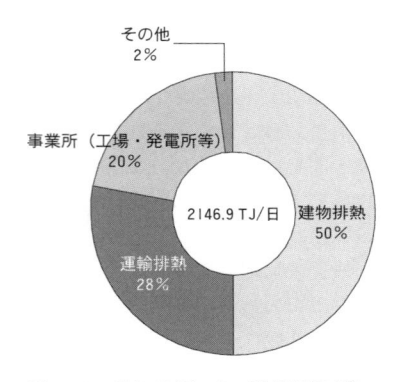

図 12.3 東京23区の人工排熱量構成[3]
(出典：国土交通省・環境省：都市における人工排熱抑制によるヒートアイランド対策調査報告書2004年3月)

は約42％の増と推定され突出した伸びを示し，この分野での対応が最重要課題として認識されている．

12.1.2 エネルギ消費の種別

（1）二次エネルギ消費

建築で消費される電気，都市ガス，LPG，灯油，重油などのエネルギ消費をいう．発電や送電，燃料の輸送などに要するエネルギ消費は含まれない．

（2）一次エネルギ消費

建築で消費されるエネルギ消費を評価するには，発電・送電・輸送などのプロセスをも考慮に入れて評価しなければならない．これらのプロセスを含むエネルギ消費を一次エネルギ消費という．「エネルギの合理的使用に関する法律」では，二次エネルギの一次エネルギへの換算率を表12.1のように定めている．

表 12.1 一次エネルギへの換算率[4]

エネルギ種	一次エネルギ換算値	備考
重油	39.1 GJ/kl	高位発熱量
灯油	36.7 GJ/kl	高位発熱量
液化石油ガス	50.2 GJ/t	高位発熱量
電気	9.97 GJ/千kWh	昼間買電（一般電気事業者）
都市ガス	46.1 GJ/m^3	高位発熱量，13号天然ガス

（財）省エネルギーセンターホームページより

12.1 エネルギ消費

(3) ライフサイクル CO_2

地球環境問題に伴って,地球温暖化がクローズアップされている.温暖化の主因は二酸化炭素と目されている.図12.4に示すようにわが国の温室効果ガス発生量の約88%はエネルギ起源との指摘がある.建築物の企画・設計・建設・運用・更新・除却などの全生涯にわたる二酸化炭素の排出量を算出し,地球温暖化に対する影響を評価しようとする考えが $LCCO_2$ (ライフサイクル CO_2) である.表12.2に主な建築設備材料の $LCCO_2$ に対する原単位を示す.

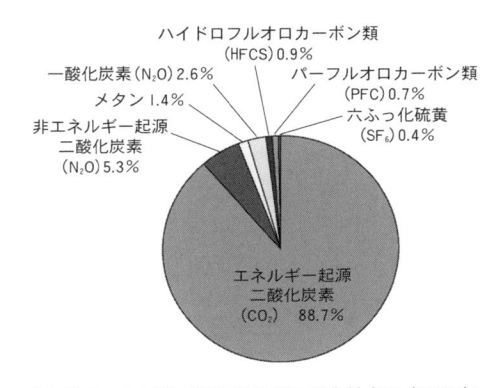

図 12.4 わが国の温室効果ガス発生量内訳 (2003年度)[5]

12.1.3 エネルギ消費の現状

(1) 各種建物における一次エネルギ消費の現状

表12.3に各種建物における現状の一次エネルギ消費の合計と内訳の調査結果を示す.建物用途により,年間一次エネルギ消費量に大きな差異が生じている.また,建物用途により冷暖房向けや給湯向けなどエネルギ使用の構成が大きく異なる.

(2) 事務所ビルにおける一次エネルギ消費の現状

わが国の事務所ビルにおける一次エネルギ消費量は約 $1\,800 \sim 2\,200\,MJ/m^2$ 年と報

表 12.2 主な建築設備材料の CO_2 原単位 (国内に限定した消費支出分)[6]

材料など	CO_2 原単位[*1]	CO_2 原単位[*2]	単 位[*3]
セメント	0.213	0.216	kg-C/kg
生コンクリート	0.060	0.063	t-C/m³
熱間圧延鋼材	0.355	0.359	kg-C/kg
鋼 管	0.391	0.397	kg-C/kg
アルミ圧延製品	0.787	0.814	kg-C/kg
電線・ケーブル	0.873	0.936	kg-C/kg
伸銅品	0.490	0.518	kg-C/kg
ガラス	0.486	0.516	kg-C/kg
ガラス繊維	0.909	0.942	kg-C/kg
プラスチック製品	0.492	0.521	kg-C/kg
塗 料	0.452	0.477	kg-C/kg

[*1] 生産過程
[*2] 生産過程+流通過程
[*3] kg-C:二酸化炭素排出量を,そこに含まれる炭素の重量で表した単位

表 12.3 各種建物における一次エネルギ消費[7]

建物用途	分類	一次エネルギ消費 (MJ/m² 年)
事務所ビル	~2 000 m²	1 817
	~4 000 m²	1 939
	~7 000 m²	2 047
	7 000 m² 以上	2 173
商業ビル	百貨店	4 123
	スーパー	3 140
	ショッピングセンター	3 572
ホテル	地域冷暖房加入	2 772
	個別熱源	3 000
病院		2 772~3 000

告されている．インテリジェントビルなどでは，OA 機器の増大や運転時間の長時間化などを反映して，一次エネルギ消費は多いものでは 2 500~3 000 MJ/m² 年に及ぶと推定される．

図 1.2（1 章参照）は一次エネルギ消費の構成をも示している．事務所ビルの運用のエネルギ消費の約 5 割は空調用に基づく．全エネルギ消費の内，最大の要因となっている．次いで照明用（コンセント負荷を含む）のエネルギ消費が約 3 割を占める．空調と照明という室内環境形成のためのエネルギ消費が，建築の全一次エネルギ消費の 80％ 強に上る．空調ならびに照明のためのエネルギ消費の削減は建築における省エネルギの最大の課題である．

(3) ライフサイクルコストに占めるエネルギ費

建物の一生を通じて必要となるコストをライフサイクルコストという．ライフサイクルコストには，設計費，建設費，修繕費，改修費，廃棄費，保全費，一般管理費，光熱水費などが含まれる．図 12.5 は，事務所ビルにおけるライフサイクルコストの試算

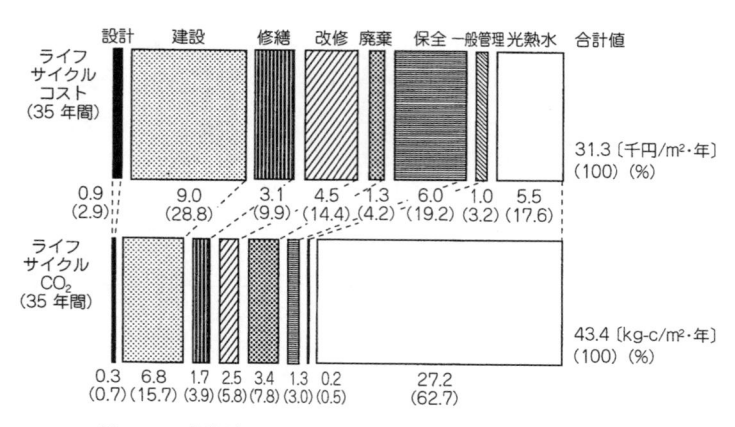

図 12.5 事務所ビルにおける LCC ならびに LCCO₂ の試算例[8]

例である．建物の寿命を 35 年と仮定している．ライフサイクルコストに占める光熱水費は 17.6% に上る．エネルギコストはライフサイクルコストの大きな要素となっている．ビル経営の立場からも省エネルギがいかに大切かをうかがうことができる．

(4) ライフサイクル CO_2 の構成

建築に伴う省エネルギでは，これまで主として建物の運用に伴うエネルギ消費が問題視されてきた．しかしながら，地球の温暖化に対しては建物の運用ばかりでなく，建設・更新・除却に伴う影響も少なくないとの見方が出現してきた．図 12.6 は事務所ビルにおける $LCCO_2$ の試算例を示している．建物の寿命を 35 年と想定した場合，生涯に発生する $LCCO_2$ に対し，光熱水消費に伴うそれが約 62.7% を占めると試算されている．建設・修繕・改修・廃棄・保全に伴う CO_2 発生量はそれぞれ 15.7%，3.9%，5.8%，7.8% と試算されている．運用時以外の CO_2 の発生量も多大に上ることがわかる．

建設・更新・除却に伴う CO_2 発生の抑制が重要な課題となる．図 12.6 に省エネルギ化・長寿命化の $LCCO_2$ への影響を示す．省エネルギ化・長寿命化が $LCCO_2$ の低減にいかに重要かがわかる．

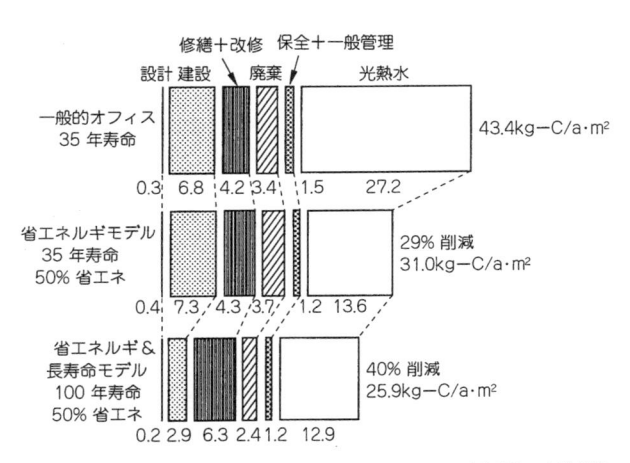

図 12.6 省エネルギ化，長寿命化の $LCCO_2$ に及ぼす影響の試算例[8]

12.2 省エネルギ指標

国では建築物の省エネルギ性能に関する判断基準として，昭和 54(1979) 年に PAL や CEC を定めた．次いで，昨今の地球環境問題などを反映して，平成 5 (1993) 年にその改正を行い，PAL と CEC との判断基準として表 12.4[9] を示した．

表 12.4　PAL と CEC の判断基準値[9]

	ホテル等	病院等	物販店舗	事務所	学校
PAL*2	420	340	380	300	320
CEC/AC	2.5	2.5	1.7	1.5	1.5
CEC/V	1.0	1.0	0.9	1.0	0.8
CEC/L	1.0	1.0	1.0	1.0	1.0
CEC/HW	1.5〜1.9*1				
CEC/EV	1.0	—	—	1.0	—

＊1　給湯循環配管長による
＊2　これに規模補正係数を乗じる

以下に空調設備に係わる PAL や CEC の概要について記述する．詳細については，文献[9] などによられたい．

12.2.1　年間熱負荷係数：PAL (Perimeter Annual Load)[9]

ペリメータ部における年間の熱負荷に関する指標は次式で定義されている．

$$PAL = \frac{ペリメータゾーンの年間熱負荷（MJ/年）}{ペリメータゾーンの床面積（m^2）}$$

PAL は建築物の外皮（外壁・窓，屋根など）を通しての熱損失の抑制に関する基準である．ペリメータ部としては，最上階の全域，中間階の外壁面より 5m の部位に属する外周部，ピロティのある場合の直上階が該当する．

12.2.2　設備システムエネルギ消費係数：CEC (Coefficient of Energy Consumption)[9]

（1）空調エネルギ消費係数：CEC/AC (CEC for air conditioning)

$$CEC/AC = \frac{年間空調消費エネルギ量（MJ/年）}{年間仮想空調負荷（MJ/年）}$$

年間仮想空調負荷＝取り入れ外気熱負荷＋貫流熱負荷＋日射熱負荷
　　　　　　　　＋内部発熱負荷＋その他熱負荷

注：取り入れ外気は年間一定量として計算

（2）換気エネルギ消費係数：CEC/V (CEC for ventilation)[9]

$$CEC/V = \frac{年間換気消費エネルギ量（kJ/年）}{年間仮想換気消費エネルギ量（kJ/年）}$$

（3）その他エネルギ消費係数：CEC/L，CEC/HW，CEC/EV[9]

照明用，給湯用，エレベータ動力に対する CEC 値が定められている．

12.3 エネルギ消費予測

12.3.1 総　説

　省エネルギを戦略的に進めるには計画時や設計時にあらかじめエネルギ消費予測を行うことが必要である．予測には室や空調機などにかかる熱負荷や熱量消費を予測するものと，最終的なエネルギ消費を予測するものとに大別される．また，予測には簡易な概算からコンピュータシミュレーションなどを利用する精算まで数多くの手法が存在する．以下に代表的手法のいくつかを紹介する．

12.3.2 年間熱量消費の予測

（1）原単位法

　統計データや過去の経験から年間冷熱負荷や年間温熱負荷を予測する方法である．例えば地域冷暖房施設の計画などに当たっては，冷熱と温熱（含む給湯需要）の延べ床面積当たりの最大容量と年間負荷（熱消費量）に対し表12.5[10]などがよく用いられている．近年では，暖房需要が少なくなる傾向にあり，本表よりかなり下回ることもあるので注意を要する．

表 12.5　建物用途別熱負荷原単位[10]

建物用途		熱負荷原単位　（　）内は平均値					
		最大負荷（W/m²）			年間負荷（kWh/年・m²）		
		冷熱	暖房	給湯	冷熱	暖房	給湯
事務所	特大規模	71〜97 (84)	45〜69 (56)	5.5〜6.7 (6.2)	73〜144 (109)	34〜64 (49)	2.6〜8.1 (5.3)
	大規模	48〜99 (73)	43〜66 (53)	3.4〜6.2 (4.8)	47〜95 (71)	20〜51 (35)	2.6〜5.9 (4.3)
	中規模	45〜86 (65)	41〜76 (58)	3.0〜6.4 (4.8)	42〜59 (51)	17〜49 (34)	2.1〜4.7 (3.4)
	小規模	63〜124 (93)	51〜94 (73)	4.7〜7.6 (6.0)	29〜57 (43)	31〜72 (52)	3.6〜5.1 (4.4)
商業施設		65〜114 (90)	26〜60 (43)		103〜176 (140)	20〜53 (37)	
宿泊施設		56〜84 (70)	50〜87 (69)	15〜30 (22)	90〜156 (123)	122〜234 (174)	15.1〜30.2 (22.1)

（2）PALチャート[11]による年間熱負荷予測法

　建物の外周部の省エネルギ能性を，チャート上で検討するデザインツールである．建物の外皮は外壁や窓などの開口部から構成される．この外皮のコンポーネントが外

周部の年間熱負荷に及ぼす影響をチャート上で簡便に知り，的確に建築計画へ反映させる意図から開発されたものである．外壁の熱貫流率，日射透過率より各地における方位別，部位別の年間の熱負荷を求めることができる．熱貫流率や日射透過率は断熱性能，窓面積比，窓ガラス構成・種類，庇などをパラメータとして簡便に求められる．

【例題 12.1】 PAL チャートによる各地の南面居室の冷暖房負荷の検討

事務所ビルの中間階の南面居室における外皮計画の年間冷午房負荷への影響を検討する．庇は無いものとしての検討になっている．図 12.7 に東京の場合を例に，チャートの使用手順を示す．同チャートを適用して，札幌，東京，鹿児島の事例を検討する．表 12.6 に結果を示す．札幌では断熱が，鹿児島では日射遮蔽が有効なことがわかる．

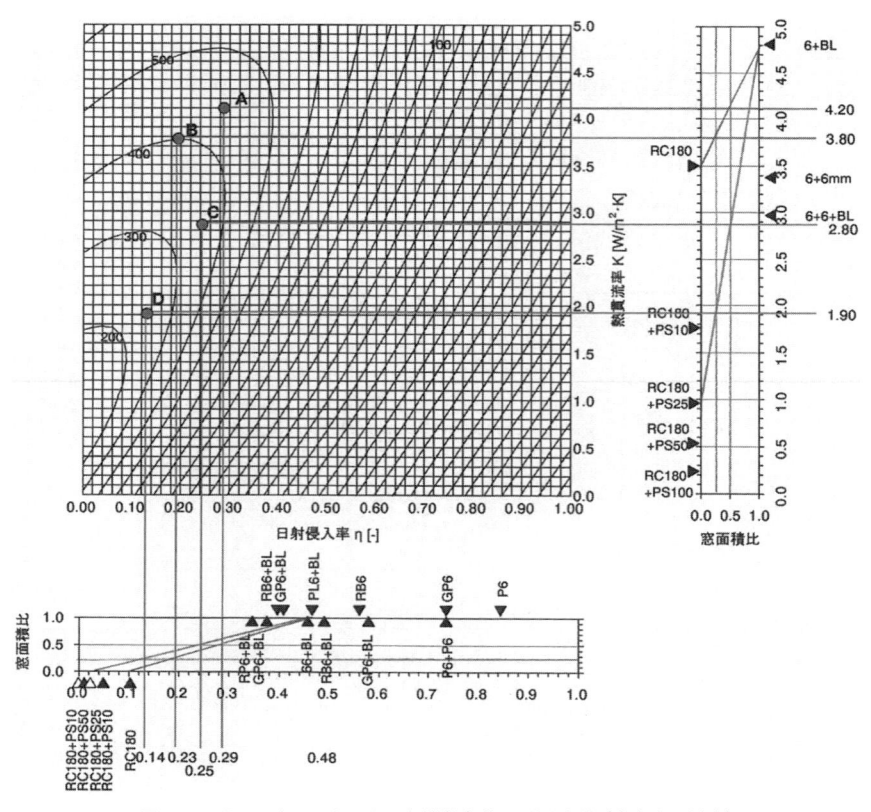

図 12.7 PAL チャートによる年間熱負荷の予測手順（東京南面居室）

12.3 エネルギ消費予測

表 12.6 PAL チャートによる年間熱負荷の予測結果例

記号	窓面積比 (%)	窓構成 (mm)	外壁構成 (mm)	年間冷暖房負荷 (MJ/m²・年)			備考
				札幌	東京	鹿児島	
A	50	透明 6+BL	RC 180	891	438	381	RC：コンクリート
B	25	透明 6+BL	RC 180	855	400	379	PS：ポリスチレン断熱材
C	50	透明 6+BL	RC 180+PS 25	499	357	349	BL：明色ブラインド
D	25	透明 6+BL	RC 180+PS 25	346	227	222	

（3） 外気冷房効果チャート[12]による予測法

外気冷房効果チャート*1 は事務所ビルのインテリア部を対象に，外気冷房の効果を算出するためのデザインツールとして開発された．図12.8に示すように，内部負荷密度を想定し，最小外気取入量ならびに外気取入の自由度（0～1：自由度 0＝年間最小外気量コンスタントの運転．自由度 1＝最小外気量～最大外気量の範囲で任意の最適外気量を随時導入する運転）をパラメータとして，年間の空調冷却コイルならび

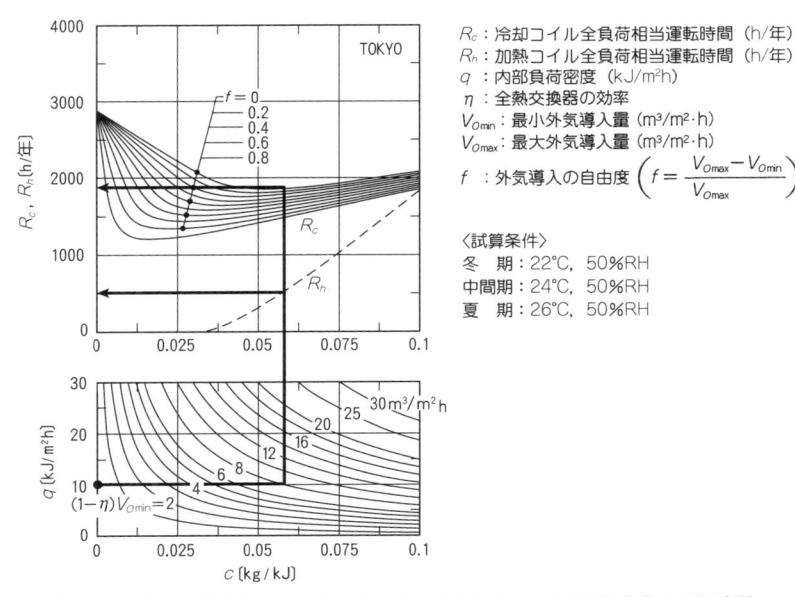

R_c：冷却コイル全負荷相当運転時間（h/年）
R_h：加熱コイル全負荷相当運転時間（h/年）
q：内部負荷密度（kJ/m²h）
η：全熱交換器の効率
V_{Omin}：最小外気導入量（m³/m²・h）
V_{Omax}：最大外気導入量（m³/m²・h）
f：外気導入の自由度 $\left(f = \dfrac{V_{Omax} - V_{Omin}}{V_{Omax}} \right)$

〈試算条件〉
冬　期：22℃，50%RH
中間期：24℃，50%RH
夏　期：26℃，50%RH

図 12.8 外気冷房効果チャートによるインテリアゾーンの年間熱負荷の予測手順

---

*1　外気冷房効果チャートは文献 12) に詳しい．

に加熱コイルの全負荷相当運転時間をチャートより簡便に算出するものである．算出した全負荷相当運転時間に内部負荷密度を乗じることによりインテリア部の空調機における年間冷却コイル負荷，年間加熱コイル負荷が求まる．

年間冷却コイル負荷＝内部負荷密度×全負荷相当運転時間（冷却）
×インテリア部面積

年間加熱コイル負荷＝内部負荷密度×全負荷相当運転時間（加熱）
×インテリア部面積

12.3.3　年間のエネルギ消費予測

（1）負荷率法

熱源機器，ポンプ，送風機など機器ごとに年間の平均負荷率を想定し，次式のようにして個々の機器ごとに年間エネルギ消費量を求める．集計を経て二次レベルのエネルギ消費量を求める．必要に応じて一次レベルのエネルギ消費量に換算する．

機器年間エネルギ消費量＝機器容量×年間運転時間×平均負荷率

本方式による算出は機器ごとに年間運転時間や平均負荷率の想定を必要とする．個々の建物の使用状況により差異があると考えられるので，それらの正確な想定は一般には難しく，精度はあまり期待できない．しかし，比較的簡便な方法であり，システム選定時における概略のエネルギ消費量の算出や概略のエネルギ費の算出に使用される．

（2）全負荷相当運転時間法

熱源機器，ポンプ，送風機など機器ごとに年間の全負荷相当運転時間を想定し，次式のようにして個々の機器ごとに年間エネルギ消費量を求める．

機器年間エネルギ消費量＝機器容量×全負荷相当運転時間

全負荷相当運転時間は前述（1）の年間運転時間×平均負荷率に相当するものとなる．したがって，本方式の特徴や使用勝手は負荷率法にほぼ同じと考えて良い．なお，機器容量は設計者により，余裕のもたせ方などにかなりの差異があるのが実情なので，公表されている相当全負荷運転時間を用いる場合には注意を要する．

（3）空調システムシミュレーション法

本方式は時々刻々の空調装置の挙動をコンピュータ上でシミュレーションする詳細な予測手法である．動的熱負荷計算などに基づいて空調機器やシステムの毎時刻のエネルギ消費量を算出する．前記の二つの方法では考慮され得なかった詳細な運転スケジュール，すなわち外気導入スケジュールや照明点灯スケジュールなども考慮されている．また，機器の部分負荷時特性や台数制御あるいは外気の最適取入を始めとする各種の最適運転も考慮に入れられている．代表的なプログラムに HASP/ACSS[G30]，BECK，LCEM などがある．

12.4 省エネルギ手法

12.4.1 省エネルギ計画の基本

建築における省エネルギの基本はまず，適切な室内環境条件の設定にある．次いで，建築計画を上手に行うことにより，空調負荷を抑制して自然平衡的に良好な室内環境を形成することにある．さらに，自然エネルギや未利用のエネルギを活用して，化石エネルギ消費を抑制することにある．その上で，高効率な設備システムの適用とその適切な運用を図ることにある．これらは，次のように要約することができる．

① 適正な室内環境条件の設定を図ること．
② 建築的工夫などにより，負荷の抑制の徹底を図ること．
③ 自然エネルギの活用を図ること．
④ 排熱などの未利用エネルギの活用を促進すること．
⑤ 高効率な設備機器・システムを採用すること．
⑥ 省エネルギ管理の充実を図ること．

図 12.9 に以上の考えに基づく省エネルギのための概念図を示す．

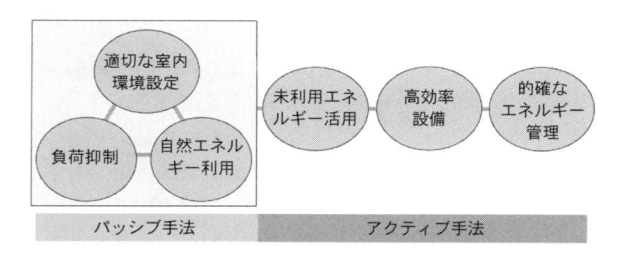

図 12.9 省エネ建築を実現するための基本戦略

建築や空調システムの計画に当たっては，上記を考慮して，代替案を二，三選定し，年間のエネルギ消費量を予測する．経済性他を含めて，総合的に検討の上，最も優れた案を採用する．

12.4.2 適正な室内環境条件の設定

快適性の許容される範囲で，適正な室内環境条件を設定することが大切である．PMV や SET* などの快適性指標を参照しつつ省エネルギ的に室内温湿度を設定することが重要である．室内炭酸ガス濃度やじんあい濃度などに関しても過度な環境条件を回避することにより大きな省エネルギ効果を得ることができる．

【例題 12.1】 室内条件の緩和と省エネルギ効果

インテリア部での温湿度を例に室内条件の緩和と省エネルギ効果との関連を外気冷

房効果チャートにより試算する．図12.10に結果を示す．

夏期（6～9月）の冷房時の室内温湿度を(26℃, 50% RH)から, (28℃, 60% RH)にすることにより東京の事務所ビルの例では，約21%の年間冷却熱負荷の低減になる．また，冬期（12～3月）の暖房時の室内温湿度を(22℃, 50% RH)から, (20℃, 40% RH)にすることにより約95%もの年間加熱負荷の低減になる．室内温湿度条件の緩和により大きな省エネルギにつながることがわかる．

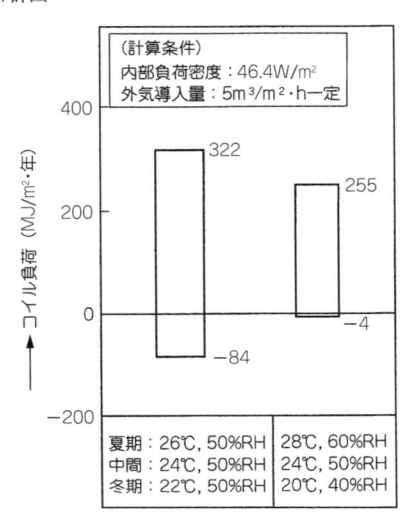

図 12.10 室内条件緩和の省エネルギ効果試算例（東京，事務所ビル，インテリア部）

12.4.3 負荷の抑制

負荷の抑制は省エネルギのための最優先事項の一つである．空調熱負荷は便宜的に，①外部負荷，②内部負荷，③外気負荷に分けることができる．外部負荷には日射負荷，貫流負荷，すきま風負荷などがある．内部負荷には人体負荷，照明負荷，機器負荷などがある．外気負荷は必要な新鮮空気の取り入れに伴う負荷である．

（Ⅰ）外部負荷の抑制

外部気象要因に伴う外部負荷の抑制には，建築的工夫が重要である．方位に配慮した建物の配置，断熱性，気密性，日射遮蔽性などが省エネルギへ大きな影響を及ぼす．これらの要素は互いに影響しあうので総合的に検討しなければならない．

【例題12.2】 開口部の熱負荷に対する影響

開口部はペリメータ部の空調熱負荷に最も大きな影響を及ぼす．窓ガラスの種類，窓ガラスの構成，窓ガラス率（外壁面積に対する窓面積の比率），窓が面する方位などが空調熱負荷に影響する大きな要因と考えられている．東京の事務所ビルを例に，開口部の熱負荷に対する影響を試算する．①透明・熱線反射ガラスなどの窓ガラスの種類，②一重・二重ガラスなどの窓ガラスの構成，③窓ガラス率，④事務室の面する方位をパラメータとして，年間熱負荷を試算した結果を図12.11に示す．試算においては，奥行5mの中間階ペリメータ部を想定している．

熱線反射ガラスの採用は透明ガラスに比べ，年間冷房負荷では減少を，年間暖房負荷では増大をもたらす．

ガラスの二重化は年間冷房負荷の増大，ならびに年間暖房負荷の減少をもたらす．二重ガラスを用いる場合には，時に応じた窓の開閉や換気装置による熱の除去を考慮に入れるべきである．

12.4 省エネルギ手法

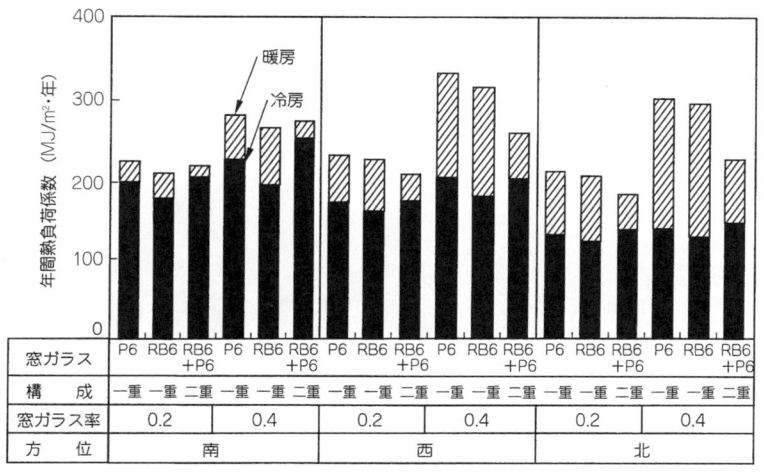

図 12.11 開口部の年間熱負荷係数 PAL に及ぼす影響の試算例（東京，事務所ビル）

〔注〕P6：透明ガラス 6mm
RB6：熱線反射ガラス 6mm
　　　いずれもブラインドあり，ひさしなしの場合
壁体：コンクリート 180＋発泡ポリスチレン断熱材 25

窓ガラス率の大小は，窓の大きい方が冷房負荷・暖房負荷ともに大きくなる傾向にある（図12.11）．

年間冷房負荷は北面が最も低い．次いで西面，南面の傾向にある．年間暖房負荷は南面が最も低い．次いで西面，北面の傾向にある（図12.11）．

【例題 12.3】 断熱の年間熱負荷に及ぼす影響

外壁等の断熱は空調熱負荷に影響を及ぼす．事務所ビルの北面居室（奥行5m）を例に，断熱の年間熱負荷に及ぼす影響を試算する．図12.12に試算結果を示す．

断熱は年間暖房負荷の抑制に大きな効果が認められる．札幌では，特にその効果が大きい．寒冷地では断熱効果が顕著であることを示している．

【例題 12.4】 日射遮蔽の効果

東京の事務所ビルの南面居室における日射遮蔽の効果を試算する．夏期晴天日の正午における試算結果を図12.13に示す．

水平庇（1m）の設置は熱負荷の軽減と快適熱環境の向上の両者において極めて大きな効果を挙げている．最近いくつかの適用が報告されているエアフローウィンドも，試算例では大きな効果を示している．

（2） 内部負荷の抑制

インテリジェントビルなどでは，内部負荷の増大による冷房負荷の卓越が問題となっている．ここに，内部負荷の抑制は最も重要な負荷抑制策である．局所排熱は有望なシステムの一つである．熱や汚染質をその発生源で捕集し，全体に拡散混合させな

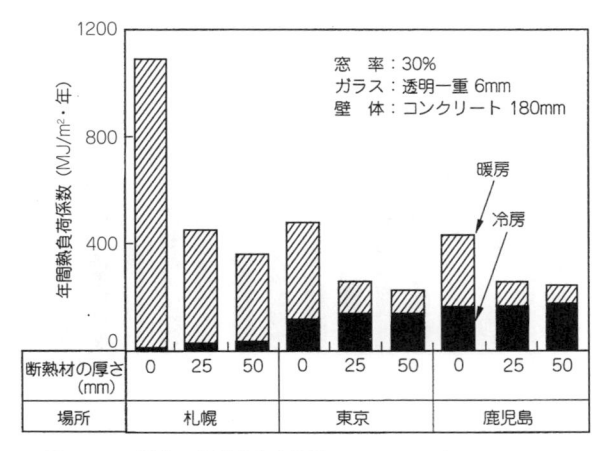

図 12.12 断熱の年間熱負荷係数 PAL に及ぼす影響の試算例
（事務所ビル，北面居室）

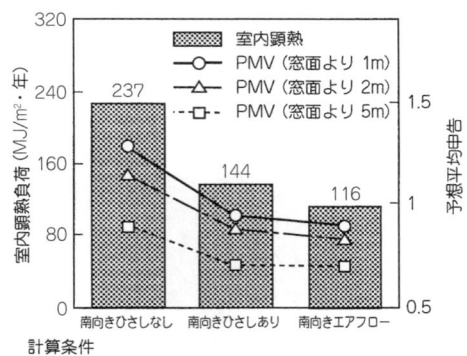

図 12.13 日射遮蔽の年間熱負荷に及ぼす影響の
試算例（東京，事務所ビル）

図 12.14 局所排熱方式の例

い考えのシステムである．厨房のフードを利用した排気などが典型である．局所排気はOA機器などの排気にも有望視され，一部で適用が試みられている．床吹出し空調と組み合わされた形で排熱をパーティションなどに沿って上昇させ，天井面で捕集しようという試みもある（図12.14）．

【例題 12.5】 内部負荷抑制の省エネルギ効果

事務所ビルのインテリア部での内部負荷を抑制したときの省エネルギ効果を試算する．内部負荷の抑制は負荷の低減ばかりでなく，外気冷房効果をも促進させる．外気冷房効果チャートにより空調機冷水コイルにかかる年間の熱負荷の低減効果を求める．新鮮空気の導入は $5m^3/hm^2$ 一定とする．試算結果を図12.15に示す．

$46.4W/m^2$（$40kcal/m^2h$）から $34.8W/m^2$（$30kcal/m^2h$）に内部負荷を抑制した場合，札幌で36％，東京で29％，鹿児島で24％の冷却負荷の節減となる．内部負荷の抑制はきわめて大きな効果をもたらすことがわかる．

(3) 外気負荷の抑制

夏期や冬期には，外気負荷は最も大きな冷暖房負荷要素の一つとなる．年間の空調負荷に対しても大きな要素を占める．したがって，外気負荷の抑制は大きな課題となる．外気負荷の抑制には，全熱交換器の使用，過剰外気の取り入れ防止がある．

【例題12.6】 全熱交換器の省エネルギ効果

事務所ビルのインテリア部を対象に全熱交換器の省エネルギ効果を試算する．試算には外気冷房効果チャートを用いる．外気導入量は $5m^3/hm^2$ 一定とする．全熱交換器の排熱回収効率を60％とする．図12.16に示す試算結果を得る．

札幌では加熱コイル負荷の，東京・鹿児島では冷却コイル負荷の節減効果が顕著である．地域により大きな差異が認められる．なお，全熱交換器の効率は外気導入量と排気量との比率により大きな違いが生じるので注意を要する．また，熱負荷の減に対し，搬送動力負荷が増大するので総合的に判断する必要がある．

12.4.4 自然エネルギの利用

自然エネルギの利用も省エネルギのための

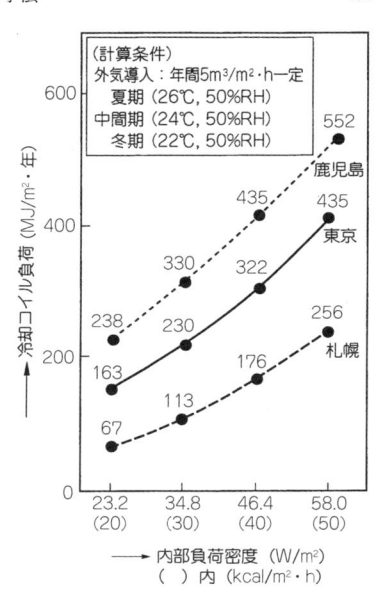

図12.15 内部負荷抑制の省エネルギ効果試算例（事務所ビル，インテリア部）

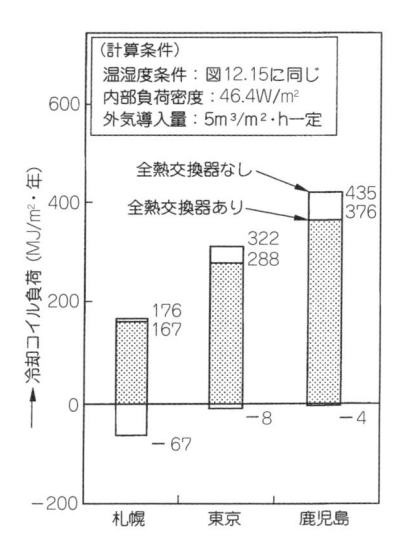

図12.16 全熱交換器の省エネルギ効果試算例（事務所ビル，インテリア部）

12 省エネルギ計画

最優先事項の一つである．空調に関連する有力な自然エネルギ利用としては次などが挙げられる．

（1）自 然 通 風

自然通風により冷房負荷を低減することも，最も重要な視点の一つである．自然通風により省エネルギを達成するには，①室内環境条件に許容幅を持たせること，②負荷をもとから断つことが肝要である．室内環境条件を緩和することにより自然通風に依存できる期間が増える．また，負荷が少なければ自然通風により快適な室内環境を維持できる期間が増える．自然通風の効果を次に示す外気冷房効果などから類推することができる．

（2）外 気 冷 房

外気の保有するエンタルピ（h_o）が室のそれ（h_r）より低いときには，外気は冷房能力を保ち，省エネルギ効果を有する．この外気の保つ冷房効果を利用する冷房を外気冷房とよぶ．外気冷房は通常，図12.17に示すスケジュールに従って制御される．$h_o \geq h_r$ では，外気導入は冷却負荷を増し不利となる．この場合には，外気導入は必要最小限に抑制される．$h_r > h_o \geq h_2$ では外気を最大限導入するのが有利である．h_2 は最大外気導入時に冷却コイル負荷が0となる値で，空調送風量の多寡により変動する．$h_r > h_o > h_2$ では，空調機においては依然として，冷却が必要であるが，室空気を循環するよりは冷却コイル負荷は軽減される．$h_2 > h_o \geq h_1$ では，冷却・加熱とも不要にできる．この間では冷却コイル負荷が0となるように，外気は比例導入される．h_1 は最小外気導入時に冷却コイル・加熱コイル負荷がともに0となる値で，空調送風量の多寡により変動する．$h_1 > h_o$ では加熱が必要となる．この場合には，外

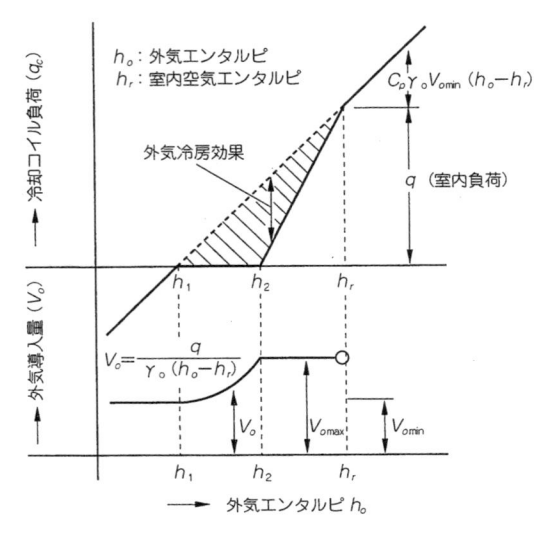

図 12.17 外気冷房スケジュール

気導入量は最小量一定に制限される.

【例題 12.7】 外気冷房の省エネルギ効果

事務所ビルのインテリア部での外気冷房効果を外気冷房効果チャートにより試算する. 外気導入量は時々刻々 $5\sim15\,\mathrm{m^3/hm^2}$ までの任意の値を取り得るものとする. 内部負荷は $46.4\,\mathrm{W/m^2}$ ($40\,\mathrm{kcal/m^2 h}$) とする. 試算結果を図 12.18 に示す.

札幌で約 43%, 東京で約 23%, 鹿児島で約 18% の冷却コイル負荷の節減となる. 立地により効果が異なるが, 自然エネルギ利用の重要性がわかる. 本試算例では, 室内温湿度条件を一定としているが, 温湿度等を緩和すれば, さらに大きな外気冷房効果を期待することができる.

（3） 太陽エネルギ利用

太陽エネルギのアクティブ利用も自然エネルギ利用の重要な手法の一つである. 太陽電池による動力や照明への利用, 太陽熱の冷暖房・給湯への利用などがある. 太陽電池の効率は概ね 10〜15% であったが技術革新が急ピッチで図られ, 大幅な効率改善が期待されている. 設備費が割高で, あまり普及しているとは言いがたい状況にあったが, 太陽電池の低廉化が目指されており, 今後その普及は進展すると思われる.

太陽熱利用では集熱した温水を直接利用する太陽熱給湯が最も数多く普及している. 太陽熱暖房はそれほど多くはないが住宅を中心に比較的広く普及している. 温水を用いて一重効用吸収冷凍機を作動させる太陽熱冷房の普及は一部に限定されている状況にある.

太陽熱の集熱効率は集熱温度に依るところが大きい. 集熱温度が低い場合には集熱効率が高く, 集熱温度が高い場合には集熱効率が低い. 暖房や給湯への利用には比較的低い集熱温度で十分で, 効率を高くできる. 冷房への利用には高い集熱温度を必要とし, 効率は低くなる.

太陽熱利用に当たっては, 太陽熱への依存率を高める視点が重要である. 給湯や暖房には比較的低温の温水で, 冷房には比較的高温の冷水で充当可能な対象を選定し, それらに優先的に太陽熱利用を適用することが望ましい. 給湯の補給水の予熱, 外気の予熱や予冷などに太陽熱を用いるのは, 太陽熱への依存率を上げるのに合理的な方法の一つである.

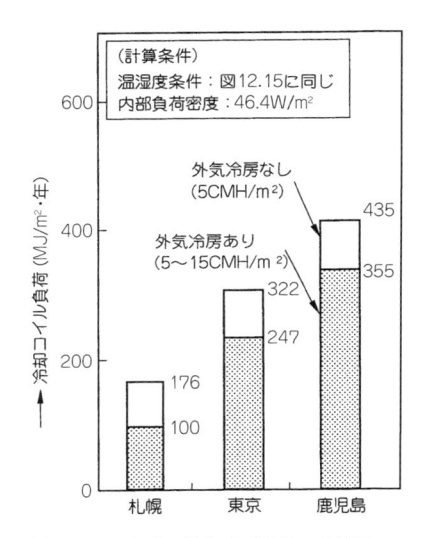

図 12.18 各地の外気冷房効果の試算例（事務所ビル, インテリア部）

12.4.5 排エネルギ・未利用エネルギの活用

排エネルギや未利用エネルギの活用が大切である．排エネルギ利用としては，熱回収，動力回収などが代表的である．コージェネレーションシステムも近年の代表的システムである．未利用エネルギの活用としては河川水，海水や下水を利用した冷暖房，ゴミ焼却場の排熱利用をした冷暖房などがある．

(1) 熱回収

全熱交換器による排気からの熱回収（図12.16参照），ダブルバンドルコンデンサ冷凍機による熱回収（図4.32参照）などが代表的事例である．

(2) 動力回収

ポンプによる位置エネルギの回収が代表的事例である．超高層ビルや開放式蓄熱槽を用いる高層ビルなどで用いられることが考えられるが事例は少ない．

(3) コージェネレーションシステム

ガスタービンやガスエンジン，燃料電池などを用いて電力エネルギと熱エネルギの両者を同時に供給するシステムである．総合効率は最大80％程度まで期待することができる．本方式を成功させるには熱電比が安定して高いことなどが重要である．トータルエネルギシステム，オンサイトエネルギシステムともいわれる．

【例題12.8】 コージェネレーションシステムの省エネルギ効果

電主熱従型のコージェネレーションシステムにおける暖房時の一次エネルギ消費量を試算する．熱源機器の効率，コージェネレーションシステムの発電効率をパラメータとして，図12.19が得られる．試算に当たって，コージェネレーションシステムの総合効率は80％と仮定している．また，比較のための基準システムとして，ボイラ（効率90％）による暖房方式を仮定した．

図12.19から，コージェネレーションシステムは熱電比が低い場合にはあまり有効でない傾向が，熱電比が高い場合にはきわめて効果的であることが認められる．また，同方式の発電効率を高めることが肝要であることが認められる．

(4) ゴミ排熱利用

ゴミ焼却場から発生する排熱を有効利用することは，省エネルギならびに環境負荷抑制の視点から重要である．ゴミ焼却に伴い発生する蒸気を直接利用して暖房や給湯に用いる．また，吸収式冷凍機に適用して冷房を行う．タービンを駆動させて，電力を発生させることも可能である．

(5) 都市排熱利用ヒートポンプ

都市下水は大気などに比べ，水温は四季を通して15～20℃前後で，熱源として有利な温度を保有している．これを熱源として活用するヒートポンプシステムはきわめてCOPの高い冷暖房システムとなる．

(6) 河川水・海水利用ヒートポンプ

河川水や海水も大気に比べ，熱源として有利な温度を保有している．ヒートポンプシステムのCOPを大幅に高めることが可能で，これら未利用の熱源を活用するヒー

12.4 省エネルギ手法

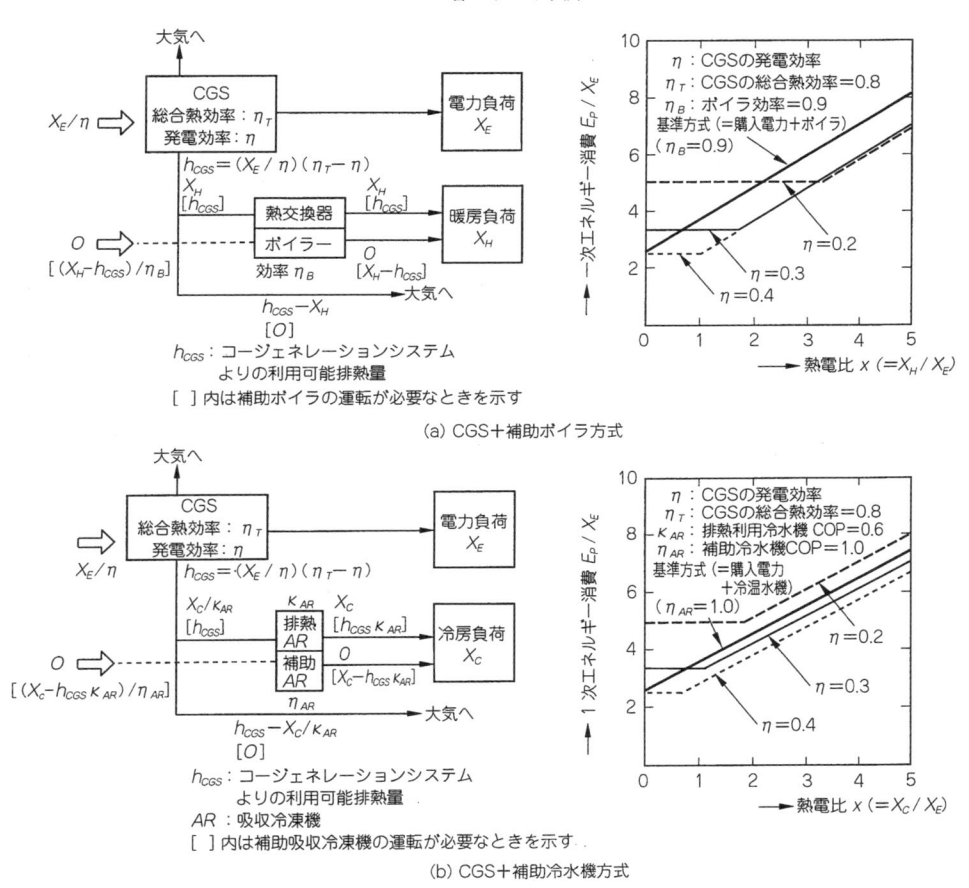

図 12.19 コージェネレーションの省エネルギ効果試算例

(a) CGS＋補助ボイラ方式

(b) CGS＋補助冷水機方式

トポンプシステムが注目を集めている．

12.4.6 高効率システム・機器の採用

設備システムに依存して空調する際には，高効率のシステムや機器の採用が重要である．事務所建築などでは全一次エネルギ消費に対して空調用の熱源で二十数％，同搬送動力で二十数％を占めるとされている（図1.2参照）．すなわち，熱源の高効率化と搬送システムの高効率化が大きな課題である．

（１）高効率熱源機器の採用

熱源の高効率化には，高い COP の熱源機の採用が重要である．熱源の COP はエネルギ消費に大きな影響を及ぼす．圧縮式冷凍機の定格COPは3～6.5ぐらいに分

布する．二重効用吸収式冷凍機の定格COPは1.0〜1.4程度である．最近ではCOPが1.6を超える三重効用吸収冷温水器などが開発され，実用に供されている．冷凍機やヒートポンプのCOPを上げるには，不必要に冷水温度を下げたり，温水温度を上げたりしないことも大切である．また，外気湿球温度が低い場合には冷却水温度を下げることも可能で，季節によってはCOPが10を超えるような運転も可能である．

【例題 12.9】 COP改善の省エネルギ効果

図12.20は熱源機器のCOPをパラメータとして，建物の一次エネルギ消費を示している．図中の2.77は9.97MJ/kWhを3.60MJ/kWhで割った一次エネルギ算出のための係数である．ヒートポンプや冷凍機のCOP改善は大きな省エネルギ効果をもたらす．熱源機のCOPは送水温度や冷却水温度によっても大きく改善される．図12.21にターボ冷凍機の特性例を示す．

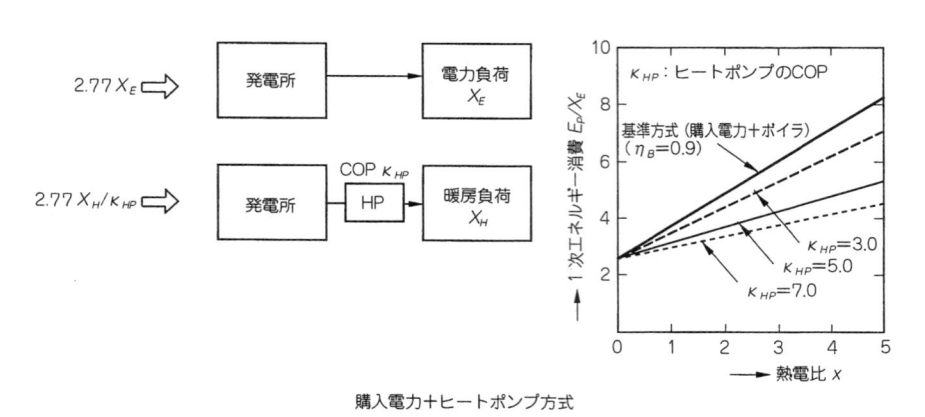

図 12.20 COPの改善による省エネルギ効果

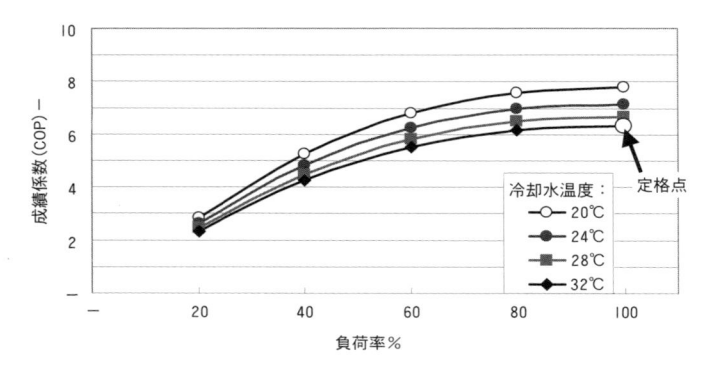

図 12.21 冷却水温度と冷凍機の効率特性

(2) 熱源機の台数分割

空調負荷はきわめて部分負荷時間が長く，低負荷運転を強いられることが多い（図12.22参照）．しかも，熱源機器の効率は一般的に低負荷時にきわめて悪い．したがって，低負荷時にも効率よく運転することが大きな課題となる．台数分割を行って負荷に応じた台数制御を行うことが望ましい．なお，熱源の台数分割に先立って，留意しなければならないのは適切な熱源容量の選定である．過大な容量の機器を選定した場合には，例え台数制御が適用されていても，各熱源機は極低負荷での運転を年間にわたって強いられることになり，不必要に多くのエネルギ消費が強いられることになる．

(3) 適切な揚程のポンプ・ファンの選定

ポンプやファンなどの熱搬送系機器の揚程はしばしば過大に選定される．過大な容量のポンプやファンが長時間にわたって運転されれば，当然エネルギ消費量は増大する．

(4) 変水量（VWV）・変風量（VAV）システムの採用

搬送動力の低減には，変水量・変風量方式の採用が効果的である．空調システムにかかる負荷は，図12.22のように極低負荷などの部分負荷運転を強いられる時間が長い．送水量や送風量も負荷に応じて増減できれば，搬送動力は大幅に減じることができる．

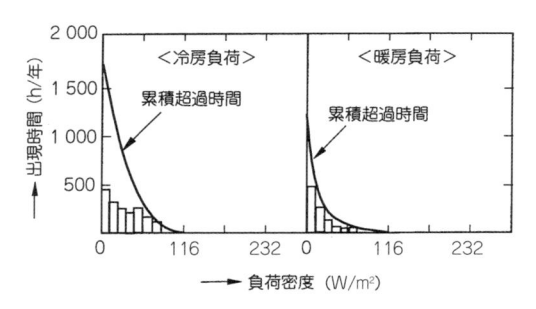

図 12.22 事務所ビルにおける負荷頻度分布試算例
（東京，事務所ビル）

ところで，ポンプや送風機の搬送動力は，水速や風速の三乗に比例する．一方，送水量や送風量は水速や風速に比例する．すなわち，水量，風量を減じることが搬送エネルギ削減のキーポイントの一つとなる．

VWV（変水量）方式では，冷水コイルや温水コイルを流れる流量は2方弁により制御される．系全体の送水量はポンプの台数制御またはポンプの回転数制御により制御される．

VAV（変風量）方式では，VAVユニットにより室への供給風量が制御される．空調機の送風量はダンパやサクションベーンで送風量を絞る方法，ファンの回転数制

御により制御される方法がある（図12.23参照）．最近では，回転数制御による方法が安価になってきたこともあり，最も広く普及している．

図12.24はVAV方式の省エネルギ効果について，事務所ビルのペリメータ部を対象に試算し報告されたものである．VAV方式の省エネルギ効果が大きいことがわかる．また，制御方式により効果の差異が大きいことが読み取れる．

(5) 大温度差システムの採用

搬送動力の低減の有力な手法の一つに大温度差システムがある．温度差を大きく取れば，これに反比例して，水速（風速）は減ることとなる．したがって，前述のように水速（風速）の三乗に比例して，ポンプ（送風機）動力は減じ

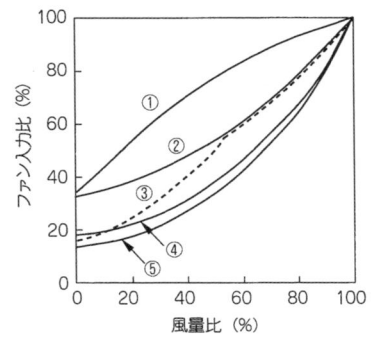

① ダンパ制御（ファン1台）
② サクションベーン（ファン1台）
③ サクションベーン（ファン2台）
④ 可変ピッチ（ファン1台）
⑤ 可　変　速（ファン1台）

図 12.23　送風量制御方式と入力特性例

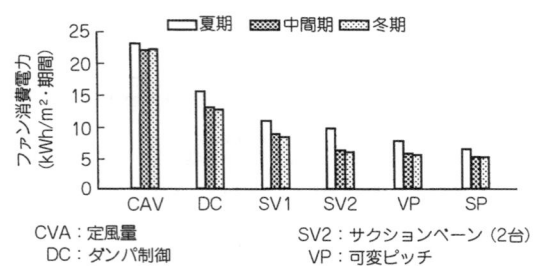

CVA：定風量　　　　SV2：サクションベーン（2台）
DC：ダンパ制御　　　VP：可変ピッチ
SV1：サクションベーン（1台）　SP：可変速

注　ただし，6階分を1空調ゾーン，$\Delta r = 10 \text{deg}$，ダクト抵抗＝0.1mmAq（0.98 Pa）
　　ペリメータゾーンの面積 1m² あたりの消費電力

(a) 制御方式別 VAV 効果（ペリメータ平均）

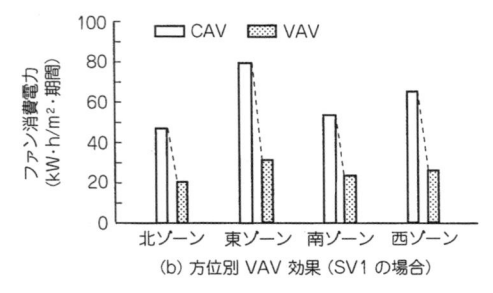

(b) 方位別 VAV 効果（SV1 の場合）

図 12.24　ペリメータゾーンのVAV効果[13]

られることとなる．冷水の往還温度差は従来，5℃などとされる場合が多かったが，最近では7〜10℃などの高温度差が採用される事例が多くなってきた．また，温水の往還温度差は10℃以上が採用される事例も多くなってきた．

（6）　冷温水往還温度差の確保

冷水の温度差は5℃程度で設計されることが多い．しかしながら，現実には1〜3℃程度の往還温度差しか確保されていないことが多く認められる．このような状態では，不必要に多くの台数の熱源機の運転が強いられる．例えば1台の熱源機の運転でよいところを3台の熱源機の運転が必要となるなどの事態を招く．1台ごとの熱源機は極低負荷率での運転を強いられ，極めて効率の悪い運転状態に陥る．しかも冷却水ポンプ等の補機類が運転されるため熱源サブシステムの効率は著しく低下する．このような事態を招く原因は主に次の二つの理由による．一つは，ファンコイルユニットや列数の少ない空調コイルの採用などによる．これらは，所期の往還温度差を確保しえない状況を出現させることがある．一つは，空調機が三方弁制御になっていたり，二方弁制御になっていてもコイルのバイパス弁が開き放しの状況になったりしていて温度差が確保されえない状況になっている事態などを認めることができる．

（7）　高効率ポンプ，送風機の採用

ポンプや送風機の効率向上も大きな課題である．ポンプの静圧効率は70％以上に上るものも認められるが，送風機の静圧効率は高々40〜50％程度のものが多い．送風系の搬送効率を上げるのがいかに大切かがわかる．

【例題12.10】　ポンプ系・送風機系の熱搬送効率

1J/hの熱を運ぶに必要な動力消費を試算する．図12.25に試算結果を示す．ここで，通常の運転状態における送風機系とポンプ系との動力消費を比較してみる．送風系の圧力損失を686Pa（70mmAq）と仮定する（図中のA点）．また，ポンプ系の圧力損失を196kPa（20mAq）と仮定する（図中のB，C点）．送風機系の動力消費はポンプ系に比べ，8.5〜17.0倍に上る．冷水や温水の水系の熱搬送効率は，冷風や温風の空気系の熱搬送効率に比べきわめて高いことがわかる．

なお，送風機系の圧力損失は次の三つに支配されることが多い．一つはダクトサイズにある．省エネルギの視点からはなるべくダクトサイズを大きくとり，低速度で送風可能なダクトサイズとすべきである．二つ目は納まりを考えてサプライチャン

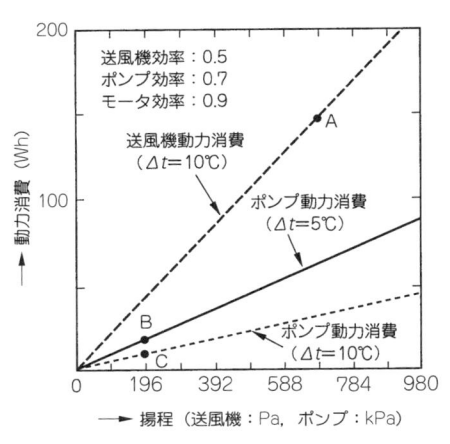

図12.25　1kJ/hの熱量を搬送するのに必要な動力消費

バーなどが安易に設けられることが多いが，大きな圧力損失の原因となっている．分岐部・曲がり部などでの圧力損失も大きいので，できる限りこれらの要素を少なくするよう留意すべきである．三つ目はフィルタにある．フィルタの最終圧力損失をどの程度に設定するかによりエネルギ消費は大きく異なる．

（8） 高効率照明器具の採用

照明器具の高効率化も大切である．インテリジェント化に伴い，ますます高照度化の傾向にある．HF（高周波点灯：high frequency）型器具など従来型に比べ，20%を超える省エネルギ効果を呈する器具も登場してきている．

12.4.7 無駄な運転・過剰な運転の防止

空調システムでは無駄な運転や過剰な運転に陥ることが多い．これらの防止に強く留意しなければならない．

無駄な運転としてはミキシングロスがある．また，過剰な運転としては過冷却，過加熱，過除湿，過加湿などがある．過剰な外気の取り入れも大きなエネルギ消費の原因となる．

無駄な運転や過剰な運転はゾーニングの不適など，システムの構成から避けられない場合が往々にしてある．このような事態に陥らぬようシステム設計に留意すべきである．また，無駄な運転や過剰な運転は制御システムの不具合に依るところも大きい．留意すべき事項である．

（1） ミキシングロスの回避

ペリメータ系統とインテリア系統の空調システムが同一室内に併設される場合がある．このような場合には，ミキシングロスというエネルギ損失をもたらすことがある．すなわち，冬期などにはペリメータ部では温風が，インテリア部では冷風が供給され，室内で温風と冷風とが混合し，莫大なエネルギ損失をもたらすことがある．

ユニタリシステムでは，同一室内に複数台のユニットが設置される場合が生じる．制御精度が劣る場合などには，隣合うユニットで，一つは暖房運転，他は冷房運転を行う事態も生じる．大きなミキシングロスの発生につながりかねない．適切な動作すきまを設けることが重要である．

二重ダクト定風量方式では，室の負荷特性の違いを，冷風と温風の混合により調整する仕組みとなっている．したがって，著しく負荷特性の異なる室を同一系統に組み入れる場合にはそれだけミキシングロス量が多くなり，莫大なエネルギ消費をもたらすことになる．適切なゾーニングが重要である．

以上のミキシングロスの回避には，①外壁の断熱強化，二重ガラスや空気通過型窓の採用などにより，ペリメータ暖房装置の能力を極力小さくする工夫，②適切なゾーニングの設定，③制御システムの精度向上，動作すきまの拡大やペリメータ・インテリア間のミキシングロス防止連携制御などの制御面での工夫が重要である．

12.4 省エネルギ手法

（2） 過冷・過熱の防止

冷房時の冷やし過ぎ，暖房時の暖め過ぎがしばしば生じている．また，除湿のし過ぎ，加湿のし過ぎもしばしば問題となる．これらはエネルギの浪費につながる．是非とも回避しなければならない．

過冷・過熱の防止には，まず何よりも適切な室内温湿度の設定・維持が重要である．PMV や SET* などの快適指標を参照しながら設定することが望まれる．

過冷・過熱は空調ゾーニングが不適切な場合にも生じる．一つの空調系で複数室を調整する場合に生じる．単一ダクト定風量式などでは特に顕著になりやすい．室の負荷特性の差異により特定室は適切であっても，他の室は過冷・過熱に陥ることがある．適切なゾーニングが不可欠である．

制御システムの不具合も過冷・過熱の大きな原因の一つになる．適切な設定が可能で，それを追従できる精度の高い制御システムの採用が重要である．

【例題 12.11】 過除湿によるエネルギ浪費の試算

東京における事務所ビルのインテリア部での過冷量を試算する．夏期室内温湿度を (26℃, 60% RH) に対し，(26℃, 50% RH) に過除湿した場合の冷却コイルでの年間の熱エネルギ消費量の増大を求める．表 12.7 に試算結果を示す．約 12% の冷却熱量の浪費をもたらす．

表 12.7 過除湿に伴うエネルギ浪費の試算例（東京，事務所ビル，インテリア）

内部負荷密度 (W/m^2)	夏期の室内温湿度状態 (℃, %RH)	年間空調冷却コイル負荷 $(MJ/m^2 年)$	同左指数比較	備　考
46.4 $(40 kcal/m^2 h)$	26℃, 50%RH	320	100	夏期：6～9月
	26℃, 60%RH	290	91	冬期：12～3月；(22℃, 50%RH)
34.8 $(30 kcal/m^2 h)$	26℃, 50%RH	230	72	中間期：上記外；(24℃, 50%RH)
	26℃, 60%RH	200	63	外気導入量＝$5 m^3/m^2 h$（年間一定）

（3） 除湿再熱の防止

インテリジェントビルなどでは，顕熱負荷が大きく，顕熱比が高くなる．全空気方式では，給気風量が大きくなる．除湿が必要な場合には，単一ダクト定風量システムでは，室温調整のため再熱過程が必要となり，莫大な再熱負荷を生じる．給気風量が大きいほど，再熱量は大きくなる．この事態を回避するには，①室内湿度設定を緩和すること，②VAV システムを採用すること，③外調機システムの採用を図ること，などが効果的である．

【例題 12.12】 外調機システムによる除湿再熱の防止効果試算

インテリジェントビルにおける空調コイル負荷を試算する．単一ダクト定風量システムで除湿再熱する場合と外調機＋端末空調機による場合とを比較検討する．

室内温湿度を (26℃, 50% RH)，外気の温湿度を (33℃, 70% RH) とする．内部顕熱負荷は $40.6 W/m^2$ ($35 kcal/m^2 h$)，顕熱比は 0.9 とする．室内への吹出し風量

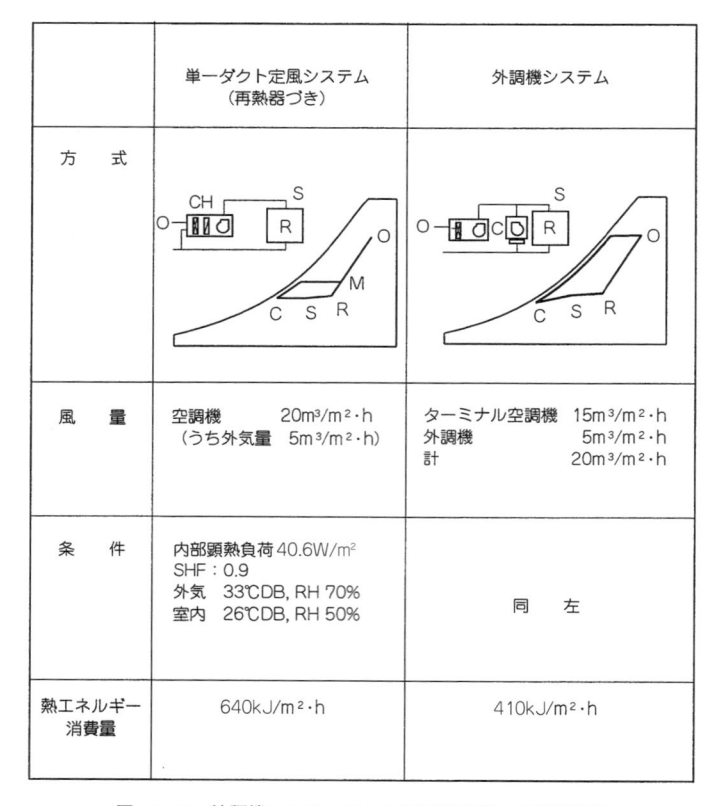

方式	単一ダクト定風システム （再熱器づき）	外調機システム
風量	空調機　　　　20m³/m²·h （うち外気量　5m³/m²·h）	ターミナル空調機　15m³/m²·h 外調機　　　　　　5m³/m²·h 計　　　　　　　20m³/m²·h
条件	内部顕熱負荷 40.6W/m² SHF : 0.9 外気　33℃DB, RH 70% 室内　26℃DB, RH 50%	同　左
熱エネルギー 消費量	640kJ/m²·h	410kJ/m²·h

図 12.26　外調機システムによる除湿再熱防止効果試算例

は $20\,\mathrm{m^3/hm^2}$，外気導入量は $5\,\mathrm{m^3/hm^2}$ とする．試算結果を図 12.26 に示す．

　単一ダクト定風量システムでは，冷却コイルと再熱コイルとで，計 $640\,\mathrm{J/m^2h}$ ($153\,\mathrm{kcal/m^2h}$) のコイル負荷が発生する．一方，外調機＋端末空調機では除湿再熱が生じることがない．コイル負荷は $410\,\mathrm{J/m^2h}$ ($98\,\mathrm{kcal/m^2h}$) となる．後者は前者に対し，約 36% の省エネルギ効果を産む．単一ダクト定風量システムでは風量が大きくなる程，除湿再熱負荷が大きく，エネルギ多消費になるので注意を要する．

（4）　過剰外気導入の防止

　呼吸や燃焼のために新鮮外気の導入が必要となるが，その過剰な導入は冷暖房負荷を増大させる．

　ウォーミングアップ運転など人間が室内に存在しない折りには，外気の導入は不要である．エネルギ消費的に見て不利な場合には外気の導入を停止する．これを通常 OA カット運転と称する．

　人間が室内に存在する執務時間などにおいても，在室人員は設計人員よりはるかに

少ないのが通常である．このような折りには，外気の導入量を減らすことができる．室内の炭酸ガス濃度が一定の恕限量に至らない範囲で外気導入量を抑制することができる．

外気導入制御系の精度などの不具合がある場合には，不必要に過大な外気を取り入れることになる．過大なエネルギ消費を生じる大きな要因の一つとなる．

【例題 12.13】 過剰外気取入れに伴うエネルギ浪費の試算

東京の事務所ビルのインテリア部における過剰外気取入に伴うエネルギ浪費量を外気冷房効果チャートにより試算する．通常，事務所ビルでは外気取入量を $5\ m^3/hm^2$ として設計されることが多い．これは $25\ m^3/h$ 人に相当する値となっている．現実のビルでは $7\sim 10\ m^2$ に一人程度が実情であろう．すなわち，外気導入量を現実にはもう少し減らして良いことになる．今，仮に $3\ m^3/hm^2$ の外気量で十分な所を $5\ m^3/hm^2$ として運用すれば，約 $25000\ J/m^2$ 年（$6000\ kcal/m^2$ 年），年間にして 12% 前後のエネルギを多消費することになる（表 12.8 参照）．

表 12.8 過剰な外気の導入に伴うエネルギ浪費の試算（東京，事務所ビル，インテリア）

内部負荷密度 (W/m^2)	最小外気導入量 (m^3/m^2h)	年間空調冷却 コイル負荷 (MJ/m^2 年)	同左指数比較	備　　考
46.4 ($40\ kcal/m^2 h$)	5	236	100	夏期：6～9月
	3	211	88	冬期：12～3月；（22℃，50%RH）
34.8 ($30\ kcal/m^2 h$)	5	186	79	中間期：上記外；（24℃，50%RH） 最大外気導入量 $=20\ m^3/m^2 h$
	3	162	61	外気導入方式：時々刻々の最適導入

12.4.8 省エネルギ管理

省エネルギ管理も重要な課題である．省エネルギ管理とは狭義には省エネルギの視点からの運転管理をいう．広義には計画から運転までを含めての省エネルギマネージメントをいう．

(1) 計　量・計　測

エネルギ管理を確実に遂行するには，計量・計測が大前提となる．現状では，コストなどの関係より十分な計量・計測は困難な場合が多く，空調システムに基づく時々刻々あるいは年間のエネルギ消費がどの程度であるかを知ることはきわめて難しい．理想的には系統区分を可能な範囲で細分化し，それごとの計量ができるとよい．さらにそのデータを用いて，多変量解析などを行い，エネルギ消費に係わる要因分析を行えるとよい．

熱源の COP 管理が実施されている例はまことに少ない．少なくとも大型の熱源機廻りの流量・熱量計測は必須と考えてよい．ポンプや送風機が適切な運転点で作動しているかなども不明な場合が多い．多くの場合，弁やダンパにより過剰に抵抗が付され，エネルギ多消費の運転が強いられていることも多いと想像される．

自動制御系が設計の期待どおりに作動しているかも不明なことが多い．計量・計測は省エネルギ管理のための最優先事項である．

（2）高精度制御

制御システムの高精度化が不可欠である．前述のように精度の悪さにより，無駄な運転や過剰な運転を強いられていることもきわめて多いと想像される．適切なセンサーや調節器の選定，メンテナンスが重要である．

（3）最適設定・最適制御

一般的に空調システムは冗長性が高い．目的とする室内温湿度状態を創り出すにも送風量，送風温度，送水量，送水温度などの種々の実現可能な組合せが存在する．エネルギ消費を最小化できる組合せが存在するはずである．最適化を図る場合とそうでない場合とではエネルギ消費に大きな隔たりが存在するはずである．最適設定や最適制御が重要となる．

省エネルギ的視点より，室内温湿度や空調プロセスの各種設定値の最適設定を図ることが最適制御の前提となる．12.4.3項で述べたように，快適指標を参照しつつ室内温湿度設定を行うことが望まれる．給気温度や供給水温の設定は，搬送動力や熱源のCOPに深く係わるもので，季節や時間毎に最適な設定をできるのが望ましい．

最適設定に追従して，最適制御が行われるとよい．従来，空調システムでは比例制御や比例積分制御などが多用されてきたが，これらパラメータは一度定められると固定的に扱われることが多く，必ずしも建物の負荷特性に見合って，最適な制御が行われてはいない．時々刻々変化する負荷特性に追従して制御パラメータなどが変更される最適制御が望まれる．現状では最適機動停止制御や最適外気取り入れ制御などの限定した最適制御に止まっている．

（4）BEMS（Building & Energy Management System）

建築のエネルギ管理システムのことをいう．端末の制御システム，中央管理システム，情報の伝送システム，データ分析用コンピュータなどより成る．端末ではローカル制御や計測が主として行われる．中央部では最適設定や統合制御，日報・月報などの記録，施設台帳管理やメンテナンス記録・ガイダンスなどが主として行われる．必要なデータはエネルギ分析のため，別個に設けられたパソコンやエンジニアリングワークステーションに転送される．専門家の知見から成る知識ベース（knowledge base）などを参照するES（expert system）などにより，運転管理上の診断や必要な助言が与えられる．

12.5　ライフサイクルエネルギマネージメント

12.5.1　LCEM（Life Cycle Energy Management）の基本理念

ライフサイクルエネルギマネージメントの考えが登場してきている．LCEMは空調システムのエネルギ性能に特化したコミッショニングの一種と考えることができ

12.5 ライフサイクルエネルギマネージメント

る．建築物の企画～運転段階のライフサイクルを通じて一貫したエネルギ管理を行うことをねらいとしている．LCEM の基本的考えを以下に記す．

（1）ピーク性能・オフピーク性能・期間性能を対象

これまでのエネルギマネージメントではピーク性能が主たる関心事であり，環境・エネルギ問題への関心は希薄であった．その結果，オフピーク性能や期間性能への視点が希薄な状態であった．LCEM では，ピーク性能に加えて，オフピーク性能・期間性能をマネージメントの対象としていることに特徴がある．

（2）ライフサイクルにわたって一貫した視点

これまでは，設計フェーズや運転フェーズなどの特定フェーズを対象とするマネージメントであった．設計フェーズでは，PAL/CEC を基準値以内に維持する視点からのマネージメントが行われてきたが，建築物のライフサイクルにわたる視点は希薄であった．また，運転フェーズでは，温湿度等のクレームが生じないことに力点を置いた運転管理中心のマネージメントであった．環境/エネルギ管理に対する視点は希薄であった．すなわち，これまでの建築物におけるエネルギマネージメントは，ライフサイクルにわたる一貫したマネージメントではなかったと言ってよい．LCEM は，コミッショニングオーソリティ（CA）などの中立的第三者による，企画フェーズから運転フェーズまでの一貫したマネージメントを目指している．

（3）管理対象/管理指標の明確化

これまでのエネルギマネージメントでは管理対象があいまいであった．機器単体レベルやサブシステムレベルでの省エネルギ性能は確認対象外であった．全体システムレベルでは一次エネルギ消費量等の検討が行われてきたが，必ずしも全建築物で検討・確認がなされてきたわけではない．LCEM では，管理対象を機器単体レベル，サブシステムレベル，全体サブシステムレベルに分けて管理が実施される．

これまでのエネルギマネージメントでは管理指標もあいまいであった．エネルギ消費量を指標として管理するのか，エネルギ効率を指標として管理するのかが明確でなかった．また，水温などの状態量の確認は野放しの状態であった．LCEM では，熱源系の COP，水搬送系の WTF，空気搬送系の ATF，建築物全体の一次エネルギ消費量，同 CO_2 発生量などの具体的指標を設定している．

（4）PDCA サイクルの促進

これまでのエネルギマネージメントでは PDCA の視点が希薄で，建築主による OPR（Owner's Project Requirement）があいまいであった．この結果，ライフサイクルを通じての性能指標等があいまいとならざるを得なかった．これらが，管理指標・管理項目，省エネ目標値，モニタリング項目をあいまいにしてきた原因となった．換言すれば，性能検証の枠組みが不明確であり，ライフサイクルを通じての PDCA が回らない状態を形成してきた．LCEM では，次などが確認される．

◆設計フェーズ：
・機器単体の期間省エネ性能

・サブシステムの期間省エネ性能
・全体空調システムレベルでの期間省エネ
◆施工フェーズ：
・機器承認・製作段階でのピーク時性能/部分負荷時性能/期間性能
・試運転調整段階でのピーク時性能/部分負荷時性能/期間性能
・受け渡し時検収段階でのピーク時性能/部分負荷時性能/期間性能
◆運転フェーズ：
・目標値と運転実績値との照合
・設計時想定とは異なる運転条件（気象条件/内部負荷条件/運転時間等）を反映しての評価

（5） 運転要員への情報伝達や教育・訓練の充実

これまでは，設計情報・施工情報等の運転管理員への情報伝達が不十分であった．この結果，運転要員は設備システムの設計主旨や試運転調整の結果等を知らないまま運転を強いられることになっていた．LCEM では，設計関連情報としては，設計主旨，システム制御・動作説明等の運転管理員への伝達を，施工関連情報としては，納入機器のピーク性能・オフピーク性能・期間性能，試運転調整時の諸性能に関する情報，検収時の機能性能試験等の情報を確実に伝達することとなっている．

運転員の教育・訓練の改善の改善も大きな課題である．具体的に機器やシステムの操作・運転の勘所などを，LCEM ツールを用いて訓練する．

12.5.2　LCEM のためのシミュレーションツール

空調システムの LCEM（Life Cycle Energy Management）を実行するには，複雑な要因を反映しながら，簡便かつ的確に予測評価のできるシミュレーションツールが必要である．シミュレーションツールの開発整備に当たっては，次などに対する留意が必要と考えられる．

（a）設計～運転段階のライフサイクルを通じて適用可能であること．
（b）実務者が PC 上で，対話形式で容易に試行錯誤実験ができること．
（c）システム構成の自由度が高く，拡張更新が容易であること．
（d）エネルギ消費だけでなく，流量や状態値がわかること．
（e）ピーク性能だけでなく，オフピーク性能・期間性能を予測できること．
（f）機器・サブシステム・全体システム毎に性能予測・検証ができること．
（g）設計内容に照らして，機器製作や試運転調整の内容を確認できること．
（h）設計値と実績値とを比較照合しながら性能評価できること．
（i）気象条件・運転条件等：設計時との差異を反映できること．
（j）境界条件の変更・差異等を容易にかつ的確に反映できること．
（k）多様な入出力対応が容易であること．
（l）運転員への情報伝達に有効であること．

(m) 運転員の教育・訓練に有効であること．

引用文献

1) 資源エネルギー庁：エネルギー白書 2005, 2005.05.
2) 環境省：わが国の温室効果ガス排出量, 2005.10.
3) 国土交通省・環境省：都市における人工排熱抑制によるヒートアイランド対策調査報告書, 2004.03.
4) (財)省エネルギセンターホームページ．
5) 「2003年度(平成15年度)の温室効果ガス排出量速報値(環境省算定値)について」(環境省発表).
6) 伊香賀, 石福, 外岡：建物のライフサイクル CO_2 分析用 CO_2 原単位に関する研究, 空衛論, 1995.10.
7) (財)省エネルギセンター, サイトマップ, 2007.7.11.
8) 石福, 伊香賀：大気環境の問題と対策 (4) CO_2 削減対策, 空衛誌, Vol.68, No.9, 1994.
9) (財)建築環境・省エネルギー機構「建築物の省エネルギー基準と計算の手引, 新築・増改築の性能基準（PAL/CEC）
10) 地域冷暖房技術手引書 (改訂新版)(2002), 日本地域冷暖房協会.
11) 松尾, 牧, 猪岡：PAL, 彰国社, 昭和56年．
12) 宿谷：光と熱の建築環境学, 丸善, 平成5年．
13) 空気調和・衛生工学会編：省エネルギ指針シンポジウムテキスト, 1979.

13 諸 表

表 13.1 湿り空気表（標準大気圧 $P=101.325\,\mathrm{kPa}$）

t (°C)	p_s (kPa)	x_s (kg/kg(DA))	h_s (kJ/kg(DA))	v_s (m³/kg(DA))	h_a (kJ/kg(DA))	v_a (m³/kg(DA))
-10	0.259 9	1.606×10^{-3}	-6.072	0.746 9	-10.06	0.745 0
-9	0.283 9	1.755 〃	-4.694	0.749 9	-9.052	0.747 8
-8	0.310 0	1.917 〃	-3.284	0.753 0	-8.046	0.750 7
-7	0.338 2	2.091 〃	-1.839	0.756 0	-7.041	0.753 5
-6	0.368 7	2.281 〃	-0.358	0.759 1	-6.035	0.756 3
-5	0.401 8	2.486 〃	1.163	0.762 2	-5.029	0.759 2
-4	0.437 5	2.708 〃	2.727	0.765 3	-4.023	0.762 0
-3	0.476 1	2.948 〃	4.336	0.768 5	-3.017	0.764 9
-2	0.517 7	3.207 〃	5.994	0.771 7	-2.012	0.767 7
-1	0.562 7	3.487 〃	7.705	0.774 9	-1.006	0.770 5
0	0.611 2	3.790 〃	9.473	0.778 1	0.000	0.773 4
*0	0.611 2	3.790 〃	9.473	0.778 1	0.000	0.773 4
1	0.657 1	4.076 〃	11.20	0.781 3	1.006	0.776 2
2	0.706 0	4.381 〃	12.98	0.784 5	2.012	0.779 1
3	0.758 0	4.707 〃	14.81	0.787 8	3.018	0.781 9
4	0.813 5	5.054 〃	16.69	0.791 1	4.023	0.784 8
5	0.872 5	5.424 〃	18.64	0.794 4	5.029	0.787 6
6	0.935 2	5.817 〃	20.64	0.797 8	6.035	0.790 4
7	1.002	6.236 〃	22.71	0.801 2	7.041	0.793 3
8	1.073	6.682 〃	24.85	0.804 6	8.047	0.796 1
9	1.148	7.157 〃	27.06	0.808 1	9.053	0.799 0
10	1.228	7.661 〃	29.35	0.811 6	10.06	0.801 8
11	1.313	8.197 〃	31.72	0.815 2	11.07	0.804 6
12	1.403	8.766 〃	34.18	0.818 8	12.07	0.807 5
13	1.498	9.370 〃	36.72	0.822 5	13.08	0.810 3
14	1.599	1.001×10^{-2}	39.37	0.826 2	14.08	0.813 2
15	1.705	1.069 〃	42.11	0.830 0	15.09	0.816 0
16	1.818	1.141 〃	44.96	0.833 8	16.10	0.818 8

t (°C)	p_s (kPa)	x_s (kg/kg(DA))	h_s (kJ/kg(DA))	v_s (m³/kg(DA))	h_a (kJ/kg(DA))	v_a (m³/kg(DA))
17	1.938	1.218 〃	47.92	0.8377	17.10	0.8217
18	2.064	1.299 〃	51.01	0.8417	18.11	0.8245
19	2.198	1.385 〃	54.21	0.8457	19.11	0.8274
20	2.339	1.476 〃	57.55	0.8498	20.12	0.8302
21	2.488	1.582 〃	61.03	0.8540	21.13	0.8330
22	2.645	1.674 〃	64.66	0.8583	22.13	0.8359
23	2.810	1.782 〃	68.44	0.8627	23.14	0.8387
24	2.985	1.896 〃	72.38	0.8671	24.15	0.8416
25	3.169	2.017 〃	76.50	0.8717	25.15	0.8444
26	3.363	2.145 〃	80.79	0.8764	26.16	0.8472
27	3.567	2.280 〃	85.28	0.8811	27.17	0.8501
28	3.782	2.422 〃	89.97	0.8860	28.17	0.8529
29	4.008	2.573 〃	94.87	0.8910	29.18	0.8558
30	4.246	2.733 〃	100.0	0.8962	30.19	0.8586
31	4.496	2.901 〃	105.4	0.9015	31.19	0.8614
32	4.759	3.079 〃	111.0	0.9069	32.20	0.8643
33	5.034	3.267 〃	116.9	0.9125	33.21	0.8671
34	5.324	3.466 〃	123.0	0.9182	34.21	0.8700
35	5.628	3.675 〃	129.4	0.9242	35.22	0.8728
36	5.947	3.897 〃	136.2	0.9303	36.23	0.8756
37	6.281	4.131 〃	143.2	0.9366	37.23	0.8785
38	6.631	4.378 〃	150.7	0.9431	38.24	0.8813
39	6.999	4.638 〃	158.5	0.9498	39.25	0.8842
40	7.383	4.914 〃	166.7	0.9568	40.25	0.8870
41	7.786	5.205 〃	175.3	0.9640	41.26	0.8898
42	8.208	5.512 〃	184.3	0.9714	42.27	0.8927
43	8.649	5.836 〃	193.7	0.9792	43.27	0.8955
44	9.111	6.179 〃	203.7	0.9872	44.28	0.8983

〔注〕 0℃以下は氷と，0℃以上は水と接する空気（*は外挿値）
(空気調和・衛生工学会編：空気調和・衛生工学便覧，改訂第13版，1基礎編，pp.78-79（2001）より作成)

〔記　号〕　p_s：飽和水蒸気圧
　　　　　x_s, h_s, v_s：飽和空気の絶対湿度，エンタルピ，比容積
　　　　　h_a, v_a：乾き空気のエンタルピ，比容積

表 13.2 飽和蒸気表

圧力 (kPa)	温度 (°C)	比容積 (m³/kg)		密度 (kg/m³)	比エンタルピ (kJ/kg)		
p	t	v'	v''	ρ	h'	h''	r
0.6108	0	0.00100022	206.305	0.004847	−0.042	2501.6	2501.6
1.0	6.983	0.00100007	129.209	0.007739	29.335	2514.4	2485.0
5.0	32.90	0.00100523	28.1944	0.035468	137.772	2561.6	2423.8
10	45.83	0.00101023	14.6746	0.068145	191.832	2584.8	2392.9
20	60.09	0.00101719	7.64977	0.13072	251.453	2609.9	2358.4
30	69.12	0.00102232	5.22930	0.19123	289.302	2625.4	2336.1
40	75.89	0.00102651	3.99342	0.25041	317.650	2636.9	2319.2
50	81.35	0.00103009	3.24022	0.30862	340.564	2646.0	2305.4
60	85.95	0.00103326	2.73175	0.36607	359.925	2653.6	2293.6
70	89.96	0.00103612	2.36473	0.42288	376.768	2660.1	2283.3
80	93.51	0.00103847	2.08696	0.47917	391.722	2665.8	2274.0
100	99.63	0.00104342	1.69373	0.59041	417.510	2675.4	2257.9
101.325	100.00	0.00104371	1.67300	0.59773	419.064	2676.0	2256.9
105	101.00	0.00104450	1.61816	0.61799	423.287	2677.6	2254.3
110	102.32	0.00104554	1.54924	0.64548	428.843	2679.6	2250.8
115	103.59	0.00104656	1.48614	0.67288	434.196	2681.6	2247.4
120	104.81	0.00104755	1.42813	0.70022	439.362	2683.4	2244.1
125	105.99	0.00104852	1.37461	0.72748	444.355	2685.2	2240.9
130	107.13	0.00104947	1.32509	0.75467	449.188	2687.0	2237.8
135	108.24	0.00105039	1.27912	0.78179	453.872	2688.7	2234.8
140	109.32	0.00105129	1.23633	0.80885	458.417	2690.3	2231.9
145	110.36	0.00105217	1.19639	0.83583	462.832	2691.8	2229.0
150	111.37	0.00105303	1.15904	0.86279	467.125	2693.4	2226.2
160	113.32	0.00105471	1.09111	0.91650	475.375	2696.2	2220.9
170	115.17	0.00105632	1.03093	0.97000	483.217	2699.0	2215.7
180	116.93	0.00105788	0.977227	1.0233	490.696	2701.5	2210.8
190	118.62	0.00105938	0.928999	1.0764	497.846	2704.0	2206.1
200	120.23	0.00106084	0.885441	1.1294	504.700	2706.3	2201.6
210	121.78	0.00106226	0.845900	1.1822	511.284	2708.5	2197.2
220	123.27	0.00106363	0.809839	1.2348	517.622	2710.6	2193.0
250	127.43	0.00106755	0.718439	1.3919	535.343	2716.4	2181.0
300	133.54	0.00107350	0.605562	1.6514	561.429	2724.7	2163.2
350	138.87	0.00107890	0.524003	1.9084	584.270	2731.6	2147.4
400	143.62	0.00108387	0.462224	2.1635	604.670	2737.6	2133.0
450	147.92	0.00108849	0.413754	2.4169	623.161	2742.9	2119.7
500	151.84	0.00109284	0.374676	2.6690	640.115	2747.5	2107.4
600	158.84	0.00110086	0.315474	3.1698	670.422	2755.5	2085.0
0.700	164.96	0.00110819	0.272681	3.6673	697.061	2762.0	2064.9
0.800	170.41	0.00111498	0.240557	4.1622	720.935	2767.5	2046.5
0.900	175.36	0.00112135	0.214812	4.6552	742.644	2772.1	2029.5
1.000	179.88	0.00112737	0.194293	5.1469	762.605	2776.2	2013.6

〔記 号〕 v', h'：飽和水の比容積，エンタルピ
　　　　　 v'', h''：飽和蒸気の比容積，エンタルピ
　　　　　 r：蒸発潜熱
（出典：日本機械学会編：1980 SI 蒸気表，表Ⅱ (1981) より作成）

表 13.3 気体の物性表（圧力：101.325 kPa（飽和水蒸気を除く））（日本機械学会）

物質	温度 T (K)	密度 ρ (kg/m³)	定圧比熱 c_p (kJ/(kg·K))	粘性率 η (μPa·s)	動粘性率 ν (mm²/s)	熱伝導率 λ (mW/(m·K))	熱拡散率 a (mm²/s)	プラントル数 Pr
空気	100	3.6109	1.072	7.1*	1.97	9.22*	2.38	0.826
	150	2.3661	1.018	10.4*	4.40	13.75*	5.71	0.770
	200	1.7679	1.009	13.4*	7.58	18.10*	10.15	0.747
	240	1.4715	1.007	15.5*	10.5	21.45*	14.48	0.728
	260	1.3578	1.007	16.6*	12.2	23.05*	16.86	0.725
	280	1.2606	1.007	17.6*	14.0	24.61*	19.39	0.720
	300	1.1763	1.007	18.62	15.83	26.14	22.07	0.717
	320	1.1026	1.008	19.69	17.86	27.59	24.82	0.719
	340	1.0376	1.009	20.63	19.88	29.00	27.70	0.718
	360	0.9799	1.011	21.54	21.98	30.39	30.68	0.717
	380	0.9282	1.012	22.42	24.15	31.73	33.78	0.715
	400	0.8818	1.015	23.27	26.39	33.05	36.93	0.715
飽和水蒸気	360	0.3783	1.982	11.83	31.26	23.50	31.34	0.998
	370	0.5375	2.016	12.17	22.64	24.47	22.58	1.003
	380	0.7478	2.056	12.51	16.73	25.51	16.59	1.008
	390	1.0206	2.103	12.86	12.59	26.60	12.39	1.017
	400	1.3687	2.157	13.21	9.647	27.77	9.404	1.026
	410	1.8066	2.219	13.56	7.503	29.01	7.235	1.037
	420	2.3507	2.290	13.91	5.916	30.34	5.635	1.050
	430	3.0187	2.370	14.26	4.723	31.75	4.437	1.064
	440	3.8309	2.460	14.61	3.814	33.27	3.530	1.080
	450	4.8094	2.561	14.96	3.111	34.89	2.833	1.098

* Thermophysical Properties of Refrigerants (1976), ASHRAE.
(日本機械学会編：改訂第 4 版 伝熱工学資料, p.329 (2003) より作成)

表 13.4 水の物性表（日本機械学会）

温度 T (K)	密度 ρ (kg/m³)	定圧比熱 c_p (kJ/(kg·K))	粘性率 η (μPa·s)	動粘性率 ν (mm²/s)	熱伝導率 λ (mW/(m·K))	熱拡散率 a (mm²/s)	プラントル数 Pr	表面張力 σ (mN/m)
273.16	999.78	4.217	1 791.4	1.792	561.9	0.1333	13.44	75.65
280	999.93	4.199	1 435.4	1.435	576.0	0.1372	10.46	74.68
290	998.87	4.184	1 085.3	1.087	594.3	0.1422	7.641	73.21
300	996.62	4.179	854.4	0.8573	610.4	0.1466	5.850	71.69
310	993.42	4.179	693.7	0.6983	624.5	0.1504	4.642	70.11
320	989.43	4.180	577.2	0.5834	636.9	0.1540	3.788	68.47
330	984.75	4.184	489.9	0.4974	647.6	0.1572	3.165	66.79
340	979.44	4.188	422.5	0.4314	656.8	0.1601	2.694	65.04
350	973.59	4.194	369.4	0.3794	664.6	0.1628	2.331	63.25
360	967.21	4.202	326.7	0.3378	671.0	0.1651	2.046	61.41
370	960.37	4.212	291.8	0.3039	676.1	0.1671	1.818	59.52
380	953.08	4.224	263.0	0.2759	680.0	0.1689	1.634	57.59
390	945.36	4.239	238.8	0.2527	682.7	0.1704	1.483	55.61
400	937.22	4.257	218.5	0.2331	684.2	0.1715	1.359	53.58
410	928.67	4.278	201.1	0.2165	684.6	0.1723	1.257	51.52
420	919.70	4.302	186.2	0.2024	684.0	0.1729	1.171	49.42
430	910.32	4.329	173.3	0.1903	682.3	0.1731	1.100	47.28
440	900.51	4.360	162.0	0.1799	679.6	0.1731	1.039	45.11
450	890.26	4.395	152.2	0.1710	675.9	0.1727	0.990	42.90

(日本機械学会編：改訂第 4 版 伝熱工学資料, p.331 (2003) より作成)

表 13.5 MTD の算出図表

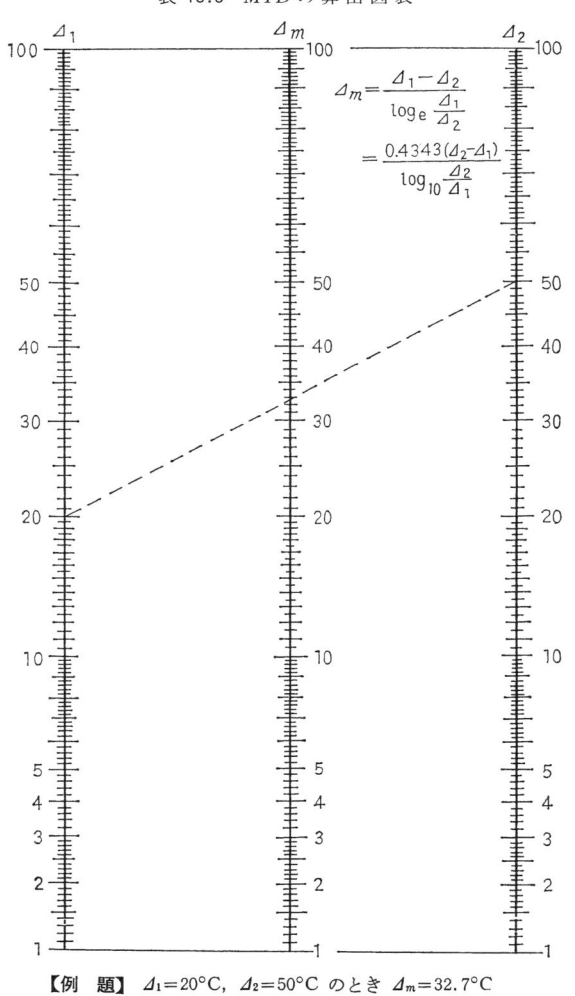

$$\Delta_m = \frac{\Delta_1 - \Delta_2}{\log_e \frac{\Delta_1}{\Delta_2}} = \frac{0.4343(\Delta_2 - \Delta_1)}{\log_{10} \frac{\Delta_2}{\Delta_1}}$$

【例 題】 $\Delta_1 = 20°C$, $\Delta_2 = 50°C$ のとき $\Delta_m = 32.7°C$

表 13.6(a) 外壁の熱貫流率（W/m²K）（$a_o=20, a_i=8$）

外装		内装	グラスウール保温材厚（mm）（$\lambda=0.038$）			
			0	25	50	100
木造	下見板	土壁	2.62	1.05	0.66	0.38
	モルタル	土壁	2.84	1.09	0.67	0.38
	〃	ベニヤ	3.15	1.13	0.69	0.39
コンクリート	厚 10 cm	ベニヤ	3.34	1.16	0.70	0.39
	15	〃	3.00	1.11	0.68	0.39
	20	〃	2.72	1.08	0.71	0.38
ALC	厚 7.5 cm	ベニヤ	1.25	0.77	0.53	0.33
MCW*		ベニヤ	1.00	0.64	0.37	—

* MCW：金属カーテンウォール

表 13.6(b) 屋根の熱貫流率（W/m²K）（$a_o=20, a_i=8$）

構造	防水	天井	グラスウール保温材厚（mm）			
			0	25	50	100
コンクリート厚 12 cm	アスファルトルーフィング	なし	2.31	1.00	0.64	0.37
		あり	1.77	0.88	0.59	0.35
	モルタル	なし	4.00	1.23	0.73	0.40
		あり	2.57	1.05	0.66	0.38
ALC板 7.5 cm	シート防水	なし	1.69	0.87	0.58	0.35
		あり	1.37	0.77	0.53	0.33

表 13.6(c) 一階床面の熱貫流率（W/m²K）（$a_i=8, a_o=12$（下向熱流））

構造	上面	下面	グラスウール保温材厚（mm）			
			0	25	50	100
木造	エンコ板張り	なし	2.58	1.05	0.66	0.38
	タタミ	なし	1.20	0.88	0.51	0.32
コンクリート厚 12 cm	塩ビタイル	プラスタ仕上	2.53	1.04	0.66	0.38
		下り天井	1.78	0.91	0.60	0.36

表 13.6(d) 間仕切壁の熱貫流率（W/m²K）（渡辺 要）

	木造		コンクリート厚 12 cm	ALC 板厚 7.5 cm	コンクリートブロック
内装	ベニヤ	土壁しっくい	プラスタ	プラスタ	プラスタ
K 値	2.14	2.45	2.48	1.28	2.13

表 13.6(e) 窓および扉など（W/m²K）（渡辺 要）

種類	ガラス			扉			その他	
構造	一重	二重	ブロック	木造	スチール一重	スチール二重	ふすま	雨戸
K 値	6.40	3.72	3.37	3.02	6.98	3.13	1.95	4.47

13 諸表

表 13.7 度量衡換算表

長さ	面積	体積	重量（質量）
1 m=3.2809 ft	1 m²=10.7643 ft²	1米gal=3.7852 l	1 kg=2.2046 lb
1 yd=3 ft=36 in	=1.1960 yd²	1英gal=4.5465 l	1貫=3.750 kg
=0.9144 m	1 in²=6.4514 cm²	1 m³=1 kl=35.3166 ft³	1 lb=16 oz(オンス)
1 in=25.400 mm	=645.14 mm²	1石=10斗=100升	=7000 gr(グレン)
1 m=3.30 尺	1坪=3.3058 m²	=180.39 l	1米トン=2000 lb
1間=6尺=1.8182 m	1 a(アール)=100 m²	1 bbl(バレル)	=907.2 kg
1 μm=1 μ (ミクロン)	1 ha(ヘクタール)	=41.992米gal	1英トン=2240 lb
=0.001 mm	=10000 m²	=158.98 l	=1016 kg
1 mil=0.001 in	=2.471 acre	1 Nm³(ノルマル立方メートル)=圧力 1 atm, 温度 0°Cにおける気体の容積	1 N(ニュートン)
=0.0254 mm	1町=10段=3000坪		=10⁵ dyne
	=0.9917 ha		=1/9.80665 kgf (重量キログラム)

[接頭語] T (テラ): 10^{12} k (キロ): 10^{3} d (デシ): 10^{-1} μ (マイクロ): 10^{-6}
G (ギガ): 10^{9} h (ヘクト): 10^{2} c (センチ): 10^{-2} n (ナノ): 10^{-9}
M (メガ): 10^{6} da (デカ): 10^{1} m (ミリ): 10^{-3} p (ピコ): 10^{-12}

表 13.8 圧力換算表

bar	kg/cm² (at)	lb/in²	atm (気圧)	水銀柱 (0°C) mm	水銀柱 (0°C) in	水柱 (15°C) m	水柱 (15°C) in	水柱 (15°C) ft	Pa (パスカル)
1	1.0197	14.50	0.9869	750.0	29.53	10.197	401.46	33.46	10^{5}
0.980667	1	14.223	0.9678	735.5	28.96	10.00	393.7	32.81	98 067
0.06895	0.07031	1	0.06804	51.71	2.0355	0.7037	27.7	2.309	6 894.8
1.0133	1.0333	14.70	1	760	29.921	10.34	407.2	33.93	101 325
1.3333	1.3596	19.34	1.316	1 000	39.37	13.61	535.67	44.64	133 322
0.03386	0.03453	0.4912	0.03342	25.4	1	0.3456	13.61	1.134	3 386.4
0.09798	0.09991	1.421	0.0967	73.49	2.893	1	39.37	3.281	9 806.65
0.0₂2489	0.022538	0.03609	0.0₂2456	1.867	0.07349	0.0254	1	0.08333	249.08
0.02986	0.03045	0.4332	0.02947	22.4	0.08819	0.3048	12	1	2 989.0
0.0₄1	1.0197×10^{-5}	1.4504×10^{-4}	9.869×10^{-6}	7.500×10^{-3}	2.953×10^{-4}	1.0197×10^{-4}	4.0146×10^{-3}	3.346×10^{-5}	1

[注] $0.0_21=0.001$, 1 atg=1 kg/cm² ゲージ=1 ata+1.0333 kg/cm², 1 Pa=0.102 mmAq
1 ata=1 kg/cm² 絶対, 1 Pa=1 N/m², 1 N(ニュートン)=kg m/s² 1 MPa=10.2 atg

表 13.9 度量換算表

l/s	l/min	m³/h	m³/min	m³/s	British gal/min	U.S. gal/min	ft³/h	ft³/min	ft³/s
1	60	3.6	0.06	0.001	13.197	15.8514	127.14	2.119	0.035317
0.016666	1	0.06	0.001	0.0₄16666	0.21995	0.26419	2.119	0.035317	0.0₃5886
0.27777	16.666	1	0.016666	0.0₃27777	3.66583	4.40316	35.3165	0.58861	0.0₂9801
16.666	1 000	60	1	0.016666	219.95	264.19	2 119	35.3165	0.58861
1 000	60×10^{3}	3 600	60	1	13 198	15 851	127 150	2 119	35.3165
0.075775	4.5465	0.27279	0.0₂45465	0.0₄75775	1	1.20114	9.6342	0.16057	0.0₂2676
0.063086	3.7852	0.22711	0.0₂37852	0.0₄63086	0.83254	1	8.0208	0.13368	0.0₂2228
0.0₂7865	0.47188	0.028315	0.0₃47188	0.0₅78647	0.103798	0.12467	1	0.016666	0.0₃27777
0.47188	28.3153	1.6989	0.028315	0.0₃47188	6.22786	7.48055	60	1	0.016666
28.3153	1 698.9	101.935	1.6989	0.028315	373.6716	448.833	3 600	60	1

[注] 10 000 石/24 h = 75.16 m³/h = 330.9 gal/min

表 13.10 仕事および熱量換算表

joule	kg m	ft lb	kWh	metric H.P.h	British H.P.h	kcal	Btu.
1	0.10197	0.73756	$0.0_6 27778$	$0.0_6 37767$	$0.0_6 37251$	$0.0_3 2389$	$0.0_3 9486$
9.80665	1	7.23314	$0.0_5 27241$	$0.0_5 37037$	$0.0_5 36528$	$0.0_2 2342$	$0.0_2 9293$
1.35582	0.13825	1	$0.0_6 37661$	$0.0_5 51203$	$0.0_6 50505$	$0.0_3 3239$	$0.0_2 1285$
36×10^5	367 100	2 655 200	1	1.35963	1.34101	859.98	3 412
2648×10^3	27×10^4	1 952 900	0.73549	1	0.98635	632.42	2 509.7
2 684 500	273 750	198×10^4	0.74569	1.01383	1	641.33	2 544.4
4 186.8	426.85	3 087.4	$0.0_2 11628$	$0.0_2 15809$	$0.0_2 15576$	1	3.96832
1 055.1	107.582	778.168	$0.0_3 29843$	$0.0_3 39843$	$0.0_3 39253$	0.251996	1

1 Gcal = 1×10^9 cal = 1×10^6 kcal　　1 Mcal = 1×10^6 cal = 1×10^3 kcal
1 kJ (キロジュール) = 0.23884 kcal,　1 kcal = 4.1868 kJ　　1 MW = 0.860 G Cal/h
1 therm = 100 000 Btu　　MBH = 1 000 Btu/h　　1 MJ = 0.24 Mcal
1 ps (メートル制馬力) = 75 kg m/s = 0.7355 kW　　1 HP (英国制馬力) = 33 000 ft lb/min

表 13.11 速度比較表

m/s	m/min	km/h	ft/s	ft/min	mile/h	knot
1	60	3.6	3.28091	196.854	2.23698	1.9426
0.016667	1	0.06	0.05468	3.28091	0.03728	0.03237
0.27778	16.66667	1	0.91136	54.6815	0.62138	0.53962
0.30479	18.2874	1.09725	1	60	0.68182	0.59211
$0.0_2 50798$	0.30479	0.018287	0.016667	1	0.011364	$0.0_2 98684$
0.44703	26.8215	1.60931	1.46667	88	1	0.86842
0.51478	30.8867	1.8532	1.68889	101.337	1.15152	1

表 13.12 諸単位

冷凍熱量	1 日本冷凍屯 = 3 320 kcal/h = 13 174 Btu/h = 3.860 kW 1 米国冷凍屯 (USRT) = 12 000 Btu/h = 3 024 kcal/h = 3.519 kW
ボイラ熱量	1 m² EDR (相当放熱面積)(蒸気) = 650 kcal/h 1 ft² EDR (相当放熱面積)(蒸気) = 240 Btu/h 1 kg/h 換算蒸発量 = 539.64 kcal/h = 0.8302 m² EDR 1 lb/h 標準蒸発量 = 970.2 Btu/h = 4.04 ft² EDR 1 ボイラ馬力 = 33 479 Btu/h = 8 434 kcal/h = 34.6 lbs/h
放熱量	1 kcal/m² = 0.3687 Btu/ft² = 4.187 kJ/m² 1 kcal/m² = 3.306 kcal/坪 = 0.3687 Btu/ft² 1 Btu/ft³ = 8.899 kcal/m³
比熱	1 kcal/m³ °C = 0.06243 Btu/ft³ °F = 4.187 kJ/m³ K 1 Btu/U.S. gal °F = 7.481 Btu/ft³ °F = 119.8 kcal/m³ °C
熱伝導率	1 kcal/hm°C = 0.6719 Btu/h ft °F = 8.063 Btu/h ft² °F/in = 1.1628 W/m K 1 Btu/h ft² °F/in = 0.1240 kcal/h m °C = 0.1442 W/m K

熱貫流率	1 kcal/m² h °C=0.2048 Btu/ft² h °F=1.1628 W/m² K 1 Btu/ft² h °F=4.883 kcal/m² h °C=5.678 W/m² K
エンタルピ	1 kcal/kg=1.800 Btu/lb=4.1868 kJ/kg
圧力降下	1 mmAq/m=1.197 in/100 ft=0.012 in/ft=9.8066 Pa/m 1 lb/in²/100 ft=23.069 mmAq/m=0.231 kg/cm²·100 m 1 oz/in²/100 ft=0.0144 kg/cm²/100 m
物質移動係数 (容積基準)	K_a : 1 Btu/ft³ h lb/lb=8.899 kcal/m³ h kg/kg α_a : 1 Btu/ft³ h °F=16.02 kcal/h m³ °C
粘性係数	1 ストークス=1 cm²/s=100 センチストークス 1 poise=1 g/cm s=0.1 kg/m s 高粘度では 1 ストークス=0.00260×(レッドウッド s)

表 13.13(a) SI ユニット (圧力)

単位	1 Pa	kPA	bar	mmWS	atm	at
1 Pa (N/m²)	1	10^{-3}	10^{-3}	0.102	0.987×10^{-5}	1.02×10^{-5}
1 kPa	1 000	1	0.01	102	0.987×10^{-2}	1.02×10^{-2}
1 bar	10^5	100	1	1.02×10^4	0.987	1.02
1 mmWS	9.81	9.81×10^{-3}	9.81×10^{-5}	1	0.97×10^{-4}	10^{-4}
1 atm	1.01×10^5	101	1.01	10 332	1	1.033
1 at	9.81×10^4	98.1	0.981	10 000	0.968	1

表 13.13(b) SI ユニット (仕事と熱量)

単位	J	MJ	kWh	kcal	Mcal	Btu
1 J (1 Nm)	1	10^{-6}	2.778×10^{-7}	0.239×10^{-3}	—	0.948×10^{-3}
1 MJ	10^6	1	0.278	239	0.239	948
1 kWh	3.6×10^6	3.6	1	860	0.86	3 414
1 kcal	4 187	—	1.163×10^{-3}	1	10^{-3}	3.97
1 Mcal	—	4.187	1.163	10^3	1	3 968
1 Btu	1.05×10^3	1.05×10^{-3}	0.293×10^{-3}	0.252	—	1

表 13.14 長方形

短辺\長辺	5	10	15	20	25	30	35	40	45	50	55	60	65	70	75
5	5.5														
10	7.6	10.9													
15	9.1	13.3	16.4												
20	10.3	15.2	18.9	21.9											
25	11.4	16.9	21.0	24.4	27.3										
30	12.2	18.3	22.9	26.6	29.9	32.8									
35	13.0	19.5	24.5	28.6	32.2	35.4	38.3								
40	13.8	20.7	26.0	30.5	34.3	37.8	40.9	43.7							
45	14.4	21.7	27.4	32.1	36.3	40.0	43.3	46.4	49.2						
50	15.0	22.7	28.7	33.7	38.1	42.0	45.6	48.8	51.8	54.7					
55	15.6	23.6	29.9	35.1	39.8	43.9	47.7	51.1	54.3	57.3	60.1				
60	16.2	24.5	31.0	36.5	41.4	45.7	49.6	53.3	56.7	59.8	62.8	65.6			
65	16.7	25.3	32.1	37.8	42.9	47.4	51.5	55.3	58.9	62.2	65.3	68.3	71.1		
70	17.2	26.1	33.1	39.1	44.3	49.0	53.3	57.3	61.0	64.4	67.7	70.8	73.7	76.5	
75	17.7	26.8	34.1	40.2	45.7	50.6	55.0	59.2	63.0	66.6	69.7	73.2	76.3	79.2	82.0
80	18.1	27.5	35.0	41.4	47.0	52.0	56.7	60.9	64.9	68.7	72.2	75.5	78.7	81.8	84.7
85	18.5	28.2	35.9	42.4	48.2	53.4	58.2	62.6	66.8	70.6	74.3	77.8	81.1	84.2	87.2
90	18.9	28.9	36.7	43.5	49.4	54.8	59.7	64.2	68.6	72.6	76.3	79.9	83.3	86.6	89.7
95	19.4	29.5	37.5	44.5	50.6	56.1	61.1	65.9	70.3	74.4	78.3	82.0	85.5	88.9	92.1
100	19.7	30.1	38.4	45.4	51.7	57.4	62.6	67.4	71.9	76.2	80.2	84.0	87.6	91.1	94.4
105	20.1	30.7	39.1	46.4	52.8	58.6	64.0	68.9	73.5	77.8	82.0	85.9	89.7	93.2	96.7
110	20.5	31.3	39.9	47.3	53.8	59.8	65.2	70.3	75.1	79.6	83.8	87.8	91.6	95.3	98.8
115	20.8	31.8	40.6	48.1	54.8	60.9	66.5	71.7	76.6	81.2	85.5	89.6	93.6	97.3	100.9
120	21.2	32.4	41.3	49.0	55.8	62.0	67.7	73.1	78.0	82.7	87.2	91.4	95.4	99.3	103.0
125	21.5	32.9	42.0	49.9	56.8	63.1	68.9	74.4	79.5	84.3	88.8	93.1	97.3	101.2	105.0
130	21.9	33.4	42.6	50.6	57.7	64.2	70.1	75.7	80.8	85.7	90.4	94.8	99.0	103.1	106.9
135	22.2	33.9	43.3	51.4	58.6	65.2	71.3	76.9	82.2	87.2	91.9	96.4	100.7	104.9	108.8
140	22.5	34.4	43.9	52.2	59.5	66.2	72.4	78.1	83.5	88.6	93.4	98.0	102.4	106.6	110.7
145	22.8	34.9	44.5	52.9	60.4	67.2	73.5	79.3	84.8	90.0	94.9	99.6	104.1	108.4	112.5
150	23.1	35.3	45.2	53.6	61.2	68.1	74.5	80.5	86.1	91.3	96.3	101.1	105.7	110.0	114.3
155	23.4	35.8	45.7	54.4	62.1	69.1	75.6	81.6	87.3	92.6	97.4	102.6	107.2	111.7	116.0
160	23.7	36.2	46.3	55.1	62.9	70.0	76.6	82.7	88.5	93.9	99.1	104.1	108.8	113.3	117.7
165	23.9	36.7	46.9	55.7	63.7	70.9	77.6	83.8	89.7	95.2	100.5	105.5	110.3	114.9	119.3
170	24.2	37.1	47.5	56.4	64.4	71.8	78.5	84.9	90.8	96.4	101.8	106.9	111.8	116.4	120.9
175	24.5	37.5	48.0	57.1	65.2	72.6	79.5	85.9	91.9	97.6	103.1	108.2	113.2	118.0	122.5
180	24.7	37.9	48.5	57.7	66.0	73.5	80.4	86.9	93.0	98.8	104.3	109.6	114.6	119.5	124.1
185	25.0	38.3	49.1	58.4	66.7	74.3	81.4	87.9	94.1	100.0	105.6	110.9	116.0	120.9	125.6
190	25.3	38.7	49.6	59.0	67.4	75.1	82.2	88.9	95.2	101.2	106.8	112.2	117.4	122.4	127.2
195	25.5	39.1	50.1	59.6	68.1	75.9	83.1	89.9	96.3	102.3	108.0	113.5	118.7	123.8	128.5
200	25.8	39.5	50.6	60.2	68.8	76.7	84.0	90.8	97.3	103.4	109.2	114.7	120.0	125.2	130.1
210	26.3	40.3	51.6	61.4	70.2	78.3	85.7	92.7	99.3	105.6	111.5	117.2	122.6	127.9	132.9
220	26.7	41.0	52.5	62.5	71.5	79.7	87.4	94.5	101.3	107.6	113.7	119.5	125.1	130.5	135.7
230	27.2	41.7	53.4	63.6	72.8	81.2	89.0	96.3	103.1	109.7	115.9	121.8	127.5	133.0	138.3
240	27.6	42.4	54.3	64.7	74.0	82.6	90.5	98.0	105.0	111.6	118.0	124.1	129.9	135.5	140.9
250	28.1	43.0	55.2	65.8	75.3	84.0	92.0	99.6	106.8	113.6	120.2	126.2	132.2	137.9	143.4
260	28.5	43.7	56.0	66.8	76.4	85.3	93.5	101.2	108.5	115.4	122.0	128.3	134.4	140.2	145.9
270	28.9	44.3	56.9	67.8	77.6	86.6	95.0	102.8	110.2	117.3	124.0	130.4	136.6	142.5	148.3
280	29.3	45.0	57.7	68.8	78.7	87.9	96.4	104.3	111.9	119.0	125.9	132.4	138.7	144.7	150.6
290	29.7	45.6	58.5	69.7	79.8	89.1	97.7	105.8	113.5	120.8	127.8	134.4	140.8	146.9	152.9
300	30.1	46.2	59.2	70.6	80.9	90.3	99.0	107.3	115.1	122.5	129.5	136.3	142.8	149.0	155.5

ダクトの換算表

80	85	90	95	100	105	110	115	120	125	130	135	140	145	150
87.5														
90.1	92.9													
92.7	95.6	98.4												
95.2	98.2	101.1	103.9											
97.6	100.7	103.7	106.5	109.3										
100.0	103.1	106.2	109.1	112.0	114.8									
102.2	105.5	108.6	111.7	114.6	117.5	120.3								
104.4	107.8	111.0	114.1	117.2	120.1	122.9	125.7							
106.6	110.0	113.3	116.5	119.6	122.6	125.6	128.4	131.2						
108.6	112.2	115.6	118.8	122.0	125.1	128.1	131.0	133.9	136.7					
110.7	114.3	117.7	121.1	124.4	127.5	130.6	133.6	136.5	139.3	142.1				
112.6	116.3	119.9	123.3	126.7	129.9	133.0	136.1	139.1	142.0	144.8	147.6			
114.6	118.3	122.0	125.5	128.9	132.2	135.4	138.5	141.6	144.6	147.5	150.3	153.0		
116.5	120.3	124.0	127.6	131.1	134.5	137.7	140.9	144.0	147.1	150.3	152.9	155.7	158.5	
118.3	122.2	126.0	129.7	133.2	136.7	140.0	143.3	146.4	149.5	152.6	155.5	158.4	161.2	164.0
120.1	124.1	127.9	131.7	135.3	138.8	142.2	145.5	148.8	151.9	155.0	158.0	161.0	163.9	166.7
121.9	125.9	129.8	133.6	137.3	140.9	144.4	147.8	151.1	154.3	157.5	160.5	163.5	166.5	169.3
123.6	127.7	131.7	135.6	139.3	143.0	146.5	150.0	153.3	156.6	159.8	163.0	166.0	169.0	171.9
125.3	129.5	133.5	137.5	141.3	145.0	148.6	152.1	155.6	158.9	162.2	165.3	168.5	171.5	174.5
127.0	131.2	135.3	139.3	143.2	147.0	150.7	154.2	157.7	161.1	164.4	167.7	170.8	173.9	177.0
128.6	132.9	137.1	141.2	145.1	148.9	152.7	156.3	159.8	163.3	166.7	170.0	173.2	176.4	179.4
130.2	134.6	138.8	143.0	147.0	150.9	154.7	158.3	161.9	165.4	168.9	172.2	175.5	178.7	181.9
131.8	136.2	140.5	144.7	148.8	152.7	156.6	160.3	164.0	167.6	171.0	174.4	177.8	181.0	184.2
133.3	137.9	142.2	146.5	150.6	154.6	158.5	162.3	166.0	169.6	173.2	176.6	180.0	183.3	186.6
134.8	139.4	143.8	148.1	152.3	156.4	160.4	164.2	168.0	171.7	175.3	178.8	182.2	185.6	188.9
137.8	142.5	147.0	151.5	155.8	160.0	164.0	168.0	171.9	175.7	179.3	183.0	186.5	189.9	193.3
140.6	145.5	150.2	154.7	159.1	163.4	167.6	171.6	175.6	179.5	183.3	187.0	190.6	194.2	197.7
143.4	148.4	153.2	157.8	162.3	166.7	171.0	175.2	179.3	183.2	187.1	190.9	194.7	198.3	201.9
146.1	151.2	156.1	160.8	165.5	170.0	174.4	178.6	182.8	186.9	190.9	194.8	198.6	202.3	206.0
148.8	153.9	158.9	163.8	168.5	173.1	177.6	182.0	186.3	190.4	194.5	198.5	202.4	206.2	210.0
151.3	156.6	161.7	166.7	171.5	176.2	180.8	185.2	189.6	193.9	198.0	202.1	206.1	210.0	213.9
153.8	159.2	164.4	169.5	174.4	179.2	183.9	188.4	192.9	197.2	201.5	205.7	209.7	213.7	217.7
156.2	161.7	167.0	172.1	177.2	182.1	186.9	191.5	196.1	200.5	204.9	209.1	213.3	217.4	221.4
158.6	164.2	169.6	174.8	180.0	185.0	189.8	194.5	199.2	203.7	208.1	212.5	216.7	220.9	225.0
160.9	166.6	172.1	177.5	182.7	187.7	192.7	197.5	202.2	206.8	211.3	215.8	220.1	224.3	228.5

表 13.15 配管用炭素鋼鋼管（ガス管）（JIS G 3452-1978）

管の呼び方		外 径 (mm)	近似内径 (mm)	厚 さ (mm)	ソケットを含まない重量 (kg/m)	管内断面積* (cm²)	流速1m/sのときの流量* (m³/h)	流量1m³/hのときの流速* (m/s)
(A)	(B)							
6	1/8	10.5	6.5	2.0	0.419	0.332	0.1195	8.367
8	1/4	13.8	9.2	2.3	0.652	0.665	0.2394	4.177
10	3/8	17.3	12.7	2.3	0.851	1.267	0.4561	2.193
15	1/2	21.7	16.1	2.8	1.31	2.036	0.7330	1.364
20	3/4	27.2	21.6	2.8	1.68	3.664	1.319	0.7582
25	1	34.0	27.6	3.2	2.43	5.982	2.154	0.4643
32	1 1/4	42.7	35.7	3.5	3.38	10.010	3.604	0.2775
40	1 1/2	48.6	41.6	3.5	3.89	13.59	4.892	0.2044
50	2	60.5	52.9	3.8	5.31	21.98	7.913	0.1264
65	2 1/2	76.3	67.9	4.2	7.47	36.21	13.04	0.07669
80	3	89.1	80.7	4.2	8.79	51.15	18.41	0.05431
90	3 1/2	101.6	93.2	4.2	10.1	68.22	24.56	0.04072
100	4	114.3	105.3	4.5	12.2	87.09	31.35	0.03190
125	5	139.8	130.8	4.5	15.0	134.37	48.37	0.02067
150	6	165.2	155.2	5.0	19.8	189.18	68.10	0.01468
175	7	190.7	180.1	5.3	24.2	254.75	91.71	0.01090
200	8	216.3	204.7	5.8	30.1	329.10	118.48	0.008440
225	9	241.8	229.4	6.2	36.0	413.31	148.79	0.006721
250	10	267.4	254.2	6.6	42.4	507.51	182.70	0.005473
300	12	318.5	304.7	6.9	53.0	729.18	262.50	0.003810
350	14	355.6	339.8	7.9	67.7	906.85	326.47	0.003063

＊印は JIS にはない．

付図　ダクト設計図

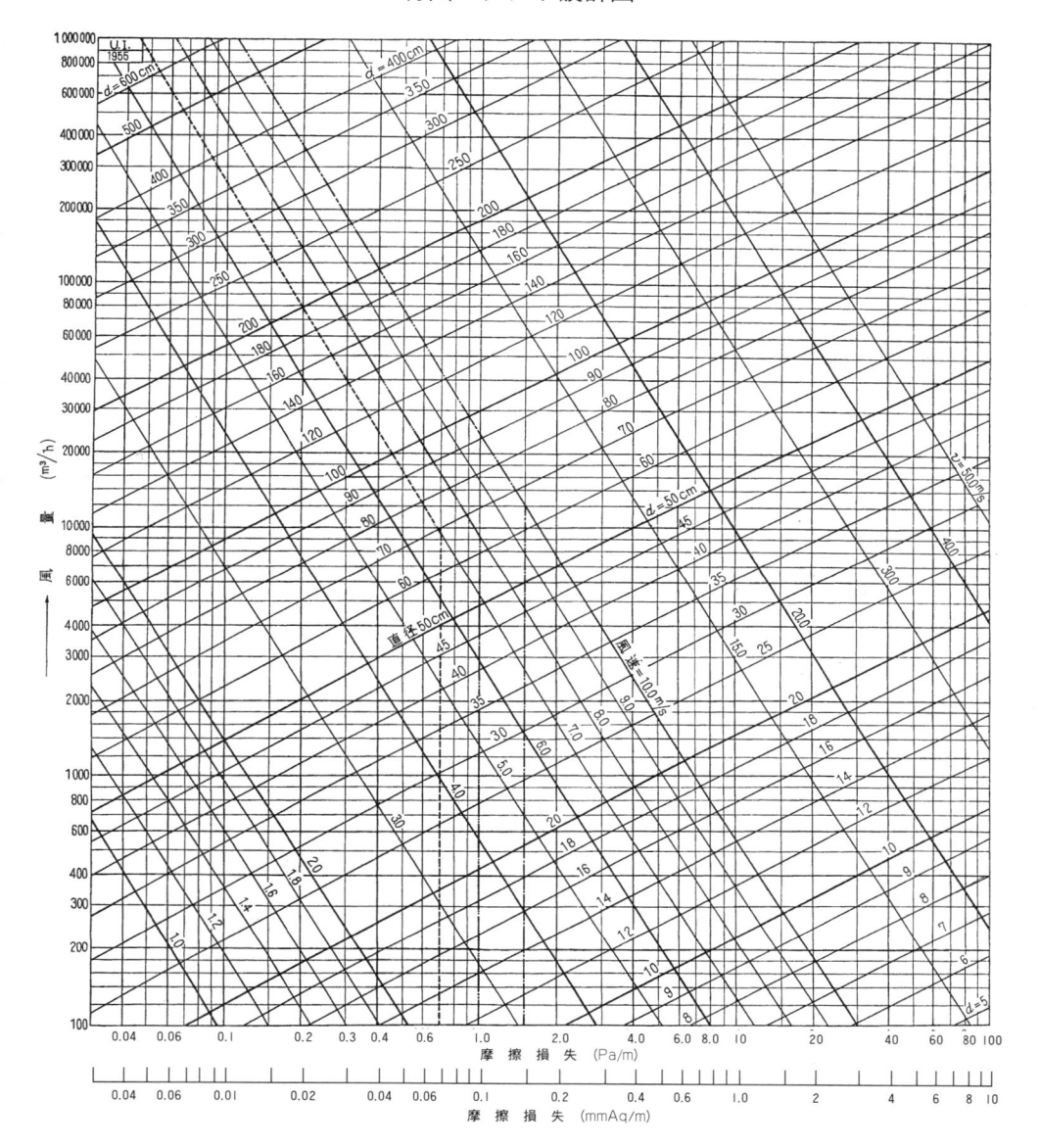

索　引

数字・英字索引

2管式	156
3ウェイ方式	160
4管式	156
ADPI	365
ASHP	215
BF	117
CEC	442
CF	116
CO_2 原単位	439
CO_2 濃度制御	410
CO_2 排出量	438
DDC 制御	432
DOP 法	280
EDT	365
EER	187
ET*	12
ETD	54, 59
HEPA フィルタ	281, 285, 378
LCC	440
$LCCO_2$	439
LCEM	464
MBX	153
MED	294
MTD	291
──の算出図表	473
NBS 法	280
NC 曲線	344
OA カット	462
OA 機器の熱負荷	79
PAL	442
──チャート	443
PPD	11
PVD	10
RC 曲線	344
SAT	54
SEER	187
SET*	12
SHF	94, 97, 114
$t-h$ 線図	118
T ライン形吹出口	363
VAV 方式	457
──ユニット	152
VWV 方式	457

あ 行

アスマン式湿球温度計	28
圧縮機の設計法	185
圧縮式冷凍機	183
圧力換算表	475
アネモスタット形吹出口	361
アメダス気象データ	23
アングル弁	247
暗騒音	344
アンビエント空調	164
異径管の接続	260
一次エネルギ消費構成	438
一次エネルギ消費量	4
一次遅れ	435
一次ポンプ方式	258
インテリアゾーン	42, 145
インバータターボ冷凍機	192
ウイリアム・ハーゼン公式	248, 251
ウォーミングアップ制御	409
ウォールスルー型	157
──ヒートポンプ方式	160
内張りダクトの減衰	352
エア抜き方法	260
エアフィルタ	268
──の性能	280
エアフローウインド	51, 146
──の熱通過率	47

索　引

エアワッシャ	268
──の種類	300
──回りの配管	262
エネルギ消費	437
塩化ビニールライニング鋼管抵抗線図	251
エンジン駆動ヒートポンプ方式	173
円筒多管式熱交換器	229
往復冷凍機	193
オクターブバンド	343
音圧レベル	343
温室効果ガス発生量	439
温湿度条件	6
温湿度別ゾーニング	144
温水コイルの設計	298
温水噴霧のエアワッシャ	300
温度差係数	64
温熱源負荷	110
温風乾燥装置	128
温冷感	11

か 行

加圧ポンプ	260
外気処理空調機制御	413
外気負荷	88
──の抑制	451
外気量	13
外気冷房	452
──効果チャート	445
外気冷房制御	409
快適性の指標	9
回転式全熱交換器	313
ガイドベーン	340
外表面熱伝達率	57
外壁の面積	43
開放式蓄熱水槽	233
開放式配管	255
開放式配管システム制御	422
開放式冷却塔	206
返り管の方式	256
化学的吸湿剤	129
各階ユニット方式	149
拡張アメダス気象データ	23
加湿パン	305
加湿方法	302

加湿用エアワッシャ	300
加湿量	90
過剰外気導入	462
過除湿	461
カスケード制御	431
ガス燃料の組成	228
学校衛生管理基準	14
加熱塔	222
ガラスの日射熱取得	52
ガラスの入射角	51
過冷却	270
乾きコイルの計算	292
乾きコイルの伝熱式	317
換気エネルギ消費係数	442
換気回数	380
──法	69
換気基準	12
換気効率	388
換気設備	383
乾球温度	28
換気量	13
──の目安	386
間欠空調	3
──の熱負荷	86
監視制御システム	425
還水管の流量表	254
完全拡散混合	388
貫流熱負荷	45
──の計算	64
機械換気	384
機械式冷却塔	205
機械室面積	142
機械排煙	390
気化式加湿器	305
期間空調	3
器具の発熱量	82
気体の状態方程式	30
気体の物性表	472
逆止め弁	247
逆流	291
キャピラリエアワッシャ	301
吸音効果	349
吸音材料	356
給気温度制御	399
給気湿度リミット制御	410

索　引

給気風量	96
吸収口の種類	364
吸収式減湿装置	311
吸収冷凍機	195
——方式	168
吸着式減湿装置	311
局所換気の設計法	387
局所空気齢	389
局所排熱方式	450
局部抵抗	324
——係数	325
気流解析	377
気流の特性式	374
空気・水併用方式	147
空気拡散性能係数	365
空気加熱コイル	297
空気清浄度	13, 380
空気清浄度別ゾーニング	144
——の計算	285
空気線図	33, 113, 119
空気調和	1
空気調和機	267
空気調和計画	139
空気調和計算法	95
空気抜き方法	261
空気熱源ヒートポンプ	215, 217
——パッケージ形空気調和機	272
空気齢	388
空気冷却コイル	288
空調エネルギ消費係数	442
空調機	267
——室	270
——制御系	397
——負荷	36, 101
空調計画	139
空調システム	2, 3
——シミュレーション法	446
空調設備機器の償却年数	178
空調方式の分類	147
空調用換気回数	98
空調用水配管の設計法	252
空調用送風機	275
空調用熱源装置	181
空調用標準風量	98
クラック法	70
クリーンルーム	378
——の清浄度	15
クローズオフレーティング	406
グローバル制御	395
劇場	166
ケルチングノズル	307
減価償却法	177
減湿装置	310
建築物環境衛生管理基準	5
顕熱交換器	316
顕熱比	97, 114
顕熱負荷	37
コイルの制御	257
コイルの伝熱量	233
コイルの凍結防止	297
コイルまわり配管	261
高圧水噴霧	303
恒温恒湿空調機制御	413
高温水管の材質	243
公会堂	166
鋼管の抵抗線図	249
工業用空調	1
——の室内条件	8
高次遅れ	435
高速ダクトの構造	342
高速ダクトの設計	332
コージェネレーションシステム	173, 454
コールドドラフト	364
個室制御ゾーニング	144
コスト計画	176
固定式全熱交換器	315
固定羽根吹出口	360
個別式	150
個別制御	393
ゴミ排熱利用	454
混合損失	154
混合ユニット	153
コンタクトファクタ	116, 296

さ　行

サージング限界	190
サイクリング	435
在室人員の発熱負荷	74

在室人員密度	75
最大熱負荷計算	37
最適制御	432
再熱負荷	104
作用温度	9
三重効用吸収式冷凍機	202
サンプリング制御	432
三方弁制御	257
シーケンス制御	432
時　角	22
時間遅れ	53
仕切り弁	247
シグマ関数	31
自然エネルギの利用	451
自然減衰	350
自然通風	452
自然排煙	390
室温制御	395
湿球温度	28
実効温度差	54, 56, 59, 62
室内温湿度条件	43
室内温度制御	409
室内環境基準	5
室内空気質	13
室内湿度制御	409
室内直接加湿法	307
室内の空気分布	364
室内有害物質	383
室の容積	43
室負荷	36
時定数	435
至適温湿度域	12
自動制御	393, 400
事務所空調方式	165
事務所ビルの一次エネルギ消費量	439
湿り空気線図	31, 32
湿り空気表	469
湿りコイル	289
——の計算	293
——の伝熱式	317
湿り比熱	28
遮蔽係数	46
周期現価係数	179
重量法	280
手術室	165

循環ポンプ	264
省エネルギ	3
——指標	441
消音エルボ	352
消音装置	351
消音ボックス	353
蒸気管の流量表	254
蒸気コイルの設計	299
蒸気の噴霧	304
蒸気ヒータの配管	261
蒸気噴霧	117
使用時間別ゾーニング	147
状態線	114
蒸発冷却	115
照明の熱負荷	76
除湿再燃	461
自力制御	432
人工排熱量構成	438
人体の発熱量	76
振動絶縁効率	279
新有効温度	12
水蒸気分圧	26, 30
水槽内コイル	233
水蓄熱方式	171
水配管の抵抗線図	248
水配管の方式	255
水冷式パッケージ形空気調和機	272
スーパークリーンルーム	378
スーパーマーケット	166
すきま風の熱負荷	68
スキンロード	42, 91
スクリュー形 ASHP	216
スクリュー冷凍機	194
ステップ応答	434
スパイラル形熱交換器	232
スプリットダンパ	338
スロット形吹出口	362
静　圧	321
——再取得	330
成績係数	183
設計外気量	89
絶対湿度	27, 30
設備システムエネルギ消費係数	442
セパレート型ルームクーラ	159

索　引

全　圧	321
全空気方式	147
全体換気の計算	385
セントラル制御	397
全熱交換器	313
——制御	413
潜熱蓄熱方式	171
潜熱負荷	37
全負荷相当運転時間法	446
操作線	118
相対湿度	27, 30
装置露点温度	114
相当外気温度	54, 61
送風機	275
——の推奨速度	277
——の据付け	278
——の風量制御法	277
送風量制御方式	458
層流式クリーンルーム	378
ゾーニング	40
——計画	143
速度比較表	476
粗　度	322

た　行

ターボ冷凍機	189, 191
第一種換気	384
大温度差システム	458
大気透過率	20
大気浮遊粉じん濃度	286
大空間の吹出方法	370
第三種換気	384
対数平均温度差	291
帯電防止	7
第二種換気	384
太陽エネルギ利用	453
太陽高度	22
太陽赤緯	22
太陽熱利用方式	174
対　流	37
——式	150
ダクト	321
——からの熱取得	103
——設計図	481

——接続フランジ	337
——の消音計画	354
——の消音設計	343
——の抵抗	321
——の熱損失	334
——保温法	335
——補強アングル	336
多孔パネル形吹出口	363
タスク空調	164
多段ターボ冷凍機	189
ダブルサーキット	291
玉型弁	247
均時差	22
多翼ダンパ	338
他力制御	433
単一ダクト定風量方式	151
単一ダクト変風量方式	152
単一ループ制御	393
タンク容量の算定	265
単効用吸収冷凍機	196
単式ポンプ方式	257, 416
単段ターボ冷凍機	190
断熱飽和温度	28, 31
断熱飽和変化	115
ダンパ	338, 406
暖房時の空調機負荷	104
暖房負荷	36, 219
——による吹出し条件	99
暖房用設計外気温度	17
暖房用地中温度	67
地域エネルギ供給方式	175
地域冷暖房方式	174
蓄熱式ヒートポンプ方式	170
蓄熱水槽	233
蓄熱槽効率	235
蓄熱槽の熱負荷	110
蓄熱槽配管	259
蓄熱負荷	86, 136
蓄熱容量	111
地中壁の熱負荷	66
中央管理制御	397
中央式空気調和機	267
中央方式	149
超音波式加湿器	305
長寿命化	441

調和空気	267	内表面熱伝達率	57
直接膨張コイルの設計法	295	内部発熱	74
直接レタン式	256	——条件	83
直線ダクトの摩擦抵抗	322	内部負荷密度	146
直達日射量	19	内壁の面積	43
追値制御	431	二次エネルギ消費	438
継手の種類	245	二次ポンプ方式	258
		二重効用吸収冷凍機	200
定圧法	331	二重ダクト定風量方式	153
低温放射冷暖房方式	158	二重ダクト方式	126
低速ダクトの構造	336	日影曲線	24
低速ダクトの設計	331	日射熱負荷	47
定値制御	431	——遅れ係数	54
定風量方式空調機制御	408	日射量	19
定率評価係数	179	日照面積率	52
デシカント空調機	270	二方弁制御	257
デパート	166		
デフロスト	218	ヌッセルト線図	207
天蓋式フード	387		
電気式除湿器	310	ねじ継手	245
電気集じん器	282	熱回収	454
天空日射量	19	——システム	222
天井裏の熱平衡	66	——ヒートポンプ方式	172
伝　導	37	熱貫流率	474
電動機からの熱負荷	82	熱源制御系	397
電動冷凍機方式	168	熱源装置	2
		——の種類	181
動　圧	321	熱源負荷	36, 109
等圧法	331	熱源方式	167
等価粗さ	322	熱源容量	111
透過損失	349	——原単位	443
透明ガラスの日射取得	49	熱交換器	229
動力回収	454	熱線反射ガラスの日射熱取得	50
透湿量	84	熱通過率	45
都市排熱利用ヒートポンプ	454	——の計算	55
ドラフト	364	熱定数	57
度量衡換算表	475	熱伝達率	57
トレーサーガス	389	熱負荷計算	35
トロッファ	79, 102	熱平衡	29
——による除去熱量	103	熱輸送媒体	147
——形吹出口	362	熱量換算表	476
		年間空調	3
な　行		年間経常費	177
		年間熱消費量原単位	443
内外温度差	45	年間熱負荷計算	37

索　引

年間熱負荷係数	442
年間熱負荷予測法	443
燃料油の性質	227
ノズル形吹出口	361

は　行

パーソナル空調方式	163
排煙設備	389
排煙風量	391
バイオクリーンルーム	378
配管圧線図	255
配管延長	254
配管材料	243
配管設備	243
配管ヘッダ	264
排熱回収	222
排熱係数	219
バイパスファクタ	117
白煙防止型冷却塔	210
バタフライ弁	247
パッケージ型空気調和機	272
パッケージ型空調機方式	160
バルブ	245
パワーレベル	343
パン形加湿器	305
パン形吹出口	362
パンカルーバ吹出口	361
搬送装置	2
ヒートパイプ	316
ヒートポンプ	210
ヒートポンプ方式	159, 169
比エンタルピ	27
比重量	30
比色法	280
非蓄熱システムの熱源容量	111
必要換気量	384
人の発熱量	75
病院の空調方式	165
標準日射熱取得	48
比容積	30
氷蓄熱方式	171
表面結露防止	7
比率制御	432

ファンコイルユニット制御	412
ファンコイルユニット方式	156
ファンの熱取得	103
ファンの容量制御	407
ファン発生騒音	346
フィードバック制御	394, 433
フィードフォワード制御	433
フィルタの種類	282
フィルタモジュール方式	381
フィン効率	294
ブースタポンプ	263
風量の計算	96
負荷の抑制	448
負荷率法	446
吹出口の位置	367
吹出口の許容風速	369
吹出口の種類	359
吹出口の配置	368
吹出風量	360
複式ポンプ方式	257, 418
輻　射	37
物質平衡	29
フランジ継手	245
フルサーキット	291
プレート形熱交換器	230
プレートフィンコイル	297
プログラム制御	432
プロセス制御	432
ブロック線図	433
フロン問題	185
分散方式	149
噴出蒸気量	304
粉じん保持容量	281
粉じん量	286
噴　霧	117
噴霧水量	303
閉回路式水熱源ユニット型ヒートポンプ	162
平均空気齢	389
平均対数エンタルピ差	294
平衡蒸気線図	312
平行流	291
ペリメータゾーン	42, 145
ベルヌーイの法則	321
弁	245

――の流量特性	247	密閉式冷却塔	205, 208
変色度法	280		
変水量システム	457	ムーディ線図	323
変風量システム	457	むだ時間	436
変風量方式空調機制御	410		
変風量ユニット	152	メカニカル継手	245
ボイラ	225	モジュールチラー	195
――効率	227	モジュール方式	368
――冷凍機方式	168	モリエ線図	185
方位角	22		
方位係数	45	**や　行**	
方位別ゾーニング	146		
方位別日射量	21	夜間放射	45
防煙ダンパ	339	――量	20
防火ダンパ	338		
放射式	151	誘引比	359, 374
放射冷却	45	誘引ユニット方式	128
放射冷暖房方式	158	有効ドラフト温度	365
膨張タンク	264	床吹出し空調方式	163
飽和空気	26	床吹出口	364
飽和蒸気表	471	ユニタリ方式	158
飽和度	27, 30	ユニット形空気熱源ヒートポンプ	215
保温施工	335	ユニット型ヒートポンプ方式	158
保健用空調	1	ユニバーサル形吹出口	360
補助熱源	224		
ホットガスバイパス	190	溶接継手	245
ホテルの空調	166	用途別ゾーニング	146
ホ　ン	344	予熱時間	87
		予熱負荷	223
ま　行			
		ら　行	
マフラ形消音器	353		
マルチゾーンユニット方式	155	ライフサイクルCO_2	439
マルチパッケージ型空気調和機	272	ライフサイクルエネルギマネージメント	
マルチユニット型ヒートポンプ方式	159		464
マルチループ制御	395	ライフサイクルコスト	176, 440
ミキシングロス	460	リークテスト	341
水抜き方法	260	流量係数	405
水熱源のヒートポンプ	212		
水熱源方式	274	ルイスの関数式	31
水の物性表	472		
水方式	149	冷温水往還温度差	459
密閉式蓄熱槽	241	冷温水管の材質	243
密閉式配管	255	冷温水コイル	298

索　引

冷却減湿装置	310	冷熱源負荷	109
冷却コイル	268	冷　媒	183
——の伝熱式	317	——管の材質	243
——負荷	101	——方式	149
冷却水配管	260	冷房負荷	36
冷却塔	204	冷房用設計外気温度	16
——制御	423	レバースレタン式	256
——の据付け	209	連携制御	395
——回りの配管	263	レンジアビリティ	406
冷水コイル	288	連続空調	3
冷暖フリー型	274	連通管設計図	235
冷凍機	181		
——の種類	182	ろ過効率	280
——の成績係数	182	露点温度	28
冷凍サイクル	187		

編者の略歴
早稲田大学名誉教授
昭和19年　東京帝国大学工学部船舶工学科卒

改訂5版　空気調和ハンドブック

平成20年 2月10日　　発　　　行
令和 5年 3月10日　　第13刷発行

編　者　　井　上　宇　市

発行者　　池　田　和　博

発行所　　丸善出版株式会社
〒101-0051　東京都千代田区神田神保町二丁目17番
編集：電話(03)3512-3266／FAX(03)3512-3272
営業：電話(03)3512-3256／FAX(03)3512-3270
https://www.maruzen-publishing.co.jp

© Uichi Inoue, 2008

組版印刷・中央印刷株式会社／製本・株式会社 松岳社

ISBN 978-4-621-07959-1 C3052　　　Printed in Japan

本書の無断複写は著作権法上での例外を除き禁じられています．